Andrea Albers | Nina Jude (Hrsg.)
Blickpunkt Bildungsmonitoring – Bilanzen und Perspektiven

Die freie Verfügbarkeit der E-Book-Ausgabe dieser Publikation wurde ermöglicht durch das Bundesministerium für Bildung und Forschung, den Fachinformationsdienst Erziehungswissenschaft und Bildungsforschung und ein Netzwerk wissenschaftlicher Einrichtungen und Bibliotheken zur Förderung von Open Access in den Erziehungs- und Bildungswissenschaften.

Folgende Einrichtungen nehmen am Vertrag teil:
Bibliothek der Pädagogischen Hochschule Freiburg
Bibliothek der Pädagogischen Hochschule Heidelberg
Bibliothek der Pädagogischen Hochschule Zürich
Bibliotheks- und Informationssystem der Carl von Ossietzky Universität Oldenburg
DIPF I Leibniz-Institut für Bildungsforschung und Bildungsinformation Frankfurt a.M.
Fernuniversität Hagen / Universitätsbibliothek
Freie Universität Berlin / Universitätsbibliothek
Gottfried Wilhelm Leibniz Bibliothek – Niedersächsische Landesbibliothek Hannover
Hochschulbibliothek der Pädagogischen Hochschule Karlsruhe
Hochschulbibliothek Hochschule für Technik, Wirtschaft, Kultur Leipzig
Hochschulbibliothek Hochschule Mittweida
Hochschulbibliothek Zittau/Görlitz
Humboldt-Universität zu Berlin / Universitätsbibliothek
Interkantonale Hochschule für Heilpädagogik (HfH) Zürich
IU Internationale Hochschule GmbH Erfurt
Justus-Liebig-Universität Gießen / Universitätsbibliothek
Landesbibliothek Oldenburg
Leuphana Universität Lüneburg
Pädagogische Hochschule Thurgau / Campus-Bibliothek
RPTU Kaiserslautern-Landau / Universitätsbibliothek
Sächsische Landesbibliothek – Staats- und Universitätsbibliothek Dresden (SLUB)
Technische Informationsbibliothek (TIB) Hannover
Technische Universität Berlin / Universitätsbibliothek
Technische Universität Braunschweig
Technische Universität Chemnitz / Universitätsbibliothek
Universität der Bundeswehr München
Universität Mannheim / Universitätsbibliothek
Universitäts- und Landesbibliothek Darmstadt
Universitäts- und Landesbibliothek Münster
Universitäts- und Stadtbibliothek Köln – im Auftrag der Universität zu Köln
Universitätsbibliothek Augsburg
Universitätsbibliothek Bayreuth
Universitätsbibliothek Bochum
Universitätsbibliothek der LMU München
Universitätsbibliothek Dortmund
Universitätsbibliothek Duisburg-Essen
Universitätsbibliothek Eichstätt-Ingolstadt
Universitätsbibliothek Erlangen-Nürnberg
Universitätsbibliothek Graz
Universitätsbibliothek Greifswald
Universitätsbibliothek Hildesheim
Universitätsbibliothek Johann Christian Senckenberg / Frankfurt a.M.
Universitätsbibliothek Kassel
Universitätsbibliothek Leipzig
Universitätsbibliothek Marburg
Universitätsbibliothek Passau
Universitätsbibliothek Marburg
Universitätsbibliothek Passau
Universitätsbibliothek Potsdam
Universitätsbibliothek Regensburg
Universitätsbibliothek Rostock
Universitätsbibliothek Vechta
Universitätsbibliothek Würzburg
Universitätsbibliothek Wuppertal

Andrea Albers | Nina Jude (Hrsg.)

Blickpunkt Bildungsmonitoring
– Bilanzen und Perspektiven

BELTZ JUVENTA

Das Werk einschließlich aller seiner Teile ist urheberrechtlich geschützt. Der Text dieser Publikation wird unter der Lizenz **Creative Commons Namensnennung – Nicht kommerziell -** Weitergabe unter gleichen Bedingungen **4.0 International (CC BY-NC-SA 4.0)** veröffentlicht. Den vollständigen Lizenztext finden Sie unter: https://creativecommons.org/licenses/by-nc-sa/4.0/deed.de legalcode. Verwertung, die den Rahmen der **CC BY-NC-SA 4.0 Lizenz** überschreitet, ist ohne Zustimmung des Verlags unzulässig. Die in diesem Werk enthaltenen Bilder und sonstiges Drittmaterial unterliegen ebenfalls der genannten Creative Commons Lizenz, sofern sich aus der Quellenangabe/Abbildungslegende nichts anderes ergibt. Sofern das betreffende Material nicht unter der genannten Creative Commons Lizenz steht und die betreffende Handlung nicht nach gesetzlichen Vorschriften erlaubt ist, ist für die oben aufgeführten Weiterverwendungen des Materials die Einwilligung des jeweiligen Rechteinhabers einzuholen.

Dieses Buch ist erhältlich als:
ISBN 978-3-7799-7842-8 Print
ISBN 978-3-7799-7843-5 E-Book (PDF)
ISBN 978-3-7799-8726-0 E-Book (ePub)
DOI 10.3262/978-3-7799-7843-5

1. Auflage 2025

© 2025 Beltz Juventa
in der Verlagsgruppe Beltz · Weinheim Basel
Werderstraße 10, 69469 Weinheim
service@beltz.de
Einige Rechte vorbehalten

Herstellung: Ulrike Poppel
Satz: xerif, le-tex
Druck und Bindung: Beltz Grafische Betriebe, Bad Langensalza
Beltz Grafische Betriebe ist ein Unternehmen mit finanziellem Klimabeitrag
(ID 15985-2104-1001)
Printed in Germany

Weitere Informationen zu unseren Autor:innen und Titeln finden Sie unter: www.beltz.de

Inhalt

Blickpunkt Bildungsmonitoring – Bilanzen und Perspektiven nach
zwei Jahrzehnten
Andrea Albers und Nina Jude   9

Teil A: Internationale Schulleistungsvergleiche

Warum immer noch PISA?
Internationale Schulleistungsstudien
als Kernelement des Bildungsmonitorings in Deutschland
Christine Sälzer   33

Die OECD-Bildungsindikatoren – Ziele und Herausforderungen
Abel Schumann   50

Zur Konzeption und Durchführung eines Schulleitungsmonitorings
im deutschsprachigen Bildungsraum – Chancen und Grenzen
*Jana Groß Ophoff, Stefan Brauckmann-Sajkiewicz, Pierre Tulowitzki, Marcus
Pietsch und Colin Cramer*   61

Teil B: Überprüfung der Umsetzung von Bildungsstandards

Weiterentwicklung der Bildungsstandards für den Primarbereich
und die Sekundarstufe I
Ein Blick auf den Prozess aus koordinatorischer Sicht
Nada Abouelseoud und Jennifer Schwarze   81

Bildungsstandards im Fach Deutsch – Weiterentwicklung
und Perspektiven
Michael Krelle, Jörg Jost, Irene Pieper, Norbert Maritzen und Petra Stanat   96

Teil C: Verfahren zur Qualitätssicherung auf Schulebene

Datengestützte Unterrichtsentwicklung mit Vergleichsarbeiten
Akzeptanz und wahrgenommene Nützlichkeit von VERA aus Sicht
von Lehrkräften im IQB-Bildungstrend
Patrick Hawlitschek, Sofie Henschel, Carola Schnitzler und Petra Stanat©   111

Die VERA3-Vergleichsuntersuchungen an Grundschulen als Teil der
Monitoringstrategie in Baden-Württemberg, Nordrhein-Westfalen
und Schleswig-Holstein
Horst Weishaupt   129

Nutzung von Lernstandserhebungen zur Förderung adaptiven
Unterrichts
Holger Gärtner   142

Die externe Schulevaluation im Dienst des Bildungsmonitorings
Andreas Brunner und Sandy Taut   158

Evidenzinformierte Schulentwicklung in der Einzelschule
– welche Rolle kann die Schulaufsicht bei der Unterstützung spielen?
Ruth Anna Hejtmanek, Esther Dominique Klein, Stefan Hahn und Klaudia Schulte   169

Datengestützte Qualitätsentwicklung konkret: Das Schuldatenblatt
Baden-Württemberg
Ulrike Rangel und Günter Klein   185

Welche Story steckt in den Daten einer Schule?
Das Format der Datenkonferenzen als multiprofessionelles Setting
zur Standortbestimmung einer Schule
Stefan Hahn, Klaudia Schulte, Peter Schulze und Franziska Thonke   199

Die Alltäglichkeit der Daten in der Schule
Über das Involviertsein der Lehrperson beim datengestützten
Unterrichten
Ben Mayer und Sieglinde Jornitz   213

Teil D: Bildungsberichterstattung

Herausforderungen und Potenziale einer indikatorengestützten
Bildungsberichterstattung auf gesamtstaatlicher Ebene
Stefan Kühne   231

Bildungsmonitoring „vor" und „neben" der Schule
Zur systematischen Dokumentation früher, non-formaler
und informeller Bildung
Susanne Kuger und Susanne Lochner   241

Entwicklung eines Monitorings für die politische Bildung
in Deutschland
*Hermann Josef Abs, Tim Engartner, Reinhold Hedtke, Monika Oberle, Marie
Heijens, Simon Niklas Hellmich, Valeria Hulkovych, Lucy Huschle und Stella
Wasenitz*   263

Das Hamburger Sprachfördermonitoring als Instrument
zur Steuerung
Britta Pohlmann und Yvonne Hoffmann   278

Teil E: Perspektiven Bildungsmonitoring

Die Bedeutung des Nationalen Bildungspanels (NEPS)
für das Bildungsmonitoring
Michaela Sixt und Cordula Artelt   295

20 Jahre Bildungsmonitoring – mit welchem Erfolg?
Eine Einschätzung aus Sicht der Bildungsadministration
Dorit Stenke, Janina Roloff und Désirée Burba   311

„Es ist kompliziert". Über den Beziehungsstatus von
Bildungsjournalismus zu Bildungswissenschaft und -politik.
Was der Bildungsjournalismus braucht, um Studien und Daten zu
übersetzen
Annette Kuhn und Niklas Prenzel   324

Bildungsmonitoring – eine berufliche Tätigkeit im Spannungsfeld
unterschiedlicher Handlungslogiken
Daniel Kneuper   332

Bildungscontrolling – Lesarten eines noch immer unbeliebten
Begriffs
Nils Berkemeyer und Philipp Glanz   346

Netzwerk Bildungsmonitoring im Dialog: Potenzial und Perspektiven
Martina Diedrich und Günter Klein   363

Teil F: Kommentierung

Bildungsmonitoring – Grundlage für eine datengestützte Qualitätsentwicklung
Positionspapier Netzwerk Bildungsmonitoring   375

Ein kritischer Kommentar zum Positionspapier „Bildungsmonitoring – Grundlage für eine datengestützte Qualitätsentwicklung"
Norbert Maritzen   390

Bildungsmonitoring – ein Kommentar zum Sammelband
Jenny Tränkmann   397

Blickpunkt Bildungsmonitoring – Bilanzen und Perspektiven nach zwei Jahrzehnten

Andrea Albers und Nina Jude

Woher wissen wir, wie gut unser Schulsystem ist? Wie können wir feststellen, an welcher Stelle Bildungsinvestitionen notwendig sind? Wie verändert sich unsere Schüler:innenschaft? Was macht guten Unterricht aus? Auf welche Herausforderungen müssen Schulen in Zukunft reagieren? Um diese und noch viele weitere Fragen zu beantworten, wurden in Deutschland seit den späten 1990er Jahren empirische Instrumente auf den verschiedenen Ebenen des Bildungssystems eingeführt, das sogenannte „Bildungsmonitoring". Durch eine systematische und regelmäßige Erhebung von Daten zur Leistungsfähigkeit unseres Bildungssystems und deren gezielte Aufarbeitung soll Bildungsmonitoring dazu beitragen, die Qualität im System zu sichern und weiterzuentwickeln.

Die Instrumente des Bildungsmonitorings sind im Bildungssystem Deutschlands inzwischen fest etabliert. Sie dienen den unterschiedlichen Zielgruppen in Bildungspolitik, Bildungsadministration, Bildungspraxis und der breiten Öffentlichkeit zur Informationsgewinnung über den Zustand unseres Bildungssystems. Zielgerichtet sollen sie auch der Weiterentwicklung von Schule und Unterricht dienen. Alle diese Instrumente verbindet die gemeinsame Zielrichtung, auf Einzelschul- und auf Systemebene wissenschaftlich fundierte, empirische Daten für Qualitätsentwicklung und Steuerungsentscheidungen zur Verfügung zu stellen.

Dieser Sammelband hat seinen Ursprung in der mehrteiligen Serie zum Bildungsmonitoring in der Zeitschrift PÄDAGOGIK, die im Jahr 2022 erschien. Die in den dortigen Beiträgen aufgeworfenen Fragen werden hier wieder aufgegriffen und durch vielfältige zusätzliche Perspektiven erweitert. Der vorliegende Band versammelt Stimmen aus Bildungsforschung, -administration und -praxis zu einem aktuellen Blick auf den Status Quo des Bildungsmonitorings in Deutschland. In den vier Abschnitten werden ausgewählte Elemente des Bildungsmonitorings entsprechend der Strategie des Bildungsmonitorings der Kultusministerkonferenz (siehe Abb. 1) näher beleuchtet. Durchgängig werden die vorliegenden Instrumente analysiert, über die Zielsetzung deren jeweiliger Erfolg reflektiert und stellenweise auch hinterfragt. In Frage gestellt wird dabei nicht die generelle Sinnhaftigkeit von Monitoringansätzen für die Systemsteuerung, jedoch durchaus deren aktuelle Ausgestaltung oder bisher fehlende Weiterentwicklungen. In allen Beiträgen schwingt die Frage mit, welche Entwicklungsbedarfe sich für die Zukunft des Bildungsmonitorings ergeben könnten bzw. wie diese mit den bestehenden Elementen oder neu zu entwickelnden Ansätzen angegangen werden könnten. Zugleich kann auch dieser Sammelband die große Vielfalt der mit Bildungsmonitoring zusammenhängenden Aspekte nicht erschöpfend darstellen. Durch die Orientierung an den vorhandenen vier Bereichen des Bildungsmonitorings werden ebenfalls relevante Themenbereiche beispielsweise zu kommunalen Ansätzen des Bildungsmonitoring oder Digitalisierung eher am Rande behandelt.

Im Folgenden werden die Grundlagen des Bildungsmonitorings sowie die vier Bereiche der Strategie zum Bildungsmonitoring der Kultusministerkonferenz (KMK) dargestellt, die Rolle der aktuell im Bildungsmonitoring agierenden Akteursgruppen erläutert und abschließend mögliche Perspektiven zur Weiterentwicklung von zukünftigen Ansätzen des Bildungsmonitorings aufgeworfen.

Abb. 1: Vier Bereiche des Bildungsmonitorings entsprechend der Strategie des Bildungsmonitorings der KMK von 2015

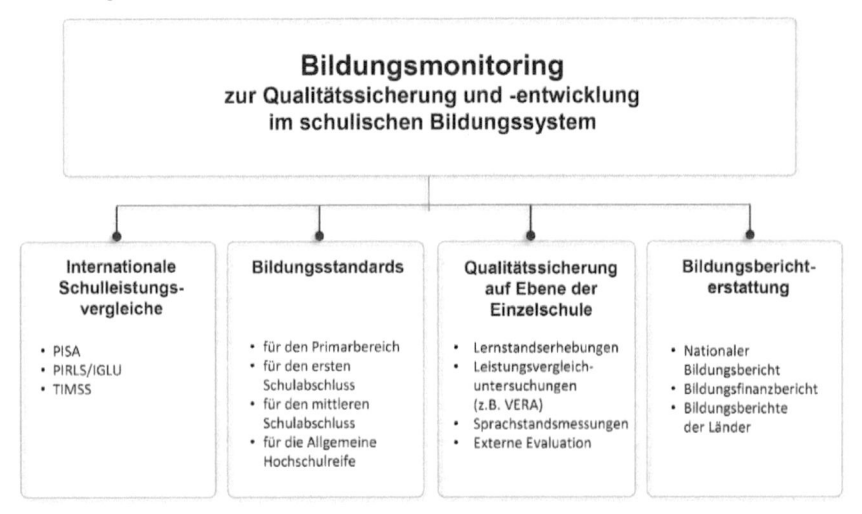

Bildungsmonitoring zur Qualitätssicherung und -entwicklung im schulischen Bildungssystem

Internationale Schulleistungsvergleiche	Bildungsstandards	Qualitätssicherung auf Ebene der Einzelschule	Bildungsberichterstattung
• PISA • PIRLS/IGLU • TIMSS	• für den Primarbereich • für den ersten Schulabschluss • für den mittleren Schulabschluss • für die Allgemeine Hochschulreife	• Lernstandserhebungen • Leistungsvergleichuntersuchungen (z.B. VERA) • Sprachstandsmessungen • Externe Evaluation	• Nationaler Bildungsbericht • Bildungsfinanzbericht • Bildungsberichte der Länder

Was ist Bildungsmonitoring?

Bildungsmonitoring ist die stetige Beobachtung der Rahmenbedingungen, Verlaufsmerkmale, Ergebnisse und Erträge von Bildungsprozessen mit Hilfe empirisch-wissenschaftlicher Methoden (vgl. z. B. Maritzen/Tränkmann 2015). Bildungsmonitoring zielt darauf ab, Informationen über die Qualität des Bildungssystems auf unterschiedlichen Ebenen zu gewinnen: auf Systemebene, auf Schulebene und auf Unterrichtsebene. Dabei werden mögliche Handlungsbedarfe für die Qualitätsentwicklung an Schulen identifiziert und die gewonnenen

Daten für die politisch-administrative Planung und Steuerung des Bildungswesens („Governance") aufbereitet (vgl. z. B. Grünkorn et al. 2019).

Neben der Bildungsberichterstattung als Monitoring im eigentlichen Sinne werden unterschiedliche Ansätze der Evaluation für die Gewinnung dieser Daten verfolgt. Dabei stellt Bildungsmonitoring nicht nur Daten über institutionalisierte Bildungsangebote und deren Nutzung zur Verfügung, sondern fragt umfassender nach den Bildungschancen und den Bedingungen für kulturelle Teilhabe aller Menschen, auch über die Lebensspanne hinweg. Bildung wird dabei als individuelle Entwicklung verstanden, entsprechend erfasst Bildungsmonitoring Bildungsvoraussetzungen, Bildungswege und Bildungsergebnisse von Individuen. Diese Informationen werden mit Qualitätsmerkmalen von Institutionen zusammengebracht. Danach werden die Daten zu Indikatoren gebündelt, die auf der Ebene des Gesamtsystems angesiedelt sind. Die Ansätze des Bildungsmonitoring sind daher zunächst systembezogen und im Unterschied beispielsweise zu einer individuellen Diagnostik nicht personenbezogen.

Seit wann gibt es Bildungsmonitoring in Deutschland?

Die Ständige Konferenz der Kultusminister (KMK) in Deutschland beschloss erstmals 1997, die Qualitätssicherung des Bildungssystems als eine gemeinsame Aufgabe der Länder anzusehen (Konstanzer Beschlüsse). Nicht zuletzt verdeutlichte das überraschende Abschneiden Deutschlands in den ersten internationalen Schulleistungsvergleichen zur Jahrtausendwende, dass nur wenige Informationen zur Qualität von Schule und Unterricht vorhanden waren. Wurde bis dato vor allem über die sogenannte Inputsteuerung gelenkt – das heißt über die Zuweisung von Ressourcen – zeigte sich nun die Notwendigkeit, den Output, also Ergebnisse von institutioneller Bildung, zu erheben und zu analysieren. Daraus wurde die Notwendigkeit abgeleitet, wissenschaftlich fundierte Indikatoren im Sinne von vergleichbaren Kennzahlen zu den verschiedenen Aspekten des Bildungssystems zur Verfügung zu stellen.

Eine Gesamtstrategie der Länder zum Bildungsmonitoring als datengestütztes Instrument für Qualitätsentwicklung im Bildungswesen führte die KMK im Jahr 2006 ein und überarbeitete sie im Jahr 2015 (KMK 2015). Die Gesamtstrategie führt unterschiedliche Bestandteile zusammen:

- Verfahren zur Qualitätssicherung auf Schulebene, u. a. Vergleichsarbeiten oder externe Evaluation,
- die Umsetzung und Überprüfung von Bildungsstandards,
- die regelmäßige Teilnahme an international vergleichenden Schulleistungsstudien und

- die nationale Bildungsberichterstattung, die Kernindikatoren aller Bildungsbereiche alle zwei Jahre zur Verfügung stellt, sowie regionale Bildungsberichte.

Diese vier Bereiche basieren auf unterschiedlichen Maßnahmen und Institutionen, deren Aufgabe es ist, aktuelle Indikatoren zum Status Quo zu liefern. Die Indikatoren aller Bereiche zusammengenommen dienen dazu, die Qualitätsentwicklung im Bildungswesen auf den unterschiedlichen Ebenen – vom Unterricht über die Schulebene bis hin zur administrativen Ebene – zu unterstützen. Mit diesen Instrumenten zielt Bildungsmonitoring darauf ab, „Entwicklungen nicht nur zu beschreiben, sondern auch zu erklären und dies mit Hinweisen zu verbinden, wie die festgestellten Probleme gelöst werden können," sowie „steuerungsrelevantes Wissen auch tatsächlich für die Entwicklung des Bildungssystems und jeder Schule zu nutzen" (KMK 2015).

Warum werden regelmäßig Daten erhoben?

Monitoring bedingt eine regelmäßige Darstellung relevanter Kernindikatoren, die sich über die Zeit durchaus verändern können (u. a. Döbert/Weishaupt 2012). Als Beispiel sei hier die Anzahl von Schüler:innen genannt, die jedes Jahr das Schulsystem mit einem Abschluss verlassen. Dieser Indikator gibt darüber Auskunft, wie viele Menschen im berufsbildenden System und an Universitäten zu erwarten sind. Dieser Indikator zeigt auch an, ob sich die Anzahl an Schulabgänger:innen ohne Abschluss verändert. Entsprechend sollte Bildungssteuerung darauf reagieren. Solche Strukturzahlen werden alle zwei Jahre im Bildungsbericht abgebildet. Der Bildungstrend liefert regelmäßig Informationen darüber, wie viele Schüler:innen die vorgesehenen Bildungsstandards erreichen. Dadurch lässt sich feststellen, inwieweit Maßnahmen der Qualitätsentwicklung auf Schul- und Unterrichtsebene wirken und an welchen Stellen möglicherweise Handlungsbedarf besteht. In internationalen Studien werden neben den vorhandenen Basiskompetenzen regelmäßig die Herkunftsländer bzw. die zu Hause gesprochene Sprache der Schüler:innen erhoben. Dies lässt Rückschlüsse darauf zu, wie sich die Heterogenität der Schüler:innenschaft über die Zeit ändert. Nur durch die wiederholte Messung und regelmäßige Berichterstattung dieser und vieler weiterer Indikatoren ist es möglich, Entwicklungen über die Zeit festzustellen – und jene Bereiche zu identifizieren, die von großen Veränderungen betroffen sind oder in denen die bisherigen Maßnahmen keine Wirkung zeigen.

Bildungsmonitoring lässt sich deshalb auch als ein klassischer Evaluationszyklus verstehen (siehe Abb. 2). Er zielt darauf ab, durch die regelmäßige Erfassung des Status Quo über die Zeit Veränderungen im Schulsystem abzubilden. Daher werden standardisierte Informationen wiederholt erhoben und analysiert. Dazu ist es notwendig, zunächst relevante Qualitätskriterien zu definieren: Welche Informationen benötigen wir, um die Qualitätsentwicklung im Bildungswesen einschätzen zu können? Welche Daten liefern uns Anhaltspunkte dafür, ob unsere Maßnahmen wirken? Aus diesen grundsätzlichen Überlegungen sind dann messbare Indikatoren abzuleiten.

Abb. 2: Bildungsmonitoring als Qualitätszyklus

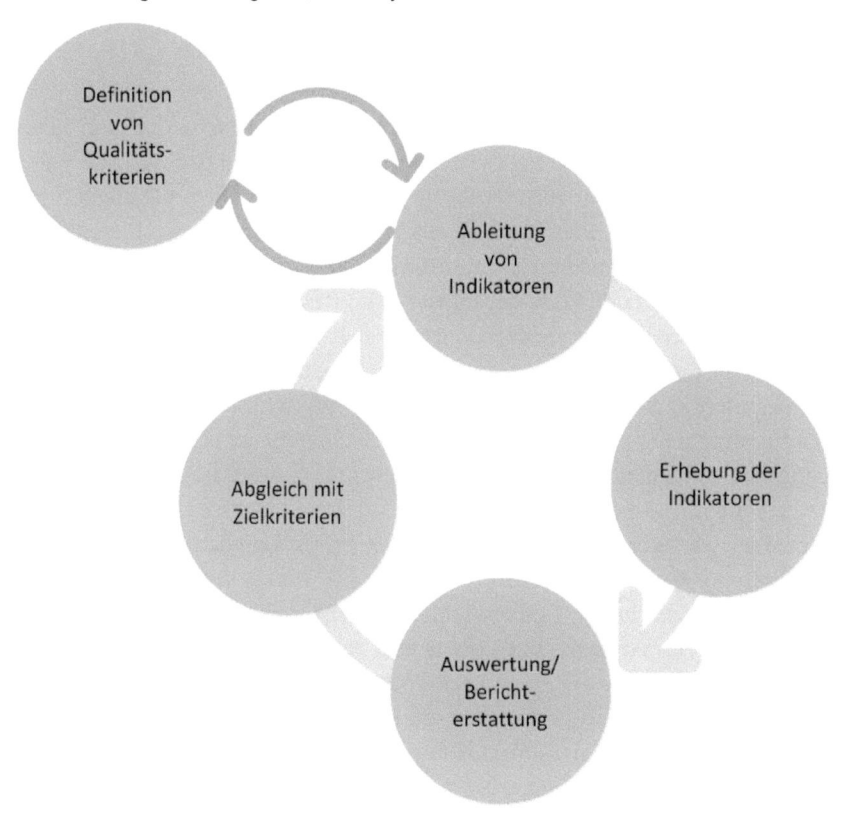

- Definition von Qualitätskriterien
- Ableitung von Indikatoren
- Erhebung der Indikatoren
- Auswertung/Berichterstattung
- Abgleich mit Zielkriterien

Vier Elemente des Bildungsmonitorings

Die verschiedenen Bestandteile der deutschen Gesamtstrategie zum Bildungsmonitoring zeigen auf, welche unterschiedlichen Informationsquellen notwendig sind, um ein umfassendes Bild der Qualität unseres Bildungssystems zu erfassen und dessen Entwicklung über die Zeit abzubilden. Dafür bedarf es zentraler, transparenter Maßstäbe zur Bestimmung von Bildungsqualität sowie eines Transfers wissenschaftlich abgesicherter Ergebnisse zur Bildungsqualität für alle Akteure, um Qualitätssicherung und Qualitätsentwicklung zu verbinden. In Deutschland speist sich das Bildungsmonitoring aus vier Bereichen.

Internationale Schulleistungsvergleiche

Bereits seit den 1960er Jahren nahmen einzelne Länder der damaligen Bundesrepublik an ausgewählten internationalen Schulleistungsvergleichen statt (vgl. Goy/van Ackeren/Schwippert 2008; Drechsel/Prenzel/Seidel 2009). Mit der Entscheidung, im Jahr 1995 eine gesamtdeutsche Teilnahme an der TIMSS-Studie umzusetzen, begann die sogenannte empirische Wende mit einem Fokus auf die Ergebnisse von Bildung im deutschen Schulsystem im internationalen Vergleich (Baumert/Lehmann 1997). Durch die elaborierten Erhebungsinstrumente, die stetige Weiterentwicklung des Erhebungsdesigns durch Erweiterung um innovative Kompetenzbereiche und die regelmäßige Berichtlegung zeigen sie den aktuellen Stand und Veränderungen der Kontextfaktoren und ausgewählter Bildungsergebnisse im internationalen Vergleich auf. Die Ergebnisse der PISA-Studie im Jahr 2001 wurden als sogenannter PISA-Schock auch in der Öffentlichkeit diskutiert und führten zu weitreichenden Qualitätsoffensiven im deutschen Bildungssystem (vgl. Klieme et al. 2010). Die Teilnahme an den internationalen Schulleistungsstudien ist seitdem fester Bestandteil der Gesamtstrategie zum Bildungsmonitoring der Länder in der Bundesrepublik Deutschland. Zu den verbindlich festgelegten Instrumenten zählen jedoch lediglich drei Studien: die internationale Grundschul-Leseuntersuchung (IGLU), die Trend in Mathematik und Naturwissenschaften Studie (TIMSS) sowie das Programme for International Studie Assessment (PISA), die aktuell in der Gesamtstrategie verankert sind (KMK 2015). Darüber hinaus nimmt Deutschland regelmäßig auch an weiteren internationalen Vergleichen teil, deren Ergebnisse in die Bildungsberichterstattung einfließen (Autor:innengruppe Bildungsberichterstattung 2024). Diese internationalen Studien erfassen Basiskompetenzen in unterschiedlichen Altersstufen:

- Die Studien PIRLS mit dem Fokus auf die Lesekompetenz und TIMMS mit dem Fokus auf Mathematik und Naturwissenschaften testen diese Kompetenzen bei Schüler:innen der 4. Klasse alle fünf bzw. vier Jahre (vgl. McElvany et al. 2023; Schwippert et al. 2020).
- PISA erfasst im dreijährigen Rhythmus die Kompetenzen im Lesen, in Mathematik und den Naturwissenschaften sowie einem wechselndem, innovativen Kompetenzbereich bei 15-jährigen Schüler:innen (Lewalter et al. 2023).

Dabei unterscheiden sich die Studien bewusst in der Auswahl der Stichprobe: PIRLS und TIMSS erheben die Kompetenzen von Schüler:innen der 4. Klasse im Klassenverbund mittels einer Clusterstichprobe von Klassen in Schulen, so dass hier Effekte der Klassenebene analysiert werden können. PISA erfasst die Kompetenzen von Schüler:innen im Alter von 15 Jahren, die sich auf unterschiedliche Klassenstufen verteilen können. Entsprechend können Aussagen über Kontextfaktoren des Unterrichts bspw. nur aggregiert auf Schulebene erfolgen. Alle drei Studien erfassen neben den Kompetenzen der Schüler:innen vielfältige Kontextfaktoren der Bildungsqualität über Fragebögen für Schüler:innen und deren Familien, Lehrpersonen und die Schulleitungen. Diese ermöglichen Rückschlüsse über Bedingungsfaktoren des Kompetenzerwerbs auf unterschiedlichen Ebenen (vgl. Kuger et al. 2016).

Bildungsstandards

Die Entwicklung und Einführung von Bildungsstandards ist ein wesentliches Merkmal des Reformprozesses hin zur Outputsteuerung. Bildungsstandards definieren länderübergreifend, welche Kompetenzen Schüler:innen in bestimmten Fächern zu verschiedenen Bildungsetappen erreichen sollen (vgl. z. B. Köller 2010). Seit 2003 werden Bildungsstandards für verschiedene Fächer und Abschlüsse konzipiert und weiterentwickelt. Sie definieren fachbezogene Kompetenzen in unterschiedlichen Niveaustufen und sollen dadurch die Unterrichtsentwicklung orientiert an verbindlichen Kompetenzstandards unterstützen. Die Bildungsstandards sind Grundlage sowohl für die ländervergleichende Überprüfung als auch für Verfahren zur Qualitätssicherung auf Ebene der Schule. Ob Schüler:innen die Bildungsstandards erreichen, wird auf Ebene der Länder mittels empirischer Studien anhand einer Stichprobe von Schüler:innen der Jahrgangsstufen 4 und 9 regelmäßig überprüft und als sogenannter Bildungstrend veröffentlicht. Diese Berichte zeigen die Entwicklung der Kompetenzen über die Zeit und ermöglichen einen Vergleich zwischen den Bundesländern.

Qualitätssicherung auf Schulebene

Verfahren zur Qualitätssicherung auf Ebene der Schule beinhalten Sprachstandsmessungen für unterschiedliche Altersgruppen, Externe Evaluation und Lernstandserhebungen bzw. Vergleichsarbeiten, welche sich an den Kompetenzen orientieren, die in Bildungsstandards festgelegt sind. Die Ergebnisse der jährlichen Vergleichsarbeiten dienen den Schulen dazu, die eigene Unterrichtsqualität zu reflektieren und weiterzuentwickeln (z. B. Maier et al. 2012). Alle Schüler:innen der 3. und 8. Jahrgangsstufe nehmen jeweils verbindlich an den Vergleichsarbeiten teil. Die Lehrpersonen erhalten so Informationen über den Lernstand ihrer Klasse im Vergleich zu den definierten Bildungsstandards. Die differenziert dargebotenen Ergebnisse können sie für die Schul- und Unterrichtsentwicklung nutzten. Darüber hinaus fließen sie auch in die Bildungsmonitoringsysteme der Länder ein. Zusätzliche Instrumente auf Schuleben sind beispielsweise Sprachstandsmessungen, landesspezifische Vergleichsstudien oder Ergebnisse aus der externen Evaluation, wie zum Beispiel Schulinspektion (z. B. Warmt et al. 2020).

Bildungsberichterstattung

Die Bildungsberichterstattung als zentrales Element des Bildungsmonitorings publiziert seit 2006 alle zwei Jahre eine umfassende empirische Bestandsaufnahme zur Bildung in Deutschland (Autor:innengruppe Bildungsberichterstattung 2024). Dies beinhaltet Informationen zu formalen, non-formalen und informellen Lernsettings über alle Bildungsetappen. Daten aus amtlichen Statistiken und die Indikatoren der drei anderen Bestandteile des Bildungsmonitorings fließen ebenso ein wie die Ergebnisse aktueller sozialwissenschaftlicher Studien. Der nationale Bildungsbericht kann als umfassender Evaluationsbericht zum Bildungswesen angesehen werden. Er gibt regelmäßig einen Überblick über die sich verändernde Bildungslandschaft, die zu erwartenden Kohorten von Schüler:innen und im System vorhandene Ressourcen. Mit unterschiedlicher Schwerpunktsetzung in jedem Erscheinungsjahr werden aktuelle bildungspolitische Themen in den Mittelpunkt gerückt, wie bspw. Digitalisierung, Migration und Inklusion. Ergänzt wird der nationale Bildungsbericht durch kommunales Bildungsmonitoring in vielen Kommunen Deutschlands.

Wer sind die Akteure des Bildungsmonitorings?

Die Instrumente des Bildungsmonitorings basieren auf der Zusammenarbeit zwischen Bildungsforschung, Bildungspraxis und Bildungsadministration. Die Gesamtstrategie zum Bildungsmonitoring obliegt der KMK in Zusammenarbeit mit dem Bund.

- Für die Qualitätssicherung auf Ebene der Einzelschule sind in den meisten Bundesländern extra eingerichtete Qualitätsinstitute oder -abteilungen zuständig.
- Die Entwicklung, Überprüfung und Implementation der Bildungsstandards sowie der Instrumente der Vergleichsarbeiten werden zentral vom Institut zur Qualitätsentwicklung im Bildungswesen (IQB) als wissenschaftliches Institut der Humboldt-Universität Berlin verantwortet.
- Internationale Vergleichsstudien werden initiiert von der Organisation für wirtschaftliche Zusammenarbeit und Entwicklung (OECD), die mit ihrem jährlichen Bericht „Bildung auf einen Blick" regelmäßig Bildungsindikatoren

Abb. 3: Akteure, die Daten zum Bildungsmonitoring liefern

● **Akteure, die Elemente des Bildungsmonitorings und der Qualitätsentwicklung auf Länderebene anbieten**
- IQSH in Kronshagen
- IfBQ in Hamburg
- IQ M-V in Schwerin
- ISQ in Berlin
- NLQ in Hildesheim
- QUA-LiS in Soest
- LISA in Halle
- Hessische Lehrkräfteakademie in Frankfurt/M.
- IQHB in Bremen
- IBBW in Stuttgart
- Qualitätsagentur am LAS in Gunzenhausen
- LaSuB in Chemnitz
- Ministerium für Bildung, Jugend und Sport in Erfurt
- Ministerium für Bildung in Mainz
- Ministerium für Bildung und Kultus in Saarbrücken

● **Bildungsstandards & Vergleichsarbeiten**
- IQB Berlin

● **Internationale Schulleistungsvergleiche**
- PISA: TU München
- IGLU: TU Dortmund
- TIMSS: Universität Hamburg
- ICCS: Universität Duisburg-Essen
- ICILS: Universität Paderborn

● **Bildungsbericht**
- DIPF Leibniz-Institut für Bildungsforschung und Bildungsinformation

der OECD-Staaten veröffentlichen, sowie von der International Association for the Evaluation of Educational Achievement (IEA) als internationaler Zusammenschluss von Forschungseinrichtungen, die evidenzbasiert Schul- und Unterrichtsqualität untersuchen. Die Durchführung und Auswertung dieser Studien in Deutschland werden von universitären und außeruniversitären Instituten verantwortet.

- Der Bildungsbericht wird am Leibniz-Institut für Bildungsforschung und Bildungsinformation (DIPF) herausgegeben.

Die internationale Infrastruktur

Die Planung, Durchführung und Auswertung der groß angelegten internationalen Bildungsvergleichsstudien beansprucht in der Regel mehrere Jahre und erfordert umfassende Ressourcen. Daher liegt die Verantwortung bei internationalen Konsortien mit oft jahrzehntelanger Erfahrung in der Konzeption solcher Studien (Wagemaker 2020; Kuger et al. 2016): Die International Association for the Evaluation of Educational Achievement (IEA) mit Sitz in Amsterdam und Hamburg ist eine internationale Vereinigung von nationalen Forschungseinrichtungen in über 60 Ländern der Welt. Gegründet 1958 erforscht sie Bildungsergebnisse und -bedingungen weltweit. Die IEA Studien PIRLS und TIMSS, die sich auf schulische Bildung in den Basiskompetenzen beziehen, berücksichtigen in der Regel auch die jeweiligen nationalen Curricula (Schwippert et al., 2020; McElvany et al., 2023). Dies ermöglicht die Analyse des bildungspolitisch intendierten Curriculums im Vergleich zu den im Unterricht implementierten Inhalten und den tatsächlich erworbenen Kenntnissen der Schüler:innen. Darüber hinaus erfasst die International Civic and Citizenship Education Study (ICCS) die politische Bildung und Einstellung von Jugendlichen und die International Computer and Information Literacy Study (ICILS) die computerbezogenen Kompetenzen und unterrichtliche Bedingungen (Abs et al., 2024, Eickelmann et al., 2019).

Die Organisation für wirtschaftliche Zusammenarbeit und Entwicklung (OECD) mit Sitz in Paris wurde 1960 gegründet und ist eine internationale Organisation, die gemeinsam mit den Regierungen ihrer 38 Mitgliedstaaten gesamtgesellschaftliche Herausforderungen auf Basis evidenzgestützter Analysen bearbeitet. Für den Bereich der Bildung als Grundlage für gesellschaftlichen Wohlstand pflegt die OECD ein umfassendes Indikatorensystem, das zentrale Daten zu Strukturen, der Finanzierung sowie Ergebnisfaktoren von Bildungssystemen jährlichen im Sinne eines internationalen Monitorings veröffentlicht („Bildung auf Blick", OECD 2023). Mit den international vergleichenden Bildungsstudien PISA, dem auf die Kompetenzen Erwachsener abzielenden Programme for the International Assessment of Adult Competencies (PIAAC) und der Befragung von Lehrpersonen (TALIS) implementiert die OECD seit dem Jahr 2000 Instrumente, die Ergebnisse und Kontexte von Bildungsprozessen erfassen (https://www.oecd.org).

Die internationale Organisation dieser Studien erfolgt durch wissenschaftliche Einrichtungen als Auftragnehmer der IEA bzw. OECD sowie in Zusammenarbeit mit Bildungswissenschaftler:innen in aller Welt. Die nationale Umsetzung in den Teilnehmerstaaten erfolgt ebenfalls durch wissenschaftliche Institutionen, in Deutschland durch Universitäten oder außeruniversitäre Forschungsinstitute.

Die nationale Infrastruktur

Jede der hier vorgestellten internationalen Bildungsstudien wird in Deutschland von einem eigenen Study Center koordiniert und geleitet. Dieses verantwortet die Vorbereitungen, die nationale Stichprobenziehung und die Durchführung in den Schulen sowie die Berichtlegung und vertiefende wissenschaftliche Publikationen, in der Regel gemeinsam mit einem Konsortium nationaler Expert:innen. Die Überprüfung der Qualität von Stichprobe, Übersetzung der Testmaterialien sowie der Implementation der Studie erfolgt wiederum durch die internationalen Auftragnehmer und wird öffentlich dokumentiert (vgl. die sogenannten „Technical Reports" der Studien).

So wird die ICILS-Studie aktuell an der Universität Paderborn koordiniert, die ICCS-Studie an der Universität Duisburg-Essen und PIAAC vom Leibniz-Institut für Sozialwissenschaften in Mannheim. Die nationale Umsetzung von PIRLS erfolgt durch die Technische Universität Dortmund und für TIMSS durch die Universität Hamburg. Für die nationale Umsetzung der TALIS-Video Studie war das DIPF|Leibniz-Institut für Bildungsforschung und Bildungsinformation in Frankfurt am Main verantwortlich, für TALIS Starting Strong das Deutschen Jugendinstitut in München.

Für die Implementation der PISA-Studie sowie darüberhinausgehende Begleitforschung wurde in Deutschland eine eigene Infrastruktur geschaffen. Nachdem die ersten vier Erhebungen von PISA in Deutschland vom Max-Planck-Institut in Berlin (PISA 2000), dem Institut für die Pädagogik der Naturwissenschaften IPN in Kiel (PISA 2003 und PISA 2006) und dem DIPF|Leibniz-Institut für Bildungsforschung und Bildungsinformation in Frankfurt am Main (PISA 2009) umgesetzt wurden, wurde 2010 das Zentrum für internationale Bildungsvergleichsstudien (ZIB) gegründet. Diese gemeinsame wissenschaftliche Einrichtung aller 16 Länder und des Bundesministeriums für Bildung und Forschung (BMBF) institutionalisiert den Aspekt der internationalen Vergleichsstudien in der Gesamtstrategie zum Bildungsmonitoring durch einen Verbund der Technischen Universität München (TUM), des DIPF und IPN. Dazu wurde an diesen drei Standorten jeweils eine einschlägige Stiftungsprofessuren eingerichtet. Zu den Aufgaben des ZIB gehören neben der Planung, Durchführung und Auswertung der PISA-Studien in Deutschland vor allem innovative Methodenforschung im Kontext der internationalen Bildungsvergleichsstudien sowie Anwendungsorientierung in der Distribution der Ergebnisse dieser Studien, bspw. über Forschungssynthesen.

Das ZIB arbeitet dabei zusammen mit dem Institut zur Qualitätsentwicklung im Bildungswesen (IQB) an der Humboldt-Universität zu Berlin, das für die Entwicklung und Messung der nationalen Bildungsstandards verantwortlich ist.

Perspektiven für die nächsten zwei Jahrzehnte Bildungsmonitoring

Die Beiträge in diesem Sammelband regen in unterschiedlichen Aspekten zum Nachdenken an: Sie reflektieren die etablierten Instrumente des Bildungsmonitoring und öffnen den Blick auf die Frage, was bei einer zukünftig anstehenden Überarbeitung der Gesamtstrategie zum Bildungsmonitoring zu berücksichtigen wäre. Eine in den letzten Jahren lauter werdende Kritik richtet sich an die bisherige Engführung des Bildungsmonitorings auf einzelne schulische Aspekte der Bildungslaufbahn. Für die aktuellen Ansätze des Bildungsmonitorings kann durchaus konstatiert werden, dass es sich im wesentlichen um ein „schulisches Bildungsmonitoring" handelte, das im Besonderen auf den Outcome bei den Schüler:innen im Bereich der fachlichen Kompetenzen von ausgewählten Fächern fokussierte, als um ein Monitoring, das mehrere Etappen einer Bildungslaufbahn erfasst oder umfassend außerschulische Aspekte berücksichtigt, die zur Bildung dazu gehören. Wenn es nun um die weitere Ausrichtung des Bildungsmonitoring geht, gilt es sowohl inhaltliche und methodische als auch technische und professionelle Aspekte zu berücksichtigen.

Inhaltliche Weiterentwicklung

In der Fachcommunity wird schon länger über die Erweiterung des Bildungsmonitorings um ergänzende inhaltlich-fachliche sowie überfachliche Aspekte diskutiert. Dazu zählt beispielsweise eine Erweiterung der bisherigen Kompetenzfeststellung um Aspekte der Demokratiefähigkeit oder um Aspekte der Bildung für nachhaltige Entwicklung (vgl. z. B. Holst et al. 2020). Zugleich wird auch um die Erweiterung im Bereich des Wohlbefindens, der psychischen Gesundheit oder der Selbstkonzepte von Lernenden nachgedacht (vgl. z. B. Reiß et al. 2023). Aktuell fokussieren die Instrumente der Gesamtstrategie zum Bildungsmonitoring in den meisten Bereichen auf Schüler:innen, obwohl bereits vielfältige Ansätze existieren, Monitoring auf andere Bildungsbereiche auszuweiten; beispielsweise auf den Bereich der frühkindlichen Bildung (Kuger et al. in diesem Band sowie z. B. BMFSJ 2023) und den Bereich der Erwachsenenbildung (vgl. z. B. Schrader/Kuper 2016; Müller et al. 2023). So fokussiert das Schwerpunktthema des 2024 erschienenen Bildungsberichts für Deutschland die berufliche Bildung.

Ziel wäre ein Bildungsmonitoring, das nicht nur Ergebnisse in Bereichen der formalen schulischen Bildung berücksichtigt, sondern auch non-formale und informelle Aspekte der Bildung, wie beispielsweise im schulischen Ganztag, sowie die Übergänge zwischen KiTa, Schule und Ausbildung in den Blick nimmt. Um diesem Ziel näher zu kommen, wäre bedenkenswert, bei der nächsten Überarbeitung der bisherigen KMK-Strategie des Bildungsmonitorings eine Abstimmung oder sogar Zusammenarbeit mit der Jugend- und Familienministerkonferenz (JFMK) herbeizuführen. Ebenso wie das BMBF veröffentlicht das BMFSJ Monitoringberichte im Bildungsbereiche; exemplarisch sei der „Gute-KiTa-Bericht" genannt (u. a. BMFSJ 2021). Wünschenswert wäre, dass die Monitoringbestrebungen der KMK und der JFMK sich möglichst produktiv aufeinander beziehen und ergänzen, was eine strategische Abstimmung der Gremien voraussetzt. Die Vorzeichen könnten gut stehen: Im Oktober 2023 fand erstmals eine gemeinsame Sitzung der KMK und der JFMK statt, bei der auch die Aspekte der Übergänge von frühkindlicher Bildung in den Primarbereich der Schulen und die Qualität des Ganztags thematisiert wurden (KMK Pressemitteilung 2023). Für diese Bereiche wäre eine gemeinsame Monitoringstrategie begrüßenswert, die mit einem gemeinsamen abgestimmten Indikatorensystem und Datenmanagement beginnt, hin zu einer gemeinsamen Berichtslegung und Diskussion der daraus abzuleitenden Konsequenzen.

Neben der inhaltlichen Erweiterung des Bildungsmonitorings um weitere Aspekte der Bildungsverläufe von Lernenden, wäre zudem vielversprechend, neben Lernenden auch die Lehrenden in das Tableau der Bildungsmonitoring-Daten aufzunehmen. Momentan liegen beispielsweise kaum Monitoringdaten über professionelles Wissen oder Einstellungen der Pädagog:innen in unterrichtlichen oder außerunterrichtlichen Angeboten vor, die wiederum wesentliche Informationen über die Voraussetzung für der Unterrichtsqualität bieten könnten. Gerade, um das Ziel der Gesamtstrategie zu erreichen, „Entwicklungen nicht nur zu beschreiben, sondern auch zu erklären" (KMK 2015), ist es nötig, auch Indikatoren über den Professionalisierungsstand der Lehrenden und zur Qualität der Bildungsangebote in den Monitoringkanon aufzunehmen und diese systematisch auf die vorhandenen Daten über Lernstände zu beziehen.

Darüber hinaus wäre eine inhaltliche Weitung des Monitorings hin zur Prognostik vielversprechend. Derweil will Bildungsmonitoring den jeweiligen Status Quo abbilden und Entwicklungen über die Zeit analysieren. Dies erfolgt in der Regel als Rückschau und ermöglicht Aussagen dazu, wie sich beispielsweise Bevölkerungszahlen, die Anzahl an Schüler:innen mit Förderbedarfen oder die Basiskompetenzen seit der letzten Messung verändert haben. Bemängelt wird an diesen Ansätzen, dass eine tatsächliche Steuerung auf ein Ziel hin ausschließlich in der Retrospektive und ohne Vorausschau auf ein konkretes Ziel schwer möglich ist. Bisher werden die vorliegenden Daten jedoch kaum für prognostische Modelle verwendet, wie sie beispielsweise in der Ökonomie regelmäßig für die Abschätzung von Veränderungen zum Einsatz kommen. Erste Ansätze der Modellierung von Vorhersagemodellen mit Daten aus Bildungsstudien finden sich unter anderem bei Kaplan (u. a. Kaplan/Huang 2021; Kaplan/Harra/Stampka/Jude, im Druck).

Methodische Weiterentwicklung

Die Erkenntnisse über Lernstände und Qualität von Schulen aus der bisherigen Strategie zum Bildungsmonitoring basieren überwiegend auf quantitativen Methoden der empirischen Bildungsforschung. Aus diesen Bemühungen sind hilfreiche und sinnvolle Erkenntnisse entstanden. Die überarbeitete Strategie aus dem Jahr 2015 fordert allerdings mehr „Wirkungs- und Erklärungswissen".

Vor dem Hintergrund der umfassenden und elaborierten quantitativen Zugänge des aktuellen Bildungsmonitorings, die auf summative Indikatoren abzielen, wäre mit Blick auf die Frage nach der Erfassung der Qualität von Bildungsprozessen über die Erweiterung der forschungsmethodischen Ansätze zu diskutieren. Der Mehrwert qualitativer Zugangsweisen, die zum Beispiel durch die Analysen von Dokumenten der Bildungssteuerung, von Maßnahmen der Implementation oder der Interessen unterschiedlicher Akteursgruppen auch Prozesse in den Blick nehmen, wird bisher erst in Ansätzen erkannt und noch nicht in Form von Kennzahl in Ansätzen des Monitorings erfasst.

Bedenkenwert wäre, neben der längsschnittlichen Begleitung von Leistungsdaten der Schüler:innen ebenfalls längsschnittlich die Handlungen, Einstellungen und Entwicklungen zentraler Akteure einzelner Schulen zu erfassen: Das Monitoring also entsprechend um kasuistische Betrachtungsweisen im Sinne qualitative Fallarbeit zu ergänzen (vgl. u. a. Bender/Dietrich/Silkenbeumer 2021). Fälle können sowohl Organisationen (z. B. Schulen, Kindertageseinrichtungen oder Ausbildungsbetriebe) als auch Akteure wie Pädagog:innen, Leitungen oder Schüler:innen sein. Die könnten anhand qualitativer Stichprobenpläne (u. a. Kelle und Kluge 2010) unter bestimmten festgelegten Kriterien ausgewählt und parallel zum bestehenden Monitoring über mehrere Jahre begleitet werden. Ebenso wie für die bereits vorhandenen Aspekte könnten Indikatoren festgelegt werden, zu denen Informationen über ein Monitoring gesammelt wird – hierbei wären die vorhanden nummerischen Darstellungen der Informationen um qualitative Darstellungsformen wie Netzwerkkarten oder Texte nachzudenken. Indikatoren könnten beispielsweise die Schulentwicklungskapazität (u. a. Maag Merki, Wullschleger und Rechsteiner 2021), die Kommunikations- und Kooperationsnetzwerke unter Bildungsakteuren oder die Common Sense-Theorien – also die Alltagstheorien – der handelnden Pädagog:innen und Schüler:innen (u. a. Bohnsack 2017) sein, die im Monitoring Auskunft über den Entwicklungsstands des Systems an sich aufzeigen könnten. Qualitativ-rekonstruktive Zugänge (Bohnsack 2021) in der Auswertung, wie beispielsweise die dokumentarische Organisationsforschung, haben das Potenzial neben expliziten Regeln, Programmen und Regulationsprozessen im Zusammenwirken der Akteure im Bildungssystem auch deren implizite Programme und Routinen zugänglich zu machen (u. a. Nohl 2017, Nohl und Somel 2017), die zentrale Informationen darüber geben, auf welche (gelebte) Struktur und Alltagspraxis beispielsweise politisch initiierte Bildungsprogramme treffen. Multimethodische Datenerhebungen (u. a. Vogd 2009) ermöglichen neben den quantitativen Daten auch authentische Daten aus dem Feld ins Monitoring einzubeziehen. Die notwendige Voraussetzung, um das bisherige Monitoring um derartige Erkenntnisse zu erweitern, wäre die methodische Professionalisierung aller Akteursgruppen in diesem Bereich, da an den Qualitätsinstituten derweil die Methodenkenntnisse im quantitativen Forschungsbereich überwiegen – entsprechende Stellenprofile für die qualitative Fallarbeit müssten organisiert werden oder neue Formen der Kooperation mit Universitäten im Monitoring eingegangen werden.

Neben der Erweiterung der methodischen Zugänge gehört auch ein stärkerer Fokus auf die Theoriebildung auf Basis der Erkenntnisse der letzten 25 Jahre.

Insbesondere die in den letzten Jahren zunehmend entstandenen systematischen Forschungssynthesen und Review-Studien im Bereich des Bildungsmonitorings, die empirische Erkenntnisse unterschiedlicher Studien auch über die Zeit vergleichen und diskutieren, bieten inzwischen gute Ansatzpunkte für die Weiterentwicklung von Theorien der bildungspolitischen Steuerung, der Schulentwicklung sowie der Frage nach Qualitätsmerkmalen von Unterricht.

Technische Weiterentwicklung

So wie in allen gesellschaftlichen Bereichen befindet sich auch das Bildungsmonitoring in einem digitalen Transformationsprozess. Das betrifft Datenerhebung, -aufbereitung, -auswertung und -haltung: Kurzum alle Bereiche des Datenmanagements. Neben der Einführung von Datenbanken zählen auch die verfahrensübergreifende Variablenbezeichnung oder die Einführung einer bundesweiten übergreifenden Bildungs-ID zu diesem Bereich (u. a. Brändle 2024). Ziel all dieser Bemühungen sollte sein, die Datenqualität zu erhöhen sowie zusätzliche Möglichkeiten der längsschnittlichen Auswertungen zu ermöglichen, um der Forderungen nach der Erklärung von Wirkungszusammenhängen näher zu kommen. Darüber hinaus verspricht die durchgängige Digitalisierung, Analysen zeitlich zu beschleunigen und damit – unter gleichbleibender Ressource – mehr Zeit für vertiefende Analysen zu haben. Die digitale Erfassung bietet Potenzial für die Analyse von Prozessen zusätzlich zu Outcomes, beispielsweise durch die kleinschrittige Aufzeichnung von Verhaltensdaten (Anghel et al. 2024). Diverse Lernplattformen, die unabhängig von Akteuren des und Bemühungen im Bildungsmonitoring entstehen, bieten Pädagog:innen in Lehr-Lernsituationen unmittelbar Daten zum Lernstand der Schüler:innen in bestimmten Bereichen (u. a. Hartong/Decuypere 2023). Die Entwicklung wirft Fragen unter anderem bezüglich des Verhältnisses dieser Daten zu Daten aus Lernstandserhebungen des „klassischen" Bildungsmonitorings, bezüglich der Datenqualität, der „Datifizierung" der Schule (u. a. Bock et al. 2023) und der Dateninfrastruktur auf (u. a. Hartong/Nikolai 2021). Eine konzeptionelle Klärung steht bisher aus. Zugleich gilt es auch im Bildungsmonitoring, nicht den Anschluss zu digital- und KI-gestützten Systemen zu verlieren. Hier eröffnen sich in den nächsten Jahren mannigfaltige Entwicklungsräume, wie die Programmierung von einer Bildungsmonitoring-GPT, die auf Grundlage der bereits vorhandenen Erkenntnisse und Daten trainiert werden kann, oder die inhaltliche Auswertung von größeren Textmengen in der Codierung von offenen Antworten bei Lernstandserhebungen und Befragungen (vgl. z. B. Andersen et al. 2022). Zugleich ist es in dieser Diskussion unerlässlich, Fragen der Datenhoheit und Datensicherheit zu berücksichtigen.

Professionelle Weiterentwicklung

Nach knapp zwei Jahrzehnten Erfahrung im Bildungsmonitoring stellt sich auch die Frage nach dem Professionalisierungsbedarf der Akteure, die im Bildungsmonitoring arbeiten (vgl. z. B. Ackerman et al. 2023). In viele Fällen sind sie diejenigen, die Ansätze des Monitorings konzipieren, die Daten des Monitorings erheben, aufbereiten und kommunizieren. Exemplarisch seien drei Fragen aufgeworfen: Wäre es an der Zeit eine Fachgesellschaft für Bildungsmonitoring zu gründen? Wäre es ebenso an der Zeit, eine Aus- und Fortbildungsstrategie für Mitarbeiter:innen im Bildungsmonitoring zu konzipieren und vor allem umzusetzen? Und: Wer evaluiert eigentlich das Bildungsmonitoring? Dabei sollte auch diskutiert werden, wie mit den unterschiedlichen Akteursgruppen eine Datenkompetenz aufgebaut werden kann.

- *Fachgesellschaft Bildungsmonitoring*
  Bisher sind mehrere Fachgesellschaften in Teilen Versammlungsorte für Bildungsmonitorende, wie beispielsweise die Kommission Bildungsorganisation, Bildungsplanung, Bildungsrecht (KBBB) als Sektion der Deutschen Gesellschaft für Erziehungswissenschaft (DGfE) sowie deren Arbeitsgruppe für empirische Pädagogische Forschung (AEPF), die Gesellschaft für empirische Bildungsforschung (GEBF), oder die Deutsche Gesellschaft für Bildungsverwaltung (DGBV) und das Netzwerk zur empiriegestützten Schulentwicklung (EMSE). Die Teilnahme an Tagungen und Diskursen von mehreren Fachgesellschaften fördern selbstverständlich die Vernetzung von Bildungsmonitorenden zu ihren zentralen Schnittstellenpartnern in Wissenschafts- und Bildungsadministration, haben jedoch auch den Nachteil, dass ein gemeinsamer Diskurs zu originären Themen des Bildungsmonitorings nur schwer über mehrere Jahre breit geführt und aufrechterhalten werden kann.
  Zudem etablierten sich über die letzten Jahre „Teilnetzwerke" entlang einzelner Instrumente des Monitorings, wie die VERA-Steuergruppe im Bereich der Lernstandserhebungen und KODEX als Konferenz der externen Evaluation für Schulinspektionen sowie auf internationaler Ebene die jährlichen Forschungskonferenzen der International Association for the Evaluation of Educational Achievement (IEA IRC). Während derartige Netzwerke eine hohe Bedeutung für den fachlichen Diskurs zum jeweiligen Instrument haben, bergen sie auch die Gefahr – wenn sie nicht um andere Netzwerke ergänzt werden – dass sich die Instrumente des Monitorings zu sehr vereinzeln und nicht vernetzt gedacht werden.
  Das „Netzwerk Bildungsmonitoring", in dem die Leitungen von acht Qualitätsinstituten sich vernetzen, ist eine Möglichkeit, das gemeinsame systemische Denken und Sprechen über das Zusammenspiel der Instrumente des Monitorings zu fördern. Derartige fachliche Diskurse sind auch für die Mit-

arbeiter:innen im Bildungsmonitoring zentral. Eine Fachgesellschaft könnte den Charme entfalten, institutionsübergreifende Standards zu verhandeln und festzulegen, wie beispielsweise für die Qualifikation sowie Aus- und Fortbildung von Mitarbeiter:innen im Bildungsmonitoring, für Instrumente und Methoden, für Kommunikationswege oder Produkte. Selbst wenn sich eine Fachgesellschaft gegen die Einigung auf Standards in diesen oder weiteren Bereichen einigen würde, birgt allein der Diskurs das Potenzial einen Beitrag zur Qualitätssicherung im Bildungsmonitoring zu leisten.

- *Aus- und Fortbildungsstrategie für Bildungsmonitorende*
  An den Qualitätsinstituten, die die Instrumente des Bildungsmonitorings entwickeln und einsetzen, arbeiten überwiegend statistisch- und datenaffine Akademiker:innen aus den Fachrichtungen Psychologie, Soziologie, empirische Bildungsforschung und verwandten sozialwissenschaftlichen Disziplinen. Eine systematische Auswertung, wer mit welcher Qualifikation an den Instituten arbeitet ist uns nicht bekannt und wäre durchaus – im Sinne einer Erkenntnisgewinnung über das Monitoring an sich – sinnvoll. Für ihre berufliche Aus- und Weiterbildung sind die Qualitätsinstitute selbst zuständig. Für methodisch und inhaltliche Professionalisierung können die Angebote von Fachgesellschaften, wie beispielsweise Summer Schools oder Tagungen besucht werden. Zugleich sind die Institute meistens an Weiterbildungsstrukturen der Bildungsverwaltung angebunden mit Fortbildungen zum Projekt- oder Führungsmanagement. Einheitliche Standards für die Qualifikation von Mitarbeiter:innen im Bildungsmonitoring bestehen allerdings noch nicht und sind für die Weiterentwicklung des Bildungsmonitorings als Fachdisziplin nicht nur wünschenswert, sondern notwendig. Entsprechende Diskurse entwickeln sich derweil in den USA, die bereits Standards diskutieren (Ackerman et al. 2024).

- *Evaluation des Bildungsmonitorings*
  Einzelne Elemente des Bildungsmonitorings wurden bereits teilweise und punktuell evaluiert, wie beispielsweise Teile von Schulinspektionen in einzelnen Bundesländern oder – aktuell in einzelnen Bundesländern geplant – der Sozialindex. Was bisher aussteht ist eine Evaluation des Zusammenspiels der Elemente des Bildungsmonitorings und, inwiefern die Bildungsmonitoring-Strategie der KMK ihre Ziele erreicht. Eine derartige Evaluation könnte Hinweise auf Stärken und Optimierungsbedarfe geben. Geklärt werden müsste allerdings, wer Auftraggeber:in der Evaluation sein könnte; dies könnte sowohl der Bund als auch eine Vereinigung der Länder sein. Im Grundsatz könnte wiederum die Evaluation des Bildungsmonitorings an sich auch als Ziel in der nächsten Weiterentwicklung der Gesamtstrategie festgehalten werden.

Fragenimpulse zur Weiterentwicklung des Bildungsmonitorings

Die Idee einer Gesamtstrategie zum Bildungsmonitoring begann vor fast 20 Jahren und es ist absehbar, dass eine Überarbeitung der 2015er Strategie der KMK ansteht. Die vielfältigen Beiträge dieses Sammelbandes können als Impulse für eine Weiterentwicklung dienen. Als Kondensat aus den Anregungen, die in den Beiträgen für die einzelnen Teilbereiche des Bildungsmonitorings vorhanden sind, könnten folgende zehn Fragenimpulse für die Weiterentwicklung dienlich sein:

- Welchen Mehrwert hätte ein Bildungsmonitoring, das sich auf lebenslanges Leben bezieht?
- Inwiefern können neben den schulischen Aspekten im Bildungsmonitoring weitere Bildungsbereiche in den Blick genommen werden, wie frühkindliche und Erwachsenenbildung sowie non-formale und informelle Bildungsbereiche?
- In welchen Monitoringbereichen lassen sich durch längsschnittliche Stichproben Bildungsverläufe abbilden?
- Inwiefern können neben den bisherigen Outcomes im Sinne von Basiskompetenzen überfachliche und Zukunftskompetenzen in das Tableau aufgenommen werden?
- Welche quantitativ und qualitativ erfassbaren Indikatoren wollen wir im Monitoring abbilden?
- Welche vorhandenen Indikatoren sollten weiterverfolgt, welche zukünftig entfallen und welche ergänzt werden?
- Wie können Prozesse der Qualitätsentwicklung in den Bildungsorganisationen in Monitoringdaten abgebildet werden?
- Wie kann ein Monitoring aussehen, dass die Ergebnisse für unterschiedliche Ebenen des Bildungssystems nutzbar machen lässt (System, Organisation, Individuum)?
- An welchen Stellen können Informationen aus den kommunalen Bildungsmonitoring nutzbar gemacht werden für eine länderübergreifende Betrachtung?
- Braucht es eine Evaluation des Bildungsmonitorings als solche?

Literatur

Abs, Hermann J./Hahn-Laudenberg, Katrin/Deimel, Daniel/Ziemes, Johanna F. (Hrsg.) (2024): ICCS 2022. Schulische Sozialisation und Politische Bildung von 14-Jährigen im internationalen Vergleich. Münster, New York: Waxmann.

Ackerman, Terry A./Bandalos, Deborah L./Briggs, Dere C./Everson, Howard T./Ho, Andrew D./Lottridge, Susan M./Madison, Matthew J./Sinharay, Sandip/Rodriguez, Michael C./Russell, Michael/von Davier, Alian A./Wind, Stefanie A. (2024): Foundational Competencies in Educational Measurement. Educational Measurement: Issues and Practice.

Andersen, Nico / Zehner, Fabian / Goldhammer, Frank (2022): Semi-automatic coding of open-ended text responses in large-scale assessments. Journal of Computer Assisted Learning 39, H.3.

Anghel, Ella / Khorramdel, Lale / von Davier, Matthias (2024): The use of process data in large scale assessments: a literature review. In: Large-scale Assessments in Education 12, Artikel 13.

Bildungsberichterstattung (2024): Bildung in Deutschland 2024. Ein indikatorengestützter Bericht mit einer Analyse zu beruflicher Bildung. Wbv.

Baumert, Jürgen / Lehmann, Rainert (1997): TIMSS — Mathematisch-naturwissenschaftlicher Unterricht im internationalen Vergleich. Wiesbaden: VS Verlag.

Bender, Saskia / Dietrich, Fabian / Silkenbeumer, Mirja (Hrsg.) (2021): Schule als Fall. Institutionelle und organisationale Ausformungen. https://doi.org/10.1007/978-3-658-27459-7

BMFSJ (2021): Gute-KiTA-Bericht 2021. Monitoringbericht 2021 des Bundesministeriums für Familie, Senioren, Frauen und Jugend nach § 6 Absatz 2 des Gesetzes zur Weiterentwicklung der Qualität und zur Verbesserung der Teilhabe in Tageseinrichtungen und in der Kindertagespflege (KiTa-Qualitäts- und -Teilhabeverbesserungsgesetz – KiQuTG) für das Berichtsjahr 2020. https://www.bmfsfj.de/resource/blob/190854/22bb3ba945871deccab3ede6803fd420/gute-kita-bericht-2021-data.pdf (Abfrage: 03.06.24).

BMFSJ (2023): Monitoringbericht 2023 des Bundesministeriums für Familie, Senioren, Frauen und Jugend nach § 6 Absatz 2 des Gesetzes zur Weiterentwicklung der Qualität und zur Verbesserung der Teilhabe in Tageseinrichtungen und in der Kindertagespflege (KiTa-Qualitäts- und -Teilhabeverbesserungsgesetz – KiQuTG) für das Berichtsjahr 2022. https://www.bmfsfj.de/resource/blob/235362/67fa706e1f37d30cefe7c0d101e06092/monitoringbericht-zum-kiqutg-2023-data.pdf (Abfrage: 03.06.24).

Bock, Annekatrin / Breiter, Andreas / Hartong, Sigrid / Jarke, Juliane / Jornitz, Sieglinde / Lange, Angelina / Macgilchrist, Felicitas (2023). Die datafizierte Schule. Wiesbaden, Springer VS. DOI 10.1007/978-3-658-38651.

Bohnsack, Ralf (2021): Rekonstruktive Sozialforschung. Einführung in qualitative Methoden. 10. Auflage. UTB.

Bohnsack, Ralf (2017): Praxeologische Wissenssoziologie. Opladen & Toronto: Verlag Barbara Budrich.

Brändle, Tobias (2024): Bildungs-ID. Eine Nummer fürs lebenslange Lernen. Gastbeitrag in DIE ZEIT. https://www.zeit.de/2024/19/bildungs-id-digitalisierung-datenschutz-schueler (Abfrage: 03.06.24).

Drechsel, Barbara / Prenzel, Manfred / Seidel, Tina (2009): Nationale und internationale Schulleistungsstudien. In: Wild, Elke / Möller, Jens (Hrsg.): Pädagogische Psychologie. Springer-Lehrbuch. Berlin, Heidelberg: Springer, S. 353–380.

Döbert, Hans / Weishaupt, Horst (2012): Bildungsmonitoring. In: Wacker, Albrecht / Maier, Uwe / Wissinger, Jochen (Hrsg.): Schul- und Unterrichtsreform durch ergebnisorientierte Steuerung. VS Verlag für Sozialwissenschaften.

Eickelmann, Birgit / Bos, Wilfried / Gerick, Julia / Goldhammer, Frank / Schaumburg, Heike / Schwippert, Knut / Senkbeil, Martin / Vahrenhold, Jan (Hrsg.) (2019): ICILS 2018 #Deutschland – Computer- und informationsbezogene Kompetenzen von Schülerinnen und Schülern im zweiten internationalen Vergleich und Kompetenzen im Bereich Computational Thinking. Münster, New York: Waxmann.

Goy, Martin / van Ackeren, Isabelle / Schwippert, Knut (2008): Ein halbes Jahrhundert internationale Schulleistungsstudien. Eine systematisierende Übersicht. Tertium comparationis 14, H. 1, S. 77–107.

Grünkorn, Julia / Klieme, Eckhard / Stanat, Petra (2019): Bildungsmonitoring und Qualitätssicherung. In: Köller, Olaf / Hasselhorn, Marcus / Maaz, Kai / Schrader, Josef / Solga, Heike / Spieß, C. Katharina / Zimmer, Karin (Hrsg.): Das Bildungswesen in Deutschland. Bestand und Potenziale. Verlag Julius Klinkhardt, S. 263–291.

Grünkorn, Julia / Klieme, Eckhard / Praetorius, Anna-Katharina / Schreyer, Patrick (Hrsg.) (2020): Mathematikunterricht im internationalen Vergleich. Ergebnisse aus der TALIS-Videostudie Deutschland. Frankfurt am Main: DIPF | Leibniz-Institut für Bildungsforschung und Bildungsinformation.

Hartong, Sigrid / Nikolai, Rita (2021): Bildung unter (digitaler) Beobachtung – Analysen zur wachsenden Bedeutung von Dateninfrastrukturen in der Bildungssteuerung. Thementeil in der Zeitschrift für Pädagogik, 67(3).

Hartong, Sigrid / Decuypere, Matthias (2023) Editorial: Platformed professional(itie)s and the ongoing digital transformation of education. In: Tertium Comparationis 29(1): 1–21.

Holst, Jorrit / Brock, Antje / Singer-Brodowski, Mandy / de Haan, Gerhard (2020): Monitoring Progress of Change: Implementation of Education for Sustainable Development (ESD) within Documents of the German Education System. Sustainability 12, H. 10, 4306.

Kaplan, David / Huang, Mingya (2021): Bayesian Probabilistic Forecasting with Large-Scale Educational Trend Data: A Case Study Using NAEP. Large-Scale Assessments in Education 9, Artikel 15.

Kaplan, David / Harra, Kjorte / Stampka, Jonas / Jude, Nina (im Druck): Stacking Models of Growth: Implications for Predicting the Pace of Progress to the Education Sustainable Development Targets using Longitudinal Large-Scale Assessments. Psychometrika. Springer.

Kelle, Udo / Kluge, Susann (2010): Vom Einzelfall zum Typus. Fallvergleich und Fallkontrastierung in der qualitativen Sozialforschung. 2., überarbeitete Auflage. Wiesbaden: VS Verlag für Sozialwissenschaften.

Klieme, Eckhard / Jude, Nina / Baumert, Jürgen / Prenzel, Manfred (2010): PISA 2000–2009: Bilanz der Veränderungen im Schulsystem. In: Klieme, Eckhard / Artelt, Cordula / Hartig, Johannes / Jude, Nina / Köller, Olaf / Prenzel, Manfred / Schneider, Wolfgang / Stanat, Petra (Hrsg.): PISA 2009. Bilanz nach einem Jahrzehnt. Münster: Waxmann, S. 277–300.

KMK (2015): Gesamtstrategie der Kultusministerkonferenz zum Bildungsmonitoring. https://www.kmk.org/themen/qualitaetssicherung-in-schulen/bildungsmonitoring.html (Abfrage: 03.06.24).

KMK Pressemitteilung (2023): 1. Gemeinsame Sitzung der Kultusministerkonferenz (KMK) und Jugend- und Familienkonferenz (JFMK). https://www.kmk.org/aktuelles/artikelansicht/1-gemeinsame-sitzung-der-kultusministerkonferenz-kmk-und-jugend-und-familienministerkonferenz-j.html (Abruf: 03.06.24).

Köller, Olaf (2010): Bildungsstandards. In: Tippelt, Rudolf / Schmidt, Bernhardt (Hrsg.): Handbuch Bildungsforschung VS Verlag für Sozialwissenschaften, S. 529–548.

Kuger, Susanne / Klieme, Eckhard / Jude, Nina / Kaplan, David (Hrsg.) (2016): Assessing contexts of learning. An international perspective. Cham, Switzerland: Springer.

Lewalter, Doris / Diedrich, Jennifer / Goldhammer, Frank / Köller, Olaf / Reiss, Kristina (Hrsg.) (2023): PISA 2022. Analyse der Bildungsergebnisse in Deutschland. Münster: Waxmann.

Maag Merki, Katharina / Wullschleger, Andrea / Rechsteiner, Beat (2021). Ein neuer Blick auf Schulentwicklung. Das Zusammenspiel zwischen impliziten und expliziten Prozessen der Weiterentwicklung der Einzelschule. In: Moldenhauer, Anna / Asbrand, Barbara / Hummrich, Merle / Idel, Till-Sebastian (Hrsg.), Schulentwicklung als Theorieprojekt. Forschungsperspektiven auf Veränderungsprozesse von Schule. Wiesbaden: VS Verlag für Sozialwissenschaften, S. 159–180.

Maier, Uwe / Metz, Kerstin / Bohl, Thorsten / Kleinknecht, Marc / Schymala, Martin (2012): Vergleichsarbeiten als Instrument der datenbasierten Schul- und Unterrichtsentwicklung in Gymnasien. In: Wacker, Albrecht / Maier, Uwe / Wissinger, Jochen. (Hrsg.): Schul- und Unterrichtsreform durch ergebnisorientierte Steuerung. Wiesbaden: VS Verlag für Sozialwissenschaften, S. 197–224.

Maritzen, Norbert / Tränkmann, Jenny (2015): Normative Grundlagen des Bildungsmonitorings. Die Deutsche Schule 107, H. 3, S. 232–247.

McElvany, Nele/Lorenz, Ramona/Frey, Andreas/Goldhammer, Frank/Schilcher, Anita/Stubbe, Tobias C. (Hrsg.) (2023): IGLU 2021. Lesekompetenz von Grundschulkindern im internationalen Vergleich und im Trend über 20 Jahre. Münster, New York: Waxmann.

Müller, Normann/Münchhausen, Gesa/Reichart, Elisabeth/Echarti, Nicolas/Gerhards, Pia (2023): Reformvorschläge für das Monitoring zur beruflichen Weiterbildung. Version 1.0 Bonn. https://www.res.bibb.de/vet-repository_781838 (Abfrage: 03.06.24).

Nohl, Arnd-Michael (2017): Organisationen in der dokumentarischen Mehrebenenanalyse. In Steffen Amling, Werner Vogd (Hrsg.), Dokumentarische Organisationsforschung. Perspektiven der praxeologischen Wissenssoziologie (S. 279–300). Verlag Barbara Budrich.

Nohl, Arnd-Michael/Somel, R. Nazli (2017). Neo-Institutionalismus und dokumentarische Organisationsforschung: Zur Strukturierung loser Kopplung durch Sozial- und Organisationsmilieus. In Steffen Amling, Werner Vogd (Hrsg.), Dokumentarische Organisationsforschung. Perspektiven der praxeologischen Wissenssoziologie (S. 189–207). Verlag Barbara Budrich.

OECD (2019): Providing Quality Early Childhood Education and Care: Results from the Starting Strong Survey 2018, TALIS. OECD Publishing, Paris. https://www.oecd-ilibrary.org/education/providing-quality-early-childhood-education-and-care_301005d1-en (Abfrage: 03.06.24).

OECD (2023): Bildung auf einen Blick. OECD-Indikatoren. Bielefeld: wbv Media.

Rammstedt, Beatrice (Hrsg.) (2013): Grundlegende Kompetenzen Erwachsener im internationalen Vergleich: Ergebnisse von PIAAC 2012. Münster: Waxmann.

Reiß, Franziska/Napp, Ann-Kathrin/Erhart, Michael/Devine, Janine/Dadaczynski, Kevin/Kaman, Anne/Ravens-Siebert, Ulrike (2023): Perspektive Prävention: Psychische Gesundheit von Schülerinnen und Schülern in Deutschland. Bundesgesundheitsblatt 66, S. 391–401.

Schrader, Josef/Kuper, Harm/Behringer, Friederike (2016): Entwicklung von Indikatoren und einer Datengewinnungsstrategie für die Weiterbildungsstatistik in Deutschland. Eine Expertise, H. 176.

Schwippert, Knut/Kasper, Daniel/Köller, Olaf/McElvany, Nele/Selter, Christoph/Steffensky, Mirjam/Wendt, Heike (Hrsg.) (2020): TIMSS 2019. Mathematische und naturwissenschaftliche Kompetenzen von Grundschulkindern in Deutschland im internationalen Vergleich. Münster, New York: Waxmann.

Vogd, Werner (2009): Rekonstruktive Organisationsforschung. Verlag Barbara Budrich.

Wagemaker, Hans (Ersg.) (2020): Reliability and Validity of International Large-Scale Assessment. Understanding IEA's Comparative Studies of Student Achievement. Springer.

Warmt, Maike/Pietsch, Marcus/Graw-Krausholz, Stephanie/Tosana, Simone (Hrsg.): Schulinspektion in Hamburg. Der zweite Zyklus 2012–2020. Perspektiven aus Theorie, Empirie und Praxis. Berlin: wvb.

Teil A:
Internationale Schulleistungsvergleiche

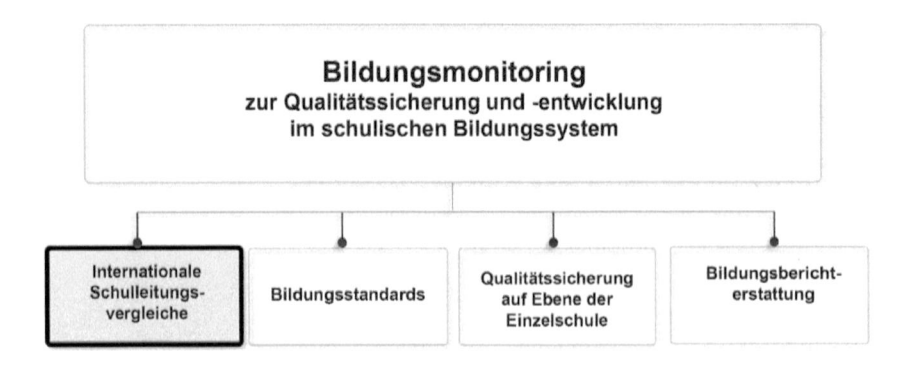

```
┌─────────────────────────────────────────────────┐
│              Bildungsmonitoring                 │
│     zur Qualitätssicherung und -entwicklung     │
│          im schulischen Bildungssystem          │
└─────────────────────────────────────────────────┘
        │            │            │            │
┌───────────────┐ ┌──────────┐ ┌──────────────┐ ┌──────────────┐
│ Internationale│ │Bildungs- │ │Qualitäts-    │ │Bildungs-     │
│ Schulleitungs-│ │standards │ │sicherung     │ │bericht-      │
│ vergleiche    │ │          │ │auf Ebene der │ │erstattung    │
│               │ │          │ │Einzelschule  │ │              │
└───────────────┘ └──────────┘ └──────────────┘ └──────────────┘
```

Mit der Teilnahme an der Third International Mathematics and Science Study (TIMSS) und dem Programme for International Student Assessment (PISA) um die Jahrtausendwende erhielt Deutschland zum ersten Mal standardisierte Erkenntnisse über die Bildungsqualität von Schulen im internationalen Vergleich. Seitdem ist die regelmäßige Teilnahme an internationalen Schulleistungsstudien ein wesentlicher Bestandteil der Gesamtstrategie zum Bildungsmonitoring. Erfasst werden die Kompetenzen in Mathematik, Naturwissenschaften und Lesen in der Grundschule durch die Teilnahme an TIMSS und der Internationalen Grundschul-Lese-Untersuchung (IGLU/PIRLS) sowie in der Sekundarstufe I durch die Teilnahme an PISA. Der Vergleich von Bildungsqualität auf Systemebene betrachtet Bildungsergebnisse aus einer globalen Perspektive: Verfügen Schüler:innen in Deutschland über grundlegende Kompetenzen für die Partizipation in einer internationale ausgerichteten Gesellschaft und erfüllt unser Bildungssystem das Ziel der qualitativ hochwertigen Bildung für alle?

Die drei Beiträge in diesem Abschnitt diskutieren den Status Quo dieses Monitoringansatzes mit Blick auf die Systemebene. *Christine Sälzer* beschreibt die Entwicklungen von Schulleistungsstudien und das grundsätzliche Erkenntnispotenzial der internationalen Perspektive. *Abel Schumann* erläutert die Bedeutung von internationalen Bildungsindikatoren und die Herausforderungen des Datenmanagements bei der Generierung aussagekräftiger, internationaler Daten. *Jana Groß Ophoff, Stefan Brauckmann-Sajkiewicz, Pierre Tulowitzki, Marcus Pietsch und Colin Cramer* eröffnen die Perspektive für die konzeptionellen Grundlagen der Entwicklung eines internationalen Monitorings, das Schulleitungen in den Blick nimmt.

Warum immer noch PISA?

Internationale Schulleistungsstudien als Kernelement des Bildungsmonitorings in Deutschland

Christine Sälzer

Zusammenfassung

Die PISA-Studie und der sogenannte „PISA-Schock" stehen exemplarisch für einen prüfenden Blick auf die Leistungsfähigkeit unseres Schulsystems im Vergleich mit Bildungssystemen weltweit. Seit mittlerweile mehr als zwei Jahrzehnten werden funktionale Grundkompetenzen von Schüler:innen gemessen, die Entwicklung der durchschnittlichen Kompetenzen und weiterer Maße für die Qualität von Bildungssystemen ist durchwachsen und wird auch im öffentlichen Diskurs zunehmend kritisiert: Das deutsche Bildungssystem steckt in einer veritablen Krise. Angesichts dessen lohnt sich die Betrachtung der Frage, welchen Mehrwert diese internationale Perspektive konkret für Bildungspolitik und Bildungspraxis in Deutschland bringt und ob sich eine Beteiligung an PISA weiterhin lohnt. Der Beitrag greift auf, was die zentralen Funktionen internationaler Schulleistungsstudien sind und welches die für Deutschland wichtigsten Herausforderungen im Bildungssystem sind, die daraus abgeleitet werden können. Zum Anspruch von PISA und Co. gehört auch deren kontinuierliche methodische und konzeptuelle Weiterentwicklung, ohne die eine Erfassung funktionaler Grundbildung nicht möglich wäre. Entsprechend wird herausgearbeitet, inwieweit sich diese Studien an dynamische Entwicklungen sowohl im Bereich der Bildungsinhalte als auch im Bereich der Bildungsforschung angepasst haben. Den Abschluss bildet ein Plädoyer für langfristiges, regelmäßiges Bildungsmonitoring.

Wie alles begann

Die Veröffentlichung der ersten Ergebnisse des *Programme for International Student Assessment* (PISA) der OECD im Jahr 2001 brachte nach bereits schwachen Ergebnissen in der *Trends in International Mathematics and Science Study* (TIMSS) vier Jahre zuvor (Baumert/Lehmann 1997) das Selbstverständnis des deutschen Bildungswesens gehörig ins Wanken: Sowohl das unterdurchschnittliche Abschneiden der Schüler:innen in Deutschland sorgte für ungläubige und distanzierende Reaktionen als auch die systematischen Disparitäten innerhalb Deutschlands (Baumert 2001; Baumert et al. 2002). Kompetenzunterschiede wurden besonders im Lesen und in der Mathematik zwischen Jungen und Mädchen offensichtlich, aber auch zwischen Schüler:innen mit und ohne Zuwanderungshintergrund oder aus unterschiedlichen Bundesländern und mit unterschiedlichem sozioökonomischem Hintergrund (Baumert et al. 2002; Baumert et al. 2006; Baumert et al. 2003). Unter dem Begriff „PISA-Schock" (Roeder 2003) schrieben diese Ergebnisse ein Stück Bildungsgeschichte. Für sich genommen sind unterschiedlich ausgeprägte Kompetenzen ganz normal und kein Grund zur Sorge; allerdings sind diese Unterschiede dann problematisch, wenn sie systematisch auftreten, d. h. in Verbindung mit bestimmten unveränderlichen Merkmalen der Schüler:innen. Denn dann liegt nahe, dass Schüler:innen mit bestimmten Merkmalen in der Schule weniger erfolgreich lernen als andere, also möglicherweise aufgrund dieser Merkmale benachteiligt sein können (Sälzer 2021). Solche unveränderlichen Merkmale sind beispielsweise der sozio-ökonomische Hintergrund von Schüler:innen oder ihre Zuwanderungsgeschichte.

Gut 20 Jahre nach dem PISA-Schock sind zahlreiche differenzielle Entwicklungen im Bereich des Bildungsstandes der Jugendlichen in Deutschland nachgezeichnet worden. Es gab Erfolge zu vermelden, etwa im Rahmen von PISA 2012, als die Kompetenzmittelwerte erstmals in allen drei Domänen Lesen, Mathematik und Naturwissenschaften über dem OECD-Durchschnitt lagen (Prenzel et al. 2013). Zugleich verdeutlichte nicht nur die PISA-Studie, sondern regelmäßig auch andere Large-Scale Assessments wie TIMSS oder der Bildungstrend des Instituts zur Qualitätsentwicklung im Bildungswesen (kurz: IQB-Bildungstrend), dass wesentliche Herausforderungen nach wie vor bestehen und beispielsweise die Digitalisierung der Schulen und vor allem des Fachunterrichts weit hinter den Entwicklungen unserer Nachbarländer zurückbleibt (Eickelmann et al. 2019; Reiss et al. 2019; Schwippert et al. 2020). In der jüngsten PISA-Studie aus dem Jahr 2022 wurden für die Schüler:innen in Deutschland gar die niedrigsten Kompetenzmittelwerte überhaupt in allen bisherigen PISA-Runden erfasst, ein neuer Tiefpunkt also (Lewalter et al. 2023), der etwa in der Berichterstattung der Süddeutschen Zeitung als neuer PISA-Schock rezipiert wurde (dpa 2023).

Die Ständige Konferenz der Kultusminister in Deutschland (KMK) reagierte 2002 auf den damaligen PISA-Schock mit der Verabschiedung von sieben zentralen Handlungsfeldern (KMK 2002). In diesen sieben zentralen Handlungsfeldern wurden Maßnahmen identifiziert, mit deren Hilfe die Qualität des Bildungswesens in Deutschland langfristig und nachhaltig verbessert werden sollte. Insofern initiierte die KMK mit den sieben zentralen Handlungsfeldern eine umfangreiche Reform-Agenda und damit eine langfristige Strategie zum Bildungsmonitoring in Deutschland, die gezielt Schwerpunkte auf wesentliche Defizite im deutschen Bildungssystem setzte (etwa Lehrkräftebildung, frühe sprachliche Förderung oder den Ausbau gebundener Ganztagsschulen). Die regelmäßige Beteiligung Deutschlands an nationalen und internationalen Schulleistungsstudien ist in den Handlungsfeldern festgeschrieben und damit ein Kernelement des Bildungsmonitorings in Deutschland. Neben der bekanntesten internationalen Bildungsvergleichsstudie, PISA, nimmt Deutschland an mehreren weiteren nationalen und internationalen Schulleistungsuntersuchungen teil. Tabelle 1 gibt einen Überblick über diese Studien.

Tab. 1: Nationale und internationale Schulleistungsstudien mit Beteiligung Deutschlands.

	PISA	TIMSS	PIRLS/IGLU	ICILS	IQB-Bildungstrend	NEPS
Initiierende Organisation	OECD	IEA	IEA	IEA	KMK	BMBF
Bisherige und geplante Erhebungsrunden	2000, 2003, 2006, 2009, 2012, 2015, 2018, 2022, 2025	1995, 1999, 2003, 2007, 2011, 2015, 2019, 2023	2001, 2006, 2011, 2016, 2021, 2026	2013, 2018, 2023	2008/2009, 2011, 2012, 2015, 2016, 2018, 2021, 2022, 2024	seit 2010, abhängig von der Kohorte
Population/Zielgruppe	15-jährige Schüler:innen	Schüler:innen der vierten Jahrgangsstufe und/oder Schüler:innen der achten Jahrgangsstufe bzw. am Ende Sekundarstufe I	Schüler:innen der vierten Jahrgangsstufe	Schüler:innen der achten Jahrgangsstufe	Schüler:innen kurz vor einem bestimmten Schulabschluss (Primarstufe, Sekundarstufe I, Sekundarstufe II)	Sechs Kohorten: Kleinkinder (7 Monate), 4-Jährige, Schüler:innen der Klassenstufen 5 und 9, Studienanfänger:innen sowie Erwachsene der Jahrgänge 1944 bis 1986
Design	Querschnitt, Trend	Querschnitt, Trend	Querschnitt, Trend	Querschnitt, Trend	Querschnitt, Trend	Längsschnitt mit mehreren Kohorten

Es handelt sich dabei um eine breit orchestrierte, einander ergänzende Palette an wissenschaftlich fundiert durchgeführten Studien. Die Studien verfolgen unterschiedliche Zugänge und Schwerpunkte, sind nicht unnötig redundant und differenzieren gezielt curriculare Validität (Abdeckung von Lehrplänen durch die Tests) und Kompetenzmodelle wie das Literacy-Konzept (funktionale Grundbildung, vgl. etwa (Sälzer 2016). Im Folgenden werden die wichtigsten Ziele, Funktionen und einige exemplarische Erkenntnisse aus PISA und anderen Large-Scale Assessments skizziert.

Ziele von PISA & Co.

Die PISA-Studie verfolgt seit mittlerweile mehr als 20 Jahren das Ziel, festzustellen, inwieweit Jugendliche gegen Ende der Pflichtschulzeit in der Lage sind, das (mutmaßlich) in der Schule gelernte Wissen in alltäglichen Situationen anzuwenden (OECD 2019a). Wie gut Jugendliche auf die Anforderungen einer sich ständig wandelnden Wissensgesellschaft vorbereitet sind, zeigen mit jeder PISA-Erhebungsrunde zahlreiche Berichtsbände der OECD, aber auch der nationalen Projektzentren in den beteiligten Bildungssystemen. Alle drei Jahre werden Schüler:innen im Alter von 15 Jahren in den drei Domänen Lesen, Mathematik und Naturwissenschaften getestet; zusätzlich geben sie Auskunft in einem modular aufgebauten Fragebogen, der unter anderem zur Modellierung der theoretisch angenommenen Einflüsse von Lernumgebungen und familiären Umfeldern dient (Kuger et al. 2017). Neben den Jugendlichen werden in einem solchen Fragebogen auch deren Eltern, Schulleitungen und Lehrkräfte befragt. Dabei ist die Stichprobe auf nationaler Ebene (also: für Deutschland) repräsentativ, nicht jedoch auf der Ebene der Bundesländer. Beteiligt sind alle Schulformen, an denen (potenziell) Schüler:innen im Alter von 15 Jahren zu finden sind (OECD 2020b). Nachdem die Schulen in einer geschichteten Wahrscheinlichkeitsstichprobe ausgewählt worden sind, erfolgt die Ziehung der Schüler:innen zur Teilnahme an PISA innerhalb der gezogenen Schulen nach dem Zufallsprinzip. Dieses Prozedere der Stichprobenziehung läuft in allen Bundesländern gleich ab und berücksichtigt die jeweils existierenden Schulformen, die potenziell von 15-Jährigen besucht werden. Das Gymnasium ist hierbei die einzige Schulform, die in allen 16 Bundesländern vorhanden ist. Daneben gibt es unterschiedlich viele weitere Schulformen, an denen 15-Jährige zu finden sind und sie alle werden bei der Stichprobenziehung berücksichtigt. Neben Basiskompetenzen in den genannten drei Domänen erfasst PISA jeweils auch eine sogenannte lehrplanübergreifende, extracurriculare Kompetenz. Bisher waren dies unter anderem das selbstregulierte Lernen (Baumert 2001), Problemlösen (Klieme et al. 2001), Problemlösen im Team (Zehner et al. 2019), Global Competence (Sälzer/Roczen 2018) oder Creative Thinking (OECD 2019d).

Durchführung von PISA

Über die Jahre hat sich der Teilnehmerkreis von PISA kontinuierlich erweitert. Waren es bei der ersten Runde im Jahr 2000 noch 32 Staaten, darunter 28 OECD-Staaten, so sind es in PISA 2022 bereits 40 OECD-Staaten und 46 Partnerstaaten bzw. Partnerregionen, die sich für eine Teilnahme an PISA entschieden haben. Die Studie wird initiiert und geleitet von der OECD in Paris. Die beteiligten Bildungssysteme haben je ein nationales Projektmanagement, das an Einrichtungen der Bildungsadministration oder Bildungsforschung angesiedelt ist und aus Teams mit unterschiedlichen Rollen besteht. So verfügt jedes nationale Projektzentrum über Expertise im Bereich Projektkoordination, Datenmanagement, Stichprobenziehung, Übersetzung sowie in den in PISA erfassten Domänen.

Grundbildungskonzept

Konzeptuell legt PISA ein funktionales Grundbildungskonzept zu Grunde, welches als Literacy bezeichnet wird (Baumert 2001). Zentral ist dabei, dass die erfassten Inhalte und Prozesse sowohl anwendbar sind für die aktuelle und zukünftige Teilhabe an einer Kultur als auch anschlussfähig für nachfolgendes Lernen (Sälzer 2016). Dahinter steckt die Annahme, dass eine solide Grundbildung die Jugendlichen dazu befähigt, auch in neuen, unbekannten Situationen durch erfolgreichen Transfer handlungs- und teilhabefähig zu sein, informierte Entscheidungen treffen zu können und ein eigenständiges, selbstbestimmtes (Erwerbs-)Leben zu führen. Konkret misst der PISA-Test also, inwieweit die 15-Jährigen bis zum Testtag Lerngelegenheiten genutzt haben, um in bestimmten Bereichen des Lebens gut zurechtzukommen. Dabei wird die Qualität vorangegangener Bildungsprozesse als Grundlage für die Prognose künftiger Bildungsprozesse herangezogen. Die Validität des Assessments konnte beispielsweise durch einen Längsschnitt im Rahmen der kanadischen Youth in Transition Study gezeigt werden (Borgonovi et al. 2017). Mit dem Anspruch der Lebensweltnähe und Anschlussfähigkeit geht auch der Anspruch einher, dass die konkreten Inhalte der zu messenden Grundbildung nicht statisch ist, sondern mit der Zeit an die Anforderungen der Gesellschaft, insbesondere des Arbeitsmarktes, angepasst werden müssen (OECD 2019a).

Mehr als eine Klassenarbeit

Ein zentraler Punkt bei der Bewertung der PISA-Studie ist der Hinweis, dass es sich beim PISA-Test nicht um eine Klassenarbeit oder Klausur handelt: Der PISA-Test folgt einer gänzlich anderen Logik. Während in einer Klassenarbeit der Unterrichtsstoff vergangener Wochen geprüft wird, wird der in PISA erfasste Kompetenzbegriff der Literacy in einer theoretischen Rahmenkonzeption beschrieben und eingegrenzt (OECD 2019a; Sälzer 2016). Darin werden die getesteten Domänen strukturiert und in Subdimensionen untergliedert, denen dann im PISA-Test entsprechende Aufgaben (Items) zugeordnet werden. Beispielsweise lässt sich die Domäne Mathematik in Inhalte, Prozesse und Kontexte unterteilen, wobei die Inhalte etwa Raum und Form (Geometrie) oder Veränderung und Beziehungen (Algebra) heißen, die Prozesse grundlegende mathematische Aktivitäten wie die

Interpretation mathematischer Ergebnisse umfassen und die Kontexte verschiedene Lebensbereiche der befragten Jugendlichen abbilden (Reiss et al. 2016). PISA strebt explizit keine curriculare Validität an, d. h. die Kompetenzmessung bezieht sich nicht darauf, inwieweit die Lehrpläne in einzelnen Bildungssystemen erfolgreich umgesetzt werden (Sälzer 2016). Zwar weisen die Curricula im internationalen Vergleich Überschneidungen auf, jedoch sind sie bei weitem nicht identisch. Bezugsnorm ist daher die theoretische Rahmenkonzeption für jede erfasste Domäne. Die Ergebnisse pro Domäne, d. h. Mittelwerte und Verteilungen auf inhaltlich beschriebene Kompetenzstufen, lassen sich als repräsentatives Bild aller 15-Jährigen in den jeweiligen Teilnehmerstaaten darstellen. Eine Individualdiagnostik oder Rückmeldung an die Teilnehmenden ist jedoch nicht möglich: Da der PISA-Test in der Regel einen Vormittag umfasst, kann jede:r Schüler:in lediglich einen Bruchteil aller verfügbaren Testaufgaben bearbeiten. Somit erhält man jeweils nur ein unvollständiges Bild der Aufgaben, die ein:e Schüler:in lösen kann — von allen Aufgaben, die sie theoretisch hätten bekommen können. Aus diesem Grund ist eine Einzeldiagnostik der Kompetenz je Schüler:in anhand von PISA nicht zulässig. Die Testaufgaben werden jedoch systematisch auf alle teilnehmenden Jugendlichen verteilt, so dass jede Aufgabe von ausreichend vielen Teilnehmenden bearbeitet wird und an unterschiedlichen Stellen im Test vorkommt (so genanntes Multi-Matrix-Design (vgl. Sälzer 2016)). Auf dieser Basis lassen sich Angaben für das Gesamtbild aller Teilnehmenden machen, ohne dass individuelle Ergebnisse ermittelt werden.

Funktionen von Large-Scale Assessments

Internationale Large-Scale Assessments haben zwei Hauptfunktionen: Monitoring und Benchmarking (Seidel/Prenzel 2008). Monitoring bedeutet, dass anhand der Studien eine Bestandsaufnahme von Stärken und Schwächen erfolgt und damit eine gezielte Identifikation von Problemen im Bildungswesen. Ergänzend dazu liefert das Benchmarking einen Vergleich mit anderen Staaten oder Regionen, Einordnung der Befunde in einen größeren Kontext. Damit sind nationale wie internationale Bildungsvergleichsstudien weit mehr als ein bloßes Ranking. Die Studien sind dabei häufig als Trenduntersuchung mit mehreren Durchgängen angelegt, so dass Entwicklungen von Kennwerten wie Kompetenzen oder des sozialen Gradienten, der den Zusammenhang zwischen dem sozioökonomischen Hintergrund und der Kompetenz in den PISA-Domänen angibt, über die Zeit darstellbar sind. Konkret die PISA-Studie untersucht Kompetenzen und Bildungsergebnisse auf verschiedenen Ebenen: Bildungssystem, Schule, Klasse sowie Schüler:innen. Insgesamt betrachtet geben diese Ebenen ein sehr detailreiches Bild davon, wo spezifische Stärken und Schwächen von Bildungssystemen liegen — sowohl im zeitlichen Verlauf (Trends) als auch im Vergleich mit anderen Bildungssystemen (Benchmarking). Anhand einiger Beispiele wird in den nächsten Abschnitten verdeutlicht, dass Bildungsvergleichsstudien wie PISA ein nicht mehr wegzudenkendes Kernelement des Bildungsmonitorings in Deutschland sind.

Erkenntnisse aus PISA auf verschiedenen Ebenen

Die Erkenntnisse, die wir in Deutschland aus PISA und weiteren Studien des Bildungsmonitorings gewinnen, sind auf verschiedenen Ebenen anschlussfähig und bedeutsam. Sie helfen uns, die drängendsten Herausforderungen im Bildungsbereich herauszuarbeiten und dienen als empirischer Bezugspunkt für bildungspolitische Entscheidungen. In jüngerer Zeit, insbesondere im Nachgang der Covid19-Pandemie, scheinen sich bestimmte Problemlagen zu verfestigen, etwa ein wachsender Anteil an Schüler:innen, die an Minimalanforderungen eines Kompetenzbereichs scheitern (Lewalter et al. 2023; McElvany et al. 2023; Schwippert et al. 2020; Stanat et al. 2023) oder wieder wachsende soziale Disparitäten (Lewalter et al. 2023; McElvany et al. 2023; Schwippert et al. 2020; Stanat et al. 2023). In diesem Abschnitt werden auf vier Ebenen weitere Beispiele skizziert, welche die Bedeutung von Erkenntnissen aus dem Bildungsmonitoring für die Abwägung bildungspolitischer Entscheidungen verdeutlichen. Sie sind für eine ganze Reihe von Akteur:innen im Bildungswesen von großer Bedeutung, die den unterschiedlichen Ebenen zugeordnet werden können.

Ebene Bildungssystem

Auf der Ebene des Bildungssystems bringen Schulleistungsstudien vor allem deskriptive, d.h. beschreibende Befunde im Hinblick auf vielfältige Aspekte der organisatorischen Rahmenbedingungen hervor, in denen Schule für die untersuchten 15-Jährigen stattfindet. Zahlreiche Kennwerte, die auf diese Weise gewonnen werden, liefern Informationen, die wir ohne die Large-Scale Assessments nicht hätten. So ist beispielsweise eine Einordnung in den internationalen Vergleich darüber möglich, in welcher Klassenstufe sich weltweit die PISA-Schüler:innen im Alter von 15 Jahren befinden. Dabei wird auch deutlich, wie groß die Bandbreite der besuchten Klassenstufe innerhalb der OECD-Staaten ist (15-Jährige besuchen die Klassenstufen 9 bis 11; vgl. OECD 2020a) und dass in zahlreichen an PISA teilnehmenden Staaten die 15-Jährigen bereits ein bis zwei Schuljahre mehr hinter sich haben als in Deutschland, wo die am häufigsten besuchte Klassenstufe dieser Alterskohorte noch immer die 9. Klasse ist (OECD 2020a). In den OECD-Staaten befinden sich 15-Jährige am häufigsten die Klassenstufe 10. Besonders bemerkenswert ist, dass 15-Jährige in Deutschland sich auf die Klassenstufen 7 bis 11 verteilen und damit deutlich diffuser auf die Stufen verteilt sind als in anderen Ländern. Dies geht sowohl auf Differenzierungen beim Schuleintrittsalter zurück (etwa Kindergartenpflicht ab 4 Jahren) als auch auf verzögerte oder beschleunigte Schullaufbahnen (OECD 2020a). Da in Deutschland seit jeher der Anteil von Schüler:innen, die bis zum PISA-Testtag mindestens ein Schuljahr wiederholt hatten, im internationalen Vergleich relativ hoch ist (vgl. Baumert 2001, PISA 2000: 24 Prozent in Deutschland versus 12 Prozent im OECD-Durchschnitt, PISA 2018: 19.6 Prozent in Deutschland versus 11.4 Prozent im OECD-Durchschnitt (OECD 2020a)). Bildungspolitisch relevant ist hier beispielsweise die Frage, ob der Anteil an Klassenwiederholungen mit der Leistungsfähigkeit der Bildungssysteme einhergeht, d. h. ob etwa Bildungssysteme mit besonders wenigen oder vielen Klassenwiederholungen im Mittel besonders hohe oder niedrige Kompetenzen bei den Schüler:innen aufweisen. Hier zeigen die Daten aus PISA und anderen Schulleistungsstudien regelmäßig, dass ein solcher Zusammenhang nicht auszumachen ist. Die Anteile an Klassenwiederholungen verteilen sich unabhängig von den Kompetenzmittelwerten über die Staaten. Aus bildungspolitischer Perspektive ist hier die Frage an die Bildungsvergleichsstudien zu richten, welche vertiefenden Erkenntnisse über das Thema Klassenwiederholungen bereits vorliegen (z. B. in Bezug auf das Kosten-Nutzen-Verhältnis (Klemm 2009) oder die Kompetenzentwicklung (Ehmke et al. 2017)) und inwieweit mehr Informationen benötigt werden. Erkenntnisse auf der Systemebene richten sich insbesondere an Akteure der Bildungspolitik, etwa Kultusministerien, das Bundesministerium für Bildung und Forschung oder auch allgemeiner politische Parteien, die entsprechende Prioritäten setzen können. Basierend auf den Erkenntnissen wäre im nächsten Schritt entsprechend auf politischer Ebene zu entscheiden, welche Abwägungen getroffen werden sollen.

Ebene Schule

Eine Schule ist stets sowohl eine gesellschaftliche Institution als auch ein konkretes, belebtes Haus und damit eine Organisation (Sälzer et al. 2016). PISA liefert hier unter anderem Daten dazu, welche Maßnahmen zur Qualitätssicherung und -entwicklung von Schulen in den OECD-Staaten am häufigsten genutzt werden. Im Diskurs um die Rolle und den Umfang von Evaluationen im Schulkontext sind solche Daten eine solide Basis für Argumentationen und Abwägungen. Am häufigsten wurden etwa laut PISA 2012 interne Evaluationen eingesetzt (87 Prozent im OECD-Durchschnitt, in Deutschland: 73.9 Prozent (Sälzer/Prenzel/Klieme 2013)); am seltensten fand Schulentwicklung durch Expertengespräche statt (43 Prozent der Schulen im OECD-Mittel, 19 Prozent der Schulen in Deutschland, vgl. ebd.). Aus der Perspektive von Schulleitungen ist hier unter anderem die Frage bedeutsam, ob an ihrer Schule besonders häufig evaluiert wird. Die ausgewählten Angaben oben zeigen: Nein, zumindest nicht im internationalen Vergleich. Auch und gerade wenn Befunde aus vergleichenden Studien teilweise kontraintuitiv sind, ist deren Wert für evidenzbasiertes Handeln in der Schule als Organisation, aber auch als gesellschaftliche Institution unermesslich. Ein zweites Beispiel auf der Schulebene ist der Stand der Digitalisierung. Neben PISA 2018 liegen insbesondere auch aus der ICILS-Studie (International Computer and Information Literacy Study) 2018 sowie aus dem Länderindikator Schule digital Zahlen darüber vor, inwieweit Schulen in Deutschland über eine digitale Grundausstattung und weitere Elemente digitaler Lernumgebungen verfügen (Eickelmann et al. 2019; Lorenz et al. 2021). Kernindikatoren für den Stand der Digitalisierung an Schulen sind die vier Bereiche IT-Ausstattung und -Support, Nutzung digitaler Medien im Unterricht, Förderung der computer- und informationsbezogenen Kompetenzen der Schüler:innen sowie Kompetenzen von Lehrpersonen im Umgang mit digitalen Medien im Unterricht (Lorenz et al. 2021). Zusammengefasst wird deutlich, dass digitale Medien mittlerweile deutlich häufiger genutzt werden als in den Jahren zuvor und dass die Lehrpersonen sich selbst als kompetent im Umgang mit diesen Medien einschätzen. Ausbaufähig bleiben die Bedingungen zur IT-Ausstattung, die insgesamt weiterhin hinter den Anforderungen einer modernen schulischen Notwendigkeit und didaktischer Möglichkeiten zurückbleibt. Diese Indikatoren zeigen exemplarisch, wie sich Bildungsmonitoring mit seinem Gegenstand entlang der gesellschaftlichen Realität mitverändern muss: TIMSS, IGLU und PISA hätten in ihren ersten Erhebungsrunden kaum bedeutsame Erkenntnisse für solche Indikatoren gewinnen können, weil Digitalisierung zu Beginn des 21. Jahrhunderts schlicht zu wenig existent und relevant war. Mittlerweile sind diese Indikatoren mit Blick auf eine Kultur der Digitalität in Schule, Unterricht und Gesellschaft nicht mehr wegzudenken und eine regelmäßige Bestandaufnahme in diesem Entwicklungsfeld für Schule und Unterricht unterstützt dabei, in den notwendigen Bemühungen nicht nachzulassen. Insbesondere die langwierige Diskussion um die Fortführung des Digitalpakts Schule ist hier ein zentrales Beispiel, da die Strategie der Zuweisung von Fördermitteln einen wichtigen Unterschied machen kann in der Wirkung, die ein solches Förderprogramm in der Breite erzielen kann: Das Geld sollte gezielt dort ankommen, wo noch der größte Nachholbedarf ist. Da sich Large-Scale Assessments nur begrenzt zur Identifikation besonders bedürftiger Schulen eignen, können andere evidenzbasierte Ansätze wie Sozialindizes oder Quoten benachteiligter Schüler:innen als Grundlage für Verteilungsentscheidungen herangezogen werden. Angesprochen sind mit Erkenntnissen auf der Schulebene in erster Linie die Akteure Schulleitung und Schulträger, die in diesem Bereich Entscheidungen treffen oder auch umsetzen.

Ebene Klasse

Für die Ebene der Schulklasse können Daten aus PISA entweder in aggregierter, d. h. zusammengeführter Form ausgewertet werden oder über eine Stichprobenerweiterung, die neben der altersbasierten Ziehung 15-Jähriger auch ganze Schulklassen mit erhebt (OECD 2020b). Ein Vergleich Deutschlands mit drei leistungsstarken Nachbarstaaten in Bezug auf die Unterrichtswahrnehmung der Schüler:innen verdeutlichte beispielsweise bereits in PISA 2012, dass sich Schüler:innen in Deutschland im Vergleich zur Schweiz, den Niederlanden und Finnland verhältnismäßig wenig durch ihre Mathematiklehrkraft unterstützt fühlten (Schiepe-Tiska et al. 2013). Ob die Lehrkräfte hier im Vergleich tatsächlich weniger Unterstützung angeboten haben, dieses Angebot schlicht von den Schüler:innen nicht als solches erkannt wurde oder andere Konstellationen das Antwortverhalten geprägt haben, kann rein auf der Basis der PISA-Daten nicht geklärt werden. Allerdings sind hier mittlerweile mehrere vertiefende, international vergleichende Analysen anhand von Daten aus PISA 2015 und 2018 erschienen, welche die Bedeutung von erlebter Unterstützung durch Lehrkräfte für die Kompetenzentwicklung, aber auch die Selbstwirksamkeit und die Freude am Lernen herausarbeiten konnten (z. B. Ma/Luo/Xiao 2021; Aditomo/Köhler 2020). Zentrale Akteure dieser Ebene sind die Lehrkräfte, die anhand der Erkenntnisse aus den Studien ihr pädagogisches Handeln in Schule und Unterricht gestalten und hinterfragen können. Evidenzorientierung des Unterrichts ist hier ein zentrales Stichwort (Bauer/Kollar 2023).

Ebene Schüler:innen

Die Ebene der Schüler:innen schließlich wird häufig mit der Erwartung konfrontiert, eine individuelle Leistungsdiagnostik aus der PISA-Studie ablesen zu können. Dies ist nach wie vor aufgrund des Designs und der begrenzten Aufgabenzahl, die an einem Vormittag von den teilnehmenden Schüler:innen bearbeitet werden kann, nicht möglich und auch nicht intendiert (Sälzer 2016). Allerdings wurde mit der Einführung von Multistage Adaptive Testing, also der Zuweisung eines Aufgabenblocks in Abhängigkeit vom Lösungserfolg beim vorhergehenden Aufgabenblock, eine wichtige Grundlage dafür geschaffen, die Kompetenzen der Schüler:innen vor allem in den Randbereichen noch besser ausleuchten zu können und die Präzision der Kompetenzmessung zu erhöhen (Shin et al. 2021; Yamamoto/Shin/Khorramdel 2019). Langfristig könnte adaptives Testen, das idealerweise die Aufgaben im Kompetenztest in möglichst kleine Gruppen oder sogar einzeln an die vorherige Leistung der Schüler:innen anpasst, zur Individualdiagnostik weiterentwickelt werden —wenn es denn der Intention einer international vergleichenden Schulleistungsstudie entspräche. Gemäß der Funktion des

Bildungsmonitorings liefert PISA in erster Linie aggregierte Daten zu Mittelwerten und Verteilungen, die bei der Interpretation einen Kontext des Lernens für Schüler:innen innerhalb eines Bildungssystems beschreiben können. Neben kognitiven Kennwerten wie Kompetenzmittelwerten erfasst PISA auch Einstellungen und Erfahrungen der Jugendlichen. Diese Angaben tragen zu einer differenzierteren und theoriegeleiteten Einordnung der kognitiven Kennwerte bei (Kuger et al. 2017), die jedoch stets auf der Gruppenebene beschrieben und interpretiert werden. So kann etwa bei der Betrachtung der tendenziell positiven Entwicklung der Kompetenzmittelwerte der Schüler:innen in Deutschland über die Zeit zugleich festgestellt werden, dass sich das von den Jugendlichen berichtete Gefühl der Zugehörigkeit zu ihrer Schule ebenfalls im deutlich positiven Bereich bewegt (OECD 2020a) und damit die teils geäußerte Sorge eines schulischen Drills oder Teaching to the Test (Oerke et al. 2013) zumindest relativiert werden kann. Auch auf dieser Ebene sind Lehrkräfte die Gruppe zentraler Akteur:innen, die von den Ergebnissen adressiert sind.

Dynamik bei Bildungsinhalten und Bildungsforschung

In diesem Beitrag wurde anhand mehrerer Beispiele deutlich, dass Schulleistungsstudien wie PISA zwar ihre Ziele und wesentlichen Funktionen über die Zeit beibehalten, jedoch die Inhalte und Methodik entsprechend ihrem eigenen Anspruch im Zuge der gesellschaftlichen und bildungsbezogenen Veränderungen anpassen müssen. Entlang der unterschiedlichen so genannten innovativen Domänen in PISA lässt sich seit der ersten Erhebungsrunde 2000 nachzeichnen, welche überfachlichen und umfassenden Kompetenzen vom jeweiligen PISA-Konsortium bzw. vom PISA Governing Board als internationaler Steuerungsgruppe per Konsens als zentral und zukunftsweisend ausgewählt wurden. Diese fachübergreifenden Kompetenzbereiche reichen von selbstreguliertem Lernen (Baumert 2001) über Problemlösen im Team (OECD 2016) bis hin zu Globaler Kompetenz (OECD 2018), Kreativem Denken (OECD 2019c) und Fremdsprachenkompetenz (OECD 2021). Dass keine dieser Kompetenzen bislang wiederholt in mehreren Erhebungen erfasst wurde, weist auf die dynamische Entwicklung dessen hin, was fachübergreifend auf internationaler Ebene als Schlüsselqualifikation für die Teilhabe am gesellschaftlichen Fortschritt betrachtet wird. Einzig das Problemlösen wurde mit je unterschiedlichen Attributen (kreativ, im Team) in den Runden 2003, 2012 und 2015 untersucht, wobei sich an der Veränderung dieses Kompetenzbereichs die Dynamik gut ablesen lässt. Auch im Literacy-Begriff als einer funktionalen Grundbildung, die das Ziel einer Teilhabe am gesellschaftlichen Leben beinhaltet, ist diese dynamische Komponente folglich nicht wegzudenken.

Dem wissenschaftlichen Anspruch geschuldet, die Messung von Kompetenzen und die Erklärung ihrer Entwicklung in bestimmten Kontexten immer präziser zu beschreiben und zu rekonstruieren, müssen Large-Scale Assessments auch auf methodischer Ebene in gewisser Weise Pionierarbeit leisten und methodische Ansätze weiterentwickeln und ggf. auch passendere Modelle für die Darstellung von Kompetenzen wählen. In PISA beispielsweise wurde lange mit dem Rasch-Modell für die Skalierung der Kompetenztests gearbeitet, mit fortschreitender methodischer Forschung, der Umstellung von papier- auf computerbasiertes Testen und zunehmend komplexen Testitems jedoch traten Bedenken zu Tage, welche die Adäquatheit dieses Modells für das Verknüpfen von PISA-Ergebnissen aus mehreren Erhebungsrunden in Frage stellten (von Davier et al. 2019). Durch allgemeinere Modelle der Item-Response-Theorie können nun auch interaktive Testitems, wie sie bei einer Darbietung am PC in PISA seit 2015 möglich sind, sowie Effekte der Item-Eigenschaften auf Länderebene besser abgebildet werden. Mit PISA 2015 wurde daher ein zweiparametrisches logistisches Modell (2-PL-Modell) eingeführt (Heine et al. 2016), um diesen erweiterten Anforderungen gerecht zu werden.

Fazit: Plädoyer für langfristiges und international vergleichendes Bildungsmonitoring

Die Ergebnisse aus bislang acht PISA-Erhebungsrunden und zahlreichen weiteren nationalen und internationalen Schulleistungsstudien haben gezeigt: Der PISA-Schock war in Deutschland 2001 ein Ausgangspunkt für zahlreiche Verbesserungen, Hinterfragungen und Veränderungsprozesse. Die Reaktionen auf diesen Schock waren in Deutschland in mehreren Teilöffentlichkeiten spürbar: in Politik, Wissenschaft und Öffentlichkeit war Bildung wieder zu einem Thema geworden, das nicht wie selbstverständlich gut lief (Prenzel/Sälzer 2019). Die von der Kultusministerkonferenz (KMK) als Reaktion verabschiedeten sieben zentralen Handlungsfelder legten langfristig fest, dass das Bildungsmonitoring durch eine regelmäßige und dauerhafte Beteiligung Deutschlands an nationalen wie internationalen Bildungsvergleichsstudien neben einer nationalen Bildungsberichterstattung und weiteren Maßnahmen eine tragende Säule der Verpflichtung zu evidenzbasierter (Bildungs-)Politik ist (Reiss/Sälzer 2016). Nachdem die Entwicklung der Ergebnisse, nicht nur in Bezug auf Kompetenzmittelwerte und Rangplätze, sondern auch hinsichtlich der bekannten Disparitäten in Deutschland bis PISA 2012 durchaus positiv waren, bröckeln die guten Nachrichten seit PISA 2015 und haben mit PISA 2022 einen neuen Tiefpunkt mit erneutem PISA-Schock erreicht. Der Anteil von Schüler:innen mit bedenklichen Defiziten in den grundlegenden Kompetenzen Lesen, Mathematik und Naturwissenschaften wächst wieder und die Koppelung der Kompetenzen an den sozio-ökonomischen Hintergrund ist weiterhin ausgeprägt (Lewalter et al. 2023; OECD 2019b; Reiss/ Sälzer 2016; Reiss et al. 2019). Digitale Medien werden in Schule und Unterricht nach wie vor deutlich seltener eingesetzt als in anderen OECD-Ländern (OECD 2019b), wie auch die ICILS-Studie (Eickelmann et al. 2019) und der Länderindikator (Lorenz et al. 2021) Schule digital bestätigt haben. Dieser Indikator besagt nicht, dass die Quantität oder Zugänglichkeit digitaler Medien per se ein Wert sei, aber aus didaktischer Perspektive beschneidet das Fehlen einer digitalen Infrastruktur die methodischen Möglichkeiten professionell eingesetzter Lehr-Lern-Arrangements. Wenn Lehrkräfte ihre Methodik nicht an den angestrebten Lernprozessen orientieren können, sondern systematisch begrenzt sind auf einen (analogen) Teilbereich, sind Einbußen beim Lernerfolg unvermeidlich.

PISA hat insgesamt bestimmte Indikatoren und Trends aufgezeigt und stellt mittlerweile innerhalb eines breit orchestrierten Bildungsmonitorings in Deutschland eine systematische Sammlung an Indikatoren zum internationalen Vergleich von Bildungssystemen bereit. Angesichts der teilweise recht hohen Schlagzahl von Ergebnisveröffentlichungen, die teilweise nur wenige Wochen auseinander liegen, ist die Gefahr einer gewissen Sättigung oder auch Befundmüdigkeit durchaus gegeben. Zumal gerade in den jüngeren Studien wie dem IQB-Bildungstrend (Stanat et al. 2023) deutliche Defizite im Kompetenzbereich Deutsch sichtbar wurden, die verschiedenen der oben genannten Teilöffentlichkeiten Kopfzerbrechen bereiten. Gleichzeitig bieten die hingegen starken Ergebnisse im Fach Englisch möglicherweise Ansatzpunkte für fachübergreifende Kompetenzförderung, etwa im Bereich Lesen, Zuhören oder Rechtschreibung.

So oder so: Gewisse Themen und Forschungsfragen müssen über die Large-Scale-Studien hinaus mit anderen Werkzeugen bearbeitet werden. Der Fokus muss zum Beispiel auf Unterrichtsprozessen, Prozessen der Schulentwicklung, Disparitäten innerhalb von Bildungssystemen oder Kompetenzen und Lernumgebungen bestimmter Teilpopulationen wie Schüler:innen mit Zuwanderungshintergrund oder sonderpädagogischem Förderbedarf liegen. Hier stehen der empirischen Bildungsforschung drei zentrale Möglichkeiten offen, die auch bereits vielfach genutzt werden: Die Erweiterung des PISA-Instrumentariums, die Ziehung von Ergänzungsstichproben sowie die Erfassung von Daten im Längsschnitt statt einer einmaligen Datenerhebung. Es bleibt also festzuhalten, dass Large-Scale Assessments wie PISA im Bildungsbereich eine wesentliche Funktion im Bildungsmonitoring haben und eine notwendige Grundlage für die Identifikation von Stärken und Schwächen auf Systemebene, aber auch in Schule und Klassenzimmer bereitstellen. Diese Art von Studie ist in der Lage, bestimmte Fragen zu beantworten; Themen, die sich Prozessen im Bildungsbereich nähern möchten oder kausale Zusammenhänge näher beleuchten, erfordern andere, jeweils passende Instrumente und Designs. Insofern sind die mittlerweile etablierten, orchestrierten Studien des groß angelegten Bildungsmonitorings in

Deutschland nicht nur für sich gesehen ein notwendiger regelmäßiger Blick, um nach dem Rechten zu sehen in unserem Bildungssystem, sondern auch Vehikel für daran anknüpfende vertiefende Untersuchungen. Auch wenn es die betroffenen Akteursgruppen evtl. streckenweise anstrengt und sogar nervt, sich mit den Ergebnissen konstruktiv auseinanderzusetzen, wäre eine Abkehr vom Bildungsmonitoring durch PISA & Co. ein tragischer Rückschritt und eine Abkehr von einer gebotenen Evidenzorientierung bildungspolitischer Abwägungen —in Entscheidungen der Bildungspolitik fließen neben empirischen Befunden noch viele weitere Erwägungen und Bedarfe ein. Ohne Bildungsmonitoring im großen Stil jedoch verlören wir sehenden Auges ein Indikatorensystem aus dem Blick, das es uns erlaubt, ungünstige Entwicklungen vorherzusagen und Faktoren mit Potenzial für gelingende Veränderungen zu erkennen.

Literatur

Aditomo, Anindito / Köhler, Carmen (2020): Do student ratings provide reliable and valid information about teaching quality at the school level? Evaluating measures of science teaching in PISA 2015. In: Educational Assessment, Evaluation and Accountability 32, S. 275–310.

Bauer, Johannes / Kollar, Ingo (2023): (Wie) kann die Nutzung bildungswissenschaftlicher Evidenz Lehren und Lernen verbessern? Thesen und Fragen zur Diskussion um evidenzorientiertes Denken und Handeln von Lehrkräften. In: Unterrichtswissenschaft 51, H. 1, S. 123–147.

Baumert, Jürgen / Lehmann, Rainer (1997): TIMSS – Mathematisch-naturwissenschaftlicher Unterricht im internationalen Vergleich. VS Verlag für Sozialwissenschaften.

Baumert, Jürgen (Hrsg.) (2001): PISA 2000: Basiskompetenzen von Schülerinnen und Schülern im internationalen Vergleich. VS Verlag für Sozialwissenschaften.

Baumert, Jürgen / Artelt, Cordula / Klieme, Eckhard / Neubrand, Michael / Prenzel, Manfred / Schiefele, Ulrich / Schneider, Wolfgang / Tillmann, Klaus-Jürgen / Weiß, Manfred (Hrsg.) (2002): PISA 2000 — Die Länder der Bundesrepublik Deutschland im Vergleich. Springer-Verlag.

Baumert, Jürgen / Watermann, Rainer / Schümer, Gundel (2003): Disparitäten der Bildungsbeteiligung und des Kompetenzerwerbs. Zeitschrift für Erziehungswissenschaft 6, H. 1, S. 46–71.

Baumert, Jürgen / Stanat, Petra / Watermann, Rainer (Hrsg.) (2006): Herkunftsbedingte Disparitäten im Bildungswesen: differenzielle Bildungsprozesse und Probleme der Verteilungsgerechtigkeit: Vertiefende Analysen im Rahmen von PISA 2000. Wiesbaden: VS Verlag für Sozialwissenschaften.

Borgonovi, Francesca / Pokropek, Artur / Keslair, François / Gauly, Britta / Paccagnella, Marco (2017): Youth in Transition: How do some of the cohorts participating in PISA fare in PIAAC? In: OECD Education Working Papers, H. 155.

dpa (2023): Neuer Pisa-Schock: Deutsche Schüler so schlecht wie nie. https://www.sueddeutsche.de/bildung/bildung-neuer-pisa-schock-deutsche-schueler-so-schlecht-wie-nie-dpa.urn-newsml-dpa-com-20090101-231205-99-186458 (Abfrage: 22.04.2024).

Ehmke, Timo / Sälzer, Christine / Pietsch, Marcus / Drechsel, Barbara / Müller, Katharina (2017): Kompetenzentwicklung im Schuljahr nach PISA 2012: Effekte von Klassenwiederholungen. In: Zeitschrift für Erziehungswissenschaft 20, H. S2, S. 99–124.

Eickelmann, Birgit / Bos, Wilfried / Gerick, Julia / Goldhammer, Frank / Schaumburg, Heike / Schwippert, Knut / Senkbeil, Martin / Vahrenhold, Jan (Hrsg.) (2019): ICILS 2018 #Deutschland: Computer- und informationsbezogene Kompetenzen von Schülerinnen und Schülern im zweiten internationalen Vergleich und Kompetenzen im Bereich Computational Thinking. New York: Waxmann.

Heine, Jörg-Henrik/Mang, Julia/Borchert, Lars/Gomolka, Jens/Kröhne, Ulf/Goldhammer, Frank/Sälzer, Christine (2016): Kompetenzmessung in PISA 2015. In: Reiss, Kristina/Sälzer, Christine/Schiepe-Tiska, Anja/Klieme, Eckhard/Köller, Olaf (Hrsg.) (2016): PISA 2015: Eine Studie zwischen Kontinuität und Wandel, S. 383–430. New York: Waxmann.

Klemm, Klaus (2009): Klassenwiederholungen – teuer und unwirksam: Eine Studie zu den Ausgaben für Klassenwiederholungen in Deutschland. https://www.bertelsmann-stiftung.de/de/publikationen/publikation/did/klassenwiederholungen-teuer-und-unwirksam (Abfrage: 22.04.2024).

Klieme, Eckhard/Funke, Joachim/Leutner, Detlev/Reimann, Peter/Wirth, Joachim (2001): Problemlösen als fächerübergreifende Kompetenz. Konzeption und erste Resultate aus einer Schulleistungsstudie. In: Zeitschrift für Pädagogik 47, H. 2, S. 179–200.

KMK (2002): PISA 2000 – Zentrale Handlungsfelder: Zusammenfassende Darstellung der laufenden und geplanten Maßnahmen in den Ländern. https://www.kmk.org/fileadmin/Dateien/veroeffentlichungen_beschluesse/2002/2002_10_07-Pisa-2000-Zentrale-Handlungsfelder.pdf. (Abfrage: 22.04.2024).

Kuger, Susanne/Klieme, Eckhard/Jude, Nina/Kaplan, David (2017): Assessing Contexts of Learning: An International Perspective. Methodology of Educational Measurement and Assessment. Springer International Publishing.

Lewalter, Doris/Diedrich, Jennifer/Goldhammer, Frank/Köller, Olaf/Reiss, Kristina (Hrsg.) (2023): PISA 2022: Analyse der Bildungsergebnisse in Deutschland. New York: Waxmann.

Lorenz, Ramona/Yotyodying, Sittipan/Eickelmann, Birgit/Endberg, Manuela (2021): Schule digital – der Länderindikator 2021. Erste Ergebnisse und Analysen im Bundesländervergleich. https://www.telekom-stiftung.de/sites/default/files/files/Laenderindikator-2021-Bericht.pdf (Abfrage: 22.04.2024)

Ma, Lihong/Luo, Haifeng/Xiao, Leifeng (2021): Perceived teacher support, self-concept, enjoyment and achievement in reading: A multilevel mediation model based on PISA 2018. In: Learning and Individual Differences 85, Artikel 101947, S. 1–9.

McElvany, Nele/Lorenz, Ramona/Frey, Andreas/Goldhammer, Frank/Schilcher, Anita/Stubbe, Tobias C. (Hrsg.) (2023): IGLU 2021: Lesekompetenz von Grundschulkindern im internationalen Vergleich und im Trend über 20 Jahre. New York: Waxmann.

OECD (2016): PISA 2015 assessment and analytical framework. OECD Publishing.

OECD (2018): Preparing our youth for an inclusive and sustainable world: The OECD PISA Global Competence Framework. OECD Publishing.

OECD (2019a): PISA 2018 Assessment and Analytical Framework. OECD Publishing.

OECD (2019b): PISA 2018 Results (Volume II). Where all students can succeed. PISA 2018 results: Volume 2. OECD Publishing.

OECD (2019c): PISA 2021 creative thinking framework (3rd draft). OECD Publishing.

OECD (2019d): PISA 2021 Creative Thinking Framework (Third Draft).

OECD (2020a): PISA 2018 Results (Volume V): Effective Policies, Successful Schools. OECD Publishing.

OECD (2020b): PISA 2018 Technical Report. OECD Publishing.

OECD (2021): PISA 2025 Foreign Language Assessment Framework. OECD Publishing.

Oerke, Britta/Maag Merki, Katharina/Maué, Elisabeth/Jäger, Daniela J. (2013): Zentralabitur und Themenvarianz im Unterricht: Lohnt sich Teaching-to-the-Test? In: Bosse, Dorit/Eberle, Franz/Schneiderr-Taylor, Barbara (Hrsg.) (2023): Standardisierung in der Gymnasialen Oberstufe. Springer Fachmedien Wiesbaden GmbH, S. 27–49.

Prenzel, Manfred/Sälzer, Christine (2019): Large-scale assessments of educational systems. In: Becker, Rolf (Hrsg.) (2019): Elgaronline. Research handbook on the sociology of education. Edward Elgar Publishing, S. 536–552.

Prenzel, Manfred/Sälzer, Christine/Klieme, Eckhard/Köller, Olaf (Hrsg.) (2013): PISA 2012: Fortschritte und Herausforderungen in Deutschland. New York: Waxmann.

Reiss, Kristina/Sälzer, Christine (2016): Fünfzehn Jahre PISA: Bilanz und Ausblick. In: Reiss, Kristina/Sälzer, Christine/Schiepe-Tiska, Anja/Klieme, Eckhard/Köller, Olaf (Hrsg.) (2016): PISA 2015: Eine Studie zwischen Kontinuität und Wandel. Waxmann, S. 375–382.

Reiss, Kristina/Sälzer, Christine/Schiepe-Tiska, Anja/Klieme, Eckhard/Köller, Olaf (Hrsg.) (2016): PISA 2015: Eine Studie zwischen Kontinuität und Innovation. New York: Waxmann.

Reiss, Kristina/Weis, Mirjam/Klieme, Eckhard/Köller, Olaf (Hrsg.) (2019): PISA 2018: Grundbildung im internationalen Vergleich. New York: Waxmann.

Roeder, Peter M. (2003): TIMSS und PISA – Chancen eines neuen Anfangs in Bildungspolitik, -planung, -verwaltung und Unterricht. Endlich ein Schock mit Folgen? Zeitschrift für Pädagogik 49, H. 2, S. 180–197.

Sälzer, Christine (2016): Studienbuch Schulleistungsstudien: Das Rasch-Modell in der Praxis. Mathematik im Fokus. Springer Spektrum.

Sälzer, Christine (2021): Nach PISA ist vor PISA: Erkenntnisse aus Schulleistungsstudien als Thema der Lehrkräftebildung. SEMINAR (3), S. 49–60.

Sälzer, Christine/Prenzel, Manfred/Klieme, Eckhard (2013): Schulische Rahmenbedingungen der Kompetenzentwicklung. In: Prenzel, Manfred/Sälzer, Christine/Klieme, Eckhard/Köller, Olaf (Hrsg.) (2013): PISA 2012: Fortschritte und Herausforderungen in Deutschland. New York: Waxmann, S. 155–188.

Sälzer, Christine/Prenzel, Manfred/Schiepe-Tiska, Anja/Hammann, Marcus (2016): Schulische Rahmenbedingungen der Kompetenzentwicklung. In: Reiss Kristina/Sälzer, Christine/Schiepe-Tiska, Anja/Klieme, Eckhard/Köller, Olaf (Hrsg.) (2016): PISA 2015: Eine Studie zwischen Kontinuität und Wandel. Münster, New York: Waxmann, S. 176–218.

Sälzer, Christine/Roczen, Nina (2018): Die Messung von Global Competence im Rahmen von PISA 2018. Herausforderungen und mögliche Ansätze zur Erfassung eines komplexen Konstrukts. In: Zeitschrift für Erziehungswissenschaft 21, H. 2, S. 299–316.

Schiepe-Tiska, Anja/Reiss, Kristina/Obersteiner, Andreas/Heine, Jörg-Henrik/Seidel, Tina/Prenzel, Manfred (2013): Mathematikunterricht in Deutschland: Befunde aus PISA 2012. In: Prenzel, Manfred/Sälzer, Christine/Klieme, Eckhard/Köller, Olaf (Hrsg.) (2013): PISA 2012: Fortschritte und Herausforderungen in Deutschland. Münster, New York, München, Berlin: Waxmann, S. 123–154.

Schwippert, Knut/Kasper, Daniel/Köller, Olaf/McElvany, Nele/Selter, Christoph/Steffensky, Mirjam/Wendt, Heike (Hrsg.) (2020): TIMSS 2019: Mathematische und naturwissenschaftliche Kompetenzen von Grundschulkindern in Deutschland im internationalen Vergleich. Münster, New York: Waxmann.

Seidel, Tina/Prenzel, Manfred (2008): Assessment in Large-Scale Studies. In: Hartig, Johannes/Klieme, Eckhard/Leutner, Detlev (Hrsg.) (2008): Assessment of Competencies in Educational Contexts. Hogrefe, S. 279–304.

Shin, Hyo Jeong/Yamamoto, Kentaro/Khorramdel, Lale/Robin, Frederic (2021): Home Quantitative Psychology Conference paper Increasing Measurement Precision of PISA Through Multistage Adaptive Testing: IMPS 2020: Quantitative Psychology. The Annual Meeting of the Psychometric Society, S. 325–334.

Stanat, Petra/Schipolowski, Stefan/Schneider, Rebecca/Weirich, Sebastian/Henschel, Sofie/Sachse, Karoline A./Lohbeck, Annette (Hrsg.) (2023): IQB-Bildungstrend 2022: Sprachliche Kompetenzen am Ende der 9. Jahrgangsstufe im dritten Ländervergleich. Waxmann.

Von Davier, Matthias/Yamamoto, Kentaro/Shin, Hyo Jeong/Chen, Henry/Khorramdel, Lale/Weeks, Jon/Davis, Scott/Kong, Nan/Kandathil, Mat (2019): Evaluating item response theory linking and model fit for data from PISA 2000–2012. Assessment in Education: Principles, Policy & Practice 26, H. 4, S. 466–488.

Yamamoto, Kentaro/Shin, Hyo Jeong/Khorramdel, Lale (2019): OECD Education Working Papers 209. https://www.oecd-ilibrary.org/docserver/b9435d4b-en.pdf?expires=1713954664&id=id &accname=guest&checksum=A6FC83CEC5FB08565B90EC243198602E (Abfrage: 24.04.2024).

Zehner, Fabian/Weis, Mirjam/Vogel, Freydis/Leutner, Detlev/Reiss, Kristina (2019): Kollaboratives Problemlösen in PISA 2015. Deutschland im Fokus. In: Zeitschrift für Erziehungswissenschaft 22, H. 3, S. 617–646.

Die OECD-Bildungsindikatoren
– Ziele und Herausforderungen

Abel Schumann

Zusammenfassung

Dieser Beitrag beschreibt die Bildungsindikatoren der Organisation für wirtschaftliche Zusammenarbeit und Entwicklung (OECD), veröffentlicht im Bericht Bildung auf einen Blick (Education at a Glance 2023). Die OECD sammelt und analysiert Daten zu Bildungssystemen in Industrieländern, die auf nationalen Statistiken basieren.
Der Beitrag beleuchtet die Prozesse bei der Entwicklung, Erhebung und Veröffentlichung dieser Indikatoren, wie zum Beispiel die Harmonisierung unterschiedlicher nationaler Definitionen und das Sicherstellen von Vergleichbarkeit und Relevanz der Indikatoren. Weiterhin analysiert der Beitrag die Ziele, die die OECD mit der Veröffentlichung der Bildungsindikatoren verfolgt, wie zum Beispiel Informationsbereitstellung für politische Entscheidungsträger, die Unterstützung öffentlicher Meinungsbildungsprozesse und die Schaffung einer Grundlage für vergleichende wissenschaftliche Arbeiten. Abschließend skizziert der Beitrag vier zukünftige Herausforderungen für die OECD-Bildungsindikatoren: die Bereitstellung von zeitnäheren Daten, die genauere Darstellung von Unterschieden innerhalb von Ländern und die Nutzung inoffizieller Datenquellen (Big Data).

Einleitung

Die Organisation für Wirtschaftliche Zusammenarbeit und Entwicklung (OECD) ist die führende Quelle für international vergleichende Daten über Bildungssysteme in Industrieländern. In ihrem jährlichen Bericht Bildung auf einen Blick (OECD 2023a) veröffentlicht sie ein breites Spektrum an Indikatoren, zum Beispiel zur Bildungsbeteiligung, zum Bildungsstand, zur Arbeitsmarktsituation nach Bildungsniveau, zur Finanzierung und Organisation des Bildungssystems, sowie zu einer breiten Palette weiterer Themen. Darüber hinaus führt die OECD eine Reihe von internationalen Bildungsvergleichsstudien durch, um die Fähigkeiten und Einstellungen von Schüler:innen, Lehrkräften und Erwachsenen zu untersuchen. Dazu gehören die PISA-Erhebung von Lernergebnissen von 15-Jährigen, die PIAAC-Erhebung von Kompetenzen Erwachsener, die TALIS-Erhebung über Lehrkräfte, sowie die SSES-Erhebung von sozialen und emotionalen Kompetenzen.

Methodisch unterscheiden sich die in Bildung auf einen Blick veröffentlichten Bildungsindikatoren und die in den internationalen Bildungsvergleichsstudien erhobenen Indikatoren in wichtigen Punkten. Die in Bildung auf einen Blick veröffentlichten Indikatoren basieren auf Daten, die von den nationalen statistischen Systemen der Mitgliedsstaaten erhoben und in aggregierter Form an das OECD-Sekretariat übermittelt werden. Die OECD entwickelt international harmonisierter Definitionen, validiert die von Mitgliedsstaaten übermittelten Daten und berechnet auf deren Basis die veröffentlichten Indikatoren. Im Gegensatz dazu werden die mittels PISA, PIAAC, TALIS und SSES-Erhebungen generierten Indikatoren direkt von der OECD entwickelt und die Erhebungen in den teilnehmenden Staaten im Auftrag der OECD durchgeführt. In diesen Fällen koordiniert die OECD unter der Leitung von Komitees bestehend aus Delegierten der teilnehmenden Staaten den gesamten Prozess von der Erhebung der Rohdaten bis zur endgültigen Verarbeitung.

Wichtige OECD Programme vergleichender Daten im Bildungsbereich

Bildung auf einen Blick (Education at a Glance)
Education at a Glance 2023 (englische Version)
Bildung auf einen Blick 2023 (deutsche Übersetzung)
Education at a Glance 2023 Sources, Methodologies and Technical Notes

PIAAC (Programme for the International Assessment of Adult Competencies)
New results to be published in November 2024
https://www.oecd.org/skills/piaac/

PISA (Programme for International Student Assessment)
PISA 2022 Results (Volume 1): The State of Learning and Equity in Education
PISA 2022 Results (Volume 2): Learning During – and From – Disruption
https://www.oecd.org/pisa/

SSES (Survey of Social and Emotional Skills)
https://www.oecd.org/education/ceri/social-emotional-skills-study/

TALIS (Teaching and Learning International Survey)
TALIS 2018 Results (Volume I): Teachers and School Leaders as Lifelong Learners
TALIS 2018 Results (Volume II): Teachers and School Leaders as Valued Professionals
https://www.oecd.org/education/talis/

Übersicht der gesamten OECD Arbeit im Bildungsbereich
https://www.oecd.org/education/

Aufgrund der methodischen Differenzen unterscheiden sich die Arbeitsabläufe und Entscheidungsfindungsprozesse für die Datensammlung für *Bildung auf einen Blick* von denen der anderen großen Erhebungen der OECD im Bildungsbereich. Dieser Beitrag befasst sich mit den Bildungsindikatoren der OECD, die in *Bildung auf einen Blick* veröffentlicht werden. Er beschreibt die zugrunde liegenden Prozesse, reflektiert die Ziele, die die OECD und ihre Mitgliedsstaaten mit der Veröffentlichung dieser Statistiken verfolgen, und skizziert künftige Ziele und Herausforderungen.

Ziele der OECD-Bildungsindikatoren

Die OECD veröffentlicht Daten über Bildungssysteme als Ressource für politische Entscheidungsträger, Forschende, Journalist:innen und die breite Öffentlichkeit. Dies ist Bestandteil ihrer Aufgabe, international vergleichende sozioökonomische Statistiken zu sammeln und zu veröffentlichen. Die Rolle der OECD geht jedoch über die eines Datenlieferanten hinaus. Die Organisation hat ein Mandat[1] Analysen und Politikempfehlungen zu entwickeln und mit diesen zu nationalen und internationalen Meinungsbildungsprozessen beizutragen. Die erhobenen Daten liefern einen wichtigen Grundstein für diese analytische Arbeit.

Die vielfältigen Ziele der OECD spiegeln sich in dem Bericht *Bildung auf einen Blick* wider, der Eigenschaften verschiedener Formate in einer Veröffentlichung vereint. Zum einen ist *Bildung auf einen Blick* ein statistisches Kompendium inklusive umfangreicher Datentabellen und einem 400-seitigen methodischem Appendix. Zum anderen ist es aber auch ein analytischer Bericht, der die Relevanz der Daten erläutert, sie interpretiert und auffällige Muster aufzeigt.

Diese Kombination verschiedener Formate ist erfolgreich darin mediale Aufmerksamkeit zu erzeugen. In vielen Ländern geht die Berichterstattung, die mit der Veröffentlichung von *Bildung auf einen Blick* einhergeht, weit über die Berichterstattung hinaus, die statistischen Kompendien oder analytischen Berichten normalerweise gewidmet wird. So kann der Bericht die öffentliche Debatte durch die Auswahl der hervorgehobenen Themen beeinflussen, obwohl er keine Politikempfehlungen abgibt.

Jede Ausgabe von *Bildung auf einen Blick* hat einen thematischen Schwerpunkt, der entweder auf einer Bildungsebene (z. B. tertiäre Bildung) oder auf einem Querschnittsthema (z. B. Gerechtigkeit in der Bildung) liegt. Der Schwerpunkt wird in der gesamten Publikation hervorgehoben, aber er wird nicht

---

1 Die Rolle der OECD wird durch eine Vielzahl von rechtsverbindlichen Dokumenten definiert. So hat jedes OECD-Komitee ein Mandat, das seine Aufgaben und Arbeitsweisen definiert und in regelmäßigen Abständen von den Mitgliedsstaaten erneuert werden muss. Die großen Leitlinien der OECD Arbeit werden vom OECD Ministerial Council definiert, dem höchsten Entscheidungsgremium der OECD, das einmal jährlich tagt. Die Beschlüsse des Ministerial Council sind im Ministerial Council Statement reflektiert (siehe zum Beispiel https://www.oecd.org/mcm/documents/2023-Ministerial-Council-Statement.pdf).

ausschließlich behandelt. Jede Ausgabe von *Bildung auf einen Blick* zielt darauf ab, einen umfassenden Überblick über das gesamte Bildungssystem zu geben und behandelt dementsprechend immer ein möglichst Breites Themenspektrum.

Der thematische Schwerpunkt wird in der Öffentlichkeitsarbeit hervorgehoben und wird zum Beispiel in der Pressemitteilung zur Veröffentlichung von *Bildung auf einen Blick* betont. Darüber hinaus versucht *Bildung auf einen Blick* nicht die öffentliche Aufmerksamkeit auf einzelne Kernaussagen zu fokussieren. Stattdessen spiegelt die Publikation die Breite der darin enthaltenen Daten wider. In der gesamten Publikation werden Hunderte von Ergebnissen und Mustern in den Daten hervorgehoben, die sowohl den thematischen Schwerpunkt als auch andere Themengebiete abdecken.

Die Medienberichterstattung über *Bildung auf einen Blick* ist dementsprechend vielfältig. Dies steht im Einklang mit der Kompendium-Funktion des Berichts, die es den Nutzern ermöglicht, die für ihren Kontext relevantesten Daten zu finden. *Bildung auf einen Blick* zielt primär darauf ab, die notwendigen Fakten für evidenzbasierte Debatten zu liefern und weniger darauf, Debatten in eine bestimmte Richtung zu lenken.

Ein weiteres Ziel dieses breitgefächerten Ansatzes ist es Alternativen und Entscheidungsspielräume in der Organisation von Bildungssystemen zu verdeutlichen. Nationale Debatten in der Bildungspolitik (und in anderen Politikfeldern) sind häufig von den existierenden Gegebenheiten geprägt und spiegeln nicht die tatsächlichen Möglichkeiten wider, Bildungssysteme zu gestalten. Die OECD-Bildungsindikatoren können dazu beitragen, Gestaltungsspielräume zu verdeutlichen, indem sie die existierende Vielfalt nationaler Bildungssysteme aufzeigen. Darüber hinaus zeigen sie, dass es oft nicht einen idealen Ansatz gibt Bildungssysteme zu organisieren, sondern das verschiedene Ansätze ähnlich erfolgreich sein können.

Harmonisierung internationaler Daten

Die Anstrengungen der OECD international harmonisierte Statistiken über Bildungssysteme zu erheben reichen mehr als 30 Jahre zurück. Sie sind notwendig, da nationale Bildungsstatistiken selten miteinander vergleichbar sind, selbst wenn sie auf den ersten Blick ähnliche Dinge messen. Dies liegt zum einen an unterschiedlichen statistischen Definitionen auf nationaler Ebene und zum anderen an strukturellen Unterschieden in den Bildungssystemen an sich.

Ein Beispiel für die Bedeutung von harmonisierten Definitionen ist die Vielzahl an Möglichkeiten die Anzahl der Lehrkräfte in Statistiken zu erfassen. So können zum Beispiel nur voll qualifizierte Lehrerinnen und Lehrer als Lehrkräfte gezählt oder auch Lehrer und Lehrerinnen mit anderen formalen Qualifikationen einbezogen werden (zum Beispiel Studierende im Referendariat oder Quereinsteiger:innen). In ähnlicher Weise kann pädagogisches Personal, das nicht primär mit der Unterrichtsleitung beauftragt ist, zu den Lehrkräften hinzugezählt werden oder nicht. Dies betrifft zum Beispiel Hilfslehrkräfte und an Schulen beschäftigtes sozialpädagogisches oder psychologisches Personal. Schließlich kann die Gesamtzahl der Lehrkräfte angeben oder der Tatsache Rechnung getragen werden, dass manche Lehrkräfte nur in Teilzeit arbeiten, und stattdessen die Zahl der vollzeitäquivalenten Stellen angegeben werden.

Keine der oben genannten Möglichkeiten Lehrkräfte in offiziellen Statistiken zu zählen ist für sich genommen besser oder schlechter. Es hängt vom Verwendungszweck der jeweiligen Statistik ab, welche Option vorzuziehen ist. Dementsprechend groß ist die Bandbreite der möglichen Werte, die jedes Land als Zahl der Lehrkräfte angeben kann. Würden diese nationalen Daten ohne weitere Harmonisierung zur Berechnung eines Indikators wie des Schüler:innnen-Lehrkräfte-Verhältnisses herangezogen, so wären die sich daraus ergebenden Werte stark von den von den verwendeten Definitionen abhängig und Ländervergleiche aller Wahrscheinlichkeit nach irreführend.

Eine harmonisierte Definition von Lehrkräften zu entwickeln, stellt keine besondere Herausforderung dar, da die Rolle von Lehrkräften in der Regel ähnlich ist. Die Entwicklung harmonisierter Definitionen ist schwieriger, wenn sich Bildungssysteme an sich unterscheiden, was ihre Vergleichbarkeit von Natur aus einschränkt. Dies ist z. B. bei der frühkindlichen und vorschulischen Bildung der Fall, wo es zwischen den Ländern große Unterschiede in der Organisation und dem Inhalt der jeweiligen Programme gibt. In diesen Fällen muss erst herausgearbeitet werden, welchen Elemente miteinander vergleichbar sind und dann für diese Definitionen entwickelt werden.

Die Erhebung harmonisierter Daten wird darüber hinaus erschwert, dass die Verfügbarkeit von Daten in vielen Fällen begrenzt ist. In der Praxis sind nur solche Definitionen sinnvoll, für die Länder auch in der Lage sind die entsprechenden Daten zu liefern. Aus diesem Grund muss neben der inhaltlichen Harmonisierung der jeweiligen Definitionen auch immer die internationale Datenverfügbarkeit abgeglichen werden.

Wenn harmonisierte Definitionen existieren und Mitgliedsstaaten entsprechend diesen Definitionen Daten bereitstellen können, übermitteln sie diese an die OECD. Diese Daten können von den auf nationaler Ebene veröffentlichten Daten abweichen, wenn unterschiedliche Definitionen auf nationaler und internationaler Ebene verwendet werden. Dabei liegt es in der Verantwortung der Mitgliedsstaaten sicherzustellen, dass die übermittelten Daten den internationalen Definitionen entsprechen. Da dies häufig zwar im Groben möglich ist, in den Details aber Abweichungen existieren, wird ein umfangreicher methodischer Annex veröffentlicht in dem eventuelle Abweichungen aufgeführt sind (OECD 2023).

Steuerung der Arbeit der OECD im Bereich der Bildungsindikatoren

Die Neu- und Weiterentwicklung von OECD-Bildungsindikatoren wird von der Arbeitsgruppe für Indikatoren der Bildungssysteme (INES) geleitet, die sich aus Delegierten der Bildungsministerien und der nationalen statistischen Behörden der teilnehmenden Länder (zur Zeit alle OECD Mitgliedsstaaten und Brasilien) zusammensetzt. Die Arbeitsgruppe trifft sich zweimal jährlich, um methodische Fragen zu bestehenden Indikatoren zu besprechen und künftige Datenerhebungen zu entwickeln. Die inhaltlichen Schwerpunkte der Arbeitsgruppe werden gemeinsam von den Länderdelegierten und dem OECD-Sekretariat bestimmt. Dies betrifft auch Vorschläge zur Entwicklung neuer Indikatoren, die sowohl von Länderdelegierten und dem OECD-Sekretariat unterbreitet werden und gemeinsam in der Arbeitsgruppe besprochen werden.

Der inhaltliche Kern der OECD-Bildungsindikatoren ist in den letzten zwei Jahrzehnten weitgehend unverändert geblieben. Er beinhaltet die oben genannten Themengebiete Bildungsbeteiligung, Bildungsstand, Arbeitsmarktsituation nach Bildungsniveau, sowie Finanzierung und Organisation des Bildungssystems, sowie einige weitere Kernbereiche, zu denen jährlich Indikatoren veröffentlich werden. Gleichzeitig erfolgt eine technische Weiterentwicklung der entsprechenden Indikatoren, um methodischen Fortschritten und einer besseren Datenverfügbarkeit Rechnung zu tragen. Neben den Kernindikatoren beinhaltet *Bildung auf einen Blick* eine Anzahl an Indikatoren, die nur in größeren Abständen oder einmalig veröffentlicht werden. Diese Indikatoren betrachten zum Beispiel Themengebiete, die sich nur langsam ändern und keine jährlich aktualisierten Daten erfordern.

Darüber hinaus arbeitet die OECD kontinuierlich an der Entwicklung neuer Indikatoren, um Lücken in ihren bestehenden Datensammlungen zu schließen und auf die sich verändernden Anforderungen politischer Entscheidungsprozesse zu reagieren. Nicht alle dieser neuentwickelten Indikatoren werden mit dem Ziel entwickelt, sie dauerhaft zu erheben. Oft zielen sie darauf temporär benötigte Daten, wie zum Beispiel zur Dauer von Schulschließungen während der COVID-19 Pandemie, bereitzustellen.

Die Diskussionen zur Entwicklung neuer Indikatoren in der INES-Arbeitsgruppe drehen sich um zwei Hauptüberlegungen: Relevanz für politische Entscheidungsprozesse und praktische Durchführbarkeit der vorgeschlagenen Datenerhebung. Die politische Relevanz eines potenziellen Indikators hängt dabei zum einen von den aktuellen politischen Prioritäten der Mitgliedsstaaten ab und zum anderen davon, ob ein Indikator Entscheidungsfindungsprozesse beeinflussen und in der öffentlichen Debatte eine Rolle spielen würde.

Die Diskussionen über die Durchführbarkeit konzentrieren sich in erster Linie auf die Datenverfügbarkeit innerhalb der Mitgliedsstaaten und auf die Vergleichbarkeit der vorhandenen Daten zwischen den Mitgliedsstaaten. Beide Problematiken können die Erhebung neuer Indikatoren erschweren oder unmöglich machen. Beispielsweise hätten bessere Indikatoren zur Nutzung digitaler Technologien im Bildungswesen in vielen Ländern eine hohe Relevanz. Da es jedoch schwierig ist, die Nutzung digitaler Technologien im Bildungswesen systematisch zu quantifizieren und zu messen, ist die Datenverfügbarkeit zu diesem Thema gering.

Selbst wenn Daten auf nationaler Ebene verfügbar sind, eignen sie sich nicht unbedingt für internationale Vergleiche. So veröffentlicht die OECD beispielsweise nur wenig vergleichende Daten im Bereich der Sonderpädagogik, obwohl dieses Thema in vielen Staaten als vorrangig eingestuft wird und oft umfassende nationale Datengrundlagen existieren. Dies ist darauf zurückzuführen, dass sich die nationalen Ansätze im Bereich der Sonderpädagogik stark voneinander unterscheiden. Aufgrund dessen ist es in dem Bereich außergewöhnlich kompliziert länderübergreifende Indikatoren zu entwickeln, die Gleiches mit Gleichem vergleichen.

In der Praxis ist es selten, dass vorgeschlagene Indikatoren für alle Mitgliedsstaaten relevant sind und diese die Möglichkeit haben, vergleichbare Daten zu liefern. Daher beschließt die Arbeitsgruppe in der Regel, mit einer Datenerhebung fortzufahren, wenn eine klare Mehrheit ihrer Mitglieder an der Datenerhebung interessiert und in der Lage ist, vergleichbare Daten zu liefern.

Künftige Herausforderungen

Der derzeitige Ansatz zur Erhebung der OECD-Bildungsindikatoren basiert auf einer Aufgabenteilung zwischen der OECD und den statistischen Systemen der Mitgliedsstaaten. Nationale statistische Systeme erfassen Rohdaten und übermitteln sie in aggregierter Form an die OECD, die diese verarbeitet und den Prozess koordiniert. Die so gesammelten Indikatoren werden auf absehbare Zeit das Herzstück der OECD-Bildungsindikatoren bleiben. Um auch weiterhin führend im Bereich der internationalen Bildungsindikatoren zu bleiben, müssen jedoch eine Reihe von Herausforderungen angegangen werde, die eine größere methodische Vielfalt bei der Datenerhebung erfordern.

Zeitnähere Daten bereitstellen

Die Bereitstellung zeitnäherer Daten ist eine zentrale Herausforderung für die OECD und die nationalen statistischen Systeme. Die meisten Daten in *Bildung auf einen Blick* werden mit einer Zeitverzögerung von ein bis zwei Jahren veröffentlicht. Dieser Zeitraum wird benötigt, um Daten auf nationaler Ebene zu sammeln und zu verarbeiten und sie auf OECD-Ebene zu validieren und Indikatoren zu erstellen. Wenn die Datenerfassung auf nationaler Ebene komplex ist, wie z. B. bei den Indikatoren zu Bildungsausgaben, können die Verzögerungen sogar bis zu drei Jahre betragen. Ad-hoc-Datenerhebungen können zwar schneller Daten liefern, sind aber aufgrund der erforderlichen personellen Ressourcen auf Ausnahmefälle beschränkt und können oft nur elementare Daten liefern.

Lange Zeiträume bis zur Veröffentlichung von Indikatoren schränken den Nutzen von Daten für Entscheidungsprozesse ein. Sie sind insbesondere dann kritisch, wenn Politik und Verwaltungen auf sich schnell ändernde Umstände reagieren müssen, wie etwa während der COVID-19-Pandemie. Während solcher Krisen können selbst Zeitverzögerungen von wenigen Monaten Indikatoren irrelevant machen. Aber auch unter normalen Umständen werden zeitnähere Daten wichtiger, da die Bildungspolitik immer häufiger mit plötzlichen und unerwarteten Entwicklungen konfrontiert ist.

Mittelfristig strebt die OECD an, die Indikatoren zeitnäher zu veröffentlichen. Dies kann in einem gewissen Grad durch effizientere Prozesse, z. B. im Bereich der Datenvalidierung, auf nationaler und internationaler Ebene erreicht werden. Eine deutliche Verringerung der Zeitdauer bis zur Veröffentlichung von Indikatoren würde allerdings substanziellere Änderungen an den Verfahren zur Datenerhebung und an den zugrunde liegenden Datenquellen auf nationaler Ebene erfordern. Die Verantwortung hierfür liegt auf nationaler Ebene.

Unterschiede innerhalb von Ländern besser in Bildungsindikatoren reflektieren

Eine weitere Herausforderung für die kommenden Jahre besteht darin, ein detaillierteres Bild nationaler Bildungssysteme zu vermitteln. Derzeit spiegeln die von der OECD veröffentlichen Bildungsindikatoren im Wesentlichen nationale Durchschnitte wider. Solche Durchschnitte bieten nur begrenzte Einblicke in die Vielfalt, die innerhalb der Länder existiert, da sie nichts über die zugrunde liegenden Verteilungen aussagen.

So veröffentlicht die OECD beispielsweise Daten über die durchschnittlichen Ausgaben pro Schüler:in je Land. Obwohl dies in vielen Fällen ein hochrelevanter Indikator ist, gibt er keinen Aufschluss darüber, ob alle Schulen innerhalb eines Landes ähnliche finanzielle Ressourcen pro Kopf haben. Dies ist insofern von Bedeutung, als dass in einigen Ländern große Unterschiede zwischen den Ausgaben pro Schüler:in bestehen, während die Ausgabenniveaus in anderen Ländern in allen Schulen ähnlich sind. Vergleichbare Daten über die Unterschiede der Ausgaben pro Schüler:in zwischen Schulen würden es ermöglichen, Erkenntnisse über existierende Ungleichheiten in der Finanzierung von Schulen zu gewinnen.

Ebenso veröffentlicht die OECD das Durchschnittseinkommen nach Bildungsniveau, veröffentlicht aber keine Daten darüber, wie sich die Einkommensverteilung für ein gegebenes Bildungsniveau innerhalb der einzelnen Länder unterscheidet. Das Fehlen solcher Daten macht es beispielsweise schwierig zu zeigen, welche Arbeitnehmer:innen von einem tertiären Bildungsabschluss profitieren und für welche Arbeitnehmer:innen dies nicht der Fall ist.

Für die OECD bedeuten diese Überlegungen, dass anstelle von nationalen Durchschnittswerten stärker aufgeschlüsselte Daten erhoben und analysiert werden müssen. Je nach Fragestellung werden Daten auf individueller Ebene, auf Klassenebene oder auf Schulebene benötigt, um Erkenntnisse über relevante Verteilungen zu gewinnen.

Auf die wachsende Bedeutung von Big Data reagieren

Die Nutzung von Daten, die außerhalb der nationalen statistischen Systeme erzeugt werden, ist eine dritte Herausforderung auf nationaler und internationaler Ebene. Die Menge, der in allen gesellschaftlichen Bereichen erzeugten Daten hat in den letzten Jahren dramatisch zugenommen und steigt weiter. Diese Daten, die oft als Big Data bezeichnet werden, bieten das Potenzial, Erkenntnisse zu Themen zu gewinnen, die mit offiziellen Statistiken nur schwer oder gar nicht zu erfassen sind. Sie sind jedoch nicht für eine systematische Verwendung in der amtlichen Statistik vorgesehen und erfordern eine umfangreiche Verarbeitung und Validierung, um zuverlässige Indikatoren zu erstellen.

Seit mehreren Jahren arbeiten nationale statistische Systeme und internationale Organisationen daran, amtliche Statistiken durch Indikatoren auf Basis von Big Data zu ergänzen (Scannapieco/Virgillito/Zardetto 2013; Braaksma/Zeelenberg 2020). So veröffentlichte die OECD beispielsweise einen wöchentlichen Tracker für das Bruttoinlandsprodukt (BIP) während der COVID-19-Pandemie für den Google-Suchdaten verwendet wurden um die BIP-Trends nahezu in Echtzeit zu ermitteln (Woloszko 2020). Dieser Tracker sollte nicht die offiziellen BIP-Statistiken ersetzen, war aber in einer Krise, die eine schnelle Reaktion der politischen Entscheidungsträger erforderte, nützlich.

Bislang wurden im Bereich der internationalen Bildungsstatistiken nur geringe Fortschritte in der Nutzung von Big Data erzielt. Zu den Faktoren, die die Nutzung von Big Data einschränken, gehören unter anderem Bedenken hinsichtlich des Datenschutzes sowie die Fragmentierung des Bildungssektors in vielen Ländern, die dazu führt, dass relevante Daten über viele Akteure verstreut sind. Darüber hinaus fehlen oft noch etablierte Methoden zur Verarbeitung und Analyse der entsprechenden Daten.

Auf Basis von Big Data entwickelte Indikatoren würden etablierte Indikatoren nicht ersetzen, sondern sie ergänzen. Vor allem in der Anfangsphase ihrer Entwicklung wären sie explorativ und hätten einen geringeren Grad an Robustheit als offizielle Statistiken. Diese Einschränkungen sind jedoch kein Argument, um das Potenzial von Big Data zu ignorieren. Trotz ihrer Vielfalt können offizielle Statistiken viele relevante Aspekte des Bildungswesens nicht adäquat beleuchten. Neue Indikatoren sind nötig um Entscheidungsträger:innen zu helfen die Qualität von Bildungssystem weiter zu verbessern.

Chancen der künstlichen Intelligenz nutzen

Künstliche Intelligenz (KI) und insbesondere generative KI hat in der jüngeren Vergangenheit beeindruckende Fortschritte erzielt, die durch öffentlich zugängliche Chatbots eine große Aufmerksamkeit erhalten haben. Obwohl viele praktische Anwendungen dieser Technologie noch in Frühstadien der Entwicklung und zukünftige Einsatzbereiche unklar sind, ist jetzt schon abzusehen, dass generative KI einen großen Einfluss auf die Arbeit mit quantitativen und qualitativen Informationen haben wird.

Für die Arbeit der OECD zu Bildungsindikatoren wird KI neue Möglichkeiten eröffnen sowohl in der Datenerhebung als auch in der Datenanalyse. Zum Beispiel könnte KI dabei helfen, die große Vielzahl an quantitativen und qualitativen Informationen, die für ein Land verfügbar sind, systematisch zu analysieren und entsprechend relevanter Fragestellung zu synthetisieren und gegebenenfalls zu quantifizieren um neue Indikatoren zu kreieren. Dabei könnten die von der OECD gesammelten Daten mit Informationen aus Gesetzestexten, Fallstudien und ähnlichen Dokumenten kombiniert werden, um neue Erkenntnisse zu erlangen.

Wie bei jeder neuen, bahnbrechenden Technologie werden sich manche erhofften Anwendungsmöglichkeiten als nicht zuverlässig oder realisierbar erweisen, während sich andere unerwartete Möglichkeiten ergeben werden. Künstliche Intelligenz für die Erstellung oder Auswertung von Bildungsstatistiken zu nutzen wird daher eine Phase des Experimentierens erfordern bis sich neue Anwendungsbereiche etablieren.

Literatur

Braaksma, Barteld/Zeelenberg, Kees (2020): Big data in official statistics. CBS Discussion Paper. Den Haag: Centraal Bureau voor de Statistiek.
OECD (2023a): Education at a Glance 2023. Paris: OECD Publishing.
Scannapieco, Monica/Virgillito, Antonino/Zardetto, Diego (2013): Placing big data in official statistics: a big challenge. New Techniques and Technologies in Statistics. https://www.

semanticscholar.org/paper/Placing-Big-Data-in-Official-Statistics%3A-A-Big-for-Virgillito-Scannapieco/58d0609dc6930102ce0c39b4ec8f0e7d83df451d (Abgerufen: 07.05.24).

Woloszko, Nicolas (2020): Tracking activity in real time with Google Trends. OECD Economics Department Working Papers No. 1634. https://www.oecd-ilibrary.org/docserver/6b9c7518-en.pdf?expires=1715079210&id=id&accname=guest&checksum=7E90172E96E45E5CBC811A20A1652ABB (Abgerufen: 07.05.24).

Zur Konzeption und Durchführung eines Schulleitungsmonitorings im deutschsprachigen Bildungsraum – Chancen und Grenzen

Jana Groß Ophoff, Stefan Brauckmann-Sajkiewicz, Pierre Tulowitzki, Marcus Pietsch und Colin Cramer

Zusammenfassung

Der *Schulleitungsmonitor* (SLM) wird als ein Beispiel für ein Bildungsmonitoringverfahren vorgestellt, das Schulleitungen in den Mittelpunkt der Erhebung stellt. Dieses Projekt wird in Deutschland seit 2019, in der Schweiz seit 2021 und neuerdings auch in Österreich seit 2022 durchgeführt und soll prospektiv in allen drei Ländern in regelmäßigen Abständen wiederholt werden. Aber warum ist es sinnvoll, Schulleiter:innen in den Mittelpunkt von Trend- oder sogar Längsschnittstudien zu stellen? In dem Beitrag wird zunächst begründet, warum Schulleiter:innen wichtige Akteure im Bildungswesen sind und es verdienen, erforscht zu werden. Ausgehend von dieser Prämisse wird jeweils die Umsetzung des Schulleitungsmonitors in den drei deutschsprachigen Ländern dargestellt und deren Spezifika herausgearbeitet. Ziel des Beitrags ist es, wichtige Schritte für die Konzipierung und Realisierung des Schulleitungsmonitors zu beschreiben (u. a. Implementierung, Adressat:innen bzw. Rezipient:innen sowie Disseminationsstrategie). Insbesondere verdeutlichen die aktuellen Ergebnisse einen länderübergreifenden Bedarf an Vorabqualifizierung sowie an Fort- und Weiterbildung für Schulleiter:innen, da es gerade in dieser Hinsicht deutliche Unterschiede zwischen Deutschland, der Schweiz und Österreich gibt. Ausgehend von dieser Darstellung wird der Schulleitungsmonitor anhand allgemeiner Merkmale von Bildungsmonitoringstudien erörtert, und zwar dahingehend, in welcher Hinsicht sich das Verfahren von den bereits vorliegenden und üblichen Varianten eines Bildungsmonitorings unterscheidet: So gibt es beim Schulleitungsmonitor beispielsweise keine Accountability-Komponente, da explizit keine Leistungsdaten erhoben werden: Statt „objektiver" Leistungsparameter (z. B. professionelle Kompetenz) werden über die schulischen Rahmen- und Arbeitsbedingungen hinaus Konstrukte wie z. B. berufliche Werthaltungen, berufliches Selbstverständnis, Arbeitszufriedenheit, Karriereperspektiven und Führungsstile untersucht. Abschließend wird ein Ausblick darauf gegeben, wie es mit diesem Projekt weitergehen wird und welche Themen adressiert werden sollten.

Trotz des geteilten Itempools und gemeinsam koordinierten Realisierung der Studie durch das Projektteam finden sich für den SLM in den drei teilnehmenden deutschsprachigen Ländern durchaus Unterschiede in der konkreten Umsetzung und der Kommunikation von Befunden. Die Befunde haben unterschiedliche Reaktionen hervorgerufen.

Einleitung

Sowohl in Deutschland (DE), Österreich (AT) als auch der Schweiz (CH) besteht ein anhaltender Mangel an Schulleiter:innen – und diese Situation ist umso prekärer als ein Großteil der derzeit noch im Amt stehenden Schulleitungen in den nächsten Jahren in Pension gehen wird (z. B. Groß Ophoff et al. 2024; Tulowitzki et al. 2023). So war dem Schulbarometer – einer repräsentativen Umfrage der Robert Bosch Stiftung – zufolge im Jahr 2021 an etwa jeder vierten deutschen Schule der Posten der Schulleitung oder Stellvertretung vakant (Anders 2021). Dieser Fachkräftemangel im Bildungsbereich hat mittlerweile eine breite Öffentlichkeit erreicht: So finden sich in allen drei Ländern Zeitungsartikel mit Überschriften wie z. B. „Schuldirektorinnen und Schuldirektoren: Bitte melden!" (Schrodt 2022), „Schulleiter-Mangel: Ein Posten ohne Prestige?" (Ferber 2023) oder „Wegen hoher Erwartungen und Mangel an Lehrpersonen: Schulleitungsjob wird immer schwieriger – Schulen geraten in Bedrängnis" (Wüest 2023). Der hier vorgestellte *Schulleitungsmonitor* (SLM) hat speziell auch vor diesem Hintergrund das Ziel, über eine umfängliche und regelmäßige Bestandsaufnahme zur Arbeitsweise und zu den Arbeitsumständen von Schulleitungen Informationen zu gewinnen. Die sollen es erlauben, schulführungsrelevante Probleme wissenschaftlich fundiert zu identifizieren und in der Folge Ansatzpunkte für die Optimierung des Führungshandelns an Schulen zu generieren. Das verspricht vor allem, die Vielfalt einzelschulischer Problemlagen genauer in den Blick nehmen und so auch auf Fragen, die die Öffentlichkeit bewegen, eingehen, aber eben evidenzbasiert komplementieren zu können. Um zu verdeutlichen, was den hier vorgestellten SLM als D-A-CH-Projekt von anderen etablierten und breit rezipierten Bildungsmonitoringstudien unterscheidet bzw. inwiefern das Verfahren überhaupt genuin als eine Form des Bildungsmonitorings angesehen werden kann, werden im folgenden Kapitel Schulleitungen als wichtige Akteure im Bildungswesen beschrieben und im weiteren Verlauf des Beitrags die Implementation der SLM in DE, CH und in AT konkretisiert, um ausgehend kritisch zu prüfen, ob der SLM tatsächlich ein Bildungsmonitoring-Verfahren darstellt.

Schulleitungen als wichtige Akteure im Bildungswesen

Im Gegensatz zu anderen bildungsbereichsübergreifenden bzw. bildungsbereichsspezifischen Monitorings, für die periodisch umfassende Situations- und Entwicklungsanalysen erstellt wurden, war ein auf die Funktion der Schulleitung zugeschnittenes Monitoring bis vor Kurzem noch nicht Gegenstand bildungswissenschaftlicher Überlegungen. Vielmehr fanden Daten zum Führungshandeln in der Schule nur eher vereinzelt oder randständig den Weg in das tradierte Instrumentenensemble von Bildungsmonitoringstudien. Beispiele hierfür sind international vergleichende Studien wie z. B. TALIS oder auch nationale Studien wie der IQB-Bildungstrend in DE oder den Bildungsstandardüberprüfungen in AT, um z. B. die schulischen und außerschulischen Lernbedingungen bei der Interpretation der Testergebnisse berücksichtigen zu können. Insofern ist es ein Novum, dass im SLM Schulleiter:innen im Mittelpunkt stehen. Anstelle von schulspezifischen Rückmeldungen werden die Ergebnisse in Form von Kurzberichten im Web frei zugänglich veröffentlicht. Grund für die Erforschung von Schulleiter:innen ist u. a., dass ihnen im Schulsystem eine zentrale Rolle zugesprochen wird (Bonsen 2016; Demski 2017), was z. B. der österreichische Zeitschrift *Der Standard* mit der Überschrift „Führungslose Schulen landen im Chaos" (Nimmervoll 2023) treffend beschreibt. Schulleitungen stehen beruflich sowohl in engem Kontakt mit den Lehrpersonen, Schüler:innen und Eltern ihrer jeweiligen Schulen als auch mit Vertreter:innen der Bildungsadministration und üben somit sowohl Führungs- als auch Schnittstellenfunktionen aus. Sie werden als maßgebliche Treiber für die Veränderung und Innovation von Schule und Unterricht angesehen (Brown/White/Kelly 2021; Bryk 2010; Fullan 1993), die innerschulische Faktoren direkt und die Leistungen von Schüler:innen indirekt beeinflussen können (Bonsen 2016; Day/Gu/Sammons 2016). Neben traditionellen administrativen und pädagogischen Aufgaben stehen Schulleitungen im Zuge „neuer Steuerung" auch in der (Führungs-)Verantwortung, Unterrichts-, Personal- und Organisationsentwicklung an ihrer eigenen Schule voranzubringen (Dezghahi 2021). Dementsprechend werden Schulleiter:innen gerne als „Alleskönnende" charakterisiert (Evans 1995; Leithwood 2012), die angesichts ihres breit gefächerten Aufgabenprofils mit Phasen hoher Belastung umgehen können müssen (Kemethofer 2022; Pont/Moormann/Nusche 2008).

Der Schulleitungsmonitor im D-A-CH-Kontext

In allen drei deutschsprachigen Ländern wird der SLM durch ein hochschulübergreifendes Projektteam bestehend aus Prof. Dr. Pierre Tulowitzki (Fachhochschule Nordwestschweiz), Prof. Dr. Marcus Pietsch (Leuphana Universität Lüneburg), Prof. Dr. Colin Cramer (Universität Tübingen) und Prof. Dr. Jana Groß Ophoff (PH Vorarlberg) koordiniert. Die Studien in DE und der CH werden von Prof. Dr. Pierre Tulowitzki geleitet, die Studie in Österreich von Prof. Dr. Jana Groß Ophoff. Im Folgenden werden die Umsetzung und Besonderheiten des SLM in DE und der CH skizziert (Cramer et al. 2021; Tulowitzki et al. 2022), da diese Ausgangspunkt waren für die Planung und Implementation österreichischen SLM (Groß Ophoff et al. 2024). Auf diesen wird als jüngster Neuzugang in der (deutschsprachigen) Projekttrias im Folgenden ausführlicher eingegangen.

Schulleitungsmonitor in Deutschland seit 2019

In DE wurde die Durchführung der Studie zwischen 2019 und 2021 unter dem Akronym LineS zunächst aus Mitteln des Bundesministeriums für Bildung und Forschung (Qualitätsoffensive Lehrerbildung von Bund und Ländern), der Deutschen Forschungsgemeinschaft (DFG) sowie aus Eigenmitteln der beteiligten Professuren finanziert. In diesem Rahmen konnte bereits im Jahr 2019 in Summe $N = 405$ Schulleitungen an allgemeinbildenden Schulen repräsentativ durch den Felddienstleister forsa GmbH ausgewählt und befragt werden. In diesem Kooperationsprojekt zwischen den Universitäten Tübingen und Lüneburg sowie der Pädagogischen Hochschule der Fachhochschule Nordwestschweiz (FHNW) wurde das Desiderat aufgenommen, dass in DE zwar vereinzelt empirische Studien zum Schulleitungshandeln vorliegen, bis dato jedoch umfassende Befunde zu ihren Karrieren fehlten:

Was etwa macht das Amt der Schulleitung für Lehrpersonen (un)attraktiv? Diese und weitere Fragen schienen insbesondere vor dem Hintergrund des akuten Schulleitungsmangels bedeutsam und klärungsbedürftig (Cramer et al. 2020a, 2021). Ferner wurden solche Themen erfragt, für die international gezeigt werden konnte, dass diese im Bereich von Schule und öffentlicher Verwaltung eine wichtige Rolle spielen, wofür jedoch im deutschsprachigen Raum bislang keine entsprechende Evidenz vorliegt (Tulowitzki/Pietsch 2020): Entsprechend wurden vielfältige individuelle und strukturelle Bedingungsfaktoren in den Blick genommen und Fragen nach Unterstützungsangeboten (z. B. Mentoring) und Qualifizierungsmaßnahmen aufgegriffen (vgl. Kapitel 3.4). Dem internationalen Befund folgend, dass schulische Führungskräfte maßgebliche Treiber für die Veränderung und Innovation von Schule und Unterricht sind (Bryk 2010; Day/Gu/Sammons 2016), wurde beispielsweise die Arbeit von Schulleitungen hinsichtlich der Veränderung und Innovation von Schule und Unterricht untersucht. Entsprechend dem doppelten Anspruch der sogenannten Ambidextrie sollten Schulleitungen einerseits Schule mit vorhandenen Mitteln auch in Krisenzeiten stabil führen und zugleich weitreichende Maßnahmen der Schulentwicklung thematisieren können (Pietsch/Tulowitzki/Cramer 2022b). Dieses aus der Wirtschaft entlehnte Konstrukt (z. B. O'Reilly/Tushman 2008) wurde im Rahmen des deutschen SLM erstmals in der Schulleitungsforschung adressiert (Pietsch/Tulowitzki/Cramer 2022b). Bereits in besagter initialer Studie wurde ein Messwiederholungsdesign angelegt und mehrere Erhebungszeitpunkte konnten realisiert werden (Dedering/Pietsch 2023; Röhl/Pietsch/Cramer 2022). Die Ergebnisse wurden in Form von Kurzberichten der breiten Öffentlichkeit zugänglich gemacht (2019: Cramer et al. 2020b, 2022: Tulowitzki et al. 2023) und fanden auch medialen Anklang (DPA 2023; Kuhn 2022).

Die Erfahrungen mit dieser Repräsentativstudie und der öffentlichen Rezeption der Ergebnisse waren Grundlage für Gespräche mit der Wübben Stiftung Bildung, in deren Folge der *SLM DE* etabliert wurde. So konnte im Jahr 2022 eine weitere Erhebungswelle mit 1007 Teilnehmenden durchgeführt werden, deren Ergebnisse mittlerweile vorliegen (Tulowitzki et al. 2023). Die nächste Erhebung ist im Jahr 2025 geplant. Die Studien LineS und der SLM DE sind neben anderen größeren Studien wie z. B. S-CLEVER (Feldhoff et al. 2022; Suter et al. 2023) oder der Cornelsen Schulleitungsstudie (Fichtner et al. 2023) mit ein Anlass für eine intensivere öffentliche und bildungsadministrative Aufmerksamkeit für die Herausforderungen anzusehen, die sich mit dem Amt der Schulleitung verbinden. Nicht zuletzt geht die verstärkte Aufmerksamkeit für die Arbeitsbedingungen und Qualifizierungsbedarfe von Schulleitungen auch mit der Einrichtung neuer (Weiterbildungs-)Studiengänge für Lehrpersonen einher, etwa dem Tübinger Weiterbildungs-Masterstudiengang „Schulforschung und Schulentwicklung".

Schulleitungsmonitor in der Schweiz seit 2021

Der SLM in CH wird im Gegensatz zu seinem deutschen Pendant nicht nur als Gemeinschaftsprojekt zwischen diversen Hochschulen, sondern auch in Zusammenarbeit mit weiteren Organisationen durchgeführt, und zwar mit den beiden zentralen Schweizer Dachverbänden für Schulleitungen, dem Verband Schulleiter:innen Schweiz (VSLCH) und der Conférence latine des chef·fe·s d'établissement de la scolarité obligatoire (CLACESO).[1] Die Festlegung der Themen erfolgt in einem iterativen Verfahren im Austausch zwischen Verbänden und Forschenden. Die zugehörigen Befragungsinstrumente werden anschließend seitens der Forschenden aus passenden etablierten Instrumenten ausgewählt oder – wenn nötig – entwickelt. Auch dabei erfolgt ein kontinuierlicher Austausch mit Vertreter:innen der Verbände. Erste Entwürfe der Befragung werden den Verbänden, ausgewählten Vertreter:innen der Bildungsverwaltung sowie Schweizer Hochschulen zur Kommentierung vorgelegt. Durch dieses vergleichsweise breit abgestützte Verfahren können die Perspektiven verschiedener Anspruchsgruppen frühzeitig eingeholt und berücksichtigt werden. Darüber hinaus zielt dieses Vorgehen auch auf eine Erhöhung der Akzeptanz des Monitors und seiner Ergebnisse ab.

Die erste Erhebung in CH fand im Herbst 2021 statt und stand allen Schulleiter:innen offen. 2035 Personen nahmen an der Befragung teil. In den Jahren 2022 und 2023 fanden sogenannte Zwischenerhebungen mit jeweils ca. 1100 Teilnehmenden statt. Dabei handelte es sich um kürzere Befragungen, die ausschließlich Mitgliedern des VSLCH vorgelegt wurden und die verschiedene Fokusthemen (z. B. Weiterbildung und Professionalisierung, schulische Selektion) behandelten. Um die Nutzung der erhobenen Daten zu unterstützen, wurden für zehn

---

[1] Gefördert wird das Projekt von der Jacobs Foundation und der Stiftung Mercator Schweiz.

Kantone individualisierte Präsentationen erstellt, welche die kantonalen Ergebnisse aus der schweizweiten Erhebung 2021 im Vergleich zu den nationalen Ergebnissen enthielten. Die Präsentationen wurden den kantonalen Schulleitungsverbänden und kantonalen Stellen der Bildungsadministration zur Verfügung gestellt. Zentrale Befunde aus dem SLM CH wurden in der Vergangenheit in Qualifizierungs- und Weiterbildungsangeboten für schulische Führungskräfte an verschiedenen Deutschschweizer Hochschulen sowie in der französischsprachigen Schweiz behandelt. In einigen Kantonen führten die Veröffentlichungen der Ergebnisse darüber hinaus zu einer verstärkten Auseinandersetzung mit Ausrichtungen und Rahmenbedingungen der Position der Schulleitung. Die Ergebnisse dienten dabei als Grundlage für einen vertieften Austausch mit Vertreter:innen kantonaler Schulleitungsverbände.

Schulleitungsmonitor in Österreich seit 2022

Das österreichische Bildungssystem zeichnet sich durch eine komplexe Governance-Struktur mit hoher Regelungsdichte aus (Brauckmann-Sajkiewicz et al. 2022), das erst vor wenigen Jahren strukturell reformiert wurde: So wurde im Zuge der Bildungsreform 2017 österreichischen Schulen erweiterte Gestaltungsmöglichkeiten, aber auch Verantwortung eingeräumt in Schul- und Unterrichtsentwicklungsprozessen, bei denen nicht nur die Bedürfnisse der Lernenden berücksichtigt werden sollen, sondern auch die individuellen Voraussetzungen des Lehrpersonals sowie die Besonderheiten der Region (Brauckmann-Sajkiewicz et al. 2018). Zusätzlich wurde die Behördenstruktur neu geordnet, indem die sogenannten Bildungsdirektionen als gemeinsame Bund-Länder-Behörde eingerichtet wurden. Diese sind einerseits als zentrale Geschäftsstelle zuständig für die rechtlichen, budgetären und organisatorischen Aufgaben. Andererseits nehmen die Bildungsdirektionen über den Pädagogischen Dienst die Schulaufsicht wahr, also Aufgaben im Bereich des Qualitätsmanagements, des Bildungscontrolling und der Personalbewirtschaftung. In dieser derzeit beobachtbaren Akteurskonstellation der österreichischen Governance-Struktur wird deutlich, dass den inhaltlich differenzierten wie pointierten professionellen Belangen (somit auch denen der Schulleitungen) keine eigene Stimme zuteilwird. Vielmehr besteht ein starkes Übergewicht der durchgängig organisierten und verankerten Interessenvertretung in einer Governance-Struktur, die von Expert:innen als fragmentiert, widersprüchlich und komplex beschrieben wird (Altrichter/Moosbrugger/Zuber 2016).

Infolge dieser vornehmlich politisierten Auseinandersetzungen um mehr Mittel und die Verteidigung des Status Quo können zahlreiche Reformbestrebungen im Bereich des Qualitätsmanagements und den daraus resultierenden Änderungen für eine innovative Führungspraxis allenfalls auf der Ebene einzelner

Schulen und mehrheitlich im Verborgenen wirksam werden (ebd.). Dies kommt auch zum Ausdruck in der aktuellen Berichterstattung in österreichischen Medien. Diesen zufolge berichten Schulen über zu wenig Lehrer:innen und eine zu hohe Belastung. Verbunden damit warnt die „[Pflichtschullehrer-]Gewerkschaft [...] vor weiterer Kündigungswelle" (APA 2023a) oder gar Streiks (APA 2023b), wenn an den Schulen nicht absehbar Bürokratie abgebaut und mehr Unterstützungspersonal bereitgestellt wird (z. B. ORF.at 2023). Vor dem Hintergrund besagter Herausforderungen wurde der SLM AT durch das Bundesministerium für Bildung, Wissenschaft und Forschung (BMBWF) beauftragt und an der Pädagogischen Hochschule Vorarlberg (Leitung: Prof. Dr. Jana Groß Ophoff[2]) organisiert und implementiert. Hierzu wurde der Itempool aus dem deutschen wie auch der schweizerischen Erhebung übernommen und in mehreren Überarbeitungszyklen[3] an die Spezifika des österreichischen Bildungssystems angepasst.

Die eigentliche Befragung wurde zwischen Oktober und Dezember 2022 realisiert. Mit dem Aufruf „den österreichischen Schulleiter:innen eine Stimme zu geben, um die Herausforderungen ihrer Situation besser zu verstehen, die Sensibilität in der Öffentlichkeit und Bildungspolitik zu stärken und notwendige Veränderungen auf Grundlage wissenschaftlicher Ergebnisse belegen und aufzuzeigen zu können" wurden österreichweit Schulleiter:innen über die jeweiligen Bildungsdirektionen zur Teilnahme an der Online-Befragung eingeladen. An der Studie nahmen insgesamt 2621 Schulleiter:innen teil, was einem Rücklauf von etwa 42 Prozent der österreichischen Schulen (5941 Schulen, vgl. Statistik Austria 2022) entspricht.

Erste Ergebnisse der Befragung wurden im Frühjahr 2023 an Vertreter:innen des BMBWF zurückgemeldet, wonach österreichische Schulleitungen (auch im Vergleich zu DE und CH) von einer als hoch empfundenen Arbeitsbelastung berichten, zugleich aber eine hohe Arbeitszufriedenheit zum Ausdruck bringen (Groß Ophoff et al. 2024). Angesichts der anstehenden Pensionierungswelle und dem akuten Fachkräftemangel an österreichischen Schule betonen die Befunde einmal mehr die Notwendigkeit, die derzeit im Amt stehenden Schulleiter:innen so zu unterstützen oder gar zu entlasten, dass sie physisch wie auch psychisch gesund und resilient bleiben und so ihre umfangreichen und anspruchsvollen Aufgaben engagiert erledigen können. Um ein besseres Verständnis der Belastungssituation zu gewinnen, wurde eine Folgestudie durch das BMBWF beauftragt, in deren Rahmen 32 Schulleitungen interviewt wurden.

---

2   Unser herzlicher Dank für die Unterstützung bei der Anbahnung, Organisation und Auswertung geht an unsere Kolleg:innen an der Pädagogischen Hochschule Vorarlberg: Dr. Gernot Brauchle, Jonas Pfurtscheller, Ursula Rigger und Karin Schuler.

3   Für ihre Unterstützung bei der Pretestung und der anschließenden Adaptation des Fragebogens bedanken wir uns herzlich bei den Mitgliedern der ARGE Schulmanagement Österreich.

Erste Ergebnisse deuten darauf hin, dass es nicht die *eine* spezifische, belastende (Verwaltungs-)Tätigkeit gibt, sondern dass die zum Ausdruck gebrachte Belastungssituation aus der Konstellation verschiedener Aufgaben/Anforderungen im Zusammenhang mit dem größeren Ganzen (u. a. auch der komplexen Governance-Struktur) zu betrachten ist.

Die Ergebnisse aus der Fragebogen- und der Interviewstudie wurden auf dem 2023-Schulaufsichtskongress vorgestellt, einer durch das BMBWF organisierten Weiterbildungsveranstaltung für die sogenannten Schulqualitätsmanager:innen. Diese arbeiten unter der Leitung des Pädagogischen Dienstes der Bildungsdirektionen. Sie beaufsichtigen die Erfüllung der Aufgaben der österreichischen Schulen und haben – abweichend von früheren Aufgaben der Schulinspektion – eine beratende und begleitende Funktion zur Sicherstellung der schulischen Implementierung von Reformen und Entwicklungsvorgaben in der Region, der Mitwirkung am zentral administrierten Qualitätsmanagement, sowie der schularten- und standortbezogenen Schulentwicklung und des laufenden Qualitäts-Controllings. Insofern sind sie unmittelbare Ansprechpartner:innen in der jeweiligen Region für die Schulleiter:innen.

Wie aussagekräftig kann ein D-A-CH-Vergleich sein?

Für die drei deutschsprachigen Länder ist eine Fortsetzung mit Unterstützung der genannten Drittmittelgeber geplant, also in DE und AT für das Jahr 2025 und für die CH im Herbst 2024. Auch wenn in den drei deutschsprachigen Ländern nationale Fokussierungen bzw. Anpassungen möglich waren und auch beibehalten werden sollen, werden großteils die gleichen Skalen bzw. Items wiederholt eingesetzt, so dass nicht nur über die Zeit, sondern auch länderübergreifend zumindest inhaltlich eine Vergleichbarkeit gegeben ist. Beispielsweise haben die Ergebnisse aus dem SLM in allen drei Ländern dafür sensibilisiert, dass zwischen 16 und 25 Prozent der Schulleitungen darüber nachdenkt, die eigene Schule zu verlassen (Groß Ophoff et al. 2024; Tulowitzki et al. 2022; Tulowitzki et al. 2023). Insbesondere die Diskrepanzen zwischen den Motiven für die Berufsergreifung und den im beruflichen Alltag ausgeübten Tätigkeiten scheint als krisenhaft erlebt zu werden (Cramer et al. 2021; Pietsch/Tulowitzki/Cramer 2022b, 2022a). In allen drei Ländern wurde dies als Hinweis auf die Dringlichkeit einer Entlastung und Neuordnung von Führungsaufgaben und auf den Bedarf an systematischen Maßnahmen zur Vorbereitung wie auch Nachqualifizierung gewertet. Daher liegt es auf der Hand, die Rahmenbedingung zur Qualifizierung zu vergleichen, was im Folgenden beispielhaft berichtet wird für die Erhebungen in DE aus dem Jahr 2019, in CH aus 2021 und in AT aus 2022/23.

Demnach besteht eine große Ähnlichkeit zwischen den drei Ländern darin (vgl. Abb. 1), dass der Fokus der Fort- und Weiterbildungsaktivitäten (ca. 79 %) v. a.

auf dem Lesen von berufsbezogener Literatur zu liegen scheint (vgl. Abb. 1), was in der Literatur als informelle Fortbildung beschrieben wird (Röhl et al. 2023). Dagegen werden beratungsbasierte Verfahren der Personalentwicklung wie ein (privates) Coaching (ca. 31 %) oder ein standardisiertes Peer-Coaching (ca. 23 %) in allen drei Ländern vergleichsweise selten wahrgenommen. Deutliche Unterschiede zwischen den Ländern zeigen sich dagegen in der Qualifikation für die Arbeit als Schulleiter:in. Denn in CH gibt ein Großteil der Schulleitungen, nämlich 89.3 Prozent an, eine Qualifikation durchlaufen zu haben. In DE berichten nur rund 50 Prozent der Schulleitungen davon (vgl. Abb. 1). Der hohe Anteil an Schulleitungen mit Qualifikation in der CH lässt sich darauf zurückführen, dass dort seit 2009 ein national verbindliches Profil für die Qualifikation von Schulleitungen existiert (EDK 2009) und die Aus- und Weiterbildung von Schulleitungen an den Hochschulen verortet ist (Johannmeyer/Cramer 2023). Auch in AT folgt die Professionalisierung von Schulleiter:innen der seit 1996 gesetzlich vorgegebenen berufsbegleitenden Qualifizierung für ernannte Schulleiter:innen und wird um eine verpflichtende Vorqualifizierung von an Schulleitung Interessierten (gültig ab 1.1.2023) erweitert. Die entsprechenden Hochschullehrgänge sind – vergleichbar zu CH – an den Pädagogischen Hochschulen verortet und orientieren sich an dem 2019 verabschiedeten Schulleitungsprofil (Altrichter et al. 2019). Das deckt sich mit dem Ergebnis, dass zwar nur 60 Prozent der österreichischen Schulleiter:innen nach eigenen Angaben eine Vorabqualifikation durchlaufen, aber die Mehrheit (nahezu 78 %) Zertifikatsprogramme an einer Hochschule absolviert haben. Somit bestätigt sich das von Johannmeyer und Cramer (2023) skizzierte Bild, dass sich die Aus- und Fortbildung von Schulleitungen in DE nicht nur im Vergleich zu CH, sondern auch zu AT, bislang als wenig strukturiert darstellt. Das gilt unverändert auch für die aktuell veröffentlichten Ergebnisse des deutschen SLM 2022 (Tulowitzki et al. 2023), wonach 13 % angegeben haben, eine relevante Qualifizierung an einer Hochschule durchlaufen zu haben, und 57 Prozent an einem Landesinstitut (S. 15) usw.

Abb. 1: Prozentuale Häufigkeiten für die Fort- und Weiterbildungsaktivitäten von deutschen (2019), schweizerischen (2021) und österreichischen (2022/23) Schulleiter:innen

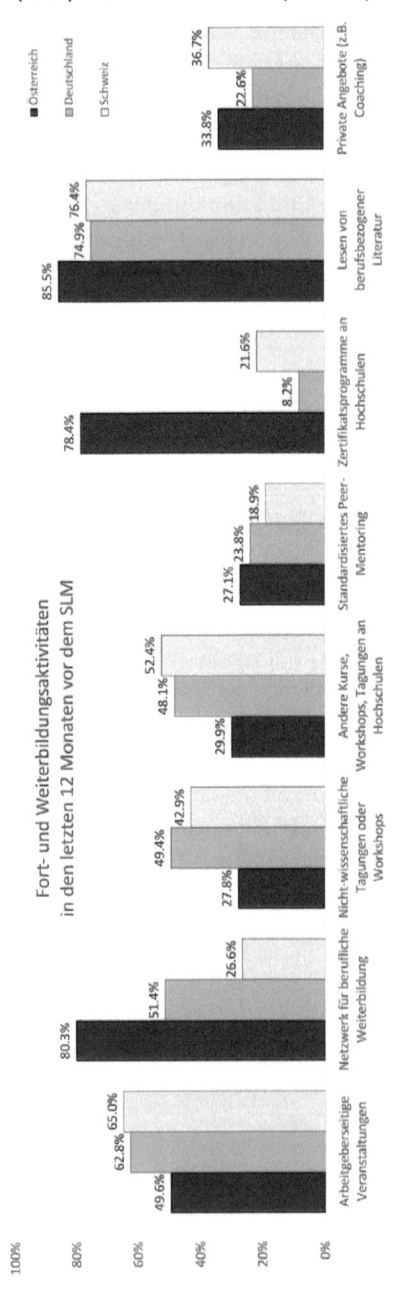

Eine weitere, in AT sehr häufig genannte Aktivität (80 %) ist die Teilnahme an einem Netzwerk für berufliche Weiterbildung. Dies steht in Zusammenhang mit der Einrichtung und Steuerung sogenannter Bildungsnetzwerke ab dem Schuljahr 2019/20 durch die Schulaufsicht, die als regionale, schulformübergreifende Austauschplattformen zum Ziel haben, die Nutzung von schulautonomen Freiräumen zu fördern und Reform(vorgab)en in das Regelsystem einzuspielen (https://www.bmbwf.gv.at/Themen/schule/schulsystem/br.html). Für diese beiden Aktivitäten unterscheiden sich österreichische Schulleiter:innen deutlich von denen in DE und der CH. Letztere ähneln sich in dem Profil der Fortbildungsaktivitäten, da eher (ca. 64 %) arbeitgeberseitige Angebote (in DE Landesinstitute, in der CH kantonale Instanzen), andere (nicht-zertifizierende) Veranstaltungen an Hochschulen (ca. 50 %), oder nicht-wissenschaftliche Tagungen oder Workshops (ca. 46 %) wahrgenommen werden.

Darüber hinaus verdeutlicht der Vergleich zwischen den drei Ländern, dass Schulleitungen „überall" an informellen Fortbildungsmöglichkeiten (v. a. Lesen berufsbezogener Literatur) besonders interessiert sind, und darüber auch vermutlich am besten erreicht werden können. Diese Einschätzung wird unterstützt durch aktuelle Befunde aus DE und CH, wonach der informelle Austausch mit anderen Schulleitungen von 97 Prozent (Tulowitzki et al. 2023, S. 17) bzw. 70 Prozent (Tulowitzki et al. 2022, S. 12) genutzt wird. Entsprechende Ergebnisse liegen auch für den SLM AT vor, wonach sogar nahezu alle Befragten (99 %) von dieser informellen Fortbildungsaktivität berichten (Groß Ophoff et al. 2024). Aus bildungswissenschaftlicher Sicht wirft dies die grundsätzliche Frage auf, ob (und wie) evidenzbasierte Impulse schulische Entwicklungsprozesse überhaupt erreichen können. Denn mit Altrichter et al. (2019) sind allenfalls ein Drittel (österreichischer) Schulleitungen evidenzbasierter Schulentwicklung nicht abgeneigt.

Fazit: Schulleitungsforschung als Bildungsmonitoring?

Döbert und Weishaupt (2012) definieren Bildungsmonitoring als „kontinuierlichen, datengestützten Beobachtungs- und Analyseprozess des Bildungswesens" mit dem Ziel, „Bildungspolitik und Öffentlichkeit über Rahmenbedingungen, Verlaufsmerkmale, Ergebnisse und Erträge von Bildungsprozessen" zu informieren, was wiederum als Grundlage für „Zieldiskussionen und politische Entscheidungen" (S. 158) dienen kann. Wesentlich ist hierbei, dass qualitätsrelevante Informationen mithilfe wissenschaftlicher Methoden erhoben, analysiert und genutzt werden (Grünkorn/Klieme/Stanat 2019). Weiters kann für die *Zielsetzung* von Bildungsmonitoring grundsätzlich unterschieden werden (Döbert/Weishaupt 2012; Richards 1988), ob darüber

1. wesentliche Aspekte eines Bildungswesens beobachtet und analysiert werden,
2. die Einhaltung von Vorschriften und Qualitätsstandards in den Blick genommen wird,
3. Anregungen für Diagnostik und Förderung gewonnen werden sollen, oder
4. schulische Leistungen überprüft werden sollen.

Im *SLM werden* keine Leistungsdaten (4) erhoben oder die Einhaltung von Vorschriften etc. erfragt (2). Vielmehr konzentrieren sich die Befragungen auf die schulischen Rahmen- und Arbeitsbedingungen, aber auch auf berufliche Werthaltungen, das berufliche Selbstverständnis, die Arbeitszufriedenheit und das Belastungserleben, Perspektiven auf Schulentwicklung, Karriereperspektiven und Führungsstile von Schulleitungen. Das bedeutet, dass die Zielsetzung des SLMs v. a. auf der Beobachtung und Analyse wesentlicher Aspekte der jeweiligen Bildungssysteme liegt (1). Insofern die Ergebnisse auf Problemstellungen bzw. Handlungsbedarfe aufmerksam machen und dies zum Anlass genommen wird, Veränderungsmaßnahmen zu entwerfen und zu implementieren, weist das Format des SLMs durchaus Merkmale von Systemdiagnostik (3) auf.

Im Mittelpunkt von Bildungsmonitoring steht die Arbeit von Bildungseinrichtungen (Döbert/Weishaupt, 2012), zu deren zentralen *Akteuren* Schüler:innen, Lehrpersonen und Schulleitungen zählen. In diesem Zusammenhang ist weiter zu unterscheiden, ob es sich bei den genannten Akteuren um *Untersuchungseinheiten* im Bildungsmonitoring handelt oder um die *Adressaten* der Ergebnisse. Für erstere unterscheiden Grünkorn, Klieme und Stanat (2019) entsprechend der *Mehrebenenstruktur des Bildungssystems* zwischen

a) Bildungsgangmonitoring auf Individualebene (Schüler:innen, z. B. Leistungen in Klassenarbeiten oder Tests),
b) Schulevaluation (Klasse/Schule, z. B. Kompetenzen in Lernstandserhebungen) und
c) Bildungssystem-Monitoring (international, national, Land oder Kommune, z. B. amtliche Statistiken oder Ergebnisse aus (intern)nationalen Schulleistungsstudien)

Im Vordergrund des aktuellen Diskurses stehen wie gesagt Bildungsmonitoring-Verfahren mit dem Ziel der Systemdiagnostik (vgl. 3), was sich je nach Untersuchungseinheit bzw. Analyseebene an unterschiedliche *Adressaten* richtet: Adressaten individualdiagnostischer Ergebnisse (z. B. Vergleichsarbeiten, vgl. Groß Ophoff 2019) sind Schüler:innen und Erziehungsberechtigte und die Rückmeldung der Ergebnisse kann pädagogische Einzelfallentscheidungen der unterrichtenden Lehrpersonen unterstützen. Ergebnisse aus der Schulevaluation richten sich v. a. an Lehrpersonen und Schulleitungen, denen Informationen zur Unterstützung von pädagogisch-didaktischen bzw. curricularen Entscheidungen bereitgestellt werden, durch die „schulische Entwicklungen begünstigt und die Qualität des Lernangebotes gesteigert werden" (Maag Merki / Schwippert 2008, S. 774) soll. Befunde zu Problemstellungen bzw. Handlungsbedarfen auf Ebene des Bildungssystems richten sich wiederum v. a. an bildungspolitische und -administrative Instanzen und sind mit der Erwartung verknüpft, dass Entscheidungen prospektiv unterstützt bzw. nachträglich legitimiert werden können und sollen (Kuger 2019). Indem Bildungsmonitoring-Verfahren auf Schul- und Systemebene i. d. R. extern angeordnet werden und die Ergebnisse zumindest in aggregierter Form auch der nächsthöheren Systemebene zur Verfügung gestellt werden, wird ebenso das Ziel der Systemkontrolle (vgl. 4) bedient. Eben diese Multifunktionalität von Bildungsmonitoring wird als einer der Gründe diskutiert, warum Verfahren wie die in DE etablierten landesweiten Vergleichsarbeiten (Tarkian et al. 2019) oder das österreichische Pendant, also die Individuelle Kompetenzmessung (IKM^{PLUS}) nur bedingt als Anlass für schulische und unterrichtliche Qualitätsentwicklung genutzt werden (Altrichter / Moosburger / Zuber 2016; Groß Ophoff 2019; Maier 2010). Die Adressaten der Ergebnisse aus dem *SLM* sind vornehmlich Bildungspolitik, Bildungsadministration sowie Schulleitungen, die ausschließlich aggregierte Ergebnisse einsehen können. Somit kann der SLM durchaus als Bildungsmonitoring (im weiteren Sinne) aufgefasst werden. Die genannten Besonderheiten des SLMs in der *Zielsetzung* und bezüglich der *Akteure* haben den Nebeneffekt, dass der Fokus der Auseinandersetzung vornehmlich auf Entwicklung statt Rechenschaftslegung liegt, zumal bislang für DE und CH keine verbindlichen Standards für das Schulleitungshandeln vorliegen und somit im klassischen Sinne grundsätzlich auch keine Evaluation anhand von Erfolgsmaßstäben möglich ist.

Ausblick

In allen drei Ländern ist, wie zuvor erwähnt, eine Fortsetzung des Projekts geplant. Hierbei wäre ein vergleichbares Vorgehen bei der Stichprobenakquise in allen drei Ländern erstrebenswert und wird deshalb auch angestrebt. Die im Projekt SLM entwickelten Erhebungsinstrumente werden darüber hinaus mittlerweile in verschiedenen anderen Ländern eingesetzt, z. B. in Chile, Kirgistan, Nigeria und der Türkei. Diese Studien nutzen ein an PISA bzw. TALIS angelehntes, schulgenaues Stichprobenverfahren, in dem sowohl eine große Anzahl an Schulleitungen als auch an Lehrpersonen in Schulen befragt werden (z. B. Bellibaş et al., im Druck; Özdemir et al., im Druck). Damit wird die Tatsache adressiert, dass es bislang auch international kaum eine quantitative Studie gibt, die interkulturelle Vergleiche zu Schulleitungen und schulischer Führung ermöglicht (Hallinger 2018; Pietsch / Aydin / Gümüs 2023). In inhaltlicher Hinsicht bieten sich ebenfalls Weiterentwicklungen des SLM an, wie z. B. die Untersuchung innerschulischer Kommunikations- und Entwicklungsprozesse

(Brown/Daly/Liou 2016), der Rolle von wissenschaftlich-theoretischem, administrativ-juristischem, aber auch Erfahrungswissen für das Leitungshandeln, oder des Zusammenhangs zwischen Kontextbedingungen und (erfolgreichem) Schulleitungshandeln (Brauckmann/Pashiardis/Ärlestig 2023; Brauckmann-Sajkiewicz/Pashiardis 2022; Kemethofer et al. 2023). Hierbei gilt es künftig etwaige Washback-Effekte (Barnes 2017) in den Blick zu nehmen und in Kombination mit Lern- und Leistungsdaten auf Ebene der Schüler:innen zu untersuchen – denn das ist und bleibt das Ziel von Bildung und sollte in letzter Instanz das Kriterium sein, an dem sich auch Schulleitungshandeln messen lassen muss. Auf diese Weise könnten auch präzisere Aussagen darüber getroffen werden, ob und inwieweit die Schulleiterin/der Schulleiter der Verantwortung und Rolle, die ihr/ihm im Rahmen Neuer Steuerung für die Sicherung und Entwicklung der einzelschulischen Qualität zukommt, überhaupt gerecht werden kann (Brauckmann-Sajkiewicz/Kemethofer/Warwas 2020). Die derzeitige Befundlage ist jedoch mit Blick auf die Effekte von z. B. schulischen Qualitätssicherungsmaßnahmen übersichtlich und ernüchternd (für AT z. B. Kemethofer et al. 2015).

Literatur

Altrichter, Herbert/Brauckmann-Sajkiewicz, Stefan/Oberneder, Josef/Gutownig, Michael/Grißmann, Claudia/Hofbauer, Christoph (2019): *Schulleitungsprofil. Eine praxisbezogene Orientierung für effektives Schulleitungshandeln*. Wien: Bundesministerium für Bildung, Wissenschaft und Forschung. https://pubshop.bmbwf.gv.at/index.php?rex_media_type=pubshop_download&rex_media_file=190923_schulleitungsprofil.pdf

Altrichter, Herbert/Kemethofer, David/George, Ann Cathrice (2019): Schulleitungen und evidenzbasierte Bildungsreform im Schulwesen. In: *Zeitschrift für Bildungsforschung 9*, H. 1, S. 17–35. https://doi.org/10.1007/s35834-018-0228-5

Altrichter, Herbert/Moosbrugger, Robert/Zuber, Julia (2016): Schul- und Unterrichtsentwicklung durch Datenrückmeldung. In Altrichter, Herbert/Maag Merki, Katharina (Hrsg.): *Handbuch Neue Steuerung im Schulsystem*. Wiesbaden: Springer SV, S. 235–277). https://doi.org/10.1007/978-3-531-92245-4

Anders, Florentine (2021): Warum Schulleitungsstellen oft schwer zu besetzen sind. https://www.deutsches-schulportal.de/bildungswesen/warum-schulleitungsstellen-oft-schwer-zu-besetzen-sind/ (Abfrage: 26.11.2021).

Austria Presse Agentur (APA) (2023a): Lehrermangel: Gewerkschaft warnt vor weiterer Kündigungswelle in Wien. https://www.derstandard.at/story/2000143486250/lehrermangel-gewerkschaft-warnt-vor-weiterer-kuendigungswelle-in-wien (Abfrage: 13.02.2023).

Austria Presse Agentur (APA) (2023b): Stehen im Herbst Streiks an den Pflichtschulen bevor? https://www.derstandard.at/story/3000000177593/pflichtschulen-gewerkschaft-droht-mit-kampf (Abfrage: 07.05.2023).

Barnes, Melissa (2017): Washback: Exploring what constitutes „good" teaching practices. In: *Journal of English for Academic Purposes 30*, S. 1–12. https://doi.org/10.1016/j.jeap.2017.10.003

Belibaş, M. S., Ryskulueva, F., Levin, J. & Pietsch, M. (2024). A Safe Space and Leadership Matter for Innovation: Exploring the Role of Psychological Safety in the Relationship between Transformational Leadership and Innovation Radicalness in Kyrgyz Classrooms. Educational Management Administration & Leadership. DOI:10.1177/17411432241264696

Bonsen, Martin (2016): Schulleitung und Führung in der Schule. In Altrichter, Herbert/Maag Merki, Katharina (Hrsg.): *Handbuch Neue Steuerung im Schulsystem*. 2. Auflage. Wiesbaden: Springer Fachmedien, S. 301–323. https://doi.org/10.1007/978-3-531-18942-0_11

Brauckmann, Stefan/Pashiardis, Petros/Ärlestig, Helene (2023): Bringing context and educational leadership together: Fostering the professional development of school principals. In: *Professional development in education* 49, H. 1, S. 4–15. https://doi.org/10.1080/19415257.2020.1747105

Brauckmann-Sajkiewicz, Stefan/Kemethofer, David/Warwas, Julia (2020): Effekte und Bedingungen wirksamen Schulleitungshandelns – theoretische Modellierung, empirische Befunde, offene Fragen. In: Warmt, Maike/Pietsch, Marcus/Graw-Krausholz, Stephanie/Tosana, Simone (Hrsg.): *Schulinspektion in Hamburg. Der zweite Zyklus 2012–2020: Perspektiven aus Theorie, Empirie und Praxis*. Berlin: Wissenschaftlicher Verlag, S. 23–44.

Brauckmann-Sajkiewicz, Stefan/Lassnigg, Lorenz/Altrichter, Herbert/Juranek, Markus/Tegge, Dana (2018): Zur Einführung von Schulclustern im österreichischen Bildungssystem – theoretische und praktische Implikationen. In: *Nationaler Bildungsbericht Österreich* 2, S. 363–402. https://doi.org/10.17888/nbb2018-2-9

Brauckmann-Sajkiewicz, Stefan/Lassnigg, Lorenz/Feldhoff, Tobias/Maag Merki, Katharina/Jude, Nina/Radisch, Falk (2022): Über österreichische Schulleiter*innen, die „Veränderung" können (sollen) – erste Folgerungen aus der S-CLEVER-Studie. In: Fenkart, Gabriele/Khan-Svik, Gabriele/Krainer, Konrad/Maritzen, Nrobert (Hrsg.): *Die Kunst des Widerstands. Festschrift für Marlies Krain-Dürr*. Innsbruck und Wien: StudienVerlag, S. 113–125.

Brauckmann-Sajkiewicz, Stefan/Pashiardis, Petros (2022): Context-responsive leadership. In: Peters, Michael A. (Hrsg.): *Encyclopedia of teacher education*. Singapore: Springer, S. 1–5. https://doi.org/10.1007/978-981-13-1179-6_482-1

Brown, Chris/Daly, Alan/Liou, Yi-Hwa (2016): Improving trust, improving schools: Findings from a social network analysis of 43 primary schools in England. In: *Journal of Professional Capital and Community* 1, H. 1, S. 69–91. https://doi.org/10.1108/JPCC-09-2015-0004

Brown, Chris/White, Robert/Kelly, Anthony (2021): Teachers as educational change agents: What do we currently know? Findings from a systematic review. In: *Emerald Open Research* 3, https://doi.org/10.35241/emeraldopenres.14385.1

Bryk, Anthony S. (2010): Organizing schools for improvement. In: *Phi Delta Kappan* 91, H. 7, S. 23–30. https://doi.org/10.1177/003172171009100705

Cramer, Colin/Groß Ophoff, Jana/Pietsch, Marcus/Tulowitzki, Pierre (2020a): Schulleitung in Deutschland. Zentrale Ergebnisse einer repräsentativen Studie. In: *Schulmanagement: Zeitschrift für Schulleitung und Schulpraxis* 51, H. 5, S. 17–20. https://doi.org/10.25656/01:22234

Cramer, Colin/Groß Ophoff, Jana/Pietsch, Marcus/Tulowitzki, Pierre (2020b): *Schulleitungen in Deutschland – Kurzbericht zur Studie*. https://doi.org/10.17605/OSF.IO/GNCFU

Cramer, Colin/Groß Ophoff, Jana/Pietsch, Marcus/Tulowitzki, Pierre (2021): Schulleitung in Deutschland. Repräsentative Befunde zur Attraktivität, zu Karrieremotiven und zu Arbeitsplatzwechselabsichten. In: *Die Deutsche Schule* 113, H. 2, S. 132–148. https://doi.org/10.25656/01:22234

Day, Christopher/Gu, Qing/Sammons, Pam (2016): The impact of leadership on student outcomes: How successful school leaders use transformational and instructional strategies to make a difference. In: *Educational Administration Quarterly* 52, H. 2, S. 221–258. https://doi.org/10.1177/0013161X15616863

Dedering, Katharina/Pietsch, Marcus (2023): School leader trust and collective teacher innovativeness: On individual and organisational ambidexterity's mediating role. In: *Educational Review*, S. 1–30. https://doi.org/10.1080/00131911.2023.2195593

Demski, Denise (2017): *Evidenzbasierte Schulentwicklung: Empirische Analyse eines Steuerungsparadigmas*. Wiesbaden: Springer. https://doi.org/10.1007/978-3-658-18078-2

Deutsche Presseagentur (DPA) (2023): *Umfrage: Schulen am Limit: Viele würden gehen.* U. a. In: Die ZEIT. www.zeit.de/news/2023-06/14/umfrage-schulleitungen-stark-belastet-viele-wuerden-gehen (Abfrage: 07.05.24).

Dezhgahi, Uwe (2021): Handlungsfelder von Schulleitung. In: Dezhgahi, Uwe (Hrsg.): Die Auswahl von Schulleitern in einem Assessment Center: Eine theoretische und empirische Analyse eines Eignungsfeststellungsverfahrens. Wiesbaden: Springer Fachmedien, S. 91–103. https://doi.org/10.1007/978-3-658-32387-5_6

Döbert, Hans/Weishaupt, Horst (2012): Bildungsmonitoring. In: Wacker, Albrecht/Maier, Uwe/Wissinger, Jochen (Hrsg.): *Schul- und Unterrichtsreform durch ergebnisorientierte Steuerung: Empirische Befunde und forschungsmethodische Implikationen*. Wiesbaden: VS Verlag für Sozialwissenschaften, S. 155–173. https://doi.org/10.1007/978-3-531-94183-7_7

Evans, Robert (1995): Getting real about leadership. In: *Education Week 14*, H. 29, S. 3–6. https://www.edweek.org/education/opinion-getting-real-about-leadership/1995/04

Feldhoff, Tobias/Radisch, Falk/Maag Merki, Katharina/Jude, Nina/Brauckmann-Sajkiewicz, Stefan/Maaz, Kai/Arndt, Mona/Habeck, L.arissa/Suter, Francesca/Wüst, Olivia/Rettinger, Tanja/Kriegbaum, Katharina/Selcik, Fatmana (2022): *Erfahrungen von Schulleiter* innen in Deutschland, Österreich und in der Deutschweiz während der COVID-19-Pandemie: Zentrale Ergebnisse der Längsschnittstudie" S-CLEVER. Schulentwicklung vor neuen Herausforderungen"*

Ferber, Dorothe (2023): Schulleiter-Mangel: Ein Posten ohne Prestige? https://www.zdf.de/nachrichten/panorama/schulleiter-mangel-lehrkraefte-grundschule-100.html (Abfrage: 03.09.2023).

Fichtner, Sarah/Bacia, Ewa/Sandau, Matthias/Hurrelmann, Klaus/Dohmen, Dieter (2023): „*Schule stärken – Digitalisierung gestalten"—Cornelsen Schulleitungsstudie 2023* [Gesamtstudie]. Berlin: FiBS Forschungsinstitut für Bildungs- und Sozialökonomie. https://www.cornelsen.de/_Resources/Persistent/1/0/9/8/10984d2fa4fea2a67f241370575ed6599c0109eb/Cornelsen-Schulleitungsstudie-2023_Gesamtstudie.pdf

Fullan, Michawl. (1993): Change Forces. Probing the Depths of Educational Reform. Abingdon: RoutledgeFalmer.

Groß Ophoff, Jana (2019): Vergleichsarbeiten. In: Kiel, Ewald/Herzig, Bardo/Maier, Uwe/Sandfuchs, Uwe (Hrsg.): *Handbuch Unterrichten an allgemeinbildenden Schulen*. Bad Heilbrunn: UTB Klinkhardt, S. 434–443. https://doi.org/10.36198/9783838553085

Groß Ophoff, Jana/Pfurtscheller, Jonas/Brauchle, Gernot/Tulowitzki, Pierre/Pietsch, Marcus/Cramer, Colin. (2024): Schulleitungen in Österreich. Aktuelle Herausforderungen zwischen Pädagogik und Verwaltung. In: *Schulverwaltung aktuell Österreich* 1, S. 23–28.

Grünkorn, Juliane/Klieme, Eckhard/Stanat, Petra (2019): Bildungsmonitoring und Qualitätssicherung. In: Köller, Olaf/Hasselhorn, Marcus/Hesse, Friedrich W./Maaz, Kai/Schrader, Josef/Solga, Heike/Spieß, Katharina/Zimmer, Karin (Hrsg.): *Das Bildungswesen in Deutschland. Bestand und Potenziale*. Bad Heilbrunn: Verlag Julius Klinkhardt, S. 245–280. https://doi.org/10.36198/9783838547855

Hallinger Philip (2018): Bringing context out of the shadows of leadership. In: Educational Management Administration and Leadership 46, H. 1, S. 5–24. https://doi.org/10.1177/1741143216670652

Johannmeyer, Karen/Cramer, Colin (2023): Fortbildung von Schulleitungen in der Berufsbiografie. Programmanalyse zur Qualifizierung schulischer Führungspersonen. In: *Beiträge zur Lehrerinnen- und Lehrerbildung* 41, H. 1, S. 136–150. https://doi.org/10.25656/01:26933

Kemethofer, David (2022): Der Alltag von Schulleitungen: Empirische Befunde zu Tätigkeitsprofilen und Führungsansätzen. In: *Gruppe. Interaktion. Organisation. Zeitschrift für Angewandte Organisationspsychologie (GIO)* 53, H. 4, S. 427–436. https://doi.org/10.1007/s11612-022-00647-4

Kemethofer, David/Weber, Christoph/Brauckmann-Sajkiewicz, Stefan/Pashiardis, Petros (2023): Examining the trident: How data from the PISA study can be used to identify associations among context, school leadership and student outcomes. In: *Journal of Educational Administration* 61, H. 2, S. 162–177. https://doi.org/10.1108/JEA-02-2022-0030

Kemethofer, David/Zuber, Julia/Helm, Christoph/Demski, Denise/Rie, Cornelia (2015): Effekte von Schulentwicklungsmaßnahmen auf Schüler/innenleistungen im Fach Mathematik. In: *SWS-Rundschau 55*, H. 1, S. 26–47. https://nbn-resolving.org/urn:nbn:de:0168-ssoar-52007-5

Kuger, Susanne (2019): Konsequenzen für Unterricht aus Large-Scale-Assessments. In: Kiel, Ewald/Herzig, Bardo/Maier, Uwe/Sandfuchs, Uwe (Hrsg.): *Handbuch Unterrichten an allgemeinbildenden Schulen*. Bad Heilbrunn: UTB Klinkhardt, S. 444–452. https://doi.org/10.36198/9783838553085

Kuhn, Annette. (2022): Studie: Schulleitungen verlieren Vertrauen in die Verwaltung. https://deutsches-schulportal.de/bildungswesen/forsa-studie-schulleitungen-verlieren-vertrauen-in-die-verwaltung/ (Abfrage: 29.01.2022).

Leithwood, Kenneth (2012): The Ontario leadership framework 2012. Retrieved from the Institute for Education Leadership https://www.education-leadership-ontario.ca/application/files/8814/9452/4183/Ontario_Leadership_Framework_OLF.pdf

Maag Merki, Katharina/Schwippert, Knut (2008): Systeme der Rechenschaftslegung und Schulentwicklung. Editorial. In: *Zeitschrift für Pädagogik*, Fachportal Pädagogik 54 (2008) 6, S. 773–776. https://nbn-resolving.org/urn:nbn:de:0111-opus-51678

Maier, Uwe (2010): Vergleichsarbeiten im Spannungsfeld zwischen formativer und summativer Leistungsmessung. In: *Die Deutsche Schule 102*, H. 1, S. 60–69. https://doi.org/10.25656/01:25617

Nimmervoll, Lisa (2023): Bildungsforscher: „Führungslose Schulen landen im Chaos". https://www.derstandard.at/story/2000143461018/bildungsforscher-fuehrungslose-schulen-landen-im-chaos (Abfrage: 13.02.2023)

O'Reilly, Charles. A./Tushman, Michael L. (2008): Ambidexterity as a dynamic capability: Resolving the innovator's dilemma. In: *Research In Organizational Behaviour 28*, S. 185–206. https://doi.org/10.1016/j.riob.2008.06.002

ORF.at. (2023). Zu bürokratisch: Lehrergewerkschaft widerspricht Polaschek. https://www.orf.at/stories/3313222/ (Abfrage: 07.05.24).

Özdemir, N./Ömür, C./Buyükgöze, H./Gümüs, S./Pietsch, Markus. (im Druck). Leading Knowledge Exploration and Exploitation in Schools: The Moderating Role of Teachers' Open Innovation Mindset. In: Educational Administration Quarterly.

Pietsch, Markus/Tulowitzki, Pierre/Cramer, Colin (2022a): Innovating teaching and instruction in turbulent times: The dynamics of principals' exploration and exploitation activities. In: *Journal of Educational Change*, S. 1–33. https://doi.org/10.1007/s10833-022-09458-2

Pietsch, M., Tulowitzki, Pierre/Cramer, Colin (2022b): Principals between exploitation and exploration: Results of a nationwide study on ambidexterity of school leaders. In: *Educational Management Administration & Leadership 50*, H. 4, S. 574–592. https://doi.org/10.1177/1741143220945705

Pietsch, Markus/Aydin, Burak/Gümüş, Sedat (2023): Putting the Instructional Leadership-Student Achievement Relation in Context: A Meta-Analytical Big Data Study Across Cultures and Time. In: Educational Evaluation and Policy Analysis. https://doi.org/10.3102/01623737231197434

Pont, Beatriz/Moorman, Hunter/Nusche, Deborah (2008): *Improving school leadership* (Bd. 1). Paris: OECD. https://doi.org/10.1787/9789264044715-en

Richards, Craig E. (1988): A Typology of Educational Monitoring Systems. In: *Educational Evaluation and Policy Analysis 10*, H. 2, S. 106–116. https://doi.org/10.3102/01623737010002106

Röhl, Sebastian/Groß Ophoff, Jana/Johannmeyer, Karen/Cramer, Colin (2023): Nutzung und Bedingungsfaktoren informeller Lerngelegenheiten von Lehrpersonen in Deutschland. In: *Unterrichtswissenschaft*. Bd. 51, S. 395–421. https://doi.org/10.1007/s42010-023-00170-5

Röhl, Sebastian/Pietsch, Marcus/Cramer, Colin (2022): School leaders' self-efficacy and its impact on innovation: Findings of a repeated measurement study. In: *Educational Management Administration & Leadership*. https://doi.org/10.1177/17411432221132482

Schrodt, Heidi (2022): Schuldirektorinnen und Schuldirektoren: Bitte melden! Der Personalmangel im Bildungssystem auf den verschiedensten Ebenen ist strukturell bedingt. https://www.derstandard.at/story/2000141290835/schuldirektorinnen-und-schuldirektoren-bitte-melden (Abfrage: 30.11.2022)

Schweizerische Konferenz der kantonalen Erziehungsdirektoren (EDK) (2009): *Profil für Zusatzausbildungen Schulleitung vom 29. Oktober 2009*. https://www.edudoc.ch/record/35587/files/Prof_Zus_Schulleitung_d.pdf (Abgerufen: 07.05.24).

Suter, Francesca / Maag Merki, Katharina / Feldhoff, Tobias / Arndt, Mona / Castelli, Luciana / Gyger Gaspoz, Deniz / Jude, Nina / Mehmeti, Teuta / Melfi, Giuseppe / Plata, Andrea / Radisch, Falk / Selcik, Fatmana / Sposato, Gloria / Zaugg, Alexandra (2023): *Erfahrungen von Schulleiter*innen in der deutsch-, italienisch- und französischsprachigen Schweiz im Schuljahr 2021/2022 während der COVID-19-Pandemie. Zentrale Ergebnisse aus der Studie „S-CLEVER+. Schulentwicklung vor neuen Herausforderungen"*. https://www.s-clever.org

Tarkian, Jasmin / Maritzen, Norbert / Eckert, Marius / Thiel, Felicitas (2019): Vergleichsarbeiten (VERA) – Konzeption und Implementation in den 16 Ländern. In: *Datenbasierte Qualitätssicherung und -entwicklung in Schulen*. Wiesbaden: Springer, S. 41–103. https://doi.org/10.1007/978-3-658-23240-5_4

Tulowitzki, Pierre / Pietsch, Marcus (2020): Stichwort: Lernzentriertes Leitungshandeln an Schulen – Leadership for Learning. In: *Zeitschrift für Erziehungswissenschaft 23*, H. 5, S. 873–902. https://doi.org/10.1007/s11618-020-00964-8

Tulowitzki, Pierre / Pietsch, Marcus / Grigoleit, Ella / Sposato, Gloria Grazia (2022): *Schulleitungsmonitor Schweiz 2021-Befunde zu Werdegängen, Karrieremotiven, beruflicher Zufriedenheit und Führungsweisen*. Windisch: Pädagogische Hochschule FHNW. https://doi.org/10.26041/fhnw-4090

Tulowitzki, Pierre / Pietsch, Marcus / Sposato, Gloria / Cramer, Colin / Groß Ophoff, Jana (2023): *Schulleitungsmonitor Deutschland. Zentrale Ergebnisse aus der Befragung 2022*. Düsseldorf: Wübben Stiftung Bildung. https://www.wuebben-stiftung-bildung.org/schulleitungsmonitor-deutschland-2022/

Wüest, Lara (2023): Wegen hoher Erwartungen und Mangel an Lehrpersonen: Schulleitungsjob wird immer schwieriger – Schulen geraten in Bedrängnis. https://www.tagblatt.ch/ostschweiz/wil/wiltoggenburg-wegen-hoher-erwartungen-und-mangel-an-lehrpersonen-schulleitungsjob-wird-immer-schwieriger-schulen-geraten-in-bedraengnis-ld.2456680 (Abfrage: 16.05.2023)

Teil B:
Überprüfung der Umsetzung von Bildungsstandards

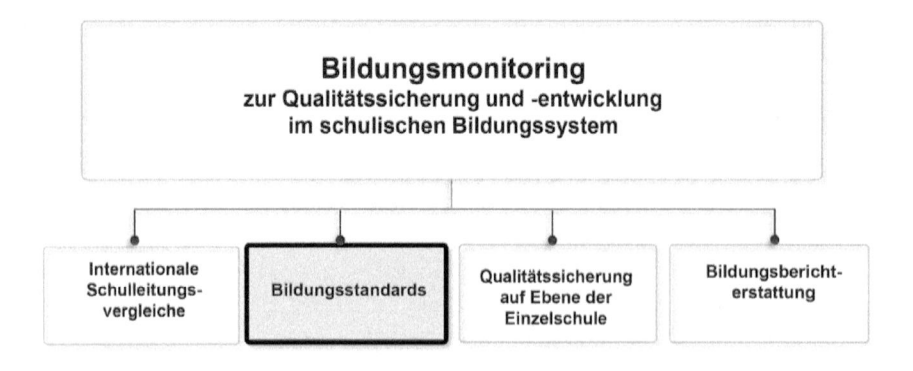

```
┌─────────────────────────────────────────────┐
│            Bildungsmonitoring               │
│   zur Qualitätssicherung und -entwicklung   │
│         im schulischen Bildungssystem       │
└─────────────────────────────────────────────┘
     │              │            │            │
┌──────────┐ ┌─────────────┐ ┌──────────┐ ┌──────────┐
│Internat. │ │Bildungs-    │ │Qualitäts-│ │Bildungs- │
│Schul-    │ │standards    │ │sicherung │ │bericht-  │
│leitungs- │ │             │ │auf Ebene │ │erstattung│
│vergleiche│ │             │ │der       │ │          │
│          │ │             │ │Einzel-   │ │          │
│          │ │             │ │schule    │ │          │
└──────────┘ └─────────────┘ └──────────┘ └──────────┘
```

Nationale Bildungsstandards formulieren verbindliche Anforderungen an das Lehren und Lernen in der Schule im Sinne zu erreichender Kompetenzen der Schüler:innen in ausgewählten Fächern. Die Expertise „Zur Entwicklung nationaler Bildungsstandards" im Jahr 2003 diskutierte erstmals umfassend die Frage, welche Lernergebnisse von Schüler:innen zu bestimmten Zeitpunkten in der Schullaufbahn erwartet werden und wie erfasst werden kann, inwieweit diese Erwartungen erfüllt werden. Diese damals noch neue Idee von verbindlichen Standards als ein Element der outputorientierter Steuerung von Bildungspolitik und Schulentwicklung wurde 2004 von den Ländern mit der Verabschiedung der Bildungsstandards als Teil der Gesamtstrategie zum Bildungsmonitoring implementiert. Die Ergebnisse von individuellen Bildungsprozessen werden seit 2009 unter anderem mit dem IQB-Bildungstrend auf Basis der in den Bildungsstandards vereinbarten Normen regelmäßig erhoben und zwischen allen Bundesländern verglichen.

Nada Abouelseoud und *Jennifer Schwarze* geben im ersten Beitrag dieses Abschnitts einen Einblick in den komplexen Prozess der aktuellen Überarbeitung und Weiterentwicklung der Bildungsstandards. *Michael Krelle, Jörg Jost, Irene Pieper, Norbert Maritzen* und *Petra Stanat* erweitern diesen Blick in ihrem Beitrag um die Perspektive der Fachdidaktik.

Weiterentwicklung der Bildungsstandards für den Primarbereich und die Sekundarstufe I

Ein Blick auf den Prozess aus koordinatorischer Sicht

Nada Abouelseoud und Jennifer Schwarze

Zusammenfassung

2020 hat die Kultusministerkonferenz beschlossen, die bestehenden Bildungsstandards für den Primarbereich und die Sekundarstufe I weiterzuentwickeln und somit auf die Veränderungen zu reagieren, die sich sowohl gesellschaftlich als auch in der Fachdidaktik in den letzten zwei Dekaden vollzogen haben, und die Bildungsstandards zukunftsfähig zu gestalten. Die Weiterentwicklung der Bildungsstandards findet von Ende 2020 bis Ende 2024 statt. Der Prozess wird vom Institut zur Qualitätsentwicklung im Bildungswesen (IQB) unter Beteiligung der Bundesländer und fachdidaktischer Expertenteams (Professor:innen der involvierten Fachdidaktiken) koordiniert und ist in drei Phasen gegliedert, nämlich in die Weiterentwicklung der Standards für Deutsch und Mathematik für den Primarbereich, den Ersten Schulabschluss und den Mittleren Schulabschluss, gefolgt von der zweiten Phase, in der die Bildungsstandards für die erste Fremdsprache (Englisch und Französisch) für den Ersten Schulabschluss und den Mittleren Schulabschluss weiterentwickelt werden und der dritten Phase, die die Weiterentwicklung der Bildungsstandards für die Naturwissenschaften (Biologie, Chemie, Physik) für den Mittleren Schulabschluss zum Ziel hat. Parallel zur Weiterentwicklung der Bildungsstandards werden von Lehrkräften aus den Ländern unter fachdidaktischer Begleitung illustrierende Lernaufgaben entwickelt, um u. a. Lehrplanentwickler:innen und Lehrkräften Beispiele für den unterrichtlichen Weg zur Förderung der zur Standarderreichung nötigen Kompetenzen an die Hand zu geben.

Dieser Beitrag zielt darauf ab, einen Einblick in den Prozess der Weiterentwicklung der Bildungsstandards, der von den beiden Autorinnen koordiniert wurde, aus eben dieser Perspektive zu geben.

Einleitung

Die ersten bundesweit geltenden fächerbezogenen Bildungsstandards wurden 2003 bzw. 2004 für den Hauptschulabschluss sowie den Mittleren Schulabschluss und den Primarbereich von der Kultusministerkonferenz veröffentlicht. Ziel dieser Standards ist es, einen normativen Rahmen für die Überprüfbarkeit bestimmter Kompetenzen zu bestimmten Zeitpunkten in der Schullaufbahn zu schaffen, anhand derer Stärken und Schwächen der Schüler:innen in Deutschland erkannt und Maßnahmen abgeleitet werden können. Sie tragen somit zur Qualitätsentwicklung und Qualitätssicherung des deutschen Bildungssystems bei.

In den knapp zwanzig Jahren seit Veröffentlichung der Bildungsstandards haben u. a. die voranschreitende Digitalisierung die Lebens- und Arbeitswelt derart verändert, dass auch eine Anpassung der Kompetenzen, die im Fokus des unterrichtlichen Geschehens in der Primar- und Sekundarstufe stehen sollen, nötig ist. Dieser Kompetenzaufbau wird benötigt, um gesellschaftliche Teilhabe zu ermöglichen. Aus diesem Grund hat die Kultusministerkonferenz 2020 beschlossen, auf Basis einer zuvor durchgeführten Bedarfsanalyse, die einen mittelgroßen bis hohen Überarbeitungsbedarf ergeben hatte, die bestehenden Bildungsstandards für die Fächer Deutsch, Mathematik, die erste Fremdsprache (Englisch, Französisch), Biologie, Chemie und Physik weiterzuentwickeln.

Die Weiterentwicklung der Bildungsstandards muss als fachlicher und zugleich politischer Aushandlungsprozess verstanden werden, der unter Einbezug der pädagogischen und administrativen Perspektiven der 16 Länder und einer fachdidaktischen Perspektive erfolgt. Zur Illustration der weiterentwickelten Standards werden gleichzeitig Lernaufgaben von Lehrkräften als Expert:innen für Unterricht und Kompetenzförderung aus den Bundesländern entwickelt. Dabei werden sie von fachdidaktischen Expert:innen aus der Wissenschaft begleitet und beraten. Die Koordination dieses Prozesses wurde dem Institut zur Qualitätsentwicklung im Bildungswesen (IQB) übertragen.

In diesem Beitrag wird der Weiterentwicklungsprozess der Bildungsstandards aus koordinatorischer Sicht genauer dargestellt. Dabei wird zunächst die Ausgangslage geschildert, bevor in einem zweiten Teil näher auf den Prozess eingegangen wird. Im letzten Teil wird auf sich an die Veröffentlichung der Bildungsstandards anschließende Prozesse eingegangen, wie z.B. die Unterstützung der Implementation in den Ländern durch Begleitbroschüren oder Lernaufgaben.

Von den ersten Bildungsstandards zur Weiterentwicklung der Bildungsstandards

Die ersten Bildungsstandards in Deutschland wurden 2003 bzw. 2004 für die Fächer Deutsch, Mathematik, die erste Fremdsprache, Biologie, Chemie und Physik von der Kultusministerkonferenz beschlossen. Für die Fächer Deutsch und Mathematik liegen nationale Bildungsstandards für den Primarbereich, den Ersten Schulabschluss (ESA, früher Hauptschulabschluss) und den Mittleren Schulabschluss (MSA) vor, für die erste Fremdsprache und die Naturwissenschaften für die Sekundarstufe I, wobei in den Naturwissenschaften nur Bildungsstandards für den Mittleren Schulabschluss beschlossen wurden, nicht für den Ersten Schulabschluss. 2012 bzw. 2020 wurden zudem Bildungsstandards für die Allgemeine Hochschulreife von der Kultusministerkonferenz beschlossen und veröffentlicht, wobei zunächst die Standards für Deutsch, Mathematik und die erste Fremdsprache (2012) beschlossen wurden, 2020 die Standards für die Naturwissenschaften. Der zeitliche Ablauf der Veröffentlichung der Dokumente ist in Abbildung 1 dargestellt.

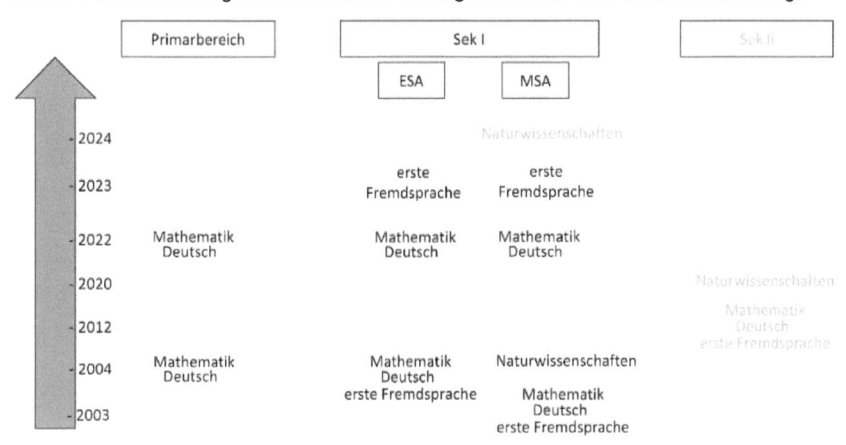

Abb. 1: Veröffentlichung der bestehenden Bildungsstandards in ihrer zeitlichen Abfolge

	Primarbereich	Sek I		Sek II
		ESA	MSA	
2024				Naturwissenschaften
2023		erste Fremdsprache	erste Fremdsprache	
2022	Mathematik Deutsch	Mathematik Deutsch	Mathematik Deutsch	
2020				Naturwissenschaften
2012				Mathematik Deutsch erste Fremdsprache
2004	Mathematik Deutsch	Mathematik Deutsch erste Fremdsprache	Naturwissenschaften	
2003			Mathematik Deutsch erste Fremdsprache	

Der ehem. HSA (Hauptschulabschluss) in den ersten Bildungsstandards wurde in den ESA (Erster Schulabschluss) umbenannt. Grau hinterlegt sind Bereiche, die entweder nicht zum aktuellen Projekt gehören oder Fächer, die aktuell noch nicht veröffentlicht sind.

Die Bildungsstandards werden als Leistungsstandards verstanden (vgl. Köller 2018, S. 626), das heißt sie bilden ab, welche Kompetenzen Schüler:innen zu einem bestimmten Zeitpunkt in ihrer Schullaufbahn, also zum Ende der vierten Jahrgangsstufe, mit Erwerb des Ersten bzw. Mittleren Schulabschlusses, erworben haben sollen (vgl. Klieme 2004, S. 628). Sie sind national gültig und stellen die Grundlage für die Curricula der Bundesländer dar. In diesen Curricula werden die Kompetenzen mit konkreten Inhalten, anhand derer die Kompetenzen erworben werden sollen, verknüpft. Somit haben die Bildungsstandards konkreten Einfluss auf das Unterrichtsgeschehen und haben vereinheitlichenden Charakter z. B. „Bildungsstandards ERSTE FREMDSPRACHE (2023) Sekundarstufe I Beitrag zur Implementation" (vgl. KMK Kultusministerkonferenz 2023, S. 3). Des Weiteren sind sie derart formuliert, dass sich daraus u. a. Testaufgaben entwickeln lassen, die zur Überprüfung der Standarderreichung genutzt werden (vgl. Klieme et al. 2003, S. 13). Sie bilden somit das Fundament für Qualitätsentwicklung und -sicherung im Bildungssystem. Die Überprüfung, inwieweit die Standards erreicht werden, findet seit 2009 im Bildungstrend (bis 2012 Ländervergleichsstudie) durch das IQB statt. Die Länder beteiligen sich in unterschiedlicher Weise auch an vom IQB entwickelten Vergleichsarbeiten (VERA 3, VERA 8), deren Testaufgaben ebenfalls an den Bildungsstandards orientiert sind.

Ausgangspunkt für die Formulierung von Bildungsstandards waren u. a. Bildungsziele, also die Vorstellung darüber, was das Ziel schulischer Bildung ist. Welche Kompetenzen, Fähigkeiten und Fertigkeiten und Wissensbestände benötigen die Schüler:innen am Ende ihrer Schullaufbahn, um aktiv am gesellschaftlichen Leben teilhaben zu können? Was wird benötigt um den Anforderungen im Alltag und im Beruf gerecht zu werden (vgl. Klieme et al. 2003, S. 13 f.)?

Diese Anforderungen an Jugendliche in Alltag und Beruf haben sich in den letzten knapp 20 Jahren deutlich verändert – leicht erkennbar z. B. an der Digitalisierung, durch die sich die Lebenswelt Jugendlicher aber auch das Berufsleben und die Anforderungsprofile an junge Menschen maßgeblich verändert haben. Es liegt also nahe, dass heute andere bzw. weitere Kompetenzen, Fähigkeiten und Fertigkeiten benötigt werden, um aktiv in einer sich stetig verändernden Gesellschaft partizipieren zu können und dass die Vermittlung dieser Kompetenzen eine der Kernaufgaben von Schule ist.

Es wurde daher folgerichtig ein Beschluss von der Kultusministerkonferenz verabschiedet, der vorsieht, dass die bestehenden Bildungsstandards weiterentwickelt und sich die aktuellen und absehbaren Entwicklungen in den lebensweltlichen Anforderungen darin wiederfinden sollen. Bevor jedoch Ende 2020 mit der Weiterentwicklung der Bildungsstandards für den Primarbereich und die Sekundarstufe I im Projekt WeBiS (https://www.iqb.hu-berlin.de/bista/WeiterentwicklungBiSta/) am IQB begonnen wurde, sollte geprüft werden, ob auch Expert:innen einen Weiterentwicklungsbedarf und Anpassungsbedarf sehen und wenn ja, wo diese Bedarfe konkret liegen. Dazu wurde das IQB von der Kultusministerkonferenz mit der Durchführung einer Bedarfsanalyse beauftragt.

Bedarfsanalyse

Im Rahmen der Bedarfsanalyse wurden alle bisher veröffentlichten Bildungsstandarddokumente für die Primarstufe und die Sekundarstufe I von neun Fachkommissionen gesichtet und analysiert. Dabei wurden für die Standards der Sekundarstufe I pro Fach je eine Kommission, für die Standards im Primarbereich für Mathematik und Deutsch je eine weitere Kommission eingesetzt. Diese Fachkommissionen setzten sich aus unterschiedlichen Expert:innen aus den Ländern zusammen, nämlich Expert:innen des jeweiligen Faches aus den

Bereichen Lehrplanentwicklung und digitale Bildung, Lehrkräften als Expert:innen für Unterricht, fachdidaktischen Expert:innen aus der Wissenschaft und Fachkoordinar:innen des IQB, die im Bereich VERA tätig waren, als Expert:innen für Test- und Item-Entwicklung zur Überprüfung der Standards, um möglichst alle Perspektiven einzuholen.

Die Arbeit in den Fachkommissionen wurde von einigen Leitlinien der KMK geprägt, wie der Prüfung der Dokumente hinsichtlich ihrer Passung zur Strategie der Kultusministerkonferenz „Bildung in der digitalen Welt" und der darin entwickelten Kompetenzrahmen (vgl. Beschluss der KMK v. 08.12.2016), aber auch der Maßgabe einer behutsamen Anpassung, in der so wenig wie möglich und nur so viel wie nötig geändert wird, um die Kontinuität der Bildungsstandards zu wahren.

Die Expert:innen kamen zu dem Schluss, dass der nötige Weiterentwicklungsbedarf als mittelgroß bis hoch einzuschätzen ist, u. a. bezüglich des Einbezugs digitaler Aspekte, aber auch vor dem Hintergrund der Erfahrungen, die mit den Bildungsstandards gemacht wurden, und den empirischen Ergebnissen, die die Forschung der letzten knapp 20 Jahre zum Thema Kompetenzerwerb und Bildungsstandards hervorgebracht hat.

Die Ergebnisse der Bedarfsanalyse des IQB wurden in einem Bericht dargelegt, der den Gremien der KMK zur Kenntnisnahme vorgelegt wurde und auf dessen Grundlage die Weiterentwicklung der Bildungsstandards durch die KMK beschlossen wurde. Als Ziel wurde definiert, dass die Ergebnisse der Bedarfsanalyse als Ausgangspunkt für die Weiterentwicklung der Standards genutzt werden und anhand dieser die damit zusammenhängenden Kompetenzstufenmodelle so weiterentwickelt werden, dass die Erhebung des IQB-Bildungstrends auf Grundlage der aktualisierten Bildungsstandards ab dem Jahr 2027 ermöglicht wird.

Projekt „Weiterentwicklung der Bildungsstandards für den Primarbereich und die Sekundarstufe I" (WeBiS): Aufbau von und beteiligte Personengruppen in WeBiS

Das Projekt zur Weiterentwicklung der Bildungsstandards (WeBiS) am IQB lässt sich grundsätzlich in zwei Arbeitsstränge aufteilen, nämlich die Weiterentwicklung der Bildungsstandards der Fächer in den Fachkommissionen und die parallel dazu erfolgende Entwicklung illustrierender Lernaufgaben. Dies bedeutet, dass eine hohe Anzahl an Personengruppen in den Gesamtprozess involviert ist und der Prozess zeitlich gestaffelt werden muss. Die Koordination dieses über vier Jahre angesetzten Prozesses wurde dem IQB übertragen und wird vom WeBiS-Team koordiniert. Dieses besteht aus einer koordinativen Gesamtleitung, der Projektkoordination (zwei Personen), die die Projektorganisation und -planung in den jeweiligen Fächern übernimmt und einer Person, die den

Digitalisierungsaspekt der Bildungsstandards fokussiert und dafür Sorge trägt, dass die mit der KMK-Strategie zur „Bildung in der digitalen Welt" verbundenen Anforderungen in den illustrierenden Lernaufgaben zu den weiterentwickelten Bildungsstandards aufgegriffen werden.

In die Weiterentwicklung der Bildungsstandards und die Aufgabenentwicklung sind weitere Expert:innen involviert, um den Aushandlungs- und Entwicklungsprozess unter Berücksichtigung der unterschiedlichen Perspektiven zu gewährleisten:

Fachdidaktische Kooperationspartner:innen

Jedes Fach wird von zwei Hochschulprofessor:innen mit entsprechender fachdidaktischer Expertise und Erfahrung im Bereich der Bildungsstandards geleitet, die in der Regel langjährige Kooperationspartner:innen des IQB sind. Sie sind diejenigen, die einen ersten Entwurf der weiterentwickelten Bildungsstandards unter Berücksichtigung der Ergebnisse der Bedarfsanalyse und der fachdidaktischen Erkenntnisse verfassen, der in der Fachkommission beraten und gemeinsam überarbeitet wird (vgl. IQB – Institut zur Qualitätsentwicklung im Bildungswesen o. J.). Den Fachdidaktiker:innen obliegt die inhaltliche Leitung der Fachkommissionen und die kontinuierliche Prüfung der fachlichen Korrektheit der Überarbeitungen, die im Rahmen der Beratung entstehen.

Fachkommissionsgruppen und Ansprechpartner:innen der Länder

In die Weiterentwicklung der Bildungsstandards sind Kommissionen eingebunden, die sich aus o. g. Wissenschaftler:innen der verschiedenen Fachdidaktiken und von den Kultusministerien entsandten Fachexpert:innen zusammensetzen. Eine Fachkommissionsgruppe besteht aus Expert:innen der Länder, die in der Regel tätige Lehrkräfte sind oder an Landesinstituten tätig sind. Sie bringen die länderspezifischen Perspektiven und Gesichtspunkte in Gesprächen, Sitzungen und schriftlichen Rückmeldungen in die Beratung ein. Insgesamt besteht eine Fachkommissionsgruppe aus fünf bis sieben Personen aus verschiedenen Bundesländern. Die restlichen Bundesländer, die in den Kommissionen nicht vertreten sind, ernennen über die KMK ihre Vertreter:innen, die als Ansprechpartner:innen die Möglichkeit einer schriftlichen Rückmeldung und Beratung erhalten. In der Fachkommission ist zudem ein:e Fachkoordinator:in des VERA Bereichs vom IQB vertreten. Die Kommission legt nach Ende des Beratungszeitraums einen konsensfähigen Entwurf vor, der anschließend der KMK vorgelegt wird und in den verschiedenen Instanzen der KMK beraten wird.

Aufgabenentwicklungsgruppen

Die Aufgabenentwicklungsgruppen haben den Auftrag zur Entwicklung von Beispielaufgaben, die die weiterentwickelten Bildungsstandards, insbesondere die Neuerungen, illustrieren und abbilden sollen. Diese Gruppen bestehen ebenfalls aus Lehrkräften aus den Bundesländern, die von ihren Ländern über die KMK dem IQB benannt werden.

Es finden im Zeitraum von ca. zwei Jahren etwa acht Treffen der Aufgabenentwicklungsgruppen statt, an denen die Aufgaben entwickelt und unter Begleitung der fachdidaktischen Expert:innen, die auch die Fachkommissionen leiten, beraten werden. Dabei soll auch der Einbezug digitaler Medien und Tools in Lernaufgaben stattfinden.

Inhaltliche Leitlinien des Projekts WeBiS

Das Projekt WeBiS beruht zum einen auf der oben genannten Bedarfsanalyse und dem dort festgestellten Bedarf zur Weiterentwicklung der Bildungsstandards. Zum anderen folgt das Projekt im Auftrag der Kultusministerkonferenz (KMK) auch den Anforderungen, die in Form eines Leitlinienpapiers von der KMK bereitgestellt wurde. Demnach sind aktuelle Anforderungen an Leistungserwartungen und inzwischen veränderte Kontexte des schulischen Kompetenzerwerbs zu berücksichtigen. Auch die Anforderungen des Lernens mit digitalen Medien, die auch in der KMK-Strategie „Bildung in der digitalen Welt" verankert sind, müssen aufgegriffen werden:

> „Die „digitale Revolution" macht es jedoch erforderlich, diese Empfehlung mit Blick auf konkrete Anforderungen für eine schulische „Bildung in der digitalen Welt" zu präzisieren bzw. zu erweitern und nunmehr verbindliche Anforderungen zu formulieren, über welche Kenntnisse, Kompetenzen und Fähigkeiten Schülerinnen und Schüler am Ende ihrer Pflichtschulzeit verfügen sollen, damit sie zu einem selbstständigen und mündigen Leben in einer digitalen Welt befähigt werden" (KMK Kultusministerkonferenz 2016, S. 6).

Unter den wichtigsten Rahmensetzungen sind folgende Punkte zu verorten:

- Die Weiterentwicklung der Bildungsstandards erfolgt auf Grundlage der Ergebnisse der Bedarfsanalyse.
- Eine Kontinuität der Bildungsstandards soll im Sinne einer behutsamen Anpassung gewahrt werden, in der so wenig wie möglich und so viel wie nötig angepasst wird.
- Sie sollen auf die zentralen Kernbereiche fokussieren, die fachspezifisch zu entwickeln sind.

- Sie sollen dem aktuellen fachdidaktischen Stand entsprechen.
- Bei der Weiterentwicklung der Standards soll die KMK-Strategie „Bildung in der digitalen Welt" beachtet und berücksichtigt werden.
- Es soll eine Progression und Anschlussfähigkeit zwischen den Stufen zu erkennen sein (Primarbereich – Sek I – Sek II) und dabei einheitliche Konzepte und Begriffe auch fächerübergreifend verwenden.
- Die Standards sollen zwischen den Abschlüssen (ESA und MSA) eng aufeinander gebaut sein und gleichzeitig möglichst klar voneinander abgegrenzt. (vgl. KMK Kultusministerkonferenz 2023a, S. 5–7).

Koordinationsarbeit

Phasen des Projekts

Die Überarbeitung der Bildungsstandards erfolgte stufenweise in drei aufeinanderfolgenden Phasen. In der ersten Phase (2020 – 2022) wurden die Bildungsstandards in den Fächern Deutsch und Mathematik für den Primarbereich und die Sekundarstufe I weiterentwickelt und illustrierende Lernaufgaben erstellt. In der zweiten Phase (2021 – 2023) wurden die Bildungsstandards für die erste Fremdsprache (Englisch, Französisch) und die dazugehörigen Aufgaben entwickelt. Abschließend werden in der dritten Phase (2022 – 2024) die Bildungsstandards und die Aufgaben für die Naturwissenschaften (Biologie, Chemie, Physik) entwickelt. (vgl. IQB – Institut zur Qualitätsentwicklung im Bildungswesen o. J.)

Die Prozessstrukturierung innerhalb der Phasen ist identisch. Nach Vorlage eines ersten Entwurfs für die Bildungsstandards durch das jeweilige Fachdidaktik-Team erfolgt eine erste Beratung in der Fachkommission. Im Anschluss daran wird der Entwurf unter Einbindung von Ansprechpartner:innen im Rahmen von schriftlichen Rückmeldeschleifen mehrmals weiter überarbeitet und rückgekoppelt, sodass am Ende des Beratungsprozesses ein auf Kommissionsebene konsensfähiger Entwurf steht. Um auch die Expertise und Einschätzungen der Fachcommunities und Lehrkräfteverbände nicht außer Acht zu lassen, werden diese im Rahmen eines Fachgesprächs eingeholt, in dem verschiedene Lehrkräfte- und Fachverbände Gelegenheit zur mündlichen sowie schriftlichen Rückmeldung haben.

Zeitgleich mit der Erarbeitung und Beratung der Bildungsstandards findet die Entwicklung der dazugehörigen fächerspezifischen illustrierenden Lernaufgaben statt. Die zeitgleiche Erarbeitung von Bildungsstandards und Lernaufgaben erfordert ein hohes Maß an gegenseitiger Kommunikation und Abstimmung zwischen den beteiligten Gruppen (Fachkommissionen und Aufgabenentwicklungsgruppen) und die rechtzeitige Identifizierung von Neuerungen in den Standards, die es in den Aufgaben zu illustrieren gilt.

Die Verabschiedung und Veröffentlichung der weiterentwickelten Bildungsstandards und der illustrierenden Lernaufgaben schließen die jeweilige Phase des Vorhabens ab. Abbildung 2 zeigt die Phasen des Projekts mit den dargelegten Arbeitssträngen.

Abb. 2: Zeitlicher Ablauf des Projekts inklusive der verschiedenen Arbeitsstränge. Grau markiert sind die Phasen (Bedarfsanalyse und Testaufgabenentwicklung), die nicht direkt zum Projekt der Weiterentwicklung der Bildungsstandards gehören.

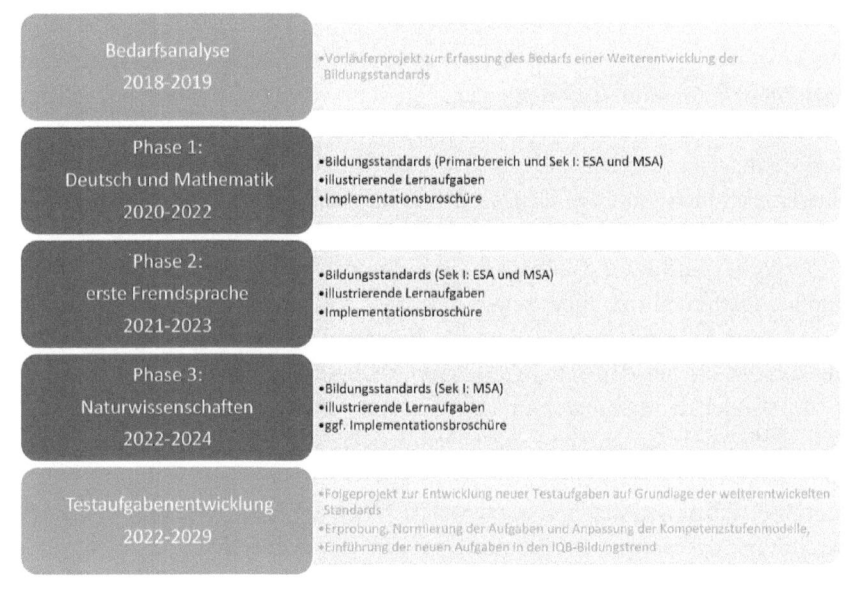

Bedarfsanalyse 2018-2019
- Vorläuferprojekt zur Erfassung des Bedarfs einer Weiterentwicklung der Bildungsstandards

Phase 1: Deutsch und Mathematik 2020-2022
- Bildungsstandards (Primarbereich und Sek I: ESA und MSA)
- illustrierende Lernaufgaben
- Implementationsbroschüre

Phase 2: erste Fremdsprache 2021-2023
- Bildungsstandards (Sek I: ESA und MSA)
- illustrierende Lernaufgaben
- Implementationsbroschüre

Phase 3: Naturwissenschaften 2022-2024
- Bildungsstandards (Sek I: MSA)
- illustrierende Lernaufgaben
- ggf. Implementationsbroschüre

Testaufgabenentwicklung 2022-2029
- Folgeprojekt zur Entwicklung neuer Testaufgaben auf Grundlage der weiterentwickelten Standards
- Erprobung, Normierung der Aufgaben und Anpassung der Kompetenzstufenmodelle
- Einführung der neuen Aufgaben in den IQB-Bildungstrend

Die Bildungsstandards als Grundlage sich anschließender Prozesse

Die bundesweit gültigen weiterentwickelten Bildungsstandards dienen als Fundament des Bildungsmonitorings in Deutschland. Die Länder haben sich verpflichtet, diese Bildungsstandards in ihren landesspezifischen Curricula zu implementieren (vgl. KMK Kultusministerkonferenz 2023a, S. 3), was der nächsten Etappe im Gesamtvorhaben entspricht. Da das ausgegebene Zeitziel der KMK die Überprüfung der Standarderreichung auf Basis der weiterentwickelten Standards mit Beginn des 4. Zyklus des Bildungstrends 2027 ist, liegt es im Eigeninteresse der Länder, die Standards zeitnah nach der Veröffentlichung zu implementieren, indem eine Anpassung der Curricula veranlasst und umgesetzt wird.

Parallel zur Implementation in den Ländern und im Anschluss an die Veröffentlichung der Standards beginnt die dritte Etappe des Gesamtvorhabens, nämlich die Testaufgabenentwicklung auf Grundlage der neuen Bildungsstandards sowie die Normierung und entsprechende Anpassung der Kompetenzstufenmodelle am IQB (s. dazu https://www.iqb.hu-berlin.de/bista/bistatest/ und https://www.iqb.hu-berlin.de/bista/ksm/). Das Gesamtvorhaben ist abgeschlossen, wenn die Überprüfung des Erreichens der Bildungsstandards anhand des neuen IQB – Bildungstrends im 4. Zyklus ab 2027 stattfindet.

Umgang mit Stolpersteinen

Die Koordination eines solchen Vorhabens ist mit hohen Anforderungen an Organisation und Kommunikation mit allen Beteiligten verbunden. Nicht nur soll der von der KMK vorgegebene Zeitplan eingehalten werden, es gilt auch verschiedene Stolpersteine zu umgehen und immer wieder flexible Lösungen für Herausforderungen zu finden. Im Folgenden werden beispielhaft einige dieser Herausforderungen genannt:

Unvorhersehbar war die Corona-Krise, die auch in WeBiS zur Umstellung auf digitale Treffen führte. Dabei zeigte sich, dass die Beratung und der Austausch online zwar gelingen, insbesondere für die Arbeit an Lernaufgaben der direkte Austausch zwischen den Beteiligten jedoch als zielführender angesehen wird.

Im Bereich der Bildungsstandards wird man mit einer gewissen begrifflichen Unschärfe der Anforderungen, wie beispielsweise, dass eine „behutsame Anpassung" angestrebt wird, konfrontiert. Dies bedarf eines gewissen Grads an Interpretation und Abwägungen, z. B. auch hinsichtlich der Frage, wie man mit grundsätzlichen Gegensätzen, wie Bewahren vs. Innovieren umgeht.

Gleichzeitig ist es wichtig, die Weiterentwicklung der Bildungsstandards als Beratungs- und Aushandlungsprozess zu verstehen. Die Weiterentwicklung erfolgt unter Berücksichtigung der unterschiedlichen Interessen und Meinungen der 16 Bundesländer und der aktuellen fachdidaktischen Erkenntnisse. Ein vergleichender Blick beispielsweise auf Stand und Veröffentlichungsdatum der Ländercurricula zeigt, wie unterschiedlich die Länder die ersten Bildungsstandards implementieren und wie unterschiedlich die strukturellen Gegebenheiten und die curriculare Orientierung des Unterrichts in Deutschland sind. Dies kann als Indikator dafür gesehen werden, mit welch unterschiedlichen Voraussetzungen die Länder an der Beratung zur Weiterentwicklung der Bildungsstandards teilnehmen. Es müssen deshalb immer wieder Formulierungen ausgehandelt und Leitlinien und Prinzipien zur Konsensfindung herangezogen werden.

Eine Herausforderung im Bereich der Aufgabenentwicklung ist, dass diese parallel zu den Bildungsstandards entwickelt werden und sich Standards während der Aufgabenentwicklung ändern können. Dies erfordert ein hohes Maß an Kommunikation zwischen den Gruppen einerseits, andererseits wird teilweise die Strategie verfolgt, zunächst bekannte Standards zu illustrieren und neuere Standards erst nach eingehender Beratung zu illustrieren.

Produkte von WeBiS

Nachdem im oberen Teil der Prozess und die Rahmenbedingungen geschildert wurden, werden im Folgenden drei Produkte der gemeinsamen Arbeit der Länder und ausgewählte Aspekte aufgegriffen: die Bildungsstandards, die illustrierenden Lernaufgaben und die Broschüren zur Implementierung.

Bildungsstandards

Deutsch und Mathematik

Am 23. Juni 2022 wurden die Bildungsstandards in den Fächern Deutsch und Mathematik für den Primarbereich und die Sekundarstufe I von der KMK verabschiedet und veröffentlicht. Die Bildungsstandards des Fachs Deutsch weisen folgende Charakteristika auf und wurden, wie in der Implementationsbroschüre näher beschrieben anhand folgender Leitlinien entwickelt (KMK Kultusministerkonferenz 2023a):

- Vereinheitlichung,
- Evidenzbasierung,
- Stärkung basaler Fähigkeiten,
- Prozessorientierung und Selbstregulation
- und Digitalität

Des Weiteren wurden die Standards für den Ersten und den Mittleren Schulabschluss in beiden Fächern in ein Dokument zusammengefasst, so dass der Vergleich in Bezug auf die beiden Abschlüsse auf Detailebene ersichtlich ist. Während einige Standards für beide Abschlüsse identisch sind, gehen andere für den mittleren Schulabschluss über diejenigen für den ersten Schulabschluss hinaus, oder wurden eigens für den mittleren Schulabschluss entwickelt (für weitere Ausführungen zur Weiterentwicklung der Bildungsstandards Deutsch, s. Krelle, Michael/Jost, Jörg in diesem Band).

Im Fach Mathematik wurde unter anderem eine begriffliche Konsistenz und sprachliche Präzisierung unter den Stufen angestrebt, die sich in den Formulierungen der Kompetenzbereiche und einzelnen Kompetenzen im Primarbereich sowie in der Sekundarstufe I widerspiegeln. Nicht zuletzt wurden die prozessbezogenen Kompetenzen um die Kompetenz *Mit Medien mathematisch arbeiten* erweitert, eine wichtige Kompetenz, die die digitalen Anforderungen aufgreift und berücksichtigt (s. auch KMK Kultusministerkonferenz 2023c).

Erste Fremdsprache

Die weiterentwickelten Bildungsstandards für die erste Fremdsprache (Englisch und Französisch) für die Sekundarstufe I wurden am 22. Juni 2023 von der KMK verabschiedet und veröffentlicht. Leitend bei der Weiterentwicklung der Bildungsstandards waren u. a. die Orientierung am Begleitband des Gemeinsamen europäischen Referenzrahmen, an der Strategie der Kultusministerkonferenz „Bildung in der digitalen Welt" und das Ziel, die Standards der Sekundarstufe I anschlussfähig an die Standards für die Allgemeine Hochschulreife zu machen. Ein weiterer bedeutender Aspekt, der Berücksichtigung gefunden hat, ist die Orientierung am Konzept der plurilingualen Kompetenz im Sinne des Gemeinsamen europäischen Referenzrahmens. Damit ist u. a. der Einsatz des eigenen plurilingualen Repertoires zur Beteiligung an kommunikativen Situationen, in denen mehrere Sprachen verwendet werden, gemeint. Somit wird der individuellen Mehrsprachigkeit als Bedingung und Ziel des Fremdsprachenunterrichts Rechnung getragen (vgl. KMK Kultusministerkonferenz 2023b, S. 9).

Illustrierende Lernaufgaben

Zusammen mit den weiterentwickelten Bildungsstandards werden zur Erläuterung der Standards und zur Veranschaulichung, wie diese Standards erreicht werden können, für Lehrplanentwickler:innen, Lehrkräfte sowie für Schüler:innen illustrierende Beispielaufgaben entwickelt und veröffentlicht. Bisher wurden diese Aufgaben mit den Bildungsstandards in einem Dokument veröffentlicht. Dieses Vorgehen erlaubt jedoch keine Anpassung oder Aktualisierung der Aufgaben. Daher werden die illustrierenden Aufgaben für die weiterentwickelten Standards, anders als bisher, auf der Webseite des IQB veröffentlicht, um eine flexible Anpassung und Erweiterung der Aufgaben zu ermöglichen (für illustrierende Lernaufgaben s.: https://www.iqb.hu-berlin.de/bista/WeiterentwicklungBiSta/Lernaufgaben/).

Wie oben dargelegt, werden diese von Lehrkräften aus unterschiedlichen Bundesländern unter Leitung derselben fachdidaktischen Expert:innen, die die Fachkommissionen der Bildungsstandards leiten, erstellt. Diese Aufgaben dienen als Unterstützung und Hilfestellung für den Unterricht und können den Lernenden bereitgestellt werden. Diese illustrierenden Lernaufgaben sind von Testaufgaben zu unterscheiden, da sie vielmehr auf Verständnis und Kompetenzerwerb abzielen, nicht auf die Überprüfung der jeweiligen Standards.

Da bei der Weiterentwicklung der Bildungsstandards auch Anforderungen behandelt werden, die in der KMK-Strategie „Bildung in der Digitalen Welt" verankert sind, wurden in Ergänzung zu klassischen Aufgaben auch innovative Aufgabenformate entwickelt, die einen höheren Interaktionsgrad der Lernenden erfordern und unter Nutzung digitaler Hilfsmittel (z. B. dynamische Geometriesoftware, Tabellenkalkulation, Apps) bearbeitet werden (vgl. KMK Kultusministerkonferenz 2023c). Hierfür ist ein enger und kontinuierlicher Austausch mit dem TBA-Projekt (Technologiebasiertes Assessment) notwendig, das für die Umstellung des IQB-Testsystems auf computerbasiertes Testen verantwortlich ist (für weitere Informationen s. https://www.iqb.hu-berlin.de/tba/).

Diese Aufgaben sind aktuell vor allem im Bereich der Mathematik Sek I zu finden. Dort wurden innovative Lernaufgaben entwickelt, bei denen digitale Aspekte eingebunden sind, wie Drohnenvideos oder die Nutzung von digitalen Tools wie GeoGebra bis hin zu Tabellenkalkulationsprogrammen.

Broschüren zur Implementation

Ein weiteres Produkt, das von der KMK unter Mitarbeit des IQBs veröffentlicht wurde, sind die die weiterentwickelten Bildungsstandards begleitenden Implementationsbroschüren für die jeweiligen Fächer. Diese Broschüren haben zum Ziel, die Länder bei der Implementierung der Bildungsstandards zu unterstützen, und sollen insbesondere Lehrplanentwickler:innen Hilfestellung bieten. Sie bieten einen Überblick über leitende Prinzipien bei der Entwicklung der Bildungsstandards und zeigen die Neuerungen und Kontinuitäten in knapper Form auf. Aktuell liegen Broschüren für Deutsch, Mathematik und die erste Fremdsprache vor, die auf der Seite der KMK abgerufen werden können (https://www.kmk.org/themen/qualitaetssicherung-in-schulen/bildungsstandards.html).

Fazit

Mit dem Beschluss von 2020, die Bildungsstandards weiterzuentwickeln, geht die KMK einen Schritt weiter, um einen bundesweit gültigen Rahmen zu schaffen, der es Schüler:innen ermöglicht, die nötigen Kompetenzen zu entwickeln, um am gesellschaftlichen Leben aktiv teilzuhaben.

Mit Verabschiedung der Standards für Deutsch und Mathematik im Sommer 2022 und der Veröffentlichung der dazugehörigen Lernaufgaben auf der Webseite des IQB ist die erste Phase des Projekts erfolgreich abgeschlossen. Auch mit der Veröffentlichung der Bildungsstandards für die erste Fremdsprache ist ein weiterer Meilenstein gesetzt. In der letzten und dritten Phase der Weiterentwicklung werden die Bildungsstandards für die Naturwissenschaften entwickelt und veröffentlicht.

In allen bisher veröffentlichten weiterentwickelten Standards sind die Leitlinien, die sich aus dem Vorläuferprojekt, der Bedarfsanalyse, ergeben haben, berücksichtigt worden und erkennbar. So sind sowohl Neuerungen wie z. B. die

Stärkung der digitalen Kompetenzen in den Standards als auch Kontinuitäten sichtbar. Weiterhin wurden die Standards für den Primarbereich und die Sekundarstufe I in Deutsch und Mathematik aufeinander abgestimmt und auf eine angemessene Progression geachtet sowie in der ersten Fremdsprache die Anschlussfähigkeit an die Standards der Allgemeinen Hochschulreife hergestellt. Zur weiteren Unterstützung der Implementation in den Ländern werden illustrierende Lernaufgaben und Broschüren zur Implementation bereitgestellt.

Die zeitgerechte Veröffentlichung der Bildungsstandards ist essenziell für die nächsten Etappen des Gesamtvorhabens, nämlich die Überprüfung der weiterentwickelten Bildungsstandards im vierten Zyklus des IQB-Bildungstrends ab 2027 und die zuvor stattfindende Testentwicklung und Anpassung der Kompetenzstufenmodelle.

Mit Blick auf die Koordination des Weiterentwicklungsprozesses der Bildungsstandards und der Entwicklung von Lernaufgaben ist festzustellen, dass ein solches Vorhaben nur gelingen kann, indem alle Beteiligten hohe Expertise, Kommunikationskompetenz und Kompromissfähigkeit in den Prozess einbringen. Auch aus diesem Grund ist es trotz eines engen vorgegebenen Zeitgerüsts und einiger Stolpersteine gelungen, zukunftsfähige Bildungsstandards zu beraten, auszuhandeln und zu veröffentlichen.

Literatur

IQB – Institut zur Qulitätsentwicklung im Bildungswesen (o. J.): Weiterentwicklung der Bildungsstandards für den Primarbereich und die Sekundarstufe I (WeBis). https://www.iqb.hu-berlin.de/bista/WeiterentwicklungBiSta/ (Abfrage: 23.04.2024).

KMK Kultusministerkonferenz (2016): Bildung in der digitalen Welt. Strategie der Kultusministerkonferenz. (2016). https://www.kmk.org/fileadmin/Dateien/pdf/PresseUndAktuelles/2018/Digitalstrategie_2017_mit_Weiterbildung.pdf (Abfrage: 20.09.2023).

KMK Kultusministerkonferenz (2023a): Bildungsstandards DEUTSCH (2022) Primarstufe und Sekundarstufe I – Beitrag zur Implementation. (2023, 23. März). https://www.kmk.org/fileadmin/Dateien/pdf/Bildung/Qualitaet/ImplBroschu__re_BiSta_DEUTSCH_2023-03-23.pdf (Abfrage: 20.09.2023).

KMK Kultusministerkonferenz (2023b): Bildungsstandards ERSTE FREMDSPRACHE (2023) Sekundarstufe I – Beitrag zur Implementation. (2023, 16. Juni). https://www.kmk.org/fileadmin/Dateien/pdf/Bildung/Qualitaet/2023-06-16_ImplBroschuere_BiSta_1FS.pdf (Abfrage 20.09.2023).

KMK Kultusministerkonferenz (2023c): Bildungsstandards MATHEMATIK (2022) Primarstufe und Sekundarstufe I – Beitrag zur Implementation. (2023, 23. März). https://www.kmk.org/fileadmin/Dateien/pdf/Bildung/Qualitaet/ImplBroschu__re_BiSta_MATHEMATIK_2023-03-23.pdf (Abfrage: 20.09.2023).

Klieme, Eckhard (2004): Begründung, Implementation und Wirkung von Bildungsstandards: Aktuelle Diskussionslinien und empirische Befunde. Einführung in den Thementeil. In: Zeitschrift für Pädagogik, 50, H. 5, S. 625–634.

Klieme, Eckhard/Avenarius, Hermann/Blum, Werner/Döbrich, Peter/Gruber, Hans/Prenzel, Manfred/Reiss, Kristina/Riquarts, Kurt/Rost, Jürgen/Tenorth, Heinz – Elmar/Vollmer, Helmut J. (2003): Zur Entwicklung nationaler Bildungsstandards. Eine Expertise. Frankfurt am Main: DIPF.

Köller, Olaf. (2018): Bildungsstandards. In Tippelt, Rudolf/Schmidt-Hertha, Bernhard (Hrsg.): Handbuch Bildungsforschung. (4. Aufl.). Wiesbaden: Springer VS, S. 625 – 648.

Bildungsstandards im Fach Deutsch – Weiterentwicklung und Perspektiven

Michael Krelle, Jörg Jost, Irene Pieper, Norbert Maritzen und Petra Stanat

Zusammenfassung

Die Kultusministerkonferenz (KMK) hat 2020 beschlossen, die Bildungsstandards für den Primarbereich und die Sekundarstufe I weiterzuentwickeln. Die Ergebnisse dieser Arbeit sind für die zukünftige Schul- und Unterrichtsentwicklung von Bedeutung und liegen für das Fach Deutsch seit Ende 2022 vor. Vor diesem Hintergrund wird im folgenden Beitrag über die Änderungen im Fach Deutsch berichtet. Dabei galt es, einerseits Kontinuität zu den bisherigen Bildungsstandards herzustellen, aber auch anderseits notwendige Weiterentwicklungen vorzunehmen. Zentrale Aspekte der Weiterentwicklung werden im Folgenden fachdidaktisch begründet und anhand von Beispielen illustriert. Dabei wird gezeigt, wie die Kernideen des Faches Deutsch mit den Bildungsstandards gestärkt werden und wie nunmehr zukünftig ein realistischerer Blick auf Kompetenzen und ihre Entwicklung geworfen werden kann.

Einführung von Bildungsstandards – ein Blick zurück

Die KMK-Bildungsstandards tragen seit ca. 20 Jahren zur Qualitätssicherung und -entwicklung in Schulen bei. Das heißt: Als Teil der Gesamtstrategie zum Bildungsmonitoring wird mit ihnen u. a. definiert, welche fachbezogenen Kompetenzen Schüler:innen bis zu bestimmten Zeitpunkten ihres Bildungsverlaufs erreicht haben sollen. Die Bildungsstandards spielen deshalb bis heute eine Rolle, wenn das Erreichen von Kompetenzzielen im Ländervergleich bzw. Bildungstrend überprüft wird. Sie sind genauso aber auch im Rahmen der jährlich durchgeführten Vergleichsarbeiten (VERA) und der daraus resultierenden Unterrichtsentwicklung relevant (vgl. u. a. Hawlitschek et al. in diesem Band). Sie haben eine steuernde Funktion für Lehrpläne und Curricula in den Bundesländern sowie für die Gestaltung des Unterrichts „vor Ort" in den Schulen. Insofern haben die Bildungsstandards eine zentrale Bedeutung im Bildungssystem und sind für unterschiedliche Adressaten relevant, u. a. Lehrpersonen in Schulen und Hochschulen, Eltern und sogar Schüler:innen. Sie sollen vor dem Hintergrund der Anwendbarkeit knapp formuliert sein [...], aber auch hinreichend präzise sein, um sie in [Lern- und Test-]Aufgaben umsetzen zu können – das Resultat kann nur ein Kompromiss sein, „der [...] qua ‚Textsorte' in besonderem Maß kritikanfällig ist" (Bremerich-Vos 2014, S. 9). Diese Kritik wurde vonseiten der Deutschdidaktik bereits frühzeitig formuliert. Insofern ist zunächst ein Blick auf diese Kritik sinnvoll, um die Weiterentwicklungen nachzuvollziehen.

Von der Entwicklung bis zur Weiterentwicklung

Historisch betrachtet entstanden die KMK-Bildungsstandards für das Fach Deutsch im Rahmen eines komplexen Aushandlungsprozesses verschiedener Akteursgruppen in der Zeit zwischen 2004 und 2012 mit Blick auf mehrere Zeitpunkte im Bildungsverlauf. Das umfasste das Ende der Primarstufe (KMK 2005b) sowie drei Zeitpunkte der Sekundarstufen: den Hauptschulabschluss (KMK 2005a), den Mittleren Schulabschluss (KMK 2004) sowie die Allgemeine Hochschulreife bzw. das Abitur (KMK 2012). An der Entwicklung waren neben Bildungswissenschaftler:innen und Fachdidaktiker:innen auch Vertreter:innen z. B. aus Politik, Verbänden und Schulen beteiligt. Grundlage der Entwicklung war zudem eine Expertise zur Entwicklung nationaler Bildungsstandards (Klieme et al. 2003). Dort wurde empfohlen, Zielmarken vorzugeben, an denen sich die Akteure im System orientieren können und die ausreichend pädagogische Autonomie für die Arbeit vor Ort ermöglichen. Dazu orientierte man sich am Kompetenzbegriff, auch um konkrete Lernergebnisse („Outcomes") von Schüler:innen im Rahmen von Überprüfungen erfassen und vergleichen zu können. Inhalte („Content Standards") sollten nur in sehr allgemeiner Form eine Rolle spielen und in den Lehrplänen der einzelnen Bundesländer konkretisiert werden.

Die Bildungsstandards im Fach Deutsch wurden dazu in vier *Kompetenzbereiche* mit jeweils unterschiedlich vielen Standards und Substandards aufgeteilt. Im Primarbereich und in der Sekundarstufe wurden unterschieden: „Sprechen und Zuhören", „Schreiben", „Lesen – mit Texten und Medien umgehen" sowie quer dazu liegend „Sprache und Sprachgebrauch untersuchen". In den später entwickelten Bildungsstandards für die Allgemeine Hochschulreife bzw. das Abitur (KMK 2012) wurden die Bereiche dann anders zugeschnitten, indem zwischen domänenspezifischen („Sich mit Texten und Medien auseinandersetzen", „Sprache und Sprachgebrauch reflektieren") und prozessbezogenen Kompetenzbereichen („Lesen", „Schreiben", „Sprechen und Zuhören") unterschieden wurde.

Deutschdidaktische Diskussionen und Kritik an den Bildungsstandards

Die Einführung der Bildungsstandards hat von Beginn an zu einer breiten fachdidaktischen Diskussion geführt. Bekannt geworden ist insbesondere die Rede vom

„standardisierten Schüler" von Kaspar Spinner (2005), der bei der Entgegennahme des Erhard-Friedrich-Preises für Deutschdidaktik 2004 pointiert äußerte:

> „Mit den Kompetenzmodellen, den Standards, den Arbeitstechniken hofft auch die Bildungsreform, den universell im ‚neuen flexiblen Kapitalismus' (Sennet 1998, S. 12) einsetzbaren Menschen zu schaffen."

Spinner bündelte in diesem Satz die Wahrnehmung, dass die Neuausrichtung im Rahmen der Reformen mit einem funktionalistischen Menschenbild einhergehe, das dem umfassenden Bildungsanspruch der Schule und des Deutschunterrichts nicht entspricht. Die Folgen der Einführung von Bildungsstandards waren für die Deutschdidaktik bzw. sind in der Tat immens, sie gehen aber auch mit einer erheblichen Präzisierung der Anforderungen des Faches einher, die umgekehrt den Anspruch einer breiten sprachlichen, literarischen und medialen Bildung deutlich machen: So wurden in der fachdidaktischen Forschung manche Modelle von sprachlichen und literalen Kompetenzen von Schüler:innen überarbeitet und teils neu formiert, z. B. im Bereich Zuhören (vgl. Gschwend 2014). Besonders fruchtbar waren die Bemühungen im Kompetenzbereich „Lesen". Dort liegen mittlerweile fachdidaktische Modelle vor, die weit über das Fach Deutsch hinauswirken, z. B. das Modell zur Lesekompetenz und Leseförderung von Rosebrock/Nix (2020). Frühe Ergebnisse solcher Auseinandersetzungen sind in einem Sonderheft der Didaktik Deutsch dokumentiert (Böhnisch 2008). Zudem entwickelte sich die Deutschdidaktik innerhalb weniger Jahre hin zu einer empirischen Wissenschaft (Bremerich-Vos 2014). Das heißt: Es wird sich seit der Einführung der Bildungsstandards auch an nachweisbar erreichten, d. h. feststellbaren Effekten und Wirkungen von Unterricht orientiert (vgl. Kleinbub 2018). Da Bildungsstandards vom Anspruch her in Aufgaben umgesetzt werden sollen, folgte auch eine stärkere Auseinandersetzung mit der Güte von Aufgaben insgesamt, z. B. auch in Schulbüchern, Materialien etc. (Feilke 2014).

Allerdings hat die Einführung der Bildungsstandards auch zu erheblicher Kritik geführt, die bereits in dem Zitat von Spinner (2015) zu finden ist. Dabei wird häufig das Verhältnis von „Kosten" und „Nutzen" der Standards kritisiert, insbesondere mit Blick auf vorliegende Kompetenzstufenmodellierungen (Bredel 2014). Zudem wurden Unklarheiten bei der Systematisierung innerhalb der Standards ausgemacht, mitunter die Aufteilung der Kompetenzbereiche selbst diskutiert (Kammler 2014; Thielmann 2016). Und schließlich haben sich die schulischen Anforderungen fast 20 Jahre nach der Einführung der KMK-Bildungsstandards massiv verändert, insbesondere mit Blick auf die Herausforderungen digitaler Bildung (KMK 2017). Dabei ist das Fach Deutsch vom Selbstverständnis her ein zentraler Ort des Lernens von und mit (digitalen) Medien in der Schule (Beißwenger 2022). Insofern liegt es nahe, dass die weiterentwickelten Bildungsstandards im Fach Deutsch die Anforderungen des Lernens in einer „Kultur der Digitalität" (Stalder 2017) einbeziehen müssen (Albrecht/Frederking 2020).

Vor diesem Hintergrund wurden die Bildungsstandards für die Primarstufe und die Sekundarstufe I seit 2020 weiterentwickelt. Die Grundlage dafür war eine Bedarfsanalyse aus dem gleichen Jahr, bei der sich ein mittelgroßer bis hoher Überarbeitungsbedarf für das Fach Deutsch gezeigt hatte. Der Prozess der Entwicklung ist in einer Broschüre der KMK (2023) und auf der Internetseite des IQB dokumentiert (https://www.iqb.hu-berlin.de). Zentrale Änderungen für das Fach Deutsch nehmen zudem die in der Fachdidaktik diskutierte Kritik auf.

Weiterentwicklung von Bildungsstandards – ein Blick nach vorn

Prämissen der Weiterentwicklung der Bildungsstandards waren die Evidenzbasierung der Standards, d.h. ihre Orientierung am (empirischen) Forschungsstand, weiterhin die Berücksichtigung der fachdidaktischen Diskussion um die Bildungsstandards der vergangenen Jahre und das Abbilden einer Progression von der Primarstufe über den Ersten zum Mittleren Schulabschluss – mit einem Blick auch auf die vorliegenden Standards der Allgemeinen Hochschulreife.

Einige Grundpfeiler der Bildungsstandards sind bei der Weiterentwicklung beibehalten worden, um möglichst viel Kontinuität herzustellen. So sind die Formulierungen in den Neufassungen der KMK-Bildungsstandards weiterhin abschlussbezogene Regelstandards, die zu zentralen Zeitpunkten der Schullaufbahn gelten: zum Ende der Primarstufe, zum ersten Schulabschluss (ESA) sowie zum Mittleren Schulabschluss (MSA). Die Bildungsstandards für die Allgemeine Hochschulreife sollten (noch) nicht weiterentwickelt werden.

Innerhalb der Standards sind die Formulierungen weiterhin in Form von Könnens-Beschreibungen in Kompetenzbereichen zusammengefasst, die nun aber – entsprechend der Bedarfsanalyse und der dabei auch berücksichtigten Kritik der Deutschdidaktik – stärker vereinheitlicht bzw. anders zugeschnitten sind. In der Folge werden damit die Kernideen des Faches gestärkt und gleichzeitig wird mehr Autonomie in der Umsetzung der Standards gegeben.

Stärkung der Kernideen

Ein wesentlicher Kritikpunkt der Diskussion in der Deutschdidaktik betraf die Struktur der Kompetenzbereiche selbst. So ist in den ersten verabschiedeten KMK-Bildungsstandards für den Primar und Sekundarbereich nur der Kompetenzbereich „Sprache und Sprachgebrauch untersuchen" „quer" zu den anderen Bereichen angelegt (s. o.). Dass die Zuordnung des Umgangs mit „Texten und Medien" bei der ersten Entwicklung von Standards 2004–2005 nicht auch „quer" zu allen Kompetenzbereichen lag, sondern nur dem Bereich „Lesen" zugeordnet war, führte innerhalb der Deutschdidaktik bereits früh zu vielen Diskussionen (vgl. Abraham/Knopf 2014, S. 9; Frederking/Krommer/Maiwald 2012, S. 90). Schließlich geht man mit Texten und Medien auch schreibend um, nutzt diese sprechend für Präsentationen, bekommt diese zuhörend vorgelesen u.v.m. Hinzu kommt, dass Texte und andere Medien häufig multi- oder symmedial sind. Das heißt, dass sie z. B. Audios, Videos, interaktive Elemente, Hyperlinks u.v.m. beinhalten, also nicht nur lesend, sondern auch zuhörend, sehend, schreiben etc. verarbeitet werden (Uhl 2020). Vor diesem Hintergrund wurde im Zuge der Weiterentwicklung der Bildungsstandards für den Primarbereich und die Sekundarstufe an die von der KMK im Jahr 2012 beschlossenen Bildungsstandards für die AHR angeknüpft und zwischen „prozessbezogenen" und „domänenspezifischen Kompetenzbereichen" unterschieden. Das resultierende Kompetenzstrukturmodell für das Fach Deutsch ist in Abbildung 1 dargestellt.

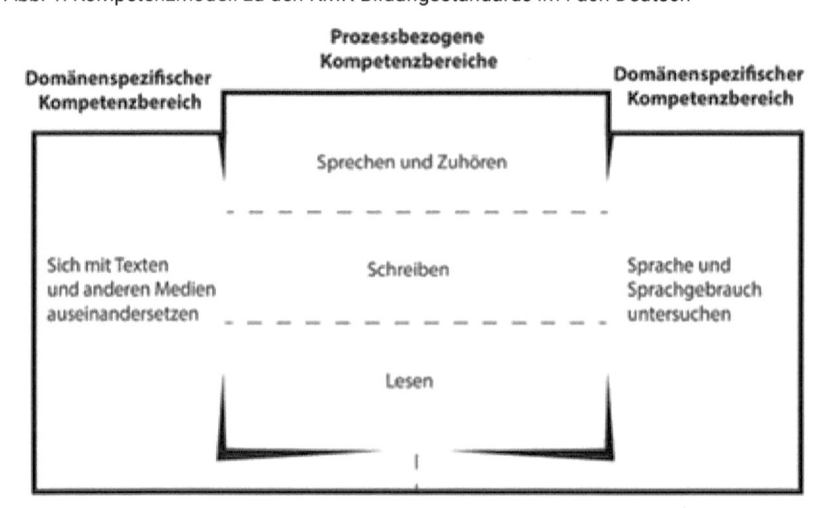

Abb. 1: Kompetenzmodell zu den KMK-Bildungsstandards im Fach Deutsch

Domänenspezifischer Kompetenzbereich	Prozessbezogene Kompetenzbereiche	Domänenspezifischer Kompetenzbereich
Sich mit Texten und anderen Medien auseinandersetzen	Sprechen und Zuhören	Sprache und Sprachgebrauch untersuchen
	Schreiben	
	Lesen	

Zunächst macht die Unterscheidung von prozessbezogenen und domänenspezifischen Kompetenzbereichen deutlich, dass Erwartungen an die Kompetenzen von Schüler:innen formuliert werden, die sich auf die produktive und rezeptive Prozessierung von Sprache in den Modalitäten Mündlichkeit und Schriftlichkeit beziehen und solche, die für die Domäne, den Deutschunterricht, spezifisch sind. Die domänenspezifischen und prozessbezogenen Kompetenzbereiche sind im Sinne eines integrativen Deutschunterrichts (Bredel/Pieper 2021) aufeinander bezogen und miteinander vernetzt. Beispielsweise kann die Auseinandersetzung mit Texten und Medien dazu dienen, einen Text zu schreiben, einen Vortrag zu halten, einem (produzierten) Beitrag zuzuhören u. v. m. „Sprache und Sprachgebrauch untersuchen" soll ebenfalls auf die anderen Kompetenzbereiche bezogen sowie mit diesen vernetzt sein. Das heißt auch hier: Wenn es etwa um das Erarbeiten von sprachlichen Strukturen und Begriffen geht, sollte dies in der Auseinandersetzung mit Fragen der Sprachproduktion und -rezeption geschehen, also beim Sprechen und Zuhören, Schreiben und Lesen, nicht isoliert und damit frei von ihrer kommunikativen Verwendung. Auch das Üben sollte im Verbund mit den anderen Kompetenzbereichen anhand von authentischen und schüler:innengemäßen Sprech- und Schreibanlässen sowie mündlichen und schriftlichen Texten erfolgen, die als Ausgangspunkt, Gegenstand und Ziel jeglicher Spracharbeit dienen können (Oomen-Welke/Kühn 2009, S. 140).

Und noch ein Gedanke ist hier wichtig: Von der Grundidee her sind die fachspezifischen Domänen zukünftig noch erweiterbar: So ist es denkbar, dass in einem (zukünftigen) symmedialen Unterricht „Medien" differenzierter betrachtet werden als heute (Frederking 2010) oder dass die Domäne „Sprache und Sprachgebrauch untersuchen" stärker an rezeptiver und produktiver Textarbeit ausgerichtet ist als heute (Kühn 2010, S. 73).

In jedem Fall liegt nunmehr ein Kompetenzmodell zu den Bildungsstandards über alle Jahrgangsstufen hinweg vor. Hierbei wurde auch die Lesart der Standards einheitlich gestaltet: Auf eine Präambel („Der Beitrag des Faches Deutsch zur Bildung") folgen das Kompetenzstrukturmodell mit Erläuterungen zu den erwartbaren Kompetenzen in ihrer Funktion für das Lernen und die Teilhabe an Gesellschaft und die Kompetenzbereiche mit den je spezifischen zu erreichenden Standards. Dabei gibt es eine weitere Neuerung, die für die konkrete Arbeit mit den Bildungsstandards bedeutsam ist: Innerhalb der Kompetenzbereiche wurden sog. „Kernbereiche" eingeführt, die Standards und Substandards zusammenfassen und die Kompetenzbereiche ordnen bzw. strukturieren. Es handelt sich also nicht um quasi uferlose Listen.

Mit dem Begriff „Kernbereich" schließen wir an die Idee von Bildungsstandards als „Kernideen" eines Faches an (Klieme et al. 2003, S. 26). Die Kernbereiche des Faches Deutsch sind:

- Sprechen und Zuhören:
  - Zu anderen sprechen; Verstehend zuhören; Mit anderen sprechen; Vor anderen sprechen
- Schreiben:
  - Über Schreibfertigkeiten verfügen; Orthografisch schreiben; Texte verfassen: Texte planen und strukturieren; Texte formulieren; Texte überarbeiten

- Lesen:
  - Lesefertigkeiten: Flüssig lesen; Lesefertigkeiten: Über Leseflüssigkeit verfügen; Lesefähigkeiten: Leseverstehen; Lesefähigkeiten: Über Strategien zum Lesen verfügen
- Sich mit Texten und anderen Medien auseinandersetzen:
  - Über Textwissen verfügen; Sich im Medienangebot orientieren; Texte und andere Medien erschließen und nutzen; Digitale Formate und Umgebungen; Texte präsentieren
- Sprache und Sprachgebrauch untersuchen:
  - Sprachliche Verständigung und sprachliche Vielfalt untersuchen; Sprachliche Strukturen untersuchen und nutzen

In der Anwendung der Standards ist es nunmehr möglich, ganze Kernbereiche in den Blick zu nehmen oder kleinschrittiger einzelne Standards zum Gegenstand der Arbeit zu machen. Um es an einem Beispiel zu verdeutlichen: Evaluierte Trainings zu Lesestrategien liegen etwa mit den „Textdetektiven" (Gold et al. 2011) und den „Lesedetektiven" (Rühl/Souvignier 2006) vor. Wer also Unterricht zu Lesestrategien plant, bezieht sich mit einem solchen Training über mehrere Wochen auf den gesamten Kernbereich „Lesefähigkeiten: Über Strategien zum Leseverstehen verfügen". Wer aber einzelne Strategien (in Einzelstunden) erarbeiten möchte (z. B. „Vorwissen aktivieren"), kann gezielt Einzelstandards fokussieren. Damit wird die Autonomie im Umgang mit den Bildungsstandards gestärkt, indem sich in der konkreten Arbeit gleichermaßen auf unterschiedlichen Ordnungsebenen der Standards bezogen werden kann (Abb. 2).

Abb. 2: Ordnung der Bildungsstandards des Faches Deutsch

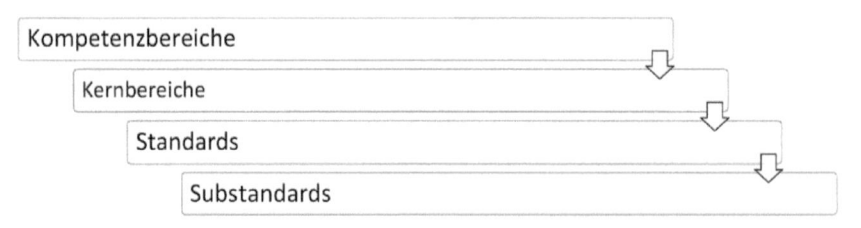

| Kompetenzbereiche |
| Kernbereiche |
| Standards |
| Substandards |

Ein realistischerer Blick auf Kompetenzen

Eine zweite Folge, die sich aus der oben dargestellten Vereinheitlichung ergibt, kann als ein realistischerer Blick auf Kompetenzen umrissen werden. Schließlich wurde mit der Weiterentwicklung das Ziel verfolgt, die Bildungsstandards dem aktuellen Stand fachwissenschaftlicher und fachdidaktischer Forschung anzupassen. Das war insofern notwendig, als seit der Einführung der Bildungsstandards die Erforschung sprachlich-literaler Kompetenzen erheblich vorangekommen ist. Dieser Prozess lässt sich besonders gut am Kompetenzbereich „Lesen" zeigen: Seit Einführung der Bildungsstandards wurden viele Studien zum Leseverstehen, zum literarischen Verstehen, zur Leseflüssigkeit, zur Lesemotivation etc. durchgeführt, z. B. von Wiprächtiger-Geppert 2009, Nix 2011, Freudenberg 2012, Heizmann 2018 u. v. m. Dabei waren Kolleg:innen diverser Arbeitsgruppen beteiligt. Hinzu kommen die zahlreichen größeren Studien u. a. des IQB. In der Folge liegen etablierte Kompetenzmodelle zur Messung (vgl. Stanat et al. 2023) und zur Leseförderung (z. B. von Rosebrock/Nix 2020) vor. Vor diesem Hintergrund wurden Fördermaßnahmen abgeleitet, auf ihre Wirksamkeit geprüft und implementiert, z. B. im Rahmen von BiSS, SchuMaS, LemaS etc. Das betrifft mit Bezug auf Leseförderung etwa Laut- und Vielleseverfahren zur Förderung disfluenter Leser:innen in sogenannten „Lesebändern" (Gailberger et al. 2021), Lesestrategie-Trainings (s. o.) u. v. m. Solche Studienergebnisse wurden systematisch zu allen Kompetenzen im Fach Deutsch gesichtet und in der Weiterentwicklung der Bildungsstandards aufgegriffen. Um es erneut an einem Beispiel zu illustrieren: Gut sichtbar ist das Vorgehen an dem Kernbereich „Lesefertigkeiten: Flüssig lesen". Tabelle 1 zeigt die fachwissenschaftliche Definition und ihre Umsetzung in den Bildungsstandards.

Tab. 1: Beispiel Leseflüssigkeit 1

Definition von Leseflüssigkeit (Krause-Wolters 2019)	Auszug aus den Bildungsstandards, Kompetenzbereich Lesen (KMK 2022)
Leseflüssigkeit ist die Fertigkeit, Texte leise, laut, akkurat, automatisiert, schnell und Sinn gestaltend zu lesen.	Lesefertigkeiten: Flüssig lesen; die Schülerinnen und Schüler lesen leise und laut, automatisiert, genau, sinngestaltend und zügig.

Manche Fach- bzw. Fremdwörter (z. B. „akkurat") sind im Rahmen der Formulierung der Standards zu Gunsten besserer Verständlichkeit angepasst worden, mitunter wurde präzisiert (z. B. statt „schnell" wurde „zügig" gewählt und die Dimension des sinngestaltenden Lesens vorgeordnet, um die Relation von Textsinn und Tempo anzudeuten). Die zentralen Dimensionen der Leseflüssigkeit sind aber enthalten, sodass die oben genannten Fördermaßnahmen direkt daran anknüpfen können.

Und leider gilt auch: Nicht in allen Bereichen liegen so viele Untersuchungen wie im Kompetenzbereich Lesen vor, an denen sich orientiert werden konnte. Dennoch ist die deutschdidaktische Forschung in den letzten Jahrzehnten in allen Bereichen ein Stück weit vorangekommen, sodass ausreichend Studien für die Weiterentwicklung der Standards genutzt werden konnten. Dabei wurde auch darauf geachtet, dass zukünftig vermehrt basale Kompetenzen und Fertigkeiten in den Mittelpunkt der Aufmerksamkeit rücken. Mit Blick auf Leseflüssigkeit wurden dazu beispielsweise die für das Lesen wichtigen basalen Prozesse und die Verarbeitung schriftsprachlicher Informationen aufgenommen (Silbe, Morphem, Komma, Punkt, Fragezeichen, Großschreibung, vgl. Tab. 1).

Tab. 2: Beispiel Leseflüssigkeit 2 – Primarstufe

Kompetenzbereich	Lesen
Kernbereich mit Erläuterung	Lesefertigkeiten: Flüssig lesen
	Die Schülerinnen und Schüler lesen leise und laut, automatisiert, genau, sinngestaltend und zügig.
Standards	Die Schüler:innen • nutzen die schriftsprachlichen Informationen (u. a. Silbe, Morphem, Komma, Punkt, Fragezeichen, Großschreibung) beim Lesen, • verfügen bei häufig vorkommenden Wörtern über eine weitgehend sichere Worterkennung und korrigieren sich ggf. selbst, • erlesen unvertraute Wörter anhand größerer Einheiten wie Silbe oder Morphem, • beachten beim Lesen Satzgrenzen und lesen über das Zeilenende hinweg, • lesen dem Lernstand entsprechende Texte nach Vorbereitung sinngestaltend vor, • lesen in angemessenem Tempo.

So können jetzt in der Umsetzung der Standards Teilfähigkeiten in den Blick genommen werden, sei es für diagnostische Zwecke oder für die gezielte Förderung. Wer z. B. im Rahmen des verbreiteten „Blitzlesens" die ca. 100 am häufigsten vorkommenden Wörter trainiert (z. B. mit Blitzlesekarten), verfügt zunehmend sicherer über die Worterkennung (zweiter Standard), wer sich systematisch Silben, Morpheme und Interpunktionszeichen im Schriftspracherwerb erarbeitet, nutzt die schriftsprachlichen Informationen zunehmend sicherer beim Lesen u. v. m. Solche Präzisierungen finden sich in allen Kompetenzbereichen, sodass für die Förderung wichtige hierarchieniedrige Fähigkeiten und Leistungserwartungen benannt sind. Darüber hinaus wurden verstärkt Leistungserwartungen formuliert, die sich auf (kognitive) Prozesse und Strategien beziehen. Dabei wurde auch berücksichtigt, in welchen Entwicklungslinien sich die für das Fach Deutsch relevanten Kompetenzen entwickeln. Eng verbunden mit einem realistischen Blick ist nämlich auch die Frage, zu welchen Zeitpunkten die Schüler:innen welche Kompetenzen erwerben. Hier sind zentrale entwicklungsbezogene Forschungsergebnisse in die Weiterentwicklung der Standards eingeflossen, sodass nun mehrere Progressionslinien vorliegen. Um es zu illustrieren: Wenn sich Kinder mit Texten und anderen Medien auseinandersetzen, ist es am Ende der Primarstufe erwartbar, dass sie zentrale Informationen des Textes in ein Mentales

Modell umsetzen können. Bis zum Ende der Sekundarstufe I nutzen sie aber zudem weitere explizite und implizite Informationen zur Entwicklung einer zunehmend differenzierten Deutung dieser Texte (vgl. Spinner 2022). Der Standard im Kompetenzbereich „Sich mit Texten und anderen Medien auseinandersetzen" dazu ist in Tabelle 3 dargelegt.

Tab. 3: Beispiel Progression

Bildungsstandards für den Primarbereich	Bildungsstandards Erster Schulabschluss (ESA)	Bildungsstandards Mittlerer Schulabschluss (MSA)
Die Schüler:innen ...	Die Schüler:innen ...	Die Schüler:innen ...
setzen Informationen zu Raum, Zeit, Handlung, Figuren und Atmosphäre in Vorstellungen um und stellen diese dar mithilfe handlungs- und produktionsorientierter Verfahren (z. B. in einer Zeichnung, im szenischen Spiel, als Standbild) und im Gespräch	nutzen zentrale Informationen zu Figuren, zu Raum- und Zeitdarstellung, Handlungs- und Konfliktverlauf sowie Atmosphäre zum Aufbau von Textverständnis und -deutung	nutzen implizite und explizite Informationen zu Figuren und Figurenkonstellationen, zu Raum- und Zeitdarstellung, Handlungs- und Konfliktverlauf sowie Atmosphäre zum Aufbau von Textverständnis und zur Entwicklung einer differenzierten Deutung

Noch ein weiterer Punkt soll einen realistischeren Blick auf die für das Fach Deutsch wichtigen Kompetenzen ermöglichen: Kompetenzen für das Lernen in der digitalen Welt (KMK 2017) wurden nicht additiv als zusätzliche Leistungserwartungen formuliert, sondern integrativ. Nahezu alle prozessbezogenen Standards können für Bildung in der digitalen Welt (KMK 2017) nutzbar gemacht werden. Oder anders gesagt: Viele Standards sind in zwei Perspektiven lesbar: Lernen und Nachweis von Lernerfolg unter den Bedingungen und Anforderungen von Digitalität und unter den Bedingungen von Materialität. An manchen Stellen sind allerdings Standards eingeführt, die nur unter digitalen Bedingungen denkbar sind und eigene Anforderungen stellen (z. B. „nutzen bei digitalen Texten Navigationsstrukturen, u. a. Hyperlinks, zur Gewinnung von Textinformationen"). Dazu wurde der domänenspezifische Kompetenzbereich „Mit Texten und anderen Medien umgehen" so angelegt, dass „Medien" besonders weit gefasst werden. In den kommenden Jahren wird es deshalb im Unterricht darauf ankommen, digitale Texte in ihrer Symmedialität zu begreifen, für die eigenen Anforderungen bewältigt oder die im Kompetenzbereich „Sprache und Sprachgebrauch untersuchen" reflektiert werden müssen.

Folgen der Weiterentwicklung

Wie konkret Bildungsstandards im Unterricht umgesetzt werden können, wurde oben angedeutet. Auf Systemebene gilt zudem: Die Bildungsstandards bilden einen Referenzrahmen für die Lehrplanarbeit in den Ländern. Insofern wird es dort in den nächsten Jahren eine Reihe von Anpassungen geben. Gleichzeitig wurden für die Weiterentwicklung aktuelle Lehrpläne gesichtet und sinnvolle Formulierungen bereits einbezogen. Wie groß also der Anpassungsbedarf in den Ländern wirklich ist, zeigt sich erst im Detail. Eine besondere Herausforderung wird z. B. das Land NRW im Kompetenzbereich „Sprechen und Zuhören" haben. Beide Kompetenzen sind in Gesprächssituationen miteinander verschränkt. Sie werden als Teil eines gemeinsamen Konstruktes von Gesprächskompetenz bzw. Mündlicher Kommunikationskompetenz angesehen (Becker-Mrotzek 2009). In NRW sind allerdings beide Kompetenzen im Kernlehrplan für die Sekundarstufe I nach ihrer jeweiligen Modalität sortiert, also im Bereich Produktion „Sprechen, Schreiben" und im Bereich Rezeption „Lesen, Zuhören". Insofern dürfte hier der Anpassungsbedarf größer sein als in anderen Bereichen.

Die weiterentwickelten Bildungsstandards dienen zudem im Bildungsmonitoring dazu, Leistungsstände systematisch zu überprüfen und zu vergleichen. Mit den neuen Bildungsstandards werden elaboriertere Kompetenzstufenmodelle möglich und nötig. Diese werden dann auch für die Vergleichsarbeiten (VERA) maßgeblich sein. Hier wird es auch darauf ankommen, dass die Ergebnisrückmeldungen förderdiagnostisch brauchbare Informationen liefern. Nur dann werden die Lehrkräfte die Rückmeldungen zum Erreichen einzelner Standards als hilfreich ansehen.

Literatur

Abraham, Ulf/Knopf, Julia (2014): Deutschunterricht auf der Primarstufe. In: Abraham, Ulf/Knopf, Ulf (Hrsg.): Deutsch. Didaktik für die Grundschule. Berlin: Cornelsen, S. 7–12.

Albrecht, Christian/Frederking, Volker (2020): Digitale Medien – Digitale Transformation – Digitale Bildung. In: Knopf, Julia/Abraham, Ulf (Hrsg.): Deutsch Digital. Band 1. Theorie. 2. Auflage. Baltmannsweiler: Schneider Verlag Hohengehren, S. 9–40.

Becker-Mrotzek, Michael (2009): Mündliche Kommunikationskompetenz. In: Becker-Mrotzek, Michael (Hrsg.): Mündliche Kommunikation und Gesprächsdidaktik. Baltmannsweiler: Schneider Verlag Hohengehren, S. 66–83.

Beißwenger, Michael (2022): Digitalität und Sprachreflexion. In: Mitteilungen des Deutschen Germanistenverbandes 6, H. 4, S. 441–455.

Böhnisch, Martin (Hrsg.) (2008): Beiträge zum 16. Symposion Deutschdidaktik „Kompetenzen im Deutschunterricht". Didaktik Deutsch. Sonderheft 2. Baltmannsweiler: Schneider Verlag Hohengehren.

Bredel, Ursula (2014): Anspruch und Wirklichkeit – Debattenbeitrag zu den Bildungsstandards. In: Didaktik Deutsch, H. 36, S. 5–8.

Bredel, Ursula/Pieper, Irene (2021): Integrative Deutschdidaktik. 2. Auflage. Paderborn: Schöningh.

Bremerich-Vos, Albert (2014): Revision der Bildungsstandards? – Zurzeit nicht vordringlich. In: Didaktik Deutsch, H. 36, S. 9–12.

Feilke, Helmuth (2014): Überarbeiten! Überlegungen zu Bildungsstandards, Textkompetenz und Schreiben. In: Didaktik Deutsch, H. 37, S. 6–9.

Frederking Volker (2010): Symmedialer Literaturunterricht. In: Frederking, Volker / Krommer, Axel / Meier, Christel (Hrsg.): Taschenbuch des Deutschunterrichts. Baltmannsweiler: Schneider Verlag Hohengehren, S. 515–545.

Frederking, Volker / Krommer, Axel / Maiwald, Klaus (2012): Mediendidaktik Deutsch. Eine Einführung. 2. neu bearbeitete und erweiterte Auflage: Erich Schmidt Verlag: Berlin.

Freudenberg, Ricarda (2012): Zur Rolle des Vorwissens beim Verstehen literarischer Texte. Eine qualitativempirische Untersuchung. Wiesbaden: Springer VS.

Gailberger, Steffen / Pohlmann, Britta / Reichenbach, Laura / Thonke, Franziska / Wolther, Janna (2021): Zum nachhaltigen Einfluss von Lautleseverfahren auf Leseflüssigkeit, Leseverstehen, Rechtschreibung sowie Kompetenzen jenseits des Deutschunterrichts. In: Gailberger, Steffen / Sappok, Christopher (Hrsg.): Weiterführende Grundlagenforschung in Lesedidaktik und Leseförderung: Theorie, Empirie, Anwendung. Bochum: Universitätsbibliothek der Ruhr-Universität Bochum, S. 167–192.

Gold, Andreas / Rühl, Katja / Souvignier, Elmar / Mokhlesgerami, Judith / Buick, Stephanie (2011): Wir werden Textdetektive: Lehrermanual. Göttingen: Vandenhoeck & Ruprecht.

Gschwend, Ruth (2014): Zuhören und Hörverstehen – Aspekte, Ziele und Kompetenzen. In: Grundler, Elke / Spiegel, Carmen (Hrsg.): Konzeptionen des Mündlichen. Bern: hep-Verlag, S. 141–158.

Heizmann, Felix (2018): Literarische Lernprozesse in der Grundschule. Eine qualitativ- rekonstruktive Studie zu den Praktiken und Orientierungen von Kindern in Literarischen Unterrichtsgesprächen über ästhetisch anspruchsvolle Literatur. Baltmannsweiler: Schneider Verlag Hohengehren.

Kammler, Clemens (2014): Präzisiert die Bildungsstandards Deutsch! Vergleichende Anmerkungen zum mittleren Schulabschluss und zum Hauptschulabschluss. In: Didaktik Deutsch. H. 36, S. 13–16.

Kleinbub, Iris (2018): Unterricht. Schlaglichter auf ein komplexes Forschungsfeld. In: Boelmann, Jan (Hrsg.): Empirische Forschung in der Deutschdidaktik. Forschungsfelder. Baltmannsweiler: Schneider Verlag Hohengehren, S. 11–26.

Klieme, Eckhard / Avenarius, Hermann / Blum, Werner / Döbrich, Peter / Gruber, Hans / Prenzel, Manfred / Reiss, Kristina / Riquarts, Kurt / Rost, Jürgen / Tenorth, Heinz-Elmar / Vollmer, Helmut J. (2003): Zur Entwicklung nationaler Bildungsstandards. Eine Expertise. Bonn: BMBF.

KMK (2004): Bildungsstandards im Fach Deutsch für den Mittleren Schulabschluss – Beschluss vom 04.12.2003. München / Neuwied: Luchterhand.

KMK (2005a): Bildungsstandards im Fach Deutsch für den Hauptschulabschluss (Jahrgangsstufe 4) – Beschluss vom 15.10.2004. München / Neuwied: Luchterhand.

KMK (2005b): Bildungsstandards im Fach Deutsch für den Primarbereich – Beschluss vom 15.10.2004. München / Neuwied: Luchterhand.

KMK (2012): Bildungsstandards im Fach Deutsch für die Allgemeine Hochschulreife. Beschluss vom 18.10.2012. München / Neuwied: Luchterhand.

KMK (2017): Bildung in der digitalen Welt. Strategie der Kultusministerkonferenz. Beschluss vom 8.12.2016 in der Fassung vom 7.12.2017. Berlin: KMK.

KMK (2023): Bildungsstandards DEUTSCH. Primarstufe und Sekundarstufe 1. Beitrag zur Implementation. Vom Schulausschuss zur Veröffentlichung freigegeben am 23.03.2023. Berlin: KMK.

Krause-Wolters, Marion (2019): Leseflüssigkeit. Basiswissen sprachliche Bildung. Köln: Mercator-Institut für Sprachförderung und Deutsch als Zweitsprache.

Kühn, Peter (2010): Sprache untersuchen und erforschen. Grammatik und Wortschatzarbeit neu gedacht. Standards und Perspektiven. Für die Jahrgänge 3 und 4. Berlin: Cornelsen / Scriptor.

Nix, Daniel (2011): Förderung der Leseflüssigkeit. Theoretische Fundierung und empirische Überprüfung eines kooperativen Lautlese-Verfahrens im Deutschunterricht. Weinheim und München: Juventa.

Oomen-Welke, Ingelore / Kühn, Peter (2009): Sprache und Sprachgebrauch untersuchen. In: Bremerich-Vos, Albert / Granzer, Dietlinde / Köller, Olaf (Hrsg.): Bildungsstandards für die Grundschule: Deutsch konkret. Berlin: Cornelsen, S. 139–184.

Rosebrock, Cornelia / Nix, Daniel (2020): Grundlagen der Lesedidaktik und der systematischen schulischen Leseförderung. 9. überarbeitete Auflage. Baltmansweiler: Schneider Hohengehren.

Rühl, Katja / Souvignier, Elmar (2006): Wir werden Lesedetektive - Lehrermanual & Arbeitsheft. Göttingen: Vandenhoeck & Ruprecht.

Sennett, Richard (1998): Der flexible Mensch. Die Kultur des neuen Kapitalismus. Berlin: Berlin Verlag.

Spinner, Kaspar H. (2005): Der standardisierte Schüler. Rede bei der Entgegennahme des Erhard-Friedrich-Preises für Deutschdidaktik am 27. Sept. 2004. In: Didaktik Deutsch, H. 18, S. 4–14.

Stalder, Felix (2017): Kultur der Digitalität. Berlin: Suhrkamp.

Stanat, Petra / Schipolowski, Stefan / Schneider, Rebecca / Weirich, Sebastian / Henschel, Sofie / Sachse, Karoline A. (2023) (Hrsg.): IQB-Bildungstrend 2022. Sprachliche Kompetenzen am Ende der 9. Jahrgangsstufe. Münster / New York: Waxmann.

Spinner, Kaspar H. (2022): Literarisches Lernen. Ditzingen: Reclam.

Thielmann, Winfried (2016): Die curriculare Basis sprachlicher Integration – Bildungsstandards im Fach Deutsch für den Primarbereich auf dem sprachwissenschaftlichen Prüfstand. In: Zielsprache Deutsch, H. 3, S. 3–24.

Uhl, Benjamin Jakob (2020): Texte und Medien. In: KinderundJugendmedien.de. Erstveröffentlichung: 02.07.2020. https://www.kinderundjugendmedien.de/fachdidaktik/4490-texte-und-medien (Abfrage: 23.04.2024).

Wiprächtiger-Geppert, Maja (2009): Literarisches Lernen in der Förderschule. Eine qualitativ-empirische Studie zur literarischen Rezeptionskompetenz von Förderschülerinnen und -schülern in Literarischen Unterrichtsgesprächen. Baltmannsweiler: Schneider Verlag Hohengehren.

Teil C:
Verfahren zur Qualitätssicherung auf Schulebene

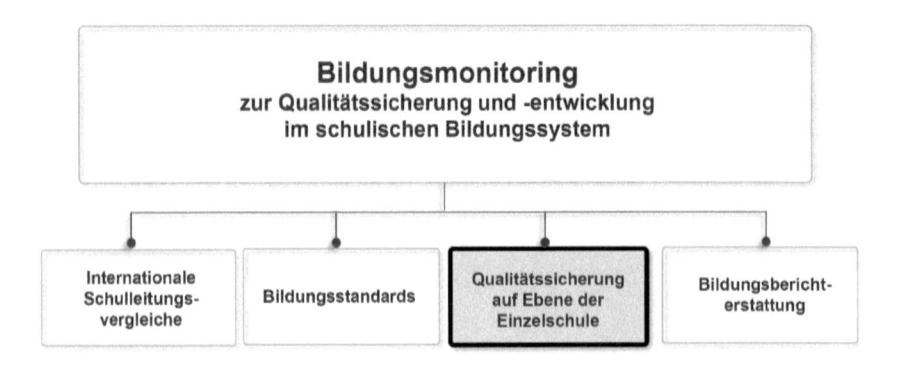

```
┌─────────────────────────────────────────┐
│         Bildungsmonitoring              │
│   zur Qualitätssicherung und -entwicklung│
│       im schulischen Bildungssystem      │
└─────────────────────────────────────────┘
    │           │           │           │
┌────────┐ ┌──────────┐ ┌─────────┐ ┌──────────┐
│Inter-  │ │Bildungs- │ │Qualitäts│ │Bildungs- │
│nationale│ │standards │ │sicherung│ │bericht-  │
│Schul-  │ │          │ │auf Ebene│ │erstattung│
│leitungs-│ │          │ │der      │ │          │
│vergleiche│ │          │ │Einzel-  │ │          │
│         │ │          │ │schule   │ │          │
└────────┘ └──────────┘ └─────────┘ └──────────┘
```

Verfahren, die zur Qualitätssicherung auf Schulebene beitragen sollen, sind laut Gesamtstrategie des Bildungsmonitorings *Lernstandserhebungen und Vergleichsarbeiten, Sprachstandmessungen, landesspezifische Leistungsvergleichsuntersuchungen* oder *Externe Evaluationen*. Lernstandserhebungen werden seit dem Jahr 2008 bundesweit in Form von einheitlichen Vergleichsarbeiten (VERA) für die Jahrgangsstufe 3 und 8 durchgeführt, um die Qualitätsentwicklung des Unterrichts in der Einzelschule auf Basis vergleichbarer Ergebnisse zu unterstützen. Diese basieren auf den für die Kernfächer implementierten Bildungsstandards und erheben, über welche Kompetenzen die Schüler:innen zum Testzeitpunkt verfügen. Diese Ergebnisse werden den Schulen direkt zurückgemeldet, denn der Fokus der Vergleichsarbeiten liegt explizit auf dem Aspekt der Weiterentwicklung von Schule und Unterricht. Sie sollen als jährliche Bestandsaufnahme zum Lernstand der Schüler:innen dienen und verbleiben entsprechend in den Schulen.

Der Beitrag von *Patrick Hawlitschek, Sofie Henschel, Carola Schnitzler* und *Petra Stanat* thematisiert den Prozess der datengestützten Unterrichtsentwicklung mit den Ergebnissen der Vergleichsarbeiten und stellt dazu Fortbildungsansätze vor. *Horst Weishaupt* diskutiert die Passung der aus den Bildungsstandards ableitbaren Erkenntnisse auf unterschiedlichen Systemebenen. Der Beitrag von *Holger Gärtner* analysiert Bedarfe der Lehrkräfte im Umgang mit Lernstandserhebungen für adaptiven Unterricht. *Andreas Brunner* und *Sandy Taut* setzen sich mit dem Instrument der Externen Schulevaluation auseinander und *Ulrike Rangel* zeigt mit *Günter Klein* am Beispiel des Schuldatenblatts in Baden-Württemberg, wie damit datengestützte Schulentwicklung unterstützt werden kann. Eine zentrale Rolle nimmt dabei die Schulaufsicht ein, mit deren Funktion sich *Ruth Anna Hejtmanek, Esther Dominique Klein, Stefan Hahn* und *Klaudia Schulte* auseinandersetzen. Mit dem Blick auf Schulentwicklung in Hamburg betrachtet der Beitrag von *Stefan Hahn, Klaudia Schulte, Peter Schulze, Franziska Thonke* das Zusammenspiel multiprofessioneller Akteursgruppen. Die Perspektive der Lehrpersonen im Umgang mit Daten digitaler Lernplattformen und die Frage nach deren Mehrwert in der pädagogischen Praxis wird von *Ben Mayer* und *Sieglinde Jornitz* diskutiert.

Datengestützte Unterrichtsentwicklung mit Vergleichsarbeiten

Akzeptanz und wahrgenommene Nützlichkeit von VERA aus Sicht von Lehrkräften im IQB-Bildungstrend[1]

Patrick Hawlitschek, Sofie Henschel, Carola Schnitzler und Petra Stanat©

Zusammenfassung

Datengestützte Unterrichtsentwicklung umfasst die systematische Sammlung und Analyse verschiedener Daten- und Informationsquellen (z. B. Daten aus Kompetenztests, interner Evaluation, Unterrichtsfeedback von Schüler:innen), die für die Gestaltung des Unterrichts wichtige Hinweise geben. So können die Ergebnisse aus landesweiten Vergleichsarbeiten/ Lernstandserhebungen/Kompetenztests in der 3. und 8. Jahrgangsstufe (VERA-3/8) von Lehrkräften als eine mögliche Datenquelle genutzt werden, um Maßnahmen für die Schul- und Unterrichtsentwicklung zu planen. Um das Potenzial von Vergleichsarbeiten (VERA) möglichst optimal auszuschöpfen, sollten Unterstützungsangebote in den Ländern darauf abzielen, Lehrkräfte bei der Weiterentwicklung ihres Unterrichts mit VERA-Ergebnissen zu stärken. Ansatzpunkte für diese Unterstützungsangebote sind Merkmalsbereiche, die sich als prädiktiv für eine erfolgreiche Datennutzung erwiesen haben. Hierzu zählen neben Merkmalen der Daten bzw. Rückmeldesysteme (z. B. zeitnahe Ergebnisrückmeldung) und kontextuellen Merkmalen der Schule (z. B. Schulleitungshandeln, Datennutzungskultur) vor allem individuelle Merkmale der Lehrkräfte (z. B. motivationale Überzeugungen wie Akzeptanz oder wahrgenommene Nützlichkeit). Vor diesem Hintergrund beschreibt der Beitrag auf Basis der IQB-Ländervergleichs- und Bildungstrendstudien, die zwischen 2011 und 2022 an Grundschulen und weiterführenden Schulen durchgeführt wurden, inwieweit sich die Akzeptanz und Nützlichkeitswahrnehmung von VERA im Trend verändert hat. Unsere Analysen weisen darauf hin, dass weiterhin ein Bedarf an Unterstützungsangeboten wie beispielsweise wirksamen Fortbildungsansätzen zur datengestützten Unterrichtsentwicklung mit VERA besteht. Bislang gibt es so gut wie kein Wissen darüber, wie positive motivationale Überzeugungen von Lehrkräften zu VERA gestärkt werden können. Mit Bezug zu unseren Befunden skizzieren wir die Konzepte von zwei Blended-Learning-Fortbildungen, die im Rahmen der BMBF-geförderten Projekte „SchuMaS – Schule Macht Stark" und „BiSS-Transfer/VERA-BiSS" evaluieren, wie unterschiedliche Konzepte grundlegende Handlungskompetenzen im Umgang mit VERA unter Lehrkräften aufbauen könnten.

---

1 Dieser Beitrag wurde gefördert vom Bundesministerium für Bildung und Forschung (BMBF) unter den Förderkennzeichen 01PR21O1J und 01Jl2001C

Datengestützte Unterrichtsentwicklung: Modelle und empirische Befunde

Datengestützte Unterrichtsentwicklung umfasst die systematische Sammlung und Analyse verschiedener Daten- und Informationsquellen (z. B. Daten aus Kompetenztests, interner Evaluation, Unterrichtsfeedback von Schüler:innen), die für die Gestaltung von Lernangeboten im Unterricht wichtige Hinweise liefern (Hawlitschek et al.; Mandinach/Schildkamp 2021). Internationale Studien weisen darauf hin, dass die systematische Datennutzung dazu beitragen kann, die Qualität des Unterrichts und die Kompetenzentwicklung von Schüler:innen zu begünstigen (Ansyari et al. 2022; van Geel et al. 2016; Visscher 2021). Um den Lernerfolg von Schüler:innen sicherzustellen, ist das datengestützte Entscheidungshandeln nicht nur in Deutschland, sondern international eine verbreitete und häufig empfohlene Strategie zur Qualitätssicherung und -entwicklung an Schulen (Mandinach/Schildkamp 2021). Beispielsweise wird ein solches Vorgehen in den Niederlanden oder den USA verpflichtend an Schulen umgesetzt und ist selbstverständlicher Teil des professionellen Handelns von Lehrkräften (Visscher 2021). Dabei führt die Verfügbarkeit oder der Erhalt von Daten nicht direkt zu einer Umsetzung von unterrichtlichen Maßnahmen, sondern erfordert aktive Interpretations- und Konstruktionsleistungen der schulischen Akteur:innen (Altrichter et al. 2016; Demski 2017; Groß Ophoff/Cramer 2022). Die systematische Auseinandersetzung mit Daten und deren Einbezug in die Unterrichtsplanung ist ein anspruchsvoller und mehrschrittiger, zyklischer Prozess (Demski 2017). Ein solcher „Datennutzungszyklus" umfasst neben der Rezeption und Reflexion der Daten die Ableitung konkreter Ziele und Maßnahmen sowie deren Erfolgsprüfung und Fortschreibung bzw. Anpassung (Henschel 2021; Helmke/Hosenfeld 2005).

Um zu beschreiben, wie eine erfolgreiche Datennutzung unterstützt werden kann, hat sich die Unterscheidung von drei Merkmalsbereichen etabliert (Schildkamp et al. 2017): Neben Merkmalen der Daten (z. B. zeitliche Verfügbarkeit) und des schulischen Kontextes (z. B. Schulleitungshandeln, Datennutzungskultur), gelten insbesondere individuelle Merkmale von Lehrkräften (z. B. motivationale Überzeugungen wie Akzeptanz und Nützlichkeit) als wichtige Einflussfaktoren (Hoogland et al. 2016). Reeves et al. (2018) zeigen in einer Studie mit US-amerikanischen Lehrkräften, dass eine positive Einstellung gegenüber der Datennutzung sowie einer höheren Selbstwirksamkeit im Umgang mit Daten positiv mit einer stärkeren Nutzung von Daten für die Unterrichtsentwicklung assoziiert ist. Auch Prenger/Schildkamp (2018) berichten auf Basis einer querschnittlichen Studie mit niederländischen Lehrkräften, dass die Nützlichkeitswahrnehmung von Leistungsdaten positiv mit einem größeren Ausmaß an Datennutzung für die Unterrichtsentwicklung zusammenhängt. Basierend auf Querschnittsdaten mit

Grundschullehrkräften aus Irland zeigen Pitsia et al. (2021) zudem, dass die wahrgenommene Validität und Nützlichkeit standardisierter Testergebnisse mit einer verstärkten Nutzung dieser Daten für die Unterrichtsentwicklung korreliert. Weitere individuelle Merkmale, wie zum Beispiel die Datennutzungskompetenz (vgl. Mandinach/Gummer 2016 für eine Übersicht) oder motivationale Überzeugungen (z. B. Erwartungs- und Wertüberzeugungen; Eccles/Wigfield 2002), sind gut beforschte Ansatzpunkte für Interventionsstudien, welche darauf abzielen, (angehende) Lehrkräfte auf datengestützte Unterrichtsentwicklung vorzubereiten (Wurster et al. 2023). In einer Metaanalyse von Filderman et al. (2022) mit 33 einbezogenen Studien bzw. 163 Effektgrößen von 4,844 (angehenden) Lehrkräften aus den Jahren 1975 bis 2019 ergeben sich durchschnittlich moderat positiv ausgeprägte Trainingseffekte auf die Datennutzungskompetenz (g = .67, 95 % KI [0.40, 0.93]) und motivationale Überzeugungen (g = .48, 95 % KI [0.17, 0.79]). Beide Aspekte können als Teil der professionellen Kompetenz von Lehrkräften betrachtet werden, die relevant für die erfolgreiche Bewältigung beruflicher Anforderungen sind (Baumert/Kunter 2006). Aus theoretischer Sicht wird davon ausgegangen, dass motivationale Überzeugungen, die im Fokus dieses Beitrags stehen, damit zusammenhängen, ob Lehrkräfte Handlungen (z. B. Auseinandersetzung mit verfügbaren Daten) initiieren und aufrechterhalten (Holzberger et al. 2016).

Datengestützte Unterrichtsentwicklung mit den Ergebnissen aus Vergleichsarbeiten (VERA)

In Deutschland hat die Kultusministerkonferenz (KMK) in ihrer Gesamtstrategie zum Bildungsmonitoring (KMK 2016) und ihrem Konzeptpapier zum Umgang mit den Bildungsstandards zur Unterrichtsentwicklung (KMK 2010) ein datengestütztes Vorgehen programmatisch verankert. Ein wesentlicher Teil dieser Strategie ist die Durchführung der landesweiten Vergleichsarbeiten (VERA-3/8), die als schriftliche Tests in der 3. und 8. Jahrgangsstufe vor etwa 20 Jahren eingeführt wurden. Die VERA-Tests basieren auf den kriterialen Kompetenzanforderungen, die in den nationalen Bildungsstandards für die Primarstufe (4. Klasse) und Sekundarstufe I (9. Klasse) festgeschrieben sind, und werden jährlich flächendeckend in fast allen Bundesländern (außer Niedersachsen) in den Fächern Deutsch und Mathematik sowie in der ersten Fremdsprache durchgeführt (KMK 2016). Mit VERA wird untersucht, über welche Kompetenzen Schüler:innen in der 3. und 8. Klassenstufe bereits verfügen, bevor sie diese ein Jahr später erreichen sollten (Henschel/Stanat 2019). Die Ergebnisse zu Stärken und Schwächen einer Klasse werden bezogen auf das Erreichen der nationalen

Bildungsstandards auf Kompetenzstufen abgebildet (kriterialer Vergleich[2]) und sollen von den Lehrkräften als eine Art Frühwarnsystem genutzt werden. Die Ergebnisse einer Klasse können aber auch für soziale Vergleiche genutzt werden, etwa im Vergleich mit dem Schul- und Landesergebnis oder als adjustierter („fairer") Vergleich mit Klassen oder Schulen mit ähnlicher sozio-demografischer Zusammensetzung. Diese klassenbezogenen Ergebnisse sollten in die Gestaltung von Lernangeboten einfließen, damit möglichst viele Schüler:innen bis zum Ende der Primarstufe bzw. Sekundarstufe I die kriterialen Kompetenzanforderungen (Mindest-/Regelstandards) erreichen, die mit den Bildungsstandards der KMK vorgegeben sind (Henschel/Stanat 2019).

Einerseits belegen Studien die Validität der VERA-Tests und weisen auf das damit verbundene Potenzial von VERA für die Unterrichtsentwicklung hin (Hawlitschek et al. 2024). Beispielsweise zeigen Fuchs und Brunner (2017), dass die VERA-3-Ergebnisse einen statistisch signifikanten Beitrag zur Vorhersage der Gymnasialempfehlung unter Kontrolle von Schulnoten, kognitiven Grundfähigkeiten und familiärem Hintergrund leisten. Ebenso erwiesen sich die VERA-8-Ergebnisse unter Kontrolle der Noten als prognostisch valide für die Ergebnisse des Mittleren Schulabschlusses (MSA) bei Gymnasiast:innen (Graf et al. 2016). Weiterhin beobachteten Richter et al. (2014), dass die wahrgenommene Nützlichkeit der VERA-Ergebnisse durch Lehrkräfte positiv mit den Deutsch- und Mathematikkompetenzen von Schüler:innen am Ende der 4. Jahrgangsstufe zusammenhängt. Andererseits wird die Unterrichtsentwicklung auf Basis der VERA-Ergebnisse von schulischen Akteur:innen als äußerst anspruchsvoll erlebt (Altrichter et al. 2016). Befunde aus der Rezeptions- und Nutzungsforschung weisen darauf hin, dass Lehrkräfte VERA überwiegend als Diagnoseinstrument und weniger als Entwicklungsinstrument wahrnehmen (Altrichter et al. 2016; Richter et al. 2014; Wacker/Kramer 2012). Dies legt die Annahme nahe, dass es häufig gar nicht dazu kommt, dass Lehrkräfte über die Rezeption der Ergebnisse hinaus weitere Schritte des Datennutzungszyklus umsetzen (z. B. Reflexion der Ergebnisse, Ableitung konkreter Maßnahmen zur Unterrichtsentwicklung und deren Überprüfung sowie Fortschreibung). Analysen zu Abrufstatistiken der VERA-Ergebnisrückmeldungen offenbaren sogar, dass mitunter auch die Rezeption von Ergebnissen nicht stattfindet (Harych 2022). Diese Befundlage lässt den Schluss zu, dass geeignete Unterstützungsangebote für die Praxis weiterhin notwendig sind, um die datengestützte Unterrichtsentwicklung mit VERA im professionellen Handeln von Lehrkräften zu verankern.

Für die systematische Auseinandersetzung mit den VERA-Ergebnissen entwickelten die Länder bereits vielfältige Unterstützungsangebote. Neben

---

2 Nicht alle Länder nutzen in ihren Ergebnisrückmeldungen den kriterialen Vergleich und melden die Ergebnisse auf den Kompetenzstufen zurück. Grundsätzlich ist das für alle VERA-Tests möglich, weil die VERA-Aufgaben mit eindeutigen Kompetenzanforderungen verknüpft sind.

Handreichungen zur Vor- und Nachbereitung der VERA-Tests oder didaktischen Materialien gibt es in einigen Ländern Beratungsstellen (z. B. Evaluationsbeauftragte, Schulentwicklungsberatung), Aufgabendatenbanken oder Informations- und Fortbildungsveranstaltungen (Groß Ophoff 2007; Tarkian et al. 2019). Eine gemeinsam koordinierte Strategie der Länder zur Implementation von VERA existiert jedoch nicht (Tarkian et al. 2019). Zum Beispiel werden die vom Institut zur Qualitätsentwicklung im Bildungswesen (IQB) zentral entwickelten *didaktischen Handreichungen*, die eine fachdidaktische Kommentierungen der VERA-Aufgaben, typische Fehler und Hinweise zur unterrichtlichen Weiterarbeit enthalten, in den Ländern sehr unterschiedlich verbreitet und eingesetzt (Tarkian et al. 2019). Gemäß der intendierten Ziele und Funktionen von VERA (KMK 2016) kann davon ausgegangen werden, dass die vielfältigen Unterstützungsangebote zu VERA darauf abzielen, Lehrkräfte dabei zu unterstützen, ihren Unterricht auf das Kompetenzniveau ihrer Schüler:innen abzustimmen. Gleichzeitig ist anzunehmen, dass die Unterstützungsangebote auch darauf ausgerichtet sind, die Akzeptanz von VERA als Instrument und die Nützlichkeitswahrnehmung der VERA-Ergebnisse zu stärken.

Unter der *Akzeptanz von VERA* verstehen wir in Anlehnung an Altrichter et al. (2016) das positiv oder negativ ausgeprägte Urteil von Lehrkräften zu VERA als Evaluationsinstrument als solches, d. h. zu „Prinzip, Inhalten und Prozessen der Datenrückmeldung" (S. 254). Beispielsweise konnten Hawlitschek et al. (2024) in einer Querschnittstudie mit 796 Mathematiklehrkräften und 693 Deutschlehrkräften aus der Sekundarstufe I zeigen, dass eine positive Einstellung zu VERA unter Kontrolle demografischer Merkmale (Berufserfahrung, Geschlecht) und schulischer Kontextmerkmale (Schulleitungshandeln, Datennutzungskultur) moderat mit der selbstberichteten Nutzung der VERA-Ergebnisse zusammenhängt ($\beta_{Mathe/Deutsch}$ = .39/.35). Wagner et al. (2018) untersuchten an 1,422 Lehrkräften, inwieweit die Akzeptanz von VERA damit zusammenhängt, ob sich aus Sicht der Lehrkräfte nach Erhalt der VERA-Ergebnisse etwas an ihrem Unterricht verändert hat. Die Regressionsanalysen ergaben moderate Zusammenhänge mit der Akzeptanz von VERA (β = .38) unter Kontrolle des zeitlichen Umfangs der Auseinandersetzung mit VERA und inwieweit die eigenen Erwartungen an die Lernstände ihrer Schüler:innen bestätigt wurden (Wagner et al. 2018).

Unter der *wahrgenommenen Nützlichkeit* verstehen wir die aus Sicht von Lehrkräften eingeschätzte Relevanz und Brauchbarkeit der VERA-Ergebnisse für die Weiterentwicklung des eigenen unterrichtlichen Handelns (z. B. Nützlichkeit zur Ableitung von konkreten Fördermaßnahmen). Befunde von Richter et al. (2014) deuten darauf hin, dass die Nützlichkeitswahrnehmung der VERA-Ergebnisse positiv mit der selbstberichteten Kompetenzorientierung und leistungsbezogenen Differenzierung im Unterricht in der 4. Klassenstufe zusammenhängt. Eine weitere Befragung von 98 Fachkonferenzleitungen in Brandenburg ergab, dass die wahrgenommene Nützlichkeit der VERA-Ergebnisse positiv mit verschiedenen Formen kollegialer Unterrichtsentwicklung ($r = .29$; z. B. Durchführung gegenseitiger Unterrichtsbesuche), nicht aber mit der Orientierung des Kollegiums an den Bildungsstandards ($r = -.07$) korreliert (Wurster/Richter 2016). Zudem zeigen Wurster & Richter (2016), dass Fachkonferenzleitungen, die VERA-Ergebnisse als nützlich empfinden, die Auseinandersetzung damit als weniger zeitaufwendig wahrnehmen ($r = -.60$). Konzeptionell unterscheiden sich Akzeptanz und wahrgenommene Nützlichkeit insofern, als dass Lehrkräfte VERA als Instrument zur Kompetenzmessung akzeptieren können, die daraus gewonnenen Ergebnisse aber nicht zwangsläufig als gewinnbringend für die Weiterentwicklung ihres eigenen Unterrichts erachten müssen (Altrichter et al. 2016). Insgesamt zeigt der Forschungsstand zu motivationalen Überzeugungen von Lehrkräften, dass diese sehr relevant für eine erfolgreiche Nutzung der VERA-Ergebnisse sind. Dementsprechend sollten sämtliche Unterstützungsangebote (egal ob Handreichung, Schulentwicklungsberatung oder Fortbildung) immer auch darauf abzielen, die Akzeptanz von VERA und die Wahrnehmung der Nützlichkeit der VERA-Ergebnisse zu steigern. Jedoch ist die Wirksamkeit bestehender Unterstützungsangebote im Hinblick auf die Entwicklung positiver Einstellungen und Überzeugungen gegenüber VERA bislang weitgehend unklar.

Obwohl vermehrt Ergebnisse aus internationalen Studien vorliegen, die Hinweise für eine wirksame Unterstützung von Lehrkräften in der datengestützten Unterrichtsentwicklung liefern (Fildermann et al. 2022; Staman et al. 2017; Van Geel et al. 2016; van Kuijk et al. 2016; Visscher 2021), liegt für den deutschsprachigen Raum bezogen auf VERA aktuell nur die Studie von Vogel et al. (2016) vor. Darin wurden 18 hessische Mathematiklehrkräfte in einer vierteiligen Fortbildungsreihe zur diagnosebasierten Förderung mit VERA-8-Ergebnissen geschult. Die statistische Auswertung im Vergleich mit einer Wartekontrollgruppe, bestehend aus 11 Mathematiklehrkräften, zeigt jedoch keinen statistisch signifikanten Interventionseffekt auf die motivationalen Überzeugungen der Lehrkräfte (u. a. Akzeptanz, wahrgenommene Nützlichkeit und eingeschätzte Lehrplanvalidität). Neben der geringen Stichprobengröße schränkt jedoch auch die Positivselektion der Lehrkräfte die Aussagekraft und Generalisierbarkeit der Ergebnisse ein. Die Forschung liefert bislang also kaum Hinweise auf die Wirksamkeit länderspezifischer Unterstützungsangebote. Gesicherte Aussagen darüber, welche Unterstützungsangebote in den Ländern zu einer (stärkeren) Verankerung des Umgangs mit VERA im professionellen Handeln von Lehrkräften geführt haben, lassen sich kaum treffen. Daher untersucht dieser Beitrag, wie relevante motivationale Gelingensbedingungen, Akzeptanz von VERA und wahrgenommene Nützlichkeit der VERA-Ergebnisse, in Deutschland und in den (anonymisierten) Ländern ausgeprägt sind und wie sie sich im Trend entwickelt haben. Konkret werden die folgenden Forschungsfragen behandelt: Wie stark sind die motivationalen Überzeugungen zu VERA (Akzeptanz, Nützlichkeitswahrnehmung) von Lehrkräften ausgeprägt und wie verändern sie sich im gesamtdeutschen und länderspezifischen Trend? Zeigen sich differenzielle Muster zwischen den beiden Schulstufen (Primar- und Sekundarstufe) und Fächern (Deutsch, Englisch, Mathematik)? Nutzen die Lehrkräfte Unterstützungsangebote der Länder in Form von Fortbildungen zur datengestützten Unterrichtsentwicklung mit VERA?

Motivationale Überzeugungen von Lehrkräften zu VERA im IQB-Ländervergleich/-Bildungstrend und Nutzung von Fortbildungen zu VERA

Im Folgenden werden Ergebnisse zu motivationalen Merkmalen von Lehrkräften der Primarstufe und Sekundarstufe I an deutschen Schulen zu VERA sowie Angaben zur Teilnahme an VERA-Fortbildungen berichtet. Die Analysen basieren auf Daten aus verschiedenen IQB-Ländervergleichs- und Bildungstrendstudien zum nationalen Bildungsmonitoring (Stanat et al. 2012; Pant et al. 2013; Stanat et al. 2016; Stanat et al. 2019; Stanat et al. 2022; Stanat et al. 2023). Im Rahmen der Erhebungen für diese Studien werden auch die Lehrkräfte der teilnehmenden Klassen und Schulen unter anderem zu ihren motivationalen Überzeugungen zu VERA und zu ihrem Fortbildungsverhalten befragt.

Datengrundlage und Instrumente

Den Analysen liegen Daten der IQB-Ländervergleichs- und Bildungstrendstudien für die Primarstufe und die Sekundarstufe I zugrunde, die sich auf unterschiedliche Erhebungspunkte und Fächer beziehen. In der Primarstufe werden Angaben von Deutsch- und Mathematiklehrkräfte aus den Erhebungsjahren 2011 und 2021 ($N_{2011/2021}$ = 1,816/1,738) untersucht. In der Sekundarstufe I werden einerseits Angaben von Mathematiklehrkräften aus den Erhebungsjahren 2012 und 2018 ($N_{2012/2018}$ = 2,048/2,165) sowie andererseits Angaben von Deutsch- und Englischlehrkräften aus den Erhebungsjahren 2015 und 2022 ($N_{2015/2022}$ = 2,926/2,369) betrachtet.

Die befragten Lehrkräfte gaben in den jeweiligen Erhebungsjahren auf einer vierstufigen Skala (1 = *stimme nicht zu* bis 4 = *stimme völlig zu*) an, inwieweit sie Aussagen zur Akzeptanz von VERA (z. B. „VERA-3/VERA-8 ist für die Arbeit der Schulen wichtig.") und zur wahrgenommenen Nützlichkeit der VERA-Ergebnisse zustimmen (z. B. „Die Ergebnisse von VERA-3/VERA-8 geben wichtige Hinweise darauf, wie der Unterricht optimiert werden kann."). Die Reliabilitäten der Skalen fielen in allen Erhebungsjahren zufriedenstellend aus (.87 ≤ α ≤ .93). Für die Auswertung wurden jeweils manifeste Skalenmittelwerte gebildet, wobei aufgrund des geringen Anteils an fehlenden Werten auf Einzelitemebene (0.50–2.46 %) auf eine Imputation verzichtet wurde. Die Datenanalyse wurde mit dem R-Paket *eatRep* (Weirich et al. 2023) durchgeführt. Da für die Lehrkräfteangaben keine Fallgewichte vorliegen, sind die Ergebnisse nicht als repräsentativ, sondern als Einschätzungen der teilnehmenden Lehrkräfte zu interpretieren.

Ergebnisse aus den IQB-Ländervergleichs-/Bildungstrendstudien

Die Ergebnisse zu den Mittelwerten, Standardabweichungen und Trends werden für Deutschland insgesamt sowie für die anonymisierten Ländern in den Abbildungen 1, 2 und 3 getrennt für die Fächer bzw. Schulstufen dargestellt. Für die Akzeptanz von VERA zeigt sich für Deutschland insgesamt, dass die Durchschnittswerte sowohl im Primarbereich als auch in der Sekundarstufe I entweder leicht unterhalb oder auf dem theoretischen Skalenmittelwert von 2.50 liegen (vgl. Abb. 1 und 2). Zwischen den Erhebungszeitpunkten sind in der Primarstufe (2011–2021) und in der Sekundarstufe I unter Deutsch- und Englischlehrkräften (2015–2022) überwiegend keine bedeutsamen Veränderungen zu beobachten, während die Akzeptanz von VERA unter Mathematiklehrkräften bundesweit signifikant abgenommen hat (2012–2018: d = -0.21). Die Ergebnisse zur wahrgenommenen Nützlichkeit der VERA-Ergebnisse fallen ähnlich aus wie für die Akzeptanz. Deutschlandweit liegen die Mittelwerte zu den einzelnen Erhebungszeitpunkten leicht unter oder auf dem theoretischen Skalenmittelwert. Die Einschätzungen der Grundschullehrkräfte haben sich zwischen den Jahren 2011 und 2021 im Durchschnitt nicht signifikant verändert (vgl. Abb. 1 und 3), während unter Mathematiklehrkräften zwischen den Jahren 2012 und 2018 die Nützlichkeitswahrnehmung (d = -0.14, p < .05) bundesweit signifikant abgenommen hat (vgl. Abb. 2).

Zwischen den Ländern zeigen sich teils deutliche Unterschiede in der durchschnittlichen Akzeptanz und Nützlichkeitswahrnehmung von VERA. Diese Unterschiede sind in der Primarstufe stärker ausgeprägt als in der Sekundarstufe I und weichen zu beiden Erhebungszeitpunkten häufiger signifikant vom gesamtdeutschen Mittelwert ab. Folglich unterscheidet sich für beide Merkmale auch der Varianzanteil, der auf Unterschiede zwischen den Ländern zurückzuführen ist (ICC_1; Lüdtke et al. 2006), zwischen den Schulstufen deutlich und fällt in der Primarstufe bis zu 15 Prozentpunkte höher aus als in der Sekundarstufe I. Im Trend zeigen sich zwischen den Ländern für die Primarstufe und die sprachlichen Fächer der Sekundarstufe I nur vereinzelt in jeweils fünf Ländern signifikante Veränderungen, die stufen- und fächerübergreifend teilweise positiv und teilweise negativ ausgeprägt sind (vgl. Abb. 1 und 3). Die Akzeptanz von VERA verringerte sich für Mathematiklehrkräfte der Sekundarstufe I zwischen 2012 und 2018 sogar in sieben Ländern signifikant (-0.66 ≤ d ≤ -0.27); nur in einem Land erhöhte sie sich signifikant (d = 0.23). In den übrigen Ländern sind keine signifikanten Veränderungen festzustellen. Für die Nützlichkeit zeigen sich stärkere Unterschiede zwischen den Ländermittelwerten im Primarbereich und häufiger signifikante Abweichungen vom gesamtdeutschen Mittelwert als in der Sekundarstufe I. Im Trend sind auf Länderebene für die Primarstufe vereinzelt positive Entwicklungen in drei Ländern zu beobachten ($0.59 \leq d \leq 0.36$); nur in einem Land hat sich die Nützlichkeitswahrnehmung zwischen 2011 und 2021 signifikant verringert ($d = -0.46$), während in allen anderen Ländern keine bedeutsamen Entwicklungen zu beobachten sind (vgl. Abb. 1). Für Mathematiklehrkräfte der Sekundarstufe I zeigen sich wie für Deutschland insgesamt sowohl für die Akzeptanz als auch für die wahrgenommene Nützlichkeit in vier Ländern signifikant negative Entwicklungen (vgl. Abb. 2).

Darüber hinaus gaben die Lehrkräfte an, ob sie an mindestens einer Fortbildungsveranstaltung zur datengestützten Unterrichtsentwicklung mit VERA teilgenommen haben. Deutschlandweit fällt der Anteil unter den Lehrkräften aus der Primarstufe im Jahr 2021 mit etwa 10% am höchsten aus, wobei deutliche Länderunterschiede festzustellen sind (2–25%). Unter den befragten Deutsch- bzw. Englischlehrkräften und den Mathematiklehrkräften fielen diese Anteile in den Jahren 2015 (4%) und 2018 (7%) für Deutschland insgesamt niedriger aus.

Bilanzierung – Was sagen uns die Befunde aus den IQB-Bildungstrendstudien?

Aus den IQB-Ländervergleichs- und Bildungstrendstudien ergibt sich bei den befragten Lehrkräften aus der Primar- und Sekundarstufe für die Fächer Deutsch, Englisch und Mathematik eine durchschnittliche bis gering ausgeprägte Akzeptanz und Nützlichkeitswahrnehmung von VERA. Zudem sind im bundesweiten Durchschnitt kaum oder tendenziell sogar negative Veränderungen im Trend zu beobachten. Dieser Befund korrespondiert für die Akzeptanz mit den Ergebnissen einer Studie von Groß Ophoff et al. (2019), die einen durchschnittlichen Abwärtstrend zwischen 2005 und 2015 in fünf bis acht untersuchten Ländern beobachtete. Unsere Ergebnisse für die wahrgenommene Nützlichkeit fallen ähnlich aus. Dies ist möglicherweise darauf zurückzuführen, dass eine höhere Akzeptanz von VERA mit einer stärker wahrgenommenen Nützlichkeit der VERA-Ergebnisse für die datengestützte Unterrichtsentwicklung einhergeht und umgekehrt ($.74 \leq r \leq .83$). Zusammenfassend scheinen die bisherigen Unterstützungsangebote der Länder im Zeitverlauf nur in Einzelfällen dazu beizutragen, motivationale Überzeugungen von Lehrkräften zu stärken. Über die Ursachen für dieses Befundmusters kann aufgrund des Studiendesigns (wiederholter

---

3 Die Abbildungen 1, 2 und 3 stehen auf der Beltz Homepage (www.beltz.de) im DIN A4-Format zum Download zur Verfügung.

Abb. 1: Mittelwerte und Streuungen für die Akzeptanz und wahrgenommene Nützlichkeit von Lehrkräften zu VERA aus der Primarstufe im Jahr 2011 und 2021 im Vergleich[3]

	2011			2021			Differenz 2021-2011		
	M	(SE)	SD	M	(SE)	SD	ΔM	(SE)	d
Land 1									
Akzeptanz	2.21	(0.08)	0.75	2.36	(0.08)	0.72	0.15	(0.11)	0.20
wahrgenommene Nützlichkeit	2.37	(0.07)	0.89	2.53	(0.08)	0.68	0.15	(0.10)	0.23
Land 2									
Akzeptanz	2.11 ª	(0.09)	0.78	2.28	(0.14)	0.65	0.18	(0.16)	0.25
wahrgenommene Nützlichkeit	2.25 ª	(0.09)	0.76	2.61	(0.08)	0.39	**0.36 ª**	(0.12)	**0.59**
Land 3									
Akzeptanz	2.05 ª	(0.06)	0.74	2.58 ª	(0.07)	0.64	**0.53 ª**	(0.09)	**0.67**
wahrgenommene Nützlichkeit	2.31 ª	(0.06)	0.88	2.62 ª	(0.08)	0.71	**0.31 ª**	(0.08)	**0.45**
Land 4									
Akzeptanz	2.59 ª	(0.07)	0.70	2.57 ª	(0.09)	0.78	-0.02	(0.11)	-0.02
wahrgenommene Nützlichkeit	2.74 ª	(0.05)	0.53	2.74 ª	(0.07)	0.59	0.00	(0.08)	-0.01
Land 5									
Akzeptanz	1.75 ª	(0.06)	0.65	1.99 ª	(0.10)	0.86	**0.24**	(0.11)	**0.31**
wahrgenommene Nützlichkeit	1.99 ª	(0.06)	0.82	2.11 ª	(0.09)	0.81	0.12	(0.11)	0.17
Land 6									
Akzeptanz	2.41	(0.06)	0.73	2.30	(0.08)	0.79	-0.11	(0.10)	-0.15
wahrgenommene Nützlichkeit	2.50	(0.05)	0.80	2.39	(0.07)	0.70	-0.12	(0.09)	-0.18
Land 7									
Akzeptanz	2.19	(0.07)	0.71	2.17	(0.12)	0.87	-0.02	(0.14)	-0.03
wahrgenommene Nützlichkeit	2.41	(0.06)	0.80	2.26 ª	(0.10)	0.77	-0.15	(0.12)	-0.21
Land 8									
Akzeptanz	2.75 ª	(0.08)	0.79	2.52	(0.16)	0.58	-0.23	(0.18)	-0.34
wahrgenommene Nützlichkeit	2.81 ª	(0.06)	0.81	2.69	(0.14)	0.49	-0.12	(0.15)	-0.21
Land 9									
Akzeptanz	2.12 ª	(0.06)	0.80	2.24	(0.09)	0.80	0.13	(0.12)	0.16
wahrgenommene Nützlichkeit	2.36	(0.06)	0.84	2.30 ª	(0.08)	0.72	-0.06	(0.10)	-0.09
Land 10									
Akzeptanz	2.18	(0.09)	0.79	2.47	(0.10)	0.79	**0.30**	(0.13)	**0.38**
wahrgenommene Nützlichkeit	2.34	(0.07)	0.85	2.57	(0.08)	0.64	**0.24 ª**	(0.11)	**0.36**
Land 11									
Akzeptanz	2.54 ª	(0.08)	0.70	2.08 ª	(0.14)	0.82	**-0.46 ª**	(0.16)	**-0.61**
wahrgenommene Nützlichkeit	2.50	(0.05)	0.80	2.23 ª	(0.11)	0.66	**-0.27 ª**	(0.13)	**-0.46**
Land 12									
Akzeptanz	2.76 ª	(0.07)	0.72	2.87 ª	(0.12)	0.74	0.11	(0.14)	0.15
wahrgenommene Nützlichkeit	2.85 ª	(0.05)	0.52	2.80 ª	(0.12)	0.72	-0.05	(0.13)	-0.07
Land 13									
Akzeptanz	2.98 ª	(0.06)	0.61	2.94 ª	(0.10)	0.70	-0.04	(0.12)	-0.06
wahrgenommene Nützlichkeit	3.00 ª	(0.05)	0.54	2.92 ª	(0.09)	0.59	-0.08	(0.10)	-0.14
Land 14									
Akzeptanz	2.07 ª	(0.07)	0.82	2.42	(0.09)	0.73	**0.36 ª**	(0.11)	**0.46**
wahrgenommene Nützlichkeit	2.26 ª	(0.06)	0.71	2.42	(0.07)	0.63	0.16	(0.10)	0.24
Land 15									
Akzeptanz	2.64 ª	(0.07)	0.70	2.55	(0.10)	0.76	-0.09	(0.13)	-0.12
wahrgenommene Nützlichkeit	2.74 ª	(0.06)	0.58	2.74 ª	(0.10)	0.71	0.00	(0.11)	0.01
Deutschland									
Akzeptanz	2.33	(0.02)	0.80	2.38	(0.03)	0.82	0.05	(0.03)	0.06
wahrgenommene Nützlichkeit	2.47	(0.02)	0.88	2.47	(0.02)	0.72	0.00	(0.03)	0.00

-0.5 -0.3 -0.1 0.1 0.3 0.5
☐ Akzeptanz
▨ wahrgenommene Nützlichkeit

Anmerkungen: Die Reihung der anonymisierten Länder wurde zufällig festgelegt. In der Tabelle werden gerundete Werte angegeben, dadurch kann die Differenz der Mittelwerte minimal von der dargestellten Differenz ΔM abweichen. M = Mittelwert; SE = Standardfehler; SD = Standardabweichung; ΔM = Mittelwertsdifferenz; d = Effektstärke Cohens d.
ª Wert unterscheidet sich signifikant (p < .05) vom Wert für Deutschland.
Fett gedruckte Differenzen sind statistisch signifikant (p < .05). Schraffierte Balken zeigen statistisch nicht signifikante Differenzen an.

Abb. 2: Mittelwerte und Streuungen für die Akzeptanz und wahrgenommene Nützlichkeit von Mathematiklehrkräften zu VERA aus der Sekundarstufe I im Jahr 2012 und 2018 im Vergleich

	2012			2018			Differenz 2018-2012		
	M	(SE)	SD	M	(SE)	SD	ΔM	(SE)	d
Land 1									
Akzeptanz	2.64	(0.07)	0.68	2.21 [a]	(0.05)	0.82	**-0.43** [a]	(0.09)	**-0.66**
wahrgenommene Nützlichkeit	2.55 [a]	(0.06)	0.56	2.20 [a]	(0.05)	0.55	**-0.35** [a]	(0.08)	**-0.63**
Land 2									
Akzeptanz	2.25 [a]	(0.06)	0.71	2.34	(0.06)	0.64	0.09 [a]	(0.09)	0.13
wahrgenommene Nützlichkeit	2.23 [a]	(0.06)	0.68	2.24	(0.06)	0.60	0.02	(0.08)	0.03
Land 3									
Akzeptanz	2.26 [a]	(0.05)	0.62	2.41	(0.05)	0.67	**0.15** [a]	(0.07)	**0.23**
wahrgenommene Nützlichkeit	2.24 [a]	(0.04)	0.58	2.36	(0.05)	0.64	0.12 [a]	(0.06)	0.19
Land 4									
Akzeptanz	2.60	(0.05)	0.62	2.42	(0.05)	0.60	-0.18	(0.07)	-0.29
wahrgenommene Nützlichkeit	2.54 [a]	(0.04)	0.53	2.42 [a]	(0.05)	0.54	-0.12	(0.06)	-0.22
Land 5									
Akzeptanz	2.26 [a]	(0.06)	0.67	2.31	(0.07)	0.63	0.05	(0.10)	0.08
wahrgenommene Nützlichkeit	2.06 [a]	(0.07)	0.63	2.20	(0.07)	0.65	0.14 [a]	(0.10)	0.22
Land 6									
Akzeptanz	2.65	(0.07)	0.67	2.55 [a]	(0.07)	0.66	-0.11	(0.10)	-0.16
wahrgenommene Nützlichkeit	2.49	(0.05)	0.54	2.35	(0.06)	0.56	-0.14	(0.08)	-0.26
Land 7									
Akzeptanz	2.56	(0.05)	0.65	2.33	(0.05)	0.66	-0.23	(0.07)	-0.36
wahrgenommene Nützlichkeit	2.36	(0.04)	0.56	2.23	(0.05)	0.61	-0.13	(0.07)	-0.23
Land 8									
Akzeptanz	2.60	(0.05)	0.54	2.45	(0.05)	0.60	-0.15	(0.07)	-0.27
wahrgenommene Nützlichkeit	2.49	(0.04)	0.51	2.42	(0.05)	0.56	-0.07	(0.06)	-0.14
Land 9									
Akzeptanz	2.62	(0.05)	0.66	2.53 [a]	(0.05)	0.63	-0.09	(0.07)	-0.14
wahrgenommene Nützlichkeit	2.42	(0.05)	0.59	2.37	(0.04)	0.59	-0.05	(0.06)	-0.08
Land 10									
Akzeptanz	2.50	(0.06)	0.66	2.27 [a]	(0.05)	0.61	-0.23	(0.08)	-0.36
wahrgenommene Nützlichkeit	2.31	(0.05)	0.60	2.20 [a]	(0.05)	0.62	-0.11	(0.07)	-0.19
Land 11									
Akzeptanz	2.62	(0.07)	0.62	2.27 [a]	(0.06)	0.69	**-0.35** [a]	(0.09)	**-0.52**
wahrgenommene Nützlichkeit	2.32	(0.06)	0.52	2.23	(0.05)	0.62	-0.09	(0.08)	-0.16
Land 12									
Akzeptanz	2.47	(0.08)	0.75	2.39	(0.07)	0.67	-0.08	(0.11)	-0.12
wahrgenommene Nützlichkeit	2.47	(0.06)	0.58	2.43	(0.07)	0.61	-0.05	(0.09)	-0.08
Land 13									
Akzeptanz	2.68 [a]	(0.05)	0.62	2.51 [a]	(0.06)	0.62	**-0.17**	(0.08)	**-0.27**
wahrgenommene Nützlichkeit	2.64 [a]	(0.04)	0.49	2.50 [a]	(0.05)	0.54	**-0.13**	(0.06)	**-0.26**
Land 14									
Akzeptanz	2.55	(0.06)	0.69	2.59 [a]	(0.07)	0.67	0.04	(0.09)	0.05
wahrgenommene Nützlichkeit	2.37	(0.05)	0.54	2.41	(0.06)	0.61	0.05	(0.08)	0.08
Land 15									
Akzeptanz	2.68 [a]	(0.05)	0.60	2.54 [a]	(0.05)	0.61	-0.14	(0.07)	-0.24
wahrgenommene Nützlichkeit	2.57 [a]	(0.05)	0.54	2.43 [a]	(0.04)	0.52	-0.14	(0.06)	-0.27
Deutschland									
Akzeptanz	2.53	(0.02)	0.66	2.39	(0.01)	0.65	**-0.14**	(0.02)	**-0.21**
wahrgenommene Nützlichkeit	2.41	(0.01)	0.58	2.32	(0.01)	0.60	**-0.08**	(0.02)	**-0.14**

□ Akzeptanz
▨ wahrgenommene Nützlichkeit

Anmerkungen: Die Reihung der anonymisierten Länder wurde zufällig festgelegt. In der Tabelle werden gerundete Werte angegeben, dadurch kann die Differenz der Mittelwerte minimal von der dargestellten Differenz ΔM abweichen. M = Mittelwert; SE = Standardfehler; SD = Standardabweichung; ΔM = Mittelwertsdifferenz; d = Effektstärke Cohens d.
[a] Wert unterscheidet sich signifikant ($p < .05$) vom Wert für Deutschland.
Fett gedruckte Differenzen sind statistisch signifikant ($p < .05$). Schraffierte Balken zeigen statistisch nicht signifikante Differenzen an.

Abb. 3: Mittelwerte und Streuungen für die Akzeptanz und wahrgenommene Nützlichkeit von Deutsch-/Englischlehrkräften zu VERA aus der Sekundarstufe I im Jahr 2015 und 2022 im Vergleich

	2015			2022			Differenz 2022-2015		
	M	(SE)	SD	M	(SE)	SD	ΔM	(SE)	d
Land 1									
Akzeptanz	2.23	(0.06)	0.74	2.13	(0.10)	0.85	-0.10	(0.11)	-0.13
wahrgenommene Nützlichkeit				2.28	(0.09)	0.76			
Land 2									
Akzeptanz	2.08 [a]	(0.06)	0.75	1.97 [a]	(0.12)	0.78	-0.11	(0.13)	-0.14
wahrgenommene Nützlichkeit				2.16	(0.13)	0.81			
Land 3									
Akzeptanz	2.33	(0.05)	0.75	2.51 [a]	(0.08)	0.82	**0.18** [a]	(0.09)	**0.24**
wahrgenommene Nützlichkeit				2.60 [a]	(0.07)	0.75			
Land 4									
Akzeptanz	2.44 [a]	(0.05)	0.68	2.02 [a]	(0.09)	0.77	**-0.41** [a]	(0.10)	**-0.57**
wahrgenommene Nützlichkeit				2.36	(0.08)	0.70			
Land 5									
Akzeptanz	2.16 [a]	(0.07)	0.82	2.36	(0.14)	0.76	0.21	(0.15)	0.26
wahrgenommene Nützlichkeit				2.34	(0.14)	0.77			
Land 6									
Akzeptanz	2.52 [a]	(0.05)	0.61	2.38	(0.23)	0.84	-0.14	(0.23)	-0.20
wahrgenommene Nützlichkeit				2.41	(0.23)	0.87			
Land 7									
Akzeptanz	2.25	(0.06)	0.76	2.32	(0.11)	0.73	0.06	(0.12)	0.09
wahrgenommene Nützlichkeit				2.53	(0.09)	0.67			
Land 8									
Akzeptanz	2.21 [a]	(0.04)	0.63	2.04 [a]	(0.09)	0.74	-0.16	(0.10)	-0.24
wahrgenommene Nützlichkeit				2.33	(0.09)	0.67			
Land 9									
Akzeptanz	2.36	(0.05)	0.73	2.33	(0.08)	0.76	-0.03	(0.08)	-0.04
wahrgenommene Nützlichkeit				2.42	(0.05)	0.67			
Land 10									
Akzeptanz	2.33	(0.05)	0.72	1.89 [a]	(0.11)	0.72	**-0.44** [a]	(0.12)	**-0.62**
wahrgenommene Nützlichkeit				1.91 [a]	(0.11)	0.72			
Land 11									
Akzeptanz	2.31	(0.07)	0.72	2.40	(0.15)	0.78	0.10	(0.17)	0.13
wahrgenommene Nützlichkeit				2.43	(0.15)	0.76			
Land 12									
Akzeptanz	2.32	(0.06)	0.73	2.34	(0.22)	0.96	0.02	(0.23)	0.03
wahrgenommene Nützlichkeit				2.36	(0.16)	0.70			
Land 13									
Akzeptanz	2.50 [a]	(0.05)	0.70	2.69 [a]	(0.13)	0.82	0.20	(0.14)	0.26
wahrgenommene Nützlichkeit				2.59	(0.13)	0.79			
Land 14									
Akzeptanz	2.37	(0.06)	0.76	2.21	(0.11)	0.90	-0.16	(0.13)	-0.19
wahrgenommene Nützlichkeit				2.35	(0.09)	0.73			
Land 15									
Akzeptanz	2.32	(0.05)	0.68	2.53 [a]	(0.09)	0.70	**0.22** [a]	(0.10)	**0.32**
wahrgenommene Nützlichkeit				2.67 [a]	(0.08)	0.58			
Deutschland									
Akzeptanz	2.32	(0.01)	0.72	2.27	(0.03)	0.81	-0.04	(0.03)	-0.06
wahrgenommene Nützlichkeit				2.40	(0.03)	0.73			

Anmerkungen: Die Reihung der anonymisierten Länder wurde zufällig festgelegt. In der Tabelle werden gerundete Werte angegeben, dadurch kann die Differenz der Mittelwerte minimal von der dargestellten Differenz ΔM abweichen. M = Mittelwert; SE = Standardfehler; SD = Standardabweichung; ΔM = Mittelwertsdifferenz; d = Effektstärke Cohens d.
a Wert unterscheidet sich signifikant (p < .05) vom Wert für Deutschland.
Fett gedruckte Differenzen sind statistisch signifikant (p < .05). Schraffierte Balken zeigen statistisch nicht signifikante Differenzen an.

Querschnitt) nur gemutmaßt werden. Die von den Ländern implementierten Unterstützungsangebote zu VERA sind vielseitig und umfassen Handreichungen, Beratungsstellen, Aufgabendatenbanken und Fortbildungen (für einen Überblick siehe Tarkian et al. 2019), wobei letztere offenbar nur von relativ wenigen Lehrkräften besucht werden. Jedoch fehlt der Bildungsadministration und -forschung Evidenz darüber, was in der Vergangenheit „geholfen" hat und wirksam war, um beispielsweise die Akzeptanz und die Nützlichkeitswahrnehmung von VERA zu stärken. Angesichts unserer Befunde besteht ein Bedarf an Studien, die untersuchen, wie positiv ausgeprägte motivationale Überzeugungen zu VERA systematisch gestärkt werden. Erst mit dem Wissen darüber, welche Maßnahmen dahingehend wirksam sind, ist es möglich, VERA sowohl als Diagnose- als auch als Entwicklungsinstrument flächendeckend zu implementieren und somit das Potenzial von VERA für die datengestützte Unterrichtsentwicklung in der Schulpraxis besser als bislang auszuschöpfen. Hier setzen die Transferprojekte „VERA-BiSS" und „SchuMaS" an, die mit unterschiedlicher Schwerpunktsetzung Fortbildungsangebote entwickeln und nach wissenschaftlichen Kriterien evaluieren.

Perspektiven – Wie können Lehrkräfte bei der Unterrichtsentwicklung mit VERA unterstützt werden?

Aktuell beschäftigen sich zwei vom Bundesministerium für Bildung und Forschung (BMBF) geförderte Forschungsprojekte innerhalb der Bund-Länder-Programme „Schule macht stark" (SchuMaS)[4] und „Bildung durch Sprache und Schrift" (BiSS-Transfer)[5] mit dieser Frage. In beiden Projekten werden Blended-Learning-Fortbildungen für Lehrkräfte entwickelt, erprobt und evaluiert. Sie zielen darauf ab, VERA-Ergebnisse zunächst als einen sinnvollen Ausgangspunkt für die eigene datenbasierte Unterrichtsentwicklung wahrzunehmen und Lehrkräften professionelle Kompetenzen (positive Einstellungen und motivationalen Überzeugungen, Wissen und Handlungskompetenzen) zu vermitteln, um die VERA-Ergebnisse möglichst systematisch und produktiv für ihren Unterricht im Sinne einer datengestützten Unterrichtsentwicklung zu nutzen. Beide Ansätze orientieren sich eng an den Schritten des Datennutzungszyklus in Anlehnung an Helmke & Hosenfeld (2005) und greifen die Phasen der Ergebnisrezeption, Reflexion, Ableitung von Maßnahmen sowie deren Überprüfung und Fortschreibung auf (Henschel 2021). Der Datennutzungsprozess (vgl. Kapitel 1) wird dabei

---

4 Inhaltscluster Unterrichtsentwicklung Deutsch und Mathematik; Laufzeit 2021–2025, FKZ 01PR2101J.
5 Transferforschung zur Nutzung von VERA-8 als Instrument zur Lehrkräftequalifizierung und Unterrichtsentwicklung im Lesen (VERA-BiSS); Laufzeit 2020–2025, FKZ 01JI2001C.

als komplexes, mehrstufiges Konstrukt auf miteinander verschränkten Ebenen (z. B. Klassenebene, Fachgruppenebene, Schulebene) betrachtet (Demski 2017). Erfolgreiche Datennutzung wird als ein Zusammenspiel individueller (z. B. motivationale Überzeugungen von Lehrkräften) und kontextueller Bedingungen (z. B. Datennutzungskultur, Unterstützung durch die Schulleitung) verstanden, die in der Konzeption beider Fortbildungsansätze berücksichtigt wurden. Der Fortbildungserfolg wird jeweils im Rahmen eines quasi-experimentellen Designs mit Wartekontrollgruppe evaluiert.

Das SchuMaS-Projekt richtet sich an Lehrkräfte der Fächer Deutsch, Mathematik, Englisch und Französisch aller Schulformen und zielt darauf ab, grundlegende Handlungskompetenzen für einen produktiven Umgang mit VERA zu vermitteln. Die vermittelten Themenbereiche umfassen (1) die intendierten Ziele, Funktionen und Hintergründe von VERA, (2) die sachadäquate Auswertung und Interpretation der VERA-Ergebnisse sowie (3) die Planung, Umsetzung und Evaluation von unterrichtlichen Maßnahmen ausgehend von VERA-Ergebnissen mit einem Fokus zur Verbesserung der Unterrichtsqualität (vgl. Praetorius et al. 2018). Diese Themen werden in Form von drei interaktiven E-Learning Einheiten präsentiert, die die teilnehmenden Lehrkräfte in einem Zeitraum von etwa vier Wochen individuell bearbeiten. In den E-Learning Einheiten wird ein fiktives Kollegiums mit vielfältigen Charakteren dargestellt, das sich bereits sehr intensiv mit den VERA-Ergebnissen auseinandersetzt. Die Bearbeitung der E-Learning Einheiten wird gerahmt von einer Auftakt- und Abschlussveranstaltung für die gemeinsame Vor- und Nachbesprechung der Inhalte. Die Fortbildung erfolgt unabhängig von den VERA-Durchgängen. Zur Evaluation des Fortbildungserfolgs werden validierte Skalen zur Erfassung von motivationalen Überzeugungen (u. a. Akzeptanz, Nützlichkeit) und ein neu entwickelter, standardisierter Test zur Erfassung des Wissens von Lehrkräften über den Bereich Unterrichtsentwicklung mit VERA eingesetzt.

Das BiSS-Transfer-Projekt VERA-BiSS ist stärker fachdidaktisch ausgerichtet. Es adressiert ausschließlich Deutschlehrkräfte der Sekundarstufe I und fokussiert die Weiterentwicklung des Deutschunterrichts im Kompetenzbereich Lesen. Entsprechend beinhaltet die Fortbildungsreihe neben zwei Bausteinen zu Zielen und Funktionen von VERA auch einen Baustein zur Wiederholung und Vertiefung deutschdidaktischer Inhalte zur Leseförderung. Die Fortbildung ist zeitlich eng an den VERA-Durchgang gekoppelt, damit den teilnehmenden Lehrkräften zeitnah nach der Fortbildung die VERA-Ergebnisse ihrer Klasse vorliegen. So können sie die in der Fortbildung erworbenen Handlungskompetenzen unmittelbar nach Ende der Fortbildungsphase in der Praxis anwenden. Dieser Implementationsprozess wird von den Fortbildner:innen binnen einer zwölfmonatigen Phase begleitet und unterstützt. Der Fortbildungserfolg wird auf allen vier Ebenen des erweiterten Angebots-Nutzungs-Modells von Lehrkräftefortbildungen (Lipowsky/Rzejak 2019) untersucht.

Fazit und Ausblick

Internationale Studien zeigen, dass datengestützte Unterrichtsentwicklung die Qualität des Unterrichts und die Kompetenzentwicklung von Schüler:innen wirksam unterstützen kann (Ansyari et al. 2022; van Geel et al. 2016; Visscher 2021). Auch in Deutschland bildet die datengestützte Schul-/Unterrichtsentwicklung – insbesondere, aber nicht ausschließlich, mit den landesweiten Vergleichsarbeiten in der 3. und 8. Jahrgangsstufe (VERA-3/8) – ein Kernelement der Gesamtstrategie zum Bildungsmonitoring in Deutschland (KMK 2016). Positiv ausgeprägte Einstellungen und motivationale Überzeugungen zur datengestützten Unterrichtsentwicklung stellen eine wichtige Gelingensbedingung dar, damit Lehrkräfte die VERA-Ergebnisse ihrer Klassen in die Planung und Gestaltung schulischer Lernangebote einbeziehen (Hoogland et al. 2016). Jedoch zeigen unsere Analysen auf Basis der IQB-Ländervergleichs- und Bildungstrendstudien, dass sich die Akzeptanz und die wahrgenommene Nützlichkeit von VERA bei Deutsch-, Englisch- und Mathematiklehrkräften der Primar- und Sekundstufe I zwischen 2011 und 2022 kaum verändert oder sogar verringert haben. Gleichzeitig besuchen relativ wenige Lehrkräfte Fortbildungen zur Nutzung der VERA-Ergebnisse. Diese Befunde deuten darauf hin, dass länderspezifische Unterstützungsangebote bislang nur wenig erfolgreich gewesen sind, um motivationale Gelingensbedingungen in der Breite zu stärken. Die Wirkung dieser Unterstützungsangebote wurde jedoch bisher allenfalls punktuell untersucht. Um Evidenz darüber zu generieren, wie professionelle Kompetenzen (dies umfasst neben Wissen und Können auch entsprechende motivationale Überzeugungen) im Bereich der datengestützten Unterrichtsentwicklung mit VERA mittels Lehrkräftefortbildungen erweitert werden können, evaluieren die Forschungsprojekte „Schule macht stark – SchuMaS" und „BiSS-Transfer/VERA-BiSS" die Wirksamkeit von zwei länderübergreifenden Fortbildungsansätzen im Blended-Learning-Format. Sofern sich die Ansätze als wirksam erwiesen, sollten sie in länderspezifischen Strukturen eingebunden und verstetigt werden. Erste Ergebnisse der Evaluationsstudien werden noch im Jahr 2024 vorliegen. Sie werden einerseits Hinweise darauf liefern, wie die beiden Fortbildungsansätze weiter optimiert werden können. Andererseits tragen die Befunde dazu bei, eine empirisch fundierte Basis und damit Steuerungswissen für die Bildungsadministration zu generieren, das für die Gestaltung und Optimierung von Unterstützungsangeboten im Bereich der datengestützten Unterrichtsentwicklung mit VERA genutzt werden kann. So sollen die Ergebnisse im Idealfall auch Hinweise darauf liefern, welche Merkmale für Lehrkräftefortbildungen zu VERA wesentlich sind (z. B. Fokussierung auf einen spezifischen Kompetenzbereich, Fortbildungsdauer, Zusammenarbeit im Kollegium, Form der Begleitung), um die datengestützte Unterrichtsentwicklung stärker im professionellen Handeln der Lehrkräfte zu verankern. Diese Erkenntnisse können die Institutionen, die in den Ländern für VERA verantwortlich sind, perspektivisch nutzen, um bereits bestehende Unterstützungsangebote für Lehrkräfte zu überprüfen und zu optimieren sowie die in diesem Beitrag vorgestellten Fortbildungsansätze darin zu integrieren.

Literatur

Altrichter, Herbert / Moosbrugger, Robert / Zuber, Julia (2016): Schul- und Unterrichtsentwicklung durch Datenrückmeldung. In: Altrichter, Herbert / Maag Merki, Katharina (Hrsg.): Handbuch Neue Steuerung im Schulsystem. Wiesbaden: Springer VS, S. 235–277.

Ansyari, Muhammad Fauzan / Groot, Wim / De Witte, Kristof (2022): A systematic review and meta-analysis of data use professional development interventions. In: Journal of Professional Capital and Community 7, H. 3, S. 256–289.

Baumert, Jürgen / Kunter, Mareike (2006): Stichwort: Professionelle Kompetenz von Lehrkräften. In: Zeitschrift für Erziehungswissenschaft 9, H. 4, S. 469–520.

Demski, Denise (2017): Evidenzbasierte Schulentwicklung. Empirische Analyse eines Steuerparadigmas. Wiesbaden: Springer VS.

Eccles, Jacquelynne Sue / Wigfield, Allan (2002): Motivational Beliefs, Values, and Goals. In: Annual Review of Psychology 53, S. 109–132.

Filderman, Marissa / Toste, Jessica / Didion, Lisa / Peng, Peng (2022): Data Literacy Training for K–12 Teachers: A Meta-Analysis of the Effects on Teacher Outcomes. In: Remedial and Special Education 4, H. 5, S. 328–343.

Fuchs, Gesine / Brunner, Martin (2017): Wie gut können bildungsstandardbasierte Tests den schulischen Erfolg von Grundschulkindern vorhersagen? In: Zeitschrift für Pädagogische Psychologie 3, H. 1, S. 27–39.

Graf, Tanja / Harych, Peter / Wendt, Wolfgang / Emmrich, Rico / Brunner, Martin (2016): Wie gut können VERA-8-Testergebnisse den schulischen Erfolg am Ende der Sekundarstufe I vorhersagen? In: Zeitschrift für Pädagogische Psychologie 30, H. 4, S. 201–211.

Groß Ophoff, Jana / Mett, Birgit / Koch, Ursula / Hosenfeld, Ingmar (2007): Unterstützungsangebote im Zusammenhang mit den Vergleichsarbeiten in Mecklenburg-Vorpommern. In: Möller, Kornelia / Hanke, Petra / Beinbrech, Christina / Hein, Anna Katharina / Kleickmann, Thilo / Schages, Ruth (Hrsg.): Qualität von Grundschulunterricht entwickeln, erfassen und bewerten. Wiesbaden: VS Verlag für Sozialwissenschaften, S. 83–86.

Groß Ophoff, Jana / Cramer, Colin (2022): The Engagement of Teachers and School Leaders with Data, Evidence and Research in Germany. In: Brown, Chris / Malin, Joel R. (Hrsg.): The Emerald International Handbook of Evidence-Informed Practice in Education. Bingley: Emerald, S. 175–195.

Harych, Peter (2022): Der Nutzen von Kompetenzstufenmodellen im Rahmen datengestützter Unterrichtsentwicklung. https://www.edoc.hu-berlin.de/handle/18452/25860 (Abfrage: 23.04.2024).

Hawlitschek, Patrick / Henschel, Sofie / Richter, Dirk / Stanat, Petra (2024): The relationship between teachers' and principals' use of results from nationwide achievement tests: The mediating role of teacher attitudes and data use culture. In: Studies in Educational Evaluation 80.

Helmke, Andreas / Hosenfeld, Ingmar (2005): Standardbezogene Unterrichtsevaluation. In: Brägger, Gerold / Bucher, Beat / Landwehr, Norbert (Hrsg.): Schlüsselfragen zur externen Schulevaluation. Bern: h. e. p.-Verlag, S. 127–151.

Hawlitschek, Patrick / Müller, Juliane / Ries, Nora (2024): Konzeption und Evaluation von Angeboten zur Professionalisierung von Lehrkräften im Umgang mit fachübergreifenden Unterrichtsanforderungen im *SchuMaS*-Forschungsverbund. In: Maaz, Kai / Marx, Alexandra (Hrsg.): Schule macht Stark – Sozialraumorientierte Schul- und Unterrichtsentwicklung an Schulen in schwierigen Lagen: Erste Erkenntnisse zu Aufbau und Arbeitsergebnissen des interdisziplinären Forschungsverbunds. Waxmann, S. 309–324.

Henschel, Sofie/Stanat, Petra (2019): Bildungsstandards als Element der Qualitätssicherung und -entwicklung im deutschen Schulsystem. In: Kiel, Ewald/Herzig, Bardo/Maier, Uwe/Sandfuchs, Uwe (Hrsg.): Handbuch Unterrichten an allgemeinbildenden Schulen. Bad Heilbrunn: Klinkhardt, S. 374–384.

Henschel, Sofie (2021): Entwicklungsperspektiven bei VERA durch Modularisierung und Umstellung auf TBA. Vortrag im Rahmen des ISQ-Beiratsworkshops, Berlin.

Hoogland, Inge/Schildkamp, Kim/Van der Kleij, Fabienne/Heitink, Maaike/Kippers, Wilma/Veldkamp, Bernard/Dijkstra, Anne M. (2016): Prerequisites for data-based decision making in the classroom: Research evidence and practical illustrations. In: Teaching and Teacher Education 60, S. 377–386.

Holzberger, Doris/Philipp, Anja/Kunter, Mareike (2016): Ein Blick in die Black-Box: Wie der Zusammenhang von Unterrichtsenthusiasmus und Unterrichtshandeln von angehenden Lehrkräften erklärt werden kann. In: Zeitschrift für Entwicklungspsychologie und Pädagogische Psychologie 48, H. 2, S. 90–105.

KMK (2016): Gesamtstrategie der Kultusministerkonferenz zum Bildungsmonitoring. https://www.kmk.org/fileadmin/veroeffentlichungen_beschluesse/2015/2015_06_11-Gesamtstrategie-Bildungsmonitoring.pdf (Abfrage:24.04.2024).

KMK (2010): Konzeption der Kultusministerkonferenz zur Nutzung der Bildungsstandards für die Unterrichtsentwicklung. https://www.kmk.org/fileadmin/veroeffentlichungen_beschluesse/2010/2010_00_00-Konzeption-Bildungsstandards.pdf (Abfrage 24.04.2024).

Lipowsky, Frank/Rzejak, Daniela (2019): Was macht Fortbildungen für Lehrkräfte erfolgreich? – Ein Update. In: Groot-Wilken, Bernd/Koerber, Rolf (Hrsg.): Nachhaltige Professionalisierung für Lehrerinnen und Lehrer. Bielefeld: wbv, S. 15–56.

Lüdtke, Oliver/Trautwein, Ulrich/Kunter, Mareike/Baumert, Jürgen (2006): Analyse von Lernumwelten. Ansätze zur Bestimmung der Reliabilität und Übereinstimmung von Schülerwahrnehmungen. In: Zeitschrift für Pädagogische Psychologie 20, S. 85–96.

Mandinach, Ellen. B./Gummer, Edith (2016): What does it mean for teachers to be data literate: Laying out the skills, knowledge, and dispositions. In: Teaching and Teacher Education 60, S. 366–376.

Mandinach, Ellen. B./Schildkamp, Kim (2021): Misconceptions about data-based decision making in education: An exploration of the literature. In: Studies in Educational Evaluation, 69, S. 1–10.

Pant, Hans Anand/Stanat, Petra/Schroeders, Ulrich/Roppelt, Alexander/Siegle, Thilo/Pöhlmann, Claudia (Hrsg.) (2013): IQB-Ländervergleich 2012. Mathematische und naturwissenschaftliche Kompetenzen am Ende der Sekundarstufe I. Münster: Waxmann.

Pitsia, Vasiliki/Karakolidis, Anastasios/Lehane, Paula (2021): Investigating the Use of Assessment Data by Primary School Teachers: Insights from a Large-scale Survey in Ireland. In: Educational Assessment, 26, H.3, S. 145–162.

Praetorius, Anna-Katharina/Klieme, Eckhard/Herbert, Benjamin/Pinger, Petra (2018): Generic dimensions of teaching quality: the German framework of Three Basic Dimensions. In: ZDM Mathematics Education 50, S. 407–426.

Prenger, Rilana/Schildkamp, Kim (2018): Data-based decision making for teacher and student learning: a psychological perspective on the role of the teacher. In: Educational Psychology 38, H. 6, S. 734–752.

Reeves, Todd D./Summers, Kelly H./Grove, Evan (2016): Examining the landscape of teacher learning for data use: The case of Illinois. In: Cogent Education 3, H. 1, Artikelnummer 1211476.

Richter, Dirk/Böhme, Kathrin/Becker, Michael/Pant, Hans Anand/Stanat, Petra (2014): Überzeugungen von Lehrkräften zu den Funktionen von Vergleichsarbeiten. Zusammenhänge zu Veränderungen im Unterricht und den Kompetenzen von Schülerinnen und Schülern. In: Zeitschrift für Pädagogik 60, H. 2, S. 225–244.

Schildkamp, Kim / Poortman, Cindy / Luyten, Hans / Ebbeler, Johanna (2017): Factors promoting and hindering data-based decision making in schools. In: School Effectiveness and School Improvement 28, H. 2, S. 242–258.

Stanat, Petra / Böhme, Katrin / Schipolowski, Stefan / Haag, Nicole (Hrsg.) (2016): IQB-Bildungstrend 2015. Sprachliche Kompetenzen am Ende der 9. Jahrgangsstufe im zweiten Ländervergleich. Münster: Waxmann.

Stanat, Petra / Pant, Hans Anand / Böhme, Katrin / Richter, Dirk (Hrsg.) (2012): Kompetenzen von Schülerinnen und Schülern am Ende der vierten Jahrgangsstufe in den Fächern Deutsch und Mathematik. Ergebnisse des IQB-Ländervergleichs 2011. Münster: Waxmann.

Staman, Laura / Timmermans, Anneke C. / Visscher, Adrie J. (2017): Effects of a Data-based Decision Making Intervention on Student Achievement. In: Studies in Educational Evaluation 55, 58–67.

Stanat, Petra / Schipolowski, Stefan / Mahler, Nicole / Weirich, Sebastian / Henschel, Sofie (Hrsg.) (2019): IQB-Bildungstrend 2018. Mathematische und naturwissenschaftliche Kompetenzen am Ende der Sekundarstufe I im zweiten Ländervergleich. Münster: Waxmann.

Stanat, Petra. / Schipolowski, Stefan / Schneider, Rebecca / Sachse, Karoline. A. / Weirich, Sebastian / Henschel, Sofie (Hrsg.) (2022): IQB-Bildungstrend 2021. Kompetenzen in den Fächern Deutsch und Mathematik am Ende der 4. Jahrgangsstufe im dritten Ländervergleich. Münster: Waxmann.

Stanat, Petra / Schipolowski, Stefan / Schneider, Rebecca / Weirich, Sebastian / Henschel, Sofie / Sachse, Karoline A. (Hrsg.) (2023): IQB-Bildungstrend 2022. Sprachliche Kompetenzen am Ende der 9. Jahrgangsstufe im dritten Ländervergleich. Münster: Waxmann.

Tarkian, Jasmin / Maritzen, Norbert / Eckert, Marius / Thiel, Felicitas (2019): Vergleichsarbeiten (VERA) – Konzeption und Implementation in den 16 Ländern. In: Thiel, Felicitas / Tarkian, Jasmin / Eva-Maria Lankes / Maritzen, Norbert / Riecke-Baulecke, Thomas / Kroupa, Anna: Datenbasierte Qualitätssicherung und -entwicklung in Schulen. Eine Bestandsaufnahme in den Ländern der Bundesrepublik Deutschland. Wiesbaden: Springer VS.

Van Geel, Marieke / Keuning, Trynke / Visscher, Adrie. J. / Fox, Jean-Paul (2016): Assessing the Effects of a School-Wide Data-Based Decision-Making Intervention on Student Achievement Growth in Primary Schools. In: American Educational Research Journal 53, H. 2, S. 360–394.

Van Kuijk, Mechtheld. F. / Deunk, Marjolein I. / Bosker, Roel J. / Ritzema, Evelien S. (2016): Goals, data use, and instruction: The effect of a teacher professional development program on reading achievement. In: School Effectiveness and School Improvement 27, H. 2, S. 135–156.

Visscher, Adrie J. (2021): On the value of data-based decision making in education: The evidence from six intervention studies. In: Studies in Educational Evaluation 69.

Vogel, Sebastian / Blum, Werner / Achmetli, Kay / Krawitz, Janina (2016): Qualifizierung von Lehrkräften zum konstruktiven Umgang mit zentralen Lernstandserhebungen – Ergebnisse aus dem Projekt VELM-8. In: Journal für Mathematik-Didaktik 2, H. 37, S. 319–348.

Wagner, Inga / Hosenfeld, Ingmar / Zimmer-Müller, Michael (2018): Vergleichende Analyse der Zusammenhänge von Akzeptanz, Auseinandersetzung mit und Nutzung von Ergebnissen von Vergleichsarbeiten und Schulinspektionen. In: Psychologie in Erziehung und Unterricht 66.

Wacker, Albrecht / Kramer, Jochen (2012): Vergleichsarbeiten in Baden-Württemberg. In: Zeitschrift für Erziehungswissenschaft 15, H. 4, S. 683–706.

Weirich, Sebastian / Hecht, Martin / Sachse, Karoline A. / Becker, Benjamin (2023): eatRep: Educational Assessment Tools for Replication Methods (Version 0.14.7). https://www.cran.r-project.org/web/packages/eatRep/eatRep.pdf (Abfrage 23.04.2024).

Wurster, Sebastian / Bez, Sarah / Merk, Samuel (2023): Does learning how to use data mean being motivated to use it? Effects of a data use intervention on data literacy and motivational beliefs of pre-service teachers. In: Learning and Instruction 88.

Wurster, Sebastian / Richter, Dirk (2016): Nutzung von Schülerleistungsdaten aus Vergleichsarbeiten und zentralen Abschlussprüfungen für Unterrichtsentwicklung in Brandenburger Fachkonferenzen. In: Journal for Educational Research Online 8, H. 3, S. 159–183.

Die VERA3-Vergleichsuntersuchungen an Grundschulen als Teil der Monitoringstrategie in Baden-Württemberg, Nordrhein-Westfalen und Schleswig-Holstein

Horst Weishaupt

Zusammenfassung

Die jährliche Veröffentlichung der VERA3-Landesergebnisse in Baden-Württemberg, Nordrhein-Westfalen und Schleswig-Holstein seit etwa einem Jahrzehnt gibt die Möglichkeit, den Stellenwert der VERA3 Erhebungen im Rahmen der Monitoringstrategie der KMK zu betrachten. Der zusätzlich mögliche Vergleich von VERA3- und IQB-Bildungstrend-Ergebnissen verweist im Hinblick auf die Schul- und Unterrichtsentwicklung auf eine unzureichende Abstimmung zwischen beiden Verfahren der Leistungsüberprüfung und eine ausstehende Nutzung der VERA3-Daten für die Steuerung der Schulentwicklung. Einleitend werden die gemeinsame Orientierung an den Bildungsstandards aber unterschiedlichen Erhebungskonzepte von VERA und IQB-Bildungstrend beschrieben. Vergleichend wird die Entwicklung der Schülerzusammensetzung und der Leistungen im letzten Jahrzehnt betrachtet und abschließend bewertet.

2006 wurde von der Kultusministerkonferenz eine 2015 überarbeitete Gesamtstrategie zum Bildungsmonitoring beschlossen. Neben den internationalen Leistungsvergleichsstudien (PIRLS/IGLU, TIMSS-Grundschule, PISA) und den ländervergleichenden Untersuchungen zur Überprüfung der Erreichung der Bildungsstandards in der Primarstufe und Sekundarstufe I (IQB-Bildungstrend) erfassen die flächendeckenden Vergleichsarbeiten als dritte Säule des Bildungsmonitorings die Leistungen der Schüler:innen auf Ebene der einzelnen Schulen. Dabei handelt es sich um auf die Bildungsstandards am Ende der Grundschule bzw. der Sekundarstufe I bezogene Vergleichsarbeiten in der 3. und 8. Klasse. Sie verwenden Testaufgaben, die in einem differenzierten psychometrischen Verfahren bezogen auf das Kompetenzstufenmodell der Bildungsstandards entwickelt werden. Während die Testentwicklung Aufgabe des von der Kultusministerkonferenz finanzierten Instituts für Qualitätsentwicklung im Bildungswesen an der Humboldt-Universität Berlin (IQB) ist, übernehmen im Regelfall die Lehrkräfte die Testdurchführung und geeignete Institute der Kultusministerien und Senatoren der Länder die Auswertung der Tests und die Rückmeldung der Ergebnisse an die Schulen. Wie die IQB-Bildungstrends dienen die VERA-Vergleichsarbeiten in der Grundschule der Überprüfung des Erreichens der Bildungsstandards in den Fächern Deutsch und Mathematik. Die Vergleichsarbeiten in der Grundschule erfassen jährlich alle Schüler:innen am Ende der 3. Jahrgangsstufe, während der Bildungstrend eine gerade noch genügende geschichtete Stichprobe von Schulklassen alle fünf Jahre am Ende der 4. Klasse in den einzelnen Bundesländern erhebt, um repräsentative Landesergebnisse zu ermöglichen. Zwar ist die Erhebungs- und Auswertungsobjektivität bei den Vergleichsarbeiten eingeschränkt, weil die jeweiligen Lehrkräfte und nicht geschulte Externe die Erhebung durchführen und die Ergebnisse codieren. Zusätzlich ist die Erhebungsdauer und damit der Umfang der zu lösenden Aufgaben und dadurch die Belastbarkeit der Ergebnisse bei den VERA-Erhebungen geringer als bei dem IQB-Bildungstrend.

Nach Auffassung der Kultusministerkonferenz soll VERA vor allem der einzelnen Schule für eine professionelle Unterrichts- und Schulentwicklung dienen. Deshalb verzichten die meisten Länder auf jährliche landesweite Auswertungsberichte und in einigen Ländern erhält nur die jeweilige Schule eine Ergebnisrückmeldung und weder die Schulaufsicht noch das Ministerium. Sie schließen aus „testtheoretischen Gründen wie auch aus erwarteten Funktionskonflikten eine Verwendung der Daten zum Zwecke des Bildungsmonitorings aus" (Tarkian et al. 2019, S. 63). Der Rechnungshof in Baden-Württemberg hat die eingeschränkte Nutzung dieser Daten, die mit öffentlichen Ressourcen erhoben werden, andererseits bereits gerügt. Tarkian et al. (2019) analysieren auch die Informations-, Controlling- und Monitoring-Funktion die die Vergleichsarbeiten erfüllen können. Besonders unverständlich ist der Verzicht auf die Nutzung der Daten für ein externes Monitoring der Schulentwicklung, obwohl die Vergleichsarbeiten Teil der Monitoring-Strategie der Kultusministerien sind. Sie bieten den Ländern zwischen den alle fünf Jahren durchgeführten IQB-Bildungstrends die jährliche Möglichkeit der Beobachtung der Leistungsentwicklung an den Grundschulen. Außerdem gestatten sie einzelschulische Vergleiche zwischen allen Schulen. Die Unterschiede im Erhebungsumfang und Verfahren der Datenerhebung zwischen IQB-Bildungstrend und den Vergleichsarbeiten könnten weitere Gründe sein, die Ergebnisse beider Erhebungen in Beziehung zu setzen, um Erkenntnisse für die Weiterentwicklung des Bildungsmonitorings zu gewinnen[1].

Nachfolgend wird der mögliche Stellenwert der Vergleichsarbeiten für ein Bildungsmonitoring näher betrachtet. Dies geschieht anhand der Analyse der landesweit in der Zeitreihe veröffentlichten Ergebnisberichte zu den Vergleichsarbeiten von Baden-Württemberg, Nordrhein-Westfalen und Schleswig-Holstein in Verbindung mit den Ergebnissen der IQB-Bildungstrends.

---

1 Das Beispiel Hamburg zeigt mit dem § 98a Schulgesetz, dass datenschutzrechtlich unbedenkliche Lösungen möglich sind. Bisher erhält das IQB Datensätze ohne Schulnummer. Außer Hamburg scheint sich bisher kein Land um die IQB-Daten bemüht zu haben, um vergleichende Analysen durchzuführen.

Interessant sind die Berichte der drei Länder für ein Monitoring auch wegen der zusätzlich zu den Schüler:innenleistungen erfassten, ergänzenden Informationen über Veränderungen in der Schülerzusammensetzung, über die nachfolgend einleitend berichtet wird. Der zweite Abschnitt befasst sich mit der Entwicklung der Ergebnisse der Vergleichsarbeiten mit einer Konzentration auf die Ergebnisse im Lesen als einzigem Testteil, der jährlich erhoben wird. Im dritten Abschnitt wird über Ergebnisse nach Kontextbedingungen oder der dominanten Sprache zu Hause (deutsch/nicht deutsch) berichtet und zum Abschluss werden die Ergebnisse zusammenfassend bewertet.

Veränderungen in der Schülerzusammensetzung in den Ländern

Die drei hier betrachteten Länder erfassen neben den Testergebnissen auch Schüler:innenmerkmale nach länderübergreifend einheitlichen Vorgaben, die Hinweise auf Veränderungen in der Zusammensetzung der Schüler:innen bezogen auf schulleistungsrelevante Merkmale geben (Tab. 1). Baden-Württemberg hat diese Merkmale zunehmend eingeschränkt, Nordrhein-Westfalen diese Informationen 2013, Baden-Württemberg 2018 ausgesetzt.

Die zeitvergleichende Auswertung dieser Schüler:innenmerkmale zeigt einen erheblichen Anteil der Schüler:innen, die bereits vor dem Übergang in die 4. Klasse eine Grundschulklasse wiederholt haben. In Nordrhein-Westfalen und Schleswig-Holstein ist dieser Anteil im letzten Jahrzehnt angestiegen. Die Informationen zum Anteil der Schüler:innen mit sonderpädagogischem Förderbedarf verweisen auf eine stagnierende bis rückläufige Entwicklung bei der Inklusion.

Teilleistungsstörungen im Deutschen (z. B. Lese-Rechtschreibschwäche) werden zwischen den Ländern unterschiedlich häufig von den Lehrkräften angegeben, sind in der Tendenz aber eher rückläufig. Die deutlichsten Veränderungen zeigen sich bei dem Anteil der Schüler:innen, bei denen Deutsch nicht die vorrangig gehörte/gesprochene Sprache ist. In Baden-Württemberg ist eine Verdopplung des Anteils dieser Schüler:innen in zehn Jahren zu beobachten und in Schleswig-Holstein ist der Anstieg auf niedrigerem Niveau fast genauso hoch. In Nordrhein-Westfalen war schon 2012 für ein Fünftel der Schüler:innen Deutsch nicht die dominante Sprache und dieser Anteil ist weiter angestiegen.[2]

---

[2] Ein Vergleich der Angaben mit den Ergebnissen des Mikrozensus zeigt eine gute Übereinstimmung: https://www.pedocs.de/volltexte/2023/27104/pdf/Weishaupt_2023_Kinder_mit_nichtdeutscher.pdf

[3] eigene Auswertung der jährlichen Ergebnisberichte unter https://ibbw-bw.de/,Lde/Startseite/Systemanalysen/Monitoring-Reports; https://www.schulentwicklung.nrw.de/e/vera3/hintergrundinformationen/ergebnisrueckmeldung/berichte/index.html; https://www.schleswig-holstein.de/DE/fachinhalte/S/schulqualitaet/VERA/_documents/vera3.html

Tab. 1: Angaben zur Zusammensetzung der Schülerschaft, die an den Vergleichsarbeiten in den jeweiligen Jahren teilgenommen hat (Angaben der testenden Lehrkräfte)[3]

Erfasste Merkmale	2011	2012	2013	2014	2015	2016	2017	2018	2019	2021	2022
Baden-Württemberg											
Geschlecht, Mädchen	49,1	51,1	51,3	50,7	49,3	49,4	49,7	49,4	49,4	49,4	49,2
Klassenwiederholer	3,3	4,5	4,0	3,6	3,4						
Sonderpädagogischer Förderbedarf	0,6	2,1	2,2	2,2	2,5	1	1		1,2	1,1	1,1
ungenügende Sprachbeherrschung	0,5	0,4	0,6	0,6	1,1	1	1,5		1,8	1,2	1,6
Teilleistungsstörung* Mathematik	4,4										
Teilleistungsstörung* Deutsch	8,0	7,1	6,3	6,1	5,2						
Deutsch nicht dominant**	10,6	16,3	16,7	17,2	17,7	19	19		23,2	22,5	24,0
Nordrhein-Westfalen											
Geschlecht, Mädchen		48,9		49,1	49,2	49,2	49,2	49,3	49,2	49,5	48,9
Klassenwiederholer		3,8		4,0	4,6	4,5	4,7	5,1	5,3		
Sonderpädagogischer Förderbedarf		2,6		3,3	3,3	2,8	3,2	3,2	3,4	4,3	4,0
ungenügende Sprachbeherrschung		0,5		0,9	1,3	2,2	2,4	2,1	1,9	2,9	3,1
Teilleistungsstörung* Mathematik		7,3		7,2	7,6	6,8	6,8	6,7	6,3		
Teilleistungsstörung* Deutsch		11,0		11,1	11,3	10,7	10,8	10,8	10,6		
Deutsch nicht dominant**		20,5		21,3	22,9	23,0	23,4	24,9	25,1		
Klassenwertung***		96,9		95,9	95,4	95,0	94,5	94,8	94,8	93,0	93,0
Schleswig-Holstein											
Geschlecht, Mädchen	48,9	48,8	49,0	49	49,0	48,5	49,0	48,6	49,2	48,8	48,6
Klassenwiederholer	3,5	3,8	3,7	4	3,9	4,0	3,7	4,4	4,6	4,8	6,5
Sonderpädagogischer Förderbedarf	3,9	4,1	4,1	4	4,3	4,1	3,8	4,2	4,1	3,7	4,0
ungenügende Sprachbeherrschung	0,4	0,4	0,4	0,5	0,7	1,5	1,8	1,1	3,9	2,0	1,8
Teilleistungsstörung* Mathematik	3,8	3,5	3,9	3	2,8	2,7	2,3	2,2	2,5	3,2	2,8
Teilleistungsstörung* Deutsch	9,1	9,1	9,5	9	8,3	7,7	8,2	7,3	7,8	7,3	7,8
Deutsch nicht dominant**	7,5	8,3	9,4	10	10,6	10,8	12,1	12,9	13,1	13,9	13,9
Klassenwertung***	95,7	95,5	95,5	95	95,0	94,5	94,5	94,9	92,4	94,6	95,0

* Teilleistungsstörungen im Fach Deutsch, z. B. Lese-Rechtschreibschwäche (Legasthenie, Dyslexie) in Mathematik z. B.
** zweisprachige Schülerinnen und Schüler, bei denen - unabhängig von Nationalität und Geburtsort - Deutsch nicht die vorwiegend gehörte und/oder gesprochene Sprache ist.
*** Schüler mit sonderpädagogischem Förderbedarf oder ungenügender Sprachbeherrschung gehen nicht in die Klassenwertung ein.

Schon über die Angaben der Lehrkräfte, die begleitend im Rahmen der Vergleichsarbeiten erhoben werden, werden interessante Veränderungen in der Zusammensetzung der Schüler:innen sichtbar, die teilweise über die schulstatistischen Informationen hinausgehen. Wenn diese Informationen nicht nur nach den einzelnen Schüler:innen, sondern nach den Schulmittelwerten in Verbindung mit den durchschnittlichen Leistungen an den Schulen ausgewertet würden, könnten Streuungen zwischen Schulen und die Überlagerung von pädagogisch herausfordernden Konstellationen in der Zusammensetzung der Schüler:innen an den Schulen erfasst werden (s. Weishaupt 2022). Solche Auswertungen liegen bisher aber aus keinem Land veröffentlicht vor. Dabei muss ein Ranking der Schulen vermieden werden, was über eine anonymisierte Datenauswertung einfach möglich ist. Doch könnten Problemlagen und unterschiedliche Bedingungen an den Schulen so verdeutlicht werden, um etwa eine bedarfsdifferenzierte Schulausstattung zu unterstützen.

Entwicklung der Länderergebnisse im letzten Jahrzehnt

Die vom IQB erarbeiteten Aufgabenstellungen für die Vergleichsarbeiten folgen einem Plan zur regelmäßigen Erfassung der in den Bildungsstandards festgelegten Kompetenzbereiche in Deutsch und in Mathematik (s. Tab. 2). Lesen ist der einzige jährlich erfasste Kompetenzbereich. Der Kompetenzbereich Sprachgebrauch ist der einzige gelegentlich im Rahmen von VERA erfasste Kompetenzbereich, der bei dem IQB-Bildungstrend bisher nicht erfasst wurde. Während seit 2012 der neben dem Lesen erfasste zweite Kompetenzbereich in Deutsch jährlich wechselte, wurden in Mathematik die wechselnden Kompetenzbereiche zunächst zwei Jahre nacheinander und dann drei Jahre nicht erhoben.

Vergleiche zwischen den Ergebnissen der Schüler:innen bei der VERA Erhebung mit ihren Leistungen beim IQB-Bildungstrend sind durch den Erhebungsplan teilweise ausgeschlossen.

Tab. 2: Übersicht über die bei den VERA3-Vergleichsarbeiten getesteten Kompetenzbereiche in Deutsch und Mathematik 2009 bis 2021 und erfasste Kompetenzbereiche im Rahmen des IQB-Bildungstrends; eigene Zusammenstellung anhand der Auswertungsberichte (siehe Tab. 1)

Kompetenzbereiche	VERA3-Vergleichsarbeiten nach den getesteten Kompetenzbereichen														IQB-Bildungstrend		
	2009	2010	2011	2012	2013	2014	2015	2016	2017	2018	2019	2020	2021	2022	2011	2016	2021
Deutsch																	
Lesen	x	x	x	x	x	x	x	x	x	x	x		x	x	x	x	x
Sprachgebrauch				x			x		x								
Zuhören					x		x				x		x		x	x	x
Schreiben	x	x														x	x
Orthografie			x			x				x					x	x	x
Mathematik																	
Zahlen und Operationen		x	x				x	x				x	x		x	x	x
Muster und Strukturen			x	x				x	x			x	x		x	x	x
Größen und Messen					x	x			x	x		x	x		x	x	x
Raum und Form	x			x	x				x	x		x	x		x	x	x
Daten, Häufigkeit und Wahrscheinlichkeit	x	x			x	x					x	x	x		x	x	x

2020 hat die Corona-Pandemie die Planungen durcheinandergebracht und zur Aussetzung der Erhebungen geführt. 2021 wurde in Deutsch der Kompetenzbereich Zuhören von 2019 wiederholt und in Mathematik in den drei erfassten Ländern alle Kompetenzbereiche getestet. Alle drei Länder haben die Erhebung 2021 mit 7 Monaten Verspätung erst zu Beginn des 4. Schuljahrs durchgeführt.

Berichtet wird in den Länderberichten der drei erfassten Länder die relative Verteilung der Leistungsergebnisse anhand der nach fachlichen Kriterien ermittelten fünf Kompetenzstufen im Primarbereich (vgl. Weishaupt 2022, S. 98). Bei Schüler:innen auf Kompetenzstufe I bestehen bezogen auf die Bildungsstandards erhebliche Defizite, die – so die Einschätzung der KMK – intensive zusätzliche Fördermaßnahmen erfordern. Schüler:innen der Kompetenzstufe II erfüllen den Mindest- und erst auf Kompetenzstufe III den Regelstandard nach den KMK-Bildungsstandards. Angenommen wird ein Leistungsmittelwert von 500 Punkten, der bei VERA und dem IQB-Bildungstrend identisch ist. Dadurch muss bei einem Vergleich der beiden Erhebungen der Eindruck entstehen, als hätten die Schüler:innen zwischen 3. und 4. Klasse keinen Kompetenzzuwachs. Validierungsstudien vor mehr als 10 Jahren ermittelten aber einen durchschnittlichen jährlichen Leistungszuwachs zwischen 3. und 4. Schuljahr im Lesen von 60 Punkten (Schneider/Wittig 2022, S. 81). Da die Kompetenzstufen im Lesen jeweils 75 Punkte auf der Metrik der Bildungstrends umfassen, ist zu erwarten, dass durchschnittlich 80% der Schüler:innen am Ende der 4. Klasse gegenüber der 3. Klasse die nächst höhere Kompetenzstufe erreicht haben. In Mathematik beträgt der durchschnittliche jährliche Leistungszuwachs zwischen 3. und 4. Klasse 80 Punkte (Sachse/Schumann 2022, S. 93) und die Kompetenzstufen in Mathematik umfassen jeweils 70 Punkte auf der Metrik der Bildungstrends. Zu erwarten ist deshalb, dass durchschnittlich alle Schüler:innen die nächst höhere und sogar 14% die übernächste Kompetenzstufe am Ende der 4. Klasse erreichen. Mit Verweis auf die gleichen Validierungsstudien von 2006/07 wird zusätzlich angegeben, dass im 4. Schuljahr im Lesen der Anteil der Schüler:innen, die den Regelstandard erreichen, schätzungsweise um etwa 20 Prozentpunkte (Wittig/Schneider 2022, S. 42) und in Mathematik (Globalskala) um etwa 35 Prozentpunkte (Schumann/Sachse 2022, S. 70) höher liegt als im 3. Schuljahr. Ergänzend wird betont, dass sich seit den Validierungsstudien Änderungen in der durchschnittlichen Leistungsentwicklung zwischen 3. und 4. Schuljahr ergeben haben können. Aktuellere Validierungsstudien existieren aber nicht, obwohl sie für das Konzept des Bildungsmonitorings von erheblicher Bedeutung sind.

In welchem Verhältnis die ermittelten Leistungspunkte am Ende der 3. Klassenstufe zu den zu erreichenden Bildungsstandards am Ende der 4. Klassenstufe stehen, wird in keinem Bericht erläutert. Die im Internet zu findende Aussage, die auch in den Auswertungsberichten der Vergleichsarbeiten der Länder übernommen wird, nach der die Kompetenzstufenverteilung anzeigt, „wie gut die Klasse die bundesweiten Bildungsstandards der 4. Klasse ... bereits erreicht" (Internet-Information des IQB), kann keine zutreffende Beschreibung der gezeigten Leistungen sein, denn der identische Leistungsmittelwert von 500 Punkten bei VERA und dem IQB-Bildungstrend bezieht sich auf tatsächlich unterschiedliche Leistungsniveaus. Anzunehmen ist, dass durch die Auswahl der Aufgaben die Aufgabenschwierigkeit bei den VERA-Vergleichsarbeiten an die niedrigeren Kompetenzen in der 3. Klasse angepasst wurde. Aus den Veröffentlichungen von Nordrhein-Westfalen geht nur hervor, dass eine mittlere Lösungshäufigkeit von 50–60% der Aufgaben angestrebt wird.

Auch wenn die Schwierigkeiten des Vergleichs der VERA-Daten mit den Ergebnissen des IQB-Bildungstrends ausgeklammert werden, liefert das in der Tab. 3 enthaltene Datenmaterial zu der Kompetenzstufenverteilung der Schüler:innen bei den Vergleichsarbeiten im Kompetenzbereich Lesen im Zeitvergleich aufschlussreiche Erkenntnisse. Auch wenn es im Leistungsniveau zwischen den Ländern sowohl bei den VERA als auch den IQB-Ergebnissen Unterschiede gibt, sind insgesamt große strukturelle Ähnlichkeiten zu beobachten. Zwischen den Jahren zeigen sich bei den VERA-Ergebnissen deutliche diskontinuierliche Unterschiede in den Leistungsverteilungen, die Unterschiede in der Aufgabenschwierigkeit zwischen den Erhebungsjahren vermuten lassen, weil sie über die Länder hinweg relativ einheitlich verlaufen. Die Schulen haben folglich keine verlässlichen Informationen über Leistungsveränderungen ihrer Schüler:innen. Bei der Betrachtung der niedrigsten und der höchsten Kompetenzstufen lässt sich dies gut erkennen. Als „Frühwarnsystem", um ungünstige Leistungsentwicklungen an den Schulen zu erfassen, sind die VERA-Erhebungen bisher jedenfalls nicht geeignet.

Tab. 3: Ergebnisse der Vergleichsarbeiten im Lesen nach den von den Schüler:innen erreichten Kompetenzstufen in v. H. 2010 bis 2022 und die entsprechenden Ergebnisse in den IQB-Bildungstrends 2011, 2016 und 2021 in Baden-Württemberg, Nordrhein-Westfalen und Schleswig-Holstein (Daten für 2010 in Schleswig-Holstein liegen nicht veröffentlicht vor)

Kompe-tenz-stufe	Jahr														
	2010	2011	2011 (IQB)	2012	2013	2014	2015	2016	2016 (IQB)	2017	2018	2019	2021	2021 (IQB)	2022
Baden-Württemberg															
1	28,9	17,2	10,3	19	26	20	15	19	13,4	20	24	19	20	19,1	22
2	20,1	19,4	21,0	16	23	20	18	20	23,2	20	19	23	18	24,0	19
3	21,1	26,7	31,7	24	19	27	27	19	29,6	21	16	23	23	31,5	22
4	13,1	19,8	25,9	19	20	17	20	24	24,4	17	25	16	25	19,0	22
5	16,8	16,9	11,2	22	12	16	20	18	9,5	22	16	19	14	6,3	15
Nordrhein-Westfalen															
1	23,2	10,9	14,2	16,0	21,9	15,8	12,5	13,6	15,7	19,2	22,5	19,5	23,8	21,6	22,3
2	18,8	16,6	23,8	14,4	20,3	19,1	16,7	17,0	23,8	20,2	18,5	23,6	19,3	25,8	18,2
3	21,7	26,2	29,7	22,3	18,7	26,5	26,9	26,0	30,0	20,3	15,3	22,9	26,9	29,7	16,9
4	14,4	21,9	22,2	19,4	22,6	18,5	21,6	23,9	22,0	16,1	24,8	15,3	18,8	16,6	20,3
5	21,9	24,4	10,7	27,9	16,5	20,1	22,3	19,5	8,5	24,2	18,9	18,7	11,2	6,4	22,3
Schleswig-Holstein															
1		15,3	13,2	14,3	17,9	12,2	9,5	9,7	8,8	15,9	18,9	15,9	20,9	15,0	20
2		17,4	21,5	14,2	21,0	18,8	14,9	15,2	21,5	15,8	18,7	23,4	25,0	23,8	19
3		21,9	29,8	23,5	20,6	28,0	26,3	27,2	31,4	21,6	16,2	24,5	17,5	31,0	23
4		22,5	24,2	20,3	24,0	20,0	22,8	27,3	27,4	17,9	27,3	16,3	23,7	22,7	23
5		22,8	11,2	27,7	16,5	21,0	26,5	20,6	10,9	25,8	18,9	19,9	12,8	7,5	16

* Schülerinnen und Schüler aus Privatschulen (nur VERA-Ergebnisse), mit sonderpädagogischem Förderbedarf oder ungenügender Sprachbeherrschung gehen nicht in die Berechnung ein.

Die bemerkenswerteste Auffälligkeit besteht aber darin, dass in der Tendenz die niedrigste und höchste Kompetenzstufe bei den Vergleichsarbeiten stärker besetzt ist als in dem IQB-Bildungstrend, insgesamt aber kein Kompetenzzuwachs zwischen 3. und 4. Klasse zu beobachten ist und teilweise sogar beim IQB-Bildungstrend – nach einem weiteren Unterrichtsjahr im Lesen – niedrigere Leistungen ermittelt wurden.

Tab. 4: Ergebnisse der Vergleichsarbeiten im Kompetenzbereich Zahlen und Operationen nach den von den Schüler:innen erreichten Kompetenzstufen in v. H. und die entsprechenden Ergebnisse in den IQB-Bildungstrends 2011, 2016 und 2021 in Baden-Württemberg, Nordrhein-Westfalen und Schleswig-Holstein (Daten für 2010 in Schleswig-Holstein liegen nicht veröffentlicht vor)

Kompe-tenz-stufe	Jahr							
	2010	2011	IQB 2011	2015	2016	IQB 2016	2021*	IQB 2021
Baden Württemberg								
1	22,1	26,4	**10,2**	21	16	**16,3**	21	**18,0**
2	28,7	31,7	**18,2**	28	26	**21,6**	23	**24,9**
3	25,5	20,1	**27,6**	22	31	**28,7**	20	**26,2**
4	12,9	13,7	**26,0**	20	16	**21,1**	20	**20,1**
5	10,8	8,1	**18,0**	9	11	**12,2**	15	**10,8**
Nordrhein-Westfalen								
1	14,0	19,2	**11,4**	17,5	20,0	**18,3**	22,6	**23,1**
2	22,7	27,4	**20,2**	26,5	27,1	**21,5**	20,3	**25,6**
3	24,6	21,1	**27,8**	22,7	20,4	**25,7**	25,3	**25,5**
4	17,4	18,4	**23,9**	21,7	18,4	**20,6**	19,3	**17,1**
5	21,3	13,9	**16,7**	11,6	14,1	**13,9**	12,5	**8,6**
Schleswig-Holstein								
1		22,7	**13,8**	16,5	20,6	**13,1**	24,2	**20,7**
2		30,7	**23,6**	27,3	28,3	**22,1**	22,0	**24,0**
3		20,4	**29,6**	23,5	20,6	**29,9**	23,5	**25,8**
4		15,8	**21,1**	21,8	18,0	**20,9**	16,4	**19,6**
5		10,4	**11,8**	10,9	12,5	**14,1**	13,8	**9,9**

* Baden-Württemberg alle Leitideen, in Schlewig-Holstein ebenfalls aber mit dem Schwerpunkt Zahlen und Operationen

Diese Einschätzung der Ergebnisberichte betrifft auch den Bereich der Mathematik, für den stellvertretend der Kompetenzbereich Zahlen und Operationen in Tab. 4 dargestellt wird. Er bietet sich an, weil er sowohl 2011 als auch 2016 den Vergleich der Kompetenzstufenverteilung bei den IQB-Erhebungen mit den Vorjahresergebnissen im Rahmen der Vergleichsarbeiten gestattet. Statt des erwarteten Kompetenzzuwachses verschlechtert sich auch in diesem Kompetenzbereich die Leistungsverteilung zwischen beiden Erhebungen.

Mit den Vergleichsarbeiten erhalten die Lehrkräfte – und dies ist auch für die restlichen Bundesländer anzunehmen – ein stark positiv verzerrtes Bild über den tatsächlichen Leistungsstand der Klassen in Deutsch und Mathematik am Ende des 3. Schuljahrs bezogen auf die Bildungsstandards am Ende der 4. Klasse. Dadurch ergibt sich für viele Schulen kein Handlungsbedarf. Zugleich wird die Öffentlichkeit in den landesweiten Auswertungsberichten teilweise falsch und in jedem Fall unzureichend informiert.

Ergebnisse nach unterschiedlichen Schülergruppen bzw. nach unterschiedlicher sozialer Zusammensetzung der Schülerschaft von Schulen

Es bestehen mehrere Möglichkeiten der vergleichenden Auswertung der VERA-Tests, um sie für ein Monitoring zu nutzen. Die vorausgegangenen Analysen zeigten, dass ein kriterialer Vergleich – die Erreichung der Bildungsstandards am Ende der 4. Jahrgangsstufe – über eine Erhebung am Ende der 3. Jahrgangsstufe nur in Verbindung mit Annahmen über die erwartete Leistungsentwicklung im 4. Schuljahr möglich ist. Dazu liefern die Auswertungsberichte der Länder aber keine verwertbaren Informationen. Der Zeitvergleich – also die durchschnittliche Leistungsentwicklung der Klassen einer Schule über mehrere Jahre hinweg – wird in keinem Land angesprochen, weil durch die wechselnden Aufgaben zwischen den Jahren keine konstante Aufgabenschwierigkeit gesichert werden kann.

Nur bezugsgruppenorientierte Vergleiche berücksichtigen die Auswertungsberichte der Länder, also Vergleiche mit den Leistungen anderer Klassen oder dem Durchschnitt aller Klassen eines Bundeslandes. Hierzu gehört auch der Vergleich zwischen den Schüler:innen nach Geschlecht und der Vergleich nach der überwiegend in der Familie gesprochenen Sprache (deutsch/nicht deutsch). Bedeutsam ist zusätzlich der Aspekt des „fairen" Vergleichs, damit Lehrkräfte die Leistungen ihrer Klasse mit anderen Klassen mit einer ähnlichen sozialen Zusammensetzung vergleichen können. Neben dem Gruppenvergleich gibt es aber keine Analyse der Leistungsstreuung über alle Schulen des jeweiligen Landes in den Berichten (s. Kraus/Weishaupt/Hosenfeld 2021).

Leseleistung nach dominanter Sprache der Kinder (deutsch/nicht deutsch)

Die bisherigen Forschungsbefunde zeigen stets besonders starke Auswirkung4n einer deutschen Familiensprache auf die Leseleistung der Schüler:innen. Deshalb konzentriert sich die Tab. 5 auf diesen Kompetenzbereich und stellt vergleichend den Anteil der Schüler:innen in Kompetenzstufe I nach dominanter Sprache (deutsch/nicht deutsch) dar.

Die Anteile zwischen diesen beiden Gruppen haben sich bis 2015 angeglichen. Seitdem nehmen die Differenzen in allen drei Ländern zu. In keinem der drei Länder zeigen folglich die Maßnahmen zur Sprachförderung, die alle Länder bereitstellen, einen erkennbaren positiven Effekt auf die Verringerung der Unterschiede in der Sprachkompetenz. Diese Entwicklungen weisen zugleich darauf hin, dass die Verringerung von Leistungsdefiziten über Maßnahmen der Schul- und Unterrichtsentwicklung nicht allein der Verantwortung der Schulen übertragen werden kann, die defizitäre Rahmenbedingungen nicht ohne Unterstützung der Schulverwaltung und -politik verändern können.

Tab. 5: Vergleich der Entwicklung des Anteils der Schüler:innen in Kompetenzstufe I mit Deutsch als dominanter oder nicht dominanter Sprache im Kompetenzbereich Lesen 2010–2022 in Baden-Württemberg, Nordrhein-Westfalen und Schleswig-Holstein (Datenlücke 2012–2014 BW und 2010 SH)

Deutsch...*	2010	2011	2012	2013	2014	2015	2016	2017	2018	2019	2021	2022
Baden-Württemberg												
dominant	24,9	14,4				11	15	15	19	12	14	13
nicht dominant	60,8	40,9				32	41	42	47	42	44	50
Differenz	35,9	26,5				21	26	27	28	30	30	37
Nordrhein-Westfalen**												
dominant	17	8	11,6	16,5	11,9	9,0	9,9	14,2	16,6	12,9		
nicht dominant	45	24	33,2	43,0	30,8	24,7	27,2	37,3	42,1	41,4		
Differenz	28	16	21,6	26,5	18,9	15,7	17,3	23,1	25,5	28,5		
Schleswig-Holstein												
dominant		9,0	12,9	15,9	10,7	8,3	8,3	13,3	15,8	13,3	17,2	15
nicht dominant		24,1	30,6	37,7	26,5	21,3	30,7	37,7	41,7	38,1	47,3	51
Differenz		15,1	17,7	21,8	15,8	13,0	22,4	24,4	25,9	24,8	30,1	36

* Einschätzungen der Lehrkräfte
** ab 2021 nicht mehr erfasst

Entwicklung der Leistungen der Schüler:innen nach Schulstandorttyp

Baden-Württemberg hat die Auswertung der VERA-Ergebnisse nach Kontextgruppen nur von 2009 bis 2012 vorgenommen. Nach dem gleichen Konzept wie Baden-Württemberg veröffentlicht Schleswig-Holstein seit 2011 die VERA-Ergebnisse für drei Kontextgruppen, die auf der Grundlage von Angaben der Lehrkräfte zu fünf Aspekten gebildet werden[4]. In den Randgruppen befindet sich jeweils ein Viertel der Klassen, die Hälfte in der Mittelgruppe.

Nordrhein-Westfalen verfolgt ebenfalls den Ansatz des „fairen" Vergleichs und veröffentlicht seit 2012 die VERA-Ergebnisse nach fünf Standorttypen. Die Zuordnung richtet sich nach dem Migrantenanteil unter der Schülerschaft und dem Anteil von SGBII-Empfängern im Schulumfeld (Isaac 2011).

---

[4] Berücksichtigt wird der Anteil der Kinder mit Deutsch nicht als dominanter Sprache, die Lage der Klasse in einem sozialen Brennpunkt, der Anteil der Schüler aus Familien (a) der Grund- oder Unterschicht, (b) deren Lebensunterhalt überwiegend durch Bezug von Sozialleistungen bestritten wird und (c) die von Arbeitslosigkeit betroffen sind. 2021 wurden diese Informationen nicht mehr erhoben.

Verglichen wird nachfolgend die Entwicklung des Anteils der Schüler:innen in der untersten und obersten Kompetenzstufe im Lesen zwischen den sozial günstig und ungünstig zusammengesetzten Schulen. Der Vergleich bezieht sich nur auf Nordrhein-Westfalen und Schleswig-Holstein (Tab. 6). Dabei ist zu berücksichtigen, dass in Nordrhein-Westfalen etwa 15 % der Schüler:innen Schulen den Standorttyp 1 und 20 % den Standorttyp 5 besuchen.

Beide Länder zeigen ähnliche Entwicklungen im Zeitvergleich: nach einer Leistungsannäherung zwischen den Schulen in unterschiedlicher sozialer Lage bis etwa 2015 entwickeln sich die Leistungen bis 2019 zunehmend auseinander. In Nordrhein-Westfalen sind die Unterschiede in der obersten Kompetenzstufe (KS 5) zwar konstant, sie nahmen aber in der untersten Kompetenzstufe (KS 1) stark zu. In Schleswig-Holstein erhöhten sich sowohl bei den Leistungsschwachen als auch den Leistungsstarken die Leistungsunterschiede nach sozialer Lage der Schule. Die Hinweise dieser Ergebnisse an die schulpolitisch Verantwortlichen in den Ländern sind auch bei diesem Vergleich eindeutig, führten aber zu keinen wirkungsvollen Schritten, um Schulen in sozial schwierigen Lagen zusätzlich zu fördern. Die wenigen nach einem Sozialindex in Nordrhein-Westfalen vergebenen Stellen erwiesen sich als wirkungslos, um sozialen Benachteiligungen zu begegnen (Weishaupt/Kemper 2016). Schleswig-Holstein hat erst 2019 ein erstes Pilotprojekt zur Förderung von Schulen in sozial schwierigen Lagen begonnen (https://perspektivschule.de).

Tab. 6: Zeitlicher Vergleich der Randgruppen der Kompetenzverteilung bei den Schüler:innen und des Standorttyps/der Kontextgruppe der Schulen in Nordrhein-Westfalen und Schleswig-Holstein

Soziale Lage der Schule	Kompetenzstufe	2011	2012	2013	2014	2015	2016	2017	2018	2019	2021
Nordrhein-Westfalen*											
Standorttyp 1	KS 1	6,9	9,3	13,1	8,9	6,9	7,6	11,6	14,0	10,2	14,7
	KS 5	17,5	35,0	21,2	27,2	29,6	25,5	31,3	24,2	24,7	14,2
Standorttyp 5	KS 1	31,6	27,7	35,2	27,1	21,8	23,6	33,2	37,9	35,4	43,4
	KS 5	17,7	17,1	10,0	10,7	12,3	11,4	12,8	9,8	9,5	4,9
Differenz Standorttyp 1 und 5	KS 1	24,7	18,4	22,1	18,2	14,9	16	21,6	23,9	25,2	28,7
	KS 5	0,2	-17,9	-11,2	-16,5	-17,3	-14	-18,5	-14,4	-15,2	-9,3
Schleswig-Holstein**											
Kontextgruppe 1	KS 1	5,3	9,2	11,4	7,6	6,7	5,1	8,8	13,5	7,6	
	KS 5	31,8	32,9	17,9	26,0	29,8	26,9	31,0	24,3	32,1	
Kontextgruppe 3	KS 1	15,0	20,8	32,5	16,5	13,2	24,3	22,7	36,7	31,2	
	KS 5	15,6	22,6	9,7	18,3	21,1	10,0	19,5	9,4	8,8	
Differenz Kontextgruppe 1 und 3	KS 1	9,7	11,6	21,1	8,9	6,5	19,2	13,9	23,2	23,6	
	KS 5	-16,2	-10,3	-8,2	-7,7	-8,7	-17	-11,5	-14,9	-23,3	
1 = sozial günstiger Standorttyp oder günstige Kontextgruppe											
* 2011 Unterschied zwischen Kontextgruppe 1 und 3; ab 2022 sind die Ergebnisse wegen einer Neuberechnung des Sozialindexes mit den Vorjahren nicht mehr direkt vergleichbar											
** 2021 nicht mehr erhoben											

So tun als ob?

Die datenbasierte Qualitätsentwicklung in Schule und Unterricht erklärte einst die Kultusministerkonferenz zu einem ihrer zentralen Arbeitsschwerpunkte. Ohne Datentransparenz und eine Beteiligung der Forschung an dieser Strategie kann sie kaum erfolgreich sein. Insofern ist es den Ländern anzuerkennen, die wenigstens die landesweiten Ergebnisse der Vergleichsarbeiten mit ergänzenden Informationen veröffentlichen. Die Mehrzahl der Länder verzichtet auf eine Information der Öffentlichkeit über die Ergebnisse eines von der KMK programmatisch wichtigen Bausteins im Rahmen der Monitoringstrategie. Mit Ausnahme der Länder Berlin, Brandenburg und Hamburg ist der Forschungszugang zu den Daten der Vergleichsarbeiten nicht geregelt und musste schon erstritten werden (etwa in Rheinland-Pfalz).

Die Vergleichsarbeiten haben in der jetzigen Form nur einen begrenzten Nutzen für die innere Schulentwicklung, weil sie den Leistungsstand der Schüler:innen positiv verzerrt an die Schulen zurückmelden und die Aufgabenschwierigkeit zwischen den Jahren stark schwankt. Das begrenzte Interesse der Schulen an den Daten kann daher nicht verwundern (Demski 2021). Deshalb sollten die verfügbaren Informationen wenigstens für die Steuerung der Schulentwicklung genutzt werden. Diese Forderung lässt sich aber erst in jüngster Zeit beobachten, durch Stiftungen und Programme der Bundesregierung vorangetrieben. So entsteht der Eindruck eines sinnvollen Programms der Qualitätsentwicklung des Schulwesens, das aber noch auf dessen zielführende Nutzung durch die Beteiligten wartet.

Literatur

Demski, Denise (2021): Vergleichsarbeiten – Unterstützung für Schulen oder Kontrollinstrument? In: Webs, Tanja, Manitius, Veronika: Unterstützungssysteme für Schulen. Konzepte, Befunde und Perspektiven, Bielefeld: wbv, S. 143–160.

Isaac, Kevin (2011): Neues Standorttypenkonzept. Faire Vergleiche bei Lernstandserhebungen. In: Schule NRW 6, S. 300–301. https://www.schulentwicklung.nrw.de/e/upload/download/mat_11-12/Amtsblatt_SchuleNRW_06_11_Isaac-Standorttypenkonzept.pdf (Abfrage: 23.04.2024).

Kraus, Thorben/Weishaupt, Horst/Hosenfeld, Ingmar (2021): Lernleistungen an Grundschulen in Rheinland-Pfalz – Teil 2. Unterschiede in den Leistungen der Schülerinnen und Schüler zwischen einzelnen und Gruppen von Schulen. In: Schulverwaltung Hessen/Rheinland-Pfalz 26, H. 9, S. 238–241.

Sachse, Karoline A./Schumann, Kristoph (2022): Mittelwerte und Streuungen der erreichten Kompetenzen im Fach Mathematik. In: Stanat, Petra/Schipolowski, Stefan/Schneider, Rebecca/Sachse, Karoline A./Weirich, Sebastian/Henschel, Sofie (Hrsg.): IQB-Bildungstrend 2021 Kompetenzen in den Fächern Deutsch und Mathematik am Ende der 4. Jahrgangsstufe im dritten Ländervergleich, Münster: Waxmann, S. 93–102. https://www.iqb.hu-berlin.de/bt/BT2021/Bericht/ (Abfrage: 23.04.2024).

Schneider, Rebecca/Wittig, Julia (2022): Mittelwerte und Streuungen der erreichten Kompetenzen im Fach Deutsch. In: Stanat, Petra/Schipolowski, Stefan/Schneider, Rebecca/Sachse, Karoline A./Weirich, Sebastian/Henschel, Sofie (Hrsg.): IQB-Bildungstrend 2021 Kompetenzen in den Fächern Deutsch und Mathematik am Ende der 4. Jahrgangsstufe im dritten Ländervergleich, Münster: Waxmann, S. 81–92. https://www.iqb.hu-berlin.de/bt/BT2021/Bericht/ (Abfrage: 29.8.2023).

Schumann, Kristoph/Sachse, Karoline A. (2022): Kompetenzstufenbesetzungen im Fach Mathematik. In: Stanat, Petra/Schipolowski, Stefan/Schneider, Rebecca/Sachse, Karoline A./Weirich, Sebastian/Henschel, Sofie (Hrsg.): IQB-Bildungstrend 2021 Kompetenzen in den Fächern Deutsch und Mathematik am Ende der 4. Jahrgangsstufe im dritten Ländervergleich, Münster: Waxmann, S. 67–80. https://www.iqb.hu-berlin.de/bt/BT2021/Bericht/ (Abfrage: 29.8.2023).

Tarkian, Jasmin/Maritzen, Norbert/Eckert, Marius/Thiel, Felicitas (2019): Vergleichsarbeiten (VERA) – Konzeption und Implementation in den 16 Ländern. In: Thiel, Felicitas/Tarkian, Jasmin/Lankes, Eva-Maria/Maritzen, Norbert/Riecke-Baulecke, Thomas, Kroupa, Anna (Hrsg.), Datenbasierte Qualitätssicherung und -entwicklung in Schulen. Eine Bestandsaufnahme in den Ländern der Bundesrepublik Deutschland. Wiesbaden: Springer VS, S. 41–103.

Weishaupt, Horst/Kemper, Thomas (2016): Stellenzuweisung über einen Sozialindex: Alternativen zu den bislang in Nordrhein-Westfalen verwendeten Indikatoren. In: SchulVerwaltung. Ausgabe Nordrhein-Westfalen, 27, H. 7/8, S. 341–343.

Weishaupt, Horst (2022): Wann sind Grundschulen in „sozial schwierigen Lagen" und was bedeutet dies für Lehrkräfte, Schülerinnen und Schüler? Die Deutsche Schule, 114, H. 1, 89–111.

Wittig, Julia/Schneider, Rebecca (2022): Kompetenzstufenbesetzungen im Fach Deutsch. In: Stanat, Petra/Schipolowski, Stefan/Schneider, Rebecca/Sachse, Karoline A./Weirich, Sebastian/Henschel, Sofie (Hrsg.): IQB-Bildungstrend 2021 Kompetenzen in den Fächern Deutsch und Mathematik am Ende der 4. Jahrgangsstufe im dritten Ländervergleich, Münster: Waxmann, S. 41–65. https://www.iqb.hu-berlin.de/bt/BT2021/Bericht/ (Abfrage: 29.8.2023).

Nutzung von Lernstandserhebungen zur Förderung adaptiven Unterrichts

Holger Gärtner

Zusammenfassung

Im vorliegenden Beitrag werden Lernstandserhebungen als diejenige Säule innerhalb der Gesamtstrategie zum Bildungsmonitoring vorgestellt, welche am ehesten Einfluss auf die Unterrichtsgestaltung nehmen kann. Gleichzeitig wird aufgezeigt, dass dieses Potenzial seit Einführung der Vergleichsarbeiten als zentralem Instrument dieser Säule nicht ausgeschöpft wurde und normative Erwartungen seitens Politik bzw. Verwaltung an die Nutzung von Lernstandsdiagnostik durch Lehrkräfte nicht in dem Maße eingetroffen sind (Maritzen 2014). Anhand eines Prozessmodells werden die benötigten Wissensbestandteile von Lehrkräften aufgezeigt, die für eine Interpretation von Leistungsdaten und die Ableitung von Maßnahmen für den Unterricht notwendig sind. Es werden aktuelle Interventionen vorgestellt, Lernstandserhebungen als Ausgangspunkt für die Realisierung eines stärker adaptiven Unterrichts zu nutzen, welche die zuvor dargestellten Prozessschritte der Verarbeitung von Leistungsdaten stärker unterstützen. Allen Beispielen ist gemein, dass sie versuchen, die Kopplung zwischen Diagnostik und anschließender Förderung zu stärken. Abschließend wird auf den Ausbau eines kohärenten Systems an Lernstandsdiagnostik und begleitenden Unterstützungsmaßnahmen verwiesen, um diese Säule innerhalb des Bildungsmonitorings zu stärken.

Einleitung

Standardisierte Lernstandserhebungen spielen die zentrale Rolle innerhalb des Gefüges des deutschen Bildungsmonitorings, wenn die Zielstellung eine unmittelbare Beeinflussung der Lernprozesse der Schüler:innen sein soll. Lernstandserhebungen und ihre Rezeption und Nutzung durch Lehrkräfte bieten am ehesten die Chance, Einfluss auf die Unterrichtsplanung und -entwicklung zu nehmen (Visscher 2021). Alle weiteren Bestandteile des deutschen Bildungsmonitorings sind auf Systemebene angelegt, daher verlängert sich die potenzielle Wirkkette von der Rezeption dieser Ergebnisse bis zur Ebene des Unterrichts bzw. den Lernprozessen der Schüler:innen deutlich (Maaz et al. 2019). Bei den Säulen *Bildungsstandards, Internationale Schulleistungsvergleiche* und *Bildungsberichterstattung* der KMK-Gesamtstrategie handelt es sich um Maßnahmen, die Bildungsprozesse und -ergebnisse auf Landesebene betrachten. Die Adressat:innen dieser Ergebnisse sind daher primär Bildungspolitik und -verwaltung der Länder. Sie erhalten mit diesen Studien Ergebnisse zu Schülerleistungen und mit dem nationalen Bildungsbericht vielfältige Ergebnisse zu Indikatoren über den gesamten Bildungsverlauf (KMK 2015). Hier beobachten also Politik und Verwaltung, wie das Bildungs- bzw. Schulsystem als Ganzes bestimmte Zielkriterien erfüllt und wie sich die Zielerreichung im Trend verändert. Entsprechend betreffen aus diesen Ergebnissen abgeleitete Maßnahmen das Bildungssystem als Ganzes (z. B. umfangreiche Fortbildungsangebote, Sommerakademien oder Personalmittel) (Gärtner et al. 2022).

Anders verhält es sich mit der Säule Qualitätssicherung auf Ebene der Einzelschule. Hier sind Lernstandserhebungen subsumiert: sowohl deutschlandweit durchgeführte Lernstandserhebungen in den Jahrgangsstufen 3 und 8 (meist als Vergleichsarbeiten VERA bezeichnet) als auch landesspezifische Lernstandserhebungen. Zu den primären Adressat:innen dieser Verfahren zählen eher die unteren Hierarchiestufen des Schulsystems, nämlich die einzelnen Schüler:innen, deren Eltern bzw. Erziehungsberechtigte, die Fachlehrkräfte der getesteten Klassen sowie Fachkonferenz- und Schulleitungen.

Die Einführung standardisierter Lernstandserhebungen begründet sich auf der sogenannten *Empirische Wende* oder auch *neue Steuerung* genannt (Altrichter / Moosbrugger / Zuber 2016). Diese zielt auf eine Verschiebung des schulischen Steuerungsparadigmas zugunsten von Output-Kriterien im Sinne von Schülerleistungen. Die Schulreformen, die im Zuge der Diskussion um schwache Schülerleistungen nach PISA (Baumert et al. 2001) in den Ländern eingeführt wurden, verdeutlichen diesen Schwenk durch gehäufte Messungen von Schülerleistungen (Altrichter / Maag Merki 2016; Füssel / Leschinsky 2008). Ca. 20 Jahre nach dem sogenannten PISA-Schock sind die Vergleichsarbeiten längst nicht mehr die einzige standardisierte Lernstandserhebung. In etlichen Ländern werden die Vergleichsarbeiten um weitere Lernstandserhebungen ergänzt. In Berlin sind dies z. B. die LauBe (Lernausgangslage Berlin) zur Messung von Vorläuferfähigkeiten in Deutsch und Mathematik bei Schulanfänger:innen (Magister et al. 2013), ILeA (Individuelle Lernstandsanalyse) als Bestimmung der Lernausgangslage zu Beginn eines Schuljahres in Deutsch und Mathematik in den Jahrgangsstufen 1 bis 6 (LISUM 2021) oder LAL 7 (Lernausgangslage Jahrgangsstufe 7) als Lernausgangslage in etlichen Fächern zu Beginn der weiterführenden Schule.

Der starke Ausbau an standardisierten diagnostischen Instrumenten als Basis für darauf aufbauende datenbasierte Entscheidungen beruht auf der Annahme, „dass durch die Erhebung besserer Informationen über die Ergebnisse („Output") der schulischen Tätigkeit und durch „Datenrückmeldung" an relevante Akteure eine zielgerichtete und effiziente Entwicklung in Richtung erhöhter Qualität erreicht werden kann" (Altrichter / Moosbrugger / Zuber 2016, S. 235). Mittlerweile ist bekannt, dass eine Rückmeldung von Leistungsdaten aus standardisierter Diagnostik allein keine hinreichende Bedingung für eine Weiterentwicklung von Unterrichtsqualität darstellt (Förster / Kawohl / Souvignier 2018; Groß Ophoff et al. 2006; Maier 2008) und sich entsprechende Erwartungshaltungen im Nachhinein als naiv entpuppten (Maritzen 2014).

Das Prozessmodell in Abbildung 1 dient daher der Veranschaulichung der benötigten Expertise, um aus Lernstandserhebungen unterrichtsbezogene Maßnahmen ableiten zu können.

Modellannahmen zur Rezeption und Verarbeitung von Leistungsdaten durch Lehrkräfte

Das dargestellte Prozessmodell ist anschlussfähig an etliche Modellvorstellungen die im deutschsprachigen Raum, aber auch international, über die Rezeption und Verwendung von Leistungsdaten existieren (Helmke 2004; Helmke/Hosenfeld 2005; KMK 2010; Lai/Schildkamp 2013; Schildkamp/Poortman/Handelzalts 2016; Keuning/van Geel/Visscher 2017; Schildkamp 2019). Es soll durch die Aufsplittung der kognitiven Verarbeitungsprozesse jedoch deutlicher herausstellen, welche verschiedenen Wissensbestandteile Lehrkräfte benötigen, um z. B. Leistungsdaten von Schüler:innen für pädagogische Entscheidungen nutzbar machen zu können. Dies zeigt sich nachdrücklich in der einflussreichen Definition zu Data Literacy von Lehrkräften von Mandinach und Gummer (2016):

> Data literacy for teaching is the ability to transform information into actionable instructional knowledge and practices by collecting, analyzing, and interpreting all types of data (assessment, school climate, behavioral, snapshot, longitudinal, moment-to-moment, etc.) to help determine instructional steps. It combines an understanding of data with standards, disciplinary knowledge and practices, curricular knowledge, pedagogical content knowledge, and an understanding of how children learn (S. 367).

Um z. B. Leistungsdaten von Schüler:innen für pädagogische Entscheidungen nutzbar machen zu können, müssen Lehrkräfte nicht nur ein grundlegendes Verständnis für die Aussagekraft der Daten mitbringen, sondern sie müssen diese Informationen mit dem intendieren und implementierten Curriculum (Standards), mit ihrem fachlichen Wissen und dem Wissen über Lernprozesse der Schüler:innen verknüpfen – z. B. hinsichtlich der Frage, wie bestimmte kritische Situationen in einem fachlichen Lernprozess überwunden werden können (s. a. Bauer/Kollar 2023; Visscher 2021). Auf Basis der Summe dieser Wissensbestandteile können aus Rückmeldungen über den aktuellen Leistungsstand unterrichtliche Ableitungen getroffen werden:

- z. B. auf Ebene einzelner Schüler:innen: An welcher Stelle der Lernentwicklung steht das Kind? Mit welchem Unterrichtsmaterial, mit welchen Aufgaben kann die nächste Stufe der Lernentwicklung erreicht werden?,

Abb. 1: Prozessmodell datenbasierter Entscheidung und Umsetzung

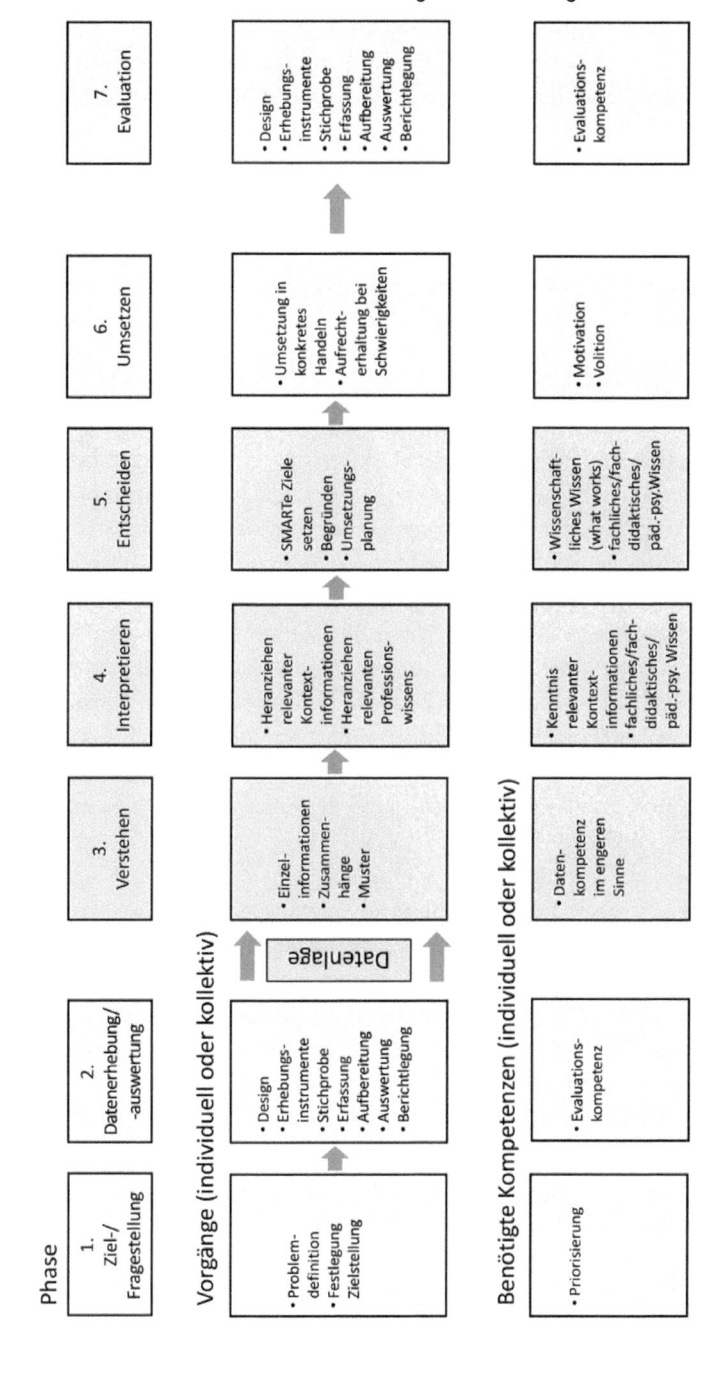

Phase	1. Ziel-/ Fragestellung	2. Datenerhebung/ -auswertung	3. Verstehen	4. Interpretieren	5. Entscheiden	6. Umsetzen	7. Evaluation
Vorgänge (individuell oder kollektiv)	• Problemdefinition • Festlegung Zielstellung	• Design • Erhebungsinstrumente • Stichprobe • Erfassung • Aufbereitung • Auswertung • Berichtlegung	• Einzelinformationen • Zusammenhänge • Muster	• Heranziehen relevanter Kontextinformationen • Heranziehen relevanten Professionswissens	• SMARTe Ziele setzen • Begründen • Umsetzungsplanung	• Umsetzung in konkretes Handeln • Aufrechterhaltung bei Schwierigkeiten	• Design • Erhebungsinstrumente • Stichprobe • Erfassung • Aufbereitung • Auswertung • Berichtlegung
			← Datenlage →				
Benötigte Kompetenzen (individuell oder kollektiv)	• Priorisierung	• Evaluationskompetenz	• Datenkompetenz im engeren Sinne	• Kenntnis relevanter Kontextinformationen • fachliches/fachdidaktisches/ päd.-psy. Wissen	• Wissenschaftliches Wissen (what works) • fachliches/fachdidaktisches/ päd.-psy.Wissen	• Motivation • Volition	• Evaluationskompetenz

145

- bzgl. differenzierender Maßnahmen (z. B. zur leistungsbezogenen Zusammenstellung von Kleingruppen) oder
- bzgl. der gesamten Lerngruppe (Gibt es Fehlermuster/Fehlvorstellungen der gesamten Lerngruppe, z. B. in einem bestimmten Kompetenzbereich?).

Im Zentrum des Prozessmodells stehen dunkelgrau unterlegt die primär kognitiven Phasen eines datenbasierten Entscheidungsprozessen. Ausgehend von einer Datenlage (z. B. einer Rückmeldung aus einer standardisierten Lernstandsanalyse) muss diese in einem ersten Schritt zunächst verstanden werden (Phase 3). Dies kann sich auf bedeutsame Einzelinformationen (schüler- oder aufgabenbezogen), Zusammenhänge oder Muster beziehen. Zur Interpretation der vorliegenden Daten müssen diese mit relevanten Kontextinformationen (z. B. über die behandelten Unterrichtsthemen) sowie relevanten Wissensbestandteilen (z. B. über die inhaltliche Verortung der getesteten Domänen in Bezug auf den Rahmenlehrplan oder die Bildungsstandards) in Verbindung gebracht werden (Phase 4), bevor anschließend auf Grundlage dieser Interpretation eine Entscheidung bzgl. des zukünftigen Handelns getroffen werden kann (Phase 5). In dieser Phase kann evidenzbasiertes Wissen im Sinne eines *What Works* verortet werden, also Wissen über erfolgversprechende Förderansätze (Bauer/Koller 2023). Bestenfalls schließt diese Phase mit konkreten Zielen ab, die man bzgl. einzelner Schüler:innen oder der Lerngruppe als Ganzen erreichen möchte. Die anschließende aktionale Phase 6 umfasst die Umsetzung der Entscheidung ins Handeln, wobei Handeln nicht nur Veränderung, sondern auch das Beibehalten bisheriger Verhaltensweisen bzw. bisheriger Planungen bedeuten kann. Phase 7 widmet sich der Überprüfung, also, ob die erhofften Ziele der Entscheidung eingetroffen sind.

Existiert im beruflichen Alltag eine Problem- oder Fragestellung (z. B. wie groß herkunftsbedingte Disparitäten in Leistungsdaten an der eigenen Schule ausfallen), kann es nötig sein, den beschriebenen Entscheidungsprozess um eine vorgeschaltete Datenerhebung zu erweitern. Diese beginnt in der 1. Phase mit der Klärung der Fragestellung und einer 2. Phase der Datenerhebung und Auswertung. Die selbst generierte Datenlage wird dann zur Grundlage für den schon beschriebenen Entscheidungsprozess (Schildkamp 2019).

Wie in Abb. 1 skizziert, sind in den unterschiedlichen Phasen unterschiedliche Wissensbestandteile relevant. Während Verstehen (Phase 3) auf einem spezifischen Aspekt der Lesekompetenz beruht (Informationen identifizieren sowie Zusammenhänge und Muster erkennen), benötigt die Interpretation (Phase 4) sowohl fachliches und fachdidaktisches Wissen als auch Wissen über die Lerngruppe sowie den bisherigen und geplanten Unterricht. Die Entscheidung (Phase 5) beruht ebenfalls auf fachdidaktischem Wissen, diesmal jedoch im Sinne von Wissen über die vermutliche Wirksamkeit von konkreten Fördermaßnahmen für einzelne Schüler:innen oder die Lerngruppe insgesamt sowie die Fähigkeit, den eigenen Unterricht adaptiv zu gestalten (van Geel et al. 2019). Eine SMARTe Formulierung angestrebter Zielstellungen ist ebenfalls keine triviale Aufgabe (Visscher 2021). Im Gegensatz dazu benötigen Phase 2 und 7 Evaluationskompetenz in dem Sinne, u. a. ein Untersuchungsdesign festzulegen, Erhebungsinstrumente zu recherchieren, zu beurteilen oder selbst zu erstellen, selbst erhobene oder vorhandene Daten zu erfassen, auszuwerten und aufzubereiten.

Das skizzierte Prozessmodell kann im Folgenden in zweifacher Hinsicht genutzt werden. Einerseits *deskriptiv* zur Beschreibung von Entscheidungsprozessen in konkreten Entscheidungssituationen, andererseits *präskriptiv*, d. h. als Beschreibung von „guten" Entscheidungsprozessen. Im Folgenden werden zunächst vorliegende Erkenntnisse zur Rezeption und Nutzung von Daten aus Lernstandserhebungen anhand des Prozessmodells verortet, um aktuelle Hürden in der Verarbeitung aufzuzeigen. Anschließend werden beispielhaft aktuelle Strategien aufgezeigt, um die Nutzung zu erhöhen.

Erkenntnisse zur Rezeption und Nutzung von Leistungsdaten

> „Die [Unterrichtsänderung durch VERA] ist nicht intensiv. Vorrang hat immer der Rahmenplan, den wir nun mal haben [...]. Aber ich stelle nicht wegen VERA jetzt meine Planung um. Das passiert nicht" (Ramsteck/Maier 2015, S. 131).

Im Zuge der Einführung der Vergleichsarbeiten in Deutschland entwickelte sich auch eine entsprechende Rezeptionsforschung, die der Frage nachging, wie Lehrkräfte diese neue Form der Leistungsrückmeldung rezipieren und nutzen (Hermstein et al. 2015). Mithin als Gemeinplatz gilt, dass eine bloße verpflichtende Durchführung vom z. B. VERA-Tests und die damit verbundene Bereitstellung von Ergebnisrückmeldungen nicht zwangsläufig zu intendierten Prozessen der Schul- und Unterrichtsentwicklung führen (Altrichter/Maag Merki 2016; Dedering 2016; Oelkers/Reusser 2008). Oft wird in diesem Zusammenhang die Lücke zwischen den diagnostischen Tests auf der einen und der Weiterarbeit im Unterricht auf der anderen Seite als kritische Hürde diskutiert (Dedering 2011; Maier et al. 2012; Oelkers/Reusser 2008; Visscher 2021).

Dies scheint weniger ein Problem der Verständlichkeit der Ergebnisrückmeldungen zu sein (Phase 3; Bonsen et al. 2006), sondern vielmehr ein Problem der Interpretation (Phase 4). Wobei hierzu nicht nur die Interpretation der Ergebnisse, sondern die Interpretation des gesamten Verfahrens zählt. Dedering (2016) berichtet u. a. von folgenden Aspekten, die zu einer insgesamt negativen Wahrnehmung des Verfahrens führen, wie: eine ungünstige Einschätzung der Rückmeldeformate, fehlende Unterstützungsangebote, eine geringe Berücksichtigung der individuellen Bedingungen der Einzelschulen durch die Standardisierung des Testinstruments oder die mangelnde Überzeugung der

Lehrkräfte gegenüber dem Evaluationsverfahren. Richter et al. (2014) können anhand einer repräsentativen Befragung aufzeigen, dass weniger als die Hälfte der Lehrkräfte VERA die Eignung zur Planung individueller Fördermaßnahmen zuspricht. Und nur etwa ein Drittel ist eher davon überzeugt, dass sie wichtige Hinweise für eine Unterrichtsoptimierung geben kann. Andererseits berichten Groß Ophoff et al. (2019) aus ihrem Langzeittrend von einer Zunahme der „berichteten Intensität der Auseinandersetzung mit den Rückmeldungen" als auch der „wahrgenommenen Nützlichkeit der Rückmeldungen" (S. 217).

Die Studienlage zur Frage der durch die Ergebnisrückmeldung ausgelösten Veränderungen ist dünn und uneinheitlich (Phase 6; Hermstein et al. 2015). Richter (2016) z. B. zeigt auf, dass Lehrkräfte durchaus verstärkt VERA-Aufgaben und Inhalte in ihren Unterricht integrieren und dadurch auch die zugrundeliegenden Inhalte der Bildungsstandards im Unterricht implementieren. Andererseits berichten Ramstedt und Meier (2015) in ihrer qualitativen Analyse der innerschulischen Aktivitäten nach Vergleichsarbeiten, dass die Kommunikation zwischen Schulleitung, Fachbereichen und Lehrkräften oft nur oberflächlich und erst bei schlechten Ergebnissen stattfindet. Oftmals wird die Kommunikationsaufgabe an eine andere Instanz übertragen oder Schulleitungen, Lehrkräfte oder Fachbereichsleitungen werden nur über weitere Maßnahmen informiert. Diese würden jedoch kaum gemeinsam erarbeitet oder im Hinblick auf die Umsetzungsmöglichkeiten diskutiert (Ramsteck/Maier 2015). Lediglich zwischen Lehrkräften und Fachbereichsleitungen gibt es zum Teil eine systematische Aufarbeitung der Ergebnisse. Unter den Lehrkräften findet meist ein „kollegialer, informeller Austausch" (S. 130) statt, der sich vor allem auf die Organisation und Korrektur von VERA und weniger auf eine systematische, gemeinsame Unterrichtsentwicklung, bezieht. Ramsteck und Meier (2015) konstatieren daher, dass mehrheitlich keine kompetenzorientierte Unterrichtsentwicklung stattfindet, es werden lediglich einige Aufgabenformate aus den Arbeiten für den Unterricht übernommen und Inhalte wiederholt oder vermehrt geübt. Auf Schulebene lassen sich vereinzelte Maßnahmen zur Weiterentwicklung von Schul- und Methodencurricula sowie Förderprojekten auf Grundlage der VERA Ergebnisse beobachten. Gute Ergebnisse werden häufig nicht weiter beachtet, während schlechte Ergebnisse auf Kritik an der Bedeutung oder Güte der Aufgaben zurückgeführt werden. Diese Ablehnung wird hier durch mangelnde externe Unterstützung zur umfassenden Nutzung des Instruments, das damit verbundene fehlende Wissen über die kompetenzorientierte Nutzung auf Seiten des Schulpersonals, sowie den zu hohen zeitlichen Aufwand begründet (Ramsteck/Maier 2015).

International wird die Frage der Nutzung von Leistungsdaten unter dem Begriff des data-based decision-making behandelt, wobei sich Datennutzung hier nicht ausschließlich auf Leistungsdaten bezieht. Als Zielstellung der Nutzung von Daten durch Lehrkräfte wird klar die Realisierung eines adaptiven Unterrichts verfolgt (Visscher 2021). Auch hier zeigt sich, wie schwierig der Schritt von der

Analyse und Interpretation von Leistungsdaten zur Umsetzung ins Unterrichtshandeln ist (Datnow/Hubbard 2015; Kippers et al. 2018). Dies gilt insbesondere für die Umsetzung komplexer Fähigkeiten wie eine stärkere Umsetzung von Adaptivität des Unterrichts (Faber et al. 2018; Heritage et al. 2009; Hoogland et al. 2016). Slavin et al. (2013) berichten z. B. folgendes aus einer Interventionsstudie, in der Lehrkräfte über mehrere Jahre hinweg die Leistungsdaten ihrer Lerngruppen analysierten: „... first and second year interventions were analogous to taking a patient's temperature, not providing a treatment" (S. 390).

Wir fassen an dieser Stelle zusammen, dass sich auch zwei Jahrzehnte nach der empirischen Wende und nach Einführung vielfältiger standardisierter Leistungsdiagnostik im Schulsystem die Erwartungen an die Nutzung von Leistungsdaten zur Weiterentwicklung des Unterrichts (KMK 2010) nicht erfüllt haben. Dies scheint nicht nur auf die Situation in deutschen Schulen zuzutreffen, sondern in etlichen Ländern, in denen das Steuerungsparadigma stark auf Output-Ergebnissen basiert (Mandinach/Gummer 2016; Visscher 2021). Die kritische Hürde innerhalb des Prozesses scheint zwischen der Interpretation auf der einen und der Entscheidung bzw. Umsetzung ins Unterrichtshandeln auf der anderen Seite zu liegen. Zudem kann anhand der vorliegenden Erkenntnisse nicht erkannt werden, dass die Daten für Zielsetzungen innerhalb der Schule genutzt werden, weder für die getesteten Kohorten noch für zukünftige (Visscher 2021). Welche neueren Entwicklungen es gibt, diese Hürde zu überwinden, wird im folgenden Kapitel behandelt.

Aktuelle Strategien zur Erhöhung des Nutzungspotenzials standardisierter Diagnostik

Im Folgenden sollen drei Beispiele vorgestellt werden, welche das Nutzungspotenzial von standardisierten Lernstandserhebungen zu erhöhen versprechen. Allen ist gemeinsam, dass sie die Kopplung zwischen Diagnostik und anschließender Förderung versuchen zu stärken. Sie unterscheiden sich jedoch in der Intensität zusätzlicher Unterstützungsmaßnamen.

VERACheck – Einbindung konkreter Fördermaterialien an Ergebnisrückmeldungen

> „Der VeraCheck [...] unterstützt die Unterrichtsarbeit ganz erheblich. Das ist das, was mir ganz wichtig ist zu sagen. Man muss das unbedingt ausbauen ... Die Aufgabenformate ... sind meiner Ansicht nach zum großen Teil qualitativ besser als das, was man in den Arbeitsheften und dergleichen sieht. Da ist zwar mehr, aber es ist nicht so perfekt an den Details gearbeitet worden" (Emmrich/Gärtner 2022, S. 19).

Ein erstes Beispiel für einen Ansatz, die Koppelung zwischen Diagnostik und daraus abgeleiteter adaptiver Förderung zu stärken und damit eine Umsetzungswahrscheinlichkeit in Unterrichtshandeln zu erhöhen, ist der sogenannte VERACheck. Hierbei handelt es sich um die Entwicklung eines neuen Rückmeldeformates für Leistungsergebnisse im Kontext der Vergleichsarbeiten (Tarkian et al. 2019). Im Gegensatz zu Rückmeldungen der ersten Generation, welche ausschließlich Informationen über den Leistungsstand der Schüler:innen sowie verschiedene Bezugsnormen darstellen, kann der VERACheck für eine aktuelle Generation an Rückmeldungen stehen, welche direkter konkrete Fördermaterialen je nach gemessenem Leistungsstand anbindet (s. a. Blumenthal et al. 2022). Im konkreten Beispiel konnten in einer ersten Ausbaustufe mittels fachdidaktischer Kooperationspartner:innen Materialen für den Unterrichtseinsatz nach den Testungen in VERA 3 Deutsch Lesen und Mathematik im Kompetenzbereich Größen & Messen sowie für VERA 8 für die Kompetenzbereiche Deutsch Lesen, Mathematik Zahl und Raum & Form entwickelt werden. Basis der neuen Rückmeldung stellt eine interaktive Webseite dar in der die Schüler:innen einer Lerngruppe entsprechend ihren Testergebnissen auf den Bildungsstandards-Kompetenzstufen eingruppiert sind. Ebenfalls direkt nach Kompetenzstufen eingruppiert sind unterhalb der Schüler:innen konkrete Unterrichtsmaterialien für die Weiterarbeit. Eine erste Begleitevaluation des neuen Angebotes zeigt zunächst eine durchgängig positive Wahrnehmung des Angebotes durch Lehrkräfte. Allerdings werden auch hier die weiter oben genannten kritischen Hürden benannt, dass ein stärkerer adaptiver Unterricht (trotz der direkten Bereitstellung der Materialien) angesichts der derzeitigen Arbeitssituation nicht zu leisten wäre (Emmrich/Gärtner 2022).

> „Eine gezielte Förderung einzelner Schüler:innen ... auf Basis der VERA 8 Ergebnisse mit den VERACheck-Materialien ist leider praktisch nicht möglich. Das liegt einfach an der Gegebenheit des Stundenplans und der Möglichkeit mit den Schüler:innen gezielt zu arbeiten. Es ist so, dass zu viel Unterricht ausfällt und dass zu viele andere Dinge gemacht werden. Man muss nach VERA weiter im Stoff. Aber das wäre eigentlich schon wünschenswert" (S. 388–398)."

VERA-BISS – ein Blended Learning Angebot

Einen Schritt weiter als eine ausschließliche Erweiterung der Rückmeldungen aus Lernstandsdiagnostik geht das Projekt VERA-BISS mit einem an VERA 8 angekoppelten Blended Learning Ansatz (Schnitzler et al. 2021, 2022). Ziel der Intervention ist auch hier die Unterstützung der Lehrkräfte bei der Implementation eines adaptiven Unterrichts, konkret in Bezug auf die Lesekompetenz. Die Blended Learning Fortbildung fokussiert zunächst stark auf fachdidaktische

Fragen (Diagnostik von Lesekompetenz, Leseflüssigkeit und Lesestrategien, entsprechend Phase 5 des Prozessmodells – what works) und anschließend auf die Unterstützung der Umsetzung ins Unterrichtshandeln (Auseinandersetzung mit den VERA-Ergebnissen, Phase 3 des Prozessmodells), Zielsetzung (Phase 5) und Begleitung bei der Umsetzung der Maßnahmen in den Unterricht (Phase 6) sowie der Evaluation (Phase 7). Ergebnisse der Begleitforschung dieses Qualifizierungsansatzes liegen noch nicht vor, es darf aber vermutet werden, dass es die Begleitung durch alle Phasen des Prozessmodells wahrscheinlicher macht, adaptiven Unterricht in Bezug auf die Lesekompetenz stärker umzusetzen als dies ohne dieses Angebot der Fall wäre.

Lehrkräfte-Qualifizierung in Verknüpfung mit standardisierter Diagnostik

Das folgende Vorhaben ist ebenfalls ein Beispiel für einen Qualifizierungsansatz in Kombination mit verpflichtenden Lernstandserhebungen (Karst et al. 2022). Basis der hier durchgeführten Intervention ist ein Verständnis von datengestützten Entscheidungen als ein Prozess, der mit der Erfassung von Leistungsständen von Schüler:innen beginnt und mit der Anpassung des Unterrichts an die festgestellte Leistungsheterogenität endet. Zielstellung ist somit die Förderung adaptiven Unterrichts. Hintergrund für diesen Ansatz ist die Annahme, dass die Lernprozesse der Schüler:innen stark vom aktuellen Vorwissen abhängen. Um datengestützte Entscheidungen in diesem Sinne zu unterstützen, wurde in der Studie von Karst et al. (2022) im Anschluss an eine standardisierte Leistungsdiagnostik eine Intervention angesetzt, um Lehrkräfte bei der Überleitung von der Analyse von Leistungsständen hin zur Umsetzung adaptiven Unterricht zu unterstützen. Adaptiver Unterricht wird in dieser Studie als ein Unterricht verstanden, der bei allen Schüler:innen einen gleichen Lernzuwachs erzielt, d. h. die Lernentwicklung sollte parallel verlaufen, wenn auch auf unterschiedlichem Niveau. In dieser Studie war es explizit keine Zielstellung, einen kompensatorischen Lernzuwachs zu erzielen, also gezielt die schwächeren Schüler:innen zu fördern. Die Studie wurde angekoppelt an LERNSTAND 5 in Baden-Württemberg in Bezug auf den eingesetzten Leseverständnistest. Die Intervention bestand aus einem 3,5-stündigen schulinternen Training zu Lesestrategien („Die 5 Textforscher"). Die hier behandelten Lernstrategien sollten von den Lehrkräften in 12 Einheiten in einem Zeitraum von 4 Monaten in ihren Klassen basierend auf den Lernstand 5-Ergebnisse umgesetzt werden. Die Umsetzung orientiert sich am Cognitive Apprenticeship-Ansatz, d. h. in den ersten Einheiten werden die Lesestrategien von den Lehrkräften vorgeführt, anschließend werden die Strategien von den Schüler:innen eingeübt (Gruppenarbeit) und in den abschließenden Einheiten eigenständig angewandt (Einzelarbeit). Der Einsatz der Lesestrategien sowie der Lesestimuli (auf drei unterschiedlichen Komplexitätsgraden) leitet sich aus den Lernstandergebnissen ab.

Als Ergebnis konnte kein Haupteffekt der Intervention auf die Leistungsentwicklung festgestellt werden, d. h. die Lernentwicklung verlief in der Interventionsgruppe sowie in einer Kontrollgruppe ohne Intervention im Durchschnitt gleich. Unterschiedlich verlief jedoch die Leistungsentwicklung in Abhängigkeit des Lernausgangsstandes. Während sich in der Kontrollgruppe der typische Effekt zeigt, dass leistungsschwächere Schüler:innen stärkere Lernzuwächse verzeichneten, ist der Lernzuwachs in der Interventionsgruppe wesentlich weniger abhängig von der Ausgangslage. Hier lernten alle Schüler:innen vergleichbar viel hinzu.

Der hier vorgestellte Ansatz ist sehr stark fachdidaktisch geprägt. Das Training mit den Lehrkräften behandelt fast ausschließlich Ansätze der Leseförderung auf unterschiedlichen Niveaustufen. Ausgangspunkt sind die Kompetenzstände, die Lernstand 5 als Ergebnis berichtet (Niveaustufe 1 – prominente Informationen identifizieren; 2a – Informationen verknüpfen; 2b – Handlungsgründe formulieren; 3 – komplexe Schlüsse ziehen können). Dieser Ansatz fokussiert somit stark auf Phase 5 des Prozessmodells (Entscheiden und what works) sowie auf der abschließenden Umsetzung (Phase 6).

Ausblick

Die dargestellten Beispiele verdeutlichen aktuelle Bestrebungen, das Nutzungspotenzial von standardisierten Lernstandserhebungen zu erhöhen. Sie lösen damit den Ruf nach stärkeren Unterstützungsleistung ein, der schon zu Beginn der Rezeptionsforschung aufgezeigt wurde (Dedering 2010/2016; Groß Ophoff et al. 2006; Richter 2016). Die aus dem nationalen wie internationalen Raum bislang vorliegenden Erkenntnisse zur Förderung von datenbasierten Entscheidungen in Zusammenhang mit der Umsetzung eines adaptiven Unterrichts verdeutlichen, über welche Zeitraum und in welchen Bereichen hier Unterstützung geleistet werden muss (Slavin et al. 2013; Visscher 2021) und welche realistische Erwartungshaltung über zu erwartenden Effekte besteht (Karst et al. 2022).

Neben den stark fachlichen und fachdidaktischen Ansatzpunkten für Interventionen auf Ebene der Lehrkräfte darf die Schulleitung bei der Implementation datenbasierter Entscheidungen nicht außer Acht gelassen werden (van Geel et al. 2019). Die Schulleitung ist maßgeblich für die Routinisierung von datenbasierten Entscheidungsprozessen im Kollegium verantwortlich. Hierzu gehören z. B. die folgenden Aspekte: Setzung klarer Erwartungen hinsichtlich der Nutzung von Daten (z. B. zur Verknüpfung von Diagnostik, schulinternem Curriculum und Unterricht), Bereitstellung von Zeit für die Kollaboration von Lehrkräften, Etablierung einer Kultur der Datennutzung (was kann innerhalb des Kollegiums voneinander gelernt werden), Verknüpfung von Ergebnissen aus Lernstandsdiagnostik mit Unterrichtsbesuchen bzw. Personalentwicklungsmaßnahmen; Setzung klarer Ziele hinsichtlich der Entwicklung von Leistungsdaten (Dresback 2023; Sanchez 2015). Interventionen für Schulleitungen müssen entsprechend die Umsetzung der hier genannten Aspekte beinhalten, um datenbasierte Entscheidungen innerhalb eines Kollegiums zu implementieren (van Geel et al. 2019).

Allen genannten Ansätzen ist gemein, dass sie als Basis auf die zur Verfügung stehenden Daten bzw. Leistungsrückmeldungen zurückgreifen. An dieser Stelle muss kritisch reflektiert werden, wie gut sich diese Daten zur fachlichen Unterrichtsentwicklung eignen (Leuders et al. 2019; Maaz et al. 2019). Die Entwicklung im Bereich der Diagnostik ist sehr dynamisch. Dies gilt für die Entwicklung formativen Assessments, adaptiver Testsysteme oder auch intelligenter tutorieller Systeme (Blumenthal et al. 2022; KMK 2021; Kulik/Fletcher 2016; SWK 2022), welche versprechen, etliche der oben aufgezeigten Prozessschritte „automatisch" zu übernehmen (Lechuga/Doroudi 2022; Phillips et al. 2020). Für die Steuerungsebene resultiert hieraus der Auftrag, aus dem aktuell eher Nebeneinander einzelner diagnostischer Verfahren ein kohärentes Ganzes zu machen, welches u. a. die landesweit verpflichtenden Vergleichsarbeiten integriert, um formative Diagnostik ergänzt und bestenfalls auch Informationen zur Lernentwicklung bereitstellt (Qualitätskommission zur Schulqualität in Berlin, 2020). So ein kohärentes System ist in Ansätzen aktuell nur in Hamburg zu beobachten, welches aufgrund des guten Abschneidens Hamburgs in den letzten IQB-Bildungstrends (Stanat et al. 2022a) als ein Grund für die positive Leistungsentwicklung diskutiert wird:

> „Ob dies etwas mit der Strategie einer datengestützten Schul- und Unterrichtsentwicklung zu tun hat, die das Land in mehr als 20 Jahren etabliert und konsequent weiterentwickelt hat (Fickermann/Maritzen 2014), lässt sich nicht mit Sicherheit feststellen. Es erscheint jedoch plausibel, dass in einem System, in dem die Entwicklung zentraler Rahmenbedingungen, Verläufe und Ergebnisse schulischer Bildungsprozesse auf den verschiedenen Akteursebenen kontinuierlich beobachtet wird, auf Veränderungen gezielter reagiert und bei sich abzeichnenden Problemlagen frühzeitiger interveniert werden kann" (Stanat et al. 2022, S. 282).

Literatur

Altrichter, Herbert/Maag Merki, Katharina (Hrsg.) (2016): Handbuch Neue Steuerung im Schulsystem. 2. Auflage. Wiesbaden: VS.

Altrichter, Herbert/Moosbrugger, Robert/Zuber, Julia (2016): Schul- und Unterrichtsentwicklung durch Datenrückmeldung. In: Altrichter, Herbert/Maag Merki, Katharina (Hrsg.): Handbuch Neue Steuerung im Schulsystem. Wiesbaden: Springer, S. 235–277.

Bauer, Johannes/Kollar, Ingo (2023): (Wie) kann die Nutzung bildungswissenschaftlicher Evidenz Lehren und Lernen verbessern? Thesen und Fragen zur Diskussion um evidenzorientiertes Denken und Handeln von Lehrkräften. In: Unterrichtswissenschaft 51, S. 123–147.

Baumert, Jürgen/Klieme, Eckhard/Neubrand, Michael/Prenzel, Manfred/Schiefele, Ulrich/Schneider, Wolfgang/Stanat, Petra/Tillmann, Klaus-Jürgen/Weiß, Manfred (Hrsg.) (2001): PISA 2000. Basiskompetenzen von Schülerinnen und Schülern im internationalen Vergleich. Opladen: Leske & Budrich.

Blumenthal, Stefan/Gebhardt, Markus/Förster, Natalie/Souvignier, Elmar (2022): Internetplattformen zur Diagnostik von Lernverläufen von Schülerinnen und Schülern in Deutschland – Ein Vergleich der Plattformen Lernlinie, Levumi und quop. In: Zeitschrift für Heilpädagogik 73, H. 4, S. 153–167.

Bonsen, Martin/Büchter, Andreas/Peek, Rainer (2006): Datengestützte Schul- und Unterrichtsentwicklung. Bewertung der Lernstandserhebungen in NRW durch Lehrerinnen und Lehrer. In: Bos, Wilfried/Holtappels, Heinz Günter/Pfeiffer, Hermann/Rolff, Hans-Günter/Schulz-Zander, Renate (Hrsg.): Jahrbuch der Schulentwicklung. Weinheim: Beltz, S. 125–148.

Datnow, Amanda/Hubbard, Lea (2016): Teacher capacity for and beliefs about data-driven decision making: A literature review of international research. In: Journal of Educational Change 17, S. 7–28.

Dedering, Kathrin (2011): Hat Feedback eine positive Wirkung? Zur Verarbeitung extern erhobener Leistungsdaten in Schulen. In: Unterrichtswissenschaft 39, H. 1, S. 63–83.

Dedering, Kathrin (2016): Schulentwicklung durch externe Evaluationen? Schulinspektionen und Vergleichsarbeiten in der deutschen Schulpraxis – eine Bilanz. In: Pädagogik 68, S. 44–47.

Dresback, Michael Kyle (2023): High School Principal Beliefs on Data Driven Decision-Making and Its Effect on Student Achievement in Florida: Doctoral dissertation, University of Florida. https://www.proquest.com/docview/2829984044?pq-origsite=gscholar&fromopenview=true (Abfrage: 23.04.2024).

Emmrich, Rico/Gärtner, Holger (2022): Stärkere Verknüpfung von Diagnostik und Förderung durch optimierte Rückmeldungen im Rahmen von VERA. Vortrag auf der AEPF, Stuttgart.

Faber, Janke/Glas, Cees/Visscher, Adrie (2018): Differentiated instruction in a data-based decision-making context. In: School Effectiveness and School Improvement 29, H. 1, S. 43–63.

Förster, Natalie/Kawohl, Elisabeth/Souvignier, Emar (2018): Short- and long-term effects of assessment-based differentiated reading instruction in general education on reading fluency and reading comprehension. In: Learning and Instruction 56, S. 98–109.

Füssel, Hans-Peter/Leschinsky, Achim (2008): Der institutionelle Rahmen des Bildungswesens. In: Cortina, Kai/Baumert, Jürgen/Leschinsky, Achim/Mayer, Karl Ulrich/Trommer, Luitgard (Hrsg.): Das Bildungswesen in der Bundesrepublik Deutschland. Hamburg: Rowohlt, S. 131–204.

Gärtner, Holger/Bilic, Dejana/Meissner, Almuth (2022): Lernstandserhebungen für den Unterricht nutzen. In: PÄDAGOGIK 6, S. 50–54.

Groß Ophoff, Jana/Koch, Ursula/Hosenfeld, Ingmar (2019): Vergleichsarbeiten in der Grundschule von 2004 bis 2015. In: Zuber, Julia/Altrichter, Herbert/Heinrich, Martin (Hrsg.): Bildungsstandards zwischen Politik und schulischem Alltag. Wiesbaden: Springer VS, S. 205–228.

Groß Ophoff, Jana/Koch, Ursula/Hosenfeld, Ingmar/Helmke, Andreas (2006): Ergebnisrückmeldungen und ihre Rezeption im Projekt VERA. In: Kuper, Harm/Schneewind, Julia (Hrsg.): Rückmeldung und Rezeption von Forschungsergebnissen. Zur Verwendung wissenschaftlichen Wissens im Bildungsbereich. Münster: Waxmann, S. 19–40.

Helmke, Andreas (2004): Von der Evaluation zur Innovation: Pädagogische Nutzbarmachung von Vergleichsarbeiten in der Grundschule. In: Seminar 2, S. 90–112.

Helmke, Andreas/Hosenfeld, Ingmar (2005): Standardbezogene Unterrichtsentwicklung. In: Brägger, Gerold/Bucher, Beat/Landwehr, Norbert (Hrsg.): Schlüsselfragen zur externen Schulevaluation. Bern: hep, S. 127–152.

Heritage, Margaret/Kim, Jinok/Vendlinski, Terry/Herman, Joan (2009): From Evidence to Action: A Seamless Process in Formative Assessment? In: Educational Measurement: Issues and Practice 28, H. 3, S. 24–31.

Hermstein, Björn/Semper, Ina/Berkemeyer, Nils/Mende, Lisa (2015): Thematisierungen von Bildungsmonitoringinstrumenten seitens der Bildungsforschung. Die Beispiele Bildungsberichterstattung, Schulinspektion und Vergleichsarbeiten. In: Die Deutsche Schule 107, H. 3, S. 248–263.

Hoogland, Inge/Schildkamp, Kim/van der Kleij, Fabienne/Heitink, Maaike/Kippers, Wilma/Veldkamp, Bernard/Dijkstra, Anne (2016): Prerequisites for data-based decision making in the classroom: Research evidence and practical illustrations. In: Teaching and Teacher Education 60, S. 377–386.

Karst, Karina/Bonefeld, Meike/Dotzel, Stefanie/Fehringer, Benedict/Steinwascher, Merle (2022): Data-based differentiated instruction: The impact of standardized assessment and aligned teaching material on students' reading comprehension. In: Learning and Instruction 79, 101597.

Keuning, Trynke/van Geel, Mareike/Visscher, Adrie (2017): Why a Data-Based Decision-Making Intervention Works in Some Schools and Not in Others. In: Learning Disabilities Research & Practice 32, H. 1, S. 32–45.

Kippers, Wilma/Poortman, Cindy/Schildkamp, Kim/Visscher, Adrie (2018): Data literacy: What do educators learn and struggle with during a data use intervention? In: Studies in Educational Evaluation 56, S. 21–31.

KMK (2010): Konzeption der Kultusministerkonferenz zur Nutzung der Bildungsstandards für die Unterrichtsentwicklung. Köln: Wolters Kluwer. https://www.kmk.org/fileadmin/veroeffentlichungen_beschluesse/2010/2010_00_00-Konzeption-Bildungsstandards.pdf (Abfrage: 23.04.2024).

KMK (2015): Gesamtstrategie der Kultusministerkonferenz zum Bildungsmonitoring (Beschluss der 350. Kultusministerkonferenz vom 11.06.2015). Berlin: KMK. https://www.kmk.org/fileadmin/Dateien/pdf/Themen/Schule/Qualitaetssicherung_Schulen/2015_06_11-Gesamtstrategie-Bildungsmonitoring.pdf (Abfrage: 23.04.2024).

KMK (2021): Lehren und Lernen in der digitalen Welt. Ergänzung zur Strategie der Kultusministerkonferenz „Bildung in der digitalen Welt" (Beschluss der Kultusministerkonferenz vom 09.12.2021). https://www.kmk.org/fileadmin/veroeffentlichungen_beschluesse/2021/2021_12_09-Lehren-und-Lernen-Digi.pdf (Abfrage: 23.04.2024).

Kulik, James/Fletcher, John Dexter (2016): Effectiveness of Intelligent Tutoring Systems: A Meta-Analytic Review. In: Review of Educational Research 86, H. 1, S. 42–78.

Lai, Mei Kuin/Schildkamp, Kim (2013): Data-based Decision Making: An Overview. In: Schildkamp, Kim/Lai, Mei Kuin, Earl, Lorna (Hrsg.): Data-based Decision Making in Education: Challenges and Opportunities, Wiesbaden: Springer, S. 9–22.

Landesinstitut für Schule und Medien Berlin-Brandenburg LISUM (Hrsg.) (2021): ILeA plus. Handbuch für Lehrerinnen und Lehrer. Ludwigsfelde: LISUM. https://www.bildungsserver.berlin-brandenburg.de/fileadmin/bbb/unterricht/lernbegleitende_Diagnostik/ilea_plus/ILeAplus-I-Allgemein.pdf (Abfrage: 23.04.2024).

Lechuga, Christopher/Doroudi, Shayan (2022): Three Algorithms for Grouping Students: A Bridge Between Personalized Tutoring System Data and Classroom Pedagogy. In: International Journal of Artificial Intelligence in Education. Springer.

Leuders, Timo/Schulz, Andreas/Kowalk, Sabine (2019): Lernstandsdiagnosen – Wann ist externe Diagnoseunterstützung nützlich? In: Buhren, Claus/Klein, Günter/Müller, Sabine (Hrsg.): Handbuch Evaluation in Schule und Unterricht. Weinheim: Beltz, S. 166–183.

Maaz, Kai/Emmrich, Rico/Kropf, Michaela/Gärtner, Holger (2019): Bildungsstandards als innovative Elemente moderner Bildungssysteme – Voraussetzungen und Perspektive. In: Zuber, Julia/Altrichter, Herbert/Heinrich, Martin (Hrsg.): Bildungsstandards zwischen Politik und schulischem Alltag. Wiesbaden: Springer VS, S. 25–44.

Magister, Caroline/Gönder, Dominique/Brunner, Martin (2013): Lernausgangslage Berlin. Wissenschaftliches Handbuch. Berlin: ISQ.

Maier, Uwe (2008): Rezeption und Nutzung von Vergleichsarbeiten aus der Perspektive von Lehrkräften. In: Zeitschrift für Pädagogik 54, S. 95–117.

Maier, Uwe/Metz, Kerstin/Bohl, Thorsten/Kleinknecht, Marc/Schymala, Martin (2012): Vergleichsarbeiten als Instrument der datenbasierten Schul- und Unterrichtsentwicklung in Gymnasien. In: Wacker, Albrecht/Maier, Uwe/Wissinger, Jochen (Hrsg.): Schul- und Unterrichtsreform durch ergebnisorientierte Steuerung. Wiesbaden: VS Verlag für Sozialwissenschaften, S. 197–224.

Mandinach, Ellen/Gummer, Edith (2016): What does it mean for teachers to be data literate: Laying out the skills, knowledge, and dispositions. In: Teaching and Teacher Education 60, S. 366–376.

Maritzen, Norbert (2014): Glanz und Elend der KMK-Strategie zum Bildungsmonitoring. Versuch einer Bilanz und eines Ausblicks. In: Die Deutsche Schule 106, H. 4, S. 398–413.

Oelkers, Jürgen/Reusser, Kurt/Berner, Esther/Halbheer, Uli/Stolz, Stefanie (2008): Expertise: Qualität entwickeln – Standards sichern – mit Differenz umgehen. In: Bildungsforschung Bd. 27. Berlin: BMBF.

Phillips, Andrea/Pane, John/Reumann-Moore, Rebecca/Shenbanjo, Oluwatosin (2020): Implementing an adaptive intelligent tutoring system as an instructional supplement. In: Educational Technology Research and Development 68, H. 3, S. 1409–1437.

Qualitätskommission zur Schulqualität in Berlin (2020): Empfehlungen zur Steigerung der Qualität von Bildung und Unterricht in Berlin. Berlin: SenBJF. https://www.berlin.de/sen/bjf/service/presse/abschlussbericht_expertenkommission_6-10-2020.pdf (Abfrage: 23.04.2024).

Ramsteck, Carolin/Maier, Uwe (2015): Testdatenbasierte Schul- und Unterrichtsentwicklung. Analyse von Handlungsmustern bei der Rezeption und Nutzung von Vergleichsarbeitsdaten. In: Schrader, Josef/Schmid, Josef/Amos, Sigrid Karin/Thiel, Ansgar (Hrsg.): Governance von Bildung im Wandel. Wiesbaden: Springer Fachmedien, S. 119–144.

Richter, Dirk (2016): Die Vergleichsarbeiten in Deutschland: Eine Bestandsaufnahme. In: Bundesministerium für Bildung und Forschung (Hrsg.): Bildungsforschung 2020: Zwischen wissenschaftlicher Exzellenz und gesellschaftlicher Verantwortung. Berlin: BMBF, S. 87–96.

Richter, Dirk/Böhme, Katrin/Becker, Michael/Pant, Hans Anand/Stanat, Petra (2014): Überzeugungen von Lehrkräften zu den Funktionen von Vergleichsarbeiten. Zusammenhänge zu Veränderungen im Unterricht und den Kompetenzen von Schülerinnen und Schülern. In: Zeitschrift für Pädagogik 60, H. 2, S. 225–244.

Sanchez, Marco (2015): Data-driven decision-making practices that secondary principals use to improve student achievement Doctoral dissertation, University of Southern California. https://www.proquest.com/docview/2066822131?pq-origsite=gscholar&fromopenview=true (Abfrage: 23.04.2024).

Schildkamp, Kim (2019): Data-based decision-making for school improvement: Research insights and gaps. In: Educational Research 61, H. 3, S. 257–273.

Schildkamp, Kim/Poortman, Cindy/Handelzalts, Adam (2016): Data teams for school improvement. In: School Effectiveness and School Improvement 27, H. 2, S. 228–254.

Schnitzler, Carola/Karstens, Fabiana/Stehr, Charlotte/Henschel, Sofie/Jost, Jörg (2021): Entwicklung und Evaluation eines Fortbildungsansatzes zur verbesserten Nutzung der VERA-8-Ergebnisse für die datenbasierte Unterrichtsentwicklung im Kompetenzbereich Lesen – Vorstellung des Projekts BiSS-Transfer/VERA-BiSS. Vortrag auf der 30. Stuttgart: EMSE. https://www.uni-bielefeld.de/fakultaeten/erziehungswissenschaft/weos/hps/emse-netzwerk/tagungsmaterial/30-EMSE_Schnitzler_Fortbildungsansatz-Vera8.pdf (Abfrage: 23.04.2024).

Schnitzler, Carola/Stehr, Charlotte/Henschel, Sofie (2022): Erste Ergebnisse aus der Erprobung eines Blended-Learning-Fortbildungsansatzes zur Nutzung der VERA-Ergebnisse. Vortrag auf der AEPF, Stuttgart.

Slavin, Robert/Cheung, Alan/Holmes, GwenCarol/Madden, Nancy/Chamberlain, Anne (2013): Effects of a Data-Driven District Reform Model on State Assessment Outcomes. In: American Educational Research Journal 50, H. 2, S. 371–396.

Stanat, Petra/Schipolowski, Stefan/Schneider, Rebecca/Sachse, Karoline/Weirich, Sebastian/Henschel, Sofie (Hrsg.) (2022): IQB-Bildungstrend 2021. Kompetenzen in den Fächern Deutsch und Mathematik am Ende der 4. Jahrgangsstufe im dritten Ländervergleich. Münster: Waxmann.

Ständige Wissenschaftliche Kommission der Kultusministerkonferenz (2022): Basale Kompetenzen vermitteln – Bildungschancen sichern. Perspektiven für die Grundschule. Gutachten der Ständigen Wissenschaftlichen Kommission der Kultusministerkonferenz (SWK). https://www.pedocs.de/frontdoor.php?source_opus=25542 (Abfrage: 23.04.2024).

Tarkian, Jasmin/Maritzen, Norbert/Eckert, Marius/Thiel, Felicitas (2019): Vergleichsarbeiten (VERA) – Konzeption und Implementation in den 16 Ländern. In: Thiel, Felicitas/Tarkian, Jasmin/Lankes, Eva-Maria/Maritzen, Norbert/Riecke-Baulecke, Thomas/Kroupa, Anna (Eds.): Datenbasierte Qualitätssicherung und -entwicklung in Schulen. Wiesbaden: Springer VS, S. 41–103.

van Geel, Marieke/Keuning, Trynke/Frèrejean, Jimmy/Dolmans, Diana/van Merriënboer, Jeroen/Visscher, Adrie (2019): Capturing the complexity of differentiated instruction. In: School Effectiveness and School Improvement 30, H. 1, S. 51–67.

Visscher, Adrie (2021): On the value of data-based decision making in education: The evidence from six intervention studies. In: Studies in Educational Evaluation 69, 100899.

Die externe Schulevaluation im Dienst des Bildungsmonitorings

Andreas Brunner und Sandy Taut

Zusammenfassung

Die externe Schulevaluation wird in der aktuellen KMK-Gesamtstrategie zum Bildungsmonitoring als eine zentrale qualitätssichernde Maßnahme auf Ebene der Einzelschule verortet. Doch wie genau passt die Schulevaluation zum Bildungsmonitoring? Im Beitrag wird die Funktion der externen Schulevaluation auf Ebene der Einzelschule sowie der mittleren und übergeordneten Systemebene dargestellt. Abschließend werden Gelingensbedingungen sowie Handlungsfelder für die Zukunft diskutiert.

Bildungspolitische Grundsatzpapiere der Kultusministerkonferenz (KMK 2016) oder der Ständigen wissenschaftlichen Kommission (SWK 2022) in Deutschland, aber auch die Strategien internationaler Organisationen wie der OECD oder der UNESCO positionieren das Bildungsmonitoring als einen zentralen Mechanismus zur Sicherung von Bildungsqualität und Bildungsgerechtigkeit. Dafür werden auf den verschiedenen Ebenen des Bildungssystems konkrete Maßnahmen umgesetzt. Dazu zählen bspw. internationale Vergleichsstudien, Bildungsstandards und Bildungsberichte auf nationaler Ebene, ebenso Lernstandserhebungen und Evaluationen auf Einzelschulebene. Wenn unter Bildungsmonitoring die systematische, auf empirischen Erhebungen beruhende, wiederkehrende Erfassung von Rahmenbedingungen, Prozessen und Ergebnissen im Bildungsbereich verstanden wird, dann erfüllt die externe Schulevaluation (oder Schulinspektion) diese definitorischen Merkmale, wobei sie insbesondere die Qualität schulischer Prozesse in den Blick nimmt (Grünkorn/Klieme/Stanat 2019).

In länderspezifischen Qualitäts- oder Referenzrahmen wird beschrieben, welche Qualitätsmerkmale guter Schule und guten Unterrichts gelten sollen. Diese dienen auch der Evaluation von Schulen als Grundlage (Thiel/Tarkian 2019). Sie umfassen generische Beschreibungen von Schul- und Unterrichtsqualität. Je nach Anwendung werden sie an Schulform und -stufe angepasst und ausdifferenziert. Berücksichtigt werden Merkmale von Schulen als strategisch und operativ geleitete Organisationen, die sich als professionelle Lerngemeinschaften verstehen und sich systematisch und zielorientiert weiterentwickeln. Die Schule steht im aktiven Austausch mit den Eltern und pflegt eine respektvolle Schulgemeinschaft. Auf der Ebene Unterricht werden beispielsweise Anforderungen an dessen kompetenzorientierte Gestaltung und an eine angemessene individuelle Förderung formuliert. Angereichert werden die bestehenden Qualitätsrahmen mit aktuellen bildungspolitischen Themen wie beispielsweise Digitalisierung im Unterricht, Ganztagschulen oder Umgang mit Vielfalt. Dabei verändert sich der schulische Kontext sehr schnell. Die Qualitätsansprüche müssen mit diesen Veränderungen Schritt halten, um glaubwürdig und valide zu bleiben. Somit finden sich zukünftig möglicherweise Themen wie die Agilität der Schulführung, der Umgang mit heterogenen Lehrpersonenteams und das Krisenmanagement in den Qualitätsrahmen wieder.

Um diese allgemeinen Qualitätsaspekte und konkreten Indikatoren zu erfassen, kommen wissenschaftliche Methoden der empirischen Bildungsforschung zum Einsatz, die im Kontext einer professionellen Evaluation hohen Qualitätsstandards genügen müssen (DeGEval 2016). Die Schule dokumentiert gegenüber dem mehrköpfigen Evaluationsteam ihr Handeln mit dem Schulentwicklungsprogramm, zentralen Konzepten und Ergebnissen eigener Entwicklungsvorhaben. Die schriftliche Befragung von Eltern, Schüler:innen sowie Lehr- und Fachpersonen schafft eine breite Datengrundlage. Diese wird beim Evaluationsbesuch vor Ort in Interviews mit den verschiedenen Beteiligten vertieft und mit strukturierten Beobachtungen ergänzt. Die Unterrichtsbeobachtung erfolgt kriteriengeleitet und mit validierten Instrumenten. Insgesamt entsteht so aus einer fachlichen Außenperspektive ein differenziertes, trianguliertes Bild der Schule.

Schulen werden in einem regelhaften Turnus evaluiert. Weil die Evaluation standardisiert erfolgt und teilweise in quantitative Ergebnisse mündet, können diese über die Einzelschule hinaus aggregiert werden und verschiedenen Steuerungsebenen zufließen. In Anlehnung an Landwehr (2013) werden der Schulevaluation verschiedene Funktionen zugeschrieben, die Tabelle 1 für die unterschiedlichen Systemebenen zusammenfasst. Die nachfolgenden Abschnitte zeigen anhand eines Fallbeispiels, wie die verschiedenen Funktionen in der Praxis erfüllt werden können.

Tab. 1: Funktionen der externen Evaluation auf den unterschiedlichen Systemebenen

Ebene Einzelschule	• Verständnis von guter Schule vermitteln und fördern • Stärken anerkennen und Motivation schenken • Handlungsbedarfe feststellen und Entwicklungsimpulse liefern
Mittlere Systemebene	• Lokales Steuerungswissen zur Qualität schulischer Prozesse bereitstellen • Rechenschaft ablegen zur Verwendung öffentlicher Gelder
Übergeordnete Systemebene	• In einer Gesamtschau Vergleichsmöglichkeiten bieten • Steuerungswissen für übergeordnete Entscheidungen präsentieren • Gegenseitiges Verständnis der Beteiligten stärken

Was bringt die Evaluation der Einzelschule?

Die Grundschule ABC unter Leitung von Frau D ist im kommenden Schuljahr für eine externe Schulevaluation vorgesehen. In einer Dienstbesprechung der Schulleitungen des Bezirks wird erklärt, worum es bei der Evaluation geht und welchen Zwecken sie für die Einzelschule dienen soll.

- **Verständnis von guter Schule vermitteln und fördern**
  Die Schule soll sich zunächst im Vorfeld mit dem Qualitätsrahmen auseinandersetzen, damit die Schul- und Unterrichtsentwicklung auf einem geteilten Qualitätsverständnis basiert; und auch, damit allen klar und transparent wird, woran die Qualität von Schule und Unterricht in der Evaluation abgelesen wird. Frau D stellt also in der nächsten Besprechung mit ihrem Kollegium den Qualitätsrahmen vor und zeigt ein kurzes Erklärvideo, welches dafür zur Verfügung steht. Sie schlägt vor, eine Selbsteinschätzung vorzunehmen, damit ihr Kollegium sich noch genauer mit dem gemeinsamen Qualitätsverständnis auseinandersetzt und im Hinblick auf die einzelnen Qualitätsaspekte überlegt, wo die Stärken und Handlungsbedarfe ihrer Schule liegen. Diese Selbstreflexion kann später zu den Ergebnissen der externen Evaluation in Bezug gesetzt werden.

- **Stärken anerkennen und Motivation schenken**
  Die externe Evaluation liefert dann eine umfassende, für alle Schulen vergleichbar durch geschulte Evaluationsteams erstellte Bestandsaufnahme, wo die Grundschule ABC in Sachen Qualität steht. Es wird systematisch ermittelt, was alles gut läuft, wo der Schule also besondere Anerkennung gebührt. Es ist eine seltene Motivation für die Schulgemeinschaft, wenn auf der Basis objektiver Daten und fachlich fundiert der Schule angemessene, gute oder sogar exzellente Praxis in verschiedenen Bereichen rückgemeldet wird. Das kann insbesondere auch der Schulleiterin Frau D Kraft und Rückenwind geben und im Kollegium die gemeinschaftliche Selbstwirksamkeit stärken. Beispielsweise führt ein an der Grundschule ABC in der dritten Jahrgangsstufe fest institutionalisiertes Vorgehen für projektbasierten, fächerübergreifenden Unterricht zu einer exzellenten Praxis im Bereich des vernetzten sowie des selbstgesteuerten Lernens. Die Identifikation der Stärken einer Schule bildet eine wichtige Grundlage, um diese nachhaltig – also auch über personelle Wechsel und weitere Veränderungen an der Schule hinaus – zu sichern und zu bewahren.

- **Handlungsbedarfe feststellen und Entwicklungsimpulse liefern**
  Die Evaluation folgt dem professionellen Verständnis des lebenslangen Lernens und baut auf dem Prinzip der lernenden Organisation auf. Sie will daher

ihre Rückmeldungen auch als Impulse für die fortlaufende Schul- und Unterrichtsentwicklung verstanden und genutzt wissen. Gerade in Zeiten fortwährender Herausforderungen und tiefgreifender Veränderungen bietet es eine gewisse Sicherheit und Stabilität, sich auf fundierte Evaluationsergebnisse abstützen zu können. Diese dienen auch dazu, das Entwicklungshandeln ressourcengerecht auszurichten und mit einer Priorisierung die Beteiligten in ihrer Verantwortung zu unterstützen und zu entlasten. An der Grundschule ABC hat die Evaluation beispielsweise einen Handlungsbedarf im Bereich des Qualitätsmanagements attestiert, weil die Schulentwicklung weder systematisch geplant und durchgeführt noch datengestütztes Feedback einholt wird. Die externe Evaluation stellt somit Handlungsbedarfe ins Scheinwerferlicht, die Frau D an der Grundschule ABC sowieso angehen will und muss, damit ihre Schule sich weiterentwickelt. Weil Frau D eine positive Fehlerkultur pflegt und konstruktivem Feedback gegenüber offen ist, wird sie aus der Evaluation in Bezug auf das schulische Qualitätsmanagement eine konkrete Zielsetzung ableiten und diese im eigenen Schulentwicklungsprogramm und in einer Zielvereinbarung mit der Schulaufsicht verankern. Evaluation und Schulentwicklung sind somit im Idealfall eng verknüpft. Frau D wird sich für die Begleitung der beabsichtigten Maßnahmen eine Schulentwicklungsmoderatorin suchen, die das Vorhaben sachkundig unterstützen und die Schulleitung zugleich etwas entlasten kann.

Was nützt die Evaluation auf der mittleren Systemebene?

Die Evaluation erfüllt jedoch wie oben bereits angedeutet nicht nur wichtige Funktionen auf der Einzelschulebene, sie möchte auch auf der nächsthöheren, mittleren Systemebene für die Steuerung der Einzelschule durch die zuständigen, direkt vorgesetzten Behörden nützlich sein.

- **Lokales Steuerungswissen zur Qualität schulischer Prozesse bereitstellen**
  Im Rahmen der Durchführung von externen Schulevaluationen während eines Schuljahres in einer bestimmten Verwaltungseinheit wird die Grundschule ABC zu einem Datenpunkt in einer übergreifenden Erfassung der Schul- und Unterrichtsqualität. Davon hat die Schule insofern einen Nutzen, als sie damit ihre Perspektive, ihre Errungenschaften und Nöte in das System einspeist, damit sich dieses auf der Grundlage systematischer Daten insgesamt in die richtige Richtung bewegen kann. Zudem liefert die Schulevaluation der lokalen Steuerungsebene wie der Schulaufsicht damit wertvolle, unter Nutzung wissenschaftlicher Methoden erhobene Prozessdaten, die sie für eine zielgerichtete Unterstützung der in ihrer Verantwortung befindlichen Schulen nutzen kann. Der Fokus liegt in erster Linie auf den Qualitätsaspekten,

die eine Schule in der eigenen Hand hat: die Gestaltung des Unterrichts und die Organisation der Schule. Insofern bietet die externe Schulevaluation einen Blick hinein in die Blackbox dessen, was Schülerinnen und Schüler an ihren Schulen regelhaft im Sinne eines qualitätsvollen Unterrichts und qualitätsvoller weiterer schulischer Prozesse erleben – in Form von lokal aggregierten Daten, die andere Maßnahmen der Qualitätssicherung nicht liefern.
Im Falle der Grundschule ABC stellt die übergeordnete Behörde für die Schulleiterin D den Kontakt zu einer anderen Schule her, welche das systematische Qualitätsmanagement bereits etabliert hat und sich als Praxispartnerin für die Grundschule ABC anbietet. Umgekehrt erhält Schulleiterin D die Gelegenheit, ihre Erfahrungen mit dem Aufbau selbstgesteuerter Lernformen zu teilen. Anhand der aggregierten Evaluationsergebnisse identifiziert die Behörde zudem an verschiedenen Schulen Qualifizierungsbedarf in ähnlichen Bereichen, dem sie mit einem Weiterbildungsangebot begegnet, das allen interessierten Schulen offen steht.

- **Rechenschaft ablegen zur Verwendung öffentlicher Gelder**
Die Grundschule ABC erhält – wie alle anderen staatlich finanzierten Schulen auch – öffentliche Ressourcen mit einem klaren Auftrag: in erster Linie dem Bildungs- und Erziehungsauftrag gegenüber den Schülerinnen und Schülern. Für die Erfüllung des Auftrags übernimmt sie eine Verantwortung und muss daher Rechenschaft ablegen gegenüber der Öffentlichkeit. Die Evaluation dient letztlich auch dieser Rechenschaftslegung, indem sie in regelmäßigen Abständen „hineinschaut" in die Schulen und Daten sammelt in Hinblick auf die Qualität der Prozesse, die für die Erfüllung des Bildungs- und Erziehungsauftrags maßgeblich sind. Allerdings kommt es in Deutschland und in der Schweiz im Nachgang einer Evaluation nicht zu folgenreichen Konsequenzen für die Schulen, selbst wenn sie bedeutende Mängel aufweisen. Hier wird dann im Sinne des Entwicklungsimpulses auf die Professionalität der Beteiligten gezählt, diese Hinweise ernst zu nehmen und die Mängel – formalisiert manchmal durch eine Zielvereinbarung mit der lokalen Aufsichtsbehörde – zu beheben.

Welche Funktionen erfüllt die Evaluation auf übergeordneter Systemebene?

Die externe Schulevaluation vermag – wie am Beispiel der Grundschule ABC dargestellt – auf der Ebene der einzelnen Schule wie auch auf der nächsthöheren Steuerungsebene vielfältige, sich ergänzende Funktionen zu erfüllen. Wie aber gelangen diese Erkenntnisse auf die übergeordnete Systemebene? Wie können

Ministerien, Hochschulen oder Verbände des Schulfelds die Evaluationsergebnisse für ihren Aufgaben- und Verantwortungsbereich gewinnbringend nutzen?

Um dieser Frage nachzugehen, soll der Blick auf den Kanton Zürich gerichtet werden, wo die externe Schulevaluation seit mehr als 15 Jahren fester Bestandteil des Bildungsmonitorings ist. Der Vermittlung und Verwendung der Erkenntnisse auf der übergeordneten Systemebene wurde in den letzten Jahren vermehrt Aufmerksamkeit geschenkt, damit das Wissen über die einzelne Schule hinaus – wie zu Beginn dieses Beitrags erwähnt – systematischer als in der Vergangenheit gebündelt wird und den Verantwortlichen zur Nutzung zur Verfügung steht.

- **In einer Gesamtschau Vergleichsmöglichkeiten bieten**
  Im Kanton Zürich werden die Evaluationsergebnisse der Grundschule ABC gemeinsam mit den Resultaten aller in demselben Schuljahr evaluierten Schulen in einem Jahresbericht zusammengeführt (vgl. https://www.zh.ch/fsb-publikationen). Ohne Rückschlüsse auf einzelne Schulen zuzulassen, stellt der Jahresbericht die festgestellten Stärken und Handlungsbedarfe in den beurteilten Qualitätsbereichen in einer Gesamtschau dar. Das ermöglicht Frau D, die Evaluationsergebnisse ihrer Schule mit denjenigen aller anderen Schulen derselben Stufe zu vergleichen und den Entwicklungsstand der Grundschule ABC einzuordnen. Neben einer ganzheitlichen Übersicht wird im Jahresbericht ein Schwerpunkt – z. B. das Thema Schul- und Unterrichtsentwicklung – vertieft dargestellt und mit einem Praxisbeispiel illustriert. Bei der Lektüre dieses Kapitels erfährt Frau D beispielsweise, wie andere Schulen mit der Herausforderung umgehen, das schulische Qualitätsmanagement systematisch aufzubauen und datenbasiert zu gestalten.

- **Steuerungswissen für übergeordnete Entscheidungen präsentieren**
  Der Jahresbericht wird der Kantonsregierung zur Kenntnisnahme gebracht, den Schulen zugestellt sowie den Medien und der interessierten Öffentlichkeit zugänglich gemacht. Die aggregierten Daten werden mit verschiedenen Gremien aus Bildungspolitik und -verwaltung diskutiert, mit dem Ziel, Erklärungs- und Steuerungswissen zur Schul- und Unterrichtsqualität zu vermitteln. Im Kanton Zürich nimmt dabei der Bildungsrat eine wichtige Funktion ein, ein strategisches Fachgremium, das übergeordnete Bereiche wie Lehrplan, obligatorische Lehrmittel oder die Stundentafeln für den Unterricht regelt. In einer „Bildungsrätlichen Kommission" kommen Vertretungen der verschiedenen Akteure aus der Praxis zusammen, es sitzen also Verbände des Schulfelds, Hochschulen und Bildungsverwaltung an einem Tisch. Sowohl im Bildungsrat als auch in der Kommission wird der Jahresbericht präsentiert. In der Diskussion werden die Ergebnisse auch im Vergleich zu den Vorjahren eingeordnet und Schlüsse für mögliche Maßnahmen auf Systemebene gezogen. Verwaltungsintern dienen zudem sogenannte Themenpapiere dazu,

in ausgewählten Bereichen der Schul- und Unterrichtsqualität Herausforderungen und Entwicklungsmöglichkeiten auf wenigen Seiten datenbasiert darzustellen. So sollen den Verantwortlichen ausgehend von den Ergebnissen der Schulevaluation Steuerungs- und Entscheidungsgrundlagen in kompakter Form zur Verfügung gestellt werden.

Die aggregierten Evaluationsergebnisse bieten über den Jahresbericht und die Themenpapiere hinaus eine gute Grundlage, mit einzelnen Akteuren gezielt in den Austausch zu treten. So werden mit den Verantwortlichen der Pädagogischen Hochschule Zürich verschiedene Qualitätsbereiche vertieft diskutiert. Beispielsweise wird erörtert, wie die Schulen besser dazu befähigt werden können, ein systematisches Qualitätsmanagement zu entwickeln. Diese Erkenntnisse fließen ein in die Qualifizierung von Schulleitungspersonen, Steuergruppenmitgliedern und weiteren Lehrpersonen, die als „Teacher Leader" an ihren Schulen besondere Aufgaben übernehmen. Von Interesse für die pädagogische Hochschule sind auch die Beispiele guter Praxis. So erhält das Team der Grundschule ABC in einer Veranstaltung für interessierte Schulen die Gelegenheit, praxisnah davon zu berichten, wie es die hohe Qualität im vernetzten und selbstgesteuerten Lernen erreicht hat.

Mit Fachpersonen des Ministeriums hingegen werden die Rahmenbedingungen der Schulen erörtert, um hier Ansatzpunkte für deren stärkere Unterstützung zu identifizieren. Die Daten werden dafür bedürfnisgerecht aufbereitet und nutzbringend dargeboten. Es ist für Frau D und das Kollegium der Grundschule ABC gut zu wissen, dass ihre Evaluationsergebnisse in anonymisierter Form auch im Ministerium zur Kenntnis genommen werden.

- **Gegenseitiges Verständnis der Beteiligten stärken**
  Auch für den Diskurs mit den Verbänden des Schulfelds, welche Lehrpersonen, Schulleitungen, lokale Schulbehörden und Eltern repräsentieren, setzt der Jahresbericht einen vielversprechenden Impuls. Die Evaluation bietet Anlass, deren unterschiedliche Perspektiven zu erfassen. Dabei werden nicht nur die Erkenntnisse aus der Evaluation vorgestellt und mit den Erfahrungen der Vertreterinnen und Vertreter der Schulpraxis abgeglichen. Die Gelegenheit wird ebenso genutzt, Anliegen und Bedürfnisse aus dem Schulfeld aufzunehmen, welche die Evaluation und die Entwicklung von Schul- und Unterrichtsqualität betreffen. Der Austausch über die Ergebnisse von Evaluation und Bildungsmonitoring ist also durchaus gegenseitig zu verstehen.

Die bezogen auf die einzelne Schule erwähnten Zwecke von externer Schulevaluation – normativ, anerkennend, handlungsleitend, steuerungsbezogen und legitimierend – lassen sich ebenso auf die übergeordnete Systemebene anwenden. Auch hier gilt es, sich an einem gemeinsamen Verständnis von Schul- und Unterrichtsqualität zu orientieren, der festgestellten Qualität Sichtbarkeit zu verleihen, Entwicklungsmöglichkeiten aufzuzeigen, Steuerungswissen zu vermitteln und die Rechenschaftslegung zu unterstützen. Die Zusammenführung, Präsentation und Diskussion der lokal gewonnenen Daten auf übergeordneter Ebene stärkt die Verantwortlichen in ihrer Rolle innerhalb des Gesamtsystems, in dem sie sich in ihrer Funktion auf aktuelle, fachlich fundierte und sorgfältig gewonnene Erkenntnisse abstützen können.

Gelingensbedingungen

Damit die externe Schulevaluation die oben erläuterten Funktionen auf den unterschiedlichen Ebenen in geeigneter Weise erfüllen und den angestrebten Nutzen im Bildungsmonitoring erzielen kann, sollten aus Sicht der Schulevaluation einige Gelingensbedingungen erfüllt sein (vgl. Tab. 2):

- Richtungsweisend ist erstens, dass alle Beteiligten die Überzeugung vertreten, dass Schul- und Unterrichtsqualität in ihrem Grundsatz nicht verhandelbar und keinem Zeitgeist unterworfen ist. Ungeachtet von Grösse, Lage und Form einer Schule, von Umwälzungen in ihrer Umwelt und von gesellschaftlichen Veränderungen haben Schülerinnen und Schüler den berechtigten Anspruch auf lernförderlichen Unterricht und eine wertschätzende Schulgemeinschaft, müssen sich Schulleitungs- und Lehrpersonen auf unterstützende und motivierende Arbeitsbedingungen verlassen können.
- Es ist zweitens erforderlich, dass die verschiedenen Akteure ein klares, untereinander abgestimmtes Verständnis ihrer Rolle und der gegenseitigen Erwartungen haben, um ihre Aufgabe in verbindlichen Strukturen kompetent und verantwortungsbewusst wahrnehmen zu können. Dies bedingt eine kohärente Gesamtarchitektur des schulischen Unterstützungssystems, also ein koordiniertes Zusammenspiel der Instanzen Bildungsverwaltung, Schulevaluation, Aufsicht, Aus- und Weiterbildung sowie Beratung, das sich konsequent in den Dienst der Schulen stellt.
- Drittens setzt eine ertragreiche Auseinandersetzung mit Evaluationsdaten und -ergebnissen eine lern- und entwicklungsorientierte Haltung aller Beteiligten voraus, welche über die Kapazitäten verfügen, sich mit den Rückmeldungen zu befassen und nach Lösungen zu suchen. Mit Kapazitäten sind hier u. a. Fachkompetenz, Data Literacy, Handlungs- und Gestaltungsmöglichkeiten sowie Ressourcen gemeint.
- Es ist zur Nutzung von Evaluationsergebnissen für das Bildungsmonitoring viertens entscheidend, die richtigen Organisationen und Personen anzusprechen, welche bereit und in der Lage sind, die Daten aus der externen Schulevaluation tatsächlich entgegenzunehmen und gezielt – für geklärte Zwecke – zu verwenden. Während die Ansprechpartner bei der Einzelschule leicht zu

identifizieren sind, ist dies auf den weiteren Systemebenen mitunter nicht so leicht zu bewerkstelligen, wenn man beispielsweise in einer großen Hochschule oder in einer komplexen Bildungsverwaltung nach den passenden Ansprechpartnern sucht.
- Und fünftens tragen die Fachstellen und Qualitätsagenturen, welche die Erkenntnisse aus den einzelnen Schulen zusammentragen und für die Zielgruppen aufbereiten, eine besondere Verantwortung, aktiv auf die verschiedenen Akteure zuzugehen, den Austausch beharrlich zu suchen und mit einer hohen Adressatenorientierung attraktiv und nützlich zu gestalten. Dabei sind sie angehalten, ihre Fachlichkeit sorgfältig zu pflegen und ihre Unabhängigkeit entschieden zu vertreten.

Werden diese Voraussetzungen beachtet und der Dialog über die Ergebnisse von Evaluation und Bildungsmonitoring gesucht, stehen die Chancen gut, dass die Grundschule ABC mit ihrer Evaluation als ein Mosaikstein das Gesamtbild der Schul- und Unterrichtsentwicklung vervollständigt.

Tab. 2: Gelingensbedingungen zur Nutzung von externer Schulevaluation im Dienst des Bildungsmonitorings

Gelingensbedingung	Negativbeispiel
Anerkanntes Grundrecht auf Chancengerechtigkeit und eine qualitätsvolle Bildung	Erwartungen an die Schul- und Unterrichtsqualität im Zuge sich verschlechternder Rahmenbedingungen und gesellschaftlicher Veränderungen werden relativiert.
Kohärente Gesamtarchitektur der schulischen Qualitätssicherung und -entwicklung mit Rollenklarheit und Verbindlichkeiten	Ungeklärte Schnittstellen, Parallelstrukturen und diffuse Rollen führen zu Nicht-Nutzung der Ergebnisse und fehlender Unterstützung der Schulen.
Lern- und entwicklungsorientierte Haltung und fachliche Kompetenz aller Beteiligter	Intransparenz und mangelnde Fehlerkultur werden ergänzt durch schwache Professionalität.
Gezielte Identifikation der Nutzerinnen und Nutzer von Evaluationsergebnissen für geklärte Zwecke	In Organisationen mit dysfunktionalen Strukturen und unklaren Zuständigkeiten gehen Evaluationsergebnisse verloren.
Beharrliche adressaten- und dialogorientierte Kommunikation der Evaluationseinrichtungen	Ergebnisse werden in Berichten zusammengefasst, aber es gibt keine regelhaften Gesprächsanlässe, um diese im Dialog zu erörtern und Schlüsse zu ziehen.

Ausblick

Wie der vorliegende Beitrag erläutert, erfüllt die externe Schulevaluation mehrere Funktionen. Diese zielen auf die Ebene der Einzelschule einerseits, auf die mittlere und übergeordnete Systemebene andererseits. Bestimmte Bedingungen tragen zur Erfüllung der Funktionen bei. Diese Gelingensbedingungen liegen nur teilweise im direkten Einflussbereich der Evaluationseinrichtungen. Es ergeben sich zudem Herausforderungen und Fragen für die Zukunft, mit denen sich die Evaluationsprofession im Kontext des Bildungsmonitorings auseinandersetzen muss:

1. *Gemeinsames Qualitätsverständnis:* Das Qualitätsverständnis vermittelt die Anforderungen, die eine gute Schule und guter Unterricht erfüllen muss. Ein geteiltes Qualitätsverständnis ist die Grundlage eines Qualitätsmanagementsystems und erfordert für dessen Umsetzung und Erfassung eine gewisse Stabilität. Doch wie werden Qualitätsanforderungen auf den unterschiedlichen Systemebenen – und vor Ort an der Einzelschule – mit Leben gefüllt und an heterogene Rahmenbedingungen angepasst? Inwiefern ist eine fortwährende Aktualisierung erforderlich, um neue wissenschaftliche Erkenntnisse und sich verändernde Anforderungen und Voraussetzungen von Bildung zu integrieren? Wie agil versus beständig sollte das Qualitätsverständnis also sein?
2. *Multifunktionalität:* Es besteht ein Spannungsfeld zwischen den unterschiedlichen Funktionen der Evaluation. Den Zweck der Wissensgewinnung und der Rechenschaftslegung zu erfüllen und gleichzeitig den Schulen nützliche, kontextualisierte Rückmeldungen verbunden mit sinnvollen Entwicklungsimpulsen zu geben – dies erfordert Kompromisse. Es ist allerdings im internationalen Bildungsmonitoring ein verbreitetes Phänomen, dass ein Instrument mehreren Zwecken dient und damit das Kosten-Nutzen-Verhältnis verbessert. Es ist wichtig, in alle Richtungen realistische Erwartungen zu pflegen, was Evaluation kann, und was auch nicht. Die Frage bleibt: Welche Funktion steht im Konfliktfall im Vordergrund, wenn es um die konkrete Ausrichtung und Ausgestaltung des Evaluationssystems geht?
3. *Standardisierung versus Adaptabilität:* One size does *not* fit all. Lässt sich ein komplexes Konstrukt wie die Schulqualität durch die gleichen Verfahrensabläufe und Instrumente ausreichend valide erfassen? Zu Recht werden die heterogenen Kontextbedingungen, Ressourcen und Bedarfe von Schulen als Argument verwendet, um eine standardisierte Evaluation zu hinterfragen. Dem gegenüber steht ein berechtigtes Interesse der Steuerungsebene und der Öffentlichkeit, vergleichbare Mindeststandards flächendeckend abzusichern und Daten für Monitoringzwecke aggregieren zu können. Wie standardisiert versus adaptiv sollte Evaluation – als ein Instrument des Bildungsmonitorings – also sein?
4. *Beitrag zur Bildungs- und Chancengerechtigkeit:* Evaluation ist selbst hohen Qualitätsstandards verpflichtet. Diese beinhalten die Fairness gegenüber den von Evaluation betroffenen Personen und Organisationen. Aber was ist fair, für wen, und wer entscheidet darüber? In jedem Falle leistet Evaluation einen Bei-

trag, indem die Bedarfe der Schulen an die Steuerung weitergegeben werden und somit Unterstützung bedarfsgerecht geleistet werden kann. Wie lässt sich dieser Beitrag weiter stärken?

5. *Erfassung der zunehmenden Komplexität von Bildung:* Aktuell müssen Schulen und Schulaufsichten noch viel leisten, um verschiedene Datenquellen der Qualitätssicherung miteinander verknüpfen und sinnvolle Schlüsse ziehen zu können. Die Schulevaluation könnte diese Verknüpfung verstärkt unterstützen, indem sie neben Prozessqualitäten auch Input- und Outcome-Daten einbezieht. Dadurch würde ein noch kompletteres Bild entstehen, das sowohl der einzelnen Schule noch besser gerecht würde als auch auf den verschiedenen Steuerungsebenen validere Schlüsse zur Schulqualität erlauben würde. Zudem würde es helfen, die Data Literacy zu stärken, weil Evaluation als eines von wenigen Verfahren direkt in den Schulen unterwegs ist und mit den Schulen im Dialog steht. Inwiefern sollte die Evaluation also explizit eine Verknüpfung verschiedener Datenquellen befördern?

Es lohnt sich, diese Fragen als Profession zu debattieren, damit die Schulevaluation auch in Zukunft ein wichtiges Verfahren der Qualitätssicherung bleibt und einen Beitrag zur Bildungsqualität leisten kann.

Literatur

DeGEval – Gesellschaft für Evaluation (2016): Standards für Evaluation. https://www.degeval.org/degeval-standards/ (Abgerufen: 23.04.2024).

Grünkorn, Juliane / Klieme, Eckhard / Stanat, Petra (2019): Bildungsmonitoring und Qualitätssicherung. In: Köller, Olaf / Hasselhorn, Marcus / Hesse, Friedrich W. / Maaz, Kai / Schrader, Josef (Hrsg.): Das Bildungswesen in Deutschland, S. 263–298.

Landwehr, Norbert (2013): Thesen zur Wirkung und Wirksamkeit der externen Schulevaluation. Präsentation auf der Tagung der argev – Interkantonale Arbeitsgemeinschaft Externe Evaluation von Schulen. Zürich, Schweiz.

KMK (2016): Gesamtstrategie der Kultusministerkonferenz zum Bildungsmonitoring. https://www.kmk.org/fileadmin/veroeffentlichungen_beschluesse/2015/2015_06_11-Gesamtstrategie-Bildungsmonitoring.pdf (Abgerufen: 23.04.2024).

Ständige Wissenschaftliche Kommission der Kultusministerkonferenz (SWK) (2022): Basale Kompetenzen vermitteln – Bildungschancen sichern. Perspektiven für die Grundschule. Gutachten der Ständigen Wissenschaftlichen Kommission der Kultusministerkonferenz (SWK). https://www.pedocs.de/frontdoor.php?source_opus=2554 (Abgerufen: 23.04.2024).

Thiel, Felicitas / Tarkian, Jasmin (2019): Rahmenkonzepte zur Definition von Schulqualität in den 16 Ländern. In: Thiel, Felicitas / Tarkian, Jasmin / Lankes, Eva-Maria / Maritzen, Norbert / Riecke-Baulecke, Thomas / Kroupa, Anna (Hrsg.): Datenbasierte Qualitätssicherung und -entwicklung in Schulen, S. 15–26.

Evidenzinformierte Schulentwicklung in der Einzelschule – welche Rolle kann die Schulaufsicht bei der Unterstützung spielen?

Ruth Anna Hejtmanek, Esther Dominique Klein, Stefan Hahn und Klaudia Schulte

Zusammenfassung

Dieser Beitrag setzt sich kritisch mit der Rolle der Schulaufsicht im Kontext einer evidenzinformierten Schulentwicklung an Einzelschulen auseinander und betont insbesondere ihre Rolle des ‚Senior Managements' und die damit verbundenen Führungsaufgaben bei der Erarbeitung von schulischen Entwicklungszielen, der Schaffung organisationaler Strukturen und des Aufbaus notwendiger Kompetenzen. Mit Blick auf den aktuellen Forschungsstand blieb diese Rolle und die Art und Weise, wie sie ausgefüllt werden kann, lange unterbestimmt. Die hier berichteten Ergebnisse aus dem Projekt „Mehrperspektivische Datenbestände in der Schulentwicklung. Eine Analyse der Rahmenbedingungen von Data Richness" konturieren ein für die evidenzinformierte Schulentwicklung an Einzelschulen ausgerichtetes Rollenprofil der Schulaufsicht, indem sie die Perspektiven aus Schulleitungen, Schulaufsichten, Landesinstituten und Schulentwicklungsforschung und -begleitung auf diese Unterstützungsakteurin zusammenführen.

Einleitung

Obwohl vielfach die Erwartung an Schulen gerichtet wird, dass sie sich evidenzinformiert weiterentwickeln, tun dies nur wenige Schulen in Deutschland bislang systematisch (Demski 2019), womit auch virulent wird, dass dies sehr voraussetzungsvoll ist (Altrichter/Moosbrugger/Zuber 2016; Bremm et al. 2017). Eine evidenzinformierte Schulentwicklung zeichnet sich dadurch aus, dass Schulen sich unter Zuhilfenahme von unterschiedlichen, systematisch generierten Informationsquellen entwickeln, statt sich von subjektiven Theorien, Wahrnehmungen und Attributionen leiten zu lassen (Demski 2017). Mit Hilfe unterschiedlicher intern und extern generierter, qualitativer und quantitativer Daten können diese Theorien, Wahrnehmungen und Attributionen kritisch überprüft, aber auch komplexere Zusammenhänge aufgedeckt und einer pädagogischen Bearbeitung zugänglich gemacht werden.

Insbesondere in der internationalen Schulentwicklungsforschung wird deutlich, dass erfolgreiche Schulen *data rich* sind, also eine Vielzahl an unterschiedlichen Daten zielführend für Schulentwicklung nutzen (Klein/Hejtmanek 2023; Muijs et al. 2004). Als wesentliche Bedingung für eine evidenzinformierte Schulentwicklung wird dabei Führung durch Schulleitung hervorgehoben (Datnow/Hubbard 2016; Demski/Racherbäumer 2015). Führungspersonen an Schulen müssen insofern motiviert und befähigt sein, evidenzinformiert zu handeln, Strukturen für kollaborative Zusammenarbeit zu fördern und vertrauensvolle Settings für den Umgang mit Daten herzustellen (Datnow/Hubbard 2016; Demski/Racherbäumer 2015; Schildkamp/Kuiper 2010). Im Zuge der sogenannten *Neuen Steuerung* (Altrichter/Maag Merki 2016) hat sich die Rolle von Schulleitenden deutlich verändert.

Widmet man sich der Frage, wie Schulleitende dazu befähigt werden können, ihre Schulen evidenzinformiert zu entwickeln, so liegt als Unterstützungsakteurin und gleichzeitiges Aufsichtsinstrument des Staates (van Ackeren/Klemm/Kühn 2015) eine nähere Betrachtung der Schulaufsicht und ihrer Rolle im Kontext evidenzinformierter Schulentwicklung nahe. Während das Aufgabenprofil für Schulleitende inzwischen recht klar definiert ist (Bonsen 2016), steht allerdings ein einheitliches Verständnis der Rolle der *Schulaufsicht* in der veränderten Systemumwelt aus (Brüsemeister/Gromala 2020; Klein 2021). Dies hat Folgen für die schulische Praxis: In der aktuellen Situation ist für Schulen in vielen Bundesländern nicht auf Anhieb ersichtlich, wo sie Unterstützung beim Auf- und Ausbau relevanter Schulentwicklungskapazitäten erhalten können (Klein 2021).

Das Ziel des vorliegenden Beitrags besteht vor diesem Hintergrund darin, die Rolle von Schulaufsicht mit Blick auf die Unterstützung von Schulen bei der Gestaltung eines evidenzinformierten Umgangs mit Herausforderungen auszuschärfen und mögliche Ansätze zu skizzieren, wie Akteur:innen der Schulaufsicht eine solche Rolle ausfüllen könnten.

Die Schulaufsicht als Führungsakteurin

In den Schulgesetzen der meisten Länder ist eine Perspektive auf Schulaufsicht impliziert, die neben der Kontroll- und Regulationsfunktion auch explizit eine Beratungs- und Unterstützungsfunktion innehat (Hugo/Klein/Jesacher-Rößler 2023).

Folgt man der managerialen Logik, die der Neuen Steuerung inhärent ist (Klein/Bremm 2020), kommt der Schulaufsicht außerdem die Rolle des ‚Senior Managements', und damit eine Führungsrolle zu (Klein 2021). Schulaufsicht hat aus Führungsperspektive dann die Aufgabe, die Menschen auf den ihr untergeordneten Ebenen (also in den Schulen und dort insbesondere die Schulleitenden und ihr Leitungsteam) „durch gemeinsame Werte, Ziele und Strukturen, durch

Aus- und Weiterbildung in die Lage zu versetzen, eine gemeinsame Leistung zu vollbringen" (Pinnow 2009). Die Führungsaufgabe der Schulaufsicht umfasst insofern neben der Beschreibung von Zielen und Entwicklungsstrategien für alle Schulen, auch die Aufgabe der *Unterstützung* bzw. die Aufgabe, die Schulen dazu zu befähigen, sich entsprechend der Erwartungshaltung und Vorgaben evidenzinformiert entwickeln zu können. Auf gesetzlicher Ebene fehlen allerdings konkrete Vorgaben für die Ausgestaltung der Rolle der Schulaufsichten mit Blick auf deren Unterstützungsleistung für Schulen (Klein 2021).

Zudem gibt es ein deutliches Forschungs- sowie Theoriedesiderat zu der Frage, wie Schulaufsichtspersonen professionalisiert werden können und müssen, wenn sie als Unterstützungsinstanz für Schulentwicklung agieren sollen (ebd.).

Schulaufsicht als Führungsaufgabe

Mit Blick auf Forschungsbefunde aus den USA ist grundsätzlich davon auszugehen, dass Schulaufsichten durch ein systematisches Führungshandeln signifikanten Einfluss auf die Qualitätsentwicklung ‚ihrer' Schulen haben können, z. B. indem sie mit den Schulleitenden gemeinsam Entwicklungsziele beschreiben, aber auch zugleich sogenannte „Non-Negotiables" für Unterrichtsqualität und Schüler:innenleistungen festlegen – und die Strukturen und Unterstützungsmöglichkeiten schaffen, die es den Schulen und den Menschen in ihnen ermöglichen, diese „Non-Negotiables" auch zu erreichen (Waters/Marzano 2007). Dazu gehören neben der Gestaltung von Programmen und Strukturen, die auf die gemeinsamen Ziele ausgerichtet sind, auch die systematische Unterstützung bzw. Professionalisierung der an der Umsetzung beteiligten Menschen, insbesondere der Schulleitenden (Klein/Bremm 2020). Die Befunde verweisen insofern darauf, dass effektives Führungshandeln auf der Ebene der Schulaufsicht ähnliche Dimensionen umfasst, wie auf der Ebene der Schulleitung. In Anlehnung an Ansätze der transformationalen Führung (Bass/Avolio 1994) beschreiben Leithwood, Aitken und Jantzi (2006) als wesentliche Dimensionen effektiver Führung das Schaffen einer gemeinsamen Vision und damit verknüpfter Entwicklungsziele (*Setting Directions*), die Gestaltung organisationaler Strukturen, die das Erreichen dieser Ziele begünstigen (*Restructuring the Organization*) sowie die Unterstützung der Menschen, damit diese in der Lage sind, auf die Ziele hinzuarbeiten (*Developing People*).

Befunde aus dem deutschen Sprachraum

Aus dem deutschen Sprachraum gibt es entsprechende Wirkungsstudien bislang nicht. Aktuelle Forschungsbefunde geben aber Aufschluss über die Selbstwahrnehmung von Schulaufsichtsbeamt:innen (SAB). Im Rahmen des Projekts „Lernen im Ganztag" etwa berichteten die teilnehmenden SAB mittlere Kenntnisse mit Blick auf die Unterstützung bestimmter relevanter datengestützter Instrumente (Fedkenheuer 2023). Die eigene Beratungsfunktion wird, wenn auch in einem Spannungsverhältnis zur Kontrollfunktion, von den SAB durchaus angenommen (Porsch et al. 2023) oder sogar hervorgehoben (Luig 2023). Die konkrete Ausgestaltung erfolgt im Rahmen grober Vorgaben durch die Behörde aber eher individuell (Porsch et al. 2023, S. 15). Dabei gibt es Hinweise darauf, dass das Selbstverständnis von SAB sowie deren (ggf. fehlende) Qualifizierung einen bedeutenden Einfluss darauf haben, inwiefern Unterstützungsleistungen angeboten werden (Dedering 2021). Die Qualifizierung der SAB ist eher uneinheitlich, wobei durch die SAB durchaus Bedarfe formuliert werden (Porsch et al. 2023).

Mit Blick auf evidenzinformiertes Handeln finden sich Hinweise, dass SAB durchaus Daten z. B. aus Vergleichsarbeiten, Schulinspektion oder Qualitätsanalyse für die Beratung nutzen (Dedering 2021; Luig 2023). Gleichzeitig wird deutlich, dass SAB die Verantwortung dafür, dass sich Schulen weiterentwickeln, mit Verweis auf das Konstrukt der ‚Eigenverantwortlichkeit' oftmals vor allem bei den Schulen verorten (Luig 2023). Weitere Befunde legen nahe, dass SAB deutlich weniger Arbeitszeit für das Aufgabenfeld Qualitäts- und Schulentwicklung aufbringen, als von ihnen gewünscht (Bogumil/Fahlbusch/Kuhn 2016), und die Unterstützungsleistung der Schulaufsicht eher *ad-hoc* und nicht prozessbegleitend stattfindet (Dedering 2021).

Forschungsinteresse und methodisches Vorgehen

Das skizzierte unklare Rollenbild sowie Befunde bzgl. der bislang eher unsystematischen Professionalisierung werfen die Frage auf, welche Rolle SAB bei der Unterstützung von Schulen hinsichtlich der Etablierung einer evidenzinformierten Schulentwicklungspraxis spielen können und welche Form der Professionalisierung dafür benötigt wird. Der Beitrag verfolgt vor diesem Hintergrund das Ziel, die Rolle der SAB mit Blick auf die Unterstützung von Schulen bei der Gestaltung eines evidenzinformierten Umgangs mit Herausforderungen zu schärfen und mögliche Ansätze zu skizzieren, wie SAB eine solche Rolle ausfüllen können. Der Beitrag greift dafür auf Daten zurück, die im Kontext des durch die Robert Bosch Stiftung geförderten Projekts „Mehrperspektivische Datenbestände in der Schulentwicklung. Eine Analyse der Rahmenbedingungen von Data Richness" entstanden sind.

Das Projekt verfolgte ein dreischrittiges qualitatives Forschungsdesign. Im ersten Schritt wurden leitfadengestützte Einzelinterviews mit Leitungen von Schulen geführt, die für den Deutschen Schulpreis[1] nominiert waren.

Im zweiten Schritt wurden drei Schulen ausgewählt, die über eine ausgeprägte evidenzinformierte Schulentwicklung berichtet hatten. In vertiefenden Fallstudien (Yin 2006) wurden einwöchige Schulbesuche durchgeführt und leitfadengestützte Einzelinterviews mit Personen aus der erweiterten Schulleitung und weiteren Führungspersonen geführt. Die Interviews wurden anhand eines Kategoriensystems inhaltsanalytisch ausgewertet (Mayring 2015). Neben anderen Aspekten waren auch Herausforderungen und die Rolle des Unterstützungssystems mit Blick auf evidenzinformierte Schulentwicklung aus der Sicht der Schulen Gegenstand der Analysen.

Die generierten Befunde wurden in einem dritten Schritt in vier Workshops mit jeweils drei bis fünf Expert:innen aus der Schulaufsicht, der Schulleitung, der Schulentwicklungsforschung bzw. -begleitung und aus den Landesinstituten vorgestellt und diskutiert. Die Protokolle der Workshops und die darin entstandenen Artefakte wurden im Rahmen einer Dokumentenanalyse mit Blick auf die unterschiedlichen Führungsdimensionen nach Leithwood, Aitken und Jantzi (2006), das Rollenverständnis, mögliche Verantwortungs- und Unterstützungsbereiche und Herausforderungen anhand des Kategoriensystems aus den o. g. Interviews inhaltsanalytisch ausgewertet (Mayring 2015), um schließlich mögliche Strategien und Handlungsvorschläge für die Unterstützungsrolle von SAB abzuleiten.

Ergebnisse

Im Folgenden wird zunächst ausgehend von den Einzelinterviews aus den vertiefenden Fallstudien beschrieben, welche Unterstützungsbedarfe Schulen mit Blick auf evidenzinformierte Schulentwicklung berichten. Im Anschluss wird basierend auf den Analysen der Workshops ausgeführt, welche Rolle Schulaufsichtspersonen bei der Unterstützung der Schulen einnehmen könnten.

Unterstützungsbedarfe der Schulen

Die Interviews zeigen, dass zwischen den Schulen sehr stark variiert, inwiefern die SAB überhaupt zu Rate gezogen werden, oder Schulen sich eher als

---

1 Der Deutsche Schulpreis ist ein jährlich von der Zeit Verlagsgruppe, der ARD, der Heidehofstiftung und der Robert Bosch Stiftung ausgelobter Preis (vgl. https://www.deutscher-schulpreis.de/; Zugriff am 11.08.2023).

„Datenlieferanten" für die Schulaufsicht wahrnehmen. Deutlich werden aber *Unterstützungsbedürfnisse* der Schulen formuliert. Eine Schulleiterin[2] verweist dabei auf die grundsätzliche Unbestimmtheit, die Entwicklungsprozesse im pädagogischen Kontext haben:

> „[...] oft arbeitet man ja im Schulentwicklungsbereich an Prozessen, die weder klar sind, noch weiß, wo es hingeht, wo ich in einem praktisch fast chaotischen Zustand arbeite. [...] Also, ich verändere im Prozess schon wieder den Prozess selber, und ich brauche halt die Werte und Normen dahinter und die Haltung, was will ich erreichen?" (Schule 3 Befragte 1)

Dabei werden verschiedene Herausforderungen von den schulischen Akteur:innen benannt, aus denen sich Bereiche ableiten lassen, in denen eine Unterstützung durch die Schulaufsicht notwendig ist.

Kompetenzen: Zunächst haben (fehlende) Kompetenzen mit Blick auf die Auswertung von Evidenzen, die Einschätzung der Aussagekraft und Grenzen von Daten, das Ableiten von Maßnahmen und auf die Überforderung durch die Menge an Evidenzen eine zentrale Bedeutung für die Schulen:

> „Und da ist uns schon bewusst, dass es nicht nur eine Ressourcenfrage, sondern auch eine Könnensfrage ist. Also, wir müssten ja in der Lage sein, so etwas zu machen, so, und das auszuwerten, sodass es dann irgendwie auch halbwegs valide Daten sind." (Schule 2 Befragte 1)

Ressourcen: Als weiterer Bereich werden fehlende Ressourcen, beispielsweise mit Blick auf digitale Ausstattung, Zeit und Personal als herausfordernde Rahmenbedingungen genannt; dabei wird deutlich, dass die Herausforderung vor allem dadurch entsteht, dass zu geringe Ressourcen auf verschiedene Aufgaben verteilt werden müssen und die Nutzung von Daten hier gegenüber anderen Aufgaben weniger priorisiert wird – insbesondere dann, wenn für die Schulen aus der Nutzung kein Mehrwert entsteht:

> „Auch zum Beispiel diese Berichte, die wir schreiben zu Lernstandserhebungen, das ist extremst aufwendig, und wir haben nicht immer das Gefühl, dass das überhaupt so nötig wäre oder dass man da ja von eigentlich auch selten mal eine Rückmeldung bekommt." (Schule 1 Befragte 2)

Schulkultur: Eine relevante Herausforderung im Umgang mit Evidenzen sind schulkulturelle Merkmale, was in Bemerkungen über die „Haltung" der an

---

2 Um die Anonymität der Interviewten zu gewährleisten, wird für alle Personen das Femininum verwandt.

Schulentwicklung beteiligten Menschen deutlich wird: „Und natürlich auch so grundsätzlich eine Haltungsfrage" (Schule 3 Befragte 1). Dabei lassen sich entsprechende Bezüge zu den beiden anderen Bereichen (Ressourcen und Kompetenzen) beschreiben: So stärken lange Rückmeldezeiten und der fehlende Mehrwert von Daten aus Sicht der Schulleitenden eine zurückhaltende bis negative Haltung der Lehrkräfte.

Strukturen: Neben Unterstützungsbedarfen mit Blick auf die Klärung von Zielen und Prozessen verweisen die Schulleitenden auch auf Unterstützungsbedarfe mit Blick auf konkrete Instrumente:

> „Also, dass man zum Beispiel Feedback-Tools hat, die extrem schnell Umfragen generieren, dass ich Mustervorlagen habe, zur richtigen Fragestellung. [...] Also, das sind so Punkte, wo ich sage, das wäre wichtig von außen." (Schule 3 Befragte 1)

Die Ergebnisse aus den drei untersuchten Schulen weisen somit nicht nur darauf hin, dass es trotz schulspezifischer Charakteristika auch schul- und kontextübergreifende Unterstützungsbedarfe zu geben scheint. Diese Bedarfe werden selbst in Schulen thematisiert, in denen bereits eine verhältnismäßig ausgeprägte Nutzung mehrperspektivischer Daten stattfindet. Gleichzeitig stützen die Ergebnisse die Annahme, dass die Ausbildung einer Data Richness Rahmenbedingungen erfordern, die über einen systematischen Aufbau grundlegender Kompetenzen im Umgang mit Daten und den notwendigen Ressourcen hinausgehen und beispielsweise die Schulkultur und die Strukturen innerhalb des Systems betreffen.

Unterstützungsmöglichkeiten durch die SAB

Die weiter oben beschriebenen Unklarheiten mit Blick auf die Führungsrolle von SAB spiegeln sich auch in den Befunden aus den Expert:innenworkshops wider. Ausgehend von den oben beschriebenen drei Dimensionen effektiver Führung (Leithwood/Aitken/Jantzi 2006) werden nachfolgend mögliche Führungsaufgaben abgeleitet, die sich für SAB aus den beschriebenen Bedarfen von Schulen ergeben.

Setting Directions

Hinsichtlich dieser ersten Dimension verweisen die Befunde der Workshops auf die Relevanz einer von Schulaufsicht und Schule geteilten *Vision* und damit verknüpfter *Entwicklungsziele* nicht nur für die Schulen selbst, sondern auch für das Handeln der SAB. Eine gemeinsame Vision und Ziele sind relevante motivationale Faktoren, da sie die Richtung des Handelns vorgeben und beispielsweise der Nutzung von Daten einen tieferen Sinn geben (Klein/Becks 2022; Senge 2006). Dies betrifft Entwicklungsarbeit allgemein, aber auch die Nutzung von Evidenzen und die Art und Weise wie diese unterstützt wird. Dabei stellen insbesondere die Workshop-Teilnehmenden (nachfolgend WTN) aus der *Schulentwicklungsforschung/-begleitung* fest, dass es sowohl seitens der Schulen als auch von Seiten der SAB aktuell vielfach an einer klaren und kohärenten Zielorientierung fehle. Die fehlende Konkretisierung von Zielen wird darüber hinaus auch für andere Akteur:innen im Aufsichts- bzw. Unterstützungssystem festgestellt, beispielsweise den Ministerien. In Übereinstimmung mit dem Konzept der Data Richness (Klein/Hejtmanek 2023) wird durch die WTN aus den *Landesinstituten* herausgestellt, dass eine Passung zwischen Zielen und Evidenzen zentral sei. Darüber hinaus werden von den WTN Aspekte einer als förderlich empfundenen Organisationskultur adressiert, etwa indem SAB einen positiven Umgang mit Fehlern vorleben.

Developing People

Entscheidende Adressat:innen der SAB in der Dimension „Developing People" sind die Schulleitenden. Dass diese ausreichend für eine evidenzorientierte Schulentwicklung professionalisiert sind und über relevante Kompetenzen verfügen, um entsprechende Prozesse zu gestalten, liegt in der Verantwortung ihrer Vorgesetzten (Klein/Bremm 2020). Mit Blick auf die zuvor skizzierten Unterstützungsbedarfe der Schulen betrifft dies beispielsweise die Unterstützung der Schulleitenden bei der systematischen Fortbildungsplanung, um sicherzustellen, dass in der Schule relevante Kompetenzen im Umgang mit Evidenzen, also beispielsweise Kenntnisse rund um das „Lesen" und Interpretieren unterschiedlicher Datenquellen oder Knowhow für die Planung, Durchführung und Auswertung von Feedbackverfahren und internen Evaluationen vorhanden sind.

Dabei lassen sich aus den Workshops verschiedene Voraussetzungen dafür ableiten, dass eine solche Führung der SAB gegenüber den Schulleitenden möglich ist. So betonen die WTN aus der *Schulaufsicht*, die eigene Rolle als SAB und damit verbundene Konsequenzen in der Zusammenarbeit mit den Schulen müssten von den SAB geklärt und auch offen gegenüber den Schulen kommuniziert werden. Als weitere wesentliche Voraussetzung dafür, dass SAB eine solche Führungsrolle gegenüber Schulleitenden einnehmen können, verweisen die WTN auf die Relevanz einer positiven Haltung, Zielorientierung und insbesondere auf das Vorleben einer Kultur der Evidenzorientierung. So könne es zielführend sein, wenn die SAB die Führungspersonen in den Schulen konkret durch gezieltes Fragen dazu anleiten, Evidenzen für Schulentwicklung zu nutzen und beim Blick auf Daten in Gesprächen mit den Schulleitenden den Fokus auf positive Aspekte legen.

Widersprüchlich erscheint dabei, dass in den Workshops zwar einerseits eine Führungsrolle der SAB gegenüber den Schulleitenden gefordert wird, andererseits aber auch betont wird, dass Kommunikation „auf Augenhöhe" stattfinden solle.

Restructuring the Organization

Mit Blick auf die Gestaltung von Strukturen wurde in den Workshops insbesondere betrachtet, welche Strukturen durch Schulaufsicht oberhalb der Einzelschule geschaffen werden müssten, um eine evidenzinformierte Schulentwicklung zu ermöglichen. In allen vier Workshops wurden Strukturen der *Kooperation* und *Vernetzung* als besonders zentral betrachtet, und zwar nicht nur mit Blick auf die Einzelschulen, sondern vielmehr hinsichtlich der Strukturierung des Unterstützungssystems selbst bzw. der Vernetzung der Unterstützungsakteur:innen untereinander. Dies ermögliche nicht nur die Entwicklung gemeinsamer Ziele, eine Dissemination von Wissen und eine Klärung der jeweiligen Rollen und Aufgaben, sondern sei auch bedeutsam für Perspektivwechsel und *Good Practice*-Beispiele, die neue Impulse für alle Akteursgruppen liefern und insbesondere für die Einzelschule wichtig sein könnten.

Als zentrale Aufgabe der Schulaufsicht und ggf. weiterer Akteur:innen aus dem Unterstützungssystem wurde von den WTN aus *Schulaufsicht* und *Schulentwicklungsforschung/-begleitung* zudem das Prozessmonitoring angesehen. Damit einhergehend wird auf die Bedeutung einer für die Schulen zugänglichen und transparenten Dokumentation hingewiesen. Außerdem wurde die Notwendigkeit einer durch die Schulaufsicht herzustellenden Verbindlichkeit bei Absprachen, Zielsetzungen und insgesamt in der Zusammenarbeit betont. Hilfreich seien hierbei regelmäßige Treffen zwischen SAB und Schulleitungen sowie regelhafte Abläufe im innerschulischen Schulentwicklungsprozess.

Diskussion – Anforderungen an die systematische Unterstützung von evidenzorientiertem Handeln in Schulen

Die Befunde zeigen, dass in den untersuchten Schulen, die für ihre Schulentwicklungsarbeit immerhin im Rahmen des deutschen Schulpreises ausgezeichnet wurden und insofern im Sinne der externen Kriterien und der Beurteilung durch die Jury des Preises vermutlich überdurchschnittlich gut aufgestellt sind, deutliche Unterstützungsbedarfe mit Blick auf eine systematisch evidenzorientierte

Schulentwicklung formuliert werden. Die Schulleitenden benennen Unterstützungsbedarfe hinsichtlich der Gestaltung von Prozessen, der Entwicklung einer Kultur der Evidenzorientierung, aber auch der Entwicklung von konkreten Handlungskompetenzen im Umgang mit Daten. Es ist davon auszugehen, dass diese Bedarfe im Durchschnitt an Schulen in Deutschland mindestens genauso groß, wenn nicht größer sind; immerhin verweisen auch andere Studien darauf, dass Schulleitende insbesondere mit Blick auf die systematische Gestaltung von Schulentwicklungsprozessen und die Motivierung ihrer Kollegien besonders große Unterstützungsbedarfe formulieren (Schwanenberg/Klein/Walpuski 2018).

Schulaufsicht als Führungsakteurin – eine Systemfrage

Die Befunde verdeutlichen also Anforderungen an eine Akteurin, die mit Blick auf evidenzorientierte Schulentwicklung den Schulen nicht nur „beratend" zur Seite steht, sondern auch die Verantwortung dafür übernimmt, dass die Akteur:innen in den Schulen sowohl mit Blick auf inhaltliche Kompetenzen, materielle Ressourcen und motivationale Orientierungen in der Lage sind, evidenzinformierte Schulentwicklung zu betreiben. Eine solche Gesamtverantwortung würde bedeuten, dass die Schulaufsicht stärker als Führungsakteurin auftritt; die damit verknüpften Anforderungen an ihr Handeln gingen somit deutlich über das „Beraten" hinaus. Auch in den Expert:innen-Workshops werden den SAB von den verschiedenen Gruppen wichtige Aufgaben mit Blick auf Schulentwicklung insgesamt sowie hinsichtlich der Unterstützung evidenzinformierten Handelns in den Schulen zugeschrieben und somit Erwartungen an die Führungsrolle der SAB formuliert. Analog zum Forschungsstand wird in allen vier Workshops vermutet, dass Schulaufsichtspersonen aktuell nur teilweise eine solche Rolle einnehmen, in ihrer Praxis häufig eher kontrollierend agierten und bei Herausforderungen aus Sicht der Schulen nicht die ersten Ansprechpersonen seien. Deutlich wird nach Beobachtungen der Expert:innen in diesem Zusammenhang außerdem, dass aufgrund fehlender Standards für die Qualifizierung von SAB sowie unklarer Vorgaben und Strukturen hinsichtlich ihrer Funktion im Schulentwicklungsprozess die individuellen Dispositionen der SAB ausschlaggebend dafür seien, inwieweit sich die SAB in den Schulentwicklungsprozess einbringen.

Problematisiert wird insofern, dass eine Führungsrolle für SAB an bestimmte Bedingungen geknüpft sei, die in vielen Bundesländern aktuell noch nicht umgesetzt sind. Als besonders herausfordernd können die folgenden Aspekte beschrieben werden (vgl. auch Röder/Manitius 2020):

1. Ungeklärte Rollenausgestaltung der SAB, auch innerhalb der Länder, und damit verknüpft Aufgabendiffusion;

2. unklare Qualifizierung und ggf. fehlende Kompetenzen der SAB, z. B. in den Bereichen Data Literacy, Prozessmanagement und Gesprächsführung;
3. fehlende zeitliche und personelle Ressourcen, z. B. für regelmäßige Schulbesuche in allen zu verantworteten Schulen, um auch konkrete Unterstützungsbedarfe zu klären und anschließend passende Unterstützungsangebote zu vermitteln;
4. unzureichende Verfügbarkeit mehrperspektivischer Daten aus den Schulen und wenig Einblick in die Entwicklungsprozesse der einzelnen Schulen als Grundlage für die Unterstützungsleistung.

Die Befunde verdeutlichen insofern einmal mehr, dass die Frage, inwiefern SAB Schulentwicklungsprozesse unterstützen können, grundsätzlich *mit Blick auf das Gesamtsystem* zu beantworten ist (Berkemeyer 2020). Dies betrifft einerseits die Frage, wer in einem managerial orientierten System die Verantwortung für Schulentwicklung trägt, andererseits die Gestaltung von Strukturen, die es SAB ermöglichen, die Verantwortung für die Entwicklung der Schulen in ihrem Zuständigkeitsbereich zu übernehmen. Als besonders relevant ist hier die Qualifizierung von SAB zu nennen, weswegen dieser Aspekt nachfolgend herausgegriffen wird.

Anforderungen an die Führungskräfteentwicklung

Eine entscheidende Stellgröße ist die Qualifizierung von SAB für ihre Führungsrolle. Eingangs wurde bereits darauf verwiesen, dass die Qualifizierung von SAB uneinheitlich ist (Porsch et al. 2023); oftmals speisen sich die Kompetenzen von SAB aus ihrer vorherigen Tätigkeit als Schulleitende, aber nicht aus einer spezifischen Qualifikation für die Rolle der Schulaufsicht (Herrmann 2020). Damit SAB systematisch für eine Führungsrolle im Kontext evidenzinformierter Schulentwicklung professionalisiert werden können, bedarf es der Führungskräfteentwicklung mit Blick auf die Führungs*person* und das Führungs*verhalten* (Day 2011; van Velsor/McCauley 2004).

Hinsichtlich der Entwicklung der Führungsperson braucht es einerseits ein Vertrautmachen mit der Rolle der *Führungs*person in der Kommunikation mit den Schulen sowie die Bereitschaft zur Übernahme der Verantwortung dafür, dass die betreuten Schulen in die Lage versetzt werden, evidenzinformiert arbeiten zu können.

Mit Blick auf das Führungsverhalten sind nicht nur soziale Ressourcen notwendig, etwa Kenntnisse über Formen der Gesprächsführung und Kompetenzen für das Führen konfliktbehafteter Gespräche, sondern auch das Vorleben des evidenzinformierten Handelns. Letztlich benötigen SAB zudem strategische Ressourcen, wie etwa „die Fähigkeit, Veränderungen zu initiieren und zu realisieren" (Day 2011, S. 38; übersetzt). Sollen SAB eine evidenzinformierte Schulentwicklung unterstützen, brauchen sie insbesondere grundlegende Kompetenzen im Projektmanagement sowie spezifische Kompetenzen, die notwendig sind, um mit einer kritischen Haltung Daten sammeln, managen, bewerten und anwenden zu können (Data Literacy; vgl. Ridsdale et al. 2015).

Abbildung 1 fasst die beschriebenen Anforderungen an eine Führungskräfteentwicklung für SAB im Kontext evidenzinformierter Schulentwicklung zusammen.

Abb. 1: Modell der Führungskräfteentwicklung für die Unterstützung Schulentwicklung durch SAB (in Anlehnung an Day 2011; van Velsor / McCauley 2004)

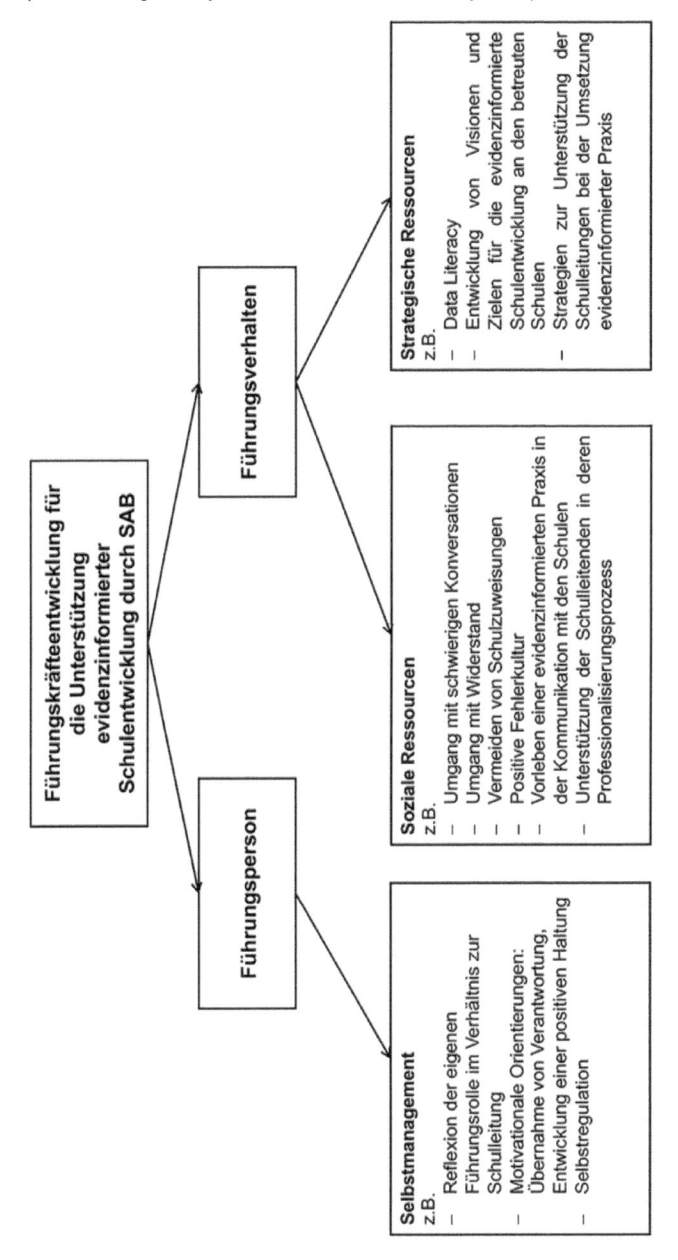

Führungskräfteentwicklung für die Unterstützung evidenzinformierter Schulentwicklung durch SAB

Führungsverhalten

Strategische Ressourcen
z.B.
- Data Literacy
- Entwicklung von Visionen und Zielen für die evidenzinformierte Schulentwicklung an den betreuten Schulen
- Strategien zur Unterstützung der Schulleitungen bei der Umsetzung evidenzinformierter Praxis

Führungsperson

Soziale Ressourcen
z.B.
- Umgang mit schwierigen Konversationen
- Umgang mit Widerstand
- Vermeiden von Schulzuweisungen
- Positive Fehlerkultur
- Vorleben einer evidenzinformierten Praxis in der Kommunikation mit den Schulen
- Unterstützung der Schulleitenden in deren Professionalisierungsprozess

Selbstmanagement
z.B.
- Reflexion der eigenen Führungsrolle im Verhältnis zur Schulleitung
- Motivationale Orientierungen: Übernahme von Verantwortung, Entwicklung einer positiven Haltung
- Selbstregulation

Fazit

Der vorliegende Beitrag hatte zum Ziel, Unterstützungsbedarfe von Schulen im Kontext evidenzinformierter Schulentwicklung zu identifizieren und vor diesem Hintergrund Überlegungen dazu zu formulieren, wie die Rolle von Schulaufsichtsbeamt:innen ausgestaltet werden kann, damit sie Schulentwicklung entsprechend unterstützen können. Dabei wurde auf der Basis von Expert:innen-Workshops die Frage diskutiert, wie eine Führungsrolle von SAB aussehen kann und was SAB brauchen, um diese Rolle auszufüllen. Auf der Grundlage von Daten aus dem vorliegenden Projekt und des aktuellen Forschungsstandes hat die Autor:innengruppe Voraussetzungen für eine mehrperspektivische und zielgerichtete evidenzinformierte Schul- und Unterrichtsentwicklung in einer Handreichung für Akteur:innen des Unterstützungssystems herausgearbeitet (Hejtmanek et al. 2024). Neben einer wissenschaftlich fundierten Beschreibung von relevanten Faktoren enthält diese zahlreiche Arbeitsmaterialien, Reflexionsangebote und Literaturtipps.

Literatur

Altrichter, Herbert / Maag Merki, Katharina (2016): Steuerung der Entwicklung des Schulwesens. In: Altrichter, Herbert / Maag Merki, Katharina (Hrsg.): *Handbuch Neue Steuerung im Schulsystem*. Springer VS, S. 1–27.

Altrichter, Herbert / Moosbrugger, Robert / Zuber, Julia (2016): Schul- und Unterrichtsentwicklung durch Datenrückmeldung. In: Altrichter, Herbert / Maag Merki, Katharina (Hrsg.): *Handbuch Neue Steuerung im Schulsystem*. Springer VS, S. 235–277.

Bass, Bernard M. / Avolio, Bruce J. (1994): Improving organizational effectiveness: Through transformational leadership. Sage.

Berkemeyer, Nils (2020): Schulleitung und Schulaufsicht – Symptome einer fehlenden Idee der Gesamtsystemsteuerung. In: Klein, Esther Dominique / Bremm, Nina (Hrsg.): *Unterstützung – Kooperation – Kontrolle: Zum Verhältnis von Schulaufsicht und Schulleitung in der Schulentwicklung*. Springer VS, S. 375–387.

Bogumil, Jörg / Fahlbusch, Reiner M. / Kuhn, Hans-Jürgen (2016): Weiterentwicklung der Schulverwaltung des Landes NRW. Wissenschaftliches Gutachten im Auftrag des Finanzministeriums. https://www.finanzverwaltung.nrw.de/sites/default/files/asset/document/endberichtschule-nrw0509.pdf (Abgerufen: 06.05.24).

Bonsen, Martin (2016): Schulleitung und Führung in der Schule. In: Altrichter, Herbert / Maag Merki, Katharina (Hrsg.): *Handbuch Neue Steuerung im Schulsystem*. Springer VS, S. 301–323.

Bremm, Nina / Eiden, Sarah / Neumann, Christine / Webs, Tanja / Ackeren, Isabell van / Holtappels, Heinz Günter (2017): Evidenzorientierter Schulentwicklungsansatz für Schulen in herausfordernden Lagen. Zum Potenzial der Integration von praxisbezogener Forschung und Entwicklung am Beispiel des Projekts „Potenziale entwickeln – Schulen stärken". In: Manitius, Veronika / Dobbelstein, Peter (Hrsg.): *Schulentwicklungsarbeit in herausfordernden Lagen*. Waxmann, S. 140–158. https://www.pedocs.de/volltexte/2020/20629/pdf/Bremm_et_al_2017_Evidenzorientierter_Schulentwicklungsansatz.pdf (Abgerufen: 06.05.24).

Brüsemeister, Thomas / Gromala, L.isa (2020): Konstellationen zwischen Schulleitung und Schulaufsicht. In: Klein, Esther Dominique / Bremm, Nina (Hrsg.): *Unterstützung – Kooperation – Kontrolle: Zum Verhältnis von Schulaufsicht und Schulleitung in der Schulentwicklung*. Springer VS, S. 125–135.

Datnow, Amanda / Hubbard, Lea (2016): Teacher capacity for and beliefs about data-driven decision making: A literature review of international research. In: *Journal of Educational Change 17*, H. 1, S. 7–28.

Day, David V. (2011): Leadership Development. In: Bryman, A. / Collinson, David / Grint, Keith / Jackson, Brad / Uhl-Bien, Mary (Hrsg.): *The SAGE Handbook of Leadership*. Sage, S. 37–50.

Dedering, Kathrin (2021): Unterstützung von Schulen durch Schulaufsicht – Zur Ausdifferenzierung eines Handlungsfeldes. In: *Zeitschrift für Bildungsforschung 11*, H. 2, S. 235–254.

Demski, Denise (2019): Und was kommt in der Praxis an? In: Zuber, Julia / Altrichter, Herbert / Heinrich, Martin (Hrsg.): *Bildungsstandards zwischen Politik und schulischem Alltag*. Springer Fachmedien, S. 129–152.

Demski, Denise (2017): *Evidenzbasierte Schulentwicklung: Empirische Analyse eines Steuerungsparadigmas*. Springer Fachmedien.

Demski, Denise / Racherbäumer, Kathrin (2015): Principals' evidence-based practice – findings from German schools. In: *International Journal of Educational Management 29*, H. 6, S. 735–748. https://www.emerald.com/insight/content/doi/10.1108/IJEM-06-2014-0086/full/pdf?title=principals-evidence-based-practice-findings-from-german-schools (Abgerufen: 06.05.24).

Fedkenheuer, Moritz (2023): Zwischenbericht der externen Evaluation des Projekts „LiGa – Lernen im Ganztag" der Deutschen Kinder- und Jugendstiftung. https://www.lernen-im-ganztag.de/news/zwischenbericht-evaluation/ (Abfrage: 06.05.24)

Hejtmanek, Ruth Anna / Hahn, Stefan / Schulte, Klaudia / Klein, Esther Dominique (2024). *Data Richness in Schulen unterstützen. Eine Handreichung für Akteur*innen aus dem Unterstützungssystem*. Dortmund & Hamburg: Technische Universität Dortmund, Institut für Bildungsmonitoring und Qualitätsentwicklung.

Herrmann, Joachim (2020): Schulaufsicht als Beratungsinstanz? Zur Bedingung der Möglichkeit einer Beratung durch die Hierarchie. In: Klein, Esther Dominique / Bremm, Nina (Hrsg.): *Unterstützung – Kooperation – Kontrolle: Zum Verhältnis von Schulaufsicht und Schulleitung in der Schulentwicklung*. Springer VS, S. 359–372.

Hugo, Julia / Klein, Esther Dominique / Jesacher-Rößler, Livia (2023): Welche Schulaufsicht braucht Schule? Empirische Befunde vor dem Hintergrund rechtlicher Anforderungen. In: *Pädagogische Führung 4*, S. 149–152.

Klein, Esther Dominique (2021): Die Schulaufsicht als Unterstützungsinstanz für Schulentwicklung. In: Webs, Tanja / Manitius, Veronika (Hrsg.): *Unterstützungssysteme für Schulen. Konzepte, Befunde und Perspektiven*. wbv, S. 195–213.

Klein, Esther Dominique / Becks, Christine (2022): Visionen und Ziele. In: Schule macht stark – Inhaltscluster Schulentwicklung & Führung (Hrsg.): *Virtueller SchuMaS-Raum „Schulentwicklung im Kontext"*. Universität Duisburg-Essen.

Klein, Ester Dominique / Bremm, Nina (2020): Schulentwicklung im managerial geprägten System – Das Verhältnis von Schulleitung und Schulaufsicht in den USA. In: Klein, Esther Dominique / Bremm, Nina (Hrsg.): *Unterstützung – Kooperation – Kontrolle: Zum Verhältnis von Schulaufsicht und Schulleitung in der Schulentwicklung*. Springer VS, S. 263–285.

Klein, Esther Dominique / Hejtmanek, Ruth Anna (2023): Data Richness als Merkmal erfolgreicher Schulen. Ein Systematisierungsversuch. In: Besa, Kris-Stephen / Demski, Denise / Gesang, Johanna / Hinzke, Jan-Hendrik (Hrsg.): *Evidenzbasierung in Lehrer*innenbildung, Schule und Bildungspolitik und -administration – neue Befunde zu alten Problemen*. Springer VS, S. 197–220.

Leithwood, Kenneth / Aitken, Robert / Jantzi, Doris (2006): *Making Schools Smarter. Leading With Evidence* (3rd ed.). Corwin Press.

Luig, Christina (2023): *Unterstützung datenbasierter Schulentwicklung. Eine multiperspektivische Governancestudie zu Koordinationsprozessen bei der Schulinspektion*. Springer VS

Mayring, Philipp (2015): *Qualitative Inhaltsanalyse*. Beltz.

Muijs, Daniel / Harris, Alma / Chapman, Cchristopher / Stoll, Louise / Russ, Jennifer (2004): Improving Schools in Socioeconomically Disadvantaged Areas. A Review of Research Evidence. In: *School Effectiveness and School Improvement 15*, H. 2, S. 149–175.

Pinnow, Daniel F. (2009): Führen. Worauf es wirklich ankommt. Gabler.

Porsch, Raphaela / Zaruba, Nicole / Radisch, Falk / Habeck, Larissa (2023): *Beratende Schulaufsicht (BeSa) im Rahmen des Programms „LiGa – Lernen im Ganztag"*. Deutsche Kinder- und Jugendstiftung GmbH. https://www.schulaufsicht.de/fileadmin/Redaktion/Materialien/Publikationen/BeSa_Abschlussbericht_LiGa.pdf (Abgerufen: 06.05.24)

Ridsdale, Chantel / Rothwell, James / Smit, Mike / Ali-Hassan, Hossam / Bliemel, Michael / Irvine, Dean / Kelley, Dan E. / Matwin, Stan S. / Wuetherick, Brad (2015): *Strategies and Best Practices for Data Literacy Education. Knowledge Synthesis Report*. Dalhousie University.

Röder, Michael / Manitius, Veronika (2020): Schulaufsicht zwischen den Stühlen – Bedeutung und Rolle der Schulaufsicht für die Schulentwicklungsberatung. Eine Diskussion entlang von 9 Thesen. In: Huber, Stephan Gerhard / Arnz, Siegfried / Klieme, Torsten (Hrsg.): *Schulaufsicht im Wandel. Rollen und Aufgaben neu denken*. Raabe, S. 235–242.

Schildkamp, Kim / Kuiper, Wilmad (2010): Data-informed curriculum reform: Which data, what purposes, and promoting and hindering factors. In: *Teaching and Teacher Education 26*, H. 3, S. 482–496.

Schwanenberg, Jasmin / Klein, Esther Dominique / Walpuski, Maik (2018): Wie erfolgreich fühlen sich Schulleitungen und welche Unterstützungsbedürfnisse haben sie? Ergebnisse aus dem Projekt Schulleitungsmonitor. In: *SHIP Working Paper Reihe* (Vol. 3). Universität Duisburg-Essen.

Senge, Peter (2006): The Fifth Discipline. The Art and Practice of the Learning Organization. Currency.

van Ackeren, Isabell / Klemm, Klaus / Kühn, Svenja Mareike (2015): Entstehung, Struktur und Steuerung des deutschen Schulsystems. Eine Einführung. Springer VS.

van Velsor, Ellen / McCauley, Cynthia D. (2004): Introduction: Our View of Leadership Development. In: McCauley Cynthia D. / van Velsor, Ellen (Hrsg.): *The Center for Creative Leadership Handbook of Leadership Development* (2. Aufl.). Jossey-Bass, S. 1–22.

Waters, J. Timothy / Marzano, Robert J. (2007): School District Leadership That Works: The Effect of Superintendent Leadership on Student Achievement. In: *ERS Spectrum 25*, H. 2, S. 1–12.

Yin, Robert (2006): Case study research. Design and Methods. In: Green, Judith L. / Camilli, Gregory / Elmore, Patricia B. (Hrsg.): *Handbook of complementary methods in edutcation research*. Lawrence Erlbaum Associates Publishers, S. 111–122.

Datengestützte Qualitätsentwicklung konkret: Das Schuldatenblatt Baden-Württemberg

Ulrike Rangel und Günter Klein

Zusammenfassung

Dieser Beitrag nimmt die landesweite Einführung eines Instruments des Bildungsmonitorings auf Ebene der Einzelschule in den Blick, das sogenannte „Schuldatenblatt". Ausgehend vom Gesamtkonzept der datengestützten Qualitätsentwicklung in Baden-Württemberg werden Zielsetzungen, Inhalte und der Entwicklungsprozess des Schuldatenblatts skizziert. Dargestellt wird zudem, welche Aspekte beim Prozess der Einführung eines Instruments wie des Schuldatenblatts zu beachten sind. Es werden Verwendungskontexte des Schuldatenblatts sowie Herausforderungen diskutiert, die bei der praktischen Nutzung von vielfältigen sowie komprimiert gebündelten Daten durch Schulaufsicht und Schulleitungen bestehen können. Vor dem Hintergrund des Positionspapiers des Netzwerks Bildungsmonitoring werden Voraussetzungen und Gelingensbedingungen einer systematischen Steuerung der Qualitätsentwicklung auf Grundlage von Daten in Bildungsadministration und Bildungspraxis betrachtet.

Ausgangspunkt: Das Qualitätskonzept für das Bildungssystem in Baden-Württemberg

Daten als Aufmerksamkeitslenker, als Indikatoren für Stärken und Schwächen und Basis für gezielte Entwicklungsprozesse im Rahmen von Schulentwicklungsprozessen haben in Baden-Württemberg einen dynamischen Bedeutungsaufschwung erfahren. Unstrittig ist in diesem Kontext, dass es nicht nur um die Erhebung und Bereitstellung von Daten per se gehen kann. Vielmehr muss die Frage klug beantwortet werden, wozu die Daten dienen sollen und wie die Prozesse der Nutzung der Daten für diese Zwecke gestaltet und gesichert werden.

Die Neukonzeption der datengestützten Qualitätsentwicklung in Baden-Württemberg war von Beginn an mit der Zielsetzung verknüpft, das Lernen der Schüler:innen zu verbessern. Ausgangspunkt waren die für das Land erschütternden Ergebnisse der nationalen Schulleistungsstudien wie den IQB-Bildungstrends 2015 und 2016, die den Rückgang der Schülerleistungen insgesamt, hohe Anteile von Leistungen unterhalb der Mindeststandards sowie nach wie vor große herkunftsbedingte Disparitäten in den erreichten Kompetenzen dokumentierten. Diese Ergebnisse führten in Baden-Württemberg zu einer kritischen Einschätzung der etablierten Qualitätssicherungssysteme und unter anderem 2017 zur Aussetzung der externen Evaluation (sogenannte „Fremdevaluation"; vgl. Stricker 2019). Auf den Prüfstand gestellt wurden der Aufbau des Unterstützungssystems, die Rolle der Schulaufsicht sowie eine Reihe pädagogischer Konzepte (z. B. die Methode „Lesen durch Schreiben", Funke 2014). Mit dem „Qualitätskonzept für das Bildungssystem Baden-Württemberg" beschloss die Landesregierung 2017 eine umfassende Veränderung der Schulverwaltung mit neuen Rollen und Zuständigkeiten auf allen Ebenen. Prägende programmatische Begriffe des Qualitätskonzepts waren und sind die Bündelung von Zuständigkeiten, Stärkung der Rolle der Schulaufsicht, Evidenzorientierung sowie die Etablierung einer „Kultur des Hinschauens".

Auf der strukturellen Ebene führte das Qualitätskonzept zur Einrichtung zweier neuer Institute im Jahr 2019. Dabei standen die Entwicklungen und Strukturen in Hamburg maßgeblich Pate. Im Zentrum für Schulqualität und Lehrerbildung (ZSL) wurden die Zuständigkeiten für die Lehrkräfteaus- und -fortbildung sowie für die Unterstützungsangebote für Schulen konzentriert. Eine der Kernaufgaben des Instituts für Bildungsanalysen (IBBW) ist der Aufbau eines strategischen Bildungsmonitorings, das die Grundlage für die datengestützte Qualitätsentwicklung auf allen Ebenen des Bildungssystems bilden soll. Das Qualitätskonzept ging zudem mit Änderungen der Rolle der Schulaufsicht in Baden-Württemberg einher. Die bis dahin weitgehend bei der Schulaufsicht verortete Fortbildung wurde zum ZSL verlagert. Zudem betonte das Qualitätskonzept eine starke Rolle der Schulaufsicht bei der datengestützten Qualitätsentwicklung der Schulen.

Der Fokus auf eine evidenzorientierte, dateninformierte Bildungspolitik und Bildungspraxis steht auch im Zentrum des Koalitionsvertrags 2021 der baden-württembergischen Landesregierung. Dies spiegelt sich in Vorhaben sowohl auf Ebene der individuellen Schüler:innen wider, beispielsweise durch den Ausbau diagnostischer Instrumente, als auch auf Systemebene, etwa durch den Einstieg des Landes in eine sozialindexbasierte Ressourcensteuerung. Auf Schulebene wurde die Einführung eines systematischen Prozesses der datengestützten Qualitätsentwicklung festgelegt und auch schulgesetzlich geregelt.

Elemente des Gesamtkonzepts der datengestützten Qualitätsentwicklung

Herzstück der datengestützten Qualitätsentwicklung auf Ebene der Schulen ist der zum Schuljahr 2023/24 eingeführte Prozess der Ziel- und Leistungsvereinbarungen (vgl. Abb. 1). In verbindlichen, jährlichen Statusgesprächen bewerten

Schulleitungen und zuständige Schulaufsicht den Stand der Qualitätsentwicklung auf der Basis von qualitätsrelevanten Daten der Schule. Auf dieser Grundlage werden Ziele mit einer definierten Laufzeit von einem bis drei Jahren vereinbart sowie auf diese Ziele bezogene wesentliche Arbeitsvorhaben („Leistungsauftrag") der Schule festgelegt. Die jährlichen Statusgespräche erlauben eine gemeinsame Bilanzierung der erzielten Fortschritte anhand aktueller Daten und ermöglichen bei Bedarf eine Anpassung der vereinbarten Ziele und Maßnahmen.

Abb. 1: Gesamtkonzept der datengestützten Qualitätsentwicklung Baden-Württemberg (Quelle: https://km.baden-wuerttemberg.de/de/schule/datengestuetzte-qualitaetsentwicklung))

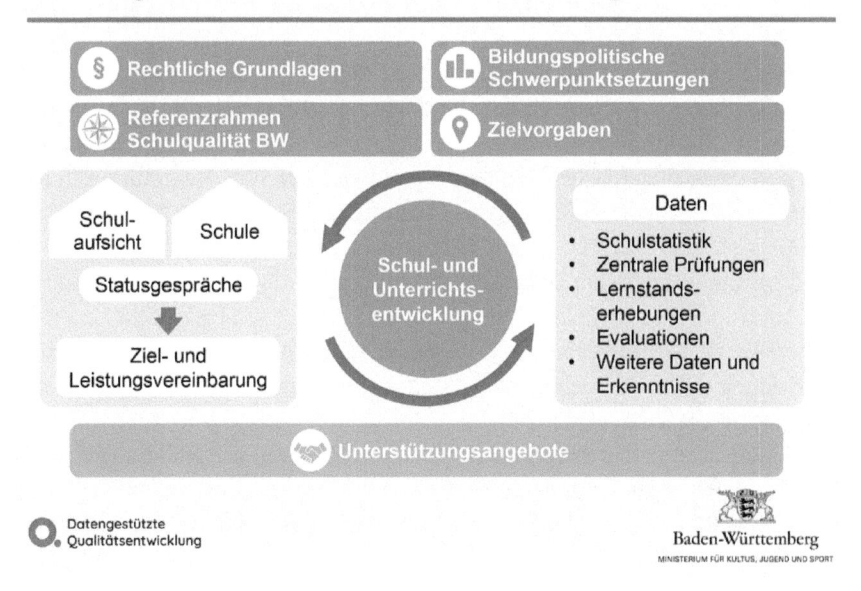

Dieser Prozess der Ziel- und Leistungsvereinbarungen ist gleichsam eingebettet in eine Gesamtarchitektur der datengestützten Qualitätsentwicklung, die alle Ebenen und Institutionen der Schulverwaltung in den Blick nimmt:

Hintergrundfolie und verbindliche Orientierung für die Aktivitäten der datengestützten Qualitätsentwicklung ist der *Referenzrahmen Schulqualität*, der 2023 per Verwaltungsvorschrift als Arbeitsgrundlage für alle Akteure – in den Schulen, der Schulaufsicht, den Instituten und Seminaren sowie dem Kultusministerium – eingeführt wurde (https://referenzrahmen.kultus-bw.de). Mit dem Referenzrahmen wurde die Grundlage für ein gemeinsames, wissenschaftlich fundiertes Verständnis der Qualität von Schule und Unterricht geschaffen. Er ist damit eine entscheidende Voraussetzung für mehr inhaltliche Kohärenz und ein stimmiges Alignment der Akteure im Sinne einer gemeinsamen Ausrichtung. Maßnahmen der Schul- und Unterrichtsentwicklung orientieren sich am Referenzrahmen. Verfahren und Instrumente der datengestützten Qualitätsentwicklung, wie standardisierte Befragungsinstrumente zur internen Evaluation, greifen explizit Bereiche des Referenzrahmens auf und lassen sich dort thematisch einordnen. Der Referenzrahmen ist somit zentraler Bezugspunkt für alle Bausteine des Gesamtkonzepts.

Auf der Basis bildungspolitischer Schwerpunktsetzungen hat das Kultusministerium zentrale *Zielvorgaben* formuliert. Diese spielen bei den Ziel- und Leistungsvereinbarungen eine wichtige Rolle und stellen vor allem das Lernen der Schüler:innen in den Mittelpunkt. Die Zielvorgaben beziehen sich etwa im Bereich der allgemeinbildenden Schulen auf die Reduktion der Anteile der Schüler:innen, die bei den Lernstandserhebungen VERA die Mindeststandards verfehlen.

Orientiert an den bildungspolitischen Zielvorgaben werden passgenaue *Unterstützungsangebote* für Schulen bereitgestellt. Beispielsweise bündelt das Programm „Starke BASIS!" bestehende Angebote zur Stärkung der Basiskompetenzen von Schüler:innen in einem Gesamtkonzept. Das Programm „Qualitätsentwicklung durch Unterrichtsbeobachtung und Feedback" (QUBE-F) stärkt auf Basis eines wissenschaftlich abgesicherten Unterrichtsfeedbackbogens zu den Basisdimensionen der Unterrichtsqualität sowie durch begleitende Impulse zur Professionalisierung ein gemeinsames Verständnis von Unterrichtsqualität. Nicht zuletzt begleiten spezifisch ausgebildete Fachberater:innen für Schulentwicklung und Unterrichtsentwicklung die Schulen bei der Umsetzung der vereinbarten Maßnahmen.

Die Einführung des Prozesses der Ziel- und Leistungsvereinbarungen wird flankiert durch flächendeckende *Fortbildungsangebote* für die Schulaufsicht und Schulleitungen u. a. zum Umgang mit Daten sowie durch eine formative Evaluation, die vom IBBW durchgeführt wird.

Im Grunde stellt der skizzierte Prozess keine gänzlich neue Entwicklung dar. Gespräche zwischen Schulaufsicht und Schulleitungen gab es schon immer, auch Zielvereinbarungen wurden in Baden-Württemberg geschlossen, in deren Mittelpunkt die Evaluationsberichte aus der früheren Fremdevaluation standen. Es gibt aber zwei wesentliche Unterschiede zur früheren Praxis:

1. Die Qualitätsentwicklung der einzelnen Schule ist eingebettet in ein Gesamtsystem, das alle Prozessteile systematisch und systemisch miteinander verzahnt – ausgehend von einem einheitlichen Qualitätsverständnis über die Festlegung bildungspolitischer Ziele, die Bereitstellung hierauf bezogener relevanter Daten, die Definition eines verbindlichen Prozesses zur Verarbeitung und Bewertung dieser Daten bis hin zur Verfügbarkeit passgenauer Unterstützungsangebote auf Ebene der Schule. Dieser Blick auf die gesamte

Prozesskette, eine hohe Verbindlichkeit und Passung der einzelnen Elemente stellen wesentliche Voraussetzungen für eine gelingende Qualitätsentwicklung auf der Basis von Daten dar.
2. Grundlage für die Qualitätsentwicklung ist die Gesamtheit der zur Schule vorliegenden, systematisch aufbereiteten qualitätsrelevanten Daten. Bislang wurden in den Gesprächen zwischen Schulen und Schulaufsicht Daten eher zufällig bzw. abhängig von den regionalen Steuerungseinheiten und nur ausschnitthaft einbezogen, beispielsweise mit ausschließlichem Blick auf die schulische Prozessqualität oder nur auf Ergebnisdaten aus Lernstandserhebungen oder zentralen Prüfungen. Mit dem Schuldatenblatt steht Schulen und Schulaufsicht eine gemeinsame, standardisierte Gesprächsgrundlage zur Verfügung, welche die Daten zu Rahmenbedingungen, Prozessen und Ergebnissen einer Schule im Zusammenhang darstellt.

Entwicklung des Schuldatenblatts in Baden-Württemberg

Das sogenannte „Schuldatenblatt" wird seit Beginn des Schuljahrs 2023/24 landesweit in digitaler Form allen öffentlichen allgemeinbildenden Schulen, beruflichen Schulen sowie sonderpädagogischen Bildungs- und Beratungszentren mit Förderschwerpunkt Lernen bereitgestellt. Vorausgegangen ist ein Entwicklungsprozess von ca. vier Jahren. Impulsgebend für die Entwicklung des Schuldatenblatts waren Konzepte und ähnliche Formate zum Beispiel in der kanadischen Provinz Alberta (Klopsch/Sliwka 2020), aber auch der Datenbericht „Schule im Überblick" aus Hamburg, welcher komprimiert Kennzahlen auf Einzelschulebene darstellt. Eine direkte Übertragung auf Baden-Württemberg war aufgrund der unterschiedlichen Datenlagen in Kanada oder in Hamburg nicht möglich. Daher bestand der erste Schritt der Entwicklung des Schuldatenblatts in einer systematischen Sammlung, Strukturierung und Bewertung der für Baden-Württemberg verfügbaren Daten auf Einzelschulebene.

Von Beginn wurden bei der Konzeption des Schuldatenblatts alle Beteiligte einbezogen. In die Konzeptentwicklung haben sich Vertreter:innen der verschiedenen Schularten sowie entsprechend auch der Schulaufsicht eingebracht. Denn klar und handlungsleitend war, dass das Schuldatenblatt nur dann Sinn ergibt, wenn es für die Schulaufsicht und die Schulleitungen erstens als gut nutzbar – also adressatengerecht, lesbar und verständlich aufbereitet – und zweitens als nützlich wahrgenommen wird im Sinne der Relevanz der Daten für die Steuerung der Qualitätsentwicklung. Die erste Version des Datenblatts wurde daher im Rahmen einer Begleitgruppe mit Vertreter:innen der unterschiedlichen Ebenen der Schulaufsicht und im engen Dialog mit Schulleitungen der verschiedenen Schularten erstellt. Es folgte eine qualitativ ausgerichtete Prä-Pilotierung mit Tandems ausgewählter Schulleitungen und Schulaufsichtspersonen, die

Rückmeldung zu diesem Entwicklungsstand gaben. Anschließend wurde eine umfassende Erprobung der weiterentwickelten Version des Schuldatenblatts in vier Modellregionen durchgeführt, welche die Benutzerfreundlichkeit, Übersichtlichkeit, Verständlichkeit, Relevanz und Nutzbarkeit der dargestellten Daten in den Blick nahm. Im Schuljahr 2022/23 wurde die digitale Umsetzung des Schuldatenblatts für mehr als 3.600 öffentliche Schulen in Baden-Württemberg programmiert und die flächendeckende Bereitstellung über ein zugriffsgesichertes Online-Portal vorbereitet. Gleichzeitig wurde der Prototyp des Schuldatenblatts bereits in unterschiedlichen Kooperationsprojekten des IBBW eingesetzt, beispielsweise in einem Projekt mit der Universität Mannheim und den baden-württembergischen SchuMaS-Schulen (Bundesprogramm „Schule macht stark", https://www.schule-macht-stark.de) und im Rahmen einer Werkstatt „Von Daten zu Taten" mit der Robert-Bosch-Stiftung, dem Institut für Bildungsmonitoring und Qualitätsentwicklung Hamburg sowie dem ZSL (https://www.bosch-stiftung.de/de/projekt/werkstatt-von-daten-zu-taten). Damit konnten vor der flächendeckenden Einführung direkte Erfahrungen zur Arbeit mit dem Schuldatenblatt und möglichen Herausforderungen im Umgang gesammelt werden.

Zielsetzungen, Aufbau und Inhalte des Schuldatenblatts

Neben seiner Einbettung in den Gesamtprozess der Ziel- und Leistungsvereinbarungen zwischen Schulleitung und Schulaufsicht ist das Schuldatenblatt in erster Linie ein Instrument für die Schule selbst und dient innerschulischen Entscheidungsprozessen. Durch die Bündelung zentraler schulischer Daten dient es der Bestandsaufnahme im Rahmen der Schul- und Unterrichtsentwicklung und unterstützt dadurch die schulinternen Steuerungsentscheidungen.

Im Schuldatenblatt werden bereits vorhandene, zentral erhobene Daten zusammengeführt, die flächendeckend auf Einzelschulebene in Baden-Württemberg verfügbar sind. Die enthaltenen Daten stammen aus der amtlichen Schulstatistik, aus Statistiken zur Unterrichtsversorgung, von den verbindlichen Lernstandserhebungen (aktuell in Baden-Württemberg: VERA 3, VERA 8 und Lernstand 5), zentral durchgeführten Online-Befragungen und statistischen Sondererhebungen z. B. zu den zentralen Prüfungen. Diese Daten liegen dem IBBW vor; sie werden an zentraler Stelle im zuständigen Fachreferat gesammelt, aufbereitet und jährlich aktualisiert im Schuldatenblatt bereitgestellt.[1]

---

[1] Das IBBW hat dazu einen internen Prozess gestartet, der einem abteilungsübergreifenden und umfassenden Datenmanagement dient. Dieses soll sicherstellen, dass die an mehreren Stellen innerhalb des IBBW vorhandenen Daten, verlässlich für die verschiedenen Zwecke – wie z. B. für das Schuldatenblatt oder auch für Forschungszwecke – zusammengeführt werden.

Grundaufbau und Begrifflichkeiten des Schuldatenblatts orientieren sich am Referenzrahmen Schulqualität. Das Datenblatt gliedert sich in drei Hauptbereiche:

- *Rahmenbedingungen;* dieser Bereich enthält Informationen zur Zusammensetzung der Schülerschaft, zu deren Eingangsvoraussetzungen in der Sekundarstufe und zur Unterrichtsversorgung der Schule,
- *Prozesse;* in diesem Bereich werden Ergebnisse aus Befragungen zu ausgewählten Indikatoren der Schul- und Unterrichtsqualität abgebildet,
- *Ergebnisse;* hier werden zentrale schulische Ergebnisdaten, bspw. aus den Vergleichsarbeiten VERA, zentralen Prüfungen und zu den Übergängen dargestellt. Als wesentlicher, nichtfachlicher Ergebnisaspekt sind Befragungsergebnisse zum schulbezogenen Wohlbefinden enthalten.

Diejenigen Daten, aus denen sich der Prozessbereich sowie die Ergebnisse zum schulbezogenen Wohlbefinden im Datenblatt speisen, stammen aus den neu eingeführten sogenannten „Zentralen Erhebungen". Seit dem Aussetzen der flächendeckenden Fremdevaluation standen in Baden-Württemberg keine zentral erhobenen Daten zu den schulischen Prozessen, bspw. zur Unterrichtsqualität, zur Verfügung – also zum wesentlichen eigenverantwortlichen Handlungsfeld von Schule. Mit den Zentralen Erhebungen werden seit 2023 mit kurzen Online-Befragungen systematisch Daten zu wesentlichen Kernindikatoren der Schulqualität erhoben. Die Schulen erhalten unmittelbar detaillierte Ergebnisrückmeldungen und damit Impulse für die schulinterne Qualitätsentwicklung. In das Schuldatenblatt werden die Daten in aggregierter Form aufgenommen. Die Zentralen Erhebungen schließen somit eine wichtige Datenlücke. Derzeit (Stand 2024) können die Schulen freiwillig an Zentralen Erhebungen teilnehmen[2], erfasst wurden die Basisdimensionen der Unterrichtsqualität im Fach Deutsch aus Sicht der Schüler:innen sowie das schulbezogene Wohlbefinden der Schüler:innen. Eine Ausweitung auf weitere Kernaspekte aus dem Referenzrahmen (u. a. Unterrichtsqualität in unterschiedlichen Fächern, Kooperation im Kollegium, Schulleitungshandeln, Arbeitszufriedenheit der Lehrkräfte) und die flächendeckende Einführung sind geplant.

---

2 Laut Schulgesetz Baden-Württemberg, das erst jüngst novelliert wurde, sind die öffentlichen Schulen des Landes zur Mitwirkung an den Zentralen Erhebungen verpflichtet (SchG § 114 Abs. 1). Diese Verpflichtung wird im Rahmen der Einführung des neuen Verfahrens noch nicht umgesetzt.

Abb. 2: Exemplarische Ansicht von Teilen des digitalen Schuldatenblatts (Ausschnitt Übersichts- und Detailebene)

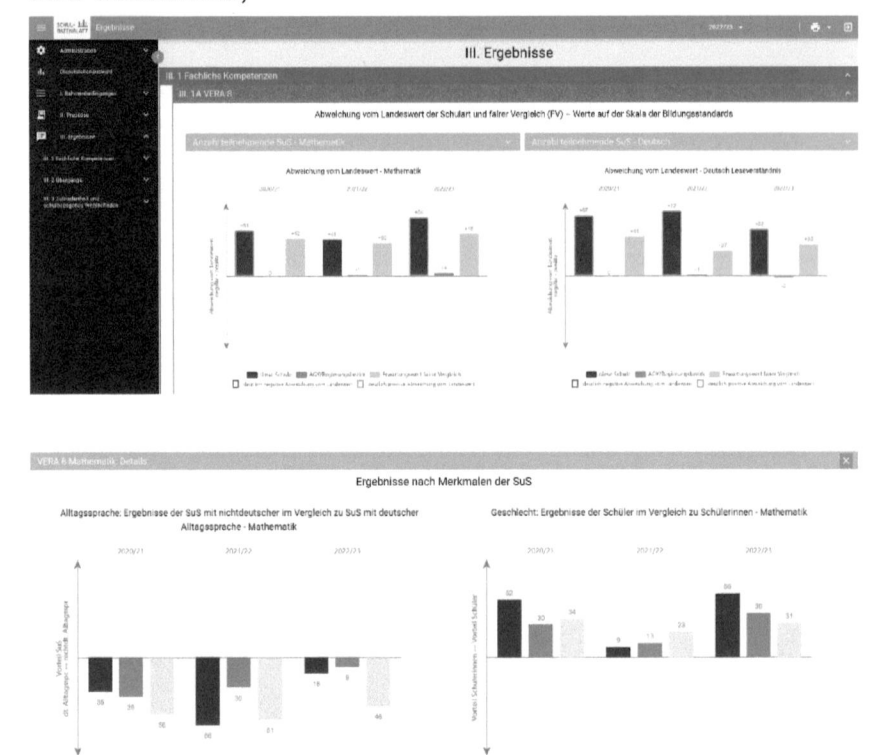

Wesentliche Kennzeichen des Schuldatenblatts sind darüber hinaus:

1. Das Schuldatenblatt stellt Daten über mehrere Jahre hinweg sowie mit schulartspezifischen regionalen (mit Bezug auf den Schulamts- bzw. Regierungsbezirk) und landesweiten Referenzwerten dar. Dies soll helfen, die Daten besser einzuordnen, da Schulen bislang mit Ausnahme der Lernstandserhebungen keine Möglichkeiten hatten, die eigenen Daten mit der Situation im Umfeld bzw. im Land zu vergleichen.
2. Das Datenblatt ist als digitales Format in zwei Ebenen aufgebaut, einer Überblicksebene, welche die wichtigsten Aspekte komprimiert darstellt, und einer Detailebene, die jeweils zu den einzelnen Datenaspekten differenziertere Darstellungen enthält. Auf diese Weise wurde dem Bedarf der Nutzergruppen Rechnung getragen, auf der einen Seite einen kompakten, rasch verarbeitbaren Überblick zu erhalten und gleichzeitig z. B. bei Auffälligkeiten die Daten vertieft analysieren zu können.

3. An ausgewählten Stellen im Datenblatt werden deutliche Abweichungen des Schulwerts vom Landeswert farblich markiert. Diese Markierungen sind als Hilfe für eine rasche Einschätzung der Daten integriert. Die Schwellenwerte für die Anzeige der Markierungen sind dabei entweder normativ vorgegeben (z. B. bei den zentralen Prüfungen die Abweichung um mindestens eine halbe Note vom Landesdurchschnitt) oder werden auf Basis der Verteilung der Schulwerte für die Schulart im Land bestimmt.

Einführungsprozess des Schuldatenblatts

Die Kommunikations- und Einführungsphase bei neuen Verfahren, Instrumenten und Programmen ist entscheidend. Neben der Information über die Inhalte sowie der konkreten Demonstration von Nutzungsmöglichkeiten – dem *know how* – ist es dabei zentral, auch das *know why* zu kommunizieren, also überzeugend darzulegen, *weshalb* ein neues Verfahren eingeführt wird. Die Kommunikation muss demnach darauf zielen, die Daten und den Umgang mit Daten mit dem zutiefst pädagogischen Anliegen zu verbinden, allen Kindern und Jugendlichen erfolgreiche Bildungsbiographien zu ermöglichen und Schule zu einem „guten Ort" zu machen. Das Wort von der „Schule als guten Ort" stammt aus der Stadtteilschule Alter Teich in Hamburg, die den Deutschen Schulpreis 2023 gewonnen hat. Es gilt deutlich zu machen, dass es im Kern um bessere Bildungschancen und mehr Bildungsgerechtigkeit für alle Schüler:innen geht.

Die Einführung des Schuldatenblatts findet einerseits im Kontext der flächendeckenden Fortbildungen zum neuen Prozess der Ziel- und Leistungsvereinbarungen statt. Innerhalb eines Zeitraums von insgesamt zwei Jahren erhalten alle beteiligten Personen aus der Schulaufsicht sowie alle Schulleitungen in Baden-Württemberg ein Qualifizierungsangebot. Zielsetzungen, Inhalte sowie die konkrete Arbeit mit dem Schuldatenblatt sind ein wesentlicher Baustein innerhalb der Fortbildungen.

Darüber hinaus ist das Schuldatenblatt Teil der breit angelegten Kommunikations- und Informationskampagne zur Einführung des neuen Referenzrahmens Schulqualität. Multiplikator:innen des IBBW vermitteln in diesem Rahmen in zahlreichen Veranstaltungen mit der Schulaufsicht, mit Schulleitungen und Lehrkräftekollegien sowie in Seminaren für die Lehrkräfteausbildung die Inhalte und Arbeit mit dem Referenzrahmen praxisnah und verdeutlichen das Zusammenspiel zwischen den Qualitätsmerkmalen des Referenzrahmens und den Datenaspekten im Schuldatenblatt. Diese Veranstaltungen tragen dazu bei, die Bezüge zwischen den neuen Instrumenten zu verdeutlichen, so dass diese von den Zielgruppen als kohärent und passend wahrgenommen werden.

How to use? – Möglichkeiten und Herausforderungen

Datennutzung ist ein mehrschrittiger, iterativer und zyklischer Prozess. Daten sind zunächst deskriptiv, als Aufmerksamkeitslenker können sie auf bestimmte Auffälligkeiten, mögliche Frage- oder Problemstellungen hinweisen. „Evidenz" als gesichertes, aus Sicht der Nutzenden relevantes Wissen und letztlich handlungswirksame Erkenntnisse entstehen jedoch erst durch die strukturierte Verarbeitung und die Anreichung von Daten mit dem Expertenwissen vor Ort (Diedrich 2020; Schildkamp/Poortman 2015). Als Unterstützung für die schulinterne Bestandsaufnahme trägt das Schuldatenblatt dazu bei, Fragestellungen und mögliche Zielsetzungen für die schulische Qualitätsentwicklung zu generieren. Es soll helfen, die richtigen Schwerpunktthemen zu setzen. Darüber hinaus kann es im Prozess der weiteren Bearbeitung von Fragestellungen eingesetzt werden, um Hypothesen über mögliche Ursachen bestimmter Befunde zu bilden und Hinweise auf deren Plausibilität zu prüfen, etwa, indem Aspekte der schulischen Rahmenbedingungen und der Prozesse mit den Befunden im Bereich der Ergebnisse in den Zusammenhang gestellt werden. Dieser Prozessschritt der Bildung plausibler Hypothesen – woran kann es liegen, dass unsere Daten so aussehen, wie sie aussehen? – ist eine zwingende Vorbedingung, um zielführende Maßnahmen abzuleiten. Gleichzeitig ist er alles andere als trivial. Im Sinne einer explorativen „Spurensuche" müssen Fragen an die Daten gestellt werden sowie Handlungsmöglichkeiten im eigenen Einflussbereich gesucht werden – anstatt sich auf externale, nicht beeinflussbare Begründungen zurückzuziehen. Datennutzende benötigen hierfür sowohl ein fundiertes Wissen über die vielfältigen Einflussfaktoren des Lernens von Schüler:innen als auch die Offenheit, bisherige Denkmuster und (mitunter verkürzte) Erklärungen in Frage zu stellen.

Durch die Zusammenfassung von Daten aus verschiedenen Quellen zu den schulischen Rahmenbedingungen, Prozessen und Ergebnissen ermöglicht es das Schuldatenblatt, Bezüge zwischen den unterschiedlichen Aspekten herzustellen, Muster zu erkennen oder aber abweichende Einzelbefunde zu identifizieren. So macht es zum Beispiel wenig Sinn, fachliche Leistungsdaten ohne die Ausgangsvoraussetzungen zu betrachten. Zudem kann der Einbezug von Daten zu Prozessen wie etwa der Unterrichtsqualität oder der Kooperation im Kollegium oder zur Führung der Schule wertvoll sein. Die Nutzung eines konsistenten „Datenbündels", statt der isolierten Betrachtung einer einzelnen Datenquelle, ist eine zentrale Voraussetzung für eine systematische datengestützte Qualitätsentwicklung (Mandinach/Schildkamp 2021). Eine gleichzeitige, mehrperspektivische Betrachtung unterschiedlicher Datenaspekte erhöht jedoch die Komplexität der Datennutzung und stellt höhere Anforderungen an die Nutzenden. Es braucht Wissen darüber, welche Bezüge zwischen den Daten sinnvoll sein können – und welche nicht – sowie ein Bewusstsein dafür, dass sich einfache, monokausale Erklärungen im komplexen pädagogischen Bedingungsgefüge verbieten. Ein Beispiel für eine unsinnige Korrelation wäre etwa der mit dem Blick des Ressortcontrollings hergestellte schlichte Zusammenhang zwischen Personalkosten und Leistungsergebnissen. Getroffene Annahmen über mögliche Ursachen sollten daher von den Nutzenden als vorläufig und im weiteren Prozess revidierbar betrachtet werden. Erschwerend kommt hinzu, dass Befunde aus unterschiedlichen Datenquellen nicht immer ein einheitliches Bild ergeben und sich (ggf. scheinbar) widersprechen können. Zu einem reflektierten Umgang ist daher unter anderem Wissen über die Eigenheiten und Abgrenzungen der unterschiedlichen Datenquellen notwendig.

Schließlich steht das Schuldatenblatt wie jedes Instrument der datengestützten Qualitätsentwicklung im Spannungsfeld unterschiedlicher Funktionen (Landwehr 2011). Es dient indirekt der Normendurchsetzung, indem Daten zu bestimmten Aspekten dargestellt werden – und zu anderen eben nicht. Darüber hinaus steht es insbesondere im Spannungsverhältnis zwischen den Funktionen der „Rechenschaftslegung" und „Schulentwicklung". Daten schaffen Transparenz, ein gewisser Rechenschaftslegungsdruck ist ihnen damit inhärent. Durch die Einbettung in den Prozess der Ziel- und Leistungsvereinbarungen ist das Schuldatenblatt auch ein Instrument der Schulaufsicht. Eine konstruktive Nutzung des Schuldatenblatts als Impuls für die schulinterne Qualitätsentwicklung ist jedoch nur dann zu erwarten, wenn es in erster Linie als Unterstützung wahrgenommen wird und nicht als „Zeugnis", das der Bewertung der Schule dient. Daher ist es wichtig, dass das Schuldatenblatt ein internes und als vertraulich zu behandelndes Arbeitsinstrument ist und bleibt. Zugriff auf das Schuldatenblatt haben die jeweilige Schulleitung und die zuständige Schulaufsicht. Eine Verbreitung und Veröffentlichung über die am Prozess Beteiligten hinaus wäre schädlich. In Baden-Württemberg ist dies durch das Landesinformationsfreiheitsgesetz abgedeckt, das leistungsbezogene Daten einzelner Schulen als besonders schützenswert einstuft. Es bleibt dennoch eine kontinuierliche kommunikative Aufgabe, die notwendige Vertraulichkeit des Instruments zu verdeutlichen. Die unterschiedlichen Funktionen spiegeln sich zudem in der Rolle der Schulaufsicht zwischen Aufsicht und Beratung wider. Nur, wenn dieses Spannungsverhältnis im Gespräch zwischen Schulaufsicht und Schulleitung konstruktiv aufgelöst wird und nicht etwa Schuldzuweisungen oder Rechtfertigungen im Vordergrund stehen, sondern die gemeinsame Verantwortung für die Qualitätsentwicklung und letzten Endes für das Lernen der Schüler:innen, kann der beschriebene Prozess gelingen.

Datengestützte Qualitätsentwicklung: Worauf kommt es an?

Die skizzierten Herausforderungen zeigen, dass sich die Zielsetzungen des Schuldatenblatts nicht automatisch erreichen lassen und der Prozess einer wirksamen Datennutzung voraussetzungsreich ist. Datenbasierte Entscheidungen und Evidenzorientierung müssen handlungsleitendes Prinzip auf allen Ebenen des Bildungssystems sein, vom Ministerium bis zur einzelnen Lehrkraft (Diedrich 2021). Ausgehend von einem gemeinsamen Qualitätsverständnis und konsensual getragenen Zielsetzungen sind strukturierte und systematische Prozesse der Auseinandersetzung mit Daten und der datenbasierten Reflexion getroffener Entscheidungen auf allen Ebenen zu institutionalisieren. Eine sinnvolle Kaskadierung der Prozesse auf den unterschiedlichen Ebenen sowie geklärte Schnittstellen und Rollen der einzelnen Akteure im System sind dabei zu gewährleisten.

1. Eine professionelle Datennutzung ist gemeinsame Aufgabe sowohl der datengebenden Institute als auch der Nutzer:innen selbst. Die Dateninstitute sind zunächst gefordert, die Daten so zu bündeln, aufzubereiten und zu präsentieren, dass sie möglichst unmittelbar lesbar und verständlich sind und Fehlinterpretationen vermieden werden. Hierfür ist die Einbindung der Nutzergruppen in die Konzeption neuer Formate zentral. Auf Nutzendenseite ist die Stärkung der professionellen Datenkompetenz ein unverzichtbarer Gelingensfaktor. Dafür müssen entsprechende Inhalte in die unterschiedlichen Phasen der Lehrkräftebildung integriert werden. In Baden-Württemberg wurden darüber hinaus verschiedene niederschwellige Unterstützungsformate etabliert, von FAQ-Listen und Handreichungen über Erklärvideos bis hin zu Sprechstunden bei Fragen zum Umgang mit den bereitgestellten Daten.
2. Die Datenkompetenz der Nutzer:innen sowie hierauf bezogene Unterstützungsangebote müssen aber wesentlich über das Lesen von Daten hinausgehen. Für die Ableitung von Maßnahmen braucht es ein fundiertes Wissen über die vielfältigen Einflussfaktoren auf das Lernen von Schüler:innen, wie es etwa das IBBW mit der Publikationsreihe „Wirksamer Unterricht" zur Verfügung stellt (https://ibbw-bw.de/,Lde/Startseite/Empirische-Bildungsforschung/Publikationsreihe-Wirksamer-Unterricht). Darüber hinaus sind Hilfestellungen bei der Auswahl passender und nachweislich wirksamer Maßnahmen wesentlich. Es braucht – vergleichbar mit sogenannten „Evidence Gap Maps" (Polanin et al. 2023) – leicht rezipierbare Übersichten, welche Maßnahmen für welche Problemstellungen geeignet sind und welche empirischen Belege für die Wirksamkeit dieser Maßnahmen bestehen (vgl. die „Qualitätschecks" bei BISS-Transfer: https://www.biss-sprachbildung.de/angebote-fuer-die-praxis/tool-dokumentation/).
3. Letztlich kommt es auch darauf an, Bedenken und Sorgen seitens der Zielgruppen ernst zu nehmen. Der Paradigmenwechsel von einer vormals weitgehend auf subjektiven Einschätzungen beruhenden Qualitätsentwicklung hin zu validen Daten und deren Offenlegung kann Widerstände auslösen. Dies

kann sich zum Beispiel beziehen auf die Besorgnis eines erhöhten Zeitaufwands durch zusätzliche Datenerhebungen oder auf befürchtete negative Reaktionen oder persönliche Konsequenzen bei kritischen Entwicklungen (etwa Vorwürfe, Schuldzuweisungen, Bloßstellen etc.). Deswegen ist es notwendig, ausreichend Energie und Kapazität in das Erklären und Einordnen neuer Formate wie dem Schuldatenblatt zu investieren. Noch viel wichtiger ist aber, dass durch eine positive Praxis des wertschätzenden und professionellen Dialogs über Daten und deren Evidenz das Potenzial von Daten als Bereicherung der Qualitätsentwicklung konkret erfahrbar wird.

Mit der Einführung des Schuldatenblatts hat Baden-Württemberg ein wichtiges Element des Gesamtkonzepts der datengestützten Qualitätsentwicklung etabliert. Die bisherigen Erfahrungen der Akteure zeigen, dass es als wertvolles Instrument wahrgenommen wird. Aber klar ist auch, dass das Schuldatenblatt sich weiterentwickeln kann und muss. Dies betrifft sowohl die Auswahl der Daten als auch die Art der digitalen Bereitstellung.

Hinweis: Einen Überblick über den Aufbau und die Inhalte des Schuldatenblatts in Baden-Württemberg geben die Einführungsvideos auf der Homepage des IBBW (https://ibbw-bw.de/,Lde/Startseite/Systemanalysen/Datenblatt).
2019 wurde das Netzwerk Bildungsmonitoring gegründet. In ihm sind die Einrichtungen Deutschlands vertreten, die sich mit dem Bildungsmonitoring befassen. In einem Positionspapier hat Netzwerk (https://ibbw-bw.de/,Lde/Startseite/Systemanalysen/Bildungsmonitoring) werden wesentliche Voraussetzungen und Gelingensbedingungen für ein wirksames Bildungsmonitoring beschrieben.

Literatur

Funke, Reinhold (2014): Erstunterricht nach der Methode „Lesen durch Schreiben" und Ergebnisse schriftsprachlichen Lernens – Eine metaanalytische Bestandsaufnahme. In: Didaktik Deutsch: Halbjahresschrift für die Didaktik der deutschen Sprache und Literatur 19, H. 36, S. 21–41.
Diedrich, Martina (2020): Die veränderte Rolle der intermediären Akteure. In: Klein, Dominique Esther/Bremm, Nina (Hrsg.): Unterstützung – Kooperation – Kontrolle. Zum Verhältnis von Schulaufsicht und Schulleitung in der Schulentwicklung. Wiesbaden: Springer VS, S. 45–64.
Diedrich, Martina (2021): Eine verhängnisvolle Affäre? Zum Verhältnis von Bildungsforschung, Bildungspolitik, Bildungsverwaltung und Bildungspraxis. In: Kemethofer, David/Reitinger, Johannes/Soukup-Altrichter, Katharina (Hrsg.): Vermessen? Zum Verhältnis von Bildungsforschung, Bildungspolitik und Bildungspraxis. Münster und New York: Waxmann, S. 19–32.
Landwehr, Norbert (2011): Thesen zur Wirkung und Wirksamkeit der externen Schulevaluation. In: Quesel, Carsten/Husfeldt, Vera/Landwehr, Norbert/Steiner, Peter (Hrsg.): Wirkungen und Wirksamkeit der externen Schulevaluation. Bern: Springer, S. 35–69.
Mandinach, Ellen B./Schildkamp, Kim (2021): Misconceptions about data-based decision making in education: An exploration of the literature. In: Studies in Educational Evaluation, 69.

Klopsch, Britta/Sliwka, Anne (2020): Schulqualität als Resultat einer Verschränkung von Systemebenen. Datengestützte Schulentwicklung in der Provinz Alberta, Kanada. In: „Neue Steuerung" – Renaissance der Kybernetik? Münster und New York: Waxmann, S. 58–73.

Polanin, Joshua R./Taylor, Joseph A./Zhang, Qi/Williams, Ryan T./Joshi, Megha/Burr, Lauren (2023): Evidence Gap Maps in Education Research. In: Journal of Research on Educational Effectiveness 16, H. 3, S. 532–552.

Schildkamp, Kim/Poortman, Cindy Louise (2015): Factors Influencing the Functioning of Data Teams. In: Teachers college record 117, H. 4, S. 1–42.

Stricker, Tobias (Hrsg.) (2019): Zehn Jahre Fremdevaluation in Baden-Württemberg. Zwischenbilanz und Perspektiven auf Qualitätsmanagement, Evaluation und Schulentwicklung. Wiesbaden: Springer VS.

Welche Story steckt in den Daten einer Schule?

Das Format der Datenkonferenzen als multiprofessionelles Setting zur Standortbestimmung einer Schule

Stefan Hahn, Klaudia Schulte, Peter Schulze und Franziska Thonke

Zusammenfassung

Dieser Praxisbeitrag setzt sich zunächst mit den bildungspolitisch gehegten Erwartungen an eine datengestützte Schul- und Unterrichtsentwicklung und dem Datenangebot im Stadtstaat Hamburg auseinander. Darüber hinaus wird in einem Exkurs über das Konzept des „Sensemakings" die Herausforderung von Einzelschulen problematisiert, überwiegend standardisierte und extern erhobene Daten auf ihre konkrete Situation zu beziehen, sie in einem kommunikativen Prozess mit dem Kontext- und Professionswissen der Akteur:innen vor Ort zu verknüpfen und die ‚passenden' Schlussfolgerungen für die weitere Entwicklungsarbeit zu ziehen. Vor diesem Hintergrund wird das Konzept der „Datenkonferenz" als multiprofessionelles Setting beschrieben, in dem die (formellen) extern von der Bildungsadministration bereitgestellten Daten einer Einzelschule systematisch mit dem (informellem) Kontextwissen der schulischen Akteur:innen verschränkt und zu einem geteilten und differenzierten Bild der Schule verdichtet werden. Abschließend wird reflektiert, inwiefern dieses Format nicht nur den Schulen bei der (Neu-)Ausrichtung ihres konkreten Entwicklungsprozesses helfen kann, sondern auch die Schnittstellenprobleme in einem häufig fragmentierten schulischen Unterstützungssystem bearbeitet.

Einleitung

In Folge der KMK-Gesamtstrategie zum Bildungsmonitoring (KMK 2006, 2015) werden in den Bundesländern regelmäßig Daten zur Analyse der Schulsysteme erhoben. Diese Daten werden auch den Einzelschulen mit der Erwartung zurückgemeldet, dass sie sich ‚datengestützt' entwickeln sollen (KMK 1997; KMK 2006; Schulte et al. 2016). Obwohl erfolgreiche Schulen tatsächlich häufig diesen Erwartungen gerecht werden (Klein/Hejtmanek 2023; Muijs et al. 2004), schöpfen insgesamt nur wenige Schulen systematisch das Potenzial ihrer Daten aus (z. B. Demski 2019), auch weil die Umsetzung einer evidenzbasierten Schul- und Unterrichtsentwicklung sehr voraussetzungsreich ist (Altrichter/Moosbrugger/Zuber

2016; Bremm et al. 2017). In diversen Bundesländern beschränkt sich die Unterstützung der Schulen durch die Bildungsadministration deshalb nicht allein auf die Bereitstellung von Daten, sondern versucht auch durch verschiedene Angebote bei der innerschulischen Weiterarbeit mit Daten zu helfen. In Hamburg stellt neben Fortbildungen, Beratungsangeboten und Handreichungen das Format der *Datenkonferenz* (Tränkmann/Schulze 2021; Schulze et al. 2021) eines dieser Angebote dar. In einer Datenkonferenz setzen sich in der Regel drei bis acht Mitglieder der Schule für ca. drei Stunden mit vielfältigen Daten über ihre Schule auseinander, die im Vorfeld mit Blick auf zentrale Fragestellungen der Schule zusammengestellt wurden und in der Datenkonferenz präsentiert und diskutiert werden.

In diesem Praxisbeitrag wird das Format der Datenkonferenz als multiprofessionelles Setting vorgestellt, in dem – geleitet von den schulentwicklungsbezogenen Fragen und Themen einer Einzelschule – deren aktuelle Situation mehrperspektivisch betrachtet wird. In einer Datenkonferenz werden die Daten dieser Schule systematisch mit dem Kontextwissen der schulischen Akteur:innen verschränkt und durch eine schulexterne Moderation begleitet. Als Konzeptualisierungsvorschlag wird im folgenden Beitrag das praktische Format der Datenkonferenz mit dem theoretischen Konzept des „Sensemaking" (vgl. Weick 1995) verbunden und zur Diskussion gestellt sowie erste Erkenntnisse aus durchgeführten Datenkonferenzen beschrieben.

Daten der Hamburger Bildungsadministration – ein reichhaltiger, aber fragmentierter Schatz

Seit den Konstanzer Beschlüssen der Kultusministerkonferenz (KMK 1997) und den schlechten PISA Ergebnissen Deutschlands (Baumert et al. 2001) hat sich die Perspektive, mit der das Bildungssystem auf Schul- und Systemebene betrachtet und gesteuert wird, grundlegend zugunsten einer evidenzbasierten Qualitätssicherung und -entwicklung verändert. Ihre diesbezüglichen Überlegungen hat die KMK im Jahr 2006 in einer Gesamtstrategie zum Bildungsmonitoring zusammengefasst und diese im Jahr 2015 aktualisiert (KMK 2006/2015). Die meisten Bundesländer haben in der Folge eigene, die Gesamtstrategie der KMK umsetzende und z. T. ergänzende Instrumente und Verfahren der externen Evaluation eingeführt, die ihnen – so die erklärte Absicht – systematisch und datengestützt Aufschluss über Leistungen und Herausforderungen auf den verschiedenen Ebenen des Bildungssystems geben sollen. Hamburg ist in dieser Hinsicht besonders weit gegangen:

- Es finden in sechs Jahrgangsstufen (2, 3, 5, 7, 8, 9) jährliche Vergleichsarbeiten („KERMIT", Lücken et al. 2014) mit Angaben zu den Kompetenzständen der Schüler:innen und Vergleichswerten von Schulen mit ähnlicher sozialer

Zusammensetzung der Schüler:innenschaft („faire Vergleiche",) statt. In vier dieser KERMIT-Rückmeldungen (in den Jahrgangsstufen 3, 5, 7 und 9) erhalten die Schulen auch Informationen über die Lern*entwicklung* der Schüler:innen seit ihrer letzten KERMIT-Testung.

- Zusätzlich gibt es mit SCHNABEL (**sch**reiben = **n**achdenken, **a**nwenden, **b**ehalten, **e**rfolgreich **l**ernen) eine flächendeckende diagnostische Erfassung und Rückmeldung der Rechtschreibkompetenzen aller Schüler:innen der Jahrgangsstufen 1 bis 8 (Heidkamp 2018).
- Darüber hinaus erhalten die Schulen in regelmäßigen Abständen eine Rückmeldung der Hamburger Schulinspektion (Ulrich 2020),
- den jährlichen Datenreport „Schule im Überblick" (IfBQ 2015), der bspw. das sozialräumliche Umfeld der Schule sowie die soziale und ethnische Zusammensetzung der Schülerschaft abbildet,
- ein Sprachförderkennzahlenblatt mit Ergebnissen aus dem Sprach- und Lernfördermonitoring sowie
- seit 2015 die jährliche Rückmeldung zu den Ergebnissen des Monitorings der Abschlussprüfungen mit den Vergleichswerten des Vorjahres und den Ergebnissen relevanter Referenzgruppen.

Neben diesen standardisierten, extern erhobenen Daten arbeiten alle Hamburger Schulen mit weiteren Daten, z. B. Noten und Daten aus internen Evaluationen oder Schülerfeedback, die sie teilweise mit Online-Tools und -Instrumenten erheben können, die die Behörde für Schule und Berufsbildung (BSB) bereitstellt. Dazu zählen beispielsweise die Erhebung überfachlicher Kompetenzen (Heckt/Pohlmann/Klitsche 2019) oder die Hamburger Selbstevaluations- und Befragungsportale (IfBQ o. J.). Alle Rückmeldungen für die Hamburger Schulen sind zwar in einem heuristischen Prozessmodell zur Beschreibung datengestützter Schulentwicklung in Hamburg integriert (Schulte/Fickermann/Lücken 2016), in der schulischen Praxis stehen die vorhandenen Rückmeldungen allerdings in der Regel noch immer relativ unverbunden nebeneinander und müssen von den schulischen Akteur:innen anlassbezogen in einen Zusammenhang gestellt werden.

Unter anderem hat dies durchaus strukturelle Gründe, da Schulentwicklung ein zielorientierter, oft langjähriger Prozess ist. Dieser Prozess beginnt häufig mit einer Bestandsaufnahme (Buhren 2017) oder Standortbestimmung (Müller 2017), auf deren Grundlage idealerweise Entwicklungsziele formuliert werden. Daran schließen sich Entscheidungen über sinnvolle Entwicklungsmaßnahmen, ihre Implementation sowie die Bewertungen ihrer Wirksamkeit und ihre Nachsteuerung oder Optimierung an. Die Rückmeldungen der o. g. extern generierten Daten orientieren sich nicht an dieser idealtypischen Ablauflogik, sondern erfolgen über das ganze Schuljahr hinweg zu ganz unterschiedlichen Zeitpunkten, müssen also schulseitig zusammengetragen und mit Blick auf die eigenen Ziele und Fragestellungen ausgewählt und aufbereitet werden. Dabei besitzen extern generierte Daten in verschiedenen Phasen des Schulentwicklungsprozesses ganz unterschiedliche Relevanz: Während empirisches Wissen aus Daten und Rückmeldungen eher eine *retrospektive Analyse* der schulischen Situation ermöglicht und sich daher eher für Standortbestimmungen, die Formulierung von Entwicklungszielen und als Hinweisgeber bei der Bewertung von Entwicklungsmaßnahmen eignen können, sind bei der Auswahl und Optimierung von Entwicklungsmaßnahmen im Sinne eines *prospektiven Gestaltens* ganz andere Evidenzen gefragt, z. B. wissenschaftlich abgesichertes Professionswissen in Form von publizierten didaktischen Konzepten, die innerhalb der eigenen Schule nacherfunden werden müssen (Kussau 2007).

In der internationalen Schulentwicklungsforschung ist gut belegt, dass es besonders erfolgreichen Schulen häufig gelingt, Informationen aus mehrperspektivischen Quellen in Schulentwicklungsprozessen systematisch zu nutzen, um fundierte und wirkungsvolle Entscheidungen auf der Grundlage einer vertiefenden Beschreibung schulischer Phänomene oder der Gesamtsituation zu treffen (Klein / Hejtmanek 2023; Muijs et al. 2004). Vielfach wird dabei hervorgehoben, dass eine mehrperspektivische Betrachtung der Schule – insbesondere durch eine Kombination von *formellen Daten*, d. h. verobjektivierten Leistungsdaten und andere quantitative Befunde wie sie Monitoringdaten überwiegend darstellen – mit *informellen Daten* wie Beobachtungen im Unterricht und Gesprächen mit Schüler:innen gekennzeichnet ist (Mandinach / Schildkamp 2021).

Um eine Vorstellung von einem erfolgreichen Umgang mit Evidenzen in der Schule zu bekommen, wird im Folgenden das Konzept des „Sensemaking" als idealtypischer Modus der retrospektiven Analyse der schulischen Situation vorgestellt. Es beschreibt im Wesentlichen die Potenziale und ‚Spielregeln' einer zielführenden Nutzung von Daten in Schulentwicklungsprozessen und damit gleichzeitig Zweck und Logik einer Datenkonferenz: das gemeinschaftliche Zusammenfügen unterschiedlicher Evidenzen zu einem stimmigen Gesamtbild der Schule.

„Sensemaking" – das Herzstück einer evidenzbasierten Schul- und Unterrichtsentwicklung

Im Diskurs um evidenzbasierte Schul- und Unterrichtsentwicklung spielt das auf den amerikanischen Organisationspsychologen Karl Edward Weick zurückgehende Konzept des „Sensemaking" eine zunehmend bedeutende Rolle (Feldhoff / Wurster 2017). „Sensemaking" bedeutet zunächst einfach die Herstellung von Sinn (Weick 1995, S. 4) und ist – auf Schulentwicklung bezogen – ein Prozess, die pädagogische Praxis in ihren komplexen Bezügen (z. B. zur Organisation und zur Umwelt einer Schule) zu verstehen und mit einer plausiblen „Story" zu erklären, um die durch Schul- und Unterrichtsentwicklung zu bearbeitenden Probleme genauer zu identifizieren und zielführende Lösungen für aktuelle Entwicklungsaufgaben zu finden.

„Sensemaking" setzt dabei häufig (aber nicht zwingend) bei Krisen, Problemen oder Irritationen an und beschreibt den *fortdauernden* und *sozialen* Prozess, *rückblickend* nach *plausiblen* Erklärungen zu suchen und dabei unterschiedliche Evidenzen zu berücksichtigen. Als Evidenzen gelten dabei sämtliche Mittel der Bestätigung und Rechtfertigung von Annahmen oder Theorien. Das können neben Eindrücken und Erfahrungen aus der schulischen Praxis, insbesondere nach methodologischen Standards gewonnene Daten über die pädagogische Praxis, ihren Kontext oder ihren Ergebnissen sowie wissenschaftliche Erkenntnisse aus der Schul- oder Bildungsforschung sein.

Die Idee des „Sensemaking" in einer Schule geht davon aus, dass alle, die in einer Schule arbeiten und lernen, eine Vorstellung oder ein mentales Modell von der aktuellen Situation dieser Schule haben. In diesen Modellen können neben dem Kontextwissen der „Insider" teilweise auch sozial konstruierte Vorstellungen, persönliche Überzeugungen, Meinungen und Hypothesen einfließen und immer auch blinde Flecken enthalten sein. Wenn sich diese Situation durch Entwicklungen in Gesellschaft oder Stadtteil, durch bildungspolitische Maßnahmen, durch Schulentwicklungsvorhaben oder aus anderen Gründen ändert und sich die Praxis nicht mehr erwartungsgemäß oder mit den beabsichtigten Wirkungen vollzieht, müssen diese Modelle hinterfragt und idealerweise durch neue, passendere Modelle ersetzt werden.

In Schulen als lernenden Organisationen bedeutet „Sensemaking" entsprechend, ein *sozial geteiltes*, plausibles Verständnis der schulischen Situation zu entwickeln, dieses Verständnis mit anderen durch Datensammlungen, Aktionen und Gespräche zu testen und – je nachdem, wie stimmig es ist – zu verfeinern oder zu verwerfen. Wenn man so will, ist „Sensemaking" die gemeinschaftliche Suche nach Antworten auf die Frage „Was ist die Story?" (Weick/Sutcliffe/Obstfeld 2005) oder – um die Puzzle-Metapher aus Abbildung 1 aufzugreifen – das gemeinschaftliche Zusammenfügen unterschiedlicher Evidenzen zu einem stimmigen Gesamtbild.

Die Entwicklung einer Story oder das Puzzeln eines Gesamtbilds erfordert notwendigerweise eine Synthese unterschiedlicher Wissensformen, über die schulische Akteur:innen als Expert:innen für die pädagogische Praxis und ihren Rahmenbedingungen vor Ort verfügen (sollten). So müssen sie neue (über Daten vermittelte) Informationen mit ihrem Professionswissen verknüpfen (Coburn/Toure/Yamashita 2009) und es vor dem Hintergrund ihrer Binnensicht und ihrer Aufgaben in der Praxis re-kontextualisieren (Fend 2006). Da „Sensemaking" ein sozialer, d. h. kommunikativer Prozess ist, beinhaltet diese Re-Kontextualisierung des empirischen Wissens über die Schule ggf. auch, dass Annahmen,

Attributionen und bislang nicht hinterfragte Routinen expliziert und reflektiert werden. Daten können in diesen Prozessen bereits vorhandene Eindrücke bestätigen, aber auch deutlich irritieren. Um ihre Aussagekraft und Reichweite angemessen bewerten zu können und mit ihrer Evidenz auch gegen andere Meinungen, Wahrnehmungen oder Deutungen argumentieren zu können, bedarf es deshalb auch methodischen und methodologischen Wissens.

Abb. 1: Wissensformen in der datengestützten Schul- und Unterrichtsentwicklung (Moebius/Hahn 2023)

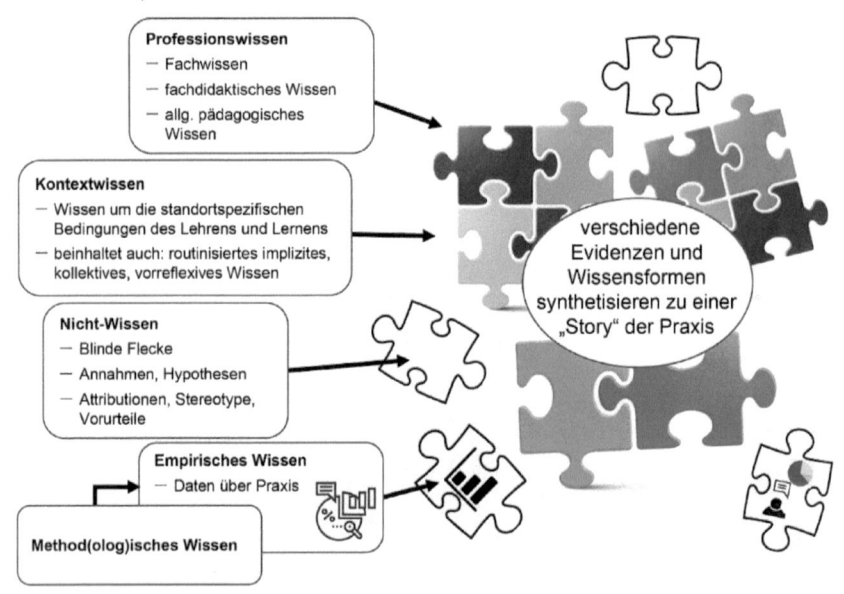

Professionswissen
– Fachwissen
– fachdidaktisches Wissen
– allg. pädagogisches Wissen

Kontextwissen
– Wissen um die standortspezifischen Bedingungen des Lehrens und Lernens
– beinhaltet auch: routinisiertes implizites, kollektives, vorreflexives Wissen

Nicht-Wissen
– Blinde Flecke
– Annahmen, Hypothesen
– Attributionen, Stereotype, Vorurteile

Empirisches Wissen
– Daten über Praxis

Method(olog)isches Wissen

verschiedene Evidenzen und Wissensformen synthetisieren zu einer „Story" der Praxis

Dieser theoretische Exkurs über Prozesse des „Sensemaking" macht deutlich, wie voraussetzungsreich eine evidenzbasierte Schulentwicklung ist, weil Sensemaking die Anschlussfähigkeit der Daten und Rückmeldungen an das Kontext- und Professionswissen schulischer Akteur:innen einfordert und gleichzeitig problematisiert. Empirisches Wissen in Form von formellen, extern generierten Daten und informellen Evidenzen aus dem Schulalltag müssen bewertet und anschlussfähig an die professionelle Perspektive der Pädagog:innen vor Ort eingebracht werden. Die damit verbundene methodologische, methodische und kommunikative Expertise kann in Schulen nicht selbstverständlich vorausgesetzt werden, gleichwohl in Hamburg häufig Routinen in der Praxis, entsprechende Fortbildungen und ein Netzwerk für KERMIT-, Evaluations- oder Qualitäts-Beauftragte der Schulen existieren. In den Datenkonferenzen wird diese Expertise durch die Multiprofessionalität der beteiligten Akteur:innen eingebracht.

Anlage und Ablauf einer Datenkonferenz

Die Datenkonferenz ist ein relativ neues Angebot eines Gesprächsformats für und mit schulischen Akteur:innen, in dem es um eine vertiefte Auseinandersetzung mit den verfügbaren Daten einer Schule im Sinne des „Sensemaking" geht. Das Format der Datenkonferenzen wurde in seiner jetzigen Form im Jahr 2021 eingeführt und seither erprobt. Es handelt sich dabei nicht um ein Angebot, das regelhaft allen Schulen angeboten bzw. beworben wird. Vielmehr wurden die ersten Pilotschulen aus laufenden Beratungsprozessen heraus vom Institut für Bildungsmonitoring und Qualitätsentwicklung (IfBQ) und von der Agentur für Schulberatung aus dem Landesinstitut für Lehrerbildung und Schulentwicklung (LI) angesprochen.

An einer Datenkonferenz nehmen verschiedene Personengruppen in unterschiedlichen Rollen teil: Die Schulleitung benennt die Teilnehmenden aus dem Kollegium. In der Regel sind dies, neben der (oft erweiterten) Schulleitung selbst, Personen, die qua Funktionsstelle spezifische Aufgaben im Schulentwicklungsprozess übernehmen oder als Expert:innen für bestimmte Bereiche der schulischen Arbeit gelten (z. B. Steuergruppe, Qualitätsbeauftragte oder Förderkoordination). Die Schulleitung entscheidet auch darüber, ob die Schulaufsicht eingeladen wird. Die Datenkonferenz kann bei Teilnahme der Schulaufsicht formal den Status des zweiten Qualitätsentwicklungsgesprächs bekommen (in Hamburg finden zwei Mal im Schuljahr Qualitätsentwicklungsgespräche zwischen Schulleitung und Schulaufsicht statt). Neben Mitarbeitenden des IfBQ, die für eine beschreibende Aufbereitung der Daten und eine vorsichtige Formulierung von Deutungsangeboten zuständig sind, moderiert eine Person aus der Agentur für Schulberatung des LI den gesamten Prozess und sichert die Ergebnisse. Sofern sich eine Schule von einer Schulentwicklungsbegleitung aus dem LI unterstützen lässt, kann auch diese Person eingeladen werden.

Abb. 2: Visualisierung des Prozessablaufs einer Datenkonferenz

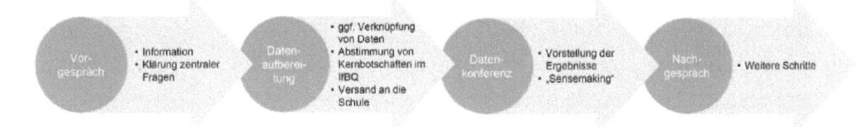

Vorgespräch	Datenaufbereitung	Datenkonferenz	Nachgespräch
• Information • Klärung zentraler Fragen	• ggf. Verknüpfung von Daten • Abstimmung von Kernbotschaften im IfBQ • Versand an die Schule	• Vorstellung der Ergebnisse • „Sensemaking"	• Weitere Schritte

Vorgespräch

Die eigentliche Datenkonferenz beginnt mit einem Vorgespräch zwischen der (erweiterten) Schulleitung, Mitarbeiter:innen des IfBQ und der Person aus der Agentur für Schulberatung. In diesem etwa einstündigen Vorgespräch wird zunächst geklärt, was eine Datenkonferenz ist, wer teilnehmen darf und soll, wie sie abläuft und welche Möglichkeiten sie der Schule bietet. Zentral in diesem Gespräch sind vor allem die aktuellen Fragen der Schule und ihre Schulentwicklungsthemen, damit die Interessenslage der Schule geklärt und eine Auswahl jener Daten besprochen werden kann, denen potenziell Erkenntnisse zur Bearbeitung der schulischen Fragen innewohnen. In der Regel stimmen IfBQ und Schulleitung im Nachgang des Vorgesprächs ein Design für die Zusammenschau von Daten per E-Mail ab. Gerade die Verknüpfung von Daten und damit die vertiefte Analyse sind für Schulen von besonderem Interesse. Häufig werden dabei Daten der Schulstatistik (insb. soziale Hintergrundmerkmale der Schüler:innenschaft), Leistungsdaten (KERMIT) und Daten aus dem Fördermonitoring und/oder dem Monitoring der Zentralen Abschlussprüfungen für eine Datenkonferenz über die Vertrauensstelle nach § 98a HmbSG verknüpft.

Datenkonferenz

Etwa eine Woche vor der Datenkonferenz stellt das IfBQ allen Teilnehmenden einen Foliensatz bereit. Dieser enthält die aufbereiteten Daten zum schulischen Kontext, zur Schul- und Unterrichtsqualität, zur Förderung, zu den Abschlüssen, zu den Kompetenzen der Schüler:innen und zu den spezifischen Fragen der Schule. So können sich die Teilnehmenden der Datenkonferenz schon vorab mit der Datenlage vertraut machen. Der Foliensatz enthält zu verschiedenen Aspekten der Schulqualität anschauliche Grafiken, deren jeweilige Kernbotschaft zusätzlich in einem prägnanten Aussagesatz zusammengefasst wird. Anders als in den Rückmeldungen der einzelnen Monitoring- und Qualitätsentwicklungsverfahren sind im Foliensatz auch zahlreiche Zeitreihen enthalten, um beispielsweise aufzeigen zu können, inwiefern sich die Zusammensetzung der Schüler:innenschaft, das mittlere Leistungsniveau in verschiedenen Fächern oder die Übergangs- und Abschlussquoten in den letzten Jahren verändert haben. Auch werden Vergleiche zwischen mehreren Schüler:innenkohorten der Schule sowie zwischen der Schule und ihren Vergleichsschulen (mit gleicher Schulform und ähnlicher Schüler:innenschaft) angestellt, um etwa Hinweise auf die Wirksamkeit bereits eingeleiteter pädagogischer Maßnahmen zu erlangen.

In der zwei- bis dreistündigen Datenkonferenz selbst wird im ersten Teil dieser Foliensatz von den Mitarbeiter:innen aus dem IfBQ vorgestellt und erläutert. Zentral ist hier, dass die schulischen Akteur:innen einen aktiven Part bei der Interpretation der Daten und bei ihrer Einordnung in den schulischen Kontext übernehmen. Unter der Moderation des Mitglieds der Agentur für Schulberatung wird in dem o. g. Sinne „Sensemaking" betrieben, d. h.

- es wird systematisch danach gefragt, ob die formellen Daten aus den Monitoring- und Qualitätsentwicklungsverfahren auch vor dem Hintergrund informeller Daten aus der Binnensicht der beteiligten Schulleitungsmitglieder, Lehrkräften und Pädagog:innen plausibel erscheinen;
- es wird in diesem Kontext auch die Aussagekraft einzelner Daten von den „Datenexpert:innen" aus dem IfBQ methodologisch reflektiert;
- es werden zu den aktuellen Fragen und Schulentwicklungsthemen Evidenzen zusammengetragen und diskursiv Hypothesen zum Ist-Stand der Schule entwickelt; und
- es wird ggf. deutlich benannt, an welcher Stelle es noch alternative Lesarten gibt oder weitere Analysen benötigt werden.

Auch wenn die schulischen Akteur:innen während dieser intensiven Auseinandersetzung mit den Daten ihrer Schule in der Regel nicht direkt von der Analyse des Ist-Standes zu einer abgestimmten Priorisierung eines Schulentwicklungsthemas oder in die Planung einer pädagogischen Maßnahme gelangen, wird das letzte Zeitfenster einer Datenkonferenz dafür reserviert, mögliche Anschlussaktivitäten aufzuzeigen und die ansprechbaren Akteur:innen aus dem Unterstützungssystem zu benennen. So können die Schulen bei Fragen der Strategie- und Maßnahmenplanung für die weitere Schul- und Unterrichtsentwicklung direkt die anwesende Person aus der Agentur für Schulberatung kontaktieren, sie können die Vertreter:innen des IfBQ in Bezug auf ergänzende Analysen der bereits zusammengestellten Daten oder in Bezug auf weitere interne Evaluationsvorhaben ansprechen und sie können – sofern die Schulaufsicht zur Datenkonferenz eingeladen wurde – die Erkenntnisse aus der Datenkonferenz u. a. für die Abstimmung der Ziel- und Leistungsvereinbarungen nutzen.

Nachgespräch

In einem Nachgespräch zwischen der Person aus der Agentur für Schulberatung und der Schulleitung wird einige Wochen nach der Datenkonferenz besprochen, wie die Erkenntnisse im Kollegium verarbeitet und welche Pläne oder Entscheidungen in der Folge getroffen wurden. Bezogen auf die konkreten Anliegen der Schule werden Unterstützungsangebote aus dem IfBQ und dem LI nochmal dezidiert benannt und ggf. weitere Schritte verabredet.

Erkenntnisse aus den bisherigen Datenkonferenzen

Eine Datenkonferenz bietet die Chance, mit dem Einbezug bestimmter Personen aus dem Kollegium (je nach Thema und Fragestellung z. B. Abteilungsleitungen, Inhaber:innen von Funktionsstellen, Teamleitungen), der moderierenden Person aus der Agentur für Schulberatung, ggf. der Schulaufsicht und einer Schulentwicklungsbegleitung aus dem LI, alle für die Schulentwicklung verantwortlichen Akteur:innen in einen gemeinsamen datenbasierten Klärungsprozess entwicklungsbezogener Fragestellungen zu holen und die Basis für weitere Verabredungen der Entwicklung von Schul- und Unterrichtsqualität zu schaffen.

Im Folgenden werden erste Erkenntnisse aus den bisher durchgeführten Datenkonferenzen der Pilotphase (drei an Grundschulen, drei an Stadtteilschulen, eine an Gymnasien) in der Zeit von 2021 bis 2023 beschrieben. Dies erfolgt weniger mit dem Fokus einer systematischen Aufbereitung als mit dem Ziel, einen ersten Einblick in das für viele der Beteiligten als gewinnbringend empfundene Format zu geben. Diese Erkenntnisse lassen sich in Bezug auf (1) die Reaktionen der schulischen Akteur:innen auf die aufbereiteten Daten, (2) die Prozesse der Datenaufbereitung selbst und (3) die Kollaboration zwischen den Akteur:innen aus dem Unterstützungssystem differenzieren.

(1) Reaktionen der schulischen Akteur:innen

Zentral für das Gelingen der Datenkonferenz ist das Interesse der Schulen an den bereitgestellten Analysen. Dies wird dadurch gefördert, dass die Schulen im Vorfeld selbst Fragestellungen formulieren; gerade diese werden in der Datenkonferenz besonders intensiv diskutiert. Diese Fragen ergeben sich oft aus dem Entwicklungsstand und den eigenen Zielen der Schule, den aktuellen „Themen der Schulgemeinschaft", Hypothesen über den Erfolg und selbst identifizierter Problemfelder der Schule. Nicht zuletzt, weil die Datenpräsentation des IfBQ jeweils am Erkenntnisinteresse der Schule ansetzte, herrschte in allen Datenkonferenzen eine offene und intensive Arbeitsatmosphäre – trotz der für viele Beteiligten ungewohnten Akteurskonstellation. Ausgehend von den aufbereiteten Daten wurden Thesen diskutiert und durch Querbezüge zu verschiedenen Daten verworfen, erhärtet oder ausdifferenziert. Teilweise wurde auf schulischer Seite dabei eine bislang nur „gefühlte Evidenz" durch die Daten bestätigt. Bei positiven Ergebnissen vermittelte dies den Beteiligten Selbstwirksamkeit, es traten aber auch die Problemfelder der Schulen deutlicher zutage. In der Regel konnten zukünftige Handlungsfelder identifiziert und – teils kontrovers im Schulteam – andiskutiert werden. In den Datenkonferenzen wurde dieses Agenda-Setting jedoch in keinem Fall abgeschlossen, vermutlich auch, weil weitere Personen aus den betreffenden Jahrgangsstufen oder Fachteams dazu noch in weitere „Sensemaking"-Prozesse einbezogen werden sollten.

(2) Prozess der Datenaufbereitung

Die Art und Weise, wie die schulischen Akteur:innen die präsentierten Daten und Ergebnisse auf ihre pädagogischen Prozesse und organisatorischen Rahmenbedingungen beziehen konnten, sowie ihr Feedback zu den Datenkonferenzen enthielten wertvolle Hinweise für eine verständliche, interpretierbare und anschlussfähige Aufbereitung der Daten. Dies führte u. a. dazu, dass Grafiken optimiert und zu jeder Grafik deskriptive Kernaussagen sowie themenbezogene Zusammenfassungen verfasst wurden. Als zentral für das Gelingen einer Datenkonferenz wurde die Rückkopplung der für Schulen zentralen Fragestellungen mit dem IfBQ betrachtet.

Innerhalb des IfBQ haben die an Datenkonferenzen beteiligten Referate und Arbeitsbereiche die inhaltliche Zusammenstellung der Daten, die internen Abläufe der Datenaufbereitung und die Abstimmung der Deutungsangebote für die Schulen fortwährend reflektiert und sukzessive verbessert. Die Entwicklung der Datenkonferenzen eröffnet überdies eine gute Möglichkeit, ein tieferes Verständnis der Bedürfnisse von Schulen bei ihren datengestützten Schul- und Unterrichtsentwicklungsprozessen zu gewinnen, um auch andere Angebote – etwa reguläre Rückmeldeverfahren, Fortbildungen, Beratungssettings, Netzwerke, digitale Angebote – anschlussfähiger zu gestalten.

(3) Kollaboration

Die Datenkonferenzen stellen einen wertvollen Anlass dar, die Schnittstellen dreier Institutionen aus dem Unterstützungssystem in Bezug auf konkrete Schul- und Unterrichtsentwicklungsprozesse auszugestalten. Die anlassbezogene Zusammenarbeit zwischen dem IfBQ als datengebendes Institut, dem LI als Beratungs- und Fortbildungseinrichtung sowie der Schulaufsicht als Begleitung der schulischen Qualitätsentwicklung vermittelt den Vertreter:innen der drei genannten Institutionen zunächst eine genauere Vorstellung von den Perspektiven und Arbeitsweisen der anderen Akteur:innen und fördert die Herstellung eines Alignments in der jeweiligen Unterstützungsarbeit. Dies birgt die Chance, Schulen über mehrere Phasen ihres Schulentwicklungsprozesses hinweg ein konzertiertes und an den Anliegen der Schulen orientiertes Unterstützungsangebot zu unterbreiten und dieses, durch die Sammlung von Erkenntnissen aus den Prozessen, noch stärker an den Bedürfnissen der Schulen auszurichten. Insbesondere die Kollaboration zwischen LI und IfBQ, die sich vom Vorgespräch, über die Durchführung der Datenkonferenz bis zur Reflexion des Feedbacks erstreckt, wird inzwischen detailliert durch Planungsdokumente und Routinen strukturiert.

Es gehört sicherlich auch etwas Mut dazu, sich als Schule in diesen (teilweise) ergebnisoffenen Prozess mit schulexternen Akteur:innen zu begeben. Vermutlich wurde auch aus diesem Grund die Schulaufsicht nicht in allen Datenkonferenzen eingeladen. Wenn sie aber einbezogen war, wurde dies immer dann als gewinnbringend für alle Beteiligten erlebt, insofern Schulleitung und -aufsicht ihr Arbeitsbündnis geklärt hatten, eine geteilte Verantwortung für die Entwicklung der Schule erkannt haben und von Seiten der Schulaufsicht eine konstruktive Unterstützung im Prozess signalisiert wurde. Die Teilnahme von Schulaufsichten an Datenkonferenzen eröffnet ihnen nicht nur eine vertiefte, multiperspektivische Auseinandersetzung mit der Einzelschule, sondern ebenso ein kohärentes Zusammenhandeln mit anderen Akteur:innen aus dem Unterstützungssystem, weil zahlreiche Angebote des IfBQ und des LI auch in ihrer Passung zum konkreten Fall der Einzelschule transparent werden und möglicherweise auch bei der Beratung anderer Schulen auf sie verwiesen werden kann.

Ausblick

Im vorliegenden Beitrag wurde das relativ neue Format der Datenkonferenzen als multiprofessionelles Setting mit dem theoretischen Konzept des „Sensemaking" verknüpft. In diesem Sinne stellt das Format der Datenkonferenzen die erste Möglichkeit dar, sich unter Beteiligung verschiedener Akteur:innen aus Schule und dem Unterstützungssystem, systematisch der Zusammenführung der vereinzelt dargebotenen Rückmeldungen, Ergebnisse und Datentypen zuzuwenden und diese gleichsam offen miteinander zu diskutieren und eine geteilte Story zu destillieren.

Es wird durch diese Beschreibung vermutlich schon abschätzbar, welchen Ressourcenaufwand von allen Seiten ein solches Format für Vorbereitung, Durchführung und Nachbereitung bedeutet. Insofern wird künftig zu bestimmen sein, inwiefern das Format der Datenkonferenzen ein Regelangebot für alle Schulen werden kann, wie sich ggf. die Prozesse der Zusammenführung von Daten auch noch weiter optimieren lassen und wie die Auswahl oder Ansprache der Schulen künftig stattfinden soll. Entscheidend dabei muss die konsequente Ausrichtung des Angebots an den Bedürfnissen und Fragestellungen der Schulen sein, um für die beteiligten Schulen die Möglichkeit zu bieten, sich offen auf diesen voraussetzungsvollen Prozess einzulassen.

Bisher gibt es wenig Wissen darüber, welche Impulse aus der Datenkonferenzen von den Schulen langfristig aufgegriffen und in Schul- und Unterrichtsentwicklung umgesetzt werden und ob die Schulen nach der Datenkonferenz eine andere und womöglich verbindlichere externe Begleitung in der Schulentwicklung benötigen, um Ziele zu definieren und Maßnahmen umzusetzen. Aus diesem Grund wird zukünftig ca. einen Monat nach einer Datenkonferenz ein Beratungsgespräch zu Konsequenzen für die Ziele, Schwerpunkte und Maßnahmen der Schulentwicklung durchgeführt.

Literatur

Altrichter, Herbert/Moosbrugger, Robert/Zuber, Julia (2016): Schul- und Unterrichtsentwicklung durch Datenrückmeldung. In: Altrichter, Herbert/Maag Merki, Katharina (Hrsg.): Handbuch Neue Steuerung im Schulsystem (2. Aufl.). Wiesbaden: Springer VS, S. 235–277.

Baumert, Jürgen et al. (2001): PISA 2000: Basiskompetenzen von Schülerinnen und Schülern im internationalen Vergleich. Opladen: Leske + Budrich.

Bremm, Nina/Eiden, Sarah/Neumann, Christine/Webs, Tanja/Ackeren, Isabell van/Holtappels, Heinz Günter (2017): Evidenzorientierter Schulentwicklungsansatz für Schulen in herausfordernden Lagen. Zum Potenzial der Integration von praxisbezogener Forschung und Entwicklung am Beispiel des Projekts „Potenziale entwickeln – Schulen stärken". In: Manitius, Veronika/Dobbelstein, Peter (Hrsg.): Schulentwicklungsarbeit in herausfordernden Lagen. Münster: Waxmann, S. 140–158.

Buhren, Claus G. (2017): Evaluieren. In: Buhren, Claus G./Rolff, Hans-Günter (Hrsg.): Handbuch Schulentwicklung und Schulentwicklungsberatung (2. Auf.). Weinheim und Basel: Beltz, S. 222–240.

Coburn, Cynthia E./Toure, Judith/Yamashita, Mika (2009): Evidence, interpretation, and persuasion: Instructional decision making at the district central office. In: Teachers College Record 111, H. 4, S. 1115–1161.

Demski, Denise (2019): Und was kommt in der Praxis an? In: Zuber, Julia/Altrichter, Herbert/Heinrich, Martin (Hrsg.): Bildungsstandards zwischen Politik und schulischem Alltag. Wiesbaden: Springer Fachmedien, S. 129–152.

Feldhoff, Tobias/Wurster, Sebastian (2017): Ein Angebot das sie nicht ablehnen können? Zur Funktion von Schulinspektionsergebnissen als Deutungsangebot zur Unterstützung schulischer Verarbeitungsprozesse und schulische Reaktionsweisen auf das Angebot. In: Empirische Pädagogik 31, H. 2, S. 158–172.

Fend, Helmut (2006): Neue Theorie der Schule. Einführung in das Verstehen von Bildungssystemen. Wiesbaden: VS.

Heckt, Meike/Pohlmann, Britta/Klitsche, Stefan (2019): Überfachliche Kompetenzen als Grundlage erfolgreicher Bildungsprozesse. In: Hamburg macht Schule 2, S. 39–42.

Heidkamp, Alma (2018): Das SCHNABELtier kommt! Einführung eines neuen Diagnoseinstruments zur Untersuchung von Rechtschreibkompetenzen. In: Hamburg macht Schule 3, S. 36–37.

IfBQ: Institut für Bildungsmonitoring und Qualitätsentwicklung: Schulinterne Evaluation. https://ifbq.hamburg.de/schulinterne-evaluation/ (Abfrage: 15.07.2024)

IfBQ: Institut für Bildungsmonitoring und Qualitätsentwicklung (2015): Tätigkeitsbericht 2012–2014. Hamburg. www.hamburg.de/contentblob/4468054/data/pdf-ifbq-taetigkeitsbericht-2015.pdf. (Abfrage: 23.04.2024).

Klein, Esther Dominique/Hejtmanek, Ruth A. (2023): „Data Richness" als Merkmal erfolgreicher Schulen. Ein Systematisierungsversuch. In: Besa, Kris-Stephen/Demski, Denise/Gsang, Johanna/Hinzke, Jan-Hendrik (Hrsg.): Evidenz- und Forschungsorientierung in Lehrer*innenbildung, Schule, Bildungspolitik und -administration, Educational Governance 55. Wiesbaden: Springer VS, S. 197–220.

KMK (1997): Grundsätzliche Überlegungen zu Leistungsvergleichen innerhalb der Bundesrepublik Deutschland: – Konstanzer Beschluss –. Beschluss der Kultusministerkonferenz vom 24.10.1997. Bonn und Berlin.

KMK (2006): Gesamtstrategie der Kultusministerkonferenz zum Bildungsmonitoring. München.

KMK (2015): Gesamtstrategie der Kultusministerkonferenz zum Bildungsmonitoring. Beschluss der Kultusministerkonferenz vom 11.06.2015. Bonn und Berlin.

Kussau, Jürgen (2007): Schulische Veränderung als Prozess des „Nacherfindens". In: Kussau, Jürgen/Brüsemeister, Thomas (Hrsg.): Governance, Schule und Politik. Zwischen Antagonismus und Kooperation. Wiesbaden: Springer VS, S. 287–304.

Lücken, Markus/Thonke, Franziska/Pohlmann, Britta/Hoffmann, Helga/Golecki, Reinhard/Rosendahl, Johannes/Benzing, Margarete/Poerschke, Jan (2014): KERMIT – Kompetenzen ermitteln. In: Fickermann, Detlef/Maritzen, Norbert (Hrsg.): Hanse – Hamburger Schriften zur Qualität im Bildungswesen: Band 13. Grundlagen für eine daten- und theoriegestützte Schulentwicklung. Konzeption und Anspruch des Hamburger Instituts für Bildungsmonitoring und Qualitätsentwicklung (IfBQ). Münster: Waxmann, S. 127–154.

Mandinach, Ellen B./Schildkamp, Kim (2021): Misconceptions about data-based decision making in education: An exploration of the literature. Studies in Educational Evaluation 69, S. 1–10.

Moebius, Simon/Hahn, Stefan (2023): Die Bedeutung verschiedener Wissensformen bei Unterstützungsangebote zur schulinternen Evaluation. Vortrag auf der EMSE-Tagung „Transfer – Potenziale und Herausforderungen" am 22.06.2023 an der Universität Hamburg.

Müller, Sabine (2017): Diagnostizieren und Bestandsaufnahme. In: Buhren, Claus G./Rolff, Hans-Günter (Hrsg.): Handbuch Schulentwicklung und Schulentwicklungsberatung (2. Auf.). Weinheim und Basel: Beltz, S. 90–108.

Muijs, Daniel/Harris, Alma/Chapman, Christopher/Stoll, Louise/Russ, Jennifer (2004): Improving schools in socioeconomically disadvantaged areas – A review of research evidence. In: School Effectiveness and School Improvement, 15(2), S. 149–175.

Schulte, Klaudia/Fickermann, Detlef/Lücken, Markus (2016): Das Hamburger Prozessmodell datengestützter Schulentwicklung. In: DDS – Die Deutsche Schule 108, H. 2, S. 176–190.

Schulze, Peter/Hahn, Stefan/Tränkmann, Jenny/Lübbe, Andrea (2021): Eine Bilanz der ersten Datenkonferenz von der Louise-Schroeder-Schule, dem IfBQ und LI. Von der gemeinsamen Sicht auf Daten profitieren – Teil 2. In: Hamburg macht Schule 33, H. 3, S. 42–44.

Tränkmann, Jenny/Schulze, Peter (2021): Von der gemeinsamen Sicht auf Daten profitieren. Ein Werkstattbericht über das neue Format der „Datenkonferenz". In: Hamburg macht Schule 33, H. 1, S. 32–33.

Ulrich, Susanne (2020): Der zweite Zyklus der Hamburger Schulinspektion – ein retrospektiver Bericht. In: Warmt, Maike/Pietsch, Marcus/Graw-Krausholz, Stephanie/Tosana, Simone (Hrsg.): Schulinspektion in Hamburg. Der zweite Zyklus 2012–2020: Perspektiven aus Theorie, Empirie und Praxis. Berlin: wvb, S. 9–19.

Weick, Karl Edward (1995): Sensemaking in organizations. Thousand Oaks, CA: Sage.

Weick, Karl Edward/Sutcliffe, Kathleen M./Obstfeld, David (2005): Organizing and the Process of Sensemaking. In: Organization Science 16, H. 4, S. 409–421.

Die Alltäglichkeit der Daten in der Schule
Über das Involviertsein der Lehrperson beim datengestützten Unterrichten

Ben Mayer und Sieglinde Jornitz

Zusammenfassung

Der Beitrag zeichnet zunächst auf der Grundlage der Ergebnisse aus dem vom BMBF geförderten Verbundprojekt „DATAFIED – Die Konstruktion der Schule im Prozess der Datafizierung" den Weg der Daten von der Schulaufsicht bis zur Unterrichtsebene nach, um dann zu fragen, inwieweit durch die Systeme zur Datenerstellung eine Haltung des Monitorings auch auf Seiten der Lehrkräfte eingeübt wird, die zu einem Unterrichten als Lehren und Vermitteln in Kontrast steht. Aufgezeigt wird dies anhand der Analyse einer Lernplattform und deren innerer Strukturlogik.

Einleitung

Die Materialisierung von Schule in Daten nachzuverfolgen, bildete den Hintergrund für den vom BMBF-finanzierten Projektverbund „DATAFIED – Die Konstruktion der Schule im Prozess der Datafizierung" (12/2018-05/2022; Bock et al. 2023). Angestrebt wurde, den Prozess der Datenerstellung und deren Weiterverarbeitung von der Schulaufsicht, über die Schulverwaltung bis in den Unterricht zu verfolgen, um so darzustellen, wie sich Schule in den Daten konstituiert. Analysiert wurden Ambivalenzen der schulischen Datafizierung, insbesondere an den Schnittstellen zwischen Schulaufsicht und Schule sowie zwischen Software-Entwickler:innen und Lehrer:innen. Denn mit dem zunehmenden Einsatz von schulspezifischer Software auf Verwaltungs-, Schul- und Unterrichtsebene rückt die Möglichkeit näher, ausgehend vom einzelnen Schüler bis zur Bildungsadministration, Systeme zu entwickeln, die es vermögen, sowohl auf der pädagogisch-praktischen Ebene Daten zu gewinnen, als auch auf der Schulverwaltungsebene datenbasiert politische Prozesse zu steuern. Die Ergebnisse machen deutlich, dass Daten sowohl für politische Entscheidungen, als auch für die pädagogische Praxis genutzt werden. Im Projektverbund wurden in vier Bundesländern verschiedene Akteure zur Datenerstellung und -nutzung interviewt. Darüber hinaus wurde Unterricht an vier Schulen in den Projekt-Bundesländern videografiert und die verwendeten digitalen Instrumente analysiert. Da die Datenerhebung in die pandemiebedingten Schulschließungen des Jahres 2020/21 fiel, wurden zudem Interviews mit einzelnen Lehrer:innen geführt, um zu eruieren, wie sie während der Schulschließungen versucht haben, weiterhin zu unterrichten bzw. Unterricht zu organisieren (vgl. Jornitz/Mayer 2021; Mayer et al. 2023; eine Datenerhebungsmatrix findet sich in Breiter/Bock 2023, S. 14).

Im Folgenden werden wir zunächst Projektergebnisse zu Umgang und Nutzen von Daten auf der Schulverwaltungsebene darstellen, um dann auf die Schul- und Unterrichtsebene zu wechseln. Am Beispiel der Mathematikplattform *bettermarks* zeigen wir auf, welche Daten den Schüler:innen und Lehrer:innen in welcher Form bereitgestellt werden und welche Herausforderungen sich dabei ergeben. Dabei stellt sich die Frage, inwieweit diese Daten helfen, den Unterrichtsprozess zu steuern und ob eine Haltung des Monitorings, die auf der politisch-administrativen Ebene seine Berechtigung hat, auch für das pädagogische Handeln auf Unterrichtsebene angemessen erscheint.

Vom Monitoring im Schulsystem und seinen Ambivalenzen

Mit der 2015 überarbeiteten Gesamtstrategie zum Bildungsmonitoring hat sich die KMK einen Rahmen geschaffen, innerhalb dessen systematisch Daten erstellt werden, die dabei helfen sollen, das Bildungswesen zu steuern (KMK 2016). Das vielfältige Monitoring verfolgt das Ziel, „anwendungsbezogenes Wissen für Bildungspolitik und Bildungspraxis zur Verfügung zu stellen" (ebd., S. 15). Diese zweifache Nutzung ggf. derselben Daten ist selbst erklärungsbedürftig (Jornitz 2018). Die im Sinne des Monitorings erstellten Daten sind mehr als bloße Zahlen. Sigrid Hartong verweist in ihren Arbeiten immer wieder auf die „zunehmende Verdichtung sogenannter Dateninfrastrukturen des Bildungsmonitorings über die letzten 10–15 Jahre hinweg" (Hartong 2020, S. 64); denn Daten werden über technische Plattformen in Beziehung zueinandergesetzt. Für Hartong sind diese Dateninfrastrukturen der „zentrale[.] Mechanismus digitaler Bildungssteuerung" (ebd.). Sie zeigen Wirkung, sie sind effektiv (ebd., S. 65) und sie sind gerade keine neutrale Beschreibung dessen, was ist, sondern es „steckt in jeder Form des In-Beziehung-Setzens bzw. der Relationierung von Daten oder Indikatoren […] eine wirkungsmächtige Wahrnehmungs- und Realitätsmodellierung" (ebd.). Wie umfassend Daten genutzt und verarbeitet werden können, zeigt sie am Beispiel der Dateninfrastruktursysteme der USA (u. a. Hartong 2018/2021). In der Tendenz geht es dabei um Prozesse, die datenbasierte Entscheidungen in Richtung automatisierter Verfahren treiben (vgl. Breiter/Bock 2023). Im Rahmen der *Critical Data Studies* werden zunehmend solche Verarbeitungsprozesse genauer untersucht und auf ihre „Nebeneffekte" analysiert (zur Übersicht: Macgilchrist et al. 2023). In dieser Perspektive wurde auch das DATAFIED-Projekt konzipiert, um nicht nur „die Verflechtungen von Datafizierung und schulischer Bildung" (Breiter/Bock 2023, S. 4) in den Blick zu nehmen, sondern „die Ambivalenzen,

Brüche und Spannungen [...] bei der Produktion, Sammlung, Distribution und Verwendung von schulischen Daten sichtbar werden" (ebd.) zu lassen.

Das Besondere der derzeitigen Datafizierung liegt in der Echtzeit, mit der Daten erstellt werden, so dass sie fast wie ein Nebenprodukt erzeugt und weiterverarbeitet werden. Daten werden zwischen Schule, Schulleitung und Schulaufsicht hin- und hergeschoben und bilden für verschiedene Prozesse die Grundlage. Dabei benötigt die Schulaufsicht aggregierte Daten zum Lernfortschritt der Schüler, wie z. B. Lernstandsergebnisse auf Schulebene und nach Jahrgangsstufen oder auch Daten zum Unterrichtsausfall, um die Schulentwicklung zu überwachen und Handlungsbedarfe zu identifizieren. Die Schulleitung benötigt Daten zur Steuerung von Schulprozessen, wie z. B. Stundenpläne, Raumnutzung und Ressourcensteuerung. Aber es kann auch weitergedacht werden, bspw. Daten zur Förderung der Unterrichtsentwicklung, wie z. B. Unterrichtsbeobachtungen, kollegiale Hospitationen und Evaluation von Unterrichtsprojekten. Lehrkräfte könnten kontinuierlich Daten zum individuellen Lernfortschritt ihrer Schüler:innen erhalten, um ihren Unterricht flexibel an die unterschiedlichen Bedürfnisse und Lernstile der Schüler:innen anzupassen. In der Annahme, dass inzwischen auf allen Ebenen, die mit Schule verbunden sind, d. h. von der Ebene des Unterrichts, über die Schulleitung bis hin zur Schulaufsicht und letztendlich Bildungspolitik, Daten generiert werden, sprechen wir von der Datafizierung als ein Phänomen, das die Tendenz mit sich bringt, seinen Gegenstand vornehmlich durch die Brille der Daten zu betrachten und zu beurteilen. Gerade im sozialen Bereich scheint es daher bedeutsam, sich der Datengenerierung und deren weiterer Verarbeitung näher zuzuwenden. Richter und Allert weisen darauf hin, dass Datafizierung nicht bedeutet, dass Daten aus der realen Welt generiert werden und diese mit allen sozialen Verstrickungen repräsentieren, sondern dass die Daten zunächst einer Form bedürfen, „die darüber bestimmt, was mit ihnen gemacht werden kann und was nicht" (Richter/Allert 2024, S. 45). „Prozesse der Datafizierung" werden von Richter und Allert demzufolge auch als ein „Vorgang der Übersetzung" charakterisiert (ebd., S. 46). Sie kommen zu dem Schluss: „Datafizierung basiert aus technischer Perspektive auf der Annahme, dass sich alle für die (technische) Erschließung eines Gegenstandsbereichs relevanten Aspekte unter Rückgriff auf ein repräsentationales Format und damit in geregelter Form erfassen lassen. Diese Annahme hat einen illusionären Charakter, da sie die Regeln als gegeben voraussetzen und damit sowohl andere Ordnungen wie auch die Möglichkeiten einer grundlegenden Unordnung und Überschüssigkeit der (sozialen) Welt ausblenden muss." (Richter/Allert 2024, S. 55). Sie plädieren daher dafür, den Spielraum zwischen sozialer Praxis und Verdatung im Sinne eines „Offen-Haltens" zu gestalten; darin sehen sie „eine zentrale Aufgabe für pädagogische und bildungsinformatische Auseinandersetzung mit Prozessen der Datafizierung und Digitalisierung" (Richter/Allert 2024, S. 49). Der Blick wird so gelenkt auf „jene Spannungsfelder und Spielräume, in denen Differenzen deutlich werden zwischen dem, was technisch möglich und dem [, sic!] was praktisch sinnhaft ist." (Richter/Allert 2024, S. 56).

Tatsächlich trafen wir im Verbundprojekt meist auf das Verständnis, Daten für die datenbasierte Bildungssteuerung in und zwischen Bildungsorganisationen „effizient fließen" zu lassen, so dass sie einfach, schnell und „möglichst ohne große Reibungsverluste verknüpft und transferiert werden können" (Bock et al. 2023, S. 18). Um dies zu erreichen, werden in weiten Teilen bspw. der Schulaufsicht auch Visualisierungen genutzt, um diese Datenflüsse abzubilden. Dabei zeigte sich, dass Software, die die Daten erstellen hilft und ihren Transfer ermöglicht, als Entlastungsangebot verstanden wird. Die Softwarelösungen suggerieren eine vermeintliche Eindeutigkeit sowohl in Bezug auf administrative Steuerung als auch hinsichtlich pädagogischer Entscheidungen, was jedoch nicht mit der komplexen Realität des schulischen Handelns übereinstimmt. Solches ist als soziales Handeln „nicht eindeutig, direktional [...], sondern immer schon durch Spannungen, Widersprüche und Unbestimmtheit konstituiert" (ebd., S. 20). Eine datenbasierte Schulsteuerung kann nicht als einfaches Flussdiagramm modelliert werden, sondern entspricht eher einem vielfältigen Neben- und Übereinander, wie der DATAFIED-Verbund zeigen konnte (vgl. ebd., S. 43). So spielen in den Ziel- und Leistungsvereinbarungsgesprächen Daten eine „prägende Rolle" (ebd.). In Brandenburg bildet bspw. ein sogenannter „Datenkranz" die Grundlage für das Gespräch zwischen Schulleitung und Schulaufsichtsperson. In diesem Prozess leiten „sich die Ziele und Maßnahmen, aber ebenso die Kontrollphase aus den Daten ab [...] und der gesamte Zielvereinbarungsprozess [wird] damit „datenbasiert"" durchgeführt (ebd., S. 37). Doch in diesen Gesprächen entstehen zugleich Spielräume für „Relevanzzuschreibungen" (ebd., S. 48), die erst aus den Daten abzuleiten sind und damit sich einer Eindeutigkeit entziehen. Es zeigt sich, dass letztendlich die „Schulaufsichtspersonen auch bei stark formalisierten Datenpraktiken oder stark zentralisierten bzw. automatisierten Dateninfrastrukturen eine kontinuierliche Übersetzungsleistung leisten (müssen), um – wie sie immer wieder herausstellen – den unterschiedlichen Kontexten von Schulentwicklung gerecht zu werden." (ebd., S. 56).

Eine ähnliche Ambivalenz zeigt sich auf der Ebene zwischen Software-Entwickler:innen und Schule. Auch hier wird von den Softwareanbietern zunächst das Bild einer Software entworfen, die vor allem die in der Schule Arbeitenden entlastet und ihre Eigenverantwortung stärkt (vgl. ebd., S. 96 ff.). Allerdings wird auch hier der Schulpraxis ein Spielraum eingeräumt, der ihr weiterhin ein eigenständiges Handeln ermöglicht. In dem Sinne ist dann eine gute Schule „nicht eine, die sich externen Standards unterwirft, sondern die mit Hilfe von Softwarelösungen geforderte Kompatibilität mit statistischen Standards herstellen kann." (ebd., S. 114). Das Aushandeln ist eben gerade dann nötig, wenn in Bezug auf die Software, die die Daten erzeugen und verarbeiten soll, „die Selbstverständlichkeit von der Heterogenität der schulischen Organisationspraktiken mit der Selbstverständlichkeit der Notwendigkeit der Standardisierung" (ebd., S. 117) zusammenbringt.

In dem Sinne reagieren auch auf der Ebene des Unterrichts Lehrer:innen. Während die Software-Entwickler:innen hervorheben, ein Produkt für alle Schüler:innen anzubieten, verweisen die Lehrer:innen auf die je konkrete soziale Situation. Für Lehrkräfte zeigte sich: „In ihrer Nutzung der Lernsoftware für die ihnen bekannten Schüler:innen wird der vom System bereit gestellte Handlungsraum der Software weniger wichtig, weil sie ihn sich über ihre eigenen Einsatzszenarien selbst kreieren und darüber dann Differenzierung, Fehlertoleranz und Belohnung zur Geltung bringen und an ihre Person koppeln" (ebd., S. 156). In diesem Sinne führt eine datafizierte Schule nicht zu der gewünschten Eindeutigkeit, sondern lässt Ambivalenzen, Spannungen, Widersprüche um Spielräume aufscheinen.

Wie Daten über Plattformen erzeugt werden und was dies auf der Ebene des Unterrichtens für das Handeln von Lehrer:innen bedeutet, wird im Folgenden am Fallbeispiel der Mathematikplattform *bettermarks* aufgezeigt.

bettermarks – und die Verengung des pädagogischen Handlungsrahmens

Zu den elaborierten Plattformen in Deutschland gehört *bettermarks* für das Fach Mathematik. Wir haben diese Plattform ausgewählt, weil wir hier zeigen können, wie vielfältig Daten verarbeitet werden, so dass der Eindruck entsteht, man weiß, was auf Schüler:innenseite getan wurde und was nun auf Lehrseite zu tun ist.

bettermarks bezeichnet sich selbst als „adaptives Lernsystem für Mathematik" (www.bettermarks.de) und ist (u. a.) in deutschen Schulen inzwischen weitflächig im Einsatz. Die Bezeichnung „adaptives Lernsystem für Mathematik" lässt sich so verstehen, dass Lernen vom Lehren getrennt wird. Das heißt strenggenommen, könnten die Schüler:innen ohne Lehrkraft etwas über Mathematik lernen oder es sich selbst mit Hilfe der Plattform beibringen. Die Software versteht in ihrer Selbstbeschreibung Lernen als einen Prozess, der des Herstellens einer bestimmten Ordnung bedürftig ist, und zwar einer, die durch die Anpassung an den/die jeweilige:n Schüler:in erstellt wird.

bettermarks umfasst den gesamten Schulstoff der Sekundarstufe I, der durch Aufgaben bzw. Aufgabensets repräsentiert wird. Diese Aufgaben orientieren sich – so die Webseite – an Lernzielen und Lernständen und sind in ein System integriert, das nach der Bearbeitung der Aufgaben eine automatische Auswertung durchführt. Damit adressiert das System vorrangig die Benutzergruppe der Schüler:innen. Lernen geschieht nach *bettermarks* durch das „Wiederholen aller Übungen mit neuen Werten" (ebd.) und entspricht demzufolge einem Einüben von Algorithmen. In diesem Sinne ist für *bettermarks* Mathematiklernen vor allem: üben (vgl. Mayer/Jornitz 2022).

Wie bei vielen anderen Produkten für den Fachunterricht ist die Grundstruktur sowie andere Parameter, wie z. B. die Anordnung der Aufgaben in den Aufgabensets, die Bepunktung und die Bewertung bei *bettermarks* nicht veränderbar. D. h. mit dem Nutzen solcher Softwareprodukte liegen viele pädagogische Aufgaben und Verpflichtungen bzgl. des Unterrichtens nicht mehr in den Händen der Lehrenden. Schüler:innen werden durch Rückmeldungen auf der Ebene der einzelnen Aufgaben und auf der Ebene des gesamten Aufgabensets zu vollständig autonomen und eigenverantwortlichen Subjekten im eigenen Übungsprozess erklärt.

Nichtsdestotrotz adressiert *bettermarks* auch Lehrkräfte, indem es ihnen eine eigene Datenansicht zur Verfügung stellt. Damit bietet *bettermarks* unterschiedliche Ansichten für Schüler:innen und Lehrkräften, die darüber hinaus nicht deckungsgleich sind. Dies ist bei Lern- und Übungssoftware nicht ungewöhnlich. Genauer gesagt sind es zwei „Anwendungen" die Lehrkräfte bei ihrer „Lehrtätigkeit gezielt [...] unterstützen" sollen (ebd.). Eine für das „Üben und Testen" und eine für das „Unterrichten". Beide Anwendungen sind durch ein Update in die Software integriert worden (Stand: Januar 2024), wobei sich die Anwendung zum „Unterrichten" noch in der Testphase befindet. *bettermarks* versteht sich daher als Entlastungsangebot für Lehrkräfte und auf der Seite der Schüler:innen als Leistungsversprechen, bei Nutzung bessere Noten zu erhalten – eben „better marks" zu erzielen (zur genaueren Analyse siehe: Jornitz/Mayer 2024). Dies geschieht, wie oben bereits beschrieben, durch das Bearbeiten von Aufgaben: „Die dahinterstehende Strukturlogik verkürzt somit das didaktische Vorgehen auf die Aufgabe" (Pollmanns et al. 2022, S. 69 f.). Demzufolge gilt etwas als gelernt, das vom System als richtig bewertet wurde.

Aus dieser Grundstruktur der Plattform ergibt sich, dass Daten durch die Bearbeitung der Aufgaben und deren Bepunktung entstehen. Diese werden wiederum in Datendashboards, also Übersichtstableaus, sowohl den Schüler:innen als auch den Lehrer:innen bereitgestellt. Im Folgenden werden wir uns auf die Ansicht für Lehrkräfte konzentrieren und fokussieren somit auf die *bettermarks*-Anwendung „Üben und Testen". Mit Hilfe dieser Ansicht soll gezeigt werden, wie ein solches Daten-Monitoring auf der praktischen Ebene die pädagogische Aufgabe ein Stück weit unsichtbar macht.

Bei *bettermarks* wird diese Datenübersicht unter der Rubrik „Überblick" für Lehrkräfte dargestellt (siehe Abb. 1). Dieses Dashboard enthält fünf gleich angeordnete Einheiten: „Liste aller To-dos", „Top 5 – Fehlerhafte Aufgaben", „Sterne und Münzen", „Leistungsübersicht" und „Gerechnete Übungen". Auffällig ist, dass keine mathematischen Themen gemäß dem Lehrplan in der Übersicht genannt werden. Stattdessen werden formale Kategorien gewählt, die für jedes Fach möglich wären. Darüber hinaus folgt der „Überblick" einer gewissen Buchhalterlogik, auf deren Grundlage man ggf. zu einem Urteil über das Können des jeweiligen Schülers gelangen kann, das Urteil aber selbst noch nicht angezeigt bekommt.

Alle Einheiten sind unter der Überschrift „Übersicht (konkrete Klasse)" angeordnet. Dem Dashboard kommt damit eine klare Funktion zu, nämlich das rasche Überblicken aller Informationen zu ermöglichen. Auf einen Blick sind so für die gesamte Klasse fünf Kategorien sichtbar. Dies kann als ein Effizienzversprechen an die Lehrer:innen interpretiert werden, denn sie können verschiedene Informationen überblicken.

Um die dahinterliegende Datenverarbeitung besser zu verstehen, werden wir uns im Weiteren auf die drei Kategorien „Liste aller To-dos", „Top 5 – Fehlerhafte Aufgaben" sowie „Sterne und Münzen" konzentrieren.

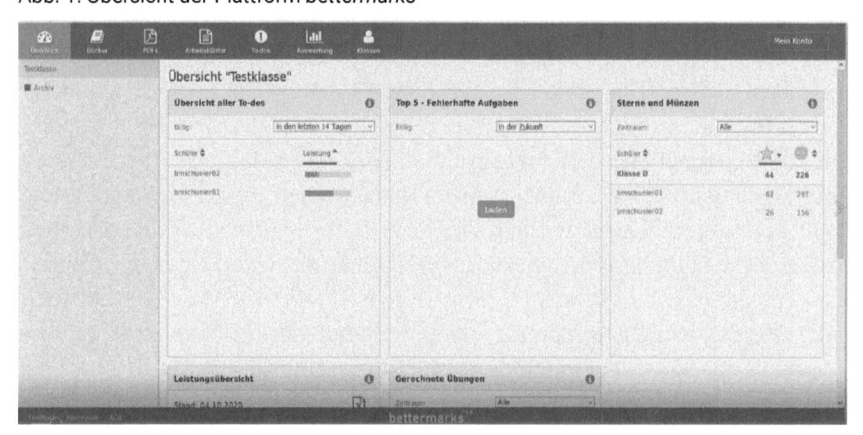

Abb. 1: Übersicht der Plattform *bettermarks*

(a) „Übersicht aller To-dos"

Anders als es die Bezeichnung der Einheit vermuten lässt, werden hier alle Schüler:innen einer Klasse aufgelistet, denen zu einem ausgewählten Zeitraum Aufgaben zum Bearbeiten von der Lehrkraft digital ausgeteilt/zugewiesen wurden. Ihnen zugeordnet ist ein gestapeltes Balkendiagramm, welches eine erreichte akkumulierte Leistung farblich kodiert darstellt. Die Leistung wird dabei über zwei Merkmale gefasst: Zum einen darüber, ob die zugewiesenen Aufgaben gemacht wurden oder nicht, zum anderen darüber, ob, wenn die Aufgaben gemacht wurden, sie im Gesamten zu mindestens 60 % richtig (oder nicht) bewertet wurden. Bezogen auf das erste Merkmal werden nicht gemachte Aufgaben grau dargestellt, während alle Aufgaben farbig kodiert werden, die bearbeitet wurden. Die für das zweite Merkmal verwendeten Farben rot und grün können als kulturell kodifiziert gelten: Rot bedeutet, die Schüler:innen haben weniger als 60 % der Aufgaben richtig gelöst und Grün bedeutet, sie haben mehr als 60 % richtig gelöst. Da aber nicht einsehbar ist, welche Resultate zu welchen Aufgaben gehören oder wie sich der Schwellenwert von 60 % ergibt, entkoppelt sich diese Übersicht von den mathematischen Aufgaben selbst. Sie werden nur über die verrechnete Gesamtdarstellung repräsentiert. Die vermeintliche To-do-Übersicht, im Sinne einer zu erledigenden Aufgabenliste wird hier zur Kontrolleinheit, wie viele Aufgaben mit welchem Erfolg erledigt wurden. Es schieben sich bloßes Tätigsein und richtige Antworten so im Balkendiagramm ineinander, dass die Rot-Grün-Anzeige vermeintlich als ein Verstanden-Haben von der Lehrkraft interpretiert werden kann.

(b) „Top 5 – Fehlerhaften Aufgaben"
Bei dieser Einheit fällt zunächst der Freud'sche Dreher auf, der von fehlerhaften Aufgaben spricht, aber fehlerhafte Antworten meint. Schüler:innen- und Lehrer:innensicht sind hier in der Bezeichnung vertauscht. Demungeachtet zeigt sich jedoch, wie bereits zu Beginn beschrieben,[1] dass *bettermarks* Lernen mit der Aufgabenbewältigung gleichgesetzt. Gelernt wird demnach durch das Lösen von Aufgaben. In dieser Einheit werden diejenigen fünf Aufgaben aufgelistet, die über die gesamte Klasse hinweg die höchste Fehlerquote der Bearbeitung aufweisen. Die abgebildete Prozentzahl hingegen gibt den Durchschnittswert der erzielten „Bestergebnisse" über alle teilnehmenden Schüler:innen an. D. h. die Erläuterung stellt das Aufgabenlösen als einen Wettbewerb der Klasse, nicht der einzelnen Schüler:innen, um Bestergebnisse dar – allerdings mit dem Beigeschmack, dass es um die jeweils schlechtesten Ergebnisse geht. Da aber die Aufgaben mehrmals gelöst werden können, von denen jeweils der beste Versuch zählt, kann sich die Verrechnung in Prozent nur auf die systemimmanente Bewertung der Aufgaben beziehen – die Punkte. Verschleiert wird dabei, wie viele Punkte überhaupt mit einem Bestergebnis erzielt werden können bzw. wie die Software die Bestergebnisse ermittelt. So verschwinden die individuellen Ergebnisse und gehen in denen der Klasse auf. Diese Einheit zielt darauf ab anzuzeigen, mit welchen Aufgaben die Klasse insgesamt am meisten Schwierigkeiten hatte. In der Logik der Plattform bedeutet dies, dass an diesen Aufgaben selbst noch einmal gearbeitet werden sollte. Zwar können Lehrkräfte aus dieser Einheit direkt die „fehlerhafte Aufgabe" aufrufen, allerdings ohne jegliche Bearbeitung durch Schüler:innen. Zusätzlich fließt jeder Fehler in diese Einheit ein, sprich die „fehlerhafte Aufgabe" steht nur für die falsche Antwort, aber nicht für einen spezifischen Fehler. So wird das mathematische Konstrukt, das mit Hilfe der Aufgaben bearbeitet werden soll, unsichtbar gemacht. Weder taucht das disziplinäre Feld der Mathematik in der Übersicht auf, noch werden die fehlerhaften Antworten auf ihre Fehlerart hin analysiert. So steht den Lehrkräften wenig zur Verfügung, auf dessen Grundlage sie das angezeigte Ergebnis einordnen können. Denn die Plattform kann

---

1 Diese Grafik ist nicht mehr auf der Hauptwebseite zu finden. Stattdessen nur noch unter: https://de.bettermarks.com/azubi/

eine solche Art der Daten gar nicht liefern, weil die Schüler:innen immer nur aufgefordert werden, Ergebnisse einzutragen oder aus einer gegebenen Anzahl auszuwählen. D. h. ein möglicher Rechenweg oder ausformulierte Annahmen erfasst die Plattform gar nicht, so dass eben nicht mehr als das Ergebnis in der Bewertungslogik von richtig oder falsch für ein Dashboard zur Verfügung steht.

Damit wird es unmöglich für die Lehrkräfte, auf der Grundlage dieser Einheit, spezifische mathematische Verstehensprobleme ggf. von bestimmten Schüler:innen zu eruieren. Nur an diesen könnte jedoch pädagogisch gearbeitet werden. Im Gegensatz zur ersten Einheit werden hier Lehrkräfte auf Bearbeitungsschwierigkeiten hinsichtlich einzelner Aufgaben aufmerksam gemacht. Die einzelne Aufgabe wird davon entkoppelt, als Repräsentantin eines mathematischen Problems gesehen zu werden, dass es zu verstehen gilt. Beziehungslos sind die „Top 5" auch darin, dass immer fünf Aufgaben angezeigt werden, selbst wenn 90 % der Klasse diese Aufgaben richtig gelöst haben.

(c) „Sterne und Münzen"

Die Einheit „Sterne und Münzen" verweist auf ein integriertes Bewertungs- und Belohnungssystem, das in die Plattform hineinmodelliert ist. Bei mehr als 60 %, 75 % und 90 % richtig gelöster Aufgaben eines Sets werden digitale Münzen vergeben, die sich aufgrund unendlicher Versuche ebenfalls unendlich aufsummieren können. Die Schwellenwerte scheinen dabei Abschnitte des Erfolgs zu markieren, so dass Schüler:innen dazu angehalten werden, so lange weiterzumachen, bis ein Aufgabenset zu 100 % richtig gelöst wurde. Wenn dies geschafft ist, erhalten Schüler:innen einen digitalen Stern. Während also Münzen den Fleiß der Schüler:innen symbolisieren (und belohnen sollen), steht der Stern für das Können. Dass es sich hier nur um ein virtuelles und visuelles Belohnungssystem zur Motivation handelt, ist auch den Schöpfern von *bettermarks* klar. So empfehlen sie in einem Infotext, Schüler:innen mit Rückgriff auf „Sterne und Münzen" für das Erreichen von Zielen real zu belohnen; es also nicht allein bei der digitalen Tauschwährung zu belassen. In diesem Tipp offenbart sich schlussendlich die Dualität der „Sterne und Münzen" als Artefakte eines mögliches Belohnungs- und Motivationsinstruments, nämlich zum einen in der zugesprochenen, wenn auch an Bedingung geknüpften, motivationalen Wirkung und zum anderen gleichermaßen an deren möglicher Unwirksamkeit. Hier steht letztendlich die Unverfügbarkeit des Individuums vor Augen, das ggf. eben nicht mit den Belohnungen angesprochen wird.

Darüber hinaus lässt sich am Dashboard nicht erkennen, auf welchen Aufgaben die Sammlung beruht. So verstärkt sich der Eindruck, dass mit Sternen und Münzen ein System bereitsteht, dass Lehrkräften eine Gesamtleistung i. S. von Fleiß und Können der Schüler:innen zurückspiegelt. D.h. es entsteht die Wahrnehmung, dass hier die Leistungen von Schüler:innen auch in einem weiteren Schritt zu Notenwerten transformiert werden (können). Demzufolge wären es dann die Schulnoten die letztendlich das motivationale Element in *bettermarks* bilden, getarnt durch Münzen und Sterne. Eine solche Nutzung ist allerdings nicht tragfähig, da Lehrkräfte mit Hilfe der Plattform in dieser Einheit nicht mehr angeben können, auf welche mathematischen Themenbereiche sich die Leistung bezöge. Denn auch diese Währung wird fachfern angezeigt. Mathematik spielt hier keine Rolle mehr; sie ist vollkommen in der Tauschwährung aufgegangen. Für die Lehrkräfte ist daher noch fraglicher, was sie mit dieser Einheit anfangen sollen, wenn die Möglichkeit der Notenumwandlung sachlich nicht möglich erscheint.

Zudem ist eine Kopplung in der Art eines Wettbewerbs, wie ihn *bettermarks* vorschlägt, problematisch, da die Verteilung der Sterne und Münzen unter den Schüler:innen öffentlich gemacht werden müsste. D. h. Leistungen müssten in den klassenöffentlichen Raum gezogen werden, denn der Vergleich untereinander ist die Wettbewerbsvoraussetzung. Dies gliche jedoch einer Offenbarung der Einzelleistungen, der sich Schüler:innen i. S. des Wettbewerbs nicht entziehen können. Das Ranking der Schüler:innen über Sterne und Münzen scheint der Versuch zu sein, ein spielerisches Element im Sinne der Gamification für die Unterrichtsplattform zu adaptieren. Um dies nur ansatzweise sinnvoll nutzen zu können, müssten die Lehrkräfte mit dieser Form der Gratifizierung nicht nur einverstanden sein, sondern sie müssten es auch aktiv in der Klasse etablieren. Wie es jetzt bei *bettermarks* angeboten wird, bedeutet es für die Lehrkräfte, sich bedingungslos der Urteilssetzung der Plattform zu unterwerfen.

Die drei Einheiten des Datendashboards verarbeiten die Daten, die bei der Bearbeitung der Aufgaben durch die Schüler:innen erzeugt werden. Dreh- und Angelpunkt sind die Aufgaben, deren Richtigkeitsprüfung zusammen mit einem einprogrammierten Punktesystem die Grundlage für die erzeugten Daten bilden. Aufgrund dieser wenigen Datenarten wird das Datendashboard mit fünf Einheiten erzeugt. Und auch hier zeigt sich, dass weder die Aufgaben auf die mathematischen Themen zurückgeführt werden noch eine Analyse der gegebenen Lösungen erfolgt (bzw. erfolgen kann). Im Kontrast dazu entsteht zugleich bei der Betrachtung des Dashboards der Eindruck mehr und genauere Angaben über die Schüler:innen zu erhalten als ohne eine digitale Plattform. Denn anders als im analogen Fall ist es digital möglich, die Ebenen zu wechseln: von der Auswertung auf Klassen- zu derjenigen auf Schülerebene. Die farbliche Codierung und die vermeintlich präzisen Prozentangaben lassen den Eindruck entstehen, dass hier genauer gearbeitet wird, als dies eine Lehrkraft für jede Klasse und jede:n Schüler:in leisten könnte.

Die alles verbindende Logik der Auswertung ist jedoch eine solche der Buchhaltung, die festhält, ob eine Aufgabe richtig oder falsch gelöst wurde. Was dies für die pädagogische Aufgabe der Lehrkraft bedeutet, soll im letzten Abschnitt betrachtet werden.

Wie die Daten von *bettermarks* die Sicht auf das Fachliche verstellen

Exemplarisch haben wir an den Einheiten „Übersicht aller To-dos", „Top 5 – Fehlerhafte Aufgaben" und „Sterne und Münzen" aufgezeigt, dass das Dashboard von *bettermarks* und die dort aufgearbeiteten Daten sich nicht mehr auf das Mathematische beziehen und damit das Fachliche in den Hintergrund rückt. Die genutzten Visualisierungen von akkumulierten Daten in Form von Grün-Rot-Grau-Diagrammen, Sternen und Münzen sowie Prozentangaben suggerieren, dass der Weg über das Fachliche nicht mehr gegangen werden muss, weil das System bereits alles geprüft habe. Dies hat zwei Konsequenzen: Erstens, Lehrkräfte erhalten durch das System nicht die notwendigen Informationen, um sich pädagogisch einen Überblick über das Lernen der Schüler:innen zu verschaffen. Damit können sie mit Hilfe der Plattform weder das eigene Unterrichten bzgl. des unterrichtlichen Gegenstands, noch das Lernen auch im Sinne des Aneignens selbst reflektieren. Denn dafür müssten die Lehrkräfte gegen die jetzige Form der Plattformdarstellung einerseits die Aufgaben und ihre didaktische Funktion im Prozess der Vermittlung des jeweiligen mathematischen Themas auf dieses zurückführen und sie müssten andererseits sich als aktiver Teil an der Aufgabenstellung und deren Bewältigung begreifen. Beide Aspekte werden aber durch die Art der Modellierung der Plattform de-thematisiert, so dass sich die Lehrkräfte als dafür nicht mehr zuständig erleben können. *bettermarks* wirbt auf seiner Webseite (https://de.bettermarks.com/ueben-testen/) damit, ein Entlastungsangebot (s. o.) zu sein, indem die Aufgaben weder von der Lehrkraft erstellt, bepunktet oder bewertet werden müssen. Sogar die Binnendifferenzierung werde laut Selbstauskunft von dem adaptiven Lernsystem übernommen. In Konsequenz werden pädagogische Handlungsspielräume durch das System eingeschränkt bzw. als nicht bedeutsam qualifiziert.

Zweitens verändert das System die Rolle der Lehrkräfte. Sie werden verstärkt in eine Management- bzw. Buchhalterfunktion gedrängt. D. h. eine Leistung von Schüler:innen stimmt dann, wenn das System dies durch die Codierung der grünen Farbe anzeigt. Anderenfalls werden Schüler:innen an das erneute Üben bzw. Wiederholen erinnert. Dass bei eventuellem Nichtverstehen andere Zugänge gewählt werden müssten (bzw. könnten), wird durch das System eliminiert. Es wird solange mit anderen Werten wiederholt, bis die Übung richtig gelöst wird. Dies wird dann als „gekonnt" verbucht; symbolisiert durch einen Stern. Das heißt entgegen dem eigenen Versprechen, Fehler zu analysieren, und zwar in einem pädagogischen Sinne die Denkfehler aufzuspüren und zu helfen diese zu überwinden, prüft die Plattform die Richtigkeit und schlägt als Bearbeitungsmodus für fehlerhafte Antwort mehr vom Gleichen vor. So entsteht ein rekursiver Prozess, der auch die Lehrkräfte immer wieder nur auf die Plattform und ihr Aufgabenangebot zurückführt bzw. sie dort hält. Sie werden also – wie die Schüler:innen bei der Durchführung der Aufgaben – allein auf die ausgerichtet. Das Hermetische der Plattform unterbindet die Reflexion auf den eigenen pädagogischen Ansatz und das pädagogische Setting des Unterrichtens, weil immer bereits eine nächste Aufgabe oder ein Aufgabenset angeboten werden kann, mit dem Schwierigkeiten behoben werden sollen. So wird es den Lehrkräften durch die Plattform erschwert, sich zum eigenen pädagogischen Ansatz ins Verhältnis zu setzen bzw. eine Vorstellung davon zu gewinnen, ob und wann diese Instrumente sich sinnvoll einsetzen lassen. Denn die Plattform ist so programmiert, dass mit ihr möglichst ohne weitere Hilfestellung von außen gearbeitet werden kann. Die Lehrkraft muss sich also gegen die Selbstkonzeption der Plattform einen Weg erarbeiten, welche Funktion sie übernehmen kann oder sich in den Dienst der Plattform stellen.

Über das Involviert-Sein beim Unterrichten

Karsten Wolf fasst Datafizierung als eine „automatisierte Beobachtung der Nutzung" (Wolf 2018, S. 104) von digitalen Medien. Er betont dabei, dass sie Verhalten protokollieren (ebd.) in dem Sinne, dass Bewegungen auf der Plattform aufgezeichnet werden können. Wie eine solche Form der Protokollierung aussehen kann, haben wir anhand des Datendashboards der Mathematik-Plattform *bettermarks* gezeigt. Als „eigene neue Mediengattung" (ebd., S. 105) plädiert auch Wolf dafür, den Einsatz digitaler Medien neu zu denken in dem Sinne, was sie über den Einsatz analoger Medien hinausgehend möglich machen. Die Plattform zeigt eindrücklich, wie Daten so präsentiert werden können, dass Lehrkräfte einen spezifischen Überblick über die bearbeiteten Aufgaben der Plattform erhalten. Die farbliche Codierung ist in der Lage, den Blick der Lehrkräfte so zu lenken, dass sofort sichtbar wird, woran gearbeitet werden muss und eine Plattform wie *bettermarks* bietet sogleich weitere Aufgaben als Lösung an. Es handelt sich dabei um ein „monitoring as graphical relation-making" (Hartong 2021, S. 248).

Die gleichzeitige Zurückdrängung des Fachlichen und des Pädagogischen ist jedoch etwas, was einem nicht auf den ersten Blick auffällt. Die sinnvolle pädagogische Nutzung der Plattformen im eigenen Unterricht bedeutet, sie ggf. gegen den Strich einzusetzen. Analysen im DATAFIED-Verbund konnten hier das Ringen um Handlungsspielräume zwischen vorstrukturierender Software und eigensinniger Nutzung sowohl in der Schulverwaltung als auch bei Lehrer:innen zeigen (Bock et al. 2023). Dies kann durch den Vergleich mit anderen Softwareprodukten sichtbar gemacht werden. Die dynamische Mathematiksoftware GeoGebra Classroom z. B. bietet Lehrkräften durch ihre Anpassungsmöglichkeiten eine, im Vergleich, größere Flexibilität. Im Gegensatz zu starren Systemen ermöglicht GeoGebra Classroom Lehrer:innen, interaktive Aufgaben zu erstellen, vorhandene bereitzustellen und den Unterricht nach pädagogischen Gesichtspunkten zu gestalten, anstatt sich ausschließlich auf vorgegebene Strukturen zu verlassen. Dadurch und durch die sog. „Live-Einblicke", bei denen Lehrkräfte in Echtzeit sehen, woran Schüler:innen gerade arbeiten, wird die Software zu einem Werkzeug, das individuelle Lehrmethoden und -stile der Lehrkräfte berücksichtigt, daher mehr Handlungsspielräume zulässt.

Es handelt sich um „die Notwendigkeit einer unweigerlichen, wenn auch nicht notwendigerweise bewussten, Auseinandersetzung" (Richter/Allert 2024, S. 48). Denn verbleibt im pädagogischen Prozess des Unterrichtens (Gruschka 2013; Pollmanns 2019) die Verantwortung für den Vermittlungs- und Aneignungsprozess in den Händen der Lehrkräfte, so suggeriert die Plattform, dass diese nur noch den Hinweisen der Plattform folgen müsse, und zwar im Sinne der Beobachtung, also des Monitorings. Im Sinne einer Buchhalterlogik wird festgehalten, was und ob etwas getan wurde und inwieweit die Aufgaben richtig beantwortet wurden. Die pädagogische Aufgabe des Unterrichtens, die Schüler:innen nicht nur zur Bewältigung von Aufgaben, sondern diese als Mittel zum Zweck des Verstehens eines mathematischen Problems zu sehen, kommt in so einer Datendarstellung nicht vor. Dabei wäre es möglich, nicht (nur) die gesammelten Punkte, Sterne und Münzen darzustellen, also die eingetauschte Währung für die getane Arbeit, sondern wenigstens die fachlichen Themen zu nennen, denen die Aufgaben zugeordnet sind. In diesem Sinne verstellt das Datendashboard die Komplexität der Rolle der Lehrkraft im Übungs- bzw. Lernprozess. Die Lehrkraft ist es, die den Schüler:innen das jeweilige Thema erläutert und die Klasse dabei anleitet, das zu verstehen, was es zu verstehen gilt, um eine Aufgabe bearbeiten zu können.

Hartong hebt dabei die Differenz zwischen Schüler:in und Daten hervor, wenn sie betont, dass die Auffälligkeit eben genau das ist: „also in den Datenwerten auffällig sein" (Hartong 2020, S. 68). Diese Differenz zwischen Mensch und Datum aufrechtzuerhalten, um sich selbst zu den Daten verhalten zu können, ist es, was nötig wäre. Monitoring als Haltung der praktischen Pädagogik arbeitet weniger der Aufrechterhaltung der Differenz zu, als dass sie sie zur Seite der Daten hin verstärkt. Werden jedoch die Daten als der Ausdruck dessen genommen, was ist, dann bedeutet dies, dass die Lehrkräfte versuchen, die Daten zu verbessern. Die Daten schieben sich zwischen Lehrkraft und Schulklasse und damit zwischen eine pädagogische Beziehung, die für das Unterrichten als konstitutiv gedacht wird. Es handelt sich dabei, wie Richter und Allert formulieren, um die „Differenz zwischen dem technisch Möglichen und dem praktisch Sinnhaften" (Richter/Allert 2024, S. 44). Denn die Praxis des Unterrichtens geht nicht in den Daten der Plattform gänzlich auf (vgl. ebd.). Hieraus ergeben sich auch Gestaltungsmöglichkeiten.

In dem Sinne kann mit Hartong provokativ gefragt werden: „Kann Bildungsmonitoring schaden, wenn es wirkt?" (Hartong 2020, S. 68; i. Orig. kursiv). Hartong bezieht sich hierbei auf die Datendarstellung von Plattformen und verweist so indirekt darauf, dass die technischen Instrumente und grafischen Darstellungsformen im Digitalen nahezu identisch sowohl auf der Systemebene also auch auf der pädagogisch-praktischen Ebene eingesetzt werden und demzufolge auf beiden Ebenen als Bildungsmonitoring bezeichnet werden können.[2] Demzufolge könnte Hartongs Frage folgendermaßen beantwortet werden: Eine Haltung des Monitorings auf der pädagogischen Ebene des Unterrichtens, die die Involviertheit für die Ergebnisse bei Aufgabenbearbeitungen nicht mehr wahrnimmt, wäre ein solcher Schaden. Die verschiedenen Studien des DATAFIED-Verbundes zeigen, wie die Praxis damit ringt, sich einen Handlungsspielraum zu erhalten, der die Differenz der Daten zur Praxis einfordert.

Literatur

Bock, Annekatrin/Breiter, Andreas/Hartong, Sigrid/Jarke, Juliane/Jornitz, Sieglinde/Lange, Angelina/Macgilchrist, Felicitas (Hrsg.) (2023): Die datafizierte Schule. Wiesbaden: Springer VS. Open Access.

Breiter, Andreas/Bock, Annekatrin (2023): Datafizierte Gesellschaft l Bildung l Schule. In: Bock, Annekatrin/Breiter, Andreas/Hartong, Sigrid/Jarke, Juliane/Jornitz, Sieglinde/Lange, Angelina/Macgilchrist, Felicitas (Hrsg.): Die datafizierte Schule. Wiesbaden: Springer VS, S. 1–35.

Gruschka, Andreas (2013): Unterrichten – eine pädagogische Theorie auf empirischer Basis. Opladen: Verlag Barbara Budrich.

Hartong, Sigrid (2018): Standardbasierte Bildungsreformen in den USA. Vergessene Ursprünge und aktuelle Transformationen. Weinheim/Basel: Beltz.

Hartong, Sigrid (2020): Zum Optimierungsdrang des Bildungsmonitorings. In: Zeitschrift für Pädagogik 66, H. 1, S. 64–71.

Hartong, Sigrid (2021): Digital Education Governance and the Productive Relationalities of School Monitoring Infrastructures. In: Wilmers, Annika/Jornitz, Sieglinde (Hrsg.): International Perspectives on School Settings, Education Policy and Digital Strategies. A Transatlantic Discourse in Education Research. Opladen et al.: Verlag Barbara Budrich, S. 242–251.

Jornitz, Sieglinde (2018): Bildungsforschung zwischen Politik und Praxis. In: Kleeberg-Niepage, Andrea/Rademacher, Sandra (Hrsg.): Kindheits- und Jugendforschung in der Kritik. (Inter-)Disziplinäre Perspektiven auf zentrale Begriffe und Konzepte. Wiesbaden: Springer VS, S. 321–352.

Jornitz, Sieglinde/Mayer, Ben (2021): „Das ist jammerschade". Vom Unterricht in Abwesenheit wegen pandemiebedingter Schulschließungen. In: Pädagogische Korrespondenz, H. 63, S. 66–84.

Jornitz, Sieglinde/Mayer, Ben (2024): Digitale Medien und das Verhältnis unterrichtlicher Verantwortlichkeiten. Clickwork als Konsequenz (ver-)schwindender Erziehung. In: Lankau, Ralf (Hrsg.): Die pädagogische Wende. Über die notwendige (Rück-)Besinnung auf das Unterrichten. Weinheim/Basel: Beltz, S. 261–273.

KMK (2016): Gesamtstrategie der Kultusministerkonferenz zum Bildungsmonitoring. Bonn/Berlin: Wolters Kluwer. https://www.kmk.org/fileadmin/Dateien/veroeffentlichungen_beschluesse/2015/2015_06_11-Gesamtstrategie-Bildungsmonitoring.pdf (Abgerufen: 23.04.2024).

---

2 Vgl. hierzu auch die Ausführungen zur Bildungsforschung in Deutschland in Jornitz 2018, in denen dargestellt wird, dass dieselben Daten sowohl die Bildungspolitik als auch die pädagogische Praxis anleiten sollen.

Macgilchrist, Felicitas / Hartong, Sigrid / Jornitz, Sieglinde (2023): Algorithmische Datafizierung und Schule: kritische Ansätze in einem wachsenden Forschungsfeld. In: Scheiter, Katharina / Gogolin, Ingrid (Hrsg.): Bildung für eine digitale Zukunft. Wiesbaden: Springer VS, S. 317–338.

Macgilchrist, Felicitas / Sieglinde, Jornitz / Mayer, Ben / Troeger, Jasmin (2023): Adaptive Lernsoftware oder adaptierende Lehrkräfte? Das Ringen um Handlungsspielräume. In: Bock, Annekatrin / Breiter, Andreas / Hartong, Sigrid / Jarke, Juliane / Jornitz, Sieglinde / Lange, Angelina / Macgilchrist, Felicitas (Hrsg.): Die datafizierte Schule. Wiesbaden: Springer VS, S. 131–160.

Mayer, Ben / Jornitz, Sieglinde (2022): Das Schulische Üben mit digitalen Medien – und was das für den Unterricht bedeutet. In: ZISU – Zeitschrift für interpretative Schul- und Unterrichtsforschung, Jg. 11, S. 49–65.

Mayer, Ben / Jornitz, Sieglinde / Zakharova, Irina / Jarke, Juliane / Brick, Yan (2023): Pandemie-bedingte Schulschließungen und die Nutzung digitaler Technologien. Welchen Einblick Twitter- und Interviewanalysen geben können. In Bock, Annekatrin / Breiter, Andreas / Hartong, Sigrid / Jarke, Juliane / Jornitz, Sieglinde / Lange, Angelina / Macgilchrist, Felicitas (Hrsg.): Die datafizierte Schule. Wiesbaden: Springer VS, S. 161–193.

Pollmanns, Marion (2019): Unterrichten und Aneignen. Eine pädagogische Rekonstruktion von Unterricht. Opladen: Verlag Barbara Budrich.

Pollmanns, Marion / Griewatz, Hans-Peter / Hünig, Rahel / Jornitz, Sieglinde / Kabel, Sascha / Leser, Christoph / Mayer, Ben (2022): Wie (angehende) Lehrpersonen über Unterricht nachdenken bzw. nachdenken sollen. Professionalisierungstheoretische Analysen. In: Reintjes, Christian / Kunze, Ingrid (Hrsg.): Reflexion und Reflexivität in Unterricht, Schule und Lehrer:innenbildung. Bad Heilbrunn: Verlag Julius Klinkhardt, S. 58–76.

Richter, Christoph / Allert, Heidrun (2024): Die Illusion der Regel. Datafizierung als Form technischer Welterzeugung. In: Schiefner-Rohs, Mandy / Hofhues, Sandra / Breiter, Andreas (Hrsg.): Datafizierung (in) der Bildung. Kritische Perspektiven auf digitale Vermessung on pädagogischen Kontexten. Bielefeld: transcript, S. 43–61.

Wolf, Karten D. (2018): Reformpädagogik und Medien. Innovationsimpulse durch digitale Medien? In: Barz, Heiner (Hrsg.): Handbuch Bildungsreform und Reformpädagogik. Wiesbaden: Springer, S. 99–112.

Teil D:
Bildungsberichterstattung

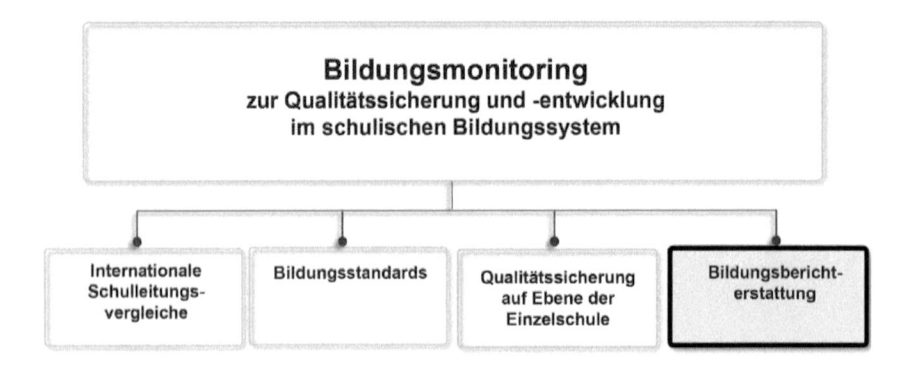

```
                    ┌─────────────────────────────────────┐
                    │        Bildungsmonitoring           │
                    │ zur Qualitätssicherung und -entwicklung │
                    │     im schulischen Bildungssystem   │
                    └─────────────────────────────────────┘
```

| Internationale Schulleitungs- vergleiche | Bildungsstandards | Qualitätssicherung auf Ebene der Einzelschule | **Bildungsbericht- erstattung** |

Im Jahr 2003 erschien der erste Bildungsbericht für Deutschland. Im Jahr 2004 vereinbarten Bund und Länder eine regelmäßige Darstellung wichtiger Indikatoren des Bildungswesens als gemeinsame Bildungsberichterstattung im 2-Jahres-Rhythmus. Der nationale Bildungsbericht 2024 bildet aktuelle Kennziffern des deutschen Bildungswesens in allen Bereichen – von der frühen Bildung bis zur Weiterbildung – ab. Die wissenschaftliche Autor:innengruppe systematisiert die vorliegen Daten und analysieren sie mit Blick auf übergreifende Fragestellungen in aktuellen gesellschaftlichen Kontexten. Die regelmäßige Erfassung vergleichbarer Indikatoren erlaubt eine Betrachtung von Veränderungen über die Zeit. Die Bildungsberichterstattung ist eines der vier Kernelemente der Gesamtstrategie zum Bildungsmonitoring in Deutschland und unterstützt die transparente öffentliche Information und Rechenschaftslegung.

Die vier Beiträge in diesem Abschnitt thematisieren die momentan etablierten Indikatoren der Bildungsberichterstattung und machen Vorschläge für die Aufnahme von neuen Indikatoren. *Stefan Kühne* beschreibt die Herausforderung und Potenziale von Indikatoren, die über längere Zeit stabil im Monitoring genutzt werden. *Britta Pohlmann* und *Yvonne Hoffmann* zeigen diese Potenziale für die Steuerung konkret am Hamburger Sprachfördermonitoring. *Susanne Kuger* und *Susanne Lochner* zeigen auf, welche Chancen in der Aufnahme von Indikatoren des Bildungsmonitorings im frühen, non-formalen und informellen Bildungsbereich liegen und die Autor:innengruppe *Hermann Josef Abs, Tim Engartner, Reinhold Hedtke, Monika Oberle, Marie Heijens, Simon Niklas Hellmich, Valeria Hulkovych, Lucy Huschle* und *Stella Wasenitz* unterbreiten einen Vorschlag für ein Bildungsmonitoring für die politische Bildung.

Herausforderungen und Potenziale einer indikatorengestützten Bildungsberichterstattung auf gesamtstaatlicher Ebene

Stefan Kühne

Zusammenfassung

Bildungsberichterstattung ist die kontinuierliche, datengestützte Information der Öffentlichkeit über Rahmenbedingungen, Eingangsvoraussetzungen, Verlaufsmerkmale, Ergebnisse und Erträge von Bildungsprozessen mit dem Zweck, das Bildungsgeschehen in der Gesellschaft auf Basis wissenschaftlicher Methoden transparent zu machen. Die regelmäßige empirische Gesamtschau des Bildungswesens auf nationaler Ebene kann dabei als eine zentrale Säule im Kanon aktueller Monitoring-Instrumente in Deutschland verstanden werden, die besonders hohe Anforderungen stellt: Der nationale Bildungsbericht muss der institutionellen Heterogenität von der Frühen bis zur Weiterbildung gerecht werden, dabei neben Einrichtungen des formalen Bildungswesens auch non-formale sowie informelle Lernwelten ein- und aufeinander beziehen, sowohl international als auch regional anschlussfähig bleiben und ganz unterschiedliche Adressat:innen in Politik, Verwaltung, Praxis und Wissenschaft ansprechen. Nichtsdestoweniger soll er das Format eines überschaubaren und verständlichen Statusberichts bedienen. Der Beitrag thematisiert, mit welchen konzeptuellen und methodischen Grundlagen diesen Ansprüchen im nationalen Bildungsbericht begegnet wird. In der Rückschau auf nunmehr neun Bildungsberichte werden dabei auch exemplarisch Entwicklungen der Indikatorik seit dem ersten, 2006 erschienenen Band aufgezeigt.

Welchen Ursprung hat Bildungsberichterstattung?

Entwicklungen im Bildungswesen zu beobachten ist nicht neu. Ob fehlende Kita-Plätze, Lehrkräftemangel, unzureichende Ausbildungsreife oder überfüllte Hörsäle: Bildung ist ein Thema, das alle interessiert und auch angeht, weil es große Bedeutung sowohl für den und die Einzelne:n als auch für die Gesellschaft als Ganzes hat. Zieldiskussionen und Abstimmungsprozesse im Bildungswesen können aber nicht nur aus eigenen Erfahrungen und persönlichen Überzeugungen heraus geführt werden. Hierzu braucht es verlässliche, empirisch fundierte Informationen über Entwicklungen, Stärken und Schwächen des Systems – nicht nur für die interessierte Öffentlichkeit, sondern auch und vor allem für politische Entscheidungsträger:innen. Wie andere Elemente des so genannten Bildungsmonitorings (z. B. internationale Schulleistungsstudien, Vergleichsarbeiten) sind Bildungsberichte – verstanden als Dauerbeobachtung des Bildungssystems und seiner Teilbereiche auf der Basis ausgewählter Indikatoren – Teil des umfassenderen Paradigmas, das sich hierzulande seit etwa Anfang der 1990er Jahre unter dem Begriff der Neuen Steuerung etablierte (vgl. Fuchs 2009). Ein zentraler Gedanke lag darin, Bildungsprozesse nicht mehr primär über Input-Faktoren wie Finanzen, Personal oder Curricula zu steuern, sondern auf der Grundlage geeigneter Daten auch die Bildungsergebnisse zu überprüfen. Bildungsindikatoren lassen sich dabei als ein Ansatzpunkt verstehen, periodisch und datenbasiert über Eingangsvoraussetzungen, Prozesse und Verläufe sowie Ergebnisse und Erträge von Bildung an unterschiedlichen Stellen der Bildungsbiografien und Bildungssysteme zu berichten. Anders als in anderen Staaten wurden allerdings ganzheitliche Anforderungen an eine auf Dauer angelegte Bildungsberichterstattung im deutschsprachigen Raum erst nach den ernüchternden Ergebnissen in internationalen Schulleistungsstudien zu Beginn des 21. Jahrhunderts formuliert. Über alle Bildungsbereiche hinweg sollte nun im Abstand von zwei Jahren auf der Grundlage fortschreibbarer, repräsentativer Daten kontinuierlich über Trends und Problemlagen im deutschen Bildungswesen berichtet werden. Insofern lässt sich die Bildungsberichterstattung vor dem Hintergrund gestiegener Informations- und Legitimationsbedarfe als relativ junges, gleichwohl zentrales Element des Bildungsmonitorings einordnen.

Die Verantwortung für die Berichtslegung wurde von Beginn an einer unabhängigen Autor:innengruppe übertragen, die unter Federführung des DIPF | Leibniz Institut für Bildungsforschung und Bildungsinformation mit Wissenschaftler:innen aus mehreren renommierten wissenschaftlichen Einrichtungen und statistischen Ämtern besetzt ist. Seit 2006 liefern die Autor:innen und Co-Autor:innen der nationalen Bildungsberichte – ähnlich dem Jahresgutachten der ‚Wirtschaftsweisen' – eine regelmäßige, empirisch gestützte Bestandsaufnahme über den Bildungsstandort Deutschland. Diese Form von Berichterstattung hat im Zuge der Föderalismusreform 2006 sogar Verfassungsrang erlangt und wurde als eines der wenigen Handlungsfelder, in denen Bund und Länder im Bildungsbereich zusammenwirken (dürfen), ins Grundgesetz aufgenommen (Art. 91b Absatz 2 GG). Auch die internationalen Schulleistungsuntersuchungen PISA, IGLU und TIMSS sowie die Bildungstrend-Studien des Instituts zur Qualitätsentwicklung im Bildungswesen fallen unter diesen Grundgesetzartikel. All diese regelmäßigen Berichte auf nationaler Ebene haben im Unterschied zu anderen Komponenten des Bildungsmonitorings (wie Lernstandserhebungen oder Vergleichsarbeiten) gemeinsam, dass sie zur Feststellung der Leistungsfähigkeit des deutschen Bildungswesens im internationalen und innerdeutschen Vergleich beitragen sollen. Sie machen also ganz allgemein das Bildungsgeschehen in unserer Gesellschaft mit vielfältigen Vergleichskriterien und -maßstäben transparent und dienen so als Grundlage für öffentliche Diskussionen über Bildungsziele und bildungspolitische Entscheidungen. Die Besonderheit des nationalen Bildungsberichts liegt wiederum darin, dass er sich nicht allein auf das Schulwesen konzentriert, wie etwa die PISA-Studie, sondern als bereichsübergreifende Gesamtschau angelegt ist – von frühen Bildungsprozessen im Kindesalter bis zu den verschiedenen Formen der Weiterbildung im Erwachsenenalter.

Es geht also darum, sowohl die Entwicklungen in den institutionell separierten Bildungsbereichen zu analysieren als auch jeweilige Voraussetzungen und Wirkungen in anderen Bildungsbereichen im Sinne von wechselseitigen Abhängigkeiten und Verläufen zu thematisieren. An die Gesamtschau des Bildungswesens auf nationaler Ebene werden damit hohe Anforderungen gestellt (vgl. Maaz/Kühne 2018): Der nationale Bildungsbericht muss der institutionellen Heterogenität von der Frühen bis zur Weiterbildung gerecht werden, neben formalen Bildungseinrichtungen soweit wie möglich auch non-formale sowie informelle Lernwelten ein- und aufeinander beziehen, sowohl international als auch regional anschlussfähig bleiben und dabei ganz unterschiedliche administrative Zuständigkeitsbereiche und Adressat:innen in Politik, Verwaltung, Praxis und Wissenschaft ansprechen. Nichtsdestoweniger soll er Komplexität reduzieren und das Format eines überschaubaren und einfach verständlichen Statusberichts bedienen.

Was genau steht hier unter Dauerbeobachtung?

Der Anspruch, Stand und Entwicklung des gesamten Bildungswesens in einem Bericht zu dokumentieren, ist ausgesprochen komplex. Denn das deutsche Bildungswesen ist horizontal und vertikal wie in kaum einem anderen Staat in unterschiedliche Bildungsstufen und -einrichtungen untergliedert. Diese Uneinheitlichkeit der Bildungsinstitutionen hängt nicht zuletzt mit unterschiedlichen Zuständigkeiten von Bund, Ländern und Kommunen sowie nichtstaatlichen Trägern zusammen. Und daraus ergeben sich große Anforderungen an die Auswahl und Aufbereitung höchst unterschiedlicher Sachverhalte. Die Informationskraft indikatorengestützter Berichtssysteme entfaltet sich dabei weniger aus der Beobachtung einzelner Aspekte des Bildungsgeschehens als aus der problemorientierten Analyse ihres Zusammenwirkens.

In den einerseits bildungsbereichsübergreifenden und andererseits bereichsspezifischen Kapiteln des nationalen Bildungsberichts orientiert sich die Auswahl der Berichtsinhalte am Grundprinzip des international weit verbreiteten Kontext/Input-Prozess-Output/Outcome-Schemas. Ursprünglich in der Schuleffektivitätsforschung entwickelt und empirisch erprobt, wurde damit zunächst auf Einzelschulebene das Zusammenwirken von Erfolgs- und Risikofaktoren für Bildungsergebnisse untersucht (vgl. z. B. Scheerens/Bosker 1997). Dahinter liegt die Vorstellung, dass Outputs (vor allem Kompetenzen) unter bestimmten

Kontextbedingungen (z. B. Schuleinzugsbereiche oder familiärer Hintergrund) durch das Zusammenspiel von Inputfaktoren (z. B. Lehrkräfte und -materialien) und Prozessfaktoren (z. B. Unterrichtszeit und -methoden) determiniert werden. Dieser Gedanke wurde mit der Verbreitung des eingangs erwähnten Neuen Steuerungsparadigmas in den 1990er Jahren auch auf das Bildungssystem als Ganzes übertragen (vgl. z. B. Ditton 2000). Die theoretische Vorstellung, das komplexe Gefüge des Bildungsgeschehens in Teilsegmente zu untergliedern, die aufeinander abgestimmt werden müssen, um bestimmte Ziele zu erreichen, findet in der Indikatorenforschung im sogenannten „system-modelling-approach" ihre Entsprechung (van Ackeren 2003, S. 25). Bildungsindikatoren sollten nach diesem Auswahlprinzip bestmöglich die Funktionsweise oder gar Funktionsfähigkeit eines Systems bzw. seiner Teilbereiche abbilden. Gefragt wird also, wie es unter den jeweils gegebenen gesellschaftlichen und institutionellen Rahmenbedingungen und -vorgaben (Kontext) gelingt, unterschiedliche Eingangsvoraussetzungen zu schaffen (Input), die Lern- und Bildungsverläufe initiieren (Prozesse), um zu bestimmten Bildungsergebnissen und -erträgen für Individuum und Gesellschaft zu gelangen (Output/Outcome).

So wurden im Zuge der Konzeption des ersten nationalen Bildungsberichts (Konsortium Bildungsberichterstattung 2006) im Austausch zwischen der damaligen Autor:innengruppe und nationalen sowie internationalen Bildungsexpert:innen einige bereichsübergreifende, steuerungsrelevante Themen der Kontext-, Input-, Prozess- und Wirkungsdimension herausgearbeitet, die seit längerem bildungswissenschaftliche und bildungspolitische Debatten prägen (siehe Tab. 1). Die Gliederung des nationalen Bildungsberichts orientiert sich im Wesentlichen an der Binnenstruktur des Bildungssystems, d. h. den Bildungsbereichen von der Frühen Bildung bis zur Weiterbildung. Innerhalb dieser Berichtsstruktur werden wiederum die genannten Themenbereiche in jedem Bericht fortlaufend bearbeitet und unter verschiedenen Analyseperspektiven und Akzentuierungen über bereichsspezifische sowie bereichsübergreifende Indikatoren ausdifferenziert – je nach der Datenverfügbarkeit, der Relevanz pro Bildungsbereich und der bildungspolitischen Aktualität.

Die Berichtslegung folgt einem entsprechenden Aufbau: Den Ausgangspunkt bilden demografische, ökonomische sowie weitere gesellschaftliche *Rahmenbedingungen*, in die das Bildungswesen eingebettet ist. Anschließend werden bereichsübergreifende oder -vergleichende *Grundinformationen*, etwa zu den Bildungsinvestitionen oder zu Bildungsbeteiligung und Bildungsstand der Bevölkerung gegeben. Im Hauptteil fokussiert der Bildungsbericht auf Trends und Problemlagen, die sich in den einzelnen Bildungsbereichen abzeichnen – von der *Frühen Bildung*, über die *Allgemeinbildende Schule*, die *Berufliche Ausbildung*, *Hochschule* bis zur *Weiterbildung*. Jeder Bildungsbericht widmet darüber hinaus einem Schwerpunktthema ein eigenständiges Kapitel, das zum jeweiligen Zeitpunkt von besonderer bildungspolitischer und bereichsübergreifender Relevanz ist. Zu diesen

Tab. 1: Themenbereiche der nationalen Bildungsberichterstattung 1) Ergänzung dieses Themenbereichs im Zuge der Bildungsberichterstattung 2018 (in Anlehnung an Döbert et al. 2009)

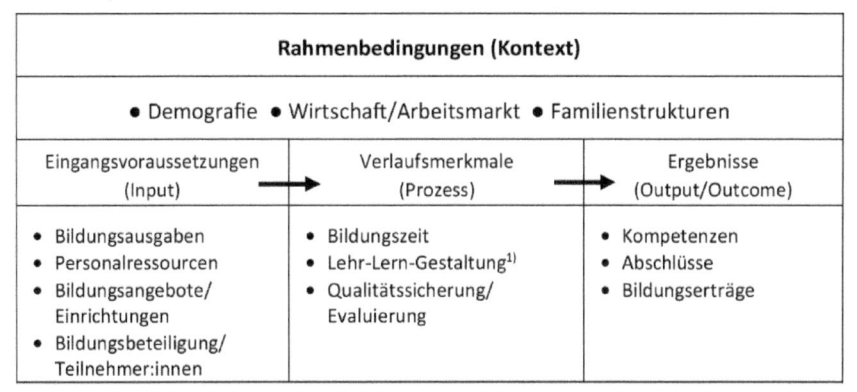

Rahmenbedingungen (Kontext)		
• Demografie • Wirtschaft/Arbeitsmarkt • Familienstrukturen		
Eingangsvoraussetzungen (Input)	Verlaufsmerkmale (Prozess)	Ergebnisse (Output/Outcome)
• Bildungsausgaben • Personalressourcen • Bildungsangebote/ Einrichtungen • Bildungsbeteiligung/ Teilnehmer:innen	• Bildungszeit • Lehr-Lern-Gestaltung[1)] • Qualitätssicherung/ Evaluierung	• Kompetenzen • Abschlüsse • Bildungserträge

Querschnittsthemen gehörten zuletzt „Migration" (2016), „Wirkungen und Erträge" (2018), „Digitalisierung" (2020) und „Bildungspersonal" (2022). In die Schwerpunktkapitel gehen für ein möglichst umfassendes Verständnis der Thematik viele Informationen und Befunde aus Datenerhebungen und Studien ein, die häufiger als bei den übrigen Kapiteln nicht auf Dauer gestellt oder für ganz Deutschland repräsentativ sind. Am Ende jedes Bildungsberichts schließlich wird bilanziert, welche *Wirkungen und Erträge* unterschiedliche Bildungsverläufe für die individuelle und die gesellschaftliche Entwicklung haben.

Wie werden die erforderlichen Informationen gewonnen und aufbereitet?

Bund und Länder haben bereits frühzeitig die Anforderung formuliert, die Berichterstattung im Zwei-Jahres-Rhythmus auf einen Kernbestand aussagekräftiger, regelmäßig wieder zu verwendender Indikatoren zu stützen. Dafür braucht es über die Bildungsbereiche hinweg repräsentative und regelmäßig erhobene Daten zu den oben genannten Themenbereichen. Unter Indikatoren lassen sich quantitative Messgrößen verstehen, die möglichst einfach und verständlich mehrdimensionale Zusammenhänge beschreiben. Jeder Indikator deckt folglich einen thematisch weiter gefassten Gegenstandsbereich ab, dessen Zustand und Entwicklung in der Regel nur über mehrere, aus verschiedenen Datenquellen und -analysen generierte empirische Kennwerte beurteilt werden kann. Als Beispiel lässt sich der Indikator zu „Schulabgängen und Schulabschlüssen" anführen, der seit dem ersten Bildungsbericht Teil des Indikatorentableaus ist (vgl. Abb. 1): Der Gegenstand ist durch den Themenbereich Bildungsabschlüsse sowie den Messzeitraum (Schulalter) definiert. Schulabschlüsse lassen sich dabei in mehrere Teilkonstrukte und thematische Facetten wie Schulabbruch, höchste erreichte Abschlüsse, Abschlusswege oder -wertigkeit aufschlüsseln und empirisch anhand verschiedener Kennziffern darstellen (Anteile je Abschlussart, Durchschnittsalter etc.). Die so gemessenen Abschlussniveaus lassen sich dann weiter nach institutionellen Merkmalen der Schulen und nach personenbezogenen Merkmalen der Schüler:innen vergleichen. So lässt sich verfolgen, ob sich die Abschlussquoten z. B. in einzelnen Schularten unterschiedlich entwickeln, und wie stark dies über die Zeit vom Geschlecht oder von der Einwanderungsgeschichte der Jugendlichen beeinflusst wird. Je nach bildungspolitischer Aktualität oder Erkenntnisstand der Forschung werden dann für den jeweiligen Bericht und Indikator andere zeitkritische Akzentuierungen und analytische Schwerpunkte gesetzt.

Abb. 1: Schematische Darstellung der empirischen Konkretisierung eines Indikators im deutschen Bildungsbericht

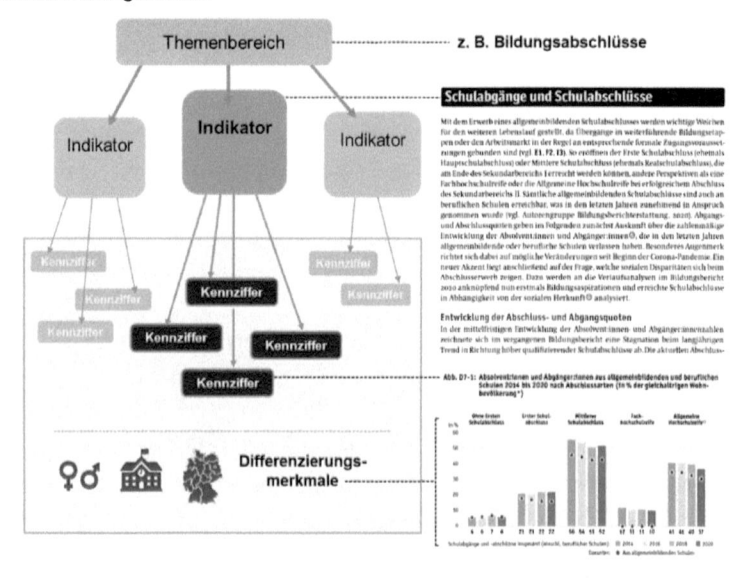

Nicht alle Aspekte des Bildungssystems lassen sich unmittelbar empirisch erfassen oder allgemeingültig quantifizieren. In dem Maße, in dem sich jedoch die Datenbasis und die Forschungslage weiterentwickeln, kann auch neuen, weitergehenden Erkenntnisinteressen Rechnung getragen werden. Am Beispiel der „Schulabgänge und Schulabschlüsse" lässt sich gut aufzeigen, welche Entwicklungen die Indikatorik der nationalen Bildungsberichte seit 2006 durchlaufen hat. Im ersten Bildungsbericht informierte der Indikator ausschließlich auf der Basis amtlicher Daten (Schulstatistik) über die in Deutschland erreichten Schulabschlüsse und schlüsselte diese nach Personengruppen (Geschlecht, Ausländerstatus), Regionen (Bundesländer und Staaten) sowie Abschlusswegen (allgemeinbildende und berufliche Schularten) auf. Seither haben sich durch flankierende Indikatorenforschung sowohl die methodischen Ansätze als auch die thematischen Blickwinkel spürbar erweitert.

- Fortschritte in der Bildungsstatistik sowie die Einführung des Nationalen Bildungspanels (NEPS, siehe Beitrag von Sixt/Artelt in diesem Sammelband) ermöglichten zunehmend aussagekräftigere Operationalisierungen des schulischen Bildungsstands: Für die im Bildungsbericht 2006, 2008 und 2010 ermittelten Abgangs- und Abschlussquoten musste noch auf Hilfskonstrukte zurückgegriffen werden, bei der die Anzahl der erreichten Schulabschlüsse auf die Bevölkerungszahl im „typischen" Abschlussalter bezogen wurde. Abgesehen von der Problematik, eine alterstypische Bevölkerung festzulegen, war diese Kennziffer auch erheblich von demografischen Entwicklungen abhängig, also etwaigen Schwankungen in der Bevölkerungszahl, die sich auf die einzelnen Abschlussarten zeitversetzt auswirken. Erst seitdem in allen Ländern auch schulstatistische Informationen über das Geburtsjahr der Abgänger:innen und Absolvent:innen erfasst werden, können Abgangs- und Abschlussquoten in Prozent der gleichaltrigen Bevölkerung berechnet werden, die nicht von der demografischen Entwicklung verzerrt werden, sondern präzise die Größenordnung der verschiedenen schulischen Qualifikationsniveaus je Abschlussjahrgang widerspiegeln. Die Längsschnittdaten des NEPS wiederum erweiterten aufgrund der umfangreichen Kontextfragebögen den Blickwinkel auf zusätzliche Facetten des Abschlusserwerbs, die mit den üblichen amtlichen Querschnittsdaten nicht abgedeckt werden können. So war es inzwischen unter anderem möglich, die Indikatorendarstellung um das Ausmaß der sozialen Ungleichheiten in den Aspirationen und im Abschlusserfolg zu erweitern (vgl. Autor:innengruppe Bildungsberichterstattung 2022, S. 159 ff.), die bis dahin lediglich für die Themenbereiche Bildungsbeteiligung und Kompetenzen auf nationaler Ebene dokumentiert werden konnten.
- Die Indikatorendarstellungen wurden darüber hinaus zunehmend um Bezüge und Querverweise zu anderen Informationsquellen erweitert. Von aktuellen bildungspolitischen Programmatiken über gesetzliche Vorgaben, institutionelle Regularien, eingeleitete Maßnahmen bis hin zu vertiefenden Forschungsbefunden: Die Verfügbarkeit geeigneter statistischer Daten kann zwar als notwendige Voraussetzung betrachtet werden, ist jedoch keine hinreichende Bedingung indikatorengestützter Analysen. Deren Informationswert entfaltet sich vor allem durch die Einordnung der quantitativen Ergebnisse in einen größeren Bedeutungszusammenhang. Ein abschlussbezogenes Beispiel für derartige Kontextualisierungen der Datenanalysen ist etwa die Bestandsaufnahme der landesrechtlichen Rahmenvorgaben für den

Erwerb bestimmter Schulabschlüsse in bestimmten Schularten. Diese Regularien können – insbesondere für Schüler:innen mit sonderpädagogischen Förderbedarf – je nach Land vielfältigere oder restriktivere Abschlussoptionen eröffnen. Ein größerer Anteil an Schüler:innen ohne Ersten Schulabschluss (ehemals Hauptschulabschluss) ist insofern nicht immer Ausdruck eines geringen Bildungsstands oder einer mangelhaften Schulqualität, sondern teilweise schlicht durch institutionelle Zugänge und Vorgaben determiniert, die es bei der Interpretation zu berücksichtigen gilt.

Vermutlich besteht die größte Aufgabe und Leistung der nationalen Bildungsberichte in solchen problemorientierten Herleitungen und Einordnungen der Datenauswertungen. Hier werden Informationen zu politischen, rechtlichen oder fachlichen Entwicklungen kontinuierlich recherchiert und systematisiert, zu denen in Deutschland ansonsten bildungsbereichs- oder länderübergreifende Zusammenstellungen fehlen würden.

Was lernen wir aus indikatorengestützten Analysen und was nicht?

Die Begriffe Bericht und amtliche Statistik dürften Assoziationen einer bürokratisch-nüchternen Abhandlung langer Zahlenkolonnen in wissenschaftlicher Fachsprache hervorrufen. Warum also sollte man sich mit hunderten Seiten solchen Inhalts befassen? Die gemeinsame Erarbeitung und Verantwortung der Inhalte durch eine wissenschaftlich breit gefächerte Autor:innengruppe aus unterschiedlichen Forschungsdisziplinen und -einrichtungen erfordert es, sich auf gemeinsame Analyseperspektiven zu verständigen sowie inhaltlich und sprachlich konsistent und möglichst allgemeinverständlich vorzugehen. Im Bildungsbericht sollen Daten nicht additiv nebeneinander gestellt werden. Vielmehr wird der Anspruch verfolgt, das komplexe Gefüge des Bildungsgeschehens verstehbar zu machen: Daten zu den Bildungsvoraussetzungen, -wegen und -ergebnissen von Individuen werden aufeinander bezogen und mit Daten zu Qualitätsmerkmalen von Institutionen und weiteren Kontextinformationen zusammengebracht. Da die Datenlage allerdings in vielen Bereichen lückenhaft und fragmentiert ist, lassen sich weder sämtliche erdenklichen Sachverhalte im Bildungswesen empirisch analysieren, noch können alle verfügbaren Beobachtungsgegenstände in Form einer großen Metaanalyse zusammengeführt und aufeinander bezogen werden. Die indikatorengestützten Einblicke bleiben also immer ausschnitthaft, entsprechend ihres Anspruchs ausgewählter Stellvertretergrößen für zentrale Merkmale von Bildungsprozessen und Bildungsqualität.

Das Zusammenwirken bildungsorganisatorischer und lebensweltlicher Faktoren wird vor allem dann transparent, wenn viele Indikatoren und Kennziffern nach den gleichen regionalen (z. B. Bundesländer, Kreise), institutionellen (Bildungsgang, Trägerschaft usw.) oder personenbezogenen Variablen (Geschlecht, Migrationshintergrund, Alter usw.) aufgeschlüsselt werden. Sofern sich in bestimmten Landesteilen, Institutionen oder Personengruppen ähnliche positive oder negative Ausprägungen über viele Indikatoren hinweg zeigen, liefern die Analysen in ihrer Gesamtheit wertvolle Anhaltspunkte für Zusammenhänge – in den seltensten Fällen allerdings Erklärungswissen. Indikatoren weisen zwar über die deskriptive Natur einer zunächst wertfreien empirischen Information hinaus, indem sie quantitative Einzelergebnisse in einen größeren Bedeutungszusammenhang stellen. Bildungsindikatoren können und sollen wiederum nicht beziffern, was vertretbar, hinreichend oder anzustreben ist. Mit der Erwartung konkreter Zielperspektiven oder gar Handlungsimplikationen würde man die Bildungsberichterstattung überfordern. Indikatorengestützte Analysen liefern schlussendlich nicht mehr, aber auch nicht weniger als empirisch fundiertes Orientierungswissen für die notwendigen Aushandlungsprozesse, die im Anschluss durch Akteur:innen im politisch-administrativen und im bildungspraktischen Bereich zu verantworten sind. Weisen die Analysen an bestimmten Stellen auf Schieflagen und Fehlentwicklungen im System hin, so können sich die verantwortlichen Entscheidungsträger:innen in der Bildungspolitik und -verwaltung, in der Bildungspraxis und in der Bildungsforschung darüber verständigen, welche Veränderungen zu einer Qualitätsverbesserung beitragen können.

Der Bildungsbericht ist also mehr als ein Datenreport für Expert:innen, denn er richtet sich zugleich an die an Bildungsfragen interessierte Öffentlichkeit. Seit 2018 wird neben dem Gesamtbericht auch eine Kompaktfassung bereitgestellt, die die wichtigsten Ergebnisse auf wenigen Seiten textlich zusammenfasst und anschaulich in Form einfach zugänglicher Infografiken aufbereitet. Bildungsberichterstattung zielt also nicht nur darauf ab, die Bildungsadministration bei ihren Steuerungsaufgaben zu unterstützen, sondern es geht auch um öffentliche Transparenz für alle Interessierte im Sinne einer gemeinsamen Informationsgrundlage im Rahmen demokratischer Willensbildung. Klar ist aber auch, dass eine Systemanalyse weder die kleinräumliche noch die pädagogische (vor allem instruktionale) Vielfalt des Bildungsgeschehens in all ihren Facetten oder im Detail abbilden kann. Vielmehr gibt jeder Bildungsbericht einen Überblick über grundlegende Größenordnungen, Trends und Zusammenhänge im aktuellen Zeitgeschehen. Dieses umfassende Orientierungswissen ermöglicht nicht zuletzt eine Einordnung und Bewertung der eigenen Erfahrungen, persönlichen Überzeugungen sowie medial vermittelten (oder verzerrten) Eindrücke. Sind die an meiner Schule sichtbaren Problemlagen symptomatisch für diese Schulart, mein Bundesland oder für das deutsche Schulwesen? Zeigen sich dabei im Zeit- oder Regionalvergleich eher Verbesserungen oder Verschlechterungen?

Was lassen aktuelle demografische oder vorschulische Trendentwicklungen für die nachfolgenden Schülerkohorten erwarten? Oftmals stehen bei solchen Fragen öffentliche Wahrnehmung und wissenschaftlich abgesicherte Erkenntnisse nicht im Einklang. Eine bereichsübergreifende Gesamtschau im Vergleich verschiedener Bildungsetappen, Einrichtungsarten, Bevölkerungsgruppen oder Landesteile trägt zu einem besseren Verständnis der Prozesse und Abhängigkeiten von Bildung im Lebenslauf bei. Bildungsberichterstattung liefert damit allen an Bildungsfragen interessierten Menschen wertvolle Impulse, um über den eigenen Tellerrand zu schauen.

Literatur

Autor:innengruppe Bildungsberichterstattung (2022): Bildung in Deutschland 2022. Ein indikatorengestützter Bericht mit einer Analyse zum Bildungspersonal. Bielefeld: WBV Media.

Ditton, Hartmut (2000): Elemente eines Systems der Qualitätssicherung im schulischen Bereich. In: Weishaupt, Horst (Hrsg.): Qualitätssicherung im Bildungswesen. Universität Erfurt, S. 13–35.

Döbert, Hans/Baethge, Martin/Hetmeier, Heinz-Werner/Seeber, Susan/Füssel, Hans-Peter/Klieme, Eckart/Rauschenbach, Thomas/Rockmann, Ulrike/Wolter, Andrä (2009): Das Indikatorenkonzept der nationalen Bildungsberichterstattung Deutschlands. In: Tippelt, Rudolf (Hrsg.): Steuerung durch Indikatoren. Methodologische und theoretische Reflektionen zur deutschen und internationalen Bildungsberichterstattung. Opladen u. a.: Budrich, S. 207–272.

Fuchs, Hans-Werner (2009): Neue Steuerung – Neue Schulkultur? In: Zeitschrift für Pädagogik, Jg. 55, H. 3, S. 369–380.

Konsortium Bildungsberichterstattung (2006): Bildung in Deutschland. Ein indikatorengestützter Bericht mit einer Analyse zu Bildung und Migration. Bielefeld: W. Bertelsmann.

Maaz, Kai/Kühne, Stefan (2018): Indikatorengestützte Bildungsberichterstattung. In: Tippelt, Rudolf/Schmidt-Hertha, Bernhard (Hrsg.): Handbuch Bildungsforschung, 4. Aufl., Wiesbaden: Springer VS, S. 375–396.

Scheerens, Jaap/Bosker, Roel J. (2011): The foundations of educational effectiveness. Oxford: Pergamon.

van Ackeren, Isabell/Hovestadt, Gertrud (2003): Indikatorisierung der Empfehlungen des Forum Bildung. Bundesministerium für Bildung und Forschung [BMBF] (Hrsg.), Reihe Bildungsreform, Bd. 4.

Bildungsmonitoring „vor" und „neben" der Schule

Zur systematischen Dokumentation früher, non-formaler und informeller Bildung

Susanne Kuger und Susanne Lochner

Zusammenfassung

Unter einer Perspektive des lebenslangen Lernens sind Bildungserfahrungen ganzheitlich zu betrachten, so auch jene, die vor der Einschulung und während der Schulzeit außerhalb des Schulkontexts gemacht werden. Ein systematisches Monitoring der Bildung in frühen, non-formalen und informellen Kontexten findet in verschiedenen Zusammenhängen statt und sieht sich mit besonderen Herausforderungen konfrontiert. Dieser Beitrag beschreibt diese Besonderheiten und gibt eine Übersicht über einschlägige Monitoringvorhaben in ausgewählten Berichtssystemen, Monitoringprojekten und Datenerhebungen. Anhand dieser Vorhaben werden Stärken und Schwächen des aktuellen Bildungsmonitorings in frühen, non-formalen und informellen Kontexten diskutiert sowie notwendige Weiterentwicklungsbedarfe identifiziert. Es zeigen sich deutliche Ungleichheiten in der thematischen Abdeckung der betrachteten Bildungskontexte zugunsten der Angebote und Nutzung Früher Bildung im Verhältnis zum Bildungsmonitoring zu non-formaler und informeller Bildung. Diskutiert werden die Motive für regelmäßiges Bildungsmonitoring in den verschiedenen Bildungsbereichen sowie Hindernissen in der Rezeption der Befunde.

Einleitung

Der Auftrag des Bildungsmonitorings kann unterschiedlich verstanden werden. Je nach Verständnis variieren die Themenbereiche, Methoden und Formate. Wird ein breiter Bildungsbegriff (vgl. Bock 2008) sowie das Konzept des lebenslangen Lernens zugrunde gelegt, dann sind unbedingt auch Bildungserfahrungen außerhalb der Schule bzw. formaler Kontexte im Allgemeineren zu betrachten, denn aus einer individuumszentrierten Perspektive beginnt Bildung nicht erst mit dem Schuleintritt und findet nicht nur in der Schule statt: Bereits in der frühen Kindheit werden in der Familie sowie im Kindergarten wichtige Bildungsprozesses angestoßen und erste Weichen im Kompetenzerwerb gestellt, die den weiteren Bildungsweg nachhaltig prägen (vgl. Blossfeld/Roßbach 2019). Blickt man in das Schulalter, finden sich wertvolle Lerngelegenheiten nicht nur im Unterricht, sondern häufig auch in außerunterrichtlichen und gänzlich außerschulischen Bildungsaktivitäten wie z. B. in organisierten Jugendfreizeiten, Sport- und Kulturangeboten der Kinder- und Jugendarbeit, in Museen, Bibliotheken, Vereinen oder anderen Bildungsorten. Auch die Angebote der Kinder- und Jugendhilfe erfüllen einen gesetzlich festgeschriebenen Bildungsauftrag (vgl. Rauschenbach 2007).

Ein Monitoring im Sinne der Analyse und Dokumentation der Struktur, Qualität und Wirkungen von frühkindlichen sowie non-formalen und informellen Bildungsaktivitäten während des Schul- und Jugendalters ist notwendig, um ein vollständiges Bild der Gewährleistung von gleichwertigen Bildungschancen von Anfang an und der Effekte von Bildung in all ihren Formen und Schattierungen zeichnen zu können. Durch die Aufnahme der frühen Bildung in den Nationalen Bildungsbericht seit 2012 wird der Relevanz von Bildungsprozessen in der jungen Altersgruppe vor der Einschulung auch im nationalen Bildungsmonitoring Rechnung getragen (vgl. Autorengruppe Bildungsberichterstattung 2012). Akteure der Bildungspolitik und -administration auch in der frühen Bildung sowie in der außerschulischen Bildung benötigen steuerungsrelevantes Beschreibungs- oder Wirkungswissen, die Bildungspraxis Handlungswissen (vgl. Bromme/Prenzel/Jäger 2016). Der Nationale Bildungsbericht ist allerdings nicht das einzige Monitoringvorhaben in diesem Feld.

Dieser Beitrag untersucht, in welcher Differenziertheit frühe Bildung sowie non-formale und informelle Bildungskontexte durch bereits vorhandene Monitoringsysteme abgebildet werden und welche Einschränkungen sich stellen. Dafür wird zu Beginn ein Einblick in besondere Herausforderungen, die mit Bildungsmonitoring in diesen spezifischen Bereichen der frühen, non-formalen und informellen Bildung einhergehen, gegeben. In einem zweiten Schritt werden die unterschiedlichen bestehende Monitoringvorhaben, ihre Verzahnung, die jeweiligen Zielstellungen und die ihnen zugrundeliegenden Daten, auch in ihrer Genese und inhaltlichen Schwerpunkten, dargelegt und reflektiert. Der Beitrag schließt mit einer Diskussion zu den aus den beschriebenen Unterschieden resultierenden Brüchen zwischen den Monitoringvorgehensweisen in den verschiedenen Bildungsbereichen sowie den zugleich erkennbaren Parallelen. Daneben werden auch Möglichkeiten der Stärkung des Bildungsmonitorings im Bereich der frühen, non-formalen und informellen Bildung aufgegriffen sowie erörtert, welche Synergien sich nutzen lassen und wie sich die unterschiedlichen Vorgehensweisen gegenseitig inspirieren können, um zukünftig Entwicklungen besser abbilden und darauf aufbauende Steuerungsentscheidungen datengestützt treffen zu können.

Herausforderungen des Monitorings „vor" und „neben" der Schule

Aus politisch-steuernder Perspektive sollte in einem Bildungsmonitoring das gesellschaftlich zur Verfügung gestellte Bildungsangebot, dessen Nutzung sowie seine Erträge beschrieben werden. Hierbei kann zwischen Lernorten bzw. -kontexten, -gelegenheiten und -prozessen differenziert werden. Zur Beschreibung des „Angebots" sprechen wir von Lernkontexten, -orten oder -umgebungen. Um zu verstehen, wie Ungleichheiten zustande kommen oder wie Lernende auf Angebote reagieren, wird die Nutzung von Lerngelegenheiten betrachtet. Soll das Lernen der Individuen analysiert werden, stehen die Anregungs- und Lernprozesse im Fokus.

Die Unterschiede in den Steuerungslogiken der frühen und außerschulischen Bildung im Vergleich zur schulischen Bildung erschweren eine umfassende Abbildung der non-formalen und informellen Angebote. Im Gegensatz zu formalen Bildungsprozessen in Kindheit und Jugend, die im schulischen Bildungssystem verortet werden können, finden non-formale und informelle Bildungserfahrungen nicht an einem dezidierten Ort statt, sondern sind weit gefächert.

In der frühen Kindheit sind die Orte, an denen Bildungsprozesse stattfinden, noch relativ übersichtlich: Ein Großteil der frühesten Bildungsaktivitäten findet im Rahmen der Familie statt (vgl. Grgic/Rauschenbach 2022; Lehrl 2018). Auch außerhalb der Familie können Lernprozesse in organisierten Angeboten wie Krabbel- oder Turngruppen initiiert werden, aber auch diese werden über die Eltern initiiert. Mit steigendem Alter bietet in den meisten Fällen die Kita[1] (ggf. auch zwischenzeitlich die Kindertagespflege) den Rahmen für frühe Bildungsprozesse. In der frühen Kindheit sind die Orte, an denen Bildungsprozesse stattfinden, somit noch relativ klar abgegrenzt.

Bei einer Betrachtung von non-formalen und informellen Lernorten jenseits der Schule, sieht die Situation sehr viel heterogener aus. Bildungsaktivitäten, die außerhalb der Schule stattfinden, sind unterschiedlich gut zu lokalisieren und in ihrer Gesamtheit schwer zu erfassen. Beginnen kann man bei dem sehr schulnahen Lernort der ganztägigen Bildung und Betreuung im Ganztag. Ganztägige Bildungsangebote für Kinder und Jugendliche im Schulalter finden sich jedoch nicht nur in schulischer Verantwortung (schulischer Ganztag), sondern werden auch häufig angeboten von außerschulischen Akteuren wie Horten, also Angeboten der Kinder- und Jugendhilfe, oder anderen Initiativen, die zuweilen auch unter dem Oberbegriff der Übermittagsbetreuungsangebote zusammengefasst werden (Autor:innengruppe KiBS 2023). Im Schulalter finden weiterhin Lernprozesse auch in anderen non-formalen und informellen Kontexten und Zusammenhängen statt, die sich schwer fassen lassen: im medialen Raum (z. B. Tutorials bei YouTube), im Rahmen zusätzlicher privat organisierter Lernangebote (z. B. Musikschule oder Nachhilfe), unter Peers, im Verein oder im Jugendclub (vgl. Rauschenbach 2007). Wie auch in der frühen Kindheit bleibt die Familie auch während der Schulzeit ein

---

1   Der Begriff „Kita" wird im Folgenden als Klammerbegriff genutzt, um alle Formen außerfamilialer Bildung, Bereuung und Erziehung in der Zeit vor der Einschulung wie Kindertagespflege, Krippe, Kita und Kindergarten zu umfassen.

wichtiger Bildungsort. Relevant für den Bildungsverlauf sind zudem Bildungsaktivitäten in der Freizeit – in bzw. mit der Familie sowohl initiiert als auch unterstützt durch sie – sowie schließlich auch die Vorbildfunktion der Eltern (vgl. Hubert et al. in Vorb.).

Hinsichtlich der Berichtsthemen oder -inhalte sollte Bildungsmonitoring auch für den frühkindlichen Bereich sowie für außerschulische Bildungserfahrungen zwischen Indikatoren und Kennzahlen differenzieren, die Input, Prozess und Output abbilden (vgl. Bäumer et al. 2019; Riedel/Klinkhammer/Kuger 2021). Schon die konzeptionellen Grundlagen und ebenso die Datenlage für die verschiedenen Bereiche sind jedoch unterschiedlich gut erarbeitet. Bislang kann vorrangig die Inputebene analysiert werden etwa auf Basis der Daten zur Steuerung des Kita-Systems. Kleinteilige Beschreibungen von Bildungsprozessen sind zuweilen über spezifische Forschungsprojekte verfügbar, während über Output bzw. Outcomes aufgrund mangelnder Datenlage kaum systematische wissenschaftliche Auswertungen vorliegen.

Dies entspricht zum einen der Steuerungslogik des Feldes der frühkindlichen Bildung (vgl. z. B. Gesetz zur Förderung von Kindern unter drei Jahre in Tageseinrichtungen und in Kindertagesförderung (KiFöG); Gesetz zur Weiterentwicklung der Qualität und zur Verbesserung der Teilhabe in Tageseinrichtungen und in der Kindertagespflege (KiQuTG); Gesetz zur ganztägigen Förderung von Kindern im Grundschulalter (GAFöG)) und zum anderen zugleich der Monitoringstrategie zu den jeweiligen Gesetzesvorhaben (z. B. § 6 KiQuTG). Im Gegensatz zu diesen spezifischen „Selbstverpflichtungen" zu Monitorings im Rahmen bestimmter Gesetzesvorhaben ist bislang weder die frühe noch die non-formale oder informelle Bildung ein systematischer Bestandteil der Gesamtstrategie zum Bildungsmonitoring der Kultusministerkonferenz (Sekretariat der Kulturministerkonferenz 2015; vgl. auch die Ständige Wissenschaftlichen Kommission der KMK 2022). Zwar wird mit der Ganztagsschulstatistik versucht, das deutschlandweite Angebot und die Inanspruchnahme von ganztägigen Angeboten zu erfassen. Diskrepanzen in der Operationalisierung des Angebots führen in manchen Ländern jedoch zu einer Überschneidung mit den Angaben zu Hortangeboten in den Statistiken der Kinder- und Jugendhilfe (KJH), welche ein stringentes Monitoring erschweren. Auch in den Überlegungen zum Aufbau eines nationalen Bildungsverlaufsregisters basierend auf einer einheitlichen „Bildungs-ID" findet sich der vorschulische Bereich nicht wieder (Schnell 2022).

Vorhandene Monitorings im Bereich der frühen, non-formalen und informellen Bildung

Im Folgenden wird ein Überblick gegeben zu bestehenden Monitoringvorhaben, die bestimmte Themenbereiche der frühen sowie non-formalen und informellen Bildung aufgreifen. Hierbei wird im Besonderen auf ihre Genese, die jeweiligen Zielstellungen und die ihnen zugrundeliegenden Daten hingewiesen. Manche Vorhaben sind miteinander verzahnt, während andere für sich alleine stehen und z. B. eigene Daten erheben. Die Zusammenschau bezieht sich dabei vor allem auf längerfristig angelegte Monitorings und solche mit substanzieller Reichweite. Die Auswahl soll nicht alle darüber hinausführenden, nicht regelmäßig publizierten Ansätze (wie beispielsweise die World Vision-Studien (Andresen et al. 2020), die Kinder- und Jugendsportberichte oder die (Mini-)KIM-/JIM-Erhebungen (Medienpädagogischer Forschungsverbund Südwest 2022)) in ihrer Bedeutung schmälern, sondern ist einer pragmatischen Abwägung zur Reichweite der Berichtsergebnisse in der Bildungspolitik und (Fach-)Praxis geschuldet. Die Monitorings in dem genannten Bereich werden nach Berichten, Projekten und Datensätzen differenziert, um ihre Verzahnungen und Grundlagen besser darzustellen (siehe Abb. 1).

Nationale Monitoringberichte

Auch in Zeiten digitaler Formate der Berichterstattung (z. B. Corona-KiTa-Dashboard zur aktuellen Situation während der Corona-Pandemie; DJI 2022) werden empirische Befunde der indikatorengestützten Berichterstattung noch immer am häufigsten in ausführlicher Schriftform publiziert. So können sie angemessen kontextualisiert, eingeordnet, bewertet und interpretiert werden. Verschiedene Monitoringberichte greifen Aspekte der frühen, non-formalen und informellen Bildung auf. Im Folgenden werden Merkmale der nationalen Bildungsberichte, der Familienberichte, der Kinder- und Jugendberichte sowie der Engagementberichte dargestellt.

Der nationale *Bildungsbericht* erscheint seit Veröffentlichung des ersten Berichts im Jahr 2006 alle zwei Jahre und gibt einen umfassenden Einblick in das Bildungsgeschehen in Deutschland (für Details siehe auch Beitrag von Kühne in diesem Sammelband und Konsortium Bildungsberichterstattung 2005). Der Logik der nationalen Bildungsberichterstattung folgend, Lernen als lebenslangen Prozess zu betrachten, werden sowohl die frühe Bildung als auch non-formale und informelle Bildungsorte im Schulalter in den Blick genommen. Als Datengrundlagen werden administrative Statistiken und für die wissenschaftliche Nachnutzung verfügbare Daten wie die Kinder- und Jugendhilfestatistik, die Jugendarbeitsstatistik oder der deutsche Freiwilligensurvey sowie repräsentative Surveys

Abb. 1: Monitoringberichte, -projekte und Primärdatensätze im Bereich der frühen, non-formalen und informellen Bildung.

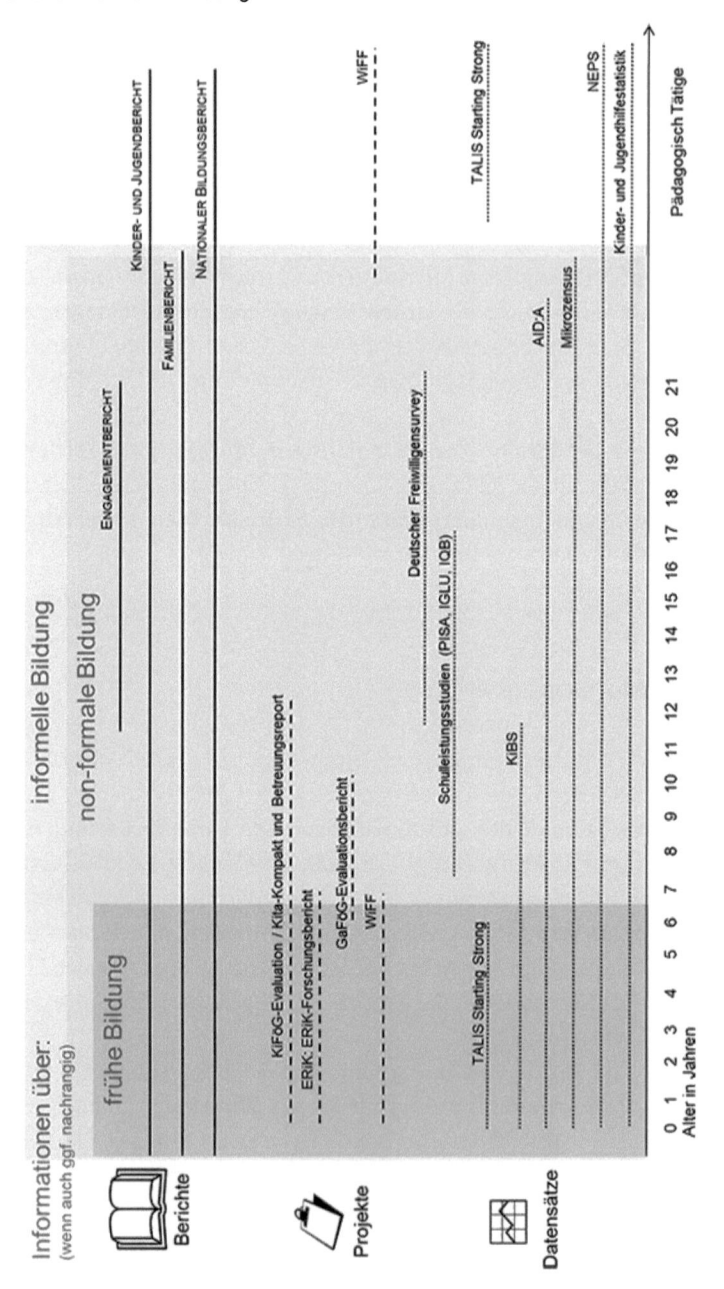

Abkürzungen: AID:A: Aufwachsen in Deutschland: Alltagswelten, ERiK: Entwicklung von Rahmenbedingung in der Kindertagesbetreuung, GaFöG: Ganztagsförderungsgesetz, KiBS: Kinderbetreuungsstudie, KiFöG: Kinderförderungsgesetz, NEPS: National Educational Panel Study, PISA: Programme for International Student Assessment, TALIS: Teaching and Learning International Survey, WiFF: Weiterbildungsinitiative Frühpädagogische Fachkräfte. *Quelle:* Eigene Darstellung wie das Nationale Bildungspanel, AID:A oder die Kinderbetreuungsstudie (KiBS) des DJIs herangezogen. Regelmäßig fortgeschriebene Themen des Berichtsteils zur frühen Bildung sind: Angebote und Beteiligung an früher Bildung, Betreuung und Erziehung, familiale Bildungsaktivitäten sowie der Übergang in die Schule. Non-formale und informelle Bildung werden zu einem deutlich geringeren Umfang noch während des Schulalters diskutiert, allerdings auch hier aufgrund der spärlichen Datenlage nur punktuell.

Ein weiterer Monitoringbericht, der (je nach Schwerpunktthema und Berichtskapitel) die non-formalen und informellen Bildungsorte empirisch in den Blick nimmt, stellt der *Familienbericht* dar. Bereits 1965, und somit deutlich früher als im Bereich der formalen Bildung, hat der Deutsche Bundestag die Bundesregierung mit der Vorlage von Familienberichten beauftragt. In jeder zweiten Wahlperiode wird ein Bericht über die Lage von Familien in Deutschland durch das Bundesministerium für Familie, Senioren, Frauen und Jugend (BMFSFJ) veröffentlicht. Mindestens jeder dritte Bericht soll die Situation umfassend darstellen, während für die anderen Berichte thematische Schwerpunkte gewählt werden. Schwerpunktmäßig wurde beispielsweise über Einwanderung und Migration (2000), über Flexibilität und Verlässlichkeit von Familie (2006) über Zeit mit der Familie (2011) sowie über gesellschaftliche Trends und Diversität von Familie (2021) berichtet. In jedem Fall soll Auskunft darüber gegeben werden, inwieweit die ergriffenen Maßnahmen, beispielsweise die Ausweitung von Betreuungs- und Bildungsangeboten für Kinder oder der Ausbau der Frühen Hilfen, zur Sicherung einer nachhaltigen Familienpolitik beitragen (vgl. BMFSFJ 2021). Seit 1993 wird neben der Situation von Familien auch jeweils die Situation von Kindern dargestellt. Als Datengrundlage werden amtliche Statistiken sowie repräsentative Surveydaten wie beispielsweise pairfam (Panel Analysis of Intimate Relationships and Family Dynamics), AID:A oder PASS (Panel Arbeitsmarkt und soziale Sicherung) herangezogen. Der Bericht dient vorrangig als Grundlage für politische Diskurse. Für die Berichtsverfassung wird jeweils eine neue Sachverständigenkommission aus Wissenschaftler:innen eingesetzt; die Bundesregierung verfasst eine Stellungnahme zum Bericht, die gemeinsame mit diesem veröffentlicht wird.

Ebenfalls im Jahr 1965 wurde der erste *Kinder- und Jugendbericht* – „Bericht über die Lebenssituation junger Menschen und die Leistungen der Kinder- und Jugendhilfe in Deutschland" – veröffentlicht. Der Kinder- und Jugendbericht ist eine Pflichtberichterstattung der Bundesregierung an den Deutschen Bundestag (§ 84 SGB VIII). Er erscheint einmal pro Legislaturperiode und umfasst die Darlegung der Lage junger Menschen in Deutschland sowie eine Bestandsaufnahme und Analyse der aktuellen Jugendhilfe unter Berücksichtigung aktueller amtlicher Daten und Erhebungen in der Kinder- und Jugendhilfe (wie etwa den DJI Jugendringerhebungen 2021; Peucker/Pluto/van Santen 2019). Im Jahr 2020 erschien der 16. Bericht (vgl. BMFSFJ 2020a), der 17. Bericht soll 2024 veröffentlicht werden. Neben umfassenden Überblicken zur Gesamtsituation der Kinder- und Jugendhilfe in jedem dritten Bericht, legen die übrigen Berichte den theoretischen und politischen Diskurs zu unterschiedlichen, häufig bildungsbezogenen Schwerpunktthemen dar, wie zuletzt: demokratische Bildung (2019), Jugendpolitik (2017), Bildung, Betreuung und Erziehung (2015) sowie gesundheitsbezogene Prävention und Gesundheitsförderung in der Kinder- und Jugendhilfe (2009). Mit einer paritätischen Besetzung der Sachverständigenkommission kommen neben Wissenschaftler:innen auch viele (Fach-)Praktiker zu Wort. Dies zeigt sich v. a. in der Aufnahme des Berichts im öffentlichen und (fach-)politischen Diskurs.

Deutlich später, im Jahr 2009, wurde durch die Bundesregierung die regelmäßige Erstellung eines *Engagementberichts* beschlossen. Dieser wird von einer unabhängigen Sachverständigenkommission angefertigt und einmal pro Legislaturperiode vorgelegt. Er fokussiert die Entwicklungen bürgerschaftlichen Engagements – also u. a. non-formaler und informeller Bildungsaktivitäten und -angebote – auch unter dem Blickwinkel eines bestimmten Schwerpunkts sowie parallel dazu die entsprechenden politischen Bewegungen. Neben der Darlegung der Entwicklung bürgerschaftlichen Engagements werden mehr oder weniger konkrete Handlungsempfehlungen ausgesprochen und auf diese Weise versucht, den politischen Diskurs anzuregen. Nach den ersten Berichten 2012 und 2017 erschien 2020 der 3. Engagementbericht mit dem Titel „Zukunft Zivilgesellschaft: Junges Engagement im digitalen Zeitalter" (vgl. BMFSFJ 2020b). Die Grundlage des 3. Engagementberichts bildet der Bundesfreiwilligensurvey, eine eigene repräsentative Datenerhebung unter Jugendlichen und jungen Erwachsenen zwischen 14 und 28 Jahren, 2019 wurden gut 1.000 Personen befragt, eine Wiederholung dieser Befragung erfolgte im Jahr 2023.

Bei allen dokumentierbaren Unterschieden eint die vier Berichte, dass sie von der Politik auf Bundesebene angefordert oder beauftragt, aber nicht selbst von ihr geschrieben werden. Vielmehr werden sie von für diesen Zweck mandatierten Kommissionen oder Autor:innengruppen verfasst. Mitglieder dieser Kommissionen werden entweder persönlich oder als Vertreter:in einer bestimmten Organisation, Institution oder Gruppe zur Co-Autor:innenschaft eingeladen. Übereinstimmend zwischen den verschiedenen Berichten ist, dass sie (mittlerweile) empirisch ausgelegt sind, d. h. faktengestützt die aktuelle Situation fort- bzw. beschreiben und damit Entwicklungen in Bezug auf die zentralen Berichtsgegenstände dokumentieren. Außerdem nehmen alle für sich in Anspruch, durch das so generierte Beschreibungswissen zumindest Handlungsbedarfe aufzuzeigen. Ein Unterschied zeigt sich darin, wie viel weiter die Berichte in ihren jeweiligen Schlussfolgerungen gehen: Zuweilen identifizieren die Berichte literaturgestützt oder gar empirisch Ursache-Wirkungszusammenhänge, wenden sie auf die Deskription an und bieten damit der Politik und Fachpraxis verschiedene Handlungsoptionen an (vgl. Autoren:innengruppe Bildungsberichterstattung 2022). Der Kinder- und Jugendbericht, der Familienbericht sowie der Engagementbericht haben sogar dezidiert den Auftrag, konkrete Handlungsempfehlungen für gesellschaftlich-politisches Handeln auszuformulieren. Ein weiterer Unterschied zeigt sich hinsichtlich der in den jeweiligen Berichten berücksichtigten Themen. Während z. B. die Gliederung des Familienberichts oder des Kinder- und Jugendberichts jeweils neugestaltet wird und so aktuelle Themen in den Vordergrund gerückt oder andere temporär ausgesetzt werden können, ist der Nationale Bildungsbericht strenger (technisch) replikativ angelegt und führt die Berichterstattung zu den ausgewählten Kennzahlen über alle Berichtsausgaben hinweg fort.

Monitoringprojekte

Eine zweite Gruppe von Vorhaben neben einzelnen Berichten sind Monitoringprojekte im Rahmen gesetzlicher Daueraufgaben. Diese widmen sich jeweils einzelnen Teilbereichen der frühen oder non-formalen Bildung und veröffentlichen jeweils mehrere Einzelprodukte aus unterschiedlichen Blickwinkeln oder mit spezifischem Themenzuschnitt.

Aus dem *Kinderförderungsgesetz* (KiFöG), das Ende 2008 in Kraft getreten ist, ergibt sich die Aufgabe, bundesweit jährlich den bisher erreichten Ausbaustand der Kindertagesbetreuung sowie den weiterhin notwendigen Ausbaubedarf zu dokumentieren. Zu diesem Zweck veröffentlicht das BMFSFJ regelmäßig thematische Berichte: In den Jahren 2010 bis 2015 wurden diese als „KiFöG-Berichte" veröffentlicht, ab dem Jahr 2016 dann abgelöst durch „Kindertagesbetreuung Kompakt" (vgl. BMFSFJ 2023a). Als Grundlage dienen dabei die amtliche Statistik zur Kinder- und Jugendhilfe, die KMK-Statistik sowie KiBS (siehe Abschnitt 3.3). 2023 erschien die siebte Ausgabe mit Datenstand 2022. Der ergänzende DJI-Kinderbetreuungsreport auf Grundlage der KiBS-Daten liefert in jährlichen Heftreihen vertiefende Analysen zur Qualifizierung des elterlichen Betreuungsbedarfs (vgl. Autor:innengruppe DJI-Kinderbetreuungsreport 2023).

Mit Inkrafttreten des KiTa-Qualitäts- und Teilhabeverbesserungsgesetz (kurz: KiQuTG) Anfang 2019 wurde ein begleitendes Monitoring aufgesetzt, welches die Weiterentwicklung der Qualität und die Verbesserung der Teilhabe an Kindertagesbetreuung in Deutschland indikatorengestützt abbildet. Verwendet werden auch hierfür amtliche Daten und repräsentative Befragungen bei Stichproben von Jugendämtern, Kindertagespflegepersonen, Trägern und Leitungen von sowie pädagogisch Tätigen in Einrichtungen der Frühen Bildung. Die Studie *Entwicklung von Rahmenbedingungen in der Kindertagesbetreuung* (ERiK) erarbeitet die empirische Grundlage zum Monitoring des KiQuTG und wird vom DJI in Kooperation mit dem Forschungsverbund DJI/TU Dortmund durchgeführt. Die aus dem Projekt resultierenden Forschungsberichte zu elf Themenfeldern[2] (bis Bericht IV in 2023; vgl. Fackler et al. in Vorb.) dokumentieren den Stand der Entwicklungen im System der frühen Bildung, Betreuung und Erziehung bundesweit, bundeslandspezifisch und aus den Perspektiven verschiedener Akteure des Systems (vgl. Riedel et al. 2021).

Wie sich das Arbeits- und Berufsfeld der Frühen Bildung entwickelt, wird durch die *Weiterbildungsinitiative Frühpädagogische Fachkräfte* (WiFF) beleuchtet. 2008 wurde WiFF als gemeinsames Projekt des Bundesministeriums für Bildung und Forschung (BMBF), der Robert Bosch Stiftung und dem DJI gegründet. Seit 2014 werden durch Wissenschaftler:innen des DJI und der TU Dortmund aktuelle Entwicklungen im System der Frühen Bildung im Fachkräftebarometer (FKB) zusammengestellt. Im Oktober 2023 wurde die fünfte Ausgabe des Berichtes veröffentlicht (Autorengruppe Fachkräftebarometer 2023), die auf Basis amtlicher Daten umfassende Informationen zu Ausbildungs- und Qualifizierungswegen in der Frühpädagogik sowie zu Arbeitsmarkt, Erwerbssituation und Personalbeständen darlegt. Auch ganztägige Angebote für Grundschulkinder werden seit dem FKB 2019 berücksichtigt.

Das *Ganztagsförderungsgesetz*, kurz GaFöG, das Ende 2021 verabschiedet wurde, verspricht einen Rechtsanspruch auf ganztägige Betreuung für Grundschüler:innen, anwachsend ab der ersten Klasse ab dem Schuljahr 2026/27. Teil des Gesetzes ist auch hier eine engmaschige Berichtspflicht: In § 24a, SGB VIII ist geregelt, dass die Bundesregierung jährlich zum Stand des Ausbaus von ganztägigen Bildungs- und Betreuungsangeboten für Grundschulkinder berichten muss. Das BMFSFJ verfasst den Bericht jeweils bis Jahresende, zunächst auf Grundlage von Zuarbeiten (BMFSFJ 2023b). Es fließen die Statistik zur Kinder- und Jugendhilfe, die KMK-Statistik, Befragungen von Personen in der Administration sowie die Ergebnisse aus KiBS zum elterlichen Bedarf ein, zukünftig ggf. auch Daten aus Erhebungen bei weiteren Personengruppen.

Diese Projekte widmen sich allesamt dem Monitoring der Entwicklungen im Praxisfeld der frühen Bildung, Betreuung und Erziehung und zeichnen sich durch verschiedene Besonderheiten aus. So greifen alle zurück auf die Statistik zur Kinder- und Jugendhilfe sowie auf zusätzliche Datenerhebungen mit Stichproben unterschiedlicher Populationen. Während „Kindertagesbetreuung Kompakt" sowie die Monitoringprojekte zum KiQuTG und zum GaFöG aus einer gesetzlichen Verpflichtung zur Berichterstattung folgen und eine sehr eng getak-

---

[2] 1) Bedarfsgerechtes Angebot, 2) Fachkraft-Kind-Schlüssel, 3) Gewinnung und Sicherung qualifizierter Arbeitskräfte, 4) Stärkung der Leitung, 5) Verbesserung der räumlichen Gestaltung, 6) Förderung der kindlichen Entwicklung, Gesundheit, Ernährung und Bewegung, 7) Förderung der sprachlichen Bildung, 8) Stärkung der Kindertagespflege, 9) Verbesserung der Steuerung des Systems, 10) Bewältigung inhaltlicher Herausforderungen, 11) Entlastung der Eltern bei den Gebühren.

tete (jährliche) Berichtslegungen vorsehen, resultiert das Fachkräftebarometer aus einer Initiative der Wissenschaft. Die von der Ständigen Wissenschaftlichen Kommission der Kultusministerkonferenz eingeforderte (vgl. SWK 2022) Selbstverständlichkeit umfassender Evaluation und wissenschaftliche Begleitung von Maßnahmen im Bildungssektor sind insofern hinsichtlich der Frühen Bildung bzw. ganztägigen Förderung zu einem bedeutenden Anteil erfüllt. Anders sieht es hingegen im Bereich der non-formalen und informellen außerschulischen Bildung aus. Zwar ermöglicht der ZiviZ-Survey seit 2012 die Abbildung von zentralen Strukturmerkmalen zivilgesellschaftlicher Organisationen (Schubert/Kuhn/Tahmaz 2023), über die Inhalte und Rahmenbedingungen ist jedoch noch sehr wenig bekannt. Welchen Beitrag zivilgesellschaftliche Akteure in der Bildungslandschaft leisten, wird momentan in einem explorativen Projekt des Wissenschaftszentrums Berlin (WZB) analysiert.

Primärdatensätze als Grundlage für Monitoringprojekte und -produkte

Die unterschiedlichen Monitoringprodukte und -projekte, die Bildungsorte in der frühen Kindheit sowie im non-formalen und informellen Bereich im Schulalter darstellen, sind dahingehend miteinander verzahnt, als dass sie sich teilweise auf dieselben Primärdatenquellen stützen. Hier kann zwischen amtlichen Statistiken und repräsentativen Surveydaten aus Forschungsinitiativen unterschieden werden.

Die wohl wichtigste und umfassendste amtliche Statistik im Bereich der Frühen Bildung ist die *Kinder- und Jugendhilfestatistik*. Diese von den statistischen Landesämtern durchgeführte jährliche Vollerhebung zum Stichtag 1. März gibt einen Überblick zu den wesentlichen Leistungen der Kinder- und Jugendhilfe basierend auf §§ 98–103, SGB VIII. Für die Berichterstattung zu Themen der Frühen Bildung wird v. a. zugegriffen auf die Erhebungsteile zu Kindern und tätigen Personen in Kindertageseinrichtungen und öffentlich geförderter Kindertagespflege. Sie hält Daten zu den betreuten Kindern, dem tätigen Personal, Öffnungszeiten sowie den Arbeitsbedingungen vor. Als weiterer Teil liefert die Kinder- und Jugendarbeitsstatistik im Rahmen einer Vollerhebung Daten zu öffentlich geförderten Angeboten von Trägern der Kinder- und Jugendhilfe, darunter fallen Horte, die z. T. die Ganztagsbetreuung von Schulkindern anbieten, ebenso wie Angebote der Jugendarbeit oder Jugendsozialarbeit. Dieser Teil der Statistik wurde erstmalig 2015 erhoben und wird seitdem alle zwei Jahre veröffentlicht. Da die Statistik noch recht jung ist, wird sie kontinuierlich weiterentwickelt (vgl. Mühlmann 2021).

Als amtliche repräsentative Haushaltsbefragung erheben die Statistischen Ämter des Bundes und der Länder mit dem *Mikrozensus* seit 1957 (in den neuen Bundesländern seit 1991) jährlich Daten zu 1 % der Bevölkerung in Deutschland. Es werden unter anderem Daten zu Familien- und Haushaltsformen, zur wirtschaftlichen und sozialen Lage der Bevölkerung, zur Erwerbsbeteiligung, zu Aus- und Weiterbildungen sowie zur Migration und Gesundheit erhoben (vgl. Destatis 2022). Im Bereich der Frühen Bildung sowie der Betreuung in ganztägigen Angeboten für Schulkinder wird die Betreuungssituation sowohl im vorschulischen als auch im Schulalter bis 14 Jahre erfasst. Aggregationen der Daten sind öffentlich verfügbar, für Sekundärdatenanalysen wissenschaftlichen Zwecks sind zudem Stichprobenausschnitte erhältlich.

Der repräsentative Survey *AID:A – Aufwachsen in Deutschland: Alltagswelten* ist eine quantitative Längsschnittstudie des DJI. Nach einer ersten zwischen 2009 und 2018 realisierten Kohorte wird seit 2019 eine zweite Kohorte begleitet. Die Befragungen finden (mind.) im Zwei-Jahres-Rhythmus statt, 2019 wurden bundesweit mehr als 10.000 Personen im Alter von 0 bis 32 Jahren aus 6.355 Privathaushalten sowie über 6.600 Eltern von Minderjährigen erreicht. Im Schwerpunkt der Erhebungen stehen Bedingungen des Aufwachsens von Kindern und Jugendlichen sowie die Lebenslagen von Familien in Deutschland. Die vielfältigen Erfahrungen und Entwicklungen der Zielpersonen werden subsummiert unter den sieben Themenbereichen Soziale Teilhabe und gesellschaftliche Integration, Bildung, Qualifikation und Kompetenzentwicklung, Selbstpositionierung und Wertorientierungen, Verselbstständigung und Autonomie, Psychische und physische Gesundheit, Schutz vor Gewalt, Ökonomische Lage (vgl. Kuger/Walper 2021). Die frühe Bildung in Familien kann anhand von durchgeführten Eltern-Kind-Aktivitäten im Zeitverlauf abgebildet werden. Auch die Betreuungshistorie der Kinder kann ebenso wie die non-formale Bildung in organisierten Frühförderangeboten wie Krabbelgruppen oder musikalischer Früherziehung in der längerfristigen Perspektive betrachtet werden. Im Schulalter erfasst AID:A unter anderem die Nutzung von ganztägigen Bildungsangeboten unterschiedlicher Anbieter, die familiale Unterstützung bei schulischem Lernen sowie das freiwillige Engagement in Vereinen.

Die *Kinderbetreuungsstudie* (KiBS) des DJI liefert jährlich für die einzelnen Bundesländer repräsentative Daten zur Betreuungssituation und zum Betreuungsbedarf von Eltern mit Kindern unter 11 Jahren. Die Daten stammen aus Elternbefragungen für die die Teilstichprobe der jüngsten Altersgruppe jährlich neu gezogen und die Stichproben der weiteren Altersgruppen aus wiederholt befragten und über das Einwohnermeldeamt nachgezogenen Eltern besteht. Die partiell längsschnittliche Stichprobe umfasst jährlich ca. 33.000 Befragte und dient als Grundlage für diverse Monitoringprojekte (vgl. Wieschke/Lippert/Kuger 2023). Die Forschungsthemen des Projekts umfassen grundsätzlich alle Aspekte der Elternsicht auf Kindertagesbetreuung: Bedarfe und Nutzung, Gründe für die Nicht-

Nutzung, Betreuungszeiten, Kosten und Einschätzungen zur Qualität sowie die Bedeutung für die Vereinbarkeit von Familie und Beruf (vgl. Autor:innengruppe KiBS 2022).

Das *Nationale Bildungspanel* (NEPS) durchgeführt vom Leibniz-Institut für Bildungsverläufe in Zusammenarbeit mit einem interdisziplinär zusammengesetzten deutschlandweiten Netzwerk, ist eine seit 2010 durchgeführte groß angelegte Multikohortenstudie (vgl. Blossfeld/Roßbach 2019; Artelt/Sixt 2023, sowie in diesem Band). Für den Bereich der frühen Bildung sowie non-formaler und informeller Bildung neben der Schule eignen sich v. a. die sogenannte „Neugeborenenkohorte" (SC1) und die „Kindergartenkohorte" (SC2). Die SC1 begann 2012 Kinder im Alter von sieben Monaten einzubeziehen und begleitet die Kinder seitdem auch in ihren Übergängen in die Frühe und schulische Bildung. Die SC2 dokumentiert Verläufe beginnend im vorschulischen Bereich bis zum Sekundarbereich I. Ein großer Vorteil des NEPS im Vergleich zu vielen anderen Studien stellt die Analyse von Kompetenzen im Zeitverlauf und teilweise auch im Kohortenvergleich dar. Eine Neuauflage einer Kohorte mit kleinen oder gar neugeborenen Kindern befindet sich in Planung.

Zwar gibt es derzeit nur wenige international vergleichenden Studien zu Themen der frühen Bildung bzw. zu non-formalen und informellen Bildungskontexten (für eine Ausnahme siehe z. B. TALIS Starting Strong, s. unten). Allerdings enthalten verschiedene Schulleistungsstudien in ihren Schüler- und Elternbefragungen thematisch einschlägige Informationen – wenn auch nur in geringem Umfang – und können so für Analysen der Berichterstattung zur Bildung vor und neben der Schule (z. B. Nutzung von Nachhilfe oder Ganztagsangeboten, elterliche Unterstützung) herangezogen werden. Dazu gehören die internationale Schulleistungsuntersuchung *PISA* (Programme for International Student Assessment; Reiss et al. 2018, Kapitel 3 in diesem Band), die Kompetenzen von 15-jährigen Schüler:innen in den Bereichen Lesen, Mathematik und Naturwissenschaften erfasst. In der internationalen Grundschullese-Untersuchung *IGLU* wird der Fokus auf die Lesefähigkeiten und das Leseverständnis in der Primarstufe gelegt. Zentrale Datenquelle für das nationale Bildungsmonitoring sind die *IQB-Bildungstrends* zur Überprüfung der Kompetenzziele, die in den Bildungsstandards festgelegt sind. Mit dem IQB-Bildungstrend 2021 hat der dritte Vergleichszyklus begonnen (vgl. Stanat et al. 2022).

Eine international vergleichende Sicht auf die Situation der Fachkräfte im frühkindlichen Bereich liefert die *TALIS Starting Strong*-Studie (TALIS Starting Strong – Starting Strong Teaching and Learning International Survey; OECD 2019), die von der OECD durchgeführt wird. Die erhobenen Daten geben Auskunft über Arbeitsbedingungen, pädagogische Praktiken und Orientierungen sowie über die Arbeitszufriedenheit und die Arbeitsbelastungen des Kita-Personals (vgl. Turani et al. 2022). Die Studie weist eine hohe Nähe zur TALIS-Studie im Schulbereich auf, fokussiert jedoch den frühkindlichen Bildungsbereich. Die

Befragung von pädagogisch Tätigen in der Frühen Bildung wurde erstmalig 2018 mit einer Stichprobe für Deutschland von etwa 500 Kindertageseinrichtungen sowie 3.000 pädagogisch Tätigen durchgeführt (vgl. OECD 2019). Im Jahr 2024 wird eine Folgebefragung durchgeführt.

Schließlich bietet der *Deutsche Freiwilligensurvey* für das Themenfeld der non-formalen und informellen Lernumwelten im Schulalter eine fundierte Datenbasis. In der Vergangenheit wurde sie vom Deutschen Zentrum für Altersfragen (DZA) verantwortet, die kommende Erhebung wird dagegen von Kantar Public durchgeführt. In etwa 5-jährigen Abständen wird darin die Wohnbevölkerung Deutschlands im Alter ab 14 Jahren zu ihrem freiwilligen Engagement befragt. Die letzte Erhebung fand 2019 statt und umfasste eine Stichprobe von 27.762 Menschen (vgl. Simonson et al. 2021).

Die vorliegende Datenlage ist als sehr divers einzuschätzen. Auf der einen Seite liegen mit der amtlichen Kinder- und Jugendhilfestatistik recht umfassende und valide Daten zu Grundinformationen des Systems der frühkindlichen Bildung aus Sicht der anbietenden Einrichtungen und Träger vor. Diese werden komplementiert durch Surveydaten aus Elternsicht zu den Bedarfen und zur Nutzung dieser Angebote (KiBS) sowie aus Sicht der „Betroffenen" (junge Menschen selbst oder ihre Eltern als Auskunftspersonen) zur Nutzung von Angeboten während der frühen Kindheit. Insofern ist die Datenlage bezüglich der Aspekte Teilhabe an Angeboten der Frühen Bildung und deren Nutzung als relativ gut einzuschätzen. Nachdem die SC1 des NEPS jedoch mittlerweile das Ende des Grundschulalters erreicht hat, liegen derzeit für die Berichterstattung keine systematisch erfassten Daten über die Kompetenzentwicklung der Kinder und damit über die Ergebnisse von Bildungsprozessen vor.[3] Ebenfalls deutlich weniger gut ist die Datenlage einzuschätzen hinsichtlich der Strukturen, Prozesse und Outcomes von Bildung während der Kindheit und Jugend in non-formalen und informellen Bildungssettings. Die amtliche Statistik der KMK fokussiert auf den schulischen Kontext und kann zwar Ganztagsschulen (und Schüler:innen darin) ausweisen, ist jedoch nicht mit der KJH-Statistik abgeglichen, was zu umfänglichen Datenproblemen führt (vgl. Rauschenbach et al. 2021). Im Übrigen wird die an sich schon heterogene Landschaft non-formaler und informeller Lernorte nur punktuell abgedeckt. Die KJH-Statistik kann Angebote der Kinder- und Jugendhilfe ergänzen, vereinzelte Statistiken zu Museumsbesuchen oder zur Bibliotheksnutzung verzeichnen Besucher ohne Altersdifferenzierung, der Freiwilligensurvey dokumentiert das zivilgesellschaftliche Engagement bei Jugendlichen ab 14 Jahren und auch AID:A kann ausgewählte Themenfelder wie die Beteiligung in Vereinen ergänzen. Eine auch nur annähernd vollständige Be-

---

3 Die in den verschiedenen Ländern teilweise recht unterschiedlichen Daten zu den Schuleingangsuntersuchungen können nur punktuell für Forschungsbefunde genutzt werden.

richterstattung zur Bedeutung dieser Lernumwelten im Kindes- und Jugendalter ist damit nicht möglich.

Fazit und Entwicklungsbedarfe

Wie dieser Überblick zeigt, sind die Unternehmungen im Bereich Monitoring zu Themen der frühen, non-formalen und informellen Bildung durchaus substanziell. Vor allem bezüglich der frühen Bildung finden umfassende regelmäßige Aktivitäten in der Berichtslegung statt, aber auch intensive Datenerhebungen. Nichtsdestotrotz verweist der Überblick auch auf einige Schwachstellen und Herausforderungen, welche eine Anbindung der Vorgehensweise an die anderen Bildungsbereiche erschwert und so zu fehlender Vergleichbarkeit beiträgt. Vier Aspekte sollen hervorgehoben werden.

Fehlende gegenseitige Abstimmung von Datenquellen

Ein Hauptauftrag des Bildungsmonitorings liegt darin, die Wissenschaft, (Fach-)Öffentlichkeit und Politik über den aktuellen Zustand und Veränderungen im Bildungssystem zu informieren. Dadurch sollen Handlungsbedarfe identifiziert und Empirie-informierte politische Steuerung erleichtert werden. Hinsichtlich des Monitorings früher, non-formaler und informeller Bildung sind sich die Strategien der beteiligten und einzubeziehenden Politikfelder jedoch nicht einig: Während die Familien-, Sozial- und Jugendpolitik mittlerweile in politischen Maßnahmen wie Gesetzesvorhaben oder Finanzierungsprogrammen (z. B. Sprach-Kitas) häufig systematisches Monitoring und Evaluation mitdenkt und sich z. T. strenge Selbstverpflichtungen auferlegt, werden die frühe Bildung und Bildung in non-formalen und informellen Kontexten in der Monitoringstrategie der KMK weitgehend ausgeklammert (Sekretariat der Kulturministerkonferenz 2015). Exemplarisch angeführt werden kann hierfür die Entwicklung einer „Bildungs-ID", welche in der öffentlichen Statistik die Bildungskarriere von Individuen im deutschen Bildungssystem ab dem Zeitpunkt der Einschulung verfolgen und nach derzeitiger Planung nur im schulischen, Ausbildungs- und Studiumskontext ansetzen soll (Schnell 2022). Solange die Ziele des Monitorings in den und für die verschiedenen Politikfelder jedoch stark divergieren, bleibt es schwierig, einheitliche Berichtskriterien, -indikatoren und -kennzahlen zu entwickeln, anhand derer Bildungsteilhabe und -erfolg bereichsübergreifend verglichen werden können. Zuweilen behindert diese Divergenz der Ziele die Berichterstattung sogar, wie etwa im Fall der noch immer fehlenden Harmonisierung von Schulstatistik und Kinder- und Jugendhilfestatistik hinsichtlich der Inanspruchnahme von Ganztagsangeboten.

Wissenschaftliche Präzision und Differenzierung trotz heterogener Adressat:innen notwendig

So positiv die oben genannte Vielfalt der Monitoringvorhaben zu bewerten ist, schafft sie doch durchaus auch Probleme mindestens zweierlei Art: Zum einen wird es vor allem für die Fachpraxis und Politik immer schwerer, die Vielfalt der Ergebnisse zu überblicken und ein ganzheitliches, kohärentes Bild zu zeichnen. Zum anderen werden zuweilen durch den Versuch der Vereinfachung wissenschaftlich komplexer Sachverhalte auf eine für alle adressatengruppen verständliche Sprache Unschärfen in der Ergebnispräsentation in Kauf genommen, die zu vermeintlich widersprüchlichen oder uneindeutigen Ergebnissen führen. Als Beispiel kann der Diskurs um den weiteren Ausbau der Kapazitäten an Ganztagsplätzen für Grundschulkinder dienen. Als Ausbauziel gilt der Elternbedarf, also der Anteil der Eltern, die äußern, ein Angebot an Bildung, Betreuung und Erziehung in Ergänzung zu den Unterrichtszeiten der Grundschule zu benötigen. Bei einfacher Betrachtung des Bedarfs werden in den nächsten Jahren 700.000 weitere Plätze benötigt (Geis-Thöne 2023). Allerdings ist dieser Elternbedarf nicht bei allen Eltern einheitlich und variiert insbesondere regional stark. Insgesamt betrachtet haben 73 % aller Eltern eines Grundschulkinds in 2022 einen Bedarf (Hüsken et al. 2023), allerdings wünscht nur ein Teil (64 % aller Eltern) ein Angebot im zeitlichen Umfang dessen was ein Ganztagsplatz im Rahmen des zukünftigen Rechtsanspruchs garantiert. Die Differenz von 9 % aller Eltern benötigt zwar ein Angebot, jedoch im verminderten zeitlichen Umfang, was für die Ausbaubemühungen in den Ländern und Kommunen einen entscheidenden Unterschied machen kann. Die verständliche Intention der Reduktion wissenschaftlicher Komplexität in Operationalisierung und Berechnung zur besseren Verständlichkeit kann so aufgrund fehlender Präzision zu Fehlschlüssen führen, denn die notwendige Differenzierung ist für Praktiker:innen nur schwer leistbar.

Verortung von Sozial- und Bildungsmonitoring in der Wissenschaft

Nicht nur hinsichtlich der Berichtsinhalte selbst können (sprachliche) Unschärfen beobachtet werden. Mindestens drei weitere Aspekte erschweren die Übersichtlichkeit über die bestehenden Monitoringprodukte und deren Inhalte: 1) die Nutzung uneinheitlichen Vokabulars hinsichtlich der Berichtsgegenstände (z. B. Monitoring und Berichterstattung, Themen und Kapitel, Indikatoren und Kennzahlen; vgl. Kuger/Klieme/Jude/Kaplan 2016), 2) die nur begrenzte Akzeptanz von Berichtsprodukten als wissenschaftliche Publikationen, so dass sie nicht immer über wissenschaftliche Bibliotheken verfügbar sind, sowie 3) unsichere Standards der Qualitätssicherung über die verschiedenen Themengebiete der

Sozial- und Bildungsberichterstattung hinweg. Vergleichbare Probleme stellten sich in der Vergangenheit anderen sich in Entstehung befindlichen wissenschaftlichen (Teil-)Disziplin (Stichweh 1994). Entsprechend ist zu hoffen, dass sich ein Sozial- und Bildungsmonitoring mit entsprechenden Standards und Schärfungen entwickelt, welches formale, non-formale und informelle Bildungsorte gleichermaßen beobachtet, als interdisziplinäre gemeinsame Schnittmenge unterschiedlicher Bezugsdisziplinen wie Soziologie, Psychologie, Erziehungswissenschaft u. a.

Besondere Ansprüche an die Datenlage

Besonderer Vulnerabilität unterliegen alle Berichtsvorhaben hinsichtlich der Verfügbarkeit und Zugänglichkeit aktueller Daten in ausreichend hoher Qualität. Dies trifft auf alle Monitoringvorhaben zu und nicht nur auf solche im Bereich der frühen, non-formalen und informellen Bildung. Allerdings wird es an der verfügbaren Datenlage zu diesem Themenfeld besonders deutlich. Auf der einen Seite liegt mit der amtlichen Kinder- und Jugendhilfestatistik eine verhältnismäßig valide, umfassende und jährlich aktualisierte Datengrundlage zu Angeboten der Kinder- und Jugendhilfe sowie zur Nutzung dieser vor, die immer stärker auch für wissenschaftliche Zwecke genutzt wird. Weiterhin gibt es – wie oben illustriert wurde – eine Reihe umfassender qualitativ hochwertiger Primärdatenerhebungen auf Stichprobenbasis, die für die unterschiedlichen Berichtslegungen genutzt werden. Diese sind jedoch vorrangig im Themenfeld der frühen Bildung angesiedelt und abhängig von regelmäßigen Projektverlängerungen zur Finanzierung der Datenerhebungen und -aufbereitung. Als deutlich schlechter ist auf der anderen Seite die Datenlage im Bereich der non-formalen und informellen Bildung anzusehen. Zwar bemüht sich z. B. der Nationale Bildungsbericht diesen Themenkomplex zumindest für die frühe Kindheit (Bildung in der Familie) und das Schulalter (Ganztag und Bildung in non-formalen Kontexten) aufzugreifen. Angesichts größerer und unregelmäßiger Erhebungsabstände beim Freiwilligensurvey, nicht konsistenter Datenlage zu den Angeboten an und der Nutzung von non-formalen Kontexten wie Museen, Bibliotheken, Theater, Zoos und Wildparks sowie einer derzeit noch wenig überschaubaren empirischen Abdeckung zivilgesellschaftlicher Bildungsangebote z. B. in Vereinen bleiben nur wenige Themenbestandteile verlässlich berichtbar wie die Angebote der Kinder- und Jugendhilfe. Für das Erwachsenenalter, in dem v. a. informelle Bildung einen immer größeren Stellenwert einnimmt, ist die Datenlage noch weniger gut.

Zusätzlich muss konstatiert werden, dass die verhältnismäßig gute Datenlage zum Themenfeld der frühen Kindheit ausschließlich die Themenbereiche der Angebote an und der Nutzung dieser Angebote umfasst. Große und v. a. berichts- und steuerungsrelevante Berichtsbereiche wie die Qualität der Bildungsprozesse oder gar deren Ergebnisse werden derzeit von keiner systematischen Datenerhebung abgedeckt. Zwar erfasst ERiK, das Monitoring zum Gute-Kita-Gesetz, eine umfassende Liste von Rahmenbedungen der Qualität in der Kita (Riedel et al. 2021), aber eben in weiten Teilen doch „nur" Strukturmerkmale und nur in sehr begrenztem Maß die Häufigkeit oder Gestaltung von Bildungsprozessen wie etwa in der Sprachförderung (Schacht/Guck/Romefort 2023). Eine Einschätzung der Qualität der Anregungsinteraktionen auf Mikroebene ist damit nicht möglich. Zwar werden entsprechende Daten durchaus erhoben, etwa in den Schuleingangsuntersuchungen oder in einigen Bundesländern auch in systematischen Sprachstandserhebungen. Ihre Nachnutzbarkeit ist jedoch aufgrund geringer Vergleichbarkeit über die Länder, unklarer Datenqualität und z. T. hoher bzw. unüberwindbarer Zugangshürden stark eingeschränkt (für eine Ausnahme s. Cornelissen et al. 2018).

Entwicklungslinien

Aus diesen Überlegungen lassen sich einige Linien wünschenswerter Weiterentwicklung ableiten. Ein essenziell auf aktuelle Daten angewiesener Arbeitsbereich betont natürlicherweise die Notwendigkeit der Verfügbarkeit und Nutzbarkeit (auch hinsichtlich der Qualitätsanforderungen) aktueller Daten zu allen relevanten Berichtsfeldern. Diesbezüglich ist v. a. im Bereich der Prozesse und Ergebnisse früher, non-formaler und informeller Bildung sowie hinsichtlich der Angebote an und Nutzung von non-formaler und informeller Bildung noch viel Entwicklungspotenzial zu konstatieren. Dazu gehört es auch, auf Seiten der Datenproduzenten eine bessere Harmonisierung der unterschiedlichen amtlichen Datenerhebungen herbeizuführen und diese besser nachnutzbar zu machen. Die Wissenschaft sollte parallel dazu stärker auf die bestehenden Angebote zugreifen und so in eine gemeinsame Weiterentwicklung der Nutzbarkeit investieren.

Eine weitere wichtige Weiterentwicklung liegt in der Definition von Qualitätsstandards an Datengrundlage und Analysevorgehen für die Berichterstattung. Angesichts sehr einfacher und immer günstiger werdender Zugänge zu Datenerhebungen teilwise unklarer Datengüte z. B. in kommerziellen Access-Panels muss die wissenschaftliche Sozial- und Bildungsberichterstattung einen Weg finden transparent darzustellen worin der Mehrwert einer qualitativ hochwertigen, jedoch entsprechend aufwändigen und teuren Datenerhebung und -auswertung nach wissenschaftlichen Standards liegt. Schließlich würden alle Adressatengruppen davon profitieren, die Darstellung der unterschiedlichen Befunde zu harmonisieren und übersichtlicher zu gestalten. Dazu gehört die begriffliche Präzision, die deutlich macht, welche Konstrukte sich wie von anderen unterscheiden und daher zu unterschiedlichen Ergebnissen führen, eine zentrale Stelle, die alle Berichtsysteme zusammenführt und besser (digital) durchsuchbar macht und letztlich auch Präsentationsformen jenseits mehrerer hundert Seiten Text pro Bericht, etwa durch digitalisierte Aufbereitungen wie sie teilweise schon erprobt werden (z. B. im Ländermonitor frühkindliche Bildungssysteme der Bertelsmann Stiftung).

Wie die dargestellte und über die letzten Jahre zunehmende Vielfalt von Aktivitäten des Bildungsmonitorings in der frühen, non-formalen und informellen Bildung zeigen, ist diese Form der Erkenntnisgenerierung gefragt und ihr Wert bekannt. Gleichwohl ist sie in sich genommen thematisch derzeit noch sehr eng geführt, so dass sie nur sehr begrenzt Aussagen z. B. zur Effektivität dieser Bildungsbereiche zulässt. Zudem bleibt sie u. a. aufgrund unterschiedlicher Steuerungslogiken in den verschiedenen Bildungsfeldern derzeit noch recht unverbunden neben den Monitoringvorhaben im formalen Bereich bestehen, so dass individuelle Bildungskarrieren in ihrer Gesamtheit der synchron und diachron gemachten Erfahrungen bislang nicht gut abgebildet werden können. Letztlich ist dies möglicherweise auch Ausdruck divergierender Verständnisse davon welche Bedeutung die verschiedenen Kontexte für lebenslanges Lernen haben und welche davon wie zu monitoren sind.

Literatur

Andresen, Sabine / Neumann, Sascha / Kanter Publik Deutschland (2018): „Was ist los in unserer Welt?". Kinder in Deutschland 2018. 4. World Vision Kinderstudie. Weinheim und Basel: Beltz Verlag.

Artelt, Cordula / Sixt, Michaela (2023): The National Educational Panel Study (NEPS) – framework, design, and research potential. In: Zeitschrift für Erziehungswissenschaft, 26, S. 277–298.

Autorengruppe Bildungsberichterstattung (2012): Bildung in Deutschland 2012. Ein indikatorengestützter Bericht mit einer Analyse zur kulturellen Bildung im Lebenslauf. Bielefeld: wbv.

Autorengruppe Fachkräftebarometer (2023): Fachkräftebarometer Frühe Bildung 2023. Weiterbildungsinitiative Frühpädagogische Fachkräfte. Bielefeld: wbv Publikation.

Autor:innengruppe Bildungsberichterstattung (2022): Bildung in Deutschland 2022. Ein indikatorengestützter Bericht mit einer Analyse zum Bildungspersonal. Bielefeld: wbv.

Autor:innengruppe KiBS (2023): DJI-Kinderbetreuungsreport 2022. Studie 1 bis 7. München: DJI.

Bäumer, Thomas / Klieme, Eckhard / Kuger, Susanne / Maaz, Kai / Roßbach, H.-G. / Stecher, Ludwig / Struck, Olaf (Hrsg.) (2019): Education Processes in Life-Course-Sprecific Learning Environments. Wiesbaden: Springer VS

Blossfeld, Hans-Peter / Roßbach, Hans-Günther (Hrsg.) (2019): Education as a lifelong process. The German National Educational Panel Study (NEPS). Wiesbaden: Springer VS.

BMFSFJ – Bundesministerium für Familie, Senioren, Frauen und Jugend (2023a): Kindertagesbetreuung Kompakt. Ausbaustand und Bedarf 2022. https://www.bmfsfj.de/resource/blob/228470/dc2219705eeb5b8b9c117ce3f7e7bc05/kindertagesbetreuung-kompakt-ausbaustand-und-bedarf-2022-data.pdf (Abfrage: 24.04.2024).

BMFSFJ – Bundesministerium für Familie, Senioren, Frauen und Jugend (2023b): Bericht der Bundesregierung zum Ausbaustand der ganztägigen Bildungs- und Betreuungsangebote für Grundschulkinder nach § 24a SGB VIII. https://www.bmfsfj.de/resource/blob/234238/542e764d0223806ba63d913e3cc65da1/gafoeg-bericht-2023-data.pdf (Abfrage: 08.12.2023).

BMFSFJ – Bundesministerium für Familie, Senioren, Frauen und Jugend (2021): Neunter Familienbericht. Elternsein in Deutschland – Ansprüche, Anforderungen, und Angebote bei wachsender Vielfalt – mit Stellungnahme der Bundesregierung. Bundestagsdrucksache 19/27200. https://www.bmfsfj.de/resource/blob/179392/195baf88f8c3ac7134347d2e19f1cdc0/neunter-familienbericht-bundestagsdrucksache-data.pdf (Abfrage: 30.10.2023).

BMFSFJ – Bundesministerium für Familie, Senioren, Frauen und Jugend (2020a): Bericht über die Lage junger Menschen und die Bestrebungen und Leistungen der Kinder- und Jugendhilfe – 16. Kinder- und Jugendbericht – Förderung demokratischer Bildung im Kindes- und Jugendalter – mit Stellungnahme der Bundesregierung. https://www.bmfsfj.de/resource/blob/162232/27ac76c3f5ca10b0e914700ee54060b2/16-kinder-und-jugendbericht-bundestagsdrucksache-data.pdf (Abfrage: 30.10.2023).

BMFSFJ – Bundesministerium für Familie, Senioren, Frauen und Jugend (2020b): Dritter Engagementbericht – Zukunft Zivilgesellschaft: Junges Engagement im digitalen Zeitalter. https://www.bmfsfj.de/resource/blob/156432/c022434af92b1044dbf45647556b834d/dritter-engagementbericht-zentrale-ergebnisse-monitor-data.pdf (Abfrage: 30.10.2023).

Bromme, Rainer / Prenzel, Manfred / Jäger, Michael (2016): Empirische Bildungsforschung und evidenzbasierte Bildungspolitik. Zum Zusammenhang von Wissenschaftskommunikation und Evidenzbasierung in der Bildungsforschung. In: Baumert, Jürgen / Tillmann, Klaus-Jürgen (Hrsg.): Empirische Bildungsforschung. Der kritische Blick auf die Antworten auf die Kritiker. ZfE, 31, S. 129–146.

Bock, Karin (2008): Einwürfe zum Bildungsbegriff. Fragen für die Kinder- und Jugendhilfeforschung. In: Otto, Hans-Uwe / Rauschenbach, Thomas (Hrsg.): Die andere Seite der Bildung. Zum Verhältnis von formellen und informellen Bildungsprozessen. Wiesbaden: VS Verlag für Sozialwissenschaften, S. 91–106.

Cornelissen, Thomas; Dustmann, Christian; Raute, Anna; Schönberg, Uta (2018): Who Benefits from Universal Child Care? Estimating Marginal Returns to Early Child Care Attendance. In: Journal of Political Economy 126 (6).

Deutsches Jugendinstitut (2022): Corona-Kita-Dashboard. https://www.experience.arcgis.com/experience/7520318455c24d0e84e47e5be3c3a61d (Abfrage: 06.11.2023).

Fackler, Sina / Herrmann, Sonja / Meiner-Teubner, Christiane / Bopp, Christine / Kuger, Susanne / Kalicki, Bernhard (2024): ERiK-Forschungsbericht IV. Befunde des indikatorengestützten Monitorings zum KiQuTG. Wbv Publikation (in Vorb.).

Geis-Thöne, Wido (2023): Noch 700.000 Ganztagsplätze müssen geschaffen werden, IW-Kurzbericht, Nr. 84, Köln.

Grgic, Mariana / Rauschenbach, Thomas (2022): Bildungsort Familie: Informelle Bildung. In: Anja Schierbaum / Jutta Ecarius (Hrsg.): Handbuch Familie. Band II: Erziehung, Bildung und pädagogische Arbeitsfelder. Wiesbaden: VS Verlag für Sozialwissenschaften, S. 423–411.

Hubert, Sandra / Linberg, Anja / Linberg, Tobias / Nusser, Lena / Bäumer, Thomas / Kuger, Susanne (Hrsg.) (in Vorb.): Intrafamiliale Bildungsprozesse in der frühen Kindheit. Konzeptioneller Hintergrund und Analysen der NEPS-Startkohorte 1. NEPS-Survey Paper.

Hüsken, Katrin / Lippert, Kerstin / Kuger, Susanne (2023): Bildungs- und Betreuungsangebote für Grundschulkinder – entsprechen sie den Bedarfen der Eltern? DJI-Kinderbetreuungsreport 2023. Studie 2 von 7. München: DJI. https://www.dji.de/fileadmin/user_upload/bibs2022/Kinderbetreuungsreport_2023_Studie2_Bedarfe_GS.pdf (Abfrage: 22.12.2023)

Konsortium Bildungsberichterstattung (2005): Gesamtkonzeption der Bildungsberichterstattung. https://www.bildungsbericht.de/de/forschungsdesign/pdf-grundlagen/gesamtkonzeption.pdf (Abfrage: 30.10.2023).

Kuger, Susanne / Klieme, Eckhard (2016): Dimensions in context assessment. In: S. Kuger, E. Klieme, Jude N., D. Kaplan (Eds.), Assessing contexts of learning. An international perspective (pp. 3–38). Springer.

Kuger, Susanne/Klieme, Eckhard/Jude, Nina/Kaplan, David (Hrsg.) (2016): Assessing Context of Learning. An International Perspective. Cham: Springer International Publishing.

Kuger, Susanne/Walper, Sabine (2021): AID:A – der integrierte Survey des Deutschen Jugendinstituts. In: Rauschenbach, Thomas/Kuger, Susanne/Walper, Sabine (Hrsg.): Aufwachsen in Deutschland 2019. Alltagswelten von Kinder, Jugendlichen und Familien. Bielefeld: wbv, S. 7-13.

Lehrl, Simone (2018): Qualität häuslicher Lernumwelten im Vorschulalter. Eine empirische Analyse zu Konzept, Bedingungen und Bedeutung. Wiesbaden: Springer Fachmedien.

Medienpädagogischer Forschungsverbund Südwest (2022): KIM-Studie 2022. Kindheit, Internet, Medien. Basisuntersuchung zum Medienumgang 6- bis 13-Jähriger. https://www.mpfs.de/fileadmin/files/Studien/KIM/2022/KIM-Studie2022_website_final.pdf (Abfrage: 30.10.2023).

Mühlmann, Thomas (2021): Kinder- und Jugendarbeit 2019 – am Vorabend der Pandemie. In: KomDat, 21(1), S. 11 -15.

Organisation für wirtschaftliche Zusammenarbeit (OECD) (2019): Providing Quality Early Childhood Education and Care: Results from the Starting String Survey 2019, TALIS. Paris: OECD Publishing.

Peucker, Christian/Pluto, Liane/van Santen, Eric (2019): Status Quo Jugendringe. Bundesweite empirische Befunde zu Situation und Perspektiven. München.

Rauschenbach, Thomas (2007): Im Schatten der formalen Bildung. Alltagsbildung als Schlüsselfrage der Zukunft. In: Diskurs Kindheits- und Jugendforschung 2, H. 4, S. 439–453.

Rauschenbach, Thomas/Meiner-Teubner, Christiane/Böwing-Schmalenbrock, Melanie/Olszenka, Ninja (2021): Plätze. Personal. Finanzen. Bedarfsorientierte Vorausberechnungen für die Kindertages- und Grundschulbetreuung bis 2030. Teil 2: Ganztägige Angebote für Kinder im Grundschulalter. Dortmund: Eigenverlag Forschungsverbund DJI/TU Dortmund.

Reiss, Kristina/Weis, Mirjam/Klieme, Eckhard/Köller, Olaf (Hrsg.) (2018): Grundbildung im internationalen Vergleich. Münster: Waxmann.

Riedel, Birgit/Klinkhammer, Nicole/Kuger, Susanne (2021): Grundlagen des Monitorings: Qualitätskonzept und Indikatorenmodell. In: Klinkhammer, Nicole/Kalicki, Bernhard/Kuger, Susanne/Meiner-Teubner, Christiane/Riedel, Birgit/Schacht, Diana/Rauschenbach, Thomas (Hrsg.): ERiK Forschungsbericht I. Konzeption und Befunde des indikatorengestützten Monitorings zum KiQuTG. Bielefeld: wbv, S. 15- 26.

Schacht, Diana/Guck, Christian/Romefort, Johanna (2023): HF-07 Förderung der sprachlichen Bildung. Fortschreibung zur Mehrsprachigkeit in der Kita und vertiefende Analyse der Abhängigkeit sprachlicher Bildungsangebote von Strukturmerkmalen. In: Meiner-Teubner, Christiane/Schacht, Diana/Klinkhammer, Nicole/Kuger, Susanne/Kalicki, Bernhard/Fackler, Sina Veronika (Hrsg.): ERiK-Forschungsbericht III. Befunde des indikatorengestützten Monitorings zum KiQuTG. Bielefeld: WBV Media, S. 213–236

Schnell, Rainer (2022): Verknüpfung von Bildungsdaten in einem Bildungsregister mittels Record-Linkage auf Basis von Personenmerkmalen. Expertise für das Bundesministerium für Bildung und Forschung. https://www.duepublico2.uni-due.de/servlets/MCRFileNodeServlet/duepublico_derivate_00076069/wp-grlc-2022-03.pdf (Abfrage: 08.12.2023).

Schubert, Peter/Kuhn, David/Tahmaz, Birthe (2023): Der ZiviZ-Survey 2023: Zivilgesellschaftliche Organisationen im Wandel – Gestaltungspotenziale erkennen. Resilienz und Vielfalt stärken. Berlin: ZiviZ im Stifterverband.

Simonson, Julia/Kelle, Nadiya/Kausmann, Corinna/Karnick, Nora/Arriagada, Céline/Hagen, Christine/Hameister, Nicole/Huxhold, Oliver/Tesch-Römer, Clemens (2021): Freiwilliges Engagement in Deutschland. Zentrale Ergebnisse des Fünften Deutschen Freiwilligensurveys (FWS 2019). Wiesbaden: VS Verlag für Sozialwissenschaften.

Sekretariat der Kultusministerkonferenz (2015): Gesamtstrategie der Kultusministerkonferenz zum Bildungsmonitoring. https://www.kmk.org/fileadmin/Dateien/veroeffentlichungen_beschluesse/2015/2015_06_11-Gesamtstrategie-Bildungsmonitoring.pdf (Abfrage 21.12.2023).

Stanat, Petra/Schipolowski, Stefan/Schneider, Rebecca/Sachse, Karoline/Weirich, Sebastian/ Henschel, Sofie (2022): IQB-Bildungstrend 2021 Kompetenzen in den Fächern Deutsch und Mathematik am Ende der 4. Jahrgangsstufe im dritten Ländervergleich. Münster: Waxmann Verlag.

Ständige Wissenschaftliche Kommission der Kultusministerkonferenz (SWK) (2022): Entwicklung von Leitlinien für das Monitoring und die Evaluation von Förderprogrammen im Bildungsbereich. https://www.kmk.org/fileadmin/Dateien/pdf/KMK/SWK/2022/SWK-2022-Impulspapier_Monitoring.pdf (Abfrage: 13.10.2023).

Statistisches Bundesamt (Destatis) (2023): Mikrozensus 2022. https://www.destatis.de/DE/Methoden/Qualitaet/Qualitaetsberichte/Bevoelkerung/mikrozensus-2022.pdf?__blob=publicationFile (Abfrage: 07.11.2023).

Stichweh, Rudolf (Hrsg.) (1994): Wissenschaft, Universität, Professionen. Soziologische Analysen. Frankfurt am Main: Suhrkamp.

Turani, Daniel/Seybel, Carolyn/Bader, Samuel (Hrsg.) (2022): Kita-Alltag im Fokus – Deutschland im internationalen Vergleich. Ergebnisse der OECD-Fachkräftebefragung 2018. Weinheim und Basel: Beltz Juventa.

Wieschke, Johannes/Lippert, Kerstin/Kuger, Susanne (2023): Methodischer Hintergrund der KiBS-Erhebung 2022. DJI-Kinderbetreuungsreport 2023. Studie 7 von 7. München: DJI.

Entwicklung eines Monitorings für die politische Bildung in Deutschland

Hermann Josef Abs, Tim Engartner, Reinhold Hedtke, Monika Oberle, Marie Heijens, Simon Niklas Hellmich, Valeria Hulkovych, Lucy Huschle und Stella Wasenitz

Zusammenfassung

Im Rahmen des Verbundprojekts „Machbarkeitsstudie ‚Monitor politische Bildung'" werden die fachlichen, statistischen und strukturellen Voraussetzungen untersucht, unter denen ein periodischer Bericht zur politischen Bildung in Deutschland umgesetzt und etabliert werden kann. Ein solches Monitoring soll datenbasiert und kriteriengeleitet Aufschluss über die Situation der politischen Bildung geben. Dabei werden vier Bildungsbereiche in den Blick genommen: die allgemein- und berufsbildende Schule, die Hochschule, die Lehrkräftebildung in der 2. und 3. Phase und die außerschulische politische Bildung. Wie ähnliche Vorhaben in anderen Bildungs- und Fachbereichen hat ein Monitoring der politischen Bildung neben der Bereitstellung neuer Reflexionsanlässe für Professionelle die Aufgabe, Grundlagen evidenzbasierter und problemorientierter Entscheidungen für die Bildungspolitik und -praxis zu schaffen. Der vorliegende Beitrag stellt zunächst einige allgemeine Überlegungen zu den Entstehungsbedingungen und der Konzeption eines Monitorings politischer Bildung in Deutschland an und gibt dann anhand exemplarisch ausgewählter statistischer Indikatoren Einblicke in die Spezifika der vier Bildungsbereiche.

Einleitung

Ein Monitoring ermöglicht es, Entscheidungsträger:innen Informationen über für sie maßgebliche Entwicklungen in einem Gegenstandsbereich bereitzustellen (vgl. Meyer/Zierke 2022, 82). Diese Begriffsbestimmung betont, dass Monitoring etwas mit Entscheidungen zu tun hat und auch in politisch-strategische Überlegungen eingebunden ist. Daraus ergibt sich eine Frage, die der konkreten Entwicklung eines Monitorings vorgelagert ist: Wer entscheidet darüber, dass es ein Monitoring gibt? Diese Entscheidung hat zwei Komponenten, zum einen die legale Komponente, wer entscheidet, dass es ein Monitoring geben darf/muss, und zum anderen die finanzielle Komponente, wer die Ressourcen zur Durchführung eines Monitorings bereitstellt. Bevor der folgende Beitrag die Entwicklung eines Monitorings für die politische Bildung konkret beschreibt, sollen die Entstehungsbedingungen für ein Monitoring im Bereich der politischen Bildung in Deutschland näher beleuchtet werden.

Wer entscheidet über die Realisierung eines Monitorings?

Zunächst liegt die Annahme nahe, dass jede:r ein Bildungsmonitoring durchführen darf, gleichsam ein Bildungsmonitoring von unten im Sinne einer Wissenschaft der Bürger:innen. Ein entsprechender Bericht würde Entscheidungsträger:innen dann ungefragt vorgelegt. Und tatsächlich gibt es dafür Beispiele im Bereich der politischen Bildung. So erarbeitete Lange (2010) einen Monitor politische Bildung und zeigte, welche Art von Bericht auf einmalige Initiative und durch die Arbeitsleistung einer einzelnen Arbeitsgruppe einer Universität entstehen kann. Ähnliche Initiativen liegen von Besand (2014) zur politischen Bildung an berufsbildenden Schulen und von Gökbudak, Hedtke & Hagedorn (2022) zur politischen Bildung an allgemeinbildenden Schulen vor. Ein Bildungsmonitoring von unten hat jedoch mit einer Reihe von schwierigen strukturellen Voraussetzungen zu kämpfen. Diese sind (1.) der Zugang zum Gegenstandsfeld und zu Daten, (2.) die Finanzierung und (3.) die institutionelle Absicherung, ohne die eine kontinuierliche Durchführung nicht gelingen kann. Wenn ein Monitoring von unten sich nicht auf frei zugängliche Daten beschränken will, ist ein Zugang zu einer repräsentativen Auswahl von Bildungseinrichtungen erforderlich, um beispielsweise in Schulen Befragungen durchführen zu können. Weiterhin ist ein Zugang zu Daten erforderlich, die Regierungsstellen sammeln (können), die sie aber nicht ohne weiteres publik machen müssen und die sie auch nicht alle nach denselben Standards sammeln müssen, sofern dazu keine politisch-strategische Entscheidung erfolgt. Wenn Monitoring eigene Daten erheben oder umfangreiche Datenbanken auswerten will, sind dafür größere Ressourcen erforderlich, die einzelnen Arbeitsbereichen an Universitäten oder auch Stiftungen nicht (dauerhaft) zur Verfügung stehen. Im Ergebnis kann eine kontinuierliche Berichtslegung nicht gewährleistet werden, wenn Monitoring von der Initiative einzelner Personen abhängt.

Günstigere strukturelle Voraussetzungen für Monitoring wären gegeben, wenn dieses dauerhaft institutionell abgesichert wäre. Dies spricht dafür, dass Monitoring in Demokratien im Auftrag der Regierung erfolgt und Handlungsbedarfe für Regierungshandeln erkennen lässt sowie Effekte dessen transparent macht. Damit wird die Entscheidung über ein regelmäßiges, langfristiges Bildungsmonitoring mit dem Anspruch, umfangreich und repräsentativ relevante Daten zu erschließen, zu einer Regierungsentscheidung. Regierungen und/oder Parlamente entscheiden, ob sie kontinuierlich Informationen zu einem Gegenstandsfeld zur Verfügung haben möchten und signalisieren mit dieser Entscheidung eine Mitverantwortung für den betreffenden Gegenstand. Gleichwohl beruhen entsprechende Regierungsentscheidungen häufig auf Initiativen von unten, aus der Wissenschaft, aus Verbänden oder von Stiftungen.

Initiative für ein Monitoring politischer Bildung

Die sogenannte Gesamtstrategie der Kultusministerkonferenz zum Bildungsmonitoring (KMK 2015) dokumentiert eine solche Entscheidung auf der Ebene von Regierungen. Das Dokument beschreibt ausschließlich strategische Maßnahmen für ausgewählte Bereiche, auf die sich die Kultusministerkonferenz politisch verständigen konnte. Die Strategie umfasst nicht sämtliche Aktivitäten zum Bildungsmonitoring der beteiligten Bundesländer. Weiterhin wählt die sogenannte Gesamtstrategie aus dem schulischen Curriculum nur einen Teil zum Monitoring aus: die Inhaltsdomänen Mathematik, Deutsch, erste Fremdsprache und Naturwissenschaften. Die politische Bildung gehört nicht zu den Bereichen, zu denen die Entscheidungsträger:innen im Jahr 2015 regelmäßige Informationen wünschten.

Vor diesem Hintergrund wurde 2021 das Projekt „Machbarkeitsstudie ‚Monitor politische Bildung'" aufgesetzt.[1] Ziel des Vorhabens ist es, die fachlichen, methodischen, institutionellen und organisationalen Bedingungen für ein Monitoring der politischen Bildung festzustellen und eine Pilotausgabe eines indikatorengestützten Berichtes zu publizieren. Das Projekt ist eine Initiative aus der Wissenschaft und wird von vier Professuren getragen – man könnte es also als Monitoring von unten betrachten. Eine Förderung des Projektes durch die Bundeszentrale für politische Bildung macht allerdings zugleich seine institutionelle Anerkennung und Einbindung deutlich.

Mit dem Aufbau eines Monitorings wird eine wesentliche Voraussetzung für die Lernfähigkeit von Bildungssystemen und -programmen geschaffen. Nach Fitz-Gibbon (1996) ist es leichtfertig zu glauben, dass man immer schon genug über Bildungssysteme und ihre Programme wüsste, um politische Entscheidungen zu treffen, und sei es nur die Entscheidung, alles so laufen zu lassen wie bisher. Monitoring eröffnet die Möglichkeit, informiert Veränderungen vorzunehmen, z. B. wenn sich herausstellt, dass die Kompetenzziele eines Curriculums sehr weit von den Kompetenzen der Schüler:innen am Ende des entsprechenden Jahrgangs entfernt liegen. Politik kann dann reagieren, beispielsweise indem neue Lehrkräfteweiterbildungen aufgelegt, neue Unterrichtskonzepte erprobt, die Lehrpläne angepasst, Fachstunden in andere Jahrgänge verlegt, Lehrmaterialien neu entwickelt, oder weitere rechtliche Vorgaben angepasst und Lernaufgaben ergänzend auf andere organisationale Zusammenhänge verlegt werden.

---

1 Homepage: https://bericht-pb.de/ (04.07.2024)

Warum ein Monitoring *politischer* Bildung?

In der Demokratie sind Staat und Gesellschaft auf politische Bildung ihrer Bürger:innen angewiesen. Aktuell stehen sie wachsenden Problemen gegenüber, politische Bildung scheint die Menschen nicht hinreichend auf die politischen Herausforderungen der Gegenwart vorzubereiten. Das Vertrauen in politische Institutionen ist rückläufig (Ziemes et al. 2024) und die Bereitschaft, sich politisch in der repräsentativen Demokratie zu engagieren, schwindet (Deimel et al. 2024). Die Anerkennung von Pluralismus in unserer Gesellschaft kann keineswegs als gesichert gelten (Abs et al. 2024; Oberle 2022a), und schließlich ist konzeptionelles Wissen erforderlich, um die Informationsflut zu politischen Ereignissen hinsichtlich ihrer Zuverlässigkeit, Relevanz und Perspektivität einschätzen zu können (Oberle 2022b). Aktuell ist dieses Wissen nach sozioökonomischen und kulturellen Hintergründen von Jugendlichen sehr ungleich verteilt, wodurch die Chancen auf erfolgreiche Partizipation ungleich sind (Hahn-Laudenberg et al. 2014). Angesichts dieser Problemlage zeigt sich eine neue Dringlichkeit, die Strukturen der Bereitstellung sowie die Arbeit der politischen Bildung systematisch in den Blick zu nehmen, um sie nicht nur auf der Basis von (politischen) Ideen, sondern auch auf der Basis kontinuierlicher Beobachtung weiterentwickeln zu können.

Konzeptuelle Schritte zur Entwicklung eines Monitorings am Beispiel der „Machbarkeitsstudie ‚Monitor politische Bildung'"

Im Folgenden soll dargestellt werden, wie das Projekt „Machbarkeitsstudie ‚Monitor politische Bildung'" bei der Pilotierung eines indikatorengestützten Berichts vorgeht (vgl. Abb.1). Dabei orientiert sich die Darstellung an der idealtypischen Abfolge nach Meyer und Zierke (2022; vgl. auch Markiewicz / Patrick 2015).

a) *Bestimmung der Zwecke eines Monitorings der politischen Bildung:* Nachdem in der Einleitung zu diesem Kapitel deutlich wurde, dass die Bildungsberichterstattung zur politischen Bildung im Vergleich zu anderen Feldern der Bildung bislang vernachlässigt wird und somit nicht im Fokus der Aufmerksamkeit von Bildungspolitik stehen kann, besteht ein zentraler Zweck des Monitorings darin, eine Anschlussfähigkeit des Feldes der politischen Bildung an andere allgemeinbildende Domänen herzustellen. Indem eine erhöhte Sichtbarkeit geschaffen wird, soll auch ein größeres politisches Interesse an dem Bildungsfeld generiert werden. Ein zweiter Zweck besteht darin, durch die Entwicklung eines grundlegenden Sets von Indikatoren, die Verständigung über das Feld zwischen unterschiedlichen Akteuren zu unterstützen. Dies beginnt z. B. damit, sich im Rahmen des Monitorings zu einigen, welche Angebote von Organisationen als politische Bildung gewertet werden sollen. Ohne diese Voraussetzung können sich beispielsweise Volkshochschulverbände auf Länderebene nicht verständigen, welchen Anteil ihres Angebots sie der politischen Bildung widmen. Ein dritter Zweck liegt darin, dass durch die kontinuierliche Beobachtung und Beschreibung die Reflexivität der Bildungsakteure erhöht wird. So können Ergebnisse des Monitorings zum Ausgangspunkt von Evaluationen spezifischer Programme der politischen Bildung werden oder direkt neue Programmentwicklungen anstoßen.

b) *Definition der zu bearbeitenden Bildungsbereiche*: Jedes Monitoring muss festlegen, welche Sektoren des Bildungssystems in den Blick genommen werden sollen. Als Sektoren werden beispielsweise die frühkindliche Bildung, die primäre, sekundäre und tertiäre Bildung, die non-formale Bildung, die betriebliche Bildung, oder die Erwachsenenbildung aufgeführt. Auch wenn die Grenzen der Sektoren nicht immer trennscharf sind, so lassen sich doch gesonderte Organisationen benennen, die in der Regel nur aus der Perspektive eines Sektors agieren. Aus der spezifischen, historisch begründeten Fokussierung und Institutionalisierung der politischen Bildung in Deutschland leiten sich vier Sektoren des Bildungssystems ab, die im Rahmen der Machbarkeitsstudie ausgewählt wurden und auf die sich das Monitoring zunächst begrenzt. Es sind dies (1.) die schulische Bildung mit einem Schwerpunkt auf die Sekundarstufe, (2.) die Hochschulbildung, (3.) die Lehrkräftebildung in der 2. und 3. Phase und (4.) die außerschulische Bildung.

c) *Bestimmung von Adressat:innen einer Berichterstattung*: Bei der Auswahl intendierter Rezipient:innen eines Monitorings politischer Bildung ist die Frage leitend, wer auf der Grundlage kontinuierlich bereitgestellter Informationen in seiner Entscheidungsfindung zur politischen Bildung unterstützt werden soll. Es sind dies vielfältige öffentliche und private Akteure. Zunächst sind die Bildungspolitik und die ministerielle Bildungsadministration zu nennen, also die Akteure, die über die Ressourcenzuweisung und den institutionellen Aufbau von politischer Bildung in Deutschland entscheiden. Sodann sind aber auch Akteure relevant, die relativ autonom über die Inhalte und Angebotsformen ihrer politisch bildenden Programme entscheiden können. Dies trifft für die Hochschulen, die Unterstützungsagenturen der Lehrkräfteprofessionalisierung aber auch für weitere öffentliche und freie Träger der politischen Bildung zu. Schließlich kommen auch Medien und die interessierte Öffentlichkeit in Betracht, denn sie bewerten letztlich das politische und professionelle Handeln der anderen Akteure und stellen dadurch langfristig politische Legitimation für politische Bildung bereit oder entziehen diese.

d) *Systematisierung der Suche und kritische Bestandsaufnahme:* Dieser Schritt in der Abfolge beschäftigt sich damit, welche Indikatoren schon vorliegen und wie die vorliegenden Indikatoren systematisiert werden können. In der Machbarkeitsstudie erfolgte die Bestandsaufnahme für jeden Sektor entlang der drei Verlaufsebenen von Bildung. (1.) Unter dem Konzept *Gelegenheitsstrukturen* wurde nach aussagekräftigen Informationen zu institutionellen, organisationalen und personellen Voraussetzungen für die Erstellung und Erbringung von Angeboten gesucht. Dies sind z. B. Angaben zur Finanzierung, zur räumlichen Verteilung von Trägern und Angeboten oder zur formalen Qualifikation der Lehrenden. (2.) Unter dem Konzept *Prozesse* interessierten Daten zur Nutzung von Angeboten durch die intendierten Zielgruppen politischer Bildung, zur Beachtung von professionellen Standards durch politisch Bildende, zur Angebotsqualität und zur Gestaltung sowie Durchführung von Evaluationen. (3.) Unter dem Konzept *Ergebnisse* wurden Informationen in den Blick genommen, die etwas über die erzielten Effekte von Bildungsangeboten aussagen. Darunter kann ein Wissenszuwachs verstanden werden, oder ein Empowerment, das sich in gelingender politischer Partizipation zeigt. Aber auch eine nachhaltige freiwillige Teilnahme oder der Erwerb von formalen Qualifikationen zur politischen Bildung kann als Effekt eines Bildungsangebots betrachtet werden.

e) *Erschließung von Datenquellen*: Ein eigenes Arbeitspaket in der Entwicklung eines Monitorings besteht darin, Datenquellen zu erschließen. Dabei kann zunächst eine Orientierung am Monitoring anderer Inhaltsdomänen hilfreich sein. Wenn es für Studienabschlüsse in der Erziehungswissenschaft eine offizielle Statistik gibt (Kerst/Wolter 2020), so ist es naheliegend bei derselben Quelle nach Studienabschlüssen für das Lehramt Sozialwissenschaften zu suchen. Ein Teil der relevanten Daten ist noch nicht zentral zusammengeführt und bisweilen auch unterschiedlich systematisiert. Dies gilt z. B. für Daten zum fachfremden Unterricht oder für Daten zu den Angeboten in der außerschulischen Bildung. Hier ist eine aufwendige Aufbereitung erforderlich. Neben (1.) amtlichen Statistiken und (2.) Statistiken & Datenbanken, die bei Anbietern politischer Bildung geführt werden, nutzt das Projekt folgende Datenquellen: (3.) Statistiken von intermediären Akteuren, z. B. die Datenbank Pro-Habil des Leibniz-Instituts für Bildungsforschung und Bildungsinformation, (4.) wiederkehrende repräsentative Surveys mit Bezug zur politischen Bildung, einschlägig ist hier beispielsweise die Shell Jugendstudie (Albert et al. 2019), die deutsche Studierendenbefragung (Kroher et al. 2023) oder die *International Civic and Citizenship Education Study* ICCS (Abs et al. 2024), (5.) offizielle Dokumente wie Kontingentstundentafeln, Programmkataloge, Modulhandbücher. Eine Grenze dieser Datenquellen ergibt sich daraus, dass sie alle nicht für ein Monitoring der politischen Bildung geplant wurden und wesentliche Lücken für eine Darstellung des Feldes aufweisen. Deshalb sieht das Projekt auch (6.) eigene z. T. exemplarische Befragungen vor, um zumindest perspektivisch ein vollständigeres Bild präsentieren zu können.

f) *Indikatorenentwicklung und -auswahl:* Bei der Entwicklung von Indikatoren ist jeweils zu entscheiden, welche Daten aus einem Datensatz eingeschlossen werden sollen und mit welchen weiteren Daten sie in Beziehung gesetzt werden sollen, um zu aussagekräftigen Indikatoren zu gelangen. So finden sich z. B. in einer amtlichen Statistik Absolventenzahlen für eine Vielzahl von Lehramtsstudiengängen mit diversen Benennungen für die Abschlüsse und es ist zu prüfen, welche sich für einen konkreten Indikator zusammenfassen lassen. Sodann ist zu entscheiden, ob diese Zahlen ausschließlich pro Jahr berichtet werden oder mit weiteren Daten in Beziehung gesetzt werden sollten (z. B. Geschlecht, Bundesland, Studiendauer, Studienanfängerzahlen). Die konkrete Zusammensetzung und Auswahl eines Indikators erfolgt dann kriteriengeleitet. Neben allgemeinen methodischen Kriterien (Objektivität, Reliabilität, Validität, regelmäßige Verfügbarkeit) sind dies auch spezifische Kriterien des Bildungsmonitorings im Feld der politischen Bildung. Als solche gelten im Rahmen des Projekts für jeden Sektor: (1.) Responsivität, d. h. Indikatoren, die Einschätzungen der Lernenden zu den Bildungsangeboten zur Verfügung stellen. (2.) Egalität, d. h. Indikatoren, die Auskunft über gleiche Zugangschancen zu politischer Bildung und Zielgruppenerreichung geben, (3.) Effektivität, d. h. Indikatoren, die zu den Ergebnissen politischer Bildung Auskunft geben, sowie (4.) Qualität, d. h. Indikatoren, die etwas über Prozessqualitäten der politischen Bildung aussagen.

Exemplarische Indikatoren für einen Monitor politische Bildung

Zur Hälfte der Laufzeit des dreijährigen Projekts werden Entwürfe zu bereits vorliegenden Indikatoren mit Akteuren aus den Feldern der politischen Bildung und des Bildungsmonitorings diskutiert. Um einen Einblick in diesen Arbeitsschritt zu gewähren, soll im Folgenden – nach einer jeweils kurzen Einführung – für jeden der vier ausgewählten Sektoren ein beispielhafter Indikator vorgestellt werden.

Abb. 1: Konzeptionelle Schritte bei der Entwicklung eines Monitorings bis zur Indikatorenentwicklung

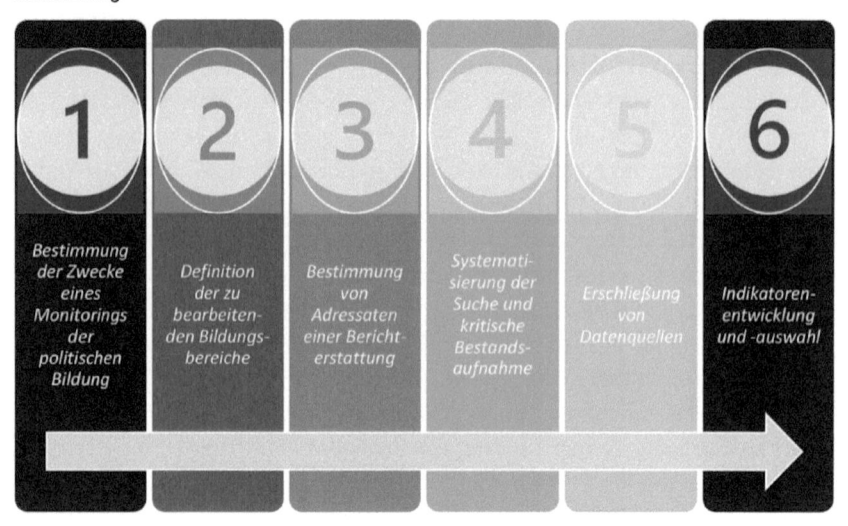

1	2	3	4	5	6
Bestimmung der Zwecke eines Monitorings der politischen Bildung	Definition der zu bearbeitenden Bildungsbereiche	Bestimmung von Adressaten einer Berichterstattung	Systematisierung der Suche und kritische Bestandsaufnahme	Erschließung von Datenquellen	Indikatorenentwicklung und -auswahl

Sektor allgemein- und berufsbildende Schule:
Rechtliche Rahmenbedingungen für die partizipative/demokratische Gestaltung des schulischen Lernkontextes

Politische Bildung kann schon mit der Aneignung demokratie-begünstigender Denk- und Verhaltensweisen in der Kindheit beginnen (van Deth et al. 2007). Im Sektor Schule konzentriert sich die Machbarkeitsstudie aber auf die Sekundarstufen I und II an allgemeinbildenden Schulen und an Teilzeit-Berufsschulen im dualen System, da geeignete Daten zur Kindertagesbetreuung und Primarstufe bislang kaum vorliegen.

Schulische politische Bildung verfolgt dabei eine zweigeteilte Aufgabenstellung. Für die politische Partizipation relevantes Wissen wird in gesellschaftswissenschaftlichen Fächern vermittelt. Komplementär dazu soll die Schule auch einen Erfahrungsraum bilden, der die Aneignung demokratie-begünstigender Kompetenzen durch konkrete Erfahrungen unterstützt. Ein gelungener Bildungsprozess integriert den Fachunterricht und Erfahrungen, die Lernende mit der Schulkultur aber auch mit ihren außerschulischen Aktivitäten machen. Inwiefern diese Integration gelingt, kann in einem Monitoring nicht erfasst werden, da die entsprechenden Aspekte des Schullebens nicht hinreichend dokumentiert werden. Als erste empirische Annäherung lassen sich aber die rechtlichen Gelegenheitsstrukturen betrachten, in die der Erfahrungsraum Schule eingebettet ist. Für den Indikator *Rechtliche Rahmenbedingungen für die partizipative/demokratische Gestaltung des schulischen Lernkontextes* werden 41 Einzelkriterien an die Schulgesetze angelegt. Sie messen, welche Entscheidungssituationen des Schulalltages im Gesetz geregelt sind und wie weitgehend die Partizipationsmöglichkeiten sind, die Lernenden und ihren Vertreter:innen gewährt werden. Der Indikator bildet damit ab, in welchem Maß der Gesetzgeber Lernenden die Möglichkeit gibt, durch partizipative Mitgestaltung des Schullebens demokratiefördernde Kompetenzen zu erlernen.

Schulische politische Bildung wird von den Bundesländern in unterschiedlichem Maß mit Ressourcen ausgestattet und mit unterschiedlichen Bildungszielen versehen (vgl. z. B. Gökbudak / Hedtke / Hagedorn 2022; Hippe / Hedtke 2020). Der beschriebene Indikator wird daher erstens nach Bundesländern differenzieren, zweitens nach Schultypen, denn obwohl politische Bildung allen Lernenden in gleicher Qualität und Quantität zugänglich sein sollte, bieten unterschiedliche Schultypen dem Prozess politischer Bildung unterschiedliche Voraussetzungen.

Erste Auswertungen lassen auf der Ebene der Länder signifikante Unterschiede erkennen, insbesondere was den Umfang der Partizipationsmöglichkeiten betrifft. Der Aspekt sozialer Differenzierung wird vor allem nach Abschluss der Sek I relevant, nicht zuletzt, da für berufsbildende Schulen häufig andere Regelungen getroffen werden als für Sek II an allgemeinbildenden Schulen.

Sektor Hochschule: Politisch bildende Inhalte im bildungswissenschaftlichen Anteil des Lehramtsstudiums

Die politische Bildung an der Hochschule knüpft an den Sektor Schule an und nimmt eine Schlüsselrolle bei der Gestaltung einer informierten und engagierten Bürgerschaft ein: Einerseits dient sie der Ausbildung von Lehrkräften für den politischen Fachunterricht, andererseits vermittelt sie zukünftigen außerschulischen politischen Bildner:innen relevante Qualifikationen. Auch außerhalb formaler Lehrangebote prägt die Hochschule Studierende politisch, sei es durch informelles Lernen, wie politisches Engagement auf dem Campus, oder durch die Teilnahme an non-formalen Bildungsveranstaltungen zur politischen Bildung, die z. B. im Rahmen des Studiums Generale angeboten werden. Neben dem Monitoring dieser Bildungsangebote, -prozesse und -ergebnisse bezieht die Entwicklung der Indikatoren im Hochschulsektor auch das vielfältige Forschungsfeld der politischen Bildung ein. Der Fokus des Monitorings liegt jedoch auf der Untersuchung der formalen Ausbildung zukünftiger politischer Bildner:innen.

Eine fundierte Ausbildung sollte neben Lehrkräften der politischen Bildung auch für alle anderen Lehrkräfte obligatorisch sein, da die Demokratiebildung als gesetzlich gesicherte „Querschnittsaufgabe" (KMK 2018) einen Teil ihrer späteren beruflichen Realität ausmacht. Der Indikator *politisch bildende Inhalte im bildungswissenschaftlichen Anteil des Lehramtsstudiums* nimmt diese Notwendigkeit zum Anlass, die Quantität und Inhalte der politischen Bildung in jenem Teil des Lehramtsstudiums genauer zu betrachten, der von allen Lehramtsstudierenden gleichermaßen absolviert wird: dem bildungswissenschaftlichen Teilstudiengang. Grundlage des Indikators ist eine quantitative Inhaltsanalyse von 150 bildungswissenschaftlichen Modulhandbüchern an 40 repräsentativ ausgewählten Hochschulen. Die Analyse basiert auf der Suche nach zunächst 20 ausgewählten, politischen Begriffen (die Auswahl wurde u. a. entlang des Politikkompetenzmodells von Detjen et al. 2012, S. 15 vorgenommen), die sich in die drei Oberkategorien „fachdidaktische Grundprinzipien" (z. B. „Kontroversitätsgebot"), „fachsprachlich in den Politikwissenschaften verortete Begriffe" (z. B. „Rechtsstaat") sowie „generische Begriffe mit weniger eindeutigem Bezug zu Politik" (z. B. „Gesellschaft") gliedern.

Eine besondere Herausforderung bei der Analyse besteht dabei in der Diversität der untersuchten Curricula: Sowohl hinsichtlich ihrer Länge als auch ihrer Struktur weisen diese große Unterschiede auf, sodass eine Vergleichbarkeit nur mittels einer Reduktion ihrer Komplexität und einem detailliertem Codebuch möglich ist.

Die Diskussion der Analyseergebnisse kann dann entlang der oben genannten Kategorien, die auch als Vergleichsdimensionen dienen, geführt werden. Zur weiteren Differenzierung können die Art der angestrebten Lehramtsbefähigung (Sek I oder Sek II allgemeinbildend) und die oben genannten politischen Vorgaben herangezogen werden. Erste Ergebnisse zeigen, dass in den bildungswissenschaftlichen Studiengängen im Ansatz eine politische Kontextualisierung stattfindet, eine Ausbildung der Lehrkräfte zu Multiplikator:innen politischer Bildung hingegen nicht erkennbar ist.

Sektor 2. und 3. Phase der Lehrkräftebildung: **Zugänglichkeit des Fortbildungsangebots**

Der Sektor Lehrkräftebildung in der 2. und 3. Phase umfasst sowohl die Ausbildung (Vorbereitungsdienst) als auch die Fortbildung aktiver Lehrkräfte im Fach Politik. Zudem werden alternative Wege zur Politiklehrkraft über Weiterbildungen und den Quer- oder Seiteneinstieg beleuchtet.

Die Fortbildung spielt dabei eine besondere Rolle in der deutschen Lehrkräftebildung. Die dritte Phase zielt auf aktive Lehrkräfte und betrifft somit die gesamte Berufsbiographie (Pasternack et al. 2017). Gut qualifizierte Lehrkräfte haben einen erheblichen Einfluss auf die Unterrichtsqualität und Fortbildungen sind zur Qualifizierung von Lehrkräften wirksam (Steffens / Höfer 2016). Fortbildungen eröffnen infolgedessen die Möglichkeit, die Unterrichtsqualität so unmittelbar und effektiv zu beeinflussen, wie es keine andere Bildungsmaßnahme auf dieser Ebene vermag (Cramer et al. 2019). In Kombination mit der schnellen Anpassungsfähigkeit der Fortbildungsinhalte im Vergleich zu Schul- oder Ausbildungscurricula erweist sich diese Phase somit als idealer Ansatzpunkt, um sowohl als bildungspolitisches Instrument als auch als Maßnahme zur Qualitätssicherung zu dienen.

Diese Effekte können allerdings nur greifen, wenn Veranstaltungen regelmäßig durch die Lehrkräfte besucht werden. Hierfür ist u. a. auch die attraktive und zugängliche Gestaltung des Fortbildungsangebotes von besonderer Bedeutung (Johannmeyer/Cramer 2021). In vergangenen Studien konnten so unter anderem bestimmt werden, welche Veranstaltungslängen, -terminierungen und -formate die Lehrkräfte fächerübergreifend zu präferieren scheinen (Richter et al. 2020).

Mittels des Indikators *Zugänglichkeit des Fortbildungsangebots* werden diese und weitere strukturelle Merkmale der Angebote, die in den Katalogen der Fortbildungsanbieter für das Ankerfach im jeweiligen Bundesland ausgeschrieben werden, gemeinsam mit Kosten, die für Lehrkräfte anfallen, sowie der Bereitstellung von Lehr- und Lernmaterialien erfasst und analysiert. Diese Daten werden – neben einer differenzierten Darstellung der einzelnen Kennziffern – in einen Index integriert, der die Attraktivität der Fortbildungen im Leitfach für die Lehrkräfte darstellen soll. Hierbei wird zunächst nach Schulform differenziert und kontrastiert, um die Qualität des Zugangs zu fachspezifischen Fortbildungen und die daraus resultierende Qualifizierung der Lehrkräfte skizzieren zu können, die wiederum die Egalität des Zugangs der Schüler:innen verschiedener Schulformen zu hochwertigem Unterricht impliziert.

Obgleich dieser Index nicht die Präferenzen jeder individuellen Lehrkraft abbildet, bietet er eine evidenzbasierte Approximation der wahrgenommenen Attraktivität von Fortbildungsangeboten. Somit kann nach Betrachtung der Ausprägung der konkret einfließenden Kennziffern eine Ableitung von konkreten Maßnahmen zur Anpassung der angebotenen Veranstaltungen ermöglicht werden, sodass die Fortbildungsattraktivität für Politiklehrkräfte erhöht wird.

Sektor Außerschulische Politische Bildung: Umfang durchgeführter Angebote außerschulischer politischer Bildung

Non-formale Bildung stellt eine wichtige Sozialisationsinstanz dar und eröffnet neue Wege zur Erreichung unterschiedlicher Zielgruppen in der politischen Bildung, potenziell über lebenslange Lernprozesse hinweg. Ein besonderes Merkmal des Sektors liegt in der Vielfalt von Trägern, die sich strukturell unterscheiden und auch regional variieren. Eine systematische Kartierung und Analyse des Feldes sind aufgrund dieser Vielfalt notwendig, auch als Voraussetzung für die Gewinnung vergleichbarer Daten. Nicht unproblematisch ist die Abgrenzung der vielfältigen Konzepte politischer Bildung, wie politische Bildung im engeren und weiteren Sinne, politisches und soziales Lernen sowie das Verhältnis von politischer Bildung zu Demokratiebildung und zivilgesellschaftlichem Engagement.

Um diesen Herausforderungen gerecht zu werden, bedarf es einer begründeten Eingrenzung des Untersuchungsfeldes. Einerseits werden im Pilotprojekt zunächst Träger betrachtet, die politische Bildung im engeren Sinne als eine ihrer zentralen Aufgaben begreifen (vgl. Oberle 2022a). Andererseits werden die Förderstrukturen außerschulischer politischer Bildung auf Bundes- und Landesebene analysiert, um Einblicke in die Höhe, inhaltlichen Schwerpunkte und Formate der finanziellen Unterstützung zu gewinnen. Im Projekt konnten zwölf Kernakteursgruppen identifiziert werden, zu denen Daten gesammelt, aufbereitet und analysiert werden. Einer dieser ausgewählten Akteure, der flächendeckend aktiv und quantitativ bedeutsam ist, ist die Volkshochschule (Hufer / Lange 2016; Martin / Reichart 2020; Scheidig 2022).

Der Indikator *Umfang durchgeführter Angebote außerschulischer politischer Bildung* speist sich aus der Volkshochschul-Statistik des Deutschen Instituts für Erwachsenenbildung (DIE), die auf Bundesebene aggregierte Daten bereitstellt. Berechnet wird die Entwicklung der Veranstaltungsstunden und Teilnehmendentage für ausgewählte Themengebiete des Programmbereichs 1 (PB 1): Politik – Gesellschaft – Umwelt (BAK Politik – Gesellschaft – Umwelt, 2017) seit dem Jahr 2018 pro tausend Einwohner:innen. Allerdings bestehen Limitationen in einem solchen Vorgehen darin, dass Inhalte politischer Bildung einerseits nicht nur im Programmbereich 1 vorkommen können und dass andererseits fraglich ist, ob sämtliche dem Programmbereich 1 zugewiesenen Angebote tatsächlich politische Bildung im engeren Sinne enthalten, bzw. dass unklar ist, wie hoch deren Anteil ist. Um festzustellen, in welchen weiteren Bereichen relevante Inhalte zu finden sind, werden exemplarisch für Bayern Daten des gesamten Veranstaltungsprogramms der bayerischen Volkshochschulen seit 2018 darauf untersucht, inwieweit sich Inhalte politischer Bildung im Rahmen von Orientierungs-, Grundbildungs-, Integrations- und Schulabschlusskursen finden. Die Analysen zeigen, dass auch weitere Programmbereiche durchaus Elemente politischer Bildung enthalten und damit eine beschränkte Betrachtung von PB 1 (insb. Fachgebiet Politik / Gesellschaftswissenschaftliches Engagement) den Gegenstandsbereich nicht gänzlich abdecken würde. Gleichzeitig wird deutlich, dass in PB 1 zahlreiche Angebote aufgeführt werden, deren Inhalte nicht einer im engeren Sinne politischen Bildung entsprechen.

Weitere Entwicklungsschritte

Die Kurzvorstellungen zu den vier Sektoren und exemplarischen Indikatoren repräsentieren einen Zwischenstand zu den zuvor dargelegten ersten sechs Schritten eines Monitorings der politischen Bildung in Deutschland. Neben der Ergänzung und Ausarbeitung der Indikatorensets sollen in den Jahren 2024 und 2025 die folgenden Schritte umgesetzt werden: (G.) Entwicklung einer Planung für die Zyklen, in denen bestimmte Daten abgefragt und Indikatoren erstellt werden sollen, (H.) Ausarbeitung einer gleichförmigen Dokumentation und Qualitätssicherung für die Indikatoren, wodurch für die Adressat:innen ein hohes Maß an Transparenz hergestellt wird, sowie (I.) die Erstellung einer Planung für die Berichtslegung und Kommunikation.

Zwar ist die sorgfältige Durchführung dieser Schritte insbesondere aus methodischer Sicht elementar für die Etablierung eines Monitorings politischer Bildung, gleichwohl sind für die maßgeblichen Entscheidungen über die Etablierung eines Monitorings eine Vielzahl weiterer Bedingungen relevant. So wirken zum Beispiel finanzpolitische Opportunitäten, Konkurrenz zwischen unterschiedlichen Bildungsfeldern und die Akzeptanz bei den Trägern der politischen Bildung auf politische Entscheidungen ein. Das Projekt „Machbarkeitsstudie ‚Monitor politische Bildung'" wird diese Entscheidungsprozesse durch eine Kosten-Nutzen-Analyse und die Bereitstellung eines exemplarischen Pilotmonitors unterstützen. Ziel ist es dabei, die politische Bildung angesichts der Herausforderungen, denen die Demokratie in Zeiten multipler Krisen ausgesetzt ist, nachhaltig zu stärken.

Literatur

Abs, Hermann Josef/Ziemes, Johanna F./Matafora, Beatriz (2024): Pluralismus im Kontext von Toleranz, Diskriminierungssensibilität und gruppenbezogener Privilegierung. In: Abs, Hermann Josef/Hahn-Laudenberg, Katrin/Deimel, Daniel/Ziemes, Johanna (Hrsg.): ICCS 2022: Schulische Sozialisation und Politische Bildung von 14-Jährigen im internationalen Vergleich. Waxmann.

Albert, Mathias/Hurrelmann, Klaus/Quenzel, Gudrun (2019): 18. Shell Jugendstudie. Jugend 2019. Weinheim: Beltz.

Besand, Anja (2014): Monitor politische Bildung an beruflichen Schulen. Probleme und Perspektiven. Reihe Politik und Bildung, Bd. 75. Schwalbach/Ts.: Wochenschau.

Bundesarbeitskreis Politik – Gesellschaft – Umwelt. (2017): Handbuch POLITIK – GESELLSCHAFT – UMWELT für pädagogisch Planende und Verantwortliche an der Volkshochschule. dvv.

Cramer, Colin/Johannmeyer, Karen/Drahmann, Martin (Hrsg.) (2019): Fortbildungen von Lehrerinnen und Lehrern in Baden-Württemberg. Stuttgart: Gewerkschaft Erziehung und Wissenschaft (GEW) im DGB, Landesverband Baden-Württemberg.

Deimel, Daniel/Hahn-Laudenberg, Katrin (2024): Politische Partizipationsbereitschaft: Beteiligungsformen aus Sicht junger Bürger*innen. In: Abs, Hermann Josef/Hahn-Laudenberg, Katrin/Deimel, Daniel/Ziemes, Johanna (Hrsg.): ICCS 2022: Schulische Sozialisation und politische Bildung von 14-Jährigen im internationalen Vergleich. Waxmann.

Detjen, Joachim/Massing, Peter/Richter, Dagmar/Weißeno, Georg (2012): Politikkompetenz – ein Modell. Wiesbaden: Springer VS.

Fitz-Gibbon, Carol Taylor (1996): Monitoring education. Indicators, quality, and effectiveness (School development series). London, New York N. Y. USA: Cassell.

Gökbudak, Mahir/Hedtke, Reinhold/Hagedorn, Udo (2022): 5. Ranking Politische Bildung. Politische Bildung im Bundesländervergleich. Didaktik der Sozialwissenschaften, Working Papers, Bd. 13. Bielefeld: Universität Bielefeld.

Hahn-Laudenberg, Katrin/Goldhammer, Frank/Ateş, Rukiye (2024): Politisches Wissen und Argumentieren. Konzeptuelles Wissen über Zivilgesellschaft und System, Grundwerte, Partizipation und Identität. In: Abs, Hermann Josef/Hahn-Laudenberg, Katrin/Deimel, Daniel/Ziemes, Johanna (Hrsg.): ICCS 2022. Schulische Sozialisation und politische Bildung von 14-Jährigen im internationalen Vergleich. Waxmann.

Hippe, Thorsten/Hedtke, Reinhold/Hellmich, Niklas (2020): Politische Bildung und Demokratie-Lernen in der Sekundarstufe. Curriculumanalyse für den Bereich Demokratiebildung für Kinder und Jugendliche in den Fächern der sozialwissenschaftlichen Bildung. Eine Expertise für das Deutsche Jugendinstitut. Materialien zum 16. Kinder- und Jugendbericht. München: Deutsches Jugendinstitut e. V.

Hufer, Klaus-Peter/Lange, Dirk (Hrsg.) (2016): Handbuch politische Erwachsenenbildung. Reihe Politik und Bildung, Bd. 74. Schwalbach/Ts.: Wochenschau.

Johannmeyer, Karen/Cramer, Colin (2021): Nachfrage und Auslastung von Fortbildungen für Lehrerinnen und Lehrer: Effekte struktureller und inhaltlicher Angebotsmerkmale. In Kerst, Christian/Wolter, Andrä (2020): Studienabschlüsse, Übergänge und beruflicher Verbleib der Absolventinnen und Absolventen. Zeitschrift für Erziehungswissenschaft 24, H. 5, S. 1183–1204. Opladen, Berlin, Toronto: Barbara Budrich.

Kroher, Martina/Beuße, Mareike/Isleib, Sören/Becker, Karsten/Ehrhardt, Marie-Christin/Gerdes, Frederike/Koopmann, Jonas/Schommer, Theresa/Schwabe, Ulrike/Steinkühler, Julia/Völk, Daniel/Peter, Frauke/Buchholz, Sandra (2023): Die Studierendenbefragung in Deutschland: 22. Sozialerhebung. Die wirtschaftliche und soziale Lage der Studierenden in Deutschland 2021. Berlin: Bundesministerium für Bildung und Forschung. https://www.bmbf.de/SharedDocs/Publikationen/de/bmbf/4/31790_22_Sozialerhebung_2021.pdf?__blob=publicationFile&v=12 (Abgerufen: 06.05.24).

Kultusministerkonferenz (2015): Gesamtstrategie der Kultusministerkonferenz zum Bildungsmonitoring. Köln: Carl Link.

Kultusministerkonferenz (2018): Demokratie als Ziel, Gegenstand und Praxis historisch-politischer Bildung und Erziehung in der Schule. Beschluss der Kultusministerkonferenz vom 06.03.2009 i. d. F. vom 11.10.2018.

Lange, Dirk (2010): Monitor politische Bildung. Daten zur Lage der politischen Bildung in der Bundesrepublik Deutschland. Reihe Politik und Bildung, Bd. 55. Schwalbach/Ts.: Wochenschau.

Markiewicz, Anne/Patrick, Ian (2016): Developing monitoring and evaluation frameworks. Los Angeles, London, New Delhi, Singapore, Washington D. C.: SAGE Publications.

Martin, Andreas/Reichart, Elisabeth (2020): Zum Einfluss der politischen Bildung an Volkshochschulen auf die Wahlbeteiligung. In: Schrader, Josef/Ioannidou, Alexandra/Blossfeld, Hans-Peter (Hrsg.): Monetäre und nicht monetäre Erträge von Weiterbildung. Monetary and non-monetary effects of adult education and training. Wiesbaden: Springer VS, S. 175–211.

Meyer, Wolfgang/Zierke, Niklas (2022): Monitoring. In: Stockmann, Reinhard (Hrsg.): Handbuch für Evaluation. Eine praktische Handlungsanleitung. 2. Auflage. Münster: Waxmann, S. 81–111.

Oberle, Monika (2022a): Demokratiebildung in der Schule. In: Möller, Kurt/Neuscheler, Florian/Steinbrenner, Felix (Hrsg.): Demokratie gestalten! Herausforderungen und Ansätze für Bildungs- und Sozialarbeit (S. 62–73). Stuttgart: Kohlhammer.

Oberle, Monika (2022b): Medienkompetenz als Herausforderung für Demokratie und politische Bildung. In: Marci-Boehncke, Gudrun/Rath, Matthias/Delere, Malte/Höfer, Hanna (Hrsg.): Medien – Demokratie – Bildung. Normative Vermittlungsprozesse und Diversität in mediatisierten Gesellschaften, S. 117–133. Wiesbaden: Springer VS.

Pasternack, Peer/Baumgarth, Benjamin/Burkhardt, Anke/Paschke, Sabine/Thielemann, Nurdin (2017): Drei Phasen. Die Debatte zur Qualitätsentwicklung in der Lehrer_innenbildung. Bielefeld: wbv Media.

Richter, Eric/Marx, Alexandra/Huang, Yizhen/Richter, Dirk (2020): Zeiten zum beruflichen Lernen: Eine empirische Untersuchung zum Zeitpunkt und der Dauer von Fortbildungsangeboten für Lehrkräfte. In: Zeitschrift für Erziehungswissenschaft 23, H. 1, S. 145–173.

Scheidig, Falk (2022): Angebote politischer Erwachsenenbildung vor und nach dem „Corona-Schock". Eine vergleichende Programmanalyse zu Online- und Präsenzveranstaltungen an Volkshochschulen. In: Zeitschrift für Weiterbildungsforschung 45, S. 321–345.

Steffens, Ulrich / Höfer, Dieter (2016): Lernen nach Hattie. Wie gelingt guter Unterricht? Weinheim: Beltz.

Ziemes, Johanna / Hahn-Laudenberg, Katrin / Birindiba Batista, Igor (2024): Politische Unterstützung: Vertrauen, Responsivität und Akzeptanz staatlicher Maßnahmen. In: Abs, Hermann Josef / Hahn-Laudenberg, Katrin / Deimel, Daniel / Ziemes, Johanna (Hrsg.): *ICCS 2022. Schulische Sozialisation und Politische Bildung von 14-Jährigen im internationalen Vergleich*. Waxmann.

Van Deth, Jan W. / Abendschön, Simone / Rathke, Julia / Vollmar, Meike (Hrsg.) (2007): Kinder und Politik. Politische Einstellungen von jungen Kindern im ersten Grundschuljahr. Wiesbaden: VS Verlag für Sozialwissenschaften.

Das Hamburger Sprachfördermonitoring als Instrument zur Steuerung

Britta Pohlmann und Yvonne Hoffmann

Zusammenfassung

Das Hamburger Sprachfördermonitoring ist Teil des Hamburger Sprachförderkonzepts und hat das Ziel, Erkenntnisse über die Förderbedarfe der Hamburger Schüler:innen und die Wirksamkeit der Sprachförderung zu gewinnen. Durch die Nutzung schulstatistischer Daten und Leistungsdaten können Bildungsverläufe und Kompetenzentwicklungen der geförderten Schüler:innen beschrieben und Trends über die Zeit abgebildet werden. Die gewonnenen Erkenntnisse sollen Steuerungswissen liefern und dabei helfen, die Sprachbildung und -förderung weiterzuentwickeln. Im vorliegenden Beitrag wird beschrieben, wie das Hamburger Sprachfördermonitoring ausgerichtet ist und auf welcher Datengrundlage die regelhaften Auswertungen vorgenommen werden. Anhand ausgewählter Befunde wird exemplarisch gezeigt, welche Handlungsfelder in den letzten Jahren in diesem Bereich identifiziert und welche Programme und Maßnahmen daraus abgeleitet wurden. Wesentlicher Gelingensfaktor ist dabei die enge Vernetzung und das Zusammenwirken der beteiligten Akteure aus Schulbehörde, Fortbildungsinstitut und Qualitätseinrichtung, die die Befunde multiperspektivisch beraten und die geplanten Maßnahmen gemeinsam umsetzen. Schließlich werden Grenzen des Monitorings aufgezeigt und Ansätze zur Weiterentwicklung diskutiert.

Datengestützte Schul- und Unterrichtsentwicklung in Hamburg

Im Bereich der Sprachförderung verfolgt Hamburg seit langem den Weg der evidenzbasierten Steuerung und hat bereits Anfang der 2000er Jahre ein systematisches Sprachförderkonzept aufgesetzt. Ausschlaggebend dafür waren vor allem die Ergebnisse aus den internationalen Schulleistungsstudien (Deutsches PISA-Konsortium 2001) und den Hamburg eigenen Untersuchungen (Lehmann/ Peek 1997; Bos/Pietsch 2006), die auf mangelnde Lesekompetenzen der Schüler:innen hinweisen und große zuwanderungsbezogene und soziale Disparitäten aufzeigten. Hinzu kam die Tatsache, dass sich in Hamburg als Groß- und Einwanderungsstadt tiefgreifende demografische Veränderungen abzeichneten und die Sprachen- und Kulturvielfalt zunahm. Um diesen veränderten Bedingungen gerecht zu werden und die sprachlichen Kompetenzen aller Kinder und Jugendlichen frühzeitig und zielgerecht zu fördern, wurden verschiedene Unterstützungsmaßnahmen entwickelt und in ein kohärentes Gesamtkonzept gebracht, das im folgenden Abschnitt dargestellt wird.

Das Hamburger Sprachförderkonzept

Im Schuljahr 2005/06 trat das Hamburger Sprachförderkonzept (Behörde für Schule und Berufsbildung 2021) in Kraft. Ziel ist die Verbesserung basaler Sprachkompetenzen von Kindern und Jugendlichen, die Voraussetzung für Bildungserfolg und gesellschaftliche Teilhabe sind. Zu den wesentlichen Bestandteilen des Konzepts gehören die diagnosegestützte systematische Sprachförderung in zusätzlicher Lernzeit bis Jahrgangsstufe 10, die durchgängige Sprachbildung in allen Fächern (sprachsensibler Fachunterricht) und die Förderung der Mehrsprachigkeit (siehe Abb. 1). Weitere Maßnahmen beziehen sich auf den frühkindlichen Bereich (Vorstellungsverfahren Viereinhalbjähriger, vorschulische Sprachförderung) und die Förderung von neu Zugewanderten mit keinen oder geringen Kenntnissen der Deutschen Sprache (Basisklassen und Internationale Vorbereitungsklassen sowie Anschlussförderung in sog. 3. Phase).

Abb. 1: Schaubild Hamburger Sprachförderkonzept (Behörde für Schule und Berufsbildung 2021, S. 5–6)

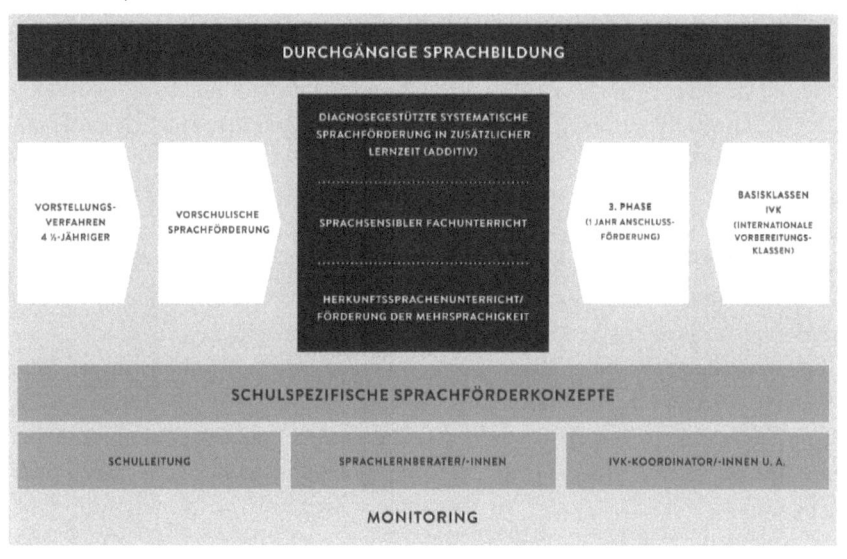

Das Kernelement des Sprachförderkonzepts stellt die diagnosegestützte systematische Sprachförderung in zusätzlicher Lernzeit dar, die in § 28a im Hamburgischen Schulgesetz (HmbSG) verankert wurde. Danach erhalten alle Schüler:innen, die nicht über ausreichende Sprachkenntnisse verfügen, um erfolgreich am Unterricht teilzunehmen, additive Sprachförderung. Die Förderung erfolgt diagnosebasiert und von geschulten Fachkräften. Ausgewählte Test- und Beobachtungsverfahren zur Diagnostik werden vom Institut für Bildungsmonitoring und Qualitätsentwicklung (IfBQ) bereitgestellt. Schüler:innen, die laut Diagnoseergebnis einen ausgeprägten Sprachförderbedarf aufweisen (das entspricht in der Regel einem Testergebnis von Prozentrang ≤ 10) haben einen Anspruch auf additive Förderung. Die Feststellung der Förderbedarfe und die anschließende Förderplanung erfolgt durch die Fachlehrkräfte an den Schulen. Für die Umsetzung der zusätzlichen Sprachförderung erhalten alle Schulen Ressourcen, die auf Grundlage ihres jeweiligen Sozialindex (Schulte et al. 2014) berechnet werden. Der Sozialindex beschreibt die unterschiedlichen Rahmenbedingungen der Hamburger Schulen, die durch verschiedene soziale und kulturelle Zusammensetzungen der jeweiligen Schülerschaft bedingt sind. Insgesamt belaufen sich die Mittel für die zusätzliche Sprachförderung nach §28a HmbSG auf rund 290 Lehrkräftestellen. Für die erfolgreiche Umsetzung des Förderkonzepts werden an allen Schulen qualifizierte Sprachlernberater:innen eingesetzt, die am Landesinstitut für Lehrerbildung und Schulentwicklung (LI) ausgebildet werden. Diese haben die Aufgabe, ein schulspezifisches Sprachförderkonzept zu entwickeln, seine Umsetzung zu begleiten und zu evaluieren sowie das Konzept kontinuierlich anzupassen. Durchgeführt wird die Sprachförderung in der Regel in kleinen Kursen im Umfang von ein bis zwei Wochenstunden.

Neben der additiven Förderung sieht das Konzept die durchgängige Sprachbildung in allen Fächern vor. Der Schlüssel dazu liegt in der sprachsensiblen Gestaltung des Fachunterrichts. Ziel ist es, Schüler:innen in sprachlich divers zusammengesetzten Klassen bei der Bewältigung fachspezifischer Lernsituationen zu unterstützen (vgl. Landesinstitut für Lehrerbildung und Schulentwicklung 2023). Ein weiterer Schwerpunkt liegt auf dem Herkunftssprachenunterricht und der Förderung der Mehrsprachigkeit. Die Mehrsprachigkeit von Kindern und Jugendlichen soll dabei gezielt beim Erwerb weiterer Sprachen genutzt werden und trägt zur Persönlichkeits- und Identitätsentwicklung bei (Woerfel 2020).

Zur Verbesserung der Ausgangslagen vor dem Schulstart wurde das Vorstellungsverfahren Viereinhalbjähriger eingeführt (vgl. Heckt/Pohlmann 2017, S. 6). Anderthalb Jahre vor dem geplanten Schuleintritt werden die Kinder in den zuständigen Grundschulen vorgestellt, wo der Entwicklungsstand der Kinder eingeschätzt wird. Ein besonderes Augenmerk liegt dabei auf dem Sprachstand der Kinder, der mit Hilfe standardisierter Diagnoseinstrumente beurteilt wird. Liegt ein ausgeprägter Sprachförderbedarf vor, nimmt das Kind verbindlich an vorschulischen Sprachfördermaßnahmen teil.

Für neu zugewanderte Schüler:innen wurde ein Aufnahmesystem etabliert, das die Kinder und Jugendlichen beim Erwerb der deutschen Sprache und ihrer schulischen Integration bestmöglich unterstützen soll. Je nach Alphabetisierungsgrad werden sie zunächst in einer Basisklasse oder einer Internationalen Vorbereitungsklasse beschult. Nach dem Übergang in die Regelklasse erhalten diese Schüler:innen ein weiteres Jahr zusätzliche Sprachförderung im Rahmen der sogenannten dritten Phase. Dies gilt auch für neu zugewanderte Kinder, die direkt in Jahrgangsstufe 1 oder 2 bzw. in die Vorschulklasse eingeschult werden.

Das Hamburger Sprachfördermonitoring

Ziele des Monitorings

Die oben skizzierten Maßnahmen des Hamburger Sprachförderkonzepts werden begleitet und unterstützt durch verschiedene Fortbildungsangebote und ein systemisches Monitoring. Das Monitoring sieht eine regelhafte Auswertung der vorliegenden Daten zu den Sprachständen und den Förderungen der Hamburger Schüler:innen vor, mit dem Ziel, Trends abzubilden und Handlungsbedarfe sichtbar zu machen (vgl. Behörde für Schule und Berufsbildung 2021, S. 26).

Die Ausrichtung des Monitorings und die Art der Datenerfassung haben sich im Laufe der Zeit verändert. Das liegt zum einen daran, dass inzwischen andere Daten verfügbar sind als zu Beginn des Monitorings, und zum anderen daran, dass sich Fokus und Zweck des Monitorings verschoben haben. So wurden in den ersten Jahren nach Einführung des Sprachförderkonzepts von den Schulen umfassende Angaben zu schulspezifischen Förderkonzepten, dem Einsatz der Förderressourcen, der individuellen Förderplanung und den Fördereffekten erhoben. Dies sollte die Implementierung des Sprachförderkonzepts unterstützen und Hinweise auf Hemmnisse und Schwierigkeiten liefern. Nachdem das Hamburger Sprachförderkonzept an den Hamburger Schulen fest verankert war, wurde seit dem Schuljahr 2016/17 auf die Angaben zur Umsetzung verzichtet und der Erhebungsaufwand für die Schulen damit erheblich reduziert. Stattdessen wurden vorhandene Daten aus der Hamburger Schuljahresstatistik und Leistungsdaten aus den verpflichtenden Lernstandserhebungen (Kompetenzen ermitteln – KERMIT) für das neu ausgerichtete Monitoring genutzt. Die Verknüpfung dieser Daten bietet die Möglichkeit, die Gruppe der förderbedürftigen Schüler:innen genauer zu beleuchten und hinsichtlich ihrer Lernstände und Lernentwicklungen mit nicht geförderten Schüler:innen zu vergleichen. Die Daten werden quer- und längsschnittlich analysiert und ermöglichen somit auch die Beschreibung von Bildungsverläufen und Fördererfolgen.

Mit dem Monitoring wird systembezogenes Wissen über Ausprägung und Entwicklung der Förderbedarfe und Kompetenzen von Hamburger Schüler:innen erzeugt. Primär wird damit Steuerungswissen für die Bildungsbehörde sowie für die an der Umsetzung des Sprachförderkonzepts beteiligten Akteure generiert. Die Daten dienen darüber hinaus der Rechenschaftslegung und der Legitimation für den Einsatz der Mittel, die in die verschiedenen Fördermaßnahmen fließen.

Die jährlichen Ergebnisberichte werden in einer Steuergruppe bestehend aus Mitgliedern der Schulbehörde, des LI sowie des IfBQ multiperspektivisch beraten und Handlungsempfehlungen bzw. Schwerpunktthemen für die Weiterentwicklung der Sprachförderung abgeleitet. Für die interessierte Öffentlichkeit werden Ergebnisse aus dem Sprachfördermonitoring auf der Website des IfBQ bereitgestellt (vgl. Hoffmann 2022; Hoffmann/Pohlmann 2019).

Datengrundlage und Analysen

Die Datengrundlage für die Analysen zum Sprachfördermonitoring bilden zum einen Daten aus der Hamburger Schuljahresstatistik zu Förderbedarfen und soziodemographischen Merkmalen wie Geschlecht, Familiensprache oder dem sog. RISE-Status (Maß zur kleinräumigen Erfassung der sozialen Lage in unterschiedlichen Stadtgebieten Hamburgs). Zum anderen werden Leistungsdaten aus den regelhaften KERMIT-Testungen (Lücken et al. 2014) verschiedener Jahrgangsstufen und Domänen (Deutsch-Leseverstehen, Deutsch-Rechtschreibung, Mathematik, Naturwissenschaften und Englisch) genutzt. Die schulstatistischen Daten und die Leistungsdaten werden jährlich in anonymisierter Form unter Einhaltung aller datenschutzrechtlichen Vorgaben auf Individualebene im Quer- und Längsschnitt verknüpft. Untersucht wird, wie viele und welche Schüler:innen Sprachförderung erhalten und wie sich ihre Förderbiographien darstellen. Durch die Nutzung der Leistungsdaten kann ermittelt werden, welche Lernstände die förderbedürftigen Schüler:innen aufweisen und welche Lernentwicklungen sie zeigen. Damit wird auch geprüft, ob die Zuweisung des Förderbedarfs kompetenzbasiert erfolgt oder ob systematische Verzerrungen erkennbar sind.

Ausgewählte Befunde

Den Monitoringergebnissen zufolge beträgt der Anteil an Schüler:innen mit Sprachförderbedarf im Schuljahr 2022/23 in Hamburg 15,8 Prozent und ist damit im Vergleich zu den Vorjahren leicht gestiegen. Der Anstieg lässt sich insbesondere in den unteren Jahrgangsstufen beobachten. Dieser Befund steht in Einklang mit dem gestiegenen Sprachförderbedarf im vorschulischen Bereich, der im Rahmen der Viereinhalbjährigenvorstellung (vgl. Heckt/Pohlmann 2023) festgestellt wurde. Es ist anzunehmen, dass der Anstieg im Förderbedarf auf die Pandemie zurückgeht und sich in besonderer Weise bei den jüngeren Kindern niederschlägt, wie es auch andere Studien nahelegen (Helm/Huber/Loisinger 2021; Betthäuser/Bach-Mortensen/Engzell 2022; Hammerstein et al. 2021; König/Frey 2022).

Nach wie vor zeigen sich große soziale und migrationsbedingte Disparitäten (siehe Diagramm 1). So sind unter den Schüler:innen in den Jahrgangsstufen 1 bis 10 mit nicht deutscher Familiensprache 28,1 Prozent sprachförderbedürftig, während es unter den Kindern mit deutscher Familiensprache 10,1 Prozent sind. In Abhängigkeit vom sozioökonomischen Status variiert der Anteil mit Sprachförderbedarf zwischen 5,9 Prozent bei Kindern aus Wohngebieten mit hohem Status und 26,9 Prozent bei Kindern aus Gebieten mit sehr niedrigem Status. Neben den sozialen und zuwanderungsbezogenen Disparitäten sind auch geschlechterbezogene Unterschiede weiterhin beobachtbar. Von den Jungen weisen 17,0 Prozent Sprachförderbedarf auf, von den Mädchen sind es lediglich 14,5 Prozent.

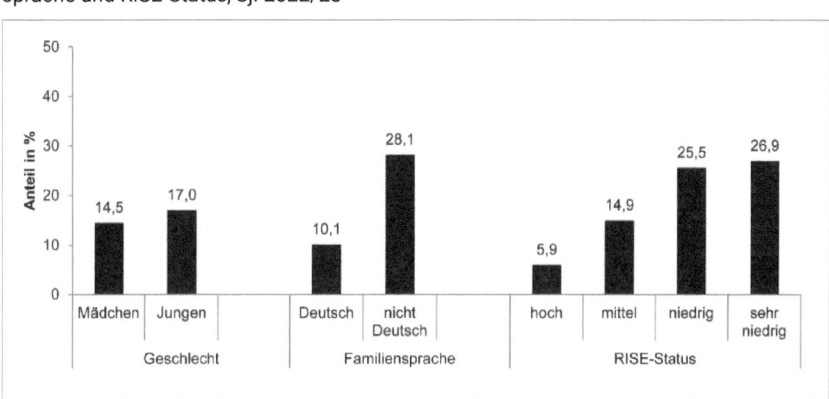

Diagramm 1: Anteil der Schüler:innen mit Sprachförderbedarf nach Geschlecht, Familiensprache und RISE-Status, Sj. 2022/23

Quelle: Hamburger Sprachfördermonitoring, Sj. 2022/23

Die Auswertung der Leistungsdaten zeigt für die Schüler:innen mit Sprachförderbedarf erhebliche Kompetenzrückstände gegenüber Schüler:innen ohne Förderbedarf. Besonders groß sind die Kompetenzrückstände von neu zugewanderten Schüler:innen, was hohe Anforderungen an eine gelingende Inklusion in die Regelklassen sowie an die Förderung stellt. Die Kompetenzdaten weisen im Weiteren darauf hin, dass die Lernrückstände der Schüler:innen mit Sprachförderbedarf nicht nur im Bereich Deutsch bestehen, sondern sich auch in den anderen getesteten Bereichen Mathematik, Naturwissenschaften und Englisch manifestieren (siehe Diagramm 2).

Wie weitergehende Analysen zeigen, erfolgt die Zuweisung des Förderbedarfs weitgehend kompetenzorientiert und erreicht damit die „richtigen" Schüler:innen. Die Förderdiagnose hängt im Wesentlichen vom Kompetenzstand und nicht von anderen Merkmalen ab. Eine leichte Verzerrung (sog. „bias") zeigt sich mit

Diagramm 2: Leistungsstand von Schüler:innen mit und ohne Sprachförderbedarf – Anfang Klasse 7, Sj. 2022/23

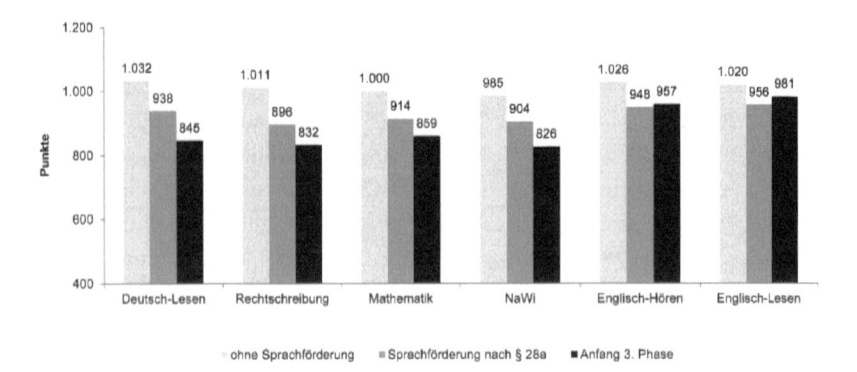

	Deutsch-Lesen	Rechtschreibung	Mathematik	NaWi	Englisch-Hören	Englisch-Lesen
ohne Sprachförderung	1.032	1.011	1.000	985	1.026	1.020
Sprachförderung nach § 28a	938	896	914	904	948	956
Anfang 3. Phase	845	832	859	826	957	981

Quelle: Hamburger Sprachfördermonitoring, Sj. 2022/23

Blick auf das Geschlecht. So wird Jungen bei gleichen Kompetenzen etwas häufiger Förderbedarf attestiert als Mädchen (vgl. Hoffmann/Pohlmann 2019).

Die Betrachtung der Kompetenzentwicklungen und Förderbiographien liefert Hinweise auf Erfolge, indem vergleichsweise hohe Lernzuwächse bei den geförderten Schüler:innen zu verzeichnen sind und fast die Hälfte der Geförderten die Förderung nach einem Jahr verlassen kann (vgl. Hoffmann/Pohlmann 2019, S. 41 ff.). Als wesentlicher Erfolgsfaktor erweist sich regelmäßig die frühe Bildungsbeteiligung und Förderung. Insbesondere für Kinder mit Migrationshintergrund und in sozioökonomisch belasteten Lagen zeigt sich ein hoher Zusammenhang zwischen dem Sprachstand und der Dauer des Kitabesuchs (siehe Diagramme 3 und 4).

Diagramm 3: Anteil der Kinder mit Migrationshintergrund und ausgeprägtem Sprachförderbedarf nach Dauer des Kitabesuchs, Sj. 2022/23

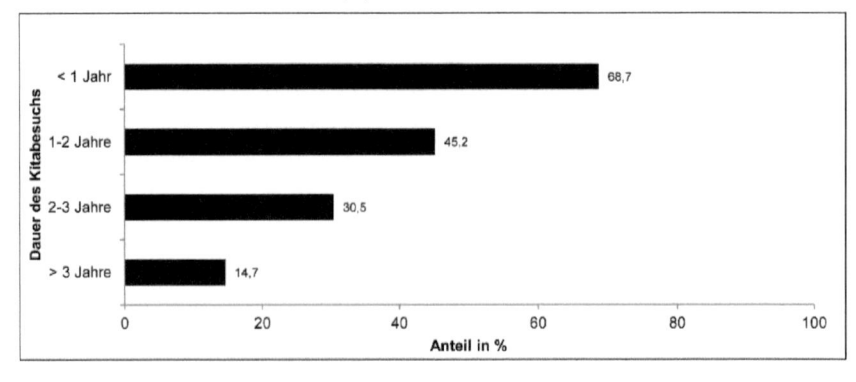

Dauer des Kitabesuchs	Anteil in %
< 1 Jahr	68,7
1-2 Jahre	45,2
2-3 Jahre	30,5
> 3 Jahre	14,7

Quelle: Monitoring Vorstellungsverfahren Viereinhalbjähriger 2022

Diagramm 4: Anteil der Kinder aus Schulen in sozial belasteter Lage mit ausgeprägtem Sprachförderbedarf nach Dauer des Kitabesuchs, Sj. 2022/23

Dauer des Kitabesuchs	Anteil in %
< 1 Jahr	65,7
1-2 Jahre	45,6
2-3 Jahre	29,9
> 3 Jahre	14,1

Quelle: Monitoring Vorstellungsverfahren Viereinhalbjähriger 2022

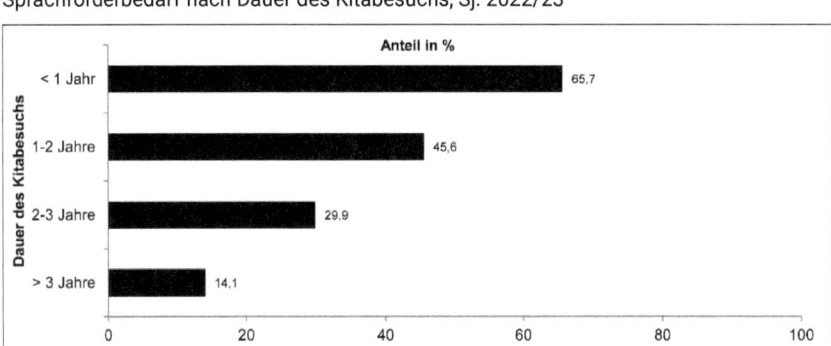

Trotz vielfältiger und langjähriger Bemühungen erreicht jedoch nach wie vor ein großer Teil der Hamburger Schüler:innen zum Ende der Jahrgangsstufe 4 nicht die Mindeststandards für die Grundschule. Gemäß dem IQB-Bildungstrend für die Primarstufe 2021 waren es im Bereich Deutsch-Leseverstehen 17,7 Prozent und bundesweit 18,8 Prozent (vgl. Wittig/Schneider 2022, S. 52). Zehn Jahre zuvor beim Bildungstrend 2011 waren es in Hamburg 18,3 Prozent (vgl. Stanat et al. 2012, S. 149) und bundesweit noch 12,4 Prozent (vgl. Stanat et al. 2012, S. 172). Hamburg ist es demnach zwar gelungen, sich gegen den bundesweiten Abwärtstrend zu stemmen, dennoch sind die Anteile an Schüler:innen mit nicht ausreichenden Lesekompetenzen auch in Hamburg weiterhin beunruhigend hoch.

Ableitungen aus den Befunden

Die skizzierten Befunde zeigen Handlungsbedarfe auf, die in den verantwortlichen Steuergruppen und Gremien beraten werden. Daraus resultierten in den letzten Jahren unterschiedliche Aktivitäten und Programme, die zur Verbesserung der sprachlichen Kompetenzen der Hamburger Schüler:innen beitragen sollen. Exemplarisch werden hier drei zentrale Handlungsfelder genannt. Diese drei Beispiele sollen veranschaulichen, welchen Beitrag das Sprachfördermonitoring für die Steuerung auf Systemebene leistet und wie die vorliegenden Daten für die Systementwicklung genutzt werden.

Frühe Förderung

Die hohen Sprachförderbedarfe in der Grundschule machen die Bedeutung früher Sprachbildung deutlich. Wie auch die Ergebnisse der Viereinhalbjährigenvorstellung (vgl. Heckt/Pohlmann 2023) zeigen, stellt die frühzeitige Bildungsbeteiligung und Förderung eine zentrale Stellschraube dar, um die Startchancen von Kindern mit geringeren Sprachkompetenzen nachhaltig zu verbessern. Dieser Befund wurde auf Steuerungsebene immer wieder hervorgehoben und entsprechende Maßnahmen und Programme wurden daraus abgeleitet. So wurde im Bildungsprogramm für Vorschulklassen, das im Schuljahr 2020/21 implementiert wurde, ein verstärkter Fokus auf das Thema Sprachbildung gelegt. Zudem wurde das Projekt „Förderung früher literaler Fähigkeiten" (FrüLi) als Transfer-Verbund im Rahmen der Bund-Länder-Initiative „Bildung durch Sprache und Schrift" (BiSS) aufgesetzt, das die Vorläuferfertigkeiten des späteren Schriftspracheerwerbs von Kindern im Vorschuljahr stärken soll. In den Kitas gibt es darüber hinaus seit einigen Jahren das Landesprogramm „Kita-Plus" und das Bundesprogramm „Sprach-Kitas: Weil Sprache der Schlüssel zur Welt ist". Flankierend wurden verschiedenen Qualifikationsangebote für pädagogische Fachkräfte und Programme zur Elternbeteiligung eingeführt. Damit die Förderung diagnosegestützt erfolgen kann, wurden in den letzten Jahren neue Instrumente und Verfahren zur Erfassung des Sprachstands entwickelt und bereitgestellt. Diese Aktivitäten stehen in Einklang mit den Empfehlungen aus dem Gutachten der Ständigen Wissenschaftlichen Kommission der Kultusministerkonferenz (SWK) zur Weiterentwicklung der Grundschule (vgl. SWK 2022).

Schwerpunkt Basiskompetenzen: systematische Leseförderung

Das vergleichsweise gute Abschneiden der Hamburger Schüler:innen im letzten IQB-Bildungstrend darf nicht darüber hinweg täuschen, dass nach wie vor ein erheblicher Anteil von Schüler:innen nicht über ausreichende Lesekompetenzen verfügt. Dieses Ergebnis wird auch regelmäßig in den Hamburg eigenen KERMIT-Erhebungen und in den Monitoringergebnissen sichtbar. An Schulen in sozial benachteiligten Regionen sind es zum Teil über 30 Prozent der Schüler:innen mit Leseleistungen unter den Mindeststandards.

Diese Befunde haben in Hamburg dazu geführt, eine systematische Leseförderung in der Grundschule aufzusetzen. Das sogenannte BiSS-Lesetraining wurde ebenfalls im Rahmen der Bund-Länder-Initiative BiSS entwickelt und im Schuljahr 2015/16 zunächst an wenigen Pilotschulen durchgeführt. Nach erfolgreicher Erprobung (Gailberger et al. 2021) wurde das Training an immer mehr Schulen, insbesondere an Schulen in sozial belasteten Lagen, eingeführt und erweist sich auch hier als wirksam (vgl. Wolters/Pohlmann/Vaccaro 2021, eingereicht).

Sprachsensibler Unterricht

Wie die Ergebnisse der Kompetenzdaten zeigen, weisen Schüler:innen mit Sprachförderbedarf nicht nur im Bereich Deutsch erhebliche Kompetenzrückstände auf, sondern auch in anderen Fächern wie Mathematik, Naturwissenschaften und Englisch. Besonders deutlich zeigt sich dies bei Schüler:innen mit nicht deutscher Familiensprache. Dieser Befund stützt die Dringlichkeit eines sprachsensiblen Fachunterrichts, der es Schüler:innen mit geringeren Deutschkenntnissen ermöglicht, erfolgreich am Regelunterricht teilzunehmen und das sprachliche Lernen unterstützt. Zur Förderung des sprachsensiblen Fachunterrichts wurde in Hamburg im Schuljahr 2016/17 das Projekt „Fachunterricht stärken durch Bildungssprache" (ehemals „Deutsch als Zweitsprache im Fachunterricht") entwickelt, das Hamburger Schulen und Fachkräften Fortbildungsangebote zu diesem Themenkomplex bietet. Auch dieses Projekt wurde im Rahmen der Bund-Länder-Initiative BiSS weiter ausgeweitet und modifiziert, um sich an die Bedürfnisse der Schulen anzupassen. Die Bedeutung der Sprache und des sprachsensiblen Unterrichts wird außerdem durch die neuen Hamburger Bildungspläne (Behörde für Schule und Berufsbildung 2023) gestützt, die die durchgängige Sprachbildung als Querschnittsaufgabe für alle Schulen und über alle Fächer ausweist.

Perspektiven für die Weiterentwicklung

Das Sprachfördermonitoring in seiner aktuellen Form bietet mit seiner breiten Datengrundlage vielfältige Analysemöglichkeiten. Die Nutzung der Leistungsdaten aus den verbindlichen Kompetenzerhebungen sowie die längsschnittlichen Datenverknüpfungen sind dabei besonders wertvoll. Bildungsverläufe und Kompetenzentwicklungen von Schüler:innen mit Sprachförderbedarf können somit beschrieben und mit anderen Gruppen verglichen werden.

Es gibt allerdings auch Limitationen, woraus sich Ansätze zur Erweiterung oder Neuausrichtung ergeben. Eine zentrale Limitation betrifft das Fehlen von Prozessdaten. So liegen keine Angaben über die Durchführung und Ausgestaltung der Sprachförderung in den einzelnen Schulen vor. Auch wenn tiefergehende qualitative Analysen sehr aufwändig und im Rahmen eines Monitorings schwer realisierbar sind, wäre zu überlegen, grundlegende Informationen zur Umsetzung (Förderformat, Gruppenzusammensetzung, Förderlehrkraft, Förderschwerpunkte) zu erheben. In Zusammenhang mit den Kompetenzdaten könnten so Hinweise darauf gewonnen werden, unter welchen Rahmenbedingungen die Förderung besonders wirksam ist. Prozessdaten könnten möglicherweise auch über die Schulinspektion generiert werden. Nachdem das Thema Sprachbildung als Querschnittsaufgabe in den neuen Hamburger Bildungsplänen (Behörde für Schule und Berufsbildung 2023) einen erhöhten Stellenwert erhält, würde sich ein differenzierterer Blick auf diesen Themenkomplex anbieten.

Eine weitere Limitation bezieht sich auf die Angaben zum Sprachförderbedarf, die keine Informationen darüber enthalten, in welchem Bereich der Förderbedarf genau besteht und welches Diagnoseergebnis der Förderzuweisung zu Grunde liegt. Somit kann auch nicht untersucht werden, wie sich die Lernentwicklung in dem zu fördernden Bereich darstellt, so dass Erfolge der Förderung nicht eindeutig messbar und damit Aussagen zur Wirksamkeit eingeschränkt sind. Um hierüber genauere Erkenntnisse zu erhalten, müssten Angaben über den Förderschwerpunkt erhoben und idealerweise differenzierte Diagnoseergebnisse einbezogen werden.

Das Monitoring in seiner aktuellen Form liefert auch keine Informationen dazu, wie die bereit gestellten Ressourcen von den Schulen verwendet werden und wie ein wirksamer Ressourceneinsatz aussieht. Will man hierzu Aussagen machen, müssten Angaben zur Ressourcenverwendung erhoben werden, was für die Schulen jedoch einen erheblichen Aufwand bedeutet.

Generell müssen Aufwand und Ertrag zusätzlicher Datenerhebungen immer abgewogen und in ein angemessenes Verhältnis gesetzt werden. Wie viele Ressourcen bindet die Datenerfassung bei den Schulen, und wie groß ist der Erkenntnisgewinn für die Steuerung? Sofern die erforderlichen Daten verfügbar sind und lediglich eine technische Lösung geschaffen werden muss, die Daten in datenschutzrechtlich abgesicherter Form für die Auswertungen zu nutzen, sollte diese Möglichkeit ausgeschöpft werden. Andernfalls ist gründlich zu überlegen, wie viele und welche Daten zusätzlich erfasst werden. Alternativ zum regelhaften Monitoring kann auch über „Tiefenbohrungen" an repräsentativen Stichproben oder ergänzende Evaluationen nachgedacht werden. Dabei ist zu überlegen, ob es ausreicht, die Informationen einmalig oder möglicherweise auch in regelmäßig Abständen zu erheben. Die Ergebnisse könnten schließlich gemeinsam mit den Monitoring-Ergebnissen in einen Gesamtkontext gestellt werden.

Mit Blick auf die Erkenntnistiefe schließt sich die Frage an, was ein Monitoring per se leisten soll. Liegt seine primäre Funktion darin, Impulse und Anstöße zur Diskussion bestimmter Fragen und Handlungsfelder zu liefern, die dann im nächsten Schritt anhand gezielterer Evaluationen untersucht werden? Oder sollte es den Anspruch erheben, weitergehende und prozessbezogene Informationen bereitzustellen und Wirkzusammenhänge unter die Lupe zu nehmen? Bei einer so umfangreichen Datengrundlage wie in Hamburg liegt es nahe, das große Potential noch weiter auszuschöpfen und Prozessdaten zu ergänzen, um Wirkmechanismen zu untersuchen. Dabei gilt es aber, den Aufwand immer im Blick zu behalten, und eine sinnvolle Strategie unter Einbindung aller beteiligten Akteure zu entwickeln, insbesondere unter Berücksichtigung der Praxis und der vielfältigen Anforderungen, die derzeit an die Schulen gestellt werden.

Schließlich muss es auch um eine bestmögliche Nutzung der generierten Daten und Ergebnisse gehen. Auch wenn das Monitoring in erster Linie der Systemsteuerung dient, ist zu überlegen, ob und wie die Informationen und Erkenntnisse auch für die Schulentwicklung nutzbar gemacht werden könnten. Wichtige Indikatoren und Trends könnten den Schulen in Form von Kennzahlblättern oder Dashboards zur Verfügung gestellt werden, um sie bei der Entwicklung und Überprüfung ihrer schulinternen Fördermaßnahmen und Bildungsprogramme zu unterstützen.

Unabhängig von der Konzeption und der vorhandenen Datenlage können Ergebnisse aus Bildungsmonitorings erst ihr volles Potenzial entfalten, wenn sie mehrperspektivisch eingeordnet und fachlich fundiert beraten werden. Ein etabliertes, fest verankertes Setting mit Akteuren aus allen relevanten Institutionen, idealerweise aus Fortbildung, Qualitätsentwicklung, Administration und Schule, ist dabei entscheidend, um Handlungsbedarfe zu erkennen, Veränderungen anzustoßen und realisierbare Lösungen zu finden, die in der Praxis auch akzeptiert werden. In Hamburg gibt es diese Strukturen sowie eine große Offenheit für datengestützte Systementwicklung bereits seit langem, was die Voraussetzung dafür schafft, dass die Ergebnisse Eingang in politische Entscheidungsprozesse und die praktische Umsetzung finden können. Trotzdem müssen die vorhandenen Strukturen und Maßnahmen von Seiten aller beteiligten Akteure immer wieder auf den Prüfstand gestellt und an veränderte Bedingungen und Bedarfe angepasst werden.

Literatur

Behörde für Schule und Berufsbildung (2021): Das Hamburger Sprachförderkonzept – Bilanz und Ausblick. Hamburg. https://www.hamburg.de/steigerung-der-bildungschancen/14243828/sprachbildung-und-sprachfoerderung (Abfrage: 23.04.2024).

Behörde für Schule und Berufsbildung (2023): Hamburger Bildungspläne. Bildungspläne 2022. https://www.hamburg.de/bildungsplaene (Abfrage: 23.04.2024).

Betthäuser, Bastian A./Bach-Mortensen, Anders/Engzell, Per (2022): A systematic review and meta-analysis of the impact of the COVID-19 pandemic on learning. Nature Human Behaviour, 1–11.

Bos, Wilfried/Pietsch, Marcus (Hrsg.) (2006): KESS 4 – Kompetenzen und Einstellungen von Schülerinnen und Schülern am Ende der Jahrgangsstufe 4 in Hamburger Grundschulen. Münster: Waxmann.

Deutsches PISA Konsortium (2001): PISA 2000. Basiskompetenzen von Schülerinnen und Schülern im internationalen Vergleich. Wiesbaden: VS Verlag für Sozialwissenschaften.

Gailberger, Steffen/Pohlmann, Britta/Reichenbach, Laura/Thonke, Franziska/Wolters, Jonna (2021): Zum nachhaltigen Einfluss von Lautleseverfahren auf Leseflüssigkeit, Leseverstehen, Rechtschreibung sowie Kompetenzen jenseits des Deutschunterrichts. Bericht zur Longitudinalstudie des Hamburger BiSS-Verbunds Primarstufe aus der Perspektive von Lesedidaktik und empirischer Bildungswissenschaft für schulische Praxis und Leseförderung. In: Gailberger, Streffen / Sappok, Christopher (Hrsg.): Weiterführende Grundlagenforschung in Lesedidaktik und Leseförderung. Baltmannsweiler: Schneider Hohengehren.

Hammerstein, Svenja / König, Christoph / Dreisörner, Thomas / Frey, Andreas (2021): Effects of COVID-19-related school closures on student achievement-A systematic review. Frontiers in Psychology 12.

Heckt, Meike / Pohlmann, Britta (2017): Das Verfahren zur Vorstellung Viereinhalbjähriger in Hamburg. Ergebnisse für das Schuljahr 2016/17. https://ifbq.hamburg.de/monitoring-und-programmevaluation/monitoring/vorstellung-viereinhalbjaehriger/ (Abfrage: 17.07.2024).

Heckt, Meike / Pohlmann, Britta (2023): Das Verfahren zur Vorstellung Viereinhalbjähriger. Übersicht der Ergebnisse, Schuljahr 2022/23. Institut für Bildungsmonitoring und Qualitätsentwicklung. https://ifbq.hamburg.de/monitoring-und-programmevaluation/monitoring/vorstellung-viereinhalbjaehriger/ (Abfrage: 17.07.2024).

Helm, Christoph / Huber, Stefan / Loisinger, Tina (2021): Was wissen wir über schulische Lehr-Lern-Prozesse im Distanzunterricht während der Corona-Pandemie? – Evidenz aus Deutschland, Österreich und der Schweiz. Zeitschrift für Erziehungswissenschaft 24, S. 237–311.

Hoffmann, Yvonne (2022): Sprach- und Lernfördermonitoring. Ergebnisse für die Schuljahre 2019/20 bis 2021/22. https://ifbq.hamburg.de/monitoring-und-programmevaluation/monitoring/sprachfoerderung/ (Abfrage: 17.07.2024).

Hoffmann, Yvonne / Pohlmann, Britta (2019): Monitoring der Sprachförderung. Ergebnisse für das Schuljahr 2018/19. https://ifbq.hamburg.de/monitoring-und-programmevaluation/monitoring/sprachfoerderung/ (Abfrage: 17.07.2024).

König, Christoph / Frey, Andreas (2022): The impact of COVID-19-related school closures on student achievement – A meta-analysis. Educational Measurement: Issues and Practice 41, H. 1, p. 16–22.

Landesinstitut für Lehrerbildung und Schulentwicklung (2023): Querschnittsaufgabe Sprachbildung. https://www.li.hamburg.de/fortbildung/faecher-lernbereiche/sprachen/deutsch-als-zweitsprache/sprachbildung-616616 (Abfrage: 23.04.2024)

Lehmann, Rainer / Peek, Rainer (1997): Aspekte der Lernausgangslage von Schülerinnen und Schülern der fünften Klassen an Hamburger Schulen. Bericht über die Untersuchung im September 1996.

Lücken, Markus / Thonke, Franziska / Pohlmann, Britta / Hoffmann, Helga / Golecki, Reinhard / Rosendahl, Johannes / Benzing, Margarete / Poerschke, Jan (2014): KERMIT – Kompetenzen ermitteln. In: Fickermann, Detlef / Maritzen, Norbert (Hrsg.): Grundlagen für eine daten- und theoriegestützte Schulentwicklung. Konzeption und Anspruch des Hamburger Instituts für Bildungsmonitoring und Qualitätsentwicklung. Waxmann, S. 127–154.

Schulte, Klaudia / Hartig, Johannes / Pietsch, Marcus (2014): „Der Sozialindex für Hamburger Schulen". In: Fickermann, D. / Maritzen, Norbert (Hrsg.): Grundlagen für eine daten- und theoriegestützte Schulentwicklung. Konzeption und Anspruch des Hamburger Instituts für Bildungsmonitoring und Qualitätsentwicklung (IfBQ). Hanse – Hamburger Schriften zur Qualität im Bildungswesen, Waxmann. Band 13, S. 67–80.

Stanat, Petra / Pant, Hans Anand / Richter, Dirk / Böhme, Katrin / Engelbert, Maria / Haag, Nicole / Hannighofer, Jasmin / Prengel, Josefine / Reimers, Heino / Roppelt, Alexander / Weirich, Sebastian (2012): Der Blick in die Länder. In: Stanat, Petra / Pant, Hans Anand / Böhme, Katrin / Richter, Dirk (Hrsg.): Kompetenzen von Schülerinnen und Schülern am Ende der vierten Jahrgangsstufe in den Fächern Deutsch und Mathematik. Ergebnisse des IQB-Ländervergleichs 2011. Waxmann, S. 103–116.

Ständige Wissenschaftliche Kommission der Kultusministerkonferenz (SWK) (2022): Basale Kompetenzen vermitteln – Bildungschancen sichern. Perspektiven für die Grundschule. Gutachten der Ständigen Wissenschaftlichen Kommission der Kultusministerkonferenz (SWK).

Wittig, Julia / Schneider, Rebecca (2022): Kompetenzstufenbesetzungen im Fach Deutsch. In: Stanat, Petra / Schipolowski, Stefan / Schneider, Rebecca / Sachse, Karoline A. / Weirich, Sebastian / Henschel, Sofie (Hrsg.): IQB-Bildungstrend 2021. Kompetenzen in den Fächern Deutsch und Mathematik am Ende der 4. Jahrgangsstufe im dritten Ländervergleich. Waxmann, S. 51–66.

Wolters, Jonna / Pohlmann, Britta / Vaccaro, Eric (2021): Systematische Leseförderung: Der Hamburger Weg.

Woerfel, Till (2020): Unterricht mit digitalen Medien organisieren. Mehrsprachigkeit gezielt nutzen und fördern. Köln: Mercator-Institut für Sprachförderung und Deutsch als Zweitsprache. https://mercator-institut.uni-koeln.de/sites/mercator/user_upload/PDF/05_Publikationen_und_Material/200804_Handreichung_Mehrsprachigkeit_gezielt_nutzen_und_foerdern.pdf (Abfrage: 17.07.2024).

Teil E:
Perspektiven Bildungsmonitoring

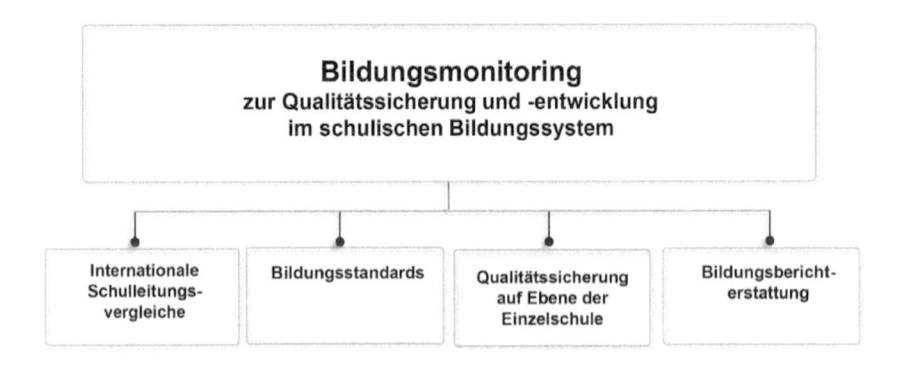

```
┌─────────────────────────────────────────────┐
│            Bildungsmonitoring               │
│   zur Qualitätssicherung und -entwicklung   │
│        im schulischen Bildungssystem        │
└─────────────────────────────────────────────┘
         │          │          │          │
┌────────────┐ ┌──────────┐ ┌──────────┐ ┌──────────────┐
│Internationale│ │Bildungs- │ │Qualitäts-│ │Bildungs-     │
│Schulleitungs-│ │standards │ │sicherung │ │bericht-      │
│vergleiche    │ │          │ │auf Ebene │ │erstattung    │
│              │ │          │ │der       │ │              │
│              │ │          │ │Einzel-   │ │              │
│              │ │          │ │schule    │ │              │
└────────────┘ └──────────┘ └──────────┘ └──────────────┘
```

Dieser Abschnitt wirft neben der Bilanz auch einen Blick auf mögliche Weiterentwicklungsbereiche des Bildungsmonitorings aus unterschiedlichen Akteursperspektiven. So arbeiten *Michaela Sixt* und *Cordula Artelt* die Chancen und Grenzen einer längsschnittlichen Betrachtung von Bildungsverläufen im Rahmen des Nationalen Bildungspanels (NEPS) heraus. *Dorit Stenke, Janina Roloff* und *Désirée Burba* ziehen aus Perspektive der Bildungsadministration eine kritische Bilanz zu den letzten 20 Jahren Bildungsmonitoring, während *Annette Kuhn* und *Niklas Prenzel* die Akteurskonstellation zwischen Bildungswissenschaft, -journalismus und -politik im Bildungsmonitoring beleuchten. Diese Spannungsfelder thematisiert ebenfalls *Daniel Kneuper* und entfaltet Gedanken zur Professionalisierung der im Bildungsmonitoring tätigen Akteure. Hingegen liefern *Nils Berkemeyer* und *Philipp Glanz* einen Debattenbeitrag, der das Verhältnis zwischen Bildungscontrolling und -monitoring konturiert. Abschließend diskutieren *Martina Diedrich* und *Günter Klein* die Potenziale und Perspektiven des Bildungsmonitorings aus Sicht der Leitungen zweier im Monitoring tätigen Qualitätsinstitute.

Die Bedeutung des Nationalen Bildungspanels (NEPS) für das Bildungsmonitoring

Michaela Sixt und Cordula Artelt

Zusammenfassung

Das Nationale Bildungspanel (NEPS) bietet ein einzigartiges Potential zur Ergänzung der Gesamtstrategie der Kultusministerkonferenz der Länder (KMK) zum Bildungsmonitoring. Mit seinen im Längsschnitt erhobenen Daten stellt das NEPS eine zentrale Grundlage für die Forschung bereit und ermöglicht damit, vertieften Fragen zu Befunden aus dem Bildungsmonitoring nachzugehen, auch wenn es selbst nicht Teil der Gesamtstrategie und den dort angelegten Säulen ist.

Im Unterschied zu den von der KMK primär für das Bildungsmonitoring herangezogenen wiederkehrenden Querschnittstudien, wie den internationalen Schulleistungsvergleichen oder den Bildungstrends, ist das NEPS nicht darauf ausgelegt, ein jährlich repräsentatives Bild der Bildungsbeteiligung in Deutschland zu beschreiben. Das NEPS begleitet ausgewählte Kohorten und zielt über das längsschnittliche Design und die Wiederholungsmessung der Inhalte neben der Beschreibung von individuellen Kompetenz- und Bildungsverläufen auch auf die Betrachtung von Ursache-Wirkungs-Zusammenhängen in und außerhalb des Bildungssystems. Dabei greift das NEPS inhaltlich auch einige der Themenfelder auf, die von der KMK als Themen mit zentraler bildungspolitischer Bedeutung ausgewiesen wurden: Dies sind z.B. Fragen zum Umgang mit Heterogenität, der Unterrichtsentwicklung, den Auswirkungen von Ganztag auf den Lernerfolg, nach Unterschieden zwischen Schulen in vergleichbarer Lage und den Wirkungen sowie Strategien von deren Schulentwicklung. Basierend auf Forschung mit NEPS-Daten können daher jene Stellschrauben weiter herausgearbeitet werden, die für die Bildungspolitik und -administration wichtige Ansatzpunkte für die Weiterentwicklung des Bildungssystems und der Verbesserung der Qualität der Bildung in Deutschland bieten. Insofern tragen auf NEPS-Daten basierte Forschungsergebnisse mittelbar zur Gesamtstrategie der KMK zum Bildungsmonitoring bei.

Die Bedeutung des Nationalen Bildungspanels (NEPS) für das Bildungsmonitoring

Der Begriff des Bildungsmonitorings ist in Deutschland eng mit der entsprechenden Gesamtstrategie der Kultusministerkonferenz (KMK) zum Bildungsmonitoring verbunden, die sich auf vier Säulen stützt und dazu dient, Entwicklungen im Bildungsbereich zu verfolgen, Politikentscheidungen zu unterstützten und die

Qualität des Bildungssystems zu verbessern (vgl. Einleitung in diesem Band). In regelmäßigen Abständen werden die Ergebnisse der PISA-Studien oder der IQB-Bildungstrends, beides explizit benannte Elemente der ersten Säule, in den Medien berichtet. Auch der Nationale Bildungsbericht greift darauf zurück und berichtet 2022 beispielsweise von einem negativen Trend in der Kompetenzentwicklung von Schüler:innen, fügt aber gleichzeitig hinzu, dass unklar ist, in welchem Maße dies auf die Corona-Pandemie zurückzuführen ist (Autor:innengruppe Bildungsberichterstattung 2022, S. 153). So gut die Daten aus den genannten Studien in Bezug auf die Aussagekraft für die Kompetenzniveaus und Merkmale der jeweils untersuchten (Alters-)gruppe von Schüler:innen auch sind, für die Analyse von Ursachen der beobachteten Veränderungen sind sie aufgrund ihrer methodischen Anlage nicht geeignet. Die wiederholt durchgeführten Querschnittsstudien erlauben dies nicht zu untersuchen, weil es hierzu an Daten fehlt, die die Veränderungen der Leistungen derselben Schüler:innen und der jeweiligen individuellen und strukturellen Einflussfaktoren gleichermaßen abbilden (z. B. Persönlichkeitseigenschaften, Merkmale des familiären Umfelds oder der Unterrichtsqualität). Nur so aber lassen sich – idealerweise im Sinne eines natürlichen Experiments – Schüler:innen mit und ohne Beeinträchtigungen durch die Corona-Pandemie fundiert vergleichen. Querschnittstudien, auch wenn sie wiederholt werden, stellen Momentaufnahmen dar, die die Situation zum jeweiligen Zeitpunkt beschreiben und auf deren Basis reichhaltiges Deskriptionswissen generiert werden kann. Längsschnittliche Studien, in denen Individuen in ihren jeweiligen Kontexten und in ihrer Entwicklung über die Zeit begleitet werden, sind eher mit Filmen vergleichbar, die deutlich mehr von der individuellen Geschichte erfassen und reichhaltige Informationen über die Bedingungen und Veränderungen bieten sowie Erklärungswissen generieren können.

Die 2015 überarbeitete Gesamtstrategie der Kultusministerkonferenz (KMK) zum Bildungsmonitoring (Kultusministerkonferenz 2016; vgl. auch Albers/Jude 2022 sowie Einleitung in diesem Band) setzt verstärkt auch auf die Identifikation von Erklärungen, auf Basis gesicherter empirischer Erkenntnisse aus der Bildungsforschung, um valides Steuerungswissen zu generieren und die Qualität des Bildungssystems zu verbessern. Dabei kommt den Landesinstituten und Qualitätseinrichtungen der Länder die Aufgabe zu, diese wissenschaftlichen Ergebnisse und Befunde aus der Forschung adressatengerecht aufzubereiten, wozu eigens ein Positionspapier (Landesinstitute und Qualitätseinrichtungen der Länder 2018) erarbeitet wurde. Die KMK hat zudem auch Forschungsfelder abgestimmt, an denen sie ein besonderes Erkenntnisinteresse hat. Darunter finden sich u. a. Fragen zum Umgang mit Heterogenität, der Unterrichtsentwicklung, den Auswirkungen von Ganztag auf den Lernerfolg, nach Unterschieden zwischen Schulen in vergleichbarer Lage und den Wirkungen sowie Strategien von deren Schulentwicklung.

Wie eingangs dargelegt sind zur Bearbeitung dieser Forschungsfelder auch Längsschnittdaten (auch Paneldaten genannt) notwendig, wenn neben der Beschreibung von Entwicklungen nun auch Erklärungswissen auf Basis empirischer Befunde generiert werden soll. Dies können die in der Gesamtstrategie der KMK etablierten wiederholten Querschnittsstudien allerdings nicht leisten, sondern muss über die Aufarbeitung von Forschungsbefunden aus Längsschnittstudien erfolgen. Auch für die Nationale Bildungsberichterstattung, ein Element einer weiteren Säule in der Gesamtstrategie der KMK (vgl. Einleitung in diesem Band), wurde der Bedarf nach mehr längsschnittlichen Daten zu Bildung über den gesamten Lebensverlauf und insbesondere zu den Übergängen an einzelnen Bildungsphasen und individuellen Bildungsverläufen formuliert.

Neben der Tatsache, dass viele Forschungsfragen zum Thema Bildung, die über jene der KMK Bildungsmonitoring-Strategie hinausgehen und außerhalb des Bildungssystems angesiedelt sind, ohne Längsschnittdaten ebenfalls nicht beantwortet werden können, waren auch die weiteren Bedarfe nach Erklärungswissen aus dem Bildungsmonitoring Gründe dafür, das Nationale Bildungspanel (NEPS) ins Leben zu rufen. Wie Blossfeld und Schneider (2011) resümieren, waren die bis 2010 in Deutschland existierenden Bildungsstudien entweder als Querschnittstudien angelegt oder fokussierten auf einzelne Bildungsphasen oder Bundesländer. Erstere können zwar im Falle von wiederkehrenden Querschnitten Trends in Entwicklungen abbilden, ein Schluss auf individuelle Entwicklungen über die Zeit oder gar eine Analyse (kausaler) Zusammenhänge ist jedoch nicht möglich. Bei letzteren lassen sich keine Aussagen über den gesamten Lebensverlauf treffen bzw. bleiben diese mit Blick auf die gesamte Bundesrepublik eingeschränkt. Entsprechend konnten damals weder zentrale Forschungsfragen nach (ursächlichen) Einflussfaktoren für Bildung für ganz Deutschland untersucht werden, noch die aus der Gesamtstrategie der KMK zum Bildungsmonitoring resultierenden Fragen nach Erklärungsansätzen, wie die Qualität des Bildungssystems verbessert werden kann, hinreichend beantwortet werden. So wird beispielsweise im Bildungsbericht 2012 auf das damals gerade gestartete NEPS verwiesen, um die Frage nach den Ursachen von Vertragsauflösungs- bzw. Abbrecherquoten von Auszubildenden mit Vorerfahrungen in berufsvorbereitenden Maßnahmen des Übergangssystems hinreichend zu beantworten (Autor:innengruppe Bildungsberichterstattung 2012, S. 116). Seitdem wurde das NEPS in den Bildungsberichten immer wieder genutzt, um Beschreibungs- mit Erklärungswissen anzureichern, also Veränderungen und Verläufe über die Zeit darzustellen und mit Erklärungswissen zu bildungspolitisch relevanten Phänomen und steuerungsrelevantem Wissen zu ergänzen (siehe dazu ausführlicher unten). Insofern stellt das NEPS kein unmittelbares Instrument im Rahmen der Gesamtstrategie der KMK zum Bildungsmonitoring dar, sondern ist mittelbar über die auf NEPS-Daten basierende Forschung eine unverzichtbare Quelle, um die Ziele, die in der Gesamtstrategie formuliert sind, zu erreichen.

Begreift man Bildungsmonitoring in einem weiteren Sinne, also losgelöst von der KMK-Gesamtstrategie, lässt sich das NEPS als ein relevantes Instrument des Monitorings beschreiben, wenn individuelle Kompetenz- und Bildungsverläufe langfristig begleitet werden und Wissen generiert wird, welches nur durch diesen Studientyp erzielt werden kann.

Das Ziel des vorliegenden Beitrags ist es aufzuzeigen, wie die längsschnittlichen Daten des Nationalen Bildungspanels (NEPS) zur Gesamtstrategie der KMK zum Bildungsmonitoring bzw. genauer zu steuerungsrelevanter Forschung und Bildungsberichterstattung beitragen können und welche Grenzen dabei berücksichtigt werden müssen. Dazu werden folgende Leitfragen bearbeitet: (1) Was sind die Zielsetzungen des NEPS und wie grenzt es sich von bestehenden Datenquellen aus Säule 1 der Gesamtstrategie ab, die explizit für das Bildungsmonitoring etabliert wurden? (2) Wo liegen die Grenzen und Potentiale des NEPS für das Bildungsmonitoring im Sinne der Gesamtstrategie der KMK? (3) Wie können noch weitere Potentiale für das Bildungsmonitoring, aber auch die Forschung erschlossen werden?

Zielsetzungen des NEPS in Abgrenzung zu den Datenquellen des Bildungsmonitorings aus der Gesamtstrategie der KMK

Während die Gesamtstrategie der KMK zum Bildungsmonitoring primär die Verbesserung des Bildungssystems zum Ziel hat, liegt das Ziel des NEPS zunächst in der Beschreibung und Erklärung von Kompetenzentwicklungen, Bildungsprozessen, ihren Bedingungen, Ergebnissen und Folgen über den gesamten Lebensverlauf, d. h. nicht nur im Schulkontext, sondern auch in anderen, u. a. zeitlich parallelen Lernumwelten, die deutlich über die Schulzeit hinaus reichen und auch schon im Bereich der frühkindlichen Bildung und der Familie ansetzen (Blossfeld et al. 2011/2019; Artelt/Sixt 2023). Zu diesem Zweck arbeitet das interdisziplinäre NEPS-Netzwerk seit inzwischen 15 Jahren daran, qualitativ hochwertige Längsschnittdaten für die wissenschaftliche Gemeinschaft zur Verfügung zu stellen und begleitet dazu seit 2009 mehr als 70.000 Teilnehmende in inzwischen sieben Startkohorten mit in der Regel jährlichen Erhebungen, wobei auch etwa 50.000 sog. Kontextpersonen, wie beispielsweise Eltern oder Lehrkräfte, befragt wurden und werden. Als Startkohorten werden dabei die für die unterschiedlichen Bildungsphasen gezogenen Stichproben bezeichnet, die je für sich genommen den Startpunkt für eine eigene Längsschnittstudie darstellen. Über das sogenannte Multi-Kohorten-Sequenz-Design (MKSD, vgl. Abb. 1) sind diese sieben Startkohorten so arrangiert und aufeinander abgestimmt, dass sie die zentralen Bildungsphasen des Lebensverlaufs parallel abdecken.[1] Keine andere Bildungsstudie in Deutschland vermag dies zu leisten. Die Hauptidee des Designs besteht darin, Informationen über verschiedene Phasen der Bildung und des lebenslangen Lernens in einer kürzeren Zeitspanne zu liefern als z. B. über die Begleitung einer Geburtskohorte. Dadurch werden kohortenübergreifende Vergleiche von individuellen Entwicklungen möglich, die den Einfluss von sich verändernden gesellschaftlichen und strukturellen Rahmenbedingungen oder auch Krisen, wie z. B. der Corona-Pandemie, erfassen können. Mit den Daten aus internationalen Vergleichsstudien stehen hingegen Informationen zu einzelnen Altersgruppen zur Verfügung, die zwar je für sich einen Trend in der Entwicklung für eine repräsentative Gruppe beschreiben, aber auf Grund des querschnittlichen Designs keine individuellen Entwicklungsverläufe untersuchen können. Wie eingangs erläutert ist eine fundierte Untersuchung von Erklärungsfaktoren damit nicht zu leisten.

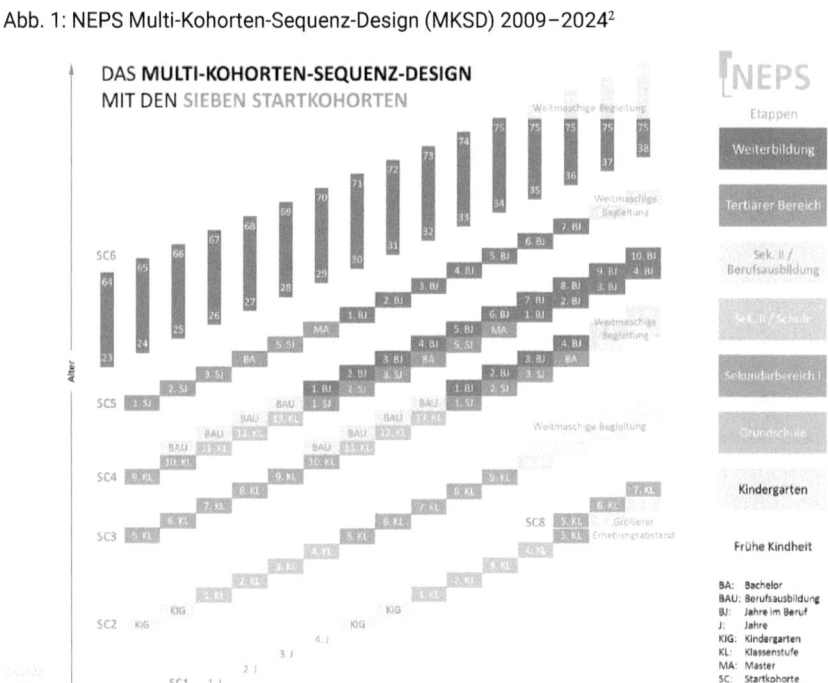

Abb. 1: NEPS Multi-Kohorten-Sequenz-Design (MKSD) 2009–2024[2]

---

[1] Es sind aktuell sieben Startkohorten (SC) gezogen und im Feld: SC1 bis SC6 sowie die 2022 gestartete SC8. Die Planungen zur Kohortensukzession sehen eine weitere Startkohorte im Bereich der frühen Bildung (SC7) vor, die im MKSD aber noch nicht abgebildet ist, da sie noch nicht terminiert ist. Entsprechend unterscheiden sich die Anzahl der im MKSD abgebildeten Startkohorten und die Nummerierung im Namen der Startkohorten.

Die erste NEPS-Datenerhebung startete 2009 mit der ersten Welle der NEPS-Startkohorte 6 (SC6), der Erwachsenenkohorte. Die individuell gezogene Stichprobe umfasste Zielpersonen, die zwischen 1944 und 1986 geboren wurden und somit zwischen 23 und 64 Jahre alt waren. Die große Mehrheit der SC6-Teilnehmenden hatte die formale Bildung bereits verlassen. Allerdings spielen informelle und nicht-formale Bildung für Erwachsene eine große Rolle; mehr als jeder zweite Erwachsene nimmt an informeller und nicht-formaler Bildung teil (z. B. Autor:innengruppe Bildungsberichterstattung 2020). Diese Bildungsphase wird im NEPS als Weiterbildung respektive lebenslanges Lernen bezeichnet. Ein Jahr nach der SC6 folgten 2010 die ersten Wellen der NEPS-Startkohorten 2 bis 5. Basierend auf institutionellen Stichproben ermöglicht jede dieser Startkohorten den Zugang zu Personen in einer bestimmten Phase der formalen Bildung: Kinder (im Alter von vier Jahren) als Panelteilnehmende der SC2 wurden im Kindergarten zwei Jahre vor der Einschulung für die Stichprobe gezogen und weiter begleitet. Die Teilnehmenden in SC3 und SC4 repräsentieren zwei Kohorten von Schüler:innen in der Sekundarstufe: SC3 in der fünften Klasse nach dem Übergang in die Sekundarstufe I und SC4 in der neunten Klasse (SC4) vor dem Übergang in die Sekundarstufe II oder in eine Berufsausbildung. SC5 fokussierte Studienanfänger:innen an Universitäten und damit die Phase der Hochschulbildung. Schließlich fand 2012 die erste Datenerhebung der NEPS-Startkohorte 1 (SC1) statt, die wiederum als Individualstichprobe gezogen wurde und sich auf die Phase der frühen Kindheit, d. h. auf Neugeborene (6–8 Monate) und ihre weitere Entwicklung, konzentrierte. Ausführliche Informationen zur Stichprobenziehung der NEPS-Startkohorten finden sich bei Aßmann et al. (2019). Jede Kohorte wurde i. d. R. seither mindestens jährlich über verschiedene Erhebungsmodi befragt und auch regelmäßig in verschiedenen Kompetenzbereichen getestet. So ist über 15 Jahre ein reichhaltiger Datenschatz entstanden, der es erlaubt individuelle Bildungsverläufe und Kompetenzentwicklungen über den Lebensverlauf nachzuvollziehen. Insgesamt ist es durch das aufeinander abgestimmte Design und Erhebungsprogramm (zu den Inhalten siehe weiter unten) aller NEPS-Startkohorten zueinander für bestimmte Fragestellungen und Zeitpunkte möglich, auch Kohorten, Alters- und Periodeneffekte voneinander zu unterscheiden. Das bedeutet, analytisch trennen zu können, ob beobachtete Unterschiede in bestimmten Merkmalen in verschiedenen Altersgruppen auf Unterschiede in Geburtskohorten und damit auf verschiedene Generationen, das Alter an sich oder auf historisch prägende Ereignisse zurückzuführen sind.

Um wesentliche Veränderungen, z. B. auf Grund von umfassenden strukturellen und übergreifenden Änderungen im Schulsystem oder auch gesellschaftlichen Umbrüchen, zwischen Kohorten zu erfassen, verfügt das NEPS mit der

---

2   Abb. 1 steht auf der Homepage des Nationalen Bildungspanels (https://www.lifbi.de/neps) zur Verfügung.

sogenannten Kohortensukzession über ein Instrument, z. B. eine neue Kohorte zu etablieren und durch den Einsatz vergleichbarer Erhebungsinstrumente und ähnlichen Designs, Daten zur Untersuchung von Kohorteneffekten bereitzustellen (vgl. Artelt/Sixt 2023, S. 292 ff.). So ist die Neuziehung einer Kohorte im Bereich der frühen Bildung in Planung (NEPS-Startkohorte 7) und für 2025 eine Auffrischung der jüngeren Geburtskohorten und Aufstockung der Geburtskohorten bis zum Jahrgang 1970 der Erwachsenenkohorte (NEPS-Startkohorte 6) vorgesehen. Zuletzt realisiert wurde im Jahr 2022 die Ziehung einer neuen Kohorte von Fünftklässler:innen (NEPS-Startkohorte 8, SC8). Über 6.000 Fünftklässler:innen, etwas über 3.250 Eltern und mehr als 3.000 Lehrkräfte und Schulleitungen haben an den Erhebungen in der ersten Welle der neuen Kohorte teilgenommen. Neben bewährten Inhalten aus SC3 kamen auch viele inhaltliche, aber auch methodische und technische Neuentwicklungen zum Einsatz bzw. wurden für die weiteren Wellen vorbereitet (siehe dazu Artelt/Sixt 2023, S. 293). Darüber hinaus weist die SC8 eine Besonderheit auf: sie ist über eine sich auf Ebene der Schulen überschneidende Stichprobe mit den IQB-Bildungstrends verknüpft und es sind auch inhaltliche Überschneidungen in den Erhebungsprogrammen angelegt, so dass es möglich sein wird, mit den Daten der SC8 Fragen zur Rolle und Vorhersagekraft der Bildungsstandards sowie zur Schulentwicklung und den Effekten institutioneller Entwicklung auf Leistungen und andere (z. B. motivationale) Merkmale der Schüler:innen zu untersuchen.

Das NEPS-Erhebungsprogramm speist sich aus der sogenannten NEPS-Rahmenkonzeption, einem konzeptionellen Rahmen, der den Gegenstandsbereich der Studie im Sinne inhaltlicher Kernthemen, zentraler Fragestellungen und theoretisch anzunehmender Zusammenhänge aus transdisziplinärer Perspektive skizziert, die auf alle Bildungsphasen im Lebensverlauf übertragbar sind (NEPS-Netzwerk 2023). Im Zentrum des NEPS stehen die in Abbildung 2 dargestellten Kernthemen der (Entwicklung von) Kompetenzen sowie weiterer Persönlichkeitsmerkmale und (die Formation von) Bildungsentscheidungen, die in ihrem Zusammenspiel zueinander und in ihren Auswirkungen auf Bildungsrenditen in den Blick genommen werden. Selbstverständlich beinhaltet das NEPS-Erhebungsprogramm auch Einflussfaktoren, die in den je relevanten institutionellen, non-formalen und informellen Lernumwelten verankert sind, wobei der Lernort Familie insbesondere bei Kindern und Jugendlichen eine besondere Rolle spielt. Ein großer Teil der Inhalte ist darauf ausgerichtet, Forschung zur Entstehung, Entwicklung sowie den Folgen von sozialen Ungleichheiten mit Blick auf soziale Herkunft, Migration und Geschlecht, zu ermöglichen. So stellt das NEPS z. B. auch umfassende Daten zu dem in der Gesamtstrategie formulierten, besonders interessanten Themenfeld Heterogenität bereit und damit die Grundlage, um das angestrebte anwendungsbezogene Wissen für Bildungspolitik und pädagogische Praxis zu generieren. Grundlegend für die Datenerhebung im gesamten NEPS ist zudem die systematische Erfassung der Bildungsverläufe und gesamten Lebenssituation der Teilnehmenden.

Abb. 2: Rahmenkonzeption des NEPS[3]

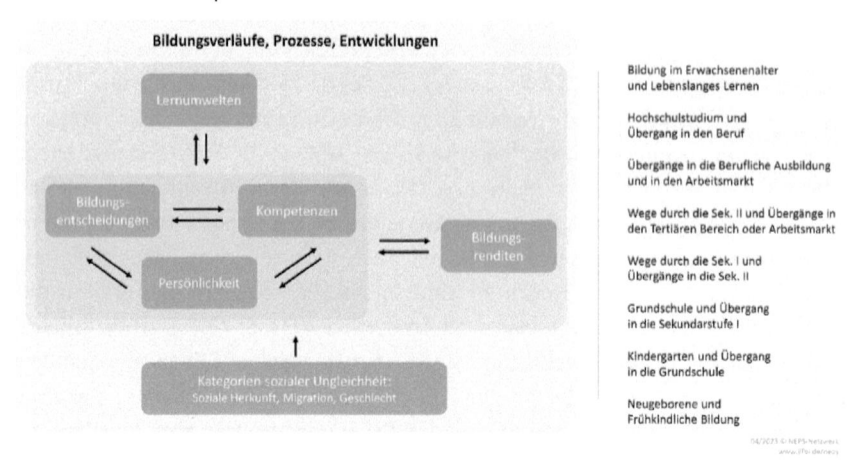

Dabei sind die Erfassung individueller Kompetenzentwicklung über den Lebensverlauf und die sehr detaillierte längsschnittliche Erfassung von individuellen Bildungsverläufen einzigartige Alleinstellungsmerkmale des NEPS und unverzichtbare Ergänzungen zu den querschnittlich erhobenen Kompetenzdaten aus (inter)nationalen Schulleistungsvergleichen, den IQB-Bildungstrends oder auch den Lernstandserhebungen, wodurch für das Bildungsmonitoring bzw. die nationale Berichterstattung zusätzliche Erkenntnisse gewonnen werden können. Während sich die oben genannten Studien auf einzelne Kompetenzdomänen in der jeweiligen Klassenstufe oder einem definierten Altersbereich konzentrieren, ist es mit dem NEPS möglich, mehrere Kompetenzbereiche derselben Teilnehmenden im Zusammenhang und die Kompetenzwerte zu unterschiedlichen Zeitpunkten auf einer gemeinsamen Metrik, d. h. im Sinne absoluter Veränderungen, zu betrachten (vgl. Tab. 1).

Mit der sehr detaillierten längsschnittlichen Erfassung von individuellen Bildungsverläufen im NEPS, die in vielen anderen Ländern durch Registerdaten abgebildet werden und in Deutschland nicht vorliegen (siehe auch unten), können zudem – zurzeit nur mit den NEPS-Daten – verschiedene Typen von Bildungsverläufen herausgearbeitet werden und deren Ausformung bei unterschiedlichen

---

3   Abb. 2 steht auf der Homepage des Nationalen Bildungspanels (https://www.lifbi.de/neps) zur Verfügung.
4   Tab. 1 und 2 stehen auf der Homepage des Nationalen Bildungspanels (https://lifbi.de/neps) zum Download zur Verfügung.

Tab. 1: Erhebungszeitpunkte von ausgewählten Kompetenzbereichen im Vergleich: PISA, PIRLS/IGLU, TIMMS, IQB-Bildungstrends und NEPS[4]

	PISA[1]	PIRLS/IGLU[2]	TIMMS[3]	IQB-Bildungstrends[4]		Nationales Bildungspanel (NEPS)[5]					
				Primarbereich	Sekundarstufe I	Neugeborene (SC1)	Kindergarten (SC2)	Klasse 5 (SC3)	Klasse 9 (SC4)	Studierende (SC5)	Erwachsene (SC6)
Zielsetzung	International vergleichbarer, wiederkehrender Querschnitt			Wiederkehrender Querschnitt zum Erreichen der Bildungsstandards der KMK für Deutschland		Längsschnitterhebung zur Beschreibung und Erklärung von Kompetenzentwicklung und Bildungsverläufen über den Lebensverlauf in Deutschland					
Zielpopulation	15-Jährige	4. Klässer:innen	4. Klässer:innen	4. Klässer:innen	9. Klässler:innen	6-8 Monate alte Neugeborene	4-Jährige	5. Klässer:innen	9. Klässler:innen	Studienanfänger:innen	Erwachsene (Alter: 23-64)
Aussagen über	Stand des Kompetenzniveaus in der Zielpopulation im jeweiligen Erhebungsjahr					Individuelle Kompetenzentwicklung in der Zielpopulation					
						... seit 2012	... seit 2010	... seit 2010	... seit 2010	... seit 2010	... seit 2009
Erhebungsjahr ausgewählter Kompetenzbereiche[a]											
Lesen/Deutsch	2000, 2003, 2006, 2009, 2012, 2015	2001, 2006, 2011		2011, 2016, 2021, 2024	2008, 2015, 2022	(2015), (2017), (2019), (2020), (2021), (2022)	(2011), (2013), (2014a), 2015, 2018	2010, (2011), 2012, (2014), 2015, 2017	(2010), (2011), 2013, 2016	2010, 2017	2010, 2012, (2014), 2016
Mathematik	2000, 2003, 2006, 2009, 2012, 2015		2007, 2011, 2015	2011, 2016, 2021, 2024	2012, 2018	2016, 2018, 2020, 2022	2012, 2013, 2015, 2018, 2021	2010, 2012, 2014, 2017	2010, 2013, 2016	2010, 2017	2010, 2016
Naturwissenschaften	2000, 2003, 2006, 2009, 2012, 2015		2007, 2011, 2015		2012, 2018	2017, 2019, 2021	2011, 2013, 2014, 2018	2011, 2014, 2016	2010, 2012, 2021	2013	2012, 2021

Quelle: Eigene Darstellung, angelehnt an eine Darstellung der KMK (2016, S. 7).

Anmerkungen
[a] Allgemeiner Hinweise: Das Erhebungsjahr gibt den Kalenderjahr an, in dem die Erhebungen gestartet sind. Die Feldzeiten können sich ggf. auch in das nächste Kalenderjahr erstrecken. Für detaillierte Informationen sei auf die jeweilige Studiendokumentation verwiesen. Die Auswahl der Kompetenzüberreiche fiel auf jene, die in allen der hier gelisteten Studien erhoben werden. Studienspezifische, weitere Kompetenzbereiche finden sich bei den einzelnen Studien. In Klammern gesetzte Jahresangaben weisen darauf hin, dass nur Teilaspekte bzw. Vorläuferkompetenzen des jeweiligen Bereichs erfasst sind.
(1) Angaben entnommen aus KMK 2016, S. 7.
(2) Angaben entnommen aus KMK 2016, S. 7.
(3) Angaben entnommen aus KMK 2016, S. 7.
(4) Angaben entnommen von der Homepage: https://www.iqb.hu-berlin.de/bt/, in den IQB-Bildungstrends (bis 2012 Ländervergleich) in der Sekundarstufe I werden alle drei Jahre alternierend die Fächergruppe "Deutsch, Englisch, (bundeslandspezifisch zudem) Französisch" mit der Fächergruppe "Mathematik, Biologie, Physik und Chemie" erhoben. Die drei letzten Fächer werden in der Darstellung unter Naturwissenschaften summiert.
(5) Der hier zusammengefasste Überblick zum NEPS basiert auf den aktuell verfügbaren NEPS Scientific-Use-Files von Fuß et al. (2021). Im NEPS werden die dargestellten Kompetenzbereiche durch etappenspezifische Tests (darunter z. B. auch Englisch in der SC3, SC4 und SC5) sowie die Testung von kognitiven Grundfähigkeiten (DGCF) frühestens ab dem Alter von 5 Jahren (SC1: 2018, 2021, 2022; SC2: 2012, 2013, 2021; SC3: 2010, 2015; SC4: 2011, 2016; SC5: 2013; SC6: 2014), ICT (SC2: 2014; SC3: 2011, 2014, 2017; SC4: 2010, 2013, 2021; SC5: 2013; SC6: 2012, 2021) sowie verschiedenen Aspekten der Metakognition, meist zusammen mit den jeweiligen Kompetenzbereich, ab dem Grundschulalter ergänzt. Für differenzierte Einblicke zur Konzeption und Planung wird auf Artelt/Weinert/Carstensen (2013) und Weinert et al. (2019) verwiesen.

Gruppen sowie deren Veränderungen zwischen Kohorten betrachtet sowie die Bedeutung verschiedener Erklärungsfaktoren untersucht werden (vgl. dazu auch Kapitel I in Autor:innengruppe Bildungsberichterstattung 2022, S. 329 ff.).

Grenzen und Potentiale des NEPS für das Bildungsmonitoring im Sinne der Gesamtstrategie der KMK

Auch wenn das NEPS mit seinem reichhaltigen Datenschatz große Potentiale bietet, gibt es auch Grenzen. Es bietet qua Design beispielsweise keine Möglichkeit, bundeslandspezifische Bildungssysteme zu vergleichen, denn die NEPS-Starkohorten wurden bei der Ziehung nur implizit nach Bundesland stratifiziert, um eine Repräsentativität für Deutschland zu gewährleisten. D. h. die Ziehung berücksichtigt zwar die Struktur der Bundesländer in Relation zueinander, die Stichprobengrößen je Bundesland sind jedoch nicht hinreichend groß, um in den jeweiligen Bundesländern adäquate Vergleichsgruppen bilden zu können. Weiter ist einschränkend darauf hinzuweisen, dass die NEPS-Daten zwar für die Grundgesamtheit der Zielpopulation in Deutschland zum Ziehungszeitpunkt der Startkohorte repräsentativ sind – nicht jedoch zu jedem Erhebungszeitpunkt. Die internationalen Schulleistungsstudien und die IQB-Bildungstrends ziehen bei jeder Erhebung neu und so gibt es bei letzteren zu jedem Erhebungszeitpunkt eine neue repräsentative Stichprobe für die entsprechende Zielpopulation im jeweiligen Ziehungsjahr. Bei NEPS steht die Begleitung von individuellen Verläufen über die Zeit im Fokus und Aussagen mit den NEPS-Daten beziehen sich prinzipiell nur auf die Grundgesamtheit der jeweiligen Startkohorte für die sie gezogen wurde. D. h. auch mit 2020 erhobenen Daten aus der SC3 kann man beispielsweise nur Aussagen über Schüler:innen in Deutschland treffen, die 2010 eine 5. Klasse bzw. wegen der Aufstockung in 2012 eine 7. Klasse in einer allgemeinbildenden Schule besucht haben – nicht über jene in 5. Klassen im Jahr 2020. Um wesentliche strukturelle oder gesellschaftliche Änderungen dennoch erfassen zu können, werden im NEPS im Rahmen der Kohortensukzession, vor dem Hintergrund begrenzter Ressourcen sehr sorgsam abgewogen, neue Kohorten gezogen. Die begrenzten Ressourcen bedingen auch relativ große zeitliche Abstände zwischen den sukzessiven Kohorten wie z. B. der Startkohorte Klasse 5 mit Start 2010 und der zweiten Startkohorte Klasse 5 mit Start 2022, was das Potential für virulente Fragen des Bildungsmonitorings im Sinne der Gesamtstrategie der KMK einschränkt.

Auch muss erwähnt werden, dass die Teilnahme am NEPS freiwillig ist. Dies ist bei den internationalen Schulleistungsstudien oder auch den IQB-Bildungstrends, die explizit als Teil der Gesamtstrategie ausgewiesen sind, anders. Dort ist die Teilnahme von Schulen als auch der Schüler:innen an der Testung und teilweise auch Befragung verpflichtend (vgl. Tab. 2). Die Freiwilligkeit der Teilnahme der Schulen, Lehrkräfte, Schüler:innen und Eltern im NEPS führen unweigerlich zu den in der Forschungsliteratur diskutierten Selektivitäten in der Erstteilnahme – auf individueller Ebene aber ggf. auch auf der institutionellen Ebene. Diese müssen mit verschiedenen Maßnahmen wie Gewichtung und Kalibrierung ausgeglichen werden.

Tab. 2: Verpflichtungsgrad öffentlicher Schulen zur Teilnahme an Bildungsstudien[5]

	PISA[(1)]	PIRLS/IGLU[(2)]	TIMMS[(3)]	IQB BT[(4)]	NEPS[(5)]
Leistungstests Schüler:innen	verpflichtend	verpflichtend	verpflichtend	verpflichtend	freiwillig
Befragung Schüler:innen	bundeslandspezifisch	bundeslandspezifisch	bundeslandspezifisch	bundeslandspezifisch	freiwillig
Befragung Lehrkräfte	bundeslandspezifisch	bundeslandspezifisch sowie teilverpflichtend	bundeslandspezifisch sowie teilverpflichtend	bundeslandspezifisch sowie teilverpflichtend	freiwillig
Befragung Schulleitung	keine Information	bundeslandspezifisch sowie teilverpflichtend	bundeslandspezifisch sowie teilverpflichtend	bundeslandspezifisch sowie teilverpflichtend	freiwillig

Quelle: Eigene Darstellung.
Anmerkungen
Allgemeiner Hinweis: Außer NEPS sind alle gelisteten Studien Elemente der Gesamtstrategie der KMK zum Bildungsmonitoring (vgl. Kultusministerkonferenz 2016). Diese sind i.d.R. in den länderspezifischen Schulgesetzen aufgenommen, woraus sich als Rechtsgrundlage eine verpflichtende Teilnahme der öffentlichen Schulen an diesen Studien ergibt. Dies gilt nicht für Schulen in privater Trägerschaft, deren Teilnahme meist freiwillig ist. Ebenso freiwillig ist je die Teilnahme der Eltern an der entsprechenden Befragung.
(1) PISA 2018. Angaben entnommen aus Weis/Reiss 2019, S. 17; Mang et al. 2019, S. 16. Keine Differenzierung nach Bundesland verfügbar.
(2) IGLU 2021. Angaben entnommen aus Lorenz et al. 2023, Tabelle 2.3, S. 40; daraus: "Teilverpflichtend bedeutet, dass das Ausfüllen des Fragebogens für Lehrkräfte beziehungsweise Schulleitungen bezüglich Angaben zu Schule und Unterricht verpflichtend war. Die Beantwortung von Fragen zur Person war hingegen freiwillig."
(3) TIMMS 2019. Angaben entnommen aus Schwippert et al. 2020, Tabelle 2.2, S. 37. Weitere Differenzierung nach Bundesland dort verfügbar. Klassifikation "Teilverpflichtend" analog zu IGLU übernommen.
(4) IQB-Bildungstrend 2021. Angaben entnommen aus Sachse et al. 2022, Tabelle 10.5, S. 244, daraus: "bei teilweise verpflichtender Teilnahme schul- und unterrichtsbezogene Angaben verpflichtend, persönliche Angaben freiwillig". Weitere Differenzierung nach Bundesland dort verfügbar.
(5) Nationales Bildungspanel (NEPS). Vgl. Beschreibung der Stichprobenziehung der einzelnen Startkohorten bei Aßmann et al. 2019.

Zudem hat das NEPS wie jede Längsschnittstudie mit Ausfällen über die Zeit (Panelmortalität) umzugehen. Um auch noch nach mehreren Jahren der Erhebungen valide Aussagen für die zugrundeliegende Grundgesamtheit der jeweiligen Startkohorte treffen zu können, sind auch hier Gewichtung und Kalibrierung notwendig, die allerdings bei Analysen der Entwicklung einzelner Subgruppen an ihre Grenzen stößt.

Die Stärke des NEPS liegt somit nicht in der querschnittlichen Betrachtung, sondern in der längsschnittlichen Perspektive. Ganz konkret bedeutet dies beispielsweise, dass sich mit den NEPS-Daten aus der SC1 gut bestimmen lässt, inwieweit bestimmte Merkmale und Prädispositionen, wie z. B. die Noten, das Vorhandensein eines ruhigen Lernorts zuhause, die Lernmotivation oder das Kompetenzniveau in verschiedenen Bereichen, zur Inanspruchnahme von Nachhilfe in der Grundschulzeit geführt haben. Die Teilnehmenden der SC1 haben nach nunmehr über 10 Jahren die Grundschule durchlaufen und sind bereits in der Sekundarstufe I angekommen und auch entsprechende Informationen sind in den NEPS-Daten vorhanden. Aussagen wie „X Prozent der deutschen Grundschüler:innen im Jahr 2022 haben Nachhilfe in Anspruch genommen" können mit den NEPS-Daten hingegen nicht unmittelbar getroffen werden. Denn die Grundgesamtheit für die Ziehung der NEPS-Startkohorte 1 bildete die Gesamtheit aller

---

5   Tab. 1 und 2 stehen auf der Homepage des Nationalen Bildungspanels (https://lifbi.de/neps) zum Download zur Verfügung.

Neugeborenen im Alter von 6–8 Monaten im Jahr 2012 ab und damit nur teilweise die für die obige Aussage relevante Population der Grundschüler:innen im Jahr 2022 (siehe auch oben). Über Gewichtung und Kalibrierung ist es möglich, sich dem Wert in der obigen Aussage anzunähern, dies ist aber immer mit einer gewissen Unsicherheit behaftet, die vom Ausmaß der Stichprobenselektivität sowie dem Grad und der Art der Stichprobenabdeckung abhängt.

Dennoch sind die NEPS-Daten eine unverzichtbare Ergänzung für das Bildungsmonitoring im Sinne der Gesamtstrategie der KMK bzw. insbesondere für dessen vierte Säule, der Bildungsberichterstattung. Es sind die individuellen Längsschnittdaten des NEPS mit denen es aktuell möglich ist, längere Betrachtungsspannen in den Blick zu nehmen und damit Voraussetzungen und Rahmenbedingungen als auch Konsequenzen von Bildung im späteren Leben zu untersuchen. Die NEPS-Daten stehen dem NEPS-Netzwerk als auch der gesamten wissenschaftlichen Gemeinschaft zeitgleich zur Forschung zur Verfügung und bis Ende 2023 lagen bereits 1.751 Veröffentlichungen mit dem NEPS vor. Da das NEPS inhaltlich Forschungsfelder mit besonderem Erkenntnisinteresse der KMK abdeckt, kann Forschung mit den NEPS-Daten eben diesen Bedarfen gerecht werden. Und weiter können auf Grund des Längsschnittcharakters des NEPS aus den Forschungsergebnissen auch Erklärungsfaktoren und damit Stellschrauben für die im Bildungsmonitoring als relevant erachteten Indikatoren in – aber auch außerhalb – der Schule identifiziert werden. Durch die Erfassung von Bildungserträgen weit nach Abschluss der Schullaufbahn, kann mit den NEPS-Daten weiter die langfristige Nachhaltigkeit der Leistungsfähigkeit des Bildungssystems betrachtet werden, die internationale Schulleistungsvergleiche per Anlage nicht in den Blick nehmen können.

So werden NEPS-Daten seit langem auch als ergänzende Datenquelle für Analysen für die Berichterstattung im Nationalen Bildungsbericht verwendet. Diese fanden erstmals im Bildungsbericht 2014 Eingang, als im Kapitel C (Frühkindliche Bildung, Betreuung und Erziehung), Kapitel D (Allgemeinbildende Schule und non-formale Lernwelten im Schulalter) und Kapitel F (Hochschule) Analysen auf Basis der Daten aus den NEPS-Startkohorten 2, 3 und 4 einflossen (Autor:innengruppe Bildungsberichterstattung 2014). Seither sind Erkenntnisse und Analysen auf Basis der NEPS-Daten fester Bestandteil des Nationalen Bildungsberichts. Kapitel I „Bildungsverläufe, Kompetenzentwicklung und Erträge" im Bildungsbericht 2022 beruht ausschließlich auf NEPS-Daten und zeigt damit das Potential der bildungsbereichsübergreifenden individuellen Perspektive auf Bildungsverläufe. Aufgezeigt werden dort beispielsweise Bildungsverlaufsmuster zwischen Sekundarbereich und Arbeitsmarkt, Kompetenzverläufe nach sozialer Herkunft in der Grundschule aber auch die bereits angesprochenen Konsequenzen von Bildung, wenn arbeitsmarktbezogene und monetäre Erträge als auch Lebenszufriedenheit mit Kompetenzentwicklung und Bildungsverläufen in Zusammenhang gebracht werden.

Bei der 2022 gestarteten NEPS Startkohorte 8 (SC8, siehe oben) wurde zudem ein spezielles Design umgesetzt, das eine teilweise Überlappung der Stichproben der Schulen, die an der NEPS SC8 und am IQB-Bildungstrend 2022 teilnehmen, vorsieht. Hierdurch sollen auch Fragen zur Schulentwicklung und ihren Effekte auf die Kompetenzentwicklung der Schüler:innen untersuchtbar gemacht werden. Grundlage hierfür ist die Idee, dass die Schüler:innen der NEPS SC8 Schuljahr 2026/2027 in der 9. Klasse die Instrumente des IQB-Bildungstrends 2022 (Mathematik, Lesekompetenz) bearbeiten und die Leistungsentwicklung mit den Entwicklungen (erfragt von der Schulleitung und dem gesamten Kollegium) in den NEPS-Schulen in Beziehung gesetzt werden können.

Das NEPS bzw. Forschung auf der Basis von NEPS-Daten bildet daher zusammenfassend ein einzigartiges Potential zur Ergänzung der Gesamtstrategie der KMK zum Bildungsmonitoring, da damit im Längsschnitt individuelle Bildungsverläufe und Kompetenzentwicklungen sowie verschiedenste Einflussfaktoren über den Lebensverlauf erfasst werden und so jene Stellschrauben weiter herausgearbeitet werden, die für die Bildungspolitik und -administration wichtige Ansatzpunkte für die Weiterentwicklung des Bildungssystems und der Verbesserung der Qualität der Bildung in Deutschland bieten.

Datenlinkage als weiteres Potential für das Bildungsmonitoring

Noch größere Potentiale für die Forschung und in der Folge auch für das Bildungsmonitoring im weitesten Sinne lassen sich (bzw. würden sich) durch eine Verknüpfung mit zusätzlichen Datenquellen erschließen (lassen). Das NEPS bietet hier z. B. bereits für die NEPS-Starkohorten 1, 3, 4, 5 und 6 für die Teilnehmenden bzw. den teilnehmenden Elternteil eine Verknüpfung mit dem Datensatz „Integrierte Erwerbsbiographien" des Instituts für Arbeitsmarkt und Berufsforschung (IAB) an (vgl. z. B. Bachbauer/Wolf 2022). Diese prozess-produzierten Daten, die aus verschiedenen Datensätzen u. a. des IAB bzw. der Bundesagentur für Arbeit gespeist werden, enthalten tagesgenaue Informationen zu Erwerbsverläufen und -tätigkeiten sowie zu Phasen z. B. mit einem Leistungsempfang, wie z. B. Arbeitslosengeld oder SGBII-Bezug. Mithilfe von NEPS-ADIAB, so der Name des Datenangebots, lassen sich insbesondere Forschungsfragen bearbeiten, für die sehr differenzierte Daten zu Einkommen im Lebensverlauf erforderlich sind. So kann u. a. diese Form von langfristigen Bildungserträgen noch genauer untersucht werden.

Darüber hinaus bietet die sogenannte Georeferenzierung von Surveydaten, d. h. die Zuweisung von geographischen Koordinaten zu den erhobenen Daten, und anschließende Anspielung von räumlichen Daten, generell ein großes Potential, den strukturellen und räumlichen Kontext von Bildung noch besser zu erfassen und detaillierter zu betrachten. So können beispielsweise Indikatoren identifiziert werden, die von besonders großer Bedeutung sind, um gleichwertige Lebensverhältnisse abzubilden. Denn, wie jedes menschliche Handeln, sind auch Bildungsprozesse eingebettet in räumliche Kontexte und entsprechend abhängig von regionalen bzw. lokalen Rahmenbedingungen, die mitunter deutlich variieren können. Das beginnt beim bundesländerspezifischen Bildungssystem, reicht über das lokale Bildungsangebot und die (verkehrs-)infrastrukturelle Erreichbarkeit der Einrichtungen bis hin zur Berücksichtigung von Umweltfaktoren, oder der Wohnsegregation in sehr kleinräumigen Kontexten, die sich auf individuelle Kompetenzentwicklungen als auch Bildungsentscheidungen und -prozesse durchaus auswirken und zu unterschiedlichen Bildungschancen führen können. So kann beispielsweise die Anspielung von Informationen zu sozialräumlichen Nachbarschaftskontexten, wie z. B. Anteil der Personen mit Migrationshintergrund in der Nachbarschaft, wertvolle Hinweise auf die Potentiale oder Herausforderungen der Lernumwelt für ein Individuum bieten.

Das NEPS bietet (unter Einhaltung zusätzlicher datenschutzrechtlicher Anforderungen) vor diesem Hintergrund aktuell die Möglichkeit, räumliche bzw. strukturelle Informationen, die Datennutzende selbst mitbringen, über die Kreiskennziffer zuzuspielen. Es kann auch auf Regionalindikatoren der Firmen infas 360 Geodaten und Microm zurückgegriffen werden, die auch auf kleinräumiger Ebene für das NEPS zentral zur Verfügung gestellt werden (Koberg 2016; Schönberger/Koberg 2016). Weiter wird aktuell am Leibniz-Institut für Bildungsverläufe (LIfBi), von wo aus das NEPS zentral gesteuert wird, eine Datenbank mit einer Vielzahl von standardisierten Indikatoren für die wissenschaftliche Gemeinschaft aufgebaut (die sogenannte Schuldatenbank), die es u. a. ermöglichen soll, föderal organisierte Regelungen seit Ende der 1940er Jahre zu untersuchen. Sie soll zur Anspielung an Individualdaten, wie z. B. aber nicht nur dem NEPS, zur Verfügung gestellt werden, was für die Analyse von Bildungsreformen von besonderem Wert ist.

Als dritte Datenquelle, die nicht nur in Kombination mit den längsschnittlichen Daten des NEPS, sondern für jegliche Bildungsforschung und damit letztendlich auch für das Bildungsmonitoring von herausragender Bedeutung ist, soll die Möglichkeit der Nutzung von Daten aus einem Bildungsverlaufsregister angeführt werden. Nach dem Vorbild der skandinavischen Länder, könnten Registerdaten – würden solche auch in Deutschland zur Verfügung stehen – zu Surveydaten hinzugespielt werden oder auch Stichprobenziehungen ermöglichen. Insgesamt hat sich die Situation diesbezüglich noch immer nicht wesentlich verändert (vgl. Artelt et al. 2019), wenngleich Initiativen und statistische Lösungen zur Etablierung eines Bildungsverlaufsregisters entwickelt wurden (z. B. RatSWD 2022; Schnell 2022). Dies wäre nicht nur eine relevante Quelle für inhaltliche Analysen, wenn standardisiert über alle Bundesländer dieselben Informationen zu Schüler:innen, Klassen, Lehrkraftkollegien und Schulen zur Verfügung stünden, sondern auch eine immense Entlastung der Schulen bei der Teilnahme an wissenschaftlichen Erhebungen, da viele Informationen nicht mehr extra erhoben werden müssten. Dies würde auch die Teilnahmebereitschaft der Schulen an (freiwilligen) wissenschaftlichen Studien wieder deutlich erhöhen, nachdem diese, nicht zuletzt auf Grund der Corona-Pandemie insbesondere bei freiwilligen Studien deutlich zurückgegangen ist. Dabei ist eine hohe Ausschöpfung der Schulstichproben für valide wissenschaftliche Erkenntnisse für die überarbeitete Gesamtstrategie der Kultusministerkonferenz zum Bildungsmonitoring essentiell und sollte daher besonders von der KMK deutlich in den Vordergrund gerückt werden.

Literatur

Albers, Albers/Jude, Nina (2022): Blickpunkt Bildungsmonitoring. In: Pädagogik 5, S. 48–52.

Artelt, Cordula/Bug, Mathias/Kleinert, Corinna/Maaz, Kai/Runge, Thomas (2019): Nutzungspotenziale amtlicher Statistik in der Bildungsforschung – Ein Überblick zu Erreichtem, möglichen Chancen und anstehenden Herausforderungen. In: Fickermann, Detlef/Weishaupt, Horst (Hrsg.): Bildungsforschung mit Daten der amtlichen Statistik. Münster; New York: Waxmann Verlag GmbH, S. 21–37.

Artelt, Cordula/Sixt, Michaela (2023): The National Educational Panel Study (NEPS)—framework, design, and research potential. In: Zeitschrift für Erziehungswissenschaft 26, S. 277–298.

Artelt, C./Weinert, S./Carstensen, C. H. (2013): Assessing competencies across the lifespan within the German National Educational Panel Study (NEPS): Editorial. In: Journal for Educational Research Online 5, S. 5–14.

Aßmann, Christian/Steinhauer, Hans Walter/Würbach, Ariane/Zinn, Sabine/Hammon, Angelina/Kiesel, Hans/Rohwer, Götz/Rässler, Susanne/Blossfeld, Hans-Peter (2019): Sampling Designs of the National Educational Panel Study: Setup and Panel Development. In: Blossfeld, Hans-Peter/Roßbach, Hans-Günther (Hrsg.): Education as a Lifelong Process: The German National Educational Panel Study (NEPS). Wiesbaden: Springer VS, S. 35–55.

Autor:innengruppe Bildungsberichterstattung (2012): Bildung in Deutschland 2012: Ein indikatorengestützter Bericht mit einer Analyse zur kulturellen Bildung im Lebenslauf. Bielefeld: Deutsches Institut für Internationale Pädagogische Forschung und Bertelsmann Verlag.

Autor:innengruppe Bildungsberichterstattung (2014): Bildung in Deutschland 2014: Ein indikatorengestützter Bericht mit einer Analyse zur Bildung von Menschen mit Behinderung. Bielefeld: Deutsches Institut für Internationale Pädagogische Forschung und Bertelsmann Verlag.

Autor:innengruppe Bildungsberichterstattung (2020): Bildung in Deutschland 2020: Ein indikatorengestützter Bericht mit einer Analyse zu Bildung in einer digitalisierten Welt. Bielefeld: wbv.

Autor:innengruppe Bildungsberichterstattung (2022): Bildung in Deutschland 2022: Ein indikatorengestützter Bericht mit einer Analyse zum Bildungspersonal. Bielefeld: wbv.

Bachbauer, Nadine/Wolf, Clara (2022): NEPS-SC6-Erhebungsdaten verknüpft mit administrativen Daten des IAB (NEPS-SC6-ADIAB). Nürnberg: IAB FDZ Forschungsdatenzentrum der Bundesagentur für Arbeit im Institut für Arbeitsmarkt- und Berufsforschung. https://www.doku.iab.de/fdz/reporte/2022/DR_01-22.pdf (Abfrage 23.04.2024).

Blossfeld, Hans-Peter/Schneider, Thorsten (2011): Data on educational processes: National and international comparisons. In: Blossfeld, Hans-Peter/Roßbach, Hans-Günther (Hrsg.): Education as a Lifelong Process: The German National Educational Panel Study (NEPS). Wiesbaden: Springer VS, S. 35–50.

Blossfeld, Hans-Peter/von Maurice, Jutta/Schneider, Thorsten (2011): The National Educational Panel Study: need, main features, and research potential. In: Zeitschrift für Erziehungswissenschaft 14, S. 5–17.

Blossfeld, Hans-Peter/von Maurice, Jutta/Schneider, Thorsten (2019): The National Educational Panel Study: Need, Main Features, and Research Potential. In: Blossfeld, Hans-Peter/Roßbach, Hans-Günther (Hrsg.): Education as a Lifelong Process: The German National Educational Panel Study (NEPS). Wiesbaden: Springer VS, S. 1–16.

Koberg, Tobias (2016): Regionaldaten: infas geodaten. NEPS Research Data Paper. https://www.neps-data.de/Portals/0/NEPS/Datenzentrum/Forschungsdaten/Regio_Infas.pdf (Abfrage: 23.04.2024).

Kultusministerkonferenz (2016): Gesamtstrategie der Kultusministerkonferenz zum Bildungsmonitoring. https://www.kmk.org/fileadmin/Dateien/veroeffentlichungen_beschluesse/2015/2015_06_11-Gesamtstrategie-Bildungsmonitoring.pdf (Abfrage: 23.04.2024).

Landesinstitute und Qualitätseinrichtungen der Länder (2018): Positionspapier der Landesinstitute und Qualitätseinrichtungen der Länder zum Transfer von Forschungswissen. https://bak-lehrerbildung.de/wp-content/uploads/positionspapier-transfer-311018-002.pdf (Abfrage 16.8.2023).

NEPS-Netzwerk (2023): Rahmenkonzeption des Nationalen Bildungspanels. https://www.lifbi.de/Portals/2/NEPS/Dokumente/NEPS-Rahmenkonzeption_Mai_2023.pdf. (Abgerufen: 23.04.2024)

RatSWD (2022): Aufbau eines Bildungsverlaufsregisters: Datenschutzkonform und forschungsfreundlich. Empfehlungen des Rates für Sozial- und WirtschaftsDaten: Positionspapier des RatSWD. https://www.konsortswd.de/wp-content/uploads/Positionspapier-RatSWD-Aufbau-eines-Bildungsverlaufsregisters.pdf (Abfrage: 23.04.2024).

Sachse, K. A./Weirich, S./Becker, B./Hafiz, N. J./Schneider, R./Schipolowski, S. (2022): Kapitel 10 Methodische Grundlagen: Anlage, Durchführung und Auswertung des IQB-Bildungstrends 2021. In: Stanat, P./Schipolowski, S./Schneider, R./Sachse, K. A./Weirich, S./Henschel, S. (Hrsg.): IQB-Bildungstrend 2021. Kompetenzen in den Fächern Deutsch und Mathematik am Ende der 4. Jahrgangsstufe im dritten Ländervergleich. Waxmann Verlag GmbH, S. 233–258.

Schnell, Rainer (2022): Verknüpfung von Bildungsdaten in einem Bildungsregister mittels Record-Linkage auf Basis von Personenmerkmalen. In: GRLC Working Paper Series 03. Duisburg-Essen: DuEPublico https://www.duepublico2.uni-due.de/receive/duepublico_mods_00076331 (Abfrage: 23.04.2024).

Schönberger, Katrin/Koberg, Tobias (2016): Regionaldaten: Microm. NEPS Research Data Paper. https://www.neps-data.de/Portals/0/NEPS/Datenzentrum/Forschungsdaten/Regio_Microm.pdf (Abfrage: 23.04.2024).

Weinert, S./Artelt, C./Prenzel, M./Senkbeil, M./Ehmke, T./Carstensen, C. H./Lockl, K. (2019): Development of competencies across the life course. In: Blossfeld, H.-P./Roßbach, H.-G. (Hrsg.): Education as a Lifelong Process: The German National Educational Panel Study (NEPS). Wiesbaden: Springer VS, S. 57–81.

20 Jahre Bildungsmonitoring – mit welchem Erfolg?

Eine Einschätzung aus Sicht der Bildungsadministration

Dorit Stenke, Janina Roloff und Désirée Burba

Zusammenfassung

Ziel des Beitrags ist es, aus der Perspektive der Bildungsadministration Schleswig-Holsteins aufzuzeigen, welche Bedeutung empirische Evidenz aus dem Bildungsmonitoring für die Bildungspolitik und -administration hat und welche Gründe dazu geführt haben, dass eine vollumfängliche Datennutzung bislang noch nicht erfolgt ist. Abschließend werden einige Ansätze zum Umgang mit empirischen Daten und Erkenntnissen aus Perspektive des Landes Schleswig-Holstein erläutert. Es wird diskutiert, ob sich daraus Stellschrauben identifizieren lassen, die eine intensivere Auseinandersetzung mit Daten und Erkenntnissen aus dem Bildungsmonitoring voranbringen können.

Ein Blick zurück: Bilanz über zwei Jahrzehnte Bildungsmonitoring

In den letzten beiden Jahrzehnten hat die Bedeutung evidenzbasierter Entscheidungen von Bildungspolitik und -administration enorm an Bedeutung gewonnen.

Bereits mit dem „Konstanzer Beschluss" leitete die KMK im Jahr 1997 die „empirische Wende" ein (Kultusministerkonferenz 1997). Der Fokus der Bildungspolitik lag nun zunehmend auf der Systemebene und den Instrumenten der Systemsteuerung, dabei war das Bildungsmonitoring der entscheidende Faktor. Diese Entwicklung erhielt einen zusätzlichen Schub mit der Veröffentlichung der zentralen Ergebnisse von PISA 2000 und dem sogenannten „PISA-Schock" (Baumert et al. 2001). Hierdurch wurde deutlich, dass eine Kultur der regelmäßigen Prüfung von Leistungsergebnissen und die Herstellung einer Vergleichbarkeit durch Standardisierung in Deutschland stärker etabliert werden müsste. Mit dem Ziel, länderübergreifend die Weiterentwicklung, Operationalisierung, Normierung und Überprüfung von Bildungsstandards sicherzustellen, wurde im Jahr 2004 das Institut zur Qualitätsentwicklung im Bildungswesen (IQB) an der Humboldt-Universität zu Berlin gegründet und die ersten Bildungsstandards verabschiedet (Sekretariat der Ständigen Konferenz der Kultusminister der Länder in der Bundesrepublik Deutschland 2005).

Die KMK formulierte im Jahr 2006 dann die erste Gesamtstrategie zum Bildungsmonitoring, die im Jahr 2015 noch einmal überarbeitet und weiterentwickelt wurde (Sekretariat der Kultusministerkonferenz 2016). Hiermit bekannten sich alle Bundesländer zu einer evidenzbasierten Bildungspolitik, wie sie in der Einleitung des Sammelbands dargestellt ist.

Auch die Ländervereinbarung über die gemeinsame Grundstruktur des Schulwesens und die gesamtstaatliche Verantwortung der Länder in zentralen bildungspolitischen Fragen (Beschluss der KMK vom 15.10.2020; Kultusministerkonferenz 2020) und die daraus resultierenden politischen Vorhaben aus dem Jahr 2021 spiegeln diesen Willen deutlich wider.

Mit dem Ziel, Bildungsprozesse und Kompetenzentwicklung von der frühen Kindheit bis ins hohe Erwachsenenalter im Längsschnitt untersuchen zu können, wurde das Nationale Bildungspanel (NEPS) initiiert und von 2009 bis 2013 vom Bundesministerium für Bildung und Forschung (BMBF) gefördert. Anschließend wurde das Leibniz-Institut für Bildungsverläufe (LIfBi), das seitdem das NEPS durchführt, gegründet (LIfBi 2023). Die Teilnahme an weiteren zentralen Bildungsstudien komplettieren die Erkenntnisse über digitale Schlüsselkompetenzen der Schülerinnen und Schüler wie z. B. die International Computer and Information Literacy Study (ICILS; Bos et al. 2014; Eickelmann et al. 2019).

Mit der Einrichtung der Ständigen Wissenschaftlichen Kommission der KMK (SWK; Geschäftsstelle der SWK 2023), die 2021 ihre Arbeit aufgenommen hat, wurde eine kontinuierliche wissenschaftliche Beratung der KMK auf den Weg gebracht und zugleich ein Bekenntnis zur gemeinsamen Nutzung wissenschaftlicher Erkenntnisse ausgesprochen. Diese Chance zur Zusammenarbeit von Bildungsforschung und Bildungspolitik wird derzeit intensiv genutzt – die Gutachten der SWK zur Digitalisierung und zur Grundschule haben zahlreiche Aktivitäten in den Gremien der KMK und in der Bildungspolitik der Länder ausgelöst und auch jetzt schon die Gremienarbeit innerhalb der KMK verändert. Zum Beispiel wurden ländergemeinsame arbeitsteilige Staatssekretärsarbeitsgruppen eingesetzt, die sich mit den einzelnen Gutachten der SWK beschäftigen, Schlussfolgerungen ziehen und für die weitere Gremienbefassung aufbereiten. Außerdem wurden zu einzelnen Gutachten Fachanhörungen durchgeführt, z. B. zu dem Impulspapier „Entwicklung von Leitlinien für das Monitoring und die Evaluation von Förderprogrammen im Bildungsbereich" oder zum Grundschulschulgutachten mit dem Fokus Übergang Kita – Schule. Außerdem wurden die Arbeitsprozesse innerhalb der KMK beschleunigt, indem die Gremien sich nicht nacheinander, sondern gemeinsam mit den Entscheidungsvorlagen für das Plenum beschäftigen. Die Zusammenarbeit mit der SWK auf Augenhöhe ist dabei ein gelungenes Beispiel für den Dialog zwischen Wissenschaft und Politik als eine notwendige Bedingung für eine evidenzbasierte Bildungssteuerung.

Seit Einleitung der empirischen Wende wurden vermehrt Bildungsprogramme aufgesetzt, die empirisch begleitet wurden, z. B. die Forschungsverbünde

Leistung macht Schule (LemaS) und Schule macht stark (SchuMaS) oder die Initiative Bildung durch Sprache und Schrift (BiSS). Auch das bundesweite Fortbildungsprogramm für Mathematiklehrkräfte des IPN/DZLM Programm Unterrichts- und Fortbildungs-Qualität in Mathematik entwickeln (QuaMath) wird wissenschaftlich begleitet. Der Digitalpakt Schule wird ebenfalls evaluiert. Dies ist auch für das unterdessen bewilligte Startchancen-Programm von Bund und Ländern geplant. Auch gesamtgesellschaftlich ist die Bedeutung faktenbasierter Entscheidungen nicht mehr wegzudenken. Politische Entscheidungen werden sowohl in den Ländern als auch bei ländergemeinsamen Strategien der Kultusministerkonferenz durch empirische Evidenz aus dem Bildungsmonitoring unterstützt.

Insbesondere in Zeiten von Einsparungen sowie Fachkräftemangel ist es von höchster Relevanz, dass die Wirksamkeit von Steuerungsmaßnahmen nachgewiesen wird, damit die knappen Ressourcen Geld, aber vor allem auch Zeit und das Engagement auf allen Ebenen in die richtigen Bahnen gelenkt werden. Der Wert liegt also auf der Hand: Die Wirksamkeit von Maßnahmen – und damit der Einsatz knapper Ressourcen – wird überprüft und Handlungsempfehlungen und Steuerungsempfehlungen werden abgeleitet, wenn auch nicht immer mit der notwendigen Konsequenz.

Gleichwohl gilt es nach 20 Jahren zu konstatieren, dass wir in der Leistungsentwicklung der Schülerinnen und Schüler wieder zurückgefallen sind und dass es nicht gelungen ist, die Basiskompetenzen Schreiben, Lesen und Mathematik, die für den weiteren Bildungserfolg in Schule, Ausbildung, Studium und Beruf entscheidend sind und eine angemessene Teilhabe am gesellschaftlichen Leben im Jugend- und Erwachsenenalter erlauben, zu sichern. Dies zeigen die aktuellen Ergebnisse des IQB-Bildungstrends 2021 im Primarbereich (Stanat et al. 2022): Für Deutschland insgesamt fallen die im Mittel erreichten Kompetenzen der Viertklässlerinnen und Viertklässler in allen untersuchten Kompetenzbereichen im Fach Deutsch (Lesen, Zuhören, Orthografie) im Jahr 2021 signifikant niedriger aus als im Jahr 2016. Dies entspricht gemessen an dem Lernzuwachs, der innerhalb eines Schuljahres zu erwarten ist, im Lesen etwa einem Drittel eines Schuljahres, im Zuhören einem halben Schuljahr und in der Orthografie einem Viertel eines Schuljahres. Auch im Fach Mathematik fallen für Deutschland insgesamt die im Mittel erreichten Kompetenzen im Jahr 2021 signifikant niedriger aus als im Jahr 2016. Dies entspricht einem Kompetenzrückgang von etwa einem Viertel eines Schuljahres. Ein negativer Trend ist in beiden Fächern bereits seit der ersten Erhebung im Jahr 2011 zu verzeichnen. Hierbei fallen die Leistungsrückgänge in den Ländern und für einzelne Schülergruppen unterschiedlich stark aus.

Auch den seit der Veröffentlichung der ersten PISA-Studie bekannten und dokumentierten Zusammenhang von sozialer Herkunft und Bildungserfolg zu entkoppeln, ist in den vergangenen Jahrzehnten nicht gelungen. So zeigen die Daten von PISA 2022 (Lewalter et al. 2023), dass der Zusammenhang zwischen sozialer Herkunft und Lesekompetenz in Deutschland im Vergleich zum OECD-Mittel überdurchschnittlich ausgeprägt ist. Zudem konnte die Internationale Grundschul-Lese-Untersuchung 2021 (IGLU 2021) belegen, dass im 20-Jahre-Trend die sozialen Disparitäten in Deutschland seit 2001 nicht reduziert werden konnten (McElvany et al. 2023). In zwanzig Jahren hat sich damit im Hinblick auf die Bildungsgerechtigkeit und Chancengleichheit in Deutschland praktisch kaum etwas verändert. Kompetenzvorsprünge von Schülerinnen und Schülern aus sozial privilegierteren Familien gegenüber Schülerinnen und Schülern aus sozial weniger privilegierten Familien sind in Deutschland im Lesen stark ausgeprägt. Im IQB-Bildungstrend 2021 in der Primarstufe wurde sogar nachgewiesen, dass sich die sozialen Disparitäten zwischen 2011 und 2021 in Deutsch und Mathematik in allen Kompetenzbereichen signifikant verstärkt haben. Auch im Jahr 2021 geht weiterhin ein höherer sozioökonomischer Status mit besseren Leistungen einher.

Ein Blick nach vorn: Was also ist zu tun?

2022 haben einige Landesinstitute ein Papier zur Weiterentwicklung des Bildungsmonitorings in Deutschland vorgelegt, welches den Diskussionsprozess in den Gremien der KMK angeregt hat (siehe Papier und Kommentierung in diesem Sammelband). Es gilt zu untersuchen und zu diskutieren, warum es trotz der eingeleiteten Prozesse und des fortgeführten Bildungsmonitorings nicht gelungen ist, den Bildungserfolg für mehr Kinder und Jugendliche zu sichern.

Ein Befund ist, dass es einer reflektierten und noch intensiveren Befassung mit den Daten als bisher bedarf. Nur wenige Länder haben eine datengestützte Steuerung der Schulen und in den Schulen konsequent auf den Weg gebracht. Die Verknüpfung der verschiedenen Akteursebenen mit ihren jeweiligen Handlungsfeldern mit den Erkenntnissen der Bildungsforschung und weiteren im System vorhandenen Wissensbeständen (wie z. B. Praxiserfahrungen, Routinen und Intuitionen, System- und Professionswissen) ist nicht oder nicht im ausreichenden Maß erfolgt. Eine solche Zusammenarbeit der verschiedenen Akteurinnen und Akteure folgt keinem Automatismus – notwendig sind geeignete und verlässliche Formate, um einen kontinuierlichen und gewinnbringenden Abgleich zwischen allen Beteiligten auf Augenhöhe zu ermöglichen.

Es fehlen ganz offenbar auch weiterhin Erklärungs- und Interventionsmodelle, beispielsweise in Hinblick auf die Bedeutung der Mehrsprachigkeit oder die Förderung der Motivation von Schülerinnen und Schülern sowie das Wecken des Interesses von Schülerinnen und Schülern an den Fächern Deutsch und Mathematik.

Es ist auch offensichtlich nicht in ausreichendem Maß gelungen, eine gegenüber gesellschaftlichen Entwicklungen und Herausforderungen offene und proaktive, auf strategische und langfristige Lösungen orientierte Haltung von allen an Schule Beteiligten und dem gesellschaftlichen und politischen Umfeld von Schule zu schaffen. Oft wurde den Schulen im Rahmen der Schulentwicklung lediglich anheimgestellt, einzelne Daten zu nutzen und in ihre Prozesse einzubinden. Gezielte Unterstützung und eine Rückkopplung mit der Schulaufsicht ist dabei ebenfalls nicht konsequent erfolgt. Zu oft wurden neue Vorhaben auf den Weg gebracht, deren Nutzung aber gegenüber den Schulleitungen nicht verbindlich gemacht. Auch wenn Programme zur Unterstützung der Schulen darauf angewiesen sind, dass sie von den Schulleitungen und Lehrkräften akzeptiert und genutzt werden, wurde doch zu wenig verpflichtend gemacht und das, was auf den Weg gebracht wurde, nicht konsequent genug in der Umsetzung evaluiert.

Eine erfolgversprechende Methode scheinen hier so genannte „Research-Practice-Partnerships" zu sein, die eine Mitwirkung von Lehrkräften bereits bei der Entwicklung von Fördermaterialien oder Förderprogrammen voraussetzen, damit die Materialien und Programme dann tatsächlich im eigenen Unterricht eingesetzt werden (Coburn/Penuel 2016; Rosenquist et al. 2015). Das unterstreichen auch unsere Erfahrungen im Programm Niemanden zurücklassen (NZL; Institut für Qualitätsentwicklung an Schulen Schleswig-Holstein 2023a). Daher ist es nicht ausreichend, die Wirksamkeit von Förderprogrammen ausschließlich „in vitro" nachzuweisen. Wirksamkeit auf Systemebene zeigt sich nur im Feld des schulischen Alltags und muss dort – selbstverständlich wissenschaftlich und methodisch hochwertig – nachgewiesen werden. Zur Umsetzung dieses Wissens bedarf es einer Weiterentwicklung des Wissenschaftssystems und der Forschungsförderbedingungen. Nur durch die Mitwirkung der Praxis werden bessere, praxisorientierte und für die Praxis anwendbare Programme und Materialien entstehen. Genau daran knüpfen „Research-Practice-Partnerships" an. Wissenschaftlerinnen und Wissenschaftler und Lehrkräfte erarbeiten gemeinsam für die Praxis relevante Fragestellungen, leiten daraus Interventionen und Förderprogramme ab – bringen ihr je spezifisches Wissen mit ein und vertrauen der Expertise des anderen. Das Ziel muss es weiterhin sein, wissenschaftlich nachgewiesen wirksame und in der Praxis handhabbare sowie nützliche Maßnahmen zu implementieren, um Schülerinnen und Schüler optimal beim Lernen zu begleiten und zu unterstützen. Ergebnisse, die so entstanden sind, müssen zudem besser den Schulen zugänglich gemacht und publiziert werden.

Aber nicht nur den Schulen, auch der Bildungsadministration gelingt es nicht immer, die vorhandenen Daten gut zu nutzen und daraus Handlungsstrategien abzuleiten. Auch finden zu häufig die erstellten Berichte, sei es der nationale Bildungsbericht oder aber die Bildungsberichte einzelner Länder, kaum Beachtung in der Öffentlichkeit und sind nicht viel mehr als eine systemische Zusammenschau aller vorhandenen Daten, was aber noch keine Handlungsanleitung zur Weiterentwicklung des Bildungssystems sein kann und auch nicht sein will. Die

Arbeit an und mit den Daten würde jetzt beginnen, aber dieser Prozess, z. B. ein intensiver Austausch zwischen Politik und Wissenschaft, findet häufig nicht statt.

Es bräuchte einen Umgang auf allen Ebenen des Bildungssystems mit den auf den verschiedenen Ebenen gewonnenen Daten, eine Ausrichtung des schulaufsichtlichen Handelns und der schulischen Unterstützungsprozesse anhand der vorhandenen Daten und damit tatsächlich ein evidenzbasiertes Steuerungshandeln.

Unser Weg in Schleswig-Holstein

In Schleswig-Holstein handeln die Bildungspolitik und die Bildungsadministration schon seit einigen Jahren auf der Grundlage einer evidenzbasierten Bildungssteuerung.

Ein Beispiel zur Überführung von Monitoringdaten in Steuerungswissen ist der Landesbildungsbericht Schleswig-Holstein, der im Jahr 2022 vom DIPF erstellt wurde und maßgebliche Basis für eine grundlegende Debatte im Bildungsbereich wurde (Hollstein et al. 2022). Man kann sogar an der Ausrichtung des aktuellen Koalitionsvertrags in Schleswig-Holstein erkennen, dass ganz offenbar die Erkenntnisse des Bildungsberichts eingeflossen sind. Auf Grundlage des Bildungsberichts sowie unter Berücksichtigung der demografischen und wirtschaftlichen Entwicklung wird gemeinsam mit den Schulträgern an der Westküste über eine ausgewogene regionale Verteilung von Schulangeboten und allen Abschlussoptionen beraten (vgl. Koalitionsvertrag Schleswig-Holstein, Zeilen 475f, Schleswig-Holsteinischer Landtag 2022). Auch haben wir uns in Folge unseres Bildungsberichts zu einer tiefergehenden Untersuchung des Phänomens „Schülerinnen und Schüler ohne Schulabschluss" entschlossen (vgl. Koalitionsvertrag Schleswig-Holstein, Zeilen 416f, Schleswig-Holsteinischer Landtag 2022). In Schleswig-Holstein haben wir gute Erfahrungen damit gemacht, uns die Daten aus dem nationalen Bildungsbericht in einem Landesbildungsbericht gewissermaßen verfügbar und damit für uns nutzbar zu machen. Wir haben sie zudem durch die Handlungsschwerpunkte im Land ergänzt und damit einen expliziten Bezug zu den im Land diskutierten Themen hergestellt. In mehreren öffentlichen Veranstaltungen wurden die Ergebnisse vorgestellt und diskutiert. Unter anderem die Schulaufsichten und das Landesinstitut waren in diese Diskussionen einbezogen. Auch nach der nächsten Veröffentlichung des nationalen Bildungsberichtes ist wieder eine entsprechende Berichterstattung im Land geplant, begleitet durch einen intensiven Diskussionsprozess und eine mediale Aufbereitung.

Die Auswertung jüngster Bildungsdaten hat in Schleswig-Holstein dazu geführt, dass neue Programme und Initiativen auf den Weg gebracht wurden,

Abb. 1: Vorgehen in Schleswig-Holstein zum nationalen Bildungsbericht und zum Landesbildungsbericht

um den Bildungserfolg von Schülerinnen und Schülern nachhaltig zu verbessern. Auch werden die landesweiten Instrumente zur Qualitätssicherung an Schulen gegenwärtig aufgrund der Empfehlungen der SWK geprüft und ggf. angepasst. Im Folgenden werden einige Beispiele umrissen.

Handlungsplan basale Kompetenzen

In Reaktion auf die Ergebnisse der letzten IQB-Bildungstrends und der Befunde aus IGLU 2021 – und damit als direkte Folge des nationalen und internationalen Bildungsmonitorings – wurde zum einen der Handlungsplan zur Sicherung der basalen Kompetenzen aufgesetzt (Ministerium für Allgemeine und Berufliche Bildung, Wissenschaft, Forschung und Kultur des Landes Schleswig-Holstein 2023). Zum anderen wurde die Verbindlichkeit von Daten für die Schul- und Unterrichtsentwicklung erhöht, indem ein verbindliches Datenblatt für die Schulen eingeführt und mit den Schulaufsichten ein verbindlicher Arbeitsprozess vereinbart wurde, z. B. mit allen Schulen pro Jahr mindestens einmal in ein Gespräch über die Ergebnisse zu gehen und bei Bedarf auch entsprechend nachzusteuern (s. u.).

Aus den Daten, die wir intensiv mit Wissenschaftlerinnen und Wissenschaftlern ausgewertet haben, ergibt sich für Schleswig-Holstein der Auftrag, die Basiskompetenzen der Schülerinnen und Schüler in den Fokus zu nehmen, sie bestmöglich zu unterstützen, ihre Begabungen und Fähigkeiten zu entfalten und somit ihre Handlungsfähigkeit in der Zukunft zu sichern. Der „Handlungsplan basale Kompetenzen" zielt darauf ab, dass jedes Kind über basale Kompetenzen verfügt und in die Lage versetzt wird, die Mindeststandards zu erreichen, um hierauf aufbauend erfolgreich die Schullaufbahn meistern zu können. Um dieses Ziel erreichen zu können, müssen die Kinder und Jugendlichen in allen Schularten und allen Jahrgängen verstärkt die basalen Kompetenzen entwickeln – also insbesondere die sprachlichen und mathematischen Fertigkeiten, aber auch sozial-emotionale Kompetenzen wie zum Beispiel die Fähigkeit, mit den eigenen Gefühlen umzugehen und gute Beziehungen zu anderen Menschen aufzubauen.

Verteilt über 13 Handlungsfelder wurden auf wissenschaftlicher Basis und mithilfe der Empfehlungen der SWK Maßnahmen entwickelt, die die basalen Kompetenzen in den Bereichen Deutsch (Lesen und Schreiben) und Mathematik stärken können und mit denen wirksamer als bisher Kinder und Jugendliche gefördert werden. Sie umfassen die gesamte Bildungslaufbahn eines Kindes vom Übergang Kita-Grundschule über die Grundschule und die weiterführenden Schulen bis zur Beruflichen Bildung. In Reaktion auf den Befund aus IGLU 2021, dass der Durchschnitt der Lesezeit in den vierten Jahrgängen in Deutschland bei 141 Minuten pro Woche und damit weit unter dem OECD-Durchschnitt von 205 Minuten Lesezeit pro Woche liegt, wurde im Handlungsplan in der ersten Phase der Umsetzung der Schwerpunkt auf die Verbesserung der Leseleistungen gelegt. Viele der Maßnahmenbündel sind Kooperationen zwischen dem Bildungsministerium und wissenschaftlichen Einrichtungen, z. B. auch auf nationaler Ebene wie die Beteiligung am bundesweiten Programm QuaMath (Deutsches Zentrum für Lehrkräftebildung 2023), welches mit dem im Land schon vorhandenen Maßnahmenkatalog zur Entwicklung der mathematischen Kompetenzen verknüpft wird.

Erhöhung der Verbindlichkeit zur datengestützten Schul- und Unterrichtsentwicklung

Als zentral wurde identifiziert, dass Schulen noch stärker als bisher mit den ihnen zur Verfügung stehenden Daten, z. B. aus den Vergleichsarbeiten (VERA), arbeiten müssen, da die Vergleichsarbeiten mit ihrer Orientierung an den Bildungsstandards und der vergleichbaren Metrik zu den IQB-Bildungstrends es den Schulen sehr frühzeitig ermöglichen, Handlungsschwerpunkte festzulegen. Den Schulaufsichten kommt hierbei eine enorme Bedeutung für die Verknüpfung zwischen Bildungspolitik, wissenschaftlichen Erkenntnissen und praktischem Handeln in Schulen zu. Dazu wird in Schleswig-Holstein das schulaufsichtliche Handeln weiter gestärkt, wozu die Ausweitung der personellen Ressourcen, genauso wie die bessere Eingruppierung der Schulrätinnen und Schulräte und der Aufbau eines Fortbildungssystems gehören.

In diesem Kontext haben wir auch die Verbindlichkeit zur datengestützten Schul- und Unterrichtsentwicklung erhöht: Jede Schulaufsicht führt regelmäßig auf der Grundlage von Kerndaten Qualitätsgespräche mit den Schulleitungen ihrer Schulen. Um diesen Prozess zu erleichtern, können beide Gesprächsparteien auf ein Datenblatt zugreifen, das zentral aufbereitete Leistungsergebnisse von VERA, aber auch den Zentralen Abschlüssen der Schule enthält, ergänzt um weitere schulische Rahmendaten, wie Zusammensetzung der Schülerschaft und zur Unterrichtsversorgung. Das Datenblatt bildet die verbindliche Grundlage für einen regelmäßigen Austausch zwischen Schule und Schulaufsicht, mindestens einmal pro Schuljahr. Dabei werden die Daten gemeinsam ausgewertet, Ursachen werden analysiert und mögliche weitere Maßnahmen und Unterstützungen erörtert.

Programm „Niemanden zurücklassen"

In Schleswig-Holstein wird bereits seit längerer Zeit das Programm „Niemanden zurücklassen – Lesen macht stark / Mathe macht stark" (NZL; Institut für Qualitätsentwicklung an Schulen Schleswig-Holstein 2023b) umgesetzt und dieses Trainingsprogramm gemeinsam von Wissenschaftlerinnen und Wissenschaftlern sowie den Fachdidaktikerinnen und Fachdidaktikern zusammen mit Lehrkräften überprüft und weiterentwickelt. Dies soll dazu beitragen, dass die wissenschaftlich fundierten Trainingsbausteine korrekt umgesetzt werden und damit eine entsprechende Wirkung real und nicht nur „auf dem Papier" erreicht wird. Kern des Programms ist, dass Schülerinnen und Schüler mit Lernrückständen bzw. Förderbedarfen im Lesen und/oder in Mathematik besonders gefördert werden. Die Lehrkräfte werden entsprechend fortgebildet und mit NZL-Materialien ausgestattet. Um auf die aktuellen Erkenntnisse und veränderte Bedürfnisse aus der Praxis einzugehen, wird das Programm evaluiert und kontinuierlich weiterentwickelt. So ist in jüngster Zeit zum Beispiel die KI-basierte Lese-App „Buddy Bo" für Schülerinnen und Schüler entstanden, die jetzt von den Lehrkräften eingesetzt werden kann. Auch wird gegenwärtig ermittelt, wie ggf. in Zusammenarbeit mit anderen Ländern die Materialien digitalisiert werden können. Auf der Basis der wissenschaftlichen Evaluation wird darüber hinaus ein landesweiter Einsatz geprüft. Bislang wird das Material allen Schulen zur freiwilligen, bedarfsgerechten Nutzung angeboten.

Perspektivschulprogramm

Vor dem Hintergrund von Einsparungen in öffentlichen Haushalten sind Betrachtungen zur Effizienz zugeteilter Ressourcen einzubeziehen. Hier gilt es, dass besonders Schulen in herausfordernden Lagen stärker unterstützt werden müssen. Ein Programm hierzu ist das so genannte Perspektivschulprogramm in Schleswig-Holstein (Ministerium für Allgemeine und Berufliche Bildung, Wissenschaft, Forschung und Kultur des Landes Schleswig-Holstein 2022). Schulen in einem sozial belasteten Umfeld werden mit einem Bildungsbonus besonders unterstützt. Schleswig-Holstein war das erste Flächenland mit einem Programm für Schulen in einem sozial belasteten Umfeld. Die Mittel von insgesamt 50 Millionen Euro für 62 Schulen können u. a. für Projekte zur individuellen Förderung, für die jeweilige Vernetzung im Stadtteil oder für didaktisches Training oder Coaching eingesetzt werden. Das Programm wird wissenschaftlich begleitet.

Diesen Weg der Evidenzsteuerung will Schleswig-Holstein auch weiterhin gehen und die Daten der nationalen und internationalen Vergleichsstudien intensiv nutzen sowie weitere Daten für eine datengestützte Schulentwicklung zur Verfügung stellen und den Prozess der Umsetzung in Handlungsmaßnahmen an den Schulen fachlich begleiten.

Fazit und Ausblick

In den letzten Jahren seit Veröffentlichung der ersten PISA-Studie, an der Deutschland sich beteiligt hat, ist viel passiert. Wir sehen sowohl in der Zusammenarbeit der Länder untereinander als auch mit dem Bund viel Entwicklung – in der Kommunikation, im Einbezug von wissenschaftlicher Expertise, in Formaten von Zusammenarbeit zwischen Schulen, Landesinstituten und Universitäten. Das immer noch zarte Pflänzchen Bildungsmonitoring trägt erste Früchte, aber es verträgt auch noch mehr Aufmerksamkeit, oder – um in dem Bild zu bleiben – noch mehr Dünger und braucht vielleicht auch eine sorgfältigere Bewässerung und an der einen oder anderen Stelle einen Rückschnitt, um das Wachstum zu fördern. Das klare Bekenntnis zur Wissenschaftsbasierung der Bildungsadministration durch die Einrichtung der SWK muss noch durch bessere Rezeptionsstrukturen in den Gremien der KMK ergänzt werden. Derzeit erhalten wir wertvolle Handlungsempfehlungen, die noch nicht immer auf gute Verarbeitungsstrukturen in den Gremien treffen. Zwar hat die Einrichtung von ländergemeinsamen Ad-Hoc-AGs auf KMK-Ebene durchaus dazu geführt, das wir uns mit den Empfehlungen gezielt auseinandersetzen, aber die Umsetzung in konkretes Handeln dauert noch viel zu lange. Es wurden erste Rückkopplungsschleifen mit Wissenschaftlerinnen und Wissenschaftlern aufgebaut (siehe oben, die dort angesprochenen Fachgespräche und Fachanhörungen). Im Workshop-Prozess zum Startchancen-Programm wurden sehr gute gemeinsame Formate entwickelt, so dass wir für die Zukunft von Ansätzen einer wirksameren Steuerung des deutschen Bildungssystems sprechen können.

Es gilt gleichwohl, noch viele weitere Herausforderungen zu bewältigen:

- Wir haben viele, vielleicht zu viele Daten, die wir zwar mit viel Aufwand erheben und veröffentlichen, die wir aber noch nicht ausreichend nutzen.

- Wir benötigen klare Vorstellungen auf Seiten der Politik und der Administration, welche Daten wir tatsächlich benötigen und wie wir dann mit diesen Datenbeständen auch tatsächlich steuernd und strategisch umgehen.
- Wir brauchen offenbar mehr und niedrigschwelligere Rückkopplungsprozesse zwischen den jeweils beteiligten Akteuren im Bildungssystem, z. B. zwischen den Schulen und der Schulaufsicht, der Schulaufsicht und dem Landesinstitut, ob das, was veranlasst wird, tatsächlich auch wirkt, und anschließend den Mut, das, was uns gar nicht weiterbringt, weiterzuentwickeln oder auch wieder einzustellen.
- Wir müssen in der Bildungspolitik und Bildungsadministration lernen, klare Fragen zu stellen und unsere Bedarfe zu artikulieren. Dies gilt in Bezug auf die Fragen der Steuerung des Bildungssystems genauso wie in Bezug auf die einzelne Schule.
- Wir brauchen den Mut, etwas, was sich als offensichtlich wirksam erwiesen hat, dann auch tatsächlich flächendeckend umzusetzen. Zu oft sind wir in der Einführung mit Modell- und Pilotvorhaben unterwegs, die immer nur dieselben engagierten Schulleitungen und Lehrkräfte erreichen.
- Wir müssen von Seiten der Wissenschaft und der Bildungspolitik und der Bildungsadministration an einer gemeinsamen Sprache arbeiten, damit wir besser verstehen, was die einen wissen und die anderen brauchen.
- Wir brauchen mehr „Research-Practice-Partnerships" und „Design-Based-Research", um die Überführung des gewonnenen Wissens in die Schulpraxis zu erleichtern und die Fragen der Praxis in der Forschung zu berücksichtigen – dazu braucht es auch andere Förderungs- und Gratifikationsstrukturen in der Forschung und entsprechende Entlastung von Lehrkräften und Schulleitungen, um sich an solchen Vorhaben zu beteiligen.

Durch die kreative Zusammenarbeit aller Akteurinnen und Akteure in Politik, Administration, Wissenschaft und Praxis auf der Basis von Daten aus dem Bildungsmonitoring und einem Dialog auf Augenhöhe können wir den Herausforderungen begegnen, vor die wir derzeit im Bildungssystem gestellt werden. Bilden wir in diesem Sinne professionelle Lerngemeinschaften – zusammen lernt es sich besser als allein!

Literatur

Baumert, Jürgen/Klieme, Eckhard/Neubrand, Michael/Prenzel, Manfred/Schiefele, Ulrich/Schneider, Wolfgang/Stanat, Petra/Tillmann, Klaus-Jürgen/Weiß, Manfred (Hrsg.) (2001): PISA 2000 – Basiskompetenzen von Schülerinnen und Schülern im internationalen Vergleich. Opladen: Leske + Budrich.

Bos, Wilfried/Eickelmann, Britta/Gerick, Julia/Goldhammer, Frank/Schaumburg, Heike/Schwippert, Knut/Senkbeil, Martin/Schulz-Zander, Renate/Wendt, Heike (Hrsg.) (2014): ICILS 2013 –

Computer- und informationsbezogene Kompetenzen von Schülerinnen und Schülern in der 8. Jahrgangsstufe im internationalen Vergleich. Münster: Waxmann.

Coburn, Cynthia E. / Penuel, William R. (2016): Research-Practice Partnerships in education: Outcomes, dynamics, and open questions. Educational Researcher, 45(1), S. 48–54.

Deutsches Zentrum für Lehrkräftebildung (2023): QuaMath – Unterrichts- und Fortbildungs-Qualität in Mathematik entwickeln. https://www.quamath.de/ (Abfrage: 23.04.2024).

Eickelmann, Birgit / Bos, Wilfried / Gerick, Julia / Goldhammer, Frank / Schaumburg, Heike / Schwippert, Knut / Senkbeil, Martin / Vahrenhold, Jan (Hrsg.) (2019): ICILS 2018 #Deutschland. Computer- und informationsbezogene Kompetenzen von Schülerinnen und Schülern im zweiten internationalen Vergleich und Kompetenzen im Bereich Computational Thinking. Münster: Waxmann.

Geschäftsstelle der SWK (2023): Ständige Wissenschaftliche Kommission der Kultusministerkonferenz (SWK). https://www.kmk.org/kmk/staendige-wissenschaftliche-kommission.html (Abfrage: 23.04.2024).

Hollstein, Yannik / Kühne, Stefan / Mank, Svenja / Löffler, Luisa / Schulz, Stefan / Maaz, Kai (2022): Bildung in Schleswig-Holstein im Spiegel der nationalen Berichterstattung 2020. https://www.schleswig-holstein.de/DE/landesregierung/ministerien-behoerden/III/Service/Broschueren/Bildung/Bildungsbericht.pdf?__blob=publicationFile&v=2 (Abfrage: 04.12.2023).

Institut für Qualitätsentwicklung an Schulen Schleswig-Holstein (2023a): Zukunft Schule im digitalen Zeitalter. https://www.schleswig-holstein.de/DE/landesregierung/ministerien-behoerden/IQSH/Arbeitsfelder/ZukunftSchule/zukunftschule_node.html (Abfrage: 27.09.2023).

Institut für Qualitätsentwicklung an Schulen Schleswig-Holstein (2023b): Niemanden zurücklassen. https://www.nzl.lernnetz.de/ (Abfrage: 27.09.2023).

Kultusministerkonferenz (1997): Grundsätzliche Überlegungen zu Leistungsvergleichen innerhalb der Bundesrepublik Deutschland – Konstanzer Beschluss. https://www.kmk.org/fileadmin/veroeffentlichungen_beschluesse/1997/1997_10_24-Konstanzer-Beschluss.pdf (Abfrage: 22.09.2023).

Kultusministerkonferenz (2020): Ländervereinbarung über die gemeinsame Grundstruktur des Schulwesens und die gesamtstaatliche Verantwortung der Länder in zentralen bildungspolitischen Fragen. https://www.kmk.org/fileadmin/veroeffentlichungen_beschluesse/2020/2020_10_15-Laendervereinbarung.pdf (Abfrage: 27.09.2023).

Lewalter, Doris / Diedrich, Jennifer / Goldhammer, Frank / Köller, Olaf / Reiss, Kristina (Hrsg.) (2023): PISA 2022 – Analyse der Bildungsergebnisse in Deutschland. Münster: Waxmann.

LIfBi (2023): Hintergrund und Chronik des NEPS. https://www.lifbi.de/de-de/Start/Forschung/Gro%C3%9Fprojekte/NEPS-Nationales-Bildungspanel/NEPS-Chronik (Abfrage: 27.09.2023).

McElvany, Nele / Lorenz, Ramona / Frey, Andreas / Goldhammer, Frank / Schilcher, Anita / Stubbe, Tobias C. (Hrsg.) (2023): IGLU 2021 – Lesekompetenz von Grundschulkindern im internationalen Vergleich und im Trend über 20 Jahre. Münster: Waxmann.

Ministerium für Allgemeine und Berufliche Bildung, Wissenschaft, Forschung und Kultur des Landes Schleswig-Holstein (2022): PerspektivSchulen. https://www.perspektivschule.de/ (Abfrage: 27.09.2023).

Ministerium für Allgemeine und Berufliche Bildung, Wissenschaft, Forschung und Kultur des Landes Schleswig-Holstein (2023): Basale Kompetenzen stärken. https://www.schleswig-holstein.de/DE/landesregierung/ministerien-behoerden/III/_startseite/Artikel_2023/Juli2023/20230705_HP_Basale_Kompetenz.html (Abfrage: 27.09.2023).

Rosenquist, Brooks / Henrick, Erin C. / Smith, Thomas M. (2015): Research-Practice-Partnerships to support the development of high quality mathematics instruction for all students. Journal of Education for Students Placed at Risk, 20(1-2), 42–57.

Schleswig-Holsteinischer Landtag (2022): Ideen verbinden – Chancen nutzen – Schleswig-Holstein gestalten – Koalitionsvertrag für die 20. Wahlperiode des Schleswig-Holsteinischen Landtages (2022–2027). https://www.cdu-sh.de/sites/www.cdu-sh.de/files/koalitionsvertrag_2022-2027_.pdf (Abfrage: 27.09.2023).

Sekretariat der Kultusministerkonferenz (Hrsg.) (2016): Gesamtstrategie der Kultusministerkonferenz zum Bildungsmonitoring. Köln: Wolters Kluwer.

Sekretariat der Ständigen Konferenz der Kultusminister der Länder in der Bundesrepublik Deutschland (Hrsg.) (2005): Veröffentlichungen der Kultusministerkonferenz – Bildungsstandards der Kultusministerkonferenz. München: Wolters Kluwer.

Stanat, Petra/Schipolowski, Stefan/Schneider, Rebecca/Sachse, Karoline A./Weirich, Sebastian/Henschel, Sofie (Hrsg.) (2022): IQB-Bildungstrend 2021 – Kompetenzen in den Fächern Deutsch und Mathematik am Ende der 4. Jahrgangsstufe im dritten Ländervergleich. Münster: Waxmann.

„Es ist kompliziert". Über den Beziehungsstatus von Bildungsjournalismus zu Bildungswissenschaft und -politik.

Was der Bildungsjournalismus braucht, um Studien und Daten zu übersetzen

Annette Kuhn und Niklas Prenzel

Zusammenfassung

Ob PISA oder IQB-Bildungstrend – für Journalist:innen ist es eine Herausforderung, den Kern von Bildungsstudien herauszuarbeiten. Oft müssen sie sich Hunderte Seiten und komplexes Datenmaterial durcharbeiten. Aufgrund unterschiedlicher Fragestellungen lassen sich zwischen Studien oft keine Vergleiche ziehen und damit auch schwer Entwicklungen aufzeigen. Die Folge: Die Berichterstattung über wichtige Bildungsstudien bleibt oft an der Oberfläche. Dazu kommt ein weiteres Problem: Die Politik begegnet Studien der Bildungswissenschaft oft mit einem Ausweichmanöver und erstickt damit wichtige Debatten im Kern. Wie kann es anders gehen? Annette Kuhn und Niklas Prenzel von Bildung.Table, einem wöchentlich erscheinenden Fachnewsletter von Table.Media zu den wichtigsten Bildungsthemen, stellen aus ihrer Erfahrung dar, wie die Akteure besser zusammenarbeiten könnten.

Studienergebnisse als Absprung für kritischen Journalismus

Wenn die Ergebnisse einer neuen Leistungsvergleichsstudie wie PISA, IGLU, TIMSS oder der IQB-Bildungstrend veröffentlicht werden, ist das auch für die Journalist:innen, die sich mit Bildungsthemen befassen, ein großes Ereignis. Die Wissenschaft leitet aus Bildungsstudien weitere Forschungsfragen und Analysen ab. Die Politik reagiert auf Studienergebnisse im besten Fall mit sinnvollen bildungspolitischen Strategien. Und die Medien filtern die wesentlichen Punkte aus einer Bildungsstudie heraus und bereiten sie so auf, dass sie eine breite Öffentlichkeit verstehen kann. Erst dann können die Daten und ihre Relevanz nachvollziehbar und die Politik kritisch begleitet werden. Dieser prototypische Ablauf gerät allerdings häufig ins Stocken.

Das Lesen von Bildungsstudien stellt selbst für die Journalist:innen, die sich viel mit den Themen Schule und Bildung befassen, oft eine große Herausforderung dar. Wie lässt sich ein 266 Seiten starker Bericht zu PISA 2018 oder der 288-seitige IQB-Bildungstrend 2021 richtig lesen? Wie schafft man es als Medienvertreter:in, die wichtigsten Punkte zu erkennen und herauszufiltern? Wie gelingt es, keine spannenden Details zu übersehen?

Wir Medienvertreter:innen wollen zum Beispiel aus den Daten ablesen, wie gut Schulen in Deutschland arbeiten und wie gut Lehrkräfte heute in der Lage sind, Kompetenzen zu vermitteln. Ein internationaler Vergleich hilft bei der Einordnung, und im zeitlichen Verlauf von Längsschnittstudien lassen sich Entwicklungen zeigen. Medien wollen auf dieser Basis auch mögliche Baustellen im System identifizieren, die Vertreter:innen der Bildungspolitik mit konkreten Fragen konfrontieren oder Aspekte aufdecken, die bislang noch nicht im Fokus der Berichterstattung standen. Die Daten aus den Studien können Thesen stützen, die ohne Daten meist nur als anekdotische Beobachtungen oder gar nur als ein schwammiger, kaum belegbarer Eindruck formuliert werden können.

Damit wir unsere Arbeit auf diesem Niveau leisten können, braucht es Zeit, guten Zugang und Aufbereitung von Daten, oft auch Übersetzungshilfe. Damit verbunden braucht es wohl auch eine bessere, konstruktivere Zusammenarbeit zwischen Medien, Wissenschaft und Bildungspolitik. Im Folgenden blicken wir darauf, wie wir in einer Bildungsredaktion mit solchen Studienergebnissen arbeiten, und formulieren Ansprüche an die Beziehung zwischen Bildungsmedien, -politik und -wissenschaft.

Wie Medienschaffende mit Monitoring-Ergebnissen arbeiten (wollen)

Eine oft mehrere 100 Seiten starke Studie lässt sich nicht in ein, zwei Stunden durcharbeiten und verstehen. Wenn die Wissenschaft oft Monate braucht, um Daten zu erheben und auszuwerten, sollte den Medien genügend Zeit eingeräumt werden, um die Studien lesen und journalistisch umsetzen zu können. Denn in dem Moment, wo eine Studie „auf dem Markt" ist, will jedes Medium das erste oder doch zumindest vorne dran sein, wenn es um die Veröffentlichung eines Beitrags geht. Daher ist es positiv, dass Journalist:innen heute meist ein paar Tage vor der Veröffentlichung Studienberichte mit einer Sperrfrist bekommen. Bei großen internationalen Studien wird Medienschaffenden sogar eine Woche vorher der Zugang zum vollständigen Datenbestand gewährt – und die Möglichkeit, sich mit den Forschenden exklusiv auszutauschen. Für uns sind das ideale Arbeitsbedingungen.

Hilfreich ist also, wenn Medien die Möglichkeit bekommen, Verständnisfragen in Hintergrundgesprächen vorab klären zu können. Das führt zu mehr Tiefe und zu weniger Fehlern in der Berichterstattung. Und die Einordnung durch die Wissenschaft ist für die Medien von großer Relevanz. Aus Sicht der Medien ist es auch wichtig, die Interpretation der Daten nicht nur der Bildungspolitik zu überlassen, denn die hat immer auch ein Interesse, die Daten zu ihrem Vorteil auszulegen.

Daher ist es sinnvoll, wenn solche Hintergrundgespräche zwischen Medienvertreter:innen und den an einer Studie beteiligten Bildungswissenschaftler:innen vorab ohne Beteiligung der Politik stattfinden. Das sorgt für mehr Transparenz und Glaubwürdigkeit. Die Politik ist dann ohnehin bei den Pressekonferenzen vertreten. Sind Journalist:innen bei diesen Terminen vorbereitet und schon vorab in die Tiefen der Studie gedrungen, können hier spannendere Diskussionen angestoßen werden. Hintergrundgespräche zu Studien mit Beteiligung der Bildungspolitik erwecken schnell den Eindruck, dass die präsentierten Informationen schon im Vorfeld durch die Politik gefiltert werden, dass vielleicht nicht alles präsentiert wird, was wichtig wäre. Und es ist für die Wissenschaft schwieriger, aus Sicht der Politik möglicherweise kritische Standpunkte zu äußern, wenn sie, also Vertreter:innen der Politik, bei entsprechenden Vorabgesprächen dabei sind.

Auch die entsprechende Aufbereitung der Studienergebnisse ist für Medien sehr wichtig. Zusammenfassungen, die zum Gesamtbericht gereicht werden, können die Arbeit erheblich erleichtern. Besonders wichtig ist außerdem die grafische Darstellung der Daten. Die bloße Zahl, dass 20 bis 25 Prozent der Schüler:innen zum Beispiel die Mindeststandards in der Lesekompetenz nicht erreichen, ist als herausgelöste Zahl schon beeindruckend, aber wichtig ist es für Medien vor allem, Entwicklungen, Trends aufzuzeigen. Damit bekommt eine einzelne Zahl ein ganz anderes Gewicht. Wenn auch schon bei der vorherigen Erhebung die Werte ähnlich schlecht waren, macht die Stagnation die Werte nicht besser, eine deutliche Verschlechterung aber wiegt noch schwerer. Das Problem an vielen Darstellungen in den Bildungsstudien ist aber, dass sich die Zahlen nicht immer vergleichen lassen. Items werden zwischen den Erhebungen – sicher aus guten methodischen Gründen – leicht geändert. Die journalistisch korrekte Darstellung füllt dann aber viele Zeilen Text oder Minuten Audio- und Videobeitrag, für die die meisten Redaktionen keinen Platz freiräumen und die auch einen Bericht zu einer Bildungsstudie schwerer lesbar machen.

Wie gut Medien mit den konkreten Daten arbeiten können, hängt ganz wesentlich vom Format des Grafikmaterials ab: Streudiagramme oder Kurven sind für die mediale Verarbeitung ungünstig, weil diese Art der Grafiken zwar Entwicklungen über einen Verlauf oder Ballungen zeigen kann, sich aber kaum kommunizieren lässt. Man kann in einem Bericht nicht schreiben: Die Schülerleistungen liegen zwischen 20 und 30 Prozent. Journalist:innen wollen hier eine konkrete Zahl nennen.

Natürlich ist es Aufgabe der Medien selbst, gut erfassbare Infografiken zu produzieren und Daten in passende Formate zu übersetzen, aber wie gut das gelingen kann, hängt eben wesentlich von dem empirischen Material, also den Zahlen und Daten ab, die den Infografiker:innen zur Verfügung stehen. In Zeiten von

Datenjournalismus lassen sich zwar auch Kurven oder Streudiagramme aufbereiten, aber nur große Medienhäuser können auf eine entsprechende Redaktion zurückgreifen, die Daten aufwendig auswertet und möglicherweise sogar interaktiv visualisiert. Für kleinere Medienhäuser ist das oft nicht möglich.

> **Was Bildungsjournalist:innen für guten Fachjournalismus brauchen**
> - möglichst frühen Zugang zu Studienergebnissen und im Falle zum Beispiel von VERA überhaupt einen datenschutzkonformen Zugang zu Daten
> - Hintergrundgespräche „unter drei" mit Forschung und Politik, aber nicht gemeinsam
> - direkten Austausch mit Studienautor:innen; ggf. Zugang zu weiteren Daten, um je nach Medium Teilaspekte vertiefen zu können
> - gut aufbereitete Ergebnisse für eine erste Übersicht
> - bei Längsschnittstudien gut vergleichbare Daten aus den verschiedenen Untersuchungszyklen

Landesprogramm Zukunft Schule im digitalen Zeitalter

Wichtiger Bestandteil des Handlungsplans „Digitale Schule" ist das im Herbst 2021 aufgesetzte und mit 250 Planstellen unterlegte Landesprogramm „Zukunft Schule im digitalen Zeitalter" (Institut für Qualitätsentwicklung an Schulen Schleswig-Holstein 2023a). Es hält für Schulen und Lehrkräfte sowohl schulindividuelle als auch Vernetzungsangebote vor, um die Entwicklung einer Kultur der Digitalität in Schulen zu unterstützen. Ziel des Programms ist die nachhaltige Kompetenzentwicklung von Schülerinnen und Schülern wie auch von Lehrkräften durch eine auf die Zukunft ausgerichtete Auseinandersetzung mit den Potenzialen und Herausforderungen einer zunehmend digitalisierten Lebens- und Arbeitswelt.

Die Schaffung von nachhaltigen Unterstützungsstrukturen zur Medienentwicklungsplanung an allen Schulen über regionale Medienberatungen in allen Kreisen und kreisfreien Städten Schleswig-Holsteins geschieht mit wissenschaftlicher Unterstützung. Dazu zählen auch die fünf Medienwerkstätten im Land, die vom IQSH sowie mehreren Universitäten (Christian-Albrechts-Universität zu Kiel, Europa-Universität Flensburg, Musikhochschule Lübeck) betrieben werden. In den Werkstätten können sich Lehrkräfte praxisnah fortbilden. In Zusammenarbeit von Hochschulen und Schulen erfolgt eine Entwicklung digitaler Lehr-Lern-Szenarien, z. B. durch an den Hochschulen tätige „Educational Engineers", die mit den Medienberaterinnen und -beratern und den Fortbildnerinnen und Fortbildnern am Landesinstitut vernetzt sind.

Wie die drei Akteure besser zusammenarbeiten könnten und welche Potenziale sich daraus zur Weiterentwicklung ergeben

Bildungsmedien

Die mediale Reaktion auf die Veröffentlichung einer Bildungsstudie ist vorhersehbar: Die „schlimmsten" Daten werden herausgesucht und betitelt: „Lesemisere: Deutsche Schüler können immer schlechter lesen" oder „Warum sind deutsche Schüler:innen so schlecht?" Ja, solche Zeilen sind plausibel und passend, angesichts entsprechender Ergebnisse. Schade nur, dass es medial oft bei der Darstellung der schlechten Ergebnisse bleibt. Dass vielleicht Schuldige und – seltener – Ursachen gesucht werden, aber dass die mediale Berichterstattung dann stecken bleibt. Dass nach der großen Aufregung, dem tagelangen Kopfschütteln wenig oder nichts mehr kommt – kein Dranbleiben, keine Tiefenbohrung, keine Analyse, kein Blick auf mögliche Konsequenzen und Strategien. Aber all das gehört zu einer seriösen Berichterstattung dazu. Und dann geht es ein paar Jahre später, wenn die nächste Studie folgt, wieder von vorne los. Ein Aufschrei und wenig hinterher. Hier sollten Medien mehr Zeit und mehr Ressourcen investieren. Das Bildungssystem ist sehr komplex, Veränderung langwierig. Nur wenige Medienschaffende und ihre Redaktionen wagen sich in diesen Bereich, der nur selten tagesaktuelle Agenturmeldungen – und damit Klicks und Einnahmen – generiert. Die in den vergangenen Jahren eingestampften Zeitungsredaktionen leisten sich nach wie vor viele Politik-Redakteur:innen, aber kaum noch eine Bildungsredaktion. Die Zahl der Kolleg:innen, die in den Qualitätsmedien über Bildungspolitik berichten, ist an zwei Händen abzuzählen. Man könnte gar zugespitzt sagen: Die vierte Gewalt versagt in diesem Politikbereich, der fünf Prozent des Bruttoinlandsprodukts ausmacht und maßgeblich die Zukunft dieses Landes bestimmt. Wir merken das an Reaktionen auf Anfragen unserer Redaktion. Bildung.Table ist ein bildungspolitisches Briefing für Expert:innen in Politik, Steuerung und Forschung. Ein halbes Dutzend Journalist:innen befassen sich bei uns mit diesen Themen – und stellen detaillierte Anfragen, die Forschung und Politik bislang so noch nie oder nur selten erhalten haben. Die Bildungsmedien müssen ihren Blick schärfen, um von Politik und Wissenschaft noch stärker wahr- und ernst genommen zu werden.

Bildungspolitik

Es scheint ein gewisses Misstrauen gegenüber dem Umgang von Medien mit Ergebnissen von Bildungsstudien zu geben. Ein Stück weit ist das auch nachvollziehbar: „Die Medien" greifen sich wie oben beschrieben gerne die lauteste

Schlagzeile heraus – zu selten erleben Politiker:innen, dass Fachredakteur:innen die Studienergebnisse mit Tiefenschärfe einordnen. Dabei ist es wichtig, dass mögliche Baustellen im Bildungssystem aufgezeigt werden, wenn Daten auf Probleme schließen lassen. Die Situation lässt es nicht zu, Daten kleinzureden. Es wäre an der Zeit, dass die Bildungspolitik ehrlich darauf reagiert und sich offen auf eine Debatte einlässt. Dazu gehört ein klarer, transparenter Umgang mit Daten. Zum Beispiel mit Blick auf die VERA-Daten.

Warum ist eine Veröffentlichung der VERA-Daten nicht Standard? Natürlich ist es wichtig, dass Schulen und Lehrkräfte diese Lernstandserhebungen nutzen und daraus ableiten, wo Förderbedarf ist. Wichtig ist außerdem, dass die Verantwortlichen in der Schulpolitik diese Daten nutzen, um daraus Strategien und Maßnahmen abzuleiten. Aber es gehört zur Transparenz dazu, dass sich auch Medien ein Bild machen können und Bildungspolitik damit konfrontieren. In manchen Bundesländern werden die VERA-Daten auch veröffentlicht – am Datenschutz kann es also nicht liegen, Daten lassen sich entsprechend verschlüsseln. Es interessiert Medienvertreter:innen auch nicht, ob einzelne Schüler:innen besser oder schlechter abgeschnitten haben, aber es ist wichtig zu wissen, welche Ursachen zu bestimmten Leistungsergebnissen führen, wo es Best Practice gibt, welche Schulen das Zeug zum Gamechanger haben und Entwicklungsprozesse eigeninitiativ angehen. Und vor allem: Was lässt sich davon lernen, und was lässt sich übertragen auf andere Schulen, auf andere Schularten, auf Schulen in anderen Bundesländern? Anders als Dänemark, die Niederlande oder die angelsächsischen Staaten gibt es in Deutschland starke Vorbehalte gegenüber der Arbeit mit Bildungsdaten. Seit mehr als zwanzig Jahren scheitern die Kultusminister:innen daran, ein Bildungsverlaufsregister einzuführen, das Schülerindividualdaten pseudonymisiert erhebt. Mit einem solchen Register ließe sich das Bildungssystem auf den empirischen Prüfstand stellen.

Nein, wenn es um Bildungsdaten und -studien geht, wechselt das bildungspolitische System meist reflexhaft in den Modus: um jeden Preis eine positive Nachricht zu platzieren und die öffentliche Debatte mit dem eigenen Spin zu prägen, statt mit der präsentierten Evidenz ehrlich umzugehen. Ergebnisse des Bildungsmonitorings in den Ländern können die Medien meist nur über die Pressestellen der Ministerien erhalten. Diese verlautbaren dann die Ergebnisse, die die Landespolitik in schönes Licht taucht. Kritischer Journalismus ist so nicht – oder nur mit guten Quellen – möglich. Auch bei internationalen Studien macht es misstrauisch, wenn das Bundesbildungsministerium in einer Mitteilung zum PISA-Bericht schreibt: „PISA 2018: Deutschland stabil über OECD-Durchschnitt". Wäre es nicht glaubwürdiger, wenn Bildungspolitiker:innen nach der Veröffentlichung der Ergebnisse klar Probleme benennen und darstellen, was sie unternehmen wollen? Wichtig dabei: Diese Maßnahmen sollten nicht aus einem Aktionismus heraus erwachsen, sondern nachhaltig sein – das kann auch mal bedeuten, dass die Früchte erst in einer nächsten Legislaturperiode geerntet werden können. Nehmen wir als Beispiel das schlechte Abschneiden von Grundschulkindern bei der Lesekompetenz, das sowohl im IQB-Bildungstrend 2021 als auch bei IGLU 2021 offensichtlich wurde. Als Reaktion führen einige Bundesländer jetzt sogenannte „Lesebänder", also zusätzliche Lesezeiten, ein. Das Konzept ist nicht neu, aus der Initiative BISS („Bildung durch Sprache und Schrift") gibt es viele Erfahrungswerte. Es gibt aber aus BISS auch die Erkenntnis, dass eine solche Förderung nur nachhaltig ist, wenn sie nicht punktuell, sondern über Jahre und bestenfalls über den Schulübergang hinaus umgesetzt wird.

Wenn Bildungspolitik transparenter darlegen würde, welche Konsequenzen aus einer Studie gezogen werden, hätte das im Übrigen auch einen positiven Effekt auf die Berichterstattung: Medien hätten konkrete Ansatzpunkte, um über die Ergebnisse der Bildungsstudie hinaus Diskussionen anzuregen, zu begleiten, weiterzuspinnen und immer wieder nachzufassen, ob die angekündigten Maßnahmen auch wirklich umgesetzt werden und was sie bringen.

Bildungswissenschaft

Wissenschaftliche Studien sollten klarer und verständlicher aufbereitet sein. Das würde auch zu einer gründlicheren, fehlerfreien Berichterstattung in den Medien führen. Die Wissenschaft sollte daran ein großes Interesse haben, dass ihre Datenerhebungen und ihre daraus entwickelten Studien stärker in die Öffentlichkeit gelangen, zumal Bildung ein Thema ist, das alle betrifft. Auch die Wissenschaft selbst würde daher davon profitieren, wenn sie rund um die Veröffentlichung einer Bildungsstudie, Bildungsjournalist:innen mehr und vielfältigere Möglichkeiten gibt, um offene Fragen zu klären – in Hintergrundgesprächen oder zum Beispiel auch über eine Hotline oder Chatmöglichkeit für Medien rund um die Veröffentlichung. Auch wenn der Bund oder die Länder Auftraggeber der Studien sind und diese finanzieren, sollte die Wissenschaft im Sinne der Transparenz, die Möglichkeit bekommen, über die Daten offen und ohne Einschränkungen zu kommunizieren. Im besten Fall sollte sie die Datenmasse nicht nur anderen Forschenden, sondern auch Datenjournalist:innen für eine Sekundäranalyse zur Verfügung stellen (dürfen).

Wünschenswert wäre außerdem, wenn die Wissenschaft Studienergebnisse stärker miteinander in Zusammenhang setzen würde und wenn sie mehr einordnende Informationen mitliefern könnte. Dazu kann auch gehören, dass ein interdisziplinäres Team von Forschenden zusammenarbeitet, um bei der Einordnung verschiedene Perspektiven zu berücksichtigen. Es gibt so viele spannende Studien und Forschungen, die in einem größeren Kontext noch mehr Nutzwert haben könnten. Ein Beispiel: Es wäre spannend, die Daten des IQB-Bildungstrends zusammenzuführen mit den Daten, die der Sozialforscher Marcel Helbig zu Kinderarmutsquoten an Grundschulen erhoben hat. Zusammengeführt würde sich ein viel klareres Bild ergeben, an welchen Schulen Defizite besonders groß sind und welche Schulen konkret die meiste Förderung brauchen. Das würde auch der Bildungspolitik, in diesem Fall zum Beispiel mit Blick auf das Startchancen-Programm, helfen, die Schulen und Stellschrauben zu identifizieren, an denen sie ansetzen müsste.

Es gibt hierzulande so viel gute bildungswissenschaftliche Forschung und Daten des Bildungsmonitorings – von denen die Öffentlichkeit aber kaum Kenntnis nimmt. Der Wissenschaftsjournalismus macht vor, wie es anders geht. Im Science Media Center arbeitet eine zehnköpfige Redaktion und verknüpft mehrere tausend Forschende und Medienschaffende miteinander. Das Center hilft den Medien beim Einordnen komplexer Studien. Eine vergleichbare Stelle bräuchte es für den Bildungsbereich.

Bildungspolitik, -wissenschaft und -journalismus sind systematisch aufeinander angewiesen und sollten sich nicht mit Argwohn und Misstrauen begegnen. Dieses Dreigestirn besteht aus Sicht einer Redaktion, die tagtäglich über Bildungspolitik berichtet, im Idealfall aus einer Politik, die Medienschaffenden vertraut, Wissenschaft, die Komplexes vereinfacht kommuniziert, und Journalismus, der mit Zeit und Expertise einordnet. Bei Bildung.Table versuchen wir diese Theorie in die Tat umzusetzen und die drei Bereiche in den Austausch zu bringen. Denn die Bildungsmisere, in der die Bundesrepublik steckt, wird auch damit gelöst: einem funktionierenden Austausch und konstruktivem Nebeneinander von Journalismus, Politik und Forschung.

Bildungsmonitoring – eine berufliche Tätigkeit im Spannungsfeld unterschiedlicher Handlungslogiken

Daniel Kneuper

„So sehr es dem praktisch und gesellschaftspolitisch engagierten Wissenschaftler schmeicheln müßte, direkt positive Wirkungen seiner Arbeit feststellen zu können, so sehr muß die Vorstellung enttäuscht werden, der Gang der Weltverbesserung gehe direkt von der computergestützten Datenauswertung über die schreibtischgebundene Interpretation in die Köpfe der Verwaltungsbeamten, Politiker und Schulpraktiker und schließlich in das Herz des Volkes" (Fend 1982, S. 142).

Zusammenfassung

Personen, die im Bereich des Bildungsmonitorings arbeiten, sollen Akteuren in Bildungsverwaltung, -praxis und -politik für deren Arbeit relevante, mit wissenschaftlichen Methoden generierte Informationen zur Verfügung stellen und sie dadurch in die Lage versetzen, evidenzbasiert professionell zu handeln. So soll das Bildungsmonitoring letztendlich zu einer Verbesserung des Bildungssystems beitragen. Das Eingangszitat von Fend macht jedoch deutlich, dass der Wirkmechanismus ganz so einfach nicht ist. Nun soll es in diesem Beitrag nicht darum gehen, diese Grundfigur kritisch zu hinterfragen. Dafür sei auf andere Beiträge in diesem Band verwiesen. Vielmehr soll der Hinweis Fends zum Anlass genommen werden, die eingangs skizzierte, recht knappe „Jobbeschreibung" für das Bildungsmonitorende bzw. die damit einhergehenden Anforderungen präziser zu fassen:
   Nach der skizzierten Programmatik folgt Bildungsmonitoring wissenschaftlicher Logik. Die Abnehmer:innen der Produkte hingegen – Akteure aus Bildungspolitik und -administration, sowie Schulpraktiker:innen – arbeiten in anderen Arbeitsfeldern, deren jeweilige Handlungslogik sich z. T. erheblich von der Wissenschaftslogik (und auch voneinander) unterscheidet. Deshalb ist das Arbeitsfeld Bildungsmonitoring hoch komplex. Für die dort Tätigen besteht die hohe Anforderung, die Logiken und Arbeitsweisen der Abnehmer:innen zu kennen, zu reflektieren, zu akzeptieren und – wenn möglich – bei ihrer Arbeit zu berücksichtigen. Daher werden in diesem Beitrag die sich z. T. erheblich unterscheidenden Handlungslogiken von Wissenschaft, Bildungsadministration, Bildungspraxis und Bildungspolitik und der daraus entstehenden Anforderungen für Personen im Bildungsmonitoring beleuchtet. Darüber hinaus wird der Frage nachgegangen, welche spezifischen Anforderungen sich aus der Verortung der mit Bildungsmonitoring befassten Personen in Institutionen der Wissenschaft oder der Administration und aus unterschiedlichen institutionellen Rahmungen ergeben. Um

dies leisten zu können, bedarf es jedoch zunächst einmal einer knappen Beschreibung der typischen Aufgaben in diesem Arbeitsfeld.

Aufgaben und Adressaten des Bildungsmonitorings

Zu den Aufgabenbereichen liefert die Gesamtstrategie der Kultusministerkonferenz zum Bildungsmonitoring wichtige Hinweise. In ihr werden folgende Bereiche benannt (vgl. Sekretariat der Kultusministerkonferenz 2015):

1. Teilnahme an internationaler Schulleistungsuntersuchungen (PIRLS/IGLU, TIMSS, PISA)
2. Überprüfung und Umsetzung von Bildungsstandards für die Primarstufe, Sekundarstufe I und die Allgemeine Hochschulreife (IQB Bildungstrends, Entwicklung und Nutzung eines Pools von Abiturprüfungsaufgaben)
3. Verfahren zur Qualitätssicherung auf Ebene der Schulen, z. B. Lernstandserhebungen/Vergleichsarbeiten, Verfahren der Sprachstandsfeststellung, ggf. weitere Leistungsvergleichsuntersuchungen der Länder, externe Evaluation
4. Bildungsberichterstattung von Bund und in den Ländern

Während sich die unter den ersten drei Punkten genannten Testverfahren auf ausgewählte Domänen/Kompetenzbereiche der Fächer Deutsch und Mathematik, der Naturwissenschaften und der Fremdsprachen Englisch und Französisch beschränken, wird das Themenspektrum z. B. durch die ICILS-Studie (vgl. z. B. Eickelmann u. a. 2019) oder die ICCS-Studie (vgl. z. B. Abs u. a. 2024) als weitere Instrumente internationaler Vergleichsstudien deutlich erweitert. Der nationale Bildungsbericht „Bildung in Deutschland" betrachtet schließlich Bildung über die gesamte Lebensspanne hinweg und umfasst auch Input- und Prozessmerkmale, sowie Rahmenbedingung von Bildung. Und auch bei Verfahren der Schulinspektion/Externen Evaluation ist der Aspekt „Leistung" nur einer unter vielen.

Schon ein Blick auf dieses von der KMK vorgesehene Themenportfolio zeigt ein sehr breites inhaltliches Spektrum, mit dem sich Personen im Berufsfeld des Bildungsmonitoring potenziell befassen. Ein Blick in das Inhaltsverzeichnis dieses Bandes erweitert dieses Portfolio noch einmal: Im Beitrag von Rangel geht es um Schuldatenblätter, in dem von Pohlmann & Hoffmann um ein Sprachfördermonitoring, Groß Ophoff u. a. stellen einen Schulleitungsmonitor vor, Abs konzipiert ein Bildungsmonitoring für die politische Bildung. Kurz: Seit der durch PISA 2000 ausgelösten „Empirischen Wende" hat sich ein thematisch weit ausdifferenziertes Arbeitsfeld in diesem Bereich entwickelt. Das zu bearbeitende Themenspektrum reicht

- von der frühkindlichen Bildung, über die schulische Bildung bis zur Weiterbildung,
- von Qualitätsmerkmalen über Rahmenbedingungen bis zu Erträgen von Bildungsprozessen und
- von theoretischen Konzepten über empirische Befunde bis zur praktischen Umsetzung von Konzepten zu (guter) Bildung.

Hinter diesen thematisch verschiedenen Aufgabenfeldern liegt ein sehr breites Spektrum von Tätigkeiten im Bereich Datengewinnung und -auswertung:

- Entwicklung und Durchführung, sowie Datenerhebung und -auswertung von Verfahren zur Leistungsfeststellung – von zentralen Prüfungen über Diagnostik, Lernstandsfeststellungen bis zu Large-Scale-Assessment-Studien – einschließlich evtl. notwendiger Kontextfragebögen
- Entwicklung, Durchführung, Erhebung und Auswertung von Instrumenten für die Evaluation von Schule (Fragebögen, Schüler:innen-Feedback, Erhebungsbögen für Unterrichtshospitationen, ...)
- Erhebung, Auswertung, Aufbereitung, Einordnung usw. von Daten der amtlichen Statistik
- Entwicklung von thematisch spezifischen Monitoring-Konzepten
- Entwicklung von Datengewinnungsstrategien.

Nach der Auswertung der Daten unterstützen im Bildungsmonitoring tätige Personen auch die Dissemination und Rezeption ihrer Ergebnisse durch

- Erstellung von zielgruppenorientierten Rückmeldeformaten (z. T. automatisiert), wie z. B. Ergebnisübersichten, Ergebnisberichte, Vorträge mit grafischer Aufbereitung von Daten
- Unterstützung der Abnehmer:innen bei der Rezeption durch Handreichungen, Arbeits- und Interpretationshilfen für die bereitgestellten Ergebnisse, Durchführung von Fortbildungen
- Wissenschaftliche Publikationen und Vorträge auf Tagungen

Deutlich wird, dass all diese Aufgaben einen starken *wissenschaftlichen* Bezug haben. Im Kern geht es um die Arbeit auf Basis *wissenschaftlicher* Theorien und Konzepte und der Erhebung, Auswertung und Analyse von Daten mit Hilfe *wissenschaftlicher* Methoden. Um diese Aufgaben erfüllen zu können, ist eine weitere zentrale Aufgabe die Rezeption entsprechender *wissenschaftlicher* Literatur – und der Publikationen und Produkte der Kolleg:innen. Die hohen Anforderungen an Einhaltung wissenschaftlicher Standards werden besonders deutlich, wenn die Ständige Wissenschaftliche Kommission der KMK bei der „Entwicklung von Leitlinien für das Monitoring und die Evaluation von Förderprogrammen im Bildungsbereich" vom Goldstandard für Wirkungsanalysen her argumentiert und verschiedene Verfahren zur Wirkungsanalyse benennt (vgl. SWK 2022, S. 10), die auch in der bildungswissenschaftlichen Forschung nur selten anzutreffen sind. Diese hohen wissenschaftlichen Anforderungen sollen Personen erfüllen, die nur zum Teil in Wissenschaftskontext arbeiten. Denn das Bildungsmonitoring wird in Deutschland in sehr unterschiedlichen Institutionen durchgeführt:

- Bildungsverwaltungen von Bund und Ländern (dort zumeist in Qualitätsinstituten, Landesinstituten o. Ä., seltener in Ministerien, vgl. Fickermann 2014), Kreisen oder großen Kommunen
- Wissenschaftliche Institute oder Konsortien wissenschaftlicher Einrichtungen, z. B. Institut für Qualitätsentwicklung im Bildungswesen (IQB), Zentrum für internationale Bildungsvergleichsstudien (ZIB), das DIPF – Leibniz-Institut für internationale Bildungsforschung und Bildungsinformation, das Institut für Schulentwicklungsforschung (ifs) oder das Konsortium zur Durchführung von ICILS
- Private Stiftungen oder wissenschaftsnahe Institute, z. B. die Bertelsmann-Stiftung, Robert-Bosch-Stiftung, Institut der deutschen Wirtschaft, die eigene Monitoringformate entwickeln und z. T. mit hoher medialer Aufmerksamkeit veröffentlichen.

Als typische Adressat:innen des Bildungsmonitorings benennt das Netzwerk Bildungsmonitoring vier Zielgruppen (vgl. Netzwerk Bildungsmonitoring 2023, S. 3 f.):

- politische Entscheidungsebene: Sie benötigt vornehmlich Informationen auf Systemebene, entsprechend benötigen diese Akteure hoch aggregierte Daten, die das Gesamtsystem beschreiben. Typische Produkte sind die Large-Scale-Assessment-Studien und Bildungsberichte.
- Schulaufsicht: Sie benötigt als „Mittlerin zwischen politscher Entscheidungsebene und Einzelschule" einen möglichst guten Überblick über die Einzelschulen benötigt, und zwar eingebettet in einen Gesamtkontext.
- Schulleitungen: Sie benötigen Informationen, anhand derer sie die Situation ihrer Schule und den Erfolg konkreter Maßnahmen bewerten können.
- Lehrkräfte: Sie haben ein besonderes Interesse „am Lernfortschritt und an den Förderbedürfnissen ihrer jeweiligen Klasse" (ebd.) und der einzelnen Schüler:innen. Darüber hinaus sind sie zuständig für die Unterrichtsentwicklung. Um diese Aufgaben bewältigen zu können, werden Informationen auf Individualebene oder niedrigem Aggregationsniveau benötigt

Um dieses breite Spektrum an Fragen bearbeiten zu können, benötigen im Bereich des Bildungsmonitoring tätige Personen umfassende Expertise:

- über das Bildungssystem (oder eines Teils davon), das sie „betrachten",
- zu zentralen Themenfeldern des Bildungsbereichs in dem sie arbeiten,
- zum Stand der Forschung in diesen Themenfeldern,

- zu verfügbaren Instrumenten, Testverfahren usw.,
- zur Datenverfügbarkeit innerhalb des eigenen Hauses und in der relevanten Statistik-„Landschaft" und
- zum Themenkomplex der Qualitätsentwicklung und des Bildungsmonitorings und seiner Funktionsweise.

Bildungsmonitorende als Übersetzer:innen zwischen den Welten

Informationen des Bildungsmonitorings enthalten nicht per se Handlungsoptionen. Vielmehr müssen sie in einem Prozess der Rekontextualisierung verarbeitet werden – und dies kann zu sehr unterschiedlichen Einschätzungen des Handlungsbedarfs führen. So können z. B. schlechte Leistungsergebnisse für Schulen oder auch Bildungspolitik ein vordergründig schlechtes, hintergründig jedoch positives Ergebnis darstellen, z. B. dann, wenn sie als Begründung geeignet sind, mehr Ressourcen für die Förderung von Schüler:innen zu fordern. Darüber hinaus unterliegt der Prozess der Verarbeitung zahlreichen Prozessen normativ geleiteten Auswahl und Entscheidung von Relevanzen von Ergebnissen. Dies soll am Beispiel der Verarbeitung der IQB-Bildungstrend-Berichte illustriert werden:

Die IQB-Bildungstrend-Berichte umfassen in der Regel mehrere hundert Seiten und richten sich u. a. an politisch verantwortliche Minister:innen für den Schulbereich. Diese erhalten die Berichte wenige Tage vor der Veröffentlichung. Mit der Veröffentlichung müssen sie jedoch der Presse gegenüber Rede und Antwort stehen – insbesondere bei kritischen Ergebnissen. Nun haben Minister:innen i. d. R. einen so dichten Terminkalender, dass eine gründliche Lektüre der Berichte schlicht nicht möglich ist. Aus diesem Grund erstellt das IQB eine Zusammenfassung mit einer Auswahl von Informationen. Zudem werden in den Berichten Analysen vorgelegt, denen höchst anspruchsvolle Berechnungsmethoden zugrunde liegen (z. B. Regressionsmodelle zur Schätzung von Disparitäten oder auch adjustierte Mittelwerte und Trends im Bildungstrend 2021, vgl. Weirich/Hafiz 2022). Solche Darstellungen und Ausführungen erschließen sich Personen ohne eine entsprechende forschungsmethodische Ausbildung nicht. Daher ist es i. d. R. den zuständigen Kolleg:innen im Bildungsmonitoring der Länder überlassen, innerhalb weniger Tage eine zusammenfassende „Übersetzung" der empirischen Befunde und eine Einordnung in die länderspezifischen Kontext (=Rekontextualisierung) zu erstellen und auf dieser Basis Handlungsbedarfe zu formulieren. Dies muss in einer Länge, Einfachheit und Sprache erfolgen, die von den relevanten politischen Akteuren in der ihnen nur knapp zur Verfügung stehenden Zeit zu verstehen ist. Ferner ist zu beachten, dass diese Akteure i. d. R. nicht der Zunft der empirischen Bildungsforscher:innen entstammen und das gesamte Themenspektrum ihres Verantwortungsbereichs vertreten müssen und das Ergebnis eines Bildungstrends ist nur eines unter hunderten jeweils sehr komplexen Themen. Dies stellt höchste Anforderungen an die politischen Spitzen der Ministerien und erfordert zwangsläufig eine pointierte Reduktion, Selektion, Aufbereitung und Deutung der Ergebnisse durch die im Bildungsmonitoring tätigen Personen. Daran schließt sich dann eine Rezeption, Deutung und Einordnung der politischen Entscheider:innen an, die dies wiederum in den politischen Raum kommunizieren.

Bei allen Arbeitsschritten rund um den Bildungstrend spielen immer auch persönliche und institutionell verankerte Haltungen, Werten, Deutungsschemata, aktuell anliegende Problemlagen usw. eine zentrale Rolle – auch und gerade die der Personen, die die größte Reduktion vornehmen: Die im Bildungsmonitoring tätigen Personen im IQB, die die Bildungstrends erstellen, bei der Auswahl und Darstellung der Ergebnisse, und bei den Bildungsmonitorenden in den Ländern, die die Verarbeitung maßgeblich verantworten. Ob sie wollen oder nicht: Sie sind dadurch ebenfalls Teil des politischen Prozesses und tragen ein hohes Maß an Verantwortung.

Deutlich wird: Beim Bildungsmonitoring geht es nicht (wie in der Forschung) primär um das Generieren von wissenschaftlichen Erkenntnissen. Vielmehr soll es die jeweiligen Abnehmer:innen bei ihrer Arbeit unterstützen. Um dies leisten zu können, müssen im Bildungsmonitoring Tätige bei ihrer Arbeit also stets die Zielgruppe, das mögliche Erkenntnisinteresse, ihre Vorinformationen, weitere Rahmenbedingungen und den Zweck der Datennutzung im Blick haben. Die Arbeit muss geleitet werden von Fragen wie: Welche Daten/Informationen benötigt die Zielgruppe für ihre Arbeit? Wie arbeiten die Abnehmer:innen der Daten mit solchen Informationen? Wie müssen die Informationen aufbereitet werden, damit die Rezipienten mit den Daten arbeiten können? Wie kann die Rezeption unterstützt werden? Welche Informationen sind von Interesse, welche eher irrelevant? Welche Erkenntnisse könnten für die Lösung anstehender Probleme genutzt werden? Welche Probleme ergeben sich aus den Ergebnissen? Welche Ergebnisse führen vermutlich zu Irritationen oder Ablehnung? Welchen Stellenwert messen die Abnehmer:innen dem Bildungsmonitoring zu?

Um diese Fragen beantworten zu können, müssen Personen, die Bildungsmonitoring als ihr Berufsfeld wählen, über fundierte und aktuelle Kenntnisse *über die Zielgruppe, ihre Arbeitsweise, ihre Arbeitsfelder, ihre inhaltlichen Positionen und ihre Haltung gegenüber unterschiedlichen Produkten des Bildungsmonitorings* verfügen. Im Mittelpunkt steht also genau *nicht* wissenschaftliche Erkenntnis, sondern eine Haltung und die sich anschließende Handlung einer „Kundschaft" mit je spezifischen Aufgaben, Verwertungsinteressen, Kompetenzen, Handlungsoptionen und -spielräumen – sprich: ihrer spezifischen Handlungslogik.

Handlungslogiken unterschiedlicher „Kund:innen" des Bildungsmonitorings

In den Ansätzen des Neo-Institutionalismus (vgl. z. B. Hasse/Krüger 2020; Scharpf 2000) wird herausgearbeitet, dass in Institutionen formelle und informelle Regeln, Normative Vorgaben, Werte, Ziele usw. für den Wirkbereich einen wichtigen, häufig sehr starren Rahmen für das Handeln ihrer Individuen wie auch für das Handeln als kollektiver Akteur in der Interaktion mit anderen kollektiven Akteuren und in bestimmten Akteurskonstellationen bietet. Dazu gehört auch der rechtliche Rahmen, in dem sich die verschiedenen Akteure und das Bildungsmonitoring bewegen (vgl. Kneuper 2024, im Druck). Dieser *institutionelle Rahmen* kann von außen gesetzt (z. B. durch zugewiesene Aufgaben, rechtliche Regelungen, Ziel- und Leistungsvereinbarungen, etc.) und/oder durch die Individuen für das Verfolgen der gemeinsamen Ziele, die Zusammenarbeit, ökonomisches Handeln, inhaltliche und politische Grundüberzeugungen usw. etabliert oder auch tradiert worden sein. In der Institution verankerte *handlungsleitende Konzepte* über den produktiven Umgang mit und Arbeit in diesem von außen gesetzten und von innen entwickelten institutionellen Rahmen stellen damit zentrale *institutionelle Handlungslogiken* dar.

Da das Bildungsmonitoring Informationen für das Handeln anderer Akteure bereitstellt, stellen der institutionelle Rahmen (Normen, Ziele usw.) und insbesondere auch die darin verankerten Handlungslogiken *aller* beteiligten Institutionen und die institutionell verankerten Umgangsformen zwischen den beteiligten Institutionen eine zentrale Größe für die Arbeit im Bildungsmonitoring dar: Zum einen unterliegen im Bildungsmonitoring tätige Personen selbst dem institutionellen Rahmen und der Handlungslogik der Organisation, in der sie tätig sind. Diese wird sich z. B. in wissenschaftlichen Einrichtungen (z. B. IQB, ZIB, DIPF) stark an den Regeln und Gepflogenheiten des Wissenschaftssystems orientieren, während Monitoring-Arbeitseinheiten in der Bildungsverwaltung innerhalb des dort gültigen Regelsets agieren müssen. Zum anderen hat das Bildungsmonitoring eine sehr heterogene „Kundschaft": Sie reicht von Lehrkräften, über die Bildungsadministration bis hin zu Politiker:innen auf Landes- und länderübergreifender Ebene. Ihre Produkte werden zudem auch von der bildungspolitischen Öffentlichkeit und diversen Interessensgruppen rezipiert. Und all diese Kunden unterliegen als kollektive und individuelle Akteure jeweils eigenen, spezifischen Institutionellen Rahmungen und agieren nach einer je spezifischen Handlungslogik. Sprich: Sie werden die Ergebnisse des Bildungsmonitorings entsprechend der Handlungslogik der eigenen Organisation rezipieren und nutzen. Doch welche sind dies?

Die Handlungslogiken können u. a. aus den Aufgaben und den damit verbundenen Standardinteressen abgeleitet werden. Sie werden im Folgenden für die

o. g. Adressaten des Bildungsmonitorings pointiert und nicht mit dem Anspruch auf Vollständigkeit beschrieben:

Politik und (ministerielle) Administration:

- *Politik* wird das primäre Bedürfnis nach Legitimation und Machterhalt zugeschrieben. Dies führt mit hoher Wahrscheinlichkeit zu Verarbeitungs- und Nutzungsmechanismen, die das eigene bildungspolitische Programm legitimieren – oder zur Entwicklung von Abwehrszenarien, um drohende Legitimationsgefährdungen zu verhindern oder reduzieren. Eine typische Umgangsform ist z. B., die Richtigkeit der eigenen politischen Programmatik mit den Befunden des Bildungsmonitorings zu begründen, u. U. selbst dann, wenn aus fachlicher Sicht kein Zusammenhang zwischen den Befunden und politischen Programmen besteht. Dies konnte in der Folge von PISA 2000 eindrucksvoll beobachtet werden (vgl. Tillmann u. a. 2008).
  Insbesondere öffentliche Diskurse setzten Politik unter schnellen Legitimations- und Handlungsdruck, Mechanismen der Relativierung negativer Ergebnisse und/oder die selektive Rezeption positiver Ergebnisse sind zu erwarten, ferner gilt Handlungs- und Entscheidungssicherheit zu vermitteln (ebd.). Dafür benötigt Politik schnell eindeutige Hinweise oder Handlungsempfehlungen, die häufig in Produkten des Bildungsmonitorings fehlen. Dies begünstigt politisch-strategische Nutzung von Ergebnissen.
- *Ministerien* sind in der deutschen Verwaltungslandschaft formal die oberste Instanz. Sie haben im Kern vier Funktionen: Problemverarbeitungsfunktion, Planungsfunktion, Rechtsetzungsfunktion, sowie die Organisations- und Ressourcenfunktion (vgl. Weege 2003). Daten des Bildungsmonitorings können für diese Aufgaben wichtige Informationsquellen darstellen. Mitarbeiter:innen in Ministerien sind damit als zentrale Akteure im Rekontextualisierungsprozess anzusehen. Sie haben zudem „die Aufgabe und Funktion, zwischen dem politischem und dem Schulsystem zu vermitteln, politische Entscheidungen in das Schulsystem zu transferieren. Dabei (sind) sie mit den zentralen Handlungsmodi der Bildungspolitik konfrontiert" (Kneuper 2010, S. 69 f.), nicht zuletzt aufgrund der Tatsache, dass die Spitze eines Ministeriums durch Politiker:innen besetzt sind. Entsprechend sind neben der eigentlich mit dem Monitoring intendierten Verarbeitungsform auch Formen der strategisch-funktionalen Nutzung von Monitoring-Ergebnissen zu erwarten – etwa um Planungen zu rechtfertigen, die politische Spitze von der Durchführung von Programmen zu überzeugen oder auch Maßnahmen gegenüber den nachgeordneten Einheiten zu legitimieren.

Im Verlauf der Zeit haben sich die Anforderungen an das Bildungsmonitoring in diesem Bereich daher verändert: In den ersten Jahren nach der Empirischen Wende hatte man sich auf eine Arbeitsteilung verständigt, die man vereinfacht auf die Formel „Wissenschaft stellt die Daten bereit, Politik formuliert die Maßnahmen" bringen kann (vgl. Tillmann u. a. 2008, S. 395), auch wenn Wissenschaft im Hintergrund dennoch in hohem Maße Einfluss genommen hat (vgl. Kneuper 2010, S. 209 ff.). Diese Arbeitsteilung wurde ein Stückweit bei der Überarbeitung der Gesamtstrategie des Bildungsmonitorings in 2015 revidiert. Es „sollen die Voraussetzungen verbessert werden, [...] Entwicklungen nicht nur zu beschreiben, sondern auch zu erklären und dies mit Hinweisen zu verbinden, wie die festgestellten Probleme gelöst werden können" (KMK o. J.).

Intermediäre Ebene der Administration:

- *Schulaufsicht* ist Teil der Bildungsverwaltung und hat im Kern zwei Funktionen – die Aufsichtsfunktion (unterteilt in Fachaufsicht, Dienstaufsicht und Rechtsaufsicht) und die Beratungsfunktion (Experten- und/oder Prozessberatung). Unter Rückgriff auf diese beiden Funktionen ist die Schulaufsicht zentraler Akteur bei der Umsetzung politischer Programme und der Rückbindung von Informationen und Problemlagen aus den Schulen. Diese Doppelfunktion stellt ein Spannungsverhältnis dar, mit dem Schulaufsicht und die zugeordneten Schulen umgehen müssen (vgl. van Ackeren u. a. 2015; Dedering / Kallenbach 2020).
Produkte des Monitorings – z. B. Schuldatenblätter – sind häufig für das Aufgabenfeld der Beratung und des Controllings durch die Schulaufsicht konzipiert. Sie können konstruktiv, aber auch zur Durchsetzung von Interessen oder gar zur Legitimation von Sanktionierungen z. B. durch Entzug von Ressourcen oder Verwehrung von Beförderungen durch die Schulaufsicht genutzt werden. Daher ist im Zusammenhang mit Vergleichsarbeiten lange diskutiert worden, ob die Ergebnisse einzelner Schulen der Schulaufsicht zur Kenntnis gegeben werden sollen. Der Grund war die Sorge, dass ein zur Schulentwicklung und Beratung gedachtes Instrument zur Sanktionierung genutzt wird, obwohl es sich aufgrund seiner methodischen Anlage nicht dazu eignet. Das Bildungsmonitoring ist daher gefordert, die Reichweite und Grenzen seiner Instrumente klar und deutlich zu formulieren und die Schulaufsicht fachlich bei der Arbeit mit den Befunden zu unterstützen.
Darüber hinaus ist Schulaufsicht in schulischen Notfällen, Krisen usw. eingebunden oder gar zentraler Akteur. Damit ist das Aufgabenfeld der Schulaufsicht hoch komplex. Ein eng getakteter Arbeitsalltag steht einer systematischen Rezeption von Daten häufig entgegen, ein geringer Grad der Auseinandersetzung mit Daten ist daher erwartbar. Hier sind durch das Bildungsmonitoring Formen zu finden, wie die Schulaufsicht mit wenig Aufwand bei der Rezeption der Daten gut unterstützt werden kann.

Zentral für die Nutzung von Daten durch die Schulaufsicht für die Beratung ist ferner eine entsprechende Akzeptanz des Mehrwertes und Nutzens von Monitoring-Daten. Ist hier eine kritische Haltung verankert, ist eine Nutzung eher nicht zu erwarten. Dies erfordert im Zusammenwirken von Monitoring-Einheit und Schulaufsicht die Bereitschaft zu einem offenen Diskurs über Reichweiten und Nutzen der Instrumente.

Schulebene:

- *Schulleitungen* sind dafür verantwortlich, dass die Schule als Ganzes ihren Auftrag erfüllt. Sie sind Dienst- und Fachvorgesetzte der Lehrkräfte und müssten den täglichen Schulbetrieb, die Berücksichtigung gesetzlicher und anderer Vorgaben sicherstellen und verantworten in dem gesetzten Rahmen die Weiterentwicklung der Schule als Organisation. Zugleich sind Sie Repräsentant:innen der Schule nach Außen und stehen in dieser Funktion im Kontakt mit vielfältigen weiteren Akteuren. Produkte des Bildungsmonitorings können auch hier den Arbeitsprozess als ergänzender Blick auf Schule unterstützen, können aber genauso als Gefährdung wahrgenommen werden – wenn z. B. die Schulaufsicht schlechte Ergebnisse zur Sanktionierung von Schulleitungen nutzt oder öffentliche Darstellung der Ergebnisse die Schulwahl von Eltern beeinflussen könnte.
- *Lehrkräfte und das pädagogische Personal* haben die Aufgabe, für eine konkretes Fach in einer konkreten Klasse Unterricht zu planen und mit möglichst hoher Qualität durchzuführen. Sie müssen im Unterricht in der konkreten pädagogischen Situation mit den Schüler:innen als Gruppe und Individuen interagieren. Der Handlungsmodus zeichnet sich durch die Notwendigkeit aus, stets Situationen, Klasse und Schüler:innen einschätzen zu müssen und auf Basis dieser Einschätzungen adäquat zu handeln zu müssen. Hinzu kommt Elternarbeit, Arbeit in den Schulgremien und nicht zuletzt die Unterrichtsvorbereitung. All diese Tätigkeiten sind auf konkretes Handeln ausgerichtet, mit dem Ziel der möglichst guten Förderung möglichst aller Schüler:innen. Produkte des Bildungsmonitorings können von Lehrkräften für die Weiterentwicklung des Unterrichts genutzt werden und ein ergänzendes Element darstellen – sie sind aber auch geeignet, die tägliche Arbeit infragezustellen, insbesondere, wenn sie ein gewisses Maß an (Schul-)Öffentlichkeit erlangen.

Ob und wie Monitoring-Produkten in Schule genutzt werden, wird maßgeblich durch im Kollegium verankerte Grundüberzeugungen beeinflusst hinsichtlich der Frage, ob Monitoring-Daten nützlich sind und wofür sie genutzt werden können. Dass sich diese Überzeugungen deutlich von dem mit dem Monitoring intendierten Arbeitsmodus unterscheiden kann, lässt sich z. B. an den diversen Veröffentlichungen des Grundschulverbands zu Vergleichsarbeiten leicht ablesen (siehe z. B. Gewerkschaft für Erziehung und Wissenschaft (GEW), Grundschulverband und Verband Bildung und Erziehung (VBE) 2014).

Insbesondere bei ungünstigen Ergebnisse und drohende Stigmatisierung von Schulen oder Lehrkräften legen Umgangsformen mit Testverfahren nahe, die dem Entwicklungsansatz des Verfahren widersprechen und wie sie aus dem Anglo-Amerikanischen Raum im Kontext des High-staktes-Testings bekannt sind: Beeinflussung der Testdurchführung (Ausschluss leistungsschwacher Schüler:innen), wohlwollende Auswertung der Tests, legitimierende/relativierende Interpretation der Ergebnisse, Verheimlichung der Ergebnisse gegenüber Eltern.

Zudem müssen sich im Monitoring tätige Personen stets darüber bewusst sein, dass Lehrkräfte und Schulleitungen umfangreiche Kenntnisse über ihre Schüler:innen und ihre Schule haben, die weit über die vom Monitoring bereitgestellten Informationen hinausgehen – und dies in ihren Produkten, Handlungen und in ihrer Kommunikation mit den Professionellen Akteuren der Schule stets im Blick behalten.

Schlussfolgerungen

Insgesamt wird deutlich, dass die Arbeit im Bildungsmonitoring hohe Anforderungen an die Personen stellen: Sie sollen mit wissenschaftlichen Methoden und auf Basis wissenschaftlicher Theorien, entlang wissenschaftlicher Gütekriterien, kurz: unter Berücksichtigung zentraler Aspekte wissenschaftlicher Handlungslogik Bildungsmonitoring betreiben. Die Daten sollen im Sinne einer bestimmten Logik der Qualitätsentwicklung verwertet werden (Stichwort: Qualitätskreislauf).

Jedoch arbeiten sie in einem Feld, das institutionellen Rahmungen und Handlungslogiken unterliegt, die dem des Wissenschaftsbereichs und dem der Qualitätsentwicklung z. T. deutlich widersprechen. Dies bring Lange für die Politik knapp auf den Punkt: „Für Wissenschaft kann auch ein fehlgeschlagenes Experiment Gewinn bedeuten. Politik jedoch muss die Folgen ihres Handelns tragen" (Lange 2001, S. 92) – ähnliches kann man wohl getrost auch für das Verhältnis von Wissenschaft und Schulpraxis formulieren. Hinzu kommt, dass die im Monitoring wissenschaftlich generierten Informationen „im Zuge seiner Rezeption mehrfach gefiltert, den bestehenden Handlungsmöglichkeiten der politischen Akteure an- und in bereits vorhandene Deutungsmuster eingepasst, im Verlauf dieser ‚Einpassungsprozesse' zugleich aber auch verwandelt (wird)" (Rudloff 2005, S. 5). Auch hier ist davon auszugehen, dass dies nicht nur im politischen Bereich der Fall ist, sondern auch in anderen Kontexten.

Wenn das dem Bildungsmonitoring zugrunde liegende Konzept so stark von dem der Abnehmer:innen differiert, könnte man leicht zu der Auffassung gelangen, dass die Tätigkeit eher sinnlos, das Konzept grundlegend zu überdenken ist – oder sich einfach mal „die anderen" einer „vernünftigen" Arbeitsweise annähern sollten. Keine dieser „Lösungen" ist jedoch zielführend. Vielmehr machen die vorangehenden Ausführungen deutlich, dass Grundvoraussetzung für eine gelingende Handlungskoordination von Bildungsmonitoring, -administration, -politik und Schulpraxis eine gegenseitige Kenntnis und Akzeptanz der jeweiligen Handlungszwänge und -logiken ist. Sprich: Im Bildungsmonitoring tätige Personen müssen dies stets im Blick haben und aus ihrer Sicht dysfunktionalen Umgang mit Monitoring anderer Akteure und deren Kompetenzen ein Stück weit akzeptieren und produktiv wenden, wenn sie Instrumente und Verfahren zu implementieren, oder wenn sie für die jeweilige Zielgruppe Ergebnisse ihrer Arbeit aufbereiten und Rezeptionsprozesse unterstützen. Dies erfordert ein hohes Maß an Perspektivübernahme, Verständnis – und die Bereitschaft und den Mut den „wissenschaftlichen Weg" zugunsten des Transfers zu verlassen und z. B. Monitoring-Ergebnisse pointiert und verständlich, dafür aber eben *nicht* im wissenschaftlichen Duktus zu präsentieren – und ggf. resultierende Kritik aus dem wissenschaftlichen Raum ertragen. Insbesondere für Personen, die aus der empirischen Bildungsforschung neu in diesen Bereich eintauchen, stellt dieses Arbeitsfeld eine außerordentliche Herausforderung dar, bei der zentrale Aspekte der wissenschaftlichen Sozialisation infragegestellt werden.

Deutlich wird auch: Dieser mittlerweile stark inhaltlich und ausdifferenzierte Arbeitsbereich mit seinen komplexen sozialen Verflechtungen und Aufgabenstellungen kann von einzelnen Personen gar nicht bewältigt werden. Es bedarf eines Teams, in dem unterschiedliche fachliche Expertisen und unterschiedliche berufliche Sozialisationen in Wissenschaft, Administration und Schule vertreten sind. Die Arbeit in solchen Teams stellt – wie immer in multiprofessionellen Team – neue Herausforderungen für die Beteiligten dar.

Trotz – oder vielleicht auch wegen – der hohen Komplexität des Arbeitsplatzes „Bildungsmonitorer:in" gibt es aktuell kein Fortbildungsangebot, das den Anforderungen der Arbeit auf der Schnittstelle im komplexen Bildungs- und Verwaltungssystem angemessen Rechnung trägt. Dies ist dringend zu entwickeln.

Literatur

Abs, Hermann Josef/Hahn-Laudenberg, Katrin/Deimel, Deimel/Ziemes, Johanna F. (Hrsg.) (2024): ICCS 2022. Schulische Sozialisation und Politische Bildung von 14-Jährigen im internationalen Vergleich. Waxmann.

Ackeren, Isabell van/Klemm, Klaus/Kühn, Svenja Mareike (2015): Entstehung, Struktur und Steuerung des deutschen Schulsystems. Eine Einführung. 3., Aufl. Wiesbaden: VS Verlag.

Dedering, Kathrin/Kallenbach, Lea (2020): Die Schulaufsicht als Instanz der Beratung? Zur Realisierung eines neuen Handlungsprinzips im Kontext „klassischer" Aufgaben. Vortrag auf der Tagung des Netzwerks Schulentwicklung „Kooperation, Unterstützung, Kontrolle?" am 27.02.2020 an der Universität Duisburg-Essen. https://www.netzwerk-schulentwicklung.de/assets/files/Vortrag_Dedering-Kallenbach.pdf (Abfrage: 03.10.2023).

Eickelmann, Birgit/Bos, Wilfried/Gerick, Julia/Goldhammer, Frank/Schaumburg, Heike/Schwippert, Knut/Senkbeil, Martin/Vahrenhold, Jan (Hrsg.) (2019): ICILS 2018 Deutschland. Computer- und informationsbezogene Kompetenzen von Schülerinnen und Schülern im zweiten internationalen Vergleich und Kompetenzen im Bereich Computational Thinking. Münster und New York: Waxmann

Fend, Helmut (1982): Erziehungswissenschaft – Bildungspolitik – Kultusverwaltung. Geschichten unglücklicher Liebschaften oder Modernisierungsprozeß von Bürokratien. In: Brockmeyer, Rainer/Brockmayer-Hamacher, Paul (Hrsg.): Schule zwischen Recht, Politik und Planung. Paderborn: Verlag Ferdinand Schöningh, S. 124–147

Fickermann, Detlef (2014): Einrichtungen zur Qualitätssicherung und -entwicklung als „nachgeordnete Dienststellen besonderer Art". In: Fickermann, Detlef/Maritzen, Norbert (Hrsg.): Grundlagen für eine daten- und theoriegestützte Schulentwicklung. Konzeption und Anspruch des Hamburger Instituts für Bildungsmonitoring und Qualitätsentwicklung (IfBQ). Münster: Waxmann Verlag, S. 291–298

Gewerkschaft für Erziehung und Wissenschaft (GEW), Grundschulverband und Verband Bildung und Erziehung (VBE) (2014): „VerA ist inklusionsfeindlich!". https://www.grundschulverband.de/wp-content/uploads/2017/01/pm_vera__final.pdf (Abfrage: 03.10.2023).

Hasse, Raimund/Krüger, Anne K. (Hrsg.) (2020): Neo-Institutionalismus. Kritik und Weiterentwicklung eines sozialwissenschaftlichen Forschungsprogramms. Bielefeld: transcript.

Kneuper, Daniel (2010): PISA und die Bildungsadministration. Bildungspolitische Verarbeitungs- und Entscheidungsprozesse zur Schulstrukturfrage nach PISA 2000. Tönning, Lübeck und Marburg: Der Andere Verlag

Kneuper, Daniel (2024, im Druck): Qualitätsinstitute: Agieren auf den Schnittstellen des Mehrebenensystems. Im Spannungsfeld von Fachlichkeit und rechtlichen Normen. In: Schulverwaltung Spezial. Hürth: Wolters Kluwer

KMK (o. J.): Überblick: Gesamtstrategie zum Bildungsmonitoring. https://www.kmk.org/themen/qualitaetssicherung-in-schulen/bildungsmonitoring.html (Abfrage: 02.10.2023).

Lange, Hermann (2001): Erziehungswissenschaft, Bildungspolitik und Schulen: Auf dem Weg zu einer realistischen Konzeption? In: Tillmann, Klaus-Jürgen/Vollstädt, Witlof (Hrsg.): Politikberatung durch Bildungsforschung. Das Beispiel: Schulentwicklung in Hamburg. Opladen: Leske + Budrich, S. 191–206.

Netzwerk Bildungsmonitoring (2023): Bildungsmonitoring – Grundlage für eine datengestützte Qualitätsentwicklung.

Rudloff, Wilfried (2005): Does science matter? Zur Bedeutung wissenschaftlichen Wissens im politischen Prozess. Am Beispiel der bundesdeutschen Bildungspolitik in den Jahren des „Bildungsbooms". Herausgegeben von Deutsches Forschungsinstitut für öffentliche Verwaltung. Deutschen Hochschule für Verwaltungswissenschaften. (FÖV Discussion Papers, 19) https://www.dopus.uni-speyer.de/frontdoor/deliver/index/docId/466/file/DP-019.pdf (Abfrage: 03.10.2023).

Scharpf, Fritz W. (2000): Interaktionsformen. Akteurzentrierter Institutionalismus in der Politikforschung. Unter Mitarbeit von Oliver Treib. Wiesbaden: VS Verlag.

Sekretariat der Kultusministerkonferenz (2015): Gesamtstrategie der Kultusministerkonferenz zum Bildungsmonitoring. Berlin/Bonn: KMK; Köln: Wolters Kluwer Deutschland https://www.kmk.org/fileadmin/Dateien/veroeffentlichungen_beschluesse/2015/2015_06_11-Gesamtstrategie-Bildungsmonitoring.pdf (Abfrage: 02.10.2023).

Ständige Wissenschaftliche Kommission der Kultusministerkonferenz (SWK) (2022): Entwicklung von Leitlinien für das Monitoring und die Evaluation von Förderprogrammen im Bildungsbereich.

Tillmann, Klaus-Jürgen/Dedering, Kathrin/Kneuper, Daniel/Kuhlmann, Christian/Nessel, Isa (2008): PISA als bildungspolitisches Ereignis. Fallstudien in vier Bundesländern. Wiesbaden: VS Verlag für Sozialwissenschaften.

Weege, Wilhelm (2003): Der Einfluss der Ministerialverwaltung auf die Gesetzgebung. Unter Mitarbeit von Methfessel, Niehäuser und Sahm. Herausgegeben von Wissenschaftliche Dienste des Deutschen Bundestages. Deutscher Bundestag. Berlin.
Weirich, Sebastian / Hafiz, Nicklas J. (2022): Adjustierte Mittelwerte und Trends der erreichten Kompetenzen in den Fächern Deutsch und Mathematik. In: Stanat, Petra; Schipolowski, Stefan; Schneider, Rebecca; Sachse, Karoline A.; Weirich, Sebastian; Henschel, Sofie (Hrsg.): IQB-Bildungstrend 2021. Kompetenzen in den Fächern Deutsch und Mathematik am Ende der 4. Jahrgangsstufe im dritten Ländervergleich. Münster, New York: Waxmann, S. 103–114. https://www.waxmann.com/index.php?eID=download&buchnr=4606 (Abfrage: 03.10.2023).

Bildungscontrolling – Lesarten eines noch immer unbeliebten Begriffs

Nils Berkemeyer und Philipp Glanz

Zusammenfassung

Ausgehend vom Konflikt zwischen evidenzorientierter Steuerung und „Governance-Pädagogik" schlägt der theoretisch-konzeptionelle Beitrag eine Perspektive vor, wie die in einer Demokratie grundlegenden normativen Ansprüche vonseiten der Bildungspolitik mit der Frage, wie mit Daten gesteuert werden soll, zusammengeführt werden können. Dabei wird auf das betriebswirtschaftliche Konzept des ‚(Bildungs-)Controllings' zurückgegriffen. Nachdem der aktuelle Stand des Bildungsmonitorings mit seinen Ansprüchen und Instrumenten knapp skizziert wird, wird anschließend das ‚(Bildungs-)Controlling' näher beleuchtet und eingeordnet. Darauffolgend wird auf die Nutzung und Wirkungen der Instrumente der ‚Neuen Steuerung' eingegangen, das Verhältnis von Monitoring und Controlling in den Blick genommen und Desiderate erziehungswissenschaftlicher Forschung herausgearbeitet. Es wird weiterhin begründet, warum ergänzende Perspektiven wie Anerkennung, Gerechtigkeit sowie strategische Zielorientierung für das Bildungsmonitoring notwendig sind. Die bisherigen Überlegungen und aufgezeigten Erfahrungen münden in die Darstellung verschiedener Modelle, wie ein normativ-demokratisch fundiertes Bildungscontrolling auf Systemebene begründet werden kann. Dabei stehen Effizienzkontrolle, intervenierende Unterstützung sowie Rechtfertigung und Legitimation im Vordergrund der Betrachtung. Mit dieser Lesart wird davon ausgegangen, dass eine kohärente wie systematische Qualitätsverbesserung im Bildungswesen stattfinden kann.

Einleitung

Seit der sukzessiven Einführung der Beobachtung von Leistungen des Schulsystems in Form verschiedener Kompetenztests, Inspektionsverfahren und Bildungsberichten besteht ein Streit zwischen jenen, die meinen, durch Daten nicht nur beobachten – was governance-analytisch immerhin bereits eine Form der Handlungskoordination darstellt (Schimank 2016) –, sondern steuern zu können (Bromme/Prenzel/Jäger 2016) und jenen einer „Governance-Pädagogik" (Berkemeyer 2020a, S. 26), die eine Entwicklung im Schulsystem hin zu nicht legitimierter Machtausübung durch Technologisierung, Ökonomisierung und sogar Totalisierung befürchten. Steuerungstheoretisch könnte man in diesem Zuge von einer Umstellung der Steuerung von normativen hin zu kognitiven Standards sprechen; in einer eher der Betriebswirtschaftslehre entlehnten Sprache von Bildungscontrolling. Beide Varianten werden jedoch in der empirischen Bildungsforschung nicht konsequent rezipiert, um die Steuerungsansprüche der ‚Neuen Steuerung' theoretisch zu reflektieren und konzeptionell anzupassen, lieber wird von ‚Bildungsmonitoring' gesprochen und dies eng mit der Idee der systematischen Unterstützung der Einzelschule verbunden (Berkemeyer 2021). Zur Seite der radikalen Kritiker:innen an der ‚Neuen Steuerung' werden wir uns hier nicht weiter äußern, da bereits demokratietheoretisch klar ist, dass Daten für eine effektive und effiziente Steuerung benötigt werden (vgl. exemplarisch Willke 2016). Die Frage ist also nicht, ob mit Daten gesteuert werden soll, sondern, wie dies zu geschehen hat.

Wir argumentieren, dass die hier kurz erläuterten theoretischen Defizite auch dazu beitragen, eine insgesamt inkonsistente Form des Bildungsmonitorings zu verfolgen. Der Schwerpunkt liegt nachfolgend darauf, das Bildungsmonitoring mitsamt seinen empirisch gesättigten Erfahrungen kurz darzustellen, die Grundidee des Controllings zu skizzieren und hierauf aufbauend drei mögliche Lesarten eines Controlling- bzw. Monitoringsystems vorzuschlagen, welche sehr unterschiedliche Reichweiten haben und wovon eine favorisiert wird.

Zum Stand des Bildungsmonitorings

Als ‚Bildungsmonitoring' werden verschiedene Instrumente, Vorgehensweisen und Maßnahmen bezeichnet, mit denen auf verschiedenen Ebenen des Bildungssystems Informationen generiert werden sollen, um in aggregierter Form Aussagen über ‚Bildungsqualität' in unterschiedlichen pädagogischen Arbeitsfeldern und Institutionen treffen zu können. Es geht also zunächst um eine kontinuierliche Beobachtung von Entwicklungen, Rahmenbedingungen und Ergebnissen bspw. schulischer Bildung. Dies trifft dann auch ziemlich genau das, was der aus dem Lateinischen (monere = an etwas erinnern/aufmerksam machen) entlehnte englische Begriff („Bildschirm") meint. Zusätzlich kann dem Monitoring eine formativ-diagnostische Funktion eingeräumt werden, indem Problemlagen identifiziert werden. Transparenz zu den Leistungen des Bildungswesens zu schaffen und damit Öffentlichkeit herzustellen, können als weitere wichtige Funktionen des Monitorings gelten.

Das Ziel ist somit „eine an empirischen Erkenntnissen orientierte (datengestützte) Planung und Gestaltung des Bildungswesens (Bildungsmanagement). Es sollen für Steuerung relevante Daten generiert werden, um auf diese Weise Steuerungshandeln begründbarer und zielgerichteter gestalten zu können" (Grünkorn/Klieme/Stanat 2019, S. 270). Im Zusammenhang mit dem Bildungsmonitoring wurde in der Vergangenheit oft auch der Begriff ‚Bildungsberichterstattung' verwendet (Böttcher et al. 2008b).[1] Dennoch ist der Anspruch des Bildungsmonitorings zunächst ein deskriptiver und damit keine notwendige Steuerungsleistung, die u. a. Entscheidungen zu bildungspolitischen Maßnahmen und somit eine normative Komponente enthalten müsste, verbunden.

Mit der im Jahr 2015 verabschiedeten „Gesamtstrategie der Kultusministerkonferenz zum Bildungsmonitoring" (KMK 2015) werden folgende Verfahren und Instrumente in den konzeptionellen Fokus gerückt: Die Teilnahme an internationalen Schulleistungsstudien (z. B. IGLU, PISA), die Umsetzung und Ausrichtung an Bildungsstandards (Primar- und Sekundarbereich, allgemeine Hochschulreife), Verfahren zur Qualitätssicherung auf Ebene der Einzelschule (z. B. VERA, externe Evaluationen) sowie eine gemeinsame, von Bund und Ländern getragene Bildungsberichterstattung, die alle Bereiche des Bildungswesens umfasst (u. a. berufliche Ausbildung, Hochschule und Weiterbildung). Mit der Überarbeitung seit dem Bestehen der Gesamtstrategie aus dem Jahr 2006 sollte „zukünftig ein stärkeres Gewicht" etwa auf Erklärungen und Problemlösungen, die systematische Aufbereitung von Forschungsergebnissen und die Bereitstellung steuerungsrelevanten Wissens gelegt werden (KMK 2015, S. 5f.).

Zusätzlich liegen Daten der amtlichen Statistik, Bildungs- und Indikatorenberichte auf Landes-, regionaler und kommunaler Ebene vor (Brüggemann/ Tegge 2018; Döbert/Weishaupt 2015; Fickermann/Weishaupt 2019). Um die Leistungsfähigkeit des Bildungswesens nach Art. 91b des Grundgesetzes festzustellen (Gemeinschaftsaufgabe von Bund und Ländern), wurde vereinbart, einen nationalen Bildungsbericht („Bildung in Deutschland") erarbeiten zu lassen, der in einem zweijährigen Rhythmus erscheint (vgl. den Beitrag von Stefan Kühne in diesem Band). Nahezu flächendeckend finden zudem Schulinspektionen – die Bezeichnung variiert zwischen den Bundesländern – statt, welche landesspezifische Handlungs- oder Orientierungsrahmen für schulische Qualität zur Grundlage haben, die wiederum an den Kategorien der empirischen Bildungsforschung orientiert sind (Berkemeyer 2019).

Hinzuweisen ist außerdem auf die unterschiedlichen Logiken, denen das Test- und das hiermit verbundene Sanktionsregime in Deutschland unterliegt. Anders ist dies z. B. in den USA oder England (high-stakes-testing), wo die Konsequenzen mitunter erheblich sind (Böttcher 2012; Hartong 2018). Die Funktion der Rechenschaftslegung (Accountability) ist in Deutschland tendenziell unterrepräsentiert (low-stakes-testing), was nicht zu unmittelbaren Konsequenzen führt, schneidet bspw. eine Schule im Rahmen eines Leistungstests schlecht ab oder wenn Qualitätsstandards verfehlt werden.

---

1 Strikt abzugrenzen ist Monitoring u. a. von Evaluation, Qualitätsmanagement und Benchmarking, wobei die Unterschiede nicht immer trennscharf behandelt werden und bspw. Verfahren der Evaluation auch Teil eines Qualitätsmanagementsystems sein können (Böttcher/Hense 2016; Schöni 2018, S. 355; Stockmann/Meyer 2014, S. 91).

Damit überwiegt der Gedanke einer kontinuierlichen Verbesserung der Einzelschule – nicht des Systems wohlgemerkt –, welcher sich mit den Instrumenten des Bildungsmonitorings verbindet. Ob starke Sanktionen und die Steuerung über derartige Verfahren der Rechenschaftslegung wie in den angloamerikanischen Ländern allerdings ein adäquates Mittel darstellen, scheint pädagogisch zumindest zweifelhaft. Angesichts dieser vielschichtigen Befundlage stellt sich die Frage, wie die Daten einerseits und die hieraus folgenden Konsequenzen andererseits verknüpft sind.

Was ist (Bildungs-)Controlling?

Der betriebswirtschaftliche Diskurs zum Begriff des Controllings stellt sich als äußerst komplex und auch theoretisch vielfältig dar. Neben älteren Konzeptionen, die Controlling als Informationsversorgung, als erfolgszielbezogene Steuerung oder als Koordinationsaufgabe unterschiedlicher Teilsysteme (Horváth/Gleich/Seiter 2015) verstehen, haben sich zwei neuere Ansätze herausgebildet, die Controlling zum einen als reflexionsorientierte Management- bzw. Managementunterstützungsfunktion (Scherm/Pietsch 2003) ansehen oder den Fokus zum anderen auf die Rationalitätssicherung der Führung legen (Weber/Schäffer 2022).

Gemeinsam ist allen Ansätzen, dass sie die Steuerungsfunktion in den Vordergrund rücken und Controlling als Führungsaufgabe verstehen. Entscheidend ist außerdem, dass die Controlling-Funktion und die entsprechenden Tätigkeiten an der Strategie der Organisation, manifestiert in einem Leitbild, sowie den (langfristigen) Zielen ausgerichtet sind. Weitere Elemente und Schlagworte im Zusammenhang mit dem Controlling sind: Planung, Kennzahlen bzw. Kennzahlen- und Informationssysteme, Berichtswesen sowie Budgetierung/Rechnungswesen. Im Unterschied zur hier entfalteten Sichtweise, die die schulsystemische Ebene in den Blick nimmt, geht es im Controlling immer um eine konkrete Organisation, z. B. einen Konzern mit seinen verschiedenen Aufgaben und Teilsystemen, etwa Personal, Finanzen/Rechnungswesen, IT oder Corporate Governance.

Im Handbuch „Handlungsfelder des Bildungsmanagements" (Gessler/Sebe-Opfermann 2018) wird das Bildungscontrolling im Teil „Steuerung und Regulierung" aufgeführt. Abgrenzungen u. a. zum Personalcontrolling sind nicht immer eindeutig. In der Praxis bezieht sich das Bildungscontrolling als Element der betrieblichen Personalentwicklung (Döring 2010) oft auf den Bildungs- und Qualifizierungsprozess einer Mitarbeiterin bzw. eines Mitarbeiters oder einer Abteilung, womit dann Aspekte wie die Teilnahme an Fort- und Weiterbildungsmaßnahmen in den Blick rücken.

Sabine Seufert verortet das Bildungscontrolling im Kontroll-Paradigma, und zwar insbesondere dann, wenn (begründete) Zielperspektiven und die nötige

Akzeptanz fehlen, womit „die engere Anbindung der Bildungsaktivitäten an die strategische Unternehmensentwicklung" (Seufert 2013, S. 366) hervorgehoben wird. Eine Kongruenz zwischen den (strategischen) Unternehmenszielen und den Zielen der Mitarbeiter:innen herzustellen und damit langfristig eine Passung zu ermöglichen, die Umsatz- und Gewinnmaximierung (Return on Investment) verspricht, ist ein Ziel des Bildungscontrollings. Mögliche Kennzahlen können dabei sein: Anzahl der Mitarbeiter:innen, die pro Jahr eine Maßnahme besuchen; durchschnittliche (Personalentwicklungs-)Kosten der Teilnahme an Fort- und Weiterbildungsmaßnahmen; durchschnittliche Anzahl der Maßnahmen (pro Mitarbeiter:in, Abteilung etc.); Erfolgsquote bzw. Abschlüsse (Zertifikate); Übergangsquote in Führungsebenen nach erfolgter Maßnahme innerhalb eines bestimmten Zeitraums etc. Der Fantasie sind hier prinzipiell keine Grenzen gesetzt, wobei die Indikatoren so gewählt werden sollten, dass sie mit den operativen („doing the things right") und strategischen („doing the right things") Zielen der Organisation – bestenfalls abgeleitet aus Mission, Vision, externer Umwelt- und interner Organisationsanalyse – im Einklang stehen, also kohärent und konsistent sind.

Der „Internationale Controller Verein" (ICV) sowie die „International Group of Controlling" (IGC) verabschiedeten im Jahr 2013 ein Controller-Leitbild, das folgende Merkmale aufweist (IGC 2013):

„Controller leisten als Partner des Managements einen wesentlichen Beitrag zum nachhaltigen Erfolg der Organisation. Controller ...

1. gestalten und begleiten den Management-Prozess der Zielfindung, Planung und Steuerung, sodass jeder Entscheidungsträger zielorientiert handelt.
2. sorgen für die bewusste Beschäftigung mit der Zukunft und ermöglichen dadurch, Chancen wahrzunehmen und mit Risiken umzugehen.
3. integrieren die Ziele und Pläne aller Beteiligten zu einem abgestimmten Ganzen.
4. entwickeln und pflegen die Controlling-Systeme. Sie sichern die Datenqualität und sorgen für entscheidungsrelevante Informationen.
5. sind als betriebswirtschaftliches Gewissen dem Wohl der Organisation als Ganzes verpflichtet."

Wie das Qualitätsmanagement kann auch das Bildungscontrolling einer Steuerungslogik folgen, die am PDCA-Zyklus – Plan, Do, Check, Act – angelehnt ist (vgl. z. B. für die Schulentwicklung Buer/Rückmann 2018, S. 858). Damit wird ein kontinuierlicher Verbesserungsprozess modelliert, der je nach Betrachtung Prozesse, Produkte und Ergebnisse stetig optimiert. Insgesamt kommt dem Bildungscontrolling damit eine Informations-, Planungs-, Kontroll- sowie Steuerungsfunktion zu (Schöni 2018, S. 345). Mittelzuweisungen erfolgen nach Effizienz- und Effektivitätskriterien, womit die Aufgabenerfüllung des Managements und der Führung unterstützt werden. In Verbindung mit dem Controlling wird als Instrument zur Umsetzung häufig die Balanced Scorecard (BSC) genannt, die zwischen Strategiefindung und -umsetzung changiert, wenngleich der Umsetzungsfokus mittels qualitativer und quantitativer Kennzahlen überwiegt. Teilweise wird auch der Begriff „Qualitätscontrolling" (Bülow-Schramm 2006, S. 43) verwendet, was abermals die relative Unschärfe zwischen den Maßnahmen und Konzepten verdeutlicht. Die BSC kann als Steuerungs- und Managementsystem verstanden werden und vereint grundlegend vier Perspektiven: Finanzen, Kunden, Prozesse und Mitarbeiter:innen – diese letzte Perspektive wird oft auch mit ‚Lernen/Entwicklung/Wissen' beschrieben (Gathen 2014, S. 178 ff.).

Die bisherigen Ausführungen lassen erkennen, dass das Controlling eine Vielzahl von Instrumenten und Verfahren beinhaltet, die über Beobachtung und Berichtslegung hinausgehen. Im Folgenden werden die in diesem Kapitel gemachten Darlegungen mit dem Bildungsmonitoring konfrontiert, die Instrumente der ‚Neuen Steuerung' schlaglichtartig bilanziert sowie weiterführende Perspektiven aufgezeigt.

Ausgewählte Befunde und Analysen zum Bildungsmonitoring

Zum Verhältnis von Monitoring und Controlling in der ‚Neuen Steuerung'

Explizit mit Bezug auf das Schulwesen konstatieren Buer/Rückmann (2018, S. 850) einen „Rückzug" des Bildungscontrollings, wobei „häufig eine Kopplung mit dem Begriff des Bildungsmonitorings" – es wird auf die Beiträge in Böttcher et al. (2008a) verwiesen – vorliege. In der Gesamtschau der Konzepte ‚Controlling' und ‚Monitoring' wird eines schnell deutlich, überträgt man beide auf das Schul- und Bildungssystem: Das Controlling richtet sich an (strategischen) Zielen aus, hat diese bei der Unterstützung des Managements im Blick und versorgt die Führung mit relevanten Informationen, die diese Ziele betreffen. Was die Ziele der Schul- und Bildungspolitik allerdings langfristig sind, ist weitestgehend unklar. Dazu tragen nicht nur die regelmäßig politisch bedingten Änderungen der ministeriellen Leitungen bei, sondern auch die Tatsache, dass es keinen gesellschaftlichen Konsens über die (langfristigen) Ziele und Erträge der Bildungspolitik gibt, obwohl viele der Baustellen seit Jahren und teilweise Jahrzehnten bekannt sind (McElvany et al. 2023; Stanat et al. 2022; Stanat et al. 2023). Eine kontinuierliche Verbesserung kann so nur schwerlich stattfinden.

Die bereits betonten Aspekte der Kontrolle und Steuerung zeigen an, dass sich Controlling von der reinen Bereitstellung mit Informationen unterscheidet. Damit ist ein zentraler Punkt im Unterschied zum Monitoring markiert: es steuert und koordiniert nicht, sondern erhebt, berichtet und bildet ab. Aus der reinen Deskription folgen keine Handlungen – es können gar keine Handlungen folgen, zumal dann, wenn die Ziele nicht transparent oder bekannt bzw. definiert sind.

Ebenso wird die Frage, an welcher Stelle im System strategische und operative Aufgaben bearbeitet werden (Buchholz 2019), im Grundsatz unbeantwortet gelassen. Dazu trägt auch die nicht immer klare Rollenverteilung und trennscharfe Abgrenzung von Aufgaben, Kompetenzen und Verantwortungsbereichen bei, wie sie in Ministerien, den Landes-/Qualitätsinstituten und Schulaufsichtsbehörden – man schaue nur auf die Varianz zwischen den Bundesländern –, regionalen bzw. kommunalen Schulämtern, KMK, Gemeinsamer Wissenschaftskonferenz (GWK) und weiterer Akteure wie dem Institut zur Qualitätsentwicklung im Bildungswesen (IQB) zu finden sind (vgl. auch Thiel et al. 2019b). Vorstellbar wären an dieser Stelle dauerhafte, auf die Herstellung von Öffentlichkeit ausgerichtete, ihre (Beratungs-)Prozesse transparent machende, mit verschiedenen Statusgruppen besetzte Gremien (Kommissionen, Beiräte), die diese strategische Funktion im Sinne einer Steuerung durch Aufsicht – losgelöst von Fach- und Rechtsaufsicht, die in den Behörden verbleibt – wahrnehmen. Sie könnten existierende Monitoringdaten bewerten ('Check'), hierauf aufbauende Lösungen vorschlagen und getroffene Entscheidungen und deren Umsetzung erneut bewerten, was zuvor schriftlich fixiert wurde ('Follow-up').

Ein Instrument, das aus dem betriebswirtschaftlichen und insbesondere dem Controlling-Kontext stammt, hält inzwischen vermehrt auch Einzug in der Administrierung und Steuerung der Einzelschule, nämlich Zielvereinbarungen. Nach Durchsicht einschlägiger Dokumente zeigt sich indes schnell, dass dieses Instrument als Unterstützungselement etwa der Schulleitung aufgefasst werden muss (vgl. z. B. für Bayern Lankes/Huber 2014), denn sichtbare Konsequenzen sind bei Nicht-Erreichung der vereinbarten Ziele nicht vorgesehen: Nach einer gewissen Zeit wird erneut evaluiert, ob Maßnahmen ergriffen und die Ziele erreicht worden sind. Ist dies nicht der Fall, beginnt der Regelkreislauf von vorn. Auch das Moment der Motivation, das Zielvereinbarungen innewohnt, muss fragwürdig vor dem Hintergrund erscheinen, dass die einzelne Schule keinerlei oder nur eine sehr eingeschränkte Autonomie über ihre Ressourcen (sächlich, finanziell, personell etc.) besitzt. Dies unterstreicht erneut die in Deutschland vorherrschende low-stakes-Strategie.

Nutzung und Wirkungen der Instrumente der 'Neuen Steuerung'

Versucht man, eine Bilanz zu den Wirkungen der Instrumente des Bildungsmonitorings und der Frage, wie diese eigentlich von den Akteuren in Bildungspolitik und -praxis rezipiert werden, zu ziehen, so fällt diese mindestens disparat aus: Dass die Ergebnisse z. B. von Vergleichsarbeiten nicht ausreichend für die Unterrichtsentwicklung genutzt werden und ihre Akzeptanz insgesamt schwindet, ist schon länger bekannt (Maier et al. 2012; Demski 2018; Ophoff/Koch/Hosenfeld 2019). Dabei spielt anscheinend auch die Schulleitung und der durch sie praktizierte Führungsstil eine Rolle (Kronsfoth et al. 2018). Die externe Evaluation bzw. Schulinspektion führt außerdem häufig nicht zu den gewünschten Änderungen der Schulqualität (Gärtner/Wurster/Pant 2014) oder hat keinen Einfluss auf das pädagogische Selbstverständnis der Lehrkräfte sowie Fortbildungsmaßnahmen (Preuße/Pohl/Gärtner 2019), kann aber die innerschulische Entwicklung und Kooperation anregen (Feldhoff et al. 2017; Preuße/Pohl/Gärtner 2019). Aber auch hier sind die Befunde nicht eindeutig, etwa mit Blick auf die Leistungen der Schüler:innen (Pietsch/Janke/Mohr 2014).

Beachtlich ist die rechtlich gerahmte Varianz zwischen den Bundesländern, was die Verfahren der internen wie externen Evaluation, die Arbeit mit den Qualitätsrahmen sowie den Umgang mit Ergebnissen von Vergleichsarbeiten zur Qualitätssicherung und -entwicklung anbelangt: Eine systematische Verknüpfung der einzelnen Instrumente, um eine datenbasierte Schul- und Qualitätsentwicklung zu gewährleisten, fehle zumeist, wie die Analyse von Thiel et al. (2019b) nahelegt. Hier werden u.a. die dazu vorliegenden bildungspolitischen wie -rechtlichen Dokumente sowie die verschiedenen Konzepte, Modelle und Instrumente des Bildungsmonitorings, die sich in offiziellen Verlautbarungen manifestieren, verglichen. Grob zusammengefasst zeigt sich deutlich, dass die Länder hinsichtlich der von den Autor:innen differenzierten Entwicklungs-, Monitoring,- Controlling- und Informationsfunktion unterschiedlich Gebrauch machen und die entsprechenden Elemente verschiedene Funktionen erfüllen: „Eine *Controllingfunktion* kann dort identifiziert werden, wo Daten aus den Verfahren der operativen Schulaufsicht zum Zweck der Rechenschaftslegung und Zielvereinbarung regelhaft zugänglich gemacht werden bzw. die SchulrätInnen laut entsprechender Festlegungen aktiv in das Evaluationsverfahren einzubeziehen sind" (Thiel et al. 2019a, S. 317, Herv. i. Orig.). Ein Verfahren erfüllt dann eine ‚Monitoringfunktion', wenn Daten aggregiert aufbereitet und für Beobachtungen auf unterschiedlichen Ebenen zugänglich gemacht werden. Idealtypische Steuerungsmechanismen – z.B. Selbstregulierung oder bürokratische Steuerung – seien dagegen nicht vorhanden, sondern treten in Kombination auf (Thiel et al. 2019a, S. 318). Beispielsweise zeige sich im Hinblick auf Verfahren der externen Evaluation deutlich, dass es einen evidenten Bruch zwischen Akteuren der externen Evaluation und der Schulaufsicht gebe und das Instrument grundsätzlich zu hinterfragen sei (ebd., S. 322f.).

All dies stützt die Beobachtung „einer fehlenden Idee der Gesamtsystemsteuerung" (Berkemeyer 2020b): Eine wirkliche Steuerung findet derzeit faktisch nur punktuell statt; eine „organisierte Unverantwortlichkeit" (Berkemeyer 2020a, S. 35), die ohne klare Interventionen auf Ebene der Einzelschule auskommt, ist die Folge.

Blicken wir zurück auf die KMK-Gesamtstrategie, so wird mit Verve im Vorwort ebendieser erwähnt, dass „die Bildungspolitik in Deutschland nahezu selbstverständlich steuerungsrelevante Ergebnisse aus der Bildungsforschung [nutzt], um Stärken und Schwächen des Bildungssystems in Deutschland insgesamt und in den 16 Ländern zu identifizieren sowie geeignete Maßnahmen umzusetzen" (KMK 2015, S. 3). Es zeige sich jedoch nicht nur ein „Missverhältnis" (Grünkorn/ Klieme/Stanat 2019, S. 281) – und man muss hinzufügen: Missverständnis – zwischen dem generierten und dem geforderten Wissen, welches z. B. durch Schulleistungsstudien bereitgestellt wird.

Auffällig scheint die mit dem Bildungsmonitoring verbundene Differenz der erzeugten Wissensformen (KMK 2015, S. 15) zu sein, die sich als Hoffnung mit diesem verbinden (Maritzen/Tränkmann 2015, S. 242). Nicht nur die Vermengung verschiedener Aussageebenen und die Gleichsetzung zwischen empirischen und präskriptiven Urteilen ist hier zuweilen problematisch, auch die mindestens implizite Übertragung der Verantwortlichkeit für politische Lösungen auf die Wissenschaft erscheint mehr als fragwürdig, falls man seitens der Bildungspolitik keinen neueren Werturteilsstreit riskieren wollte.

Aufgrund dieser Konzeption drängt sich die Frage in den Vordergrund, „inwieweit dieses Wissen tatsächlich genutzt wird, um bildungspolitische Entscheidungen zu optimieren, etwa indem die Bildungspolitik gezielt in den identifizierten Problemfeldern aktiv wird, um Verbesserungen zu erreichen" (Grünkorn/Klieme/Stanat 2019, S. 288; vgl. auch Bieber et al. 2018, S. 5). Aber selbst wenn das gewünschte Erklärungs- und Handlungswissen zur Verfügung stünde, ist damit noch nicht ausgemacht, dass die entsprechenden Maßnahmen, die zu einer Veränderung von Bildungsstrukturen und -prozessen führen könnten, auch tatsächlich ergriffen werden. Mutmaßlich spielen in der Bildungspolitik auch parteipolitisch gefärbte, ideologische und normative Überzeugungssysteme eine entscheidende Rolle, die eine einfache Übertragung und Anwendung im Sinne einer Sozialtechnologie erheblich erschweren.

Die sich daran anschließende Frage, wie die Bürokratie – Ministerien auf Arbeits- und Leitungsebene, Schulaufsicht, Koordinierungsgremien der Bildungspolitik – eigentlich mit Ergebnissen des Bildungsmonitorings umgeht, was genau mit den Daten passiert, wie sie besprochen und diskutiert werden und was daraus aus bildungspolitischer Sicht folgt, welche Programme aufgelegt und welche Entscheidungen getroffen werden müssten bzw. sollten, kann als Leerstelle in der erziehungswissenschaftlichen und Bildungsforschung bezeichnet werden (Hermstein et al. 2015; Ausnahme: Tillmann et al. 2008).

Ergänzende und notwendige Perspektiven

Der seit der Veröffentlichung der PISA-Ergebnisse geführte und notwendige Qualitätsdiskurs benötigt aus den genannten Gründen eine komplementäre Perspektive im Hinblick auf die Verfasstheit von Schule als Institution (Berkemeyer et al. 2017), in der auch Fragen des gesellschaftlichen Zusammenlebens verhandelt werden (soziale Disparitäten, herkunftsbedingte Ungleichheit, autoritäre Einstellungen etc.). Somit müssen Maßnahmen des Bildungsmonitorings und -controllings normativ gerahmt werden (Maritzen/Tränkmann 2015). Eine demokratietheoretische Legitimation, die u. a. für Gerechtigkeits- und Anerkennungsaspekte offen ist, ihre Praxis deliberativ fundiert und Rechtfertigungspraxen zustimmt, ist hierfür notwendig (Berkemeyer 2020b, S. 383 ff.; Forst 2015).

Die Frage nach der Qualität auf Systemebene scheint innerhalb der Schulentwicklungsforschung erst in den letzten Jahren verstärkt in den Blickpunkt gerückt zu sein (Berkemeyer 2019), wird aber bisher nicht systematisch aufgegriffen und entwickelt – weder aus Sicht der Bildungspolitik und -praxis noch aus Sicht der Bildungsforschung. Mutmaßlich trägt dazu auch die Fokussierung auf die Einzelschule bei, die zur Invisibilisierung normativer Facetten wie z. B. sozialer Ungleichheit führt: „Die Qualitätsentwicklung der einzelnen Schule, so die Denkweise, sorge für die Qualitätsverbesserung des gesamten Schulsystems, gewissermaßen als Aggregat der Einzelanstrengungen" (Böttcher 2012, S. 31). So würde ein systemischer Fokus, der konflikttheoretische Deutung von Gesellschaft anbietet, verstärkt normative Aspekte wie Gerechtigkeit, Gesundheit und Anerkennung in die Überlegungen einbeziehen (Berkemeyer et al. 2017). Ein systemisch-bildungspolitisches Controlling, das an diesen Aspekten interessiert ist, würde seine Steuerungsbemühungen hierauf ausrichten. Die Steuerung des Schulsystems und der Schulentwicklung durch Recht und Finanzierung könnten dafür einen Ausgangspunkt bilden (Weishaupt 2009).

Insgesamt kann mit den Herausgebern des bereits 2008 erschienen Tagungsbandes zum Bildungsmonitoring und -controlling erneut festgestellt werden:

„Alle Beobachtungs- und Prüfinstrumente sind notwendigerweise an Instrumente der Qualitätsentwicklung [und des Controllings; d. A.] zu koppeln. Nicht, dass die Analyse von Stärken und Schwächen sinnlos ist, aber sie wird dann zumindest zweifelhaft, wenn aus ihr keine Konsequenzen für ein neues Handeln folgen, das die Stärken bewahrt oder gar entwickelt und die Schwächen kompensiert. Um ein nahe liegendes Bild zu benutzen: Diagnose ohne Therapie führt selten zu Verbesserungen, weitaus häufiger zu Verzweiflung." (Böttcher et al. 2008a, S. 10)

Ausblick: Ein normativ-demokratisch begründetes Bildungscontrolling

Wenn zuvor davon ausgegangen wurde, dass Maßnahmen der Bildungspolitik zur Weiterentwicklung des Schulsystems ebenso demokratietheoretisch wie an sozialen Rechtfertigungsverhältnissen zu legitimieren sind, muss sich auch das Bildungsmonitoring fragen, welchen Beitrag es zur Lösung aktueller gesellschaftlicher Konflikte und Herausforderungen leistet. Aus den bisherigen Ausführungen ergeben sich daher unseres Erachtens drei Modelle eines Controllings für den Bildungsbereich, die sehr unterschiedliche Reichweiten und zum Teil unterschiedliche Zielsetzungen verfolgen.

Modell 1: Pflege des öffentlichen Vernunftgebrauchs zum Zwecke der Aufklärung des Bildungssystems

Im Kontext dieses Modells werden Daten auf Systemebene verwendet, bspw. Input-, Output- sowie Outcome-Daten, um Systemleistungen zu beschreiben und globale Trends abzubilden. Solche Beschreibungen werden mitunter bereits ausführlich und professionell vorgelegt, u. a. in Form von Bildungsberichten der Länder und Kommunen. Ein Problem hierbei ist offensichtlich die ‚Langeweile' die durch solche Berichte im System erzeugt wird, da eher selten klare Veränderungen berichtet werden können. Dies irritiert allerdings, da doch gerade die Nichtveränderung Grund zur Empörung sein sollte. Die Haltung der Bildungspolitik, man wisse es nun und bräuchte nur konkrete Hinweise, was man tun müsse, ist dabei mindestens befremdlich, denn man könnte wissen, was man tun soll, da wir es mittlerweile mit einer recht aufgeklärten Öffentlichkeit in Bezug auf die Leistungen unserer Schulen zu tun haben. Weniger gut wissen wir, was Bildungsverwaltungen eigentlich tun, um die bekannten Missstände zu beseitigen, denn sie sind es u. a., die hierfür ebenfalls Verantwortung tragen. Was also fehlt, ist eine systematische Rechtfertigung der Maßnahmen, die von einer Regierung mitsamt der Administration aus welchen Gründen getroffen werden (Forst 2007). Die parlamentarischen Prozesse erscheinen hierfür allein nicht ausreichend.

Modell 2: Ein umfassendes und kohärentes Bildungscontrolling

Ein solches Controlling würde zunächst Landesleitbilder für das Schulsystem benötigen, Zielklarheit erfordern und diese mit nachvollziehbaren Indikatoren belegen, und zwar auf allen Systemebenen und für alle -merkmale. Sodann würde ein solches ‚Konzerncontrolling' jährlich über Maßnahmen berichten und zugleich Regelungsstrukturen etablieren, die es erlauben, unmittelbar und quasitechnologisch auf unerwünschte Befunde, die aus dem Controlling resultieren, zu reagieren. Dabei würden Regelungsstrukturen benötigt, die die unterschiedlichen Befunde miteinander verknüpfen und gewichten, sodass ein unkoordiniertes Nebeneinander von Controlling-Maßnahmen mit womöglich widersprüchlichen Interventionen ausgeschlossen wird. Ein solches Controlling ist für demokratische Systeme schlecht vorstellbar: Die Gestaltung solcher Systeme funktioniert eben anders als die Steuerung eines Konzerns. Wohl wissend, dass dies so ist, wurden in den letzten zwei Jahrzehnten ein erheblicher Anteil der Innovationen im Schulsystem auf die Konzeption und Implementierung von Instrumenten im Rahmen der ‚Neuen Steuerung' verwendet, die sich auf eine umfassende Weiterentwicklung der Qualität bezogen haben und immer noch beziehen. Allerdings lassen sich echte Wirkmechanismen und Effekte im Verhältnis zu den getätigten Investitionskosten nur bedingt feststellen (Marx/Maaz 2023).

Modell 3: Demokratische Effizienzkontrolle, intervenierende Unterstützung und Legitimation

Sinnvoll und realistisch hingegen wäre ein Modell eines eher schlanken Controllings mit wenigen Indikatoren und Leistungsdaten des Systems (z. B. Abschlüsse/Zertifikate, Entwicklung der Leseleistung, Unterstützungsangebote durch das System), welche auch wirklich steuerbar sind und ggf. noch gewichtet werden können. Sie würden durch umfangreiche Beratungsprozesse sowie im Zusammenspiel von Bildungsforschung, Verwaltung und Schuladministration erarbeitet werden. Der Vorteil hierbei wäre, dass solche Informationen insgesamt kostengünstig zur Verfügung gestellt werden können und nach wenigen Jahren ein ziemlich klares Bild entsteht. Ausgehend von solchen Daten könnten nun im Sinne der Sicherung von Minimalstandards flexibel solche Standorte gezielt unterstützt werden, die kontinuierlich die schlechtesten Befunde erzeugen: Dies kann von Sanierungsmaßnahmen bis zur Versorgung mit pädagogischem Personal oder der Aufweichung der Stundentafel geschehen. Das genutzte Indikatorenbündel, das auf Qualitätsaspekte abzielt, müsste sich im Sinne einer pragmatischen Wissenschaftstheorie ebenfalls daran orientieren, ob es Lösungen vor Ort anbieten und umsetzen kann. Dafür wäre eine aktive Schulaufsicht notwendig. Will ein solches System umfassend sein, müsste es außerdem Indikatoren auf Systemebene berücksichtigen (Berkemeyer 2019).

Eine solch intervenierende Unterstützung könnte von multiprofessionellen Interventionsteams geleistet werden, die selbst in den Schulen tätig werden (Lernen am Modell). Auch hierüber müsste es dann zwangsläufig Rechenschaftslegungen geben. Der Vorteil wäre sicherlich, dass nicht alle Schulen von der mitunter ja auch fragwürdigen Normdurchsetzung des Staates betroffen wären und ihre solide pädagogische Arbeit unter bisheriger Aufsicht des Staates fortsetzen könnten. Dies bedeutet auch nicht, dass es keine Angebote für Schulen gibt, die sich auf den Weg machen wollen oder Kapazitäten für weitergehende Entwicklungen haben. Die alten BLK-Programme könnten hier, in überarbeiteter Fassung, eine wichtige Rolle spielen. Theoretisch-systematisch würde dies bedeuten, die Konzepte ‚Steuerung' und ‚Unterstützung' klarer als bisher zu trennen, da das Verhältnis von Steuerungsprozessen und systemischen Unterstützungsleistungen zwischen der einzelnen Schule, Verwaltung und Bildungspolitik bisher weitestgehend unscharf ist. Ein solches Bildungscontrolling scheint uns einerseits realistisch und andererseits notwendig, wenn der Staat dem grundgesetzlichen Auftrag nach Aufsicht und Sicherstellung von gleichen Bildungsgelegenheiten nachkommen will.

Fazit

Die seit den 1990er Jahren im öffentlichen Sektor beschriebene Entwicklung hin zu einer stärkeren Rechenschaftslegung, größeren Autonomie unterer Ebenen sowie der Verpflichtung, spürbare Effizienz- und Effektivitätskontrolle zu betreiben, blieb auch in der bildungs- und erziehungswissenschaftlichen Diskussion nicht folgenlos. Theoretisches Vorbild waren dabei Ansätze, die im Rahmen der internationalen Reformkonzeption des ‚New Public Management' Einzug in den öffentlichen Diskurs hielten. Ausgetragen wird dieser Konflikt in der Erziehungswissenschaft zwischen denjenigen, die die Evidenzorientierung in den Vordergrund rücken – ohne allerdings auf normative Bezugspunkte Rücksicht zu nehmen – und jenen Anhänger:innen einer „Governance-Pädagogik", die Ökonomisierung und Totalität infolge der Datenbasierung befürchten.

Nimmt man die Feststellung ernst, dass eine steuerungs- wie demokratietheoretisch fundierte Perspektive im Rahmen der Konzeption des Bildungsmonitorings derzeit fehlt und kann man zusätzlich konstatieren, dass die exemplarisch aufgezeigten Befunde mit den Instrumenten der ‚Neuen Steuerung' größtenteils divergent erscheinen, dann wird eine neue, vermittelnde Position mit Bezug zur Systemsteuerung benötigt. Diese wurde mit dem Konzept des Bildungscontrollings gefunden.

Die hier skizzierte Idee eines Bildungscontrollings nimmt die in einer Demokratie notwendige normative Grundierung auf und entwickelt sie entlang des Gedankens von Rechtfertigungsstrukturen und -praktiken weiter, wobei der Fokus auf Effizienzkontrolle, Intervention und öffentlichkeitswirksamer Transparenz liegt. In Zeiten haushalterischer Sparmaßnahmen erscheint es nicht nur legitim, sondern sogar geboten, Effektivität und Effizienz als pädagogische Parameter zu betrachten, was ebenfalls den Aspekt gesellschaftlicher und demokratischer Rechtfertigung berührt. Der Vorteil eines solchen Controllings wäre damit auch, Kopplungsversuche sowie das bisher konzeptionell unklare Verhältnis verschiedener Unterstützungssysteme und -leistungen, die sich oft auf die Einzelschule beziehen, zu schärfen und auf System- sowie Organisationslernen auszurichten. So kann dann auch ein „kohärente[s] System der Qualitätsentwicklung" (Grünkorn / Klieme / Stanat 2019, S. 292) begründet werden, deren Einrichtung Ziel der Bildungspolitik sein sollte.

Literatur

Berkemeyer, Nils (2019): Die Referenzrahmen für Schulsystemqualität – Reform durch Evidenzorientierung? In: Berkemeyer, Nils / Bos, Wilfried / Hermstein, Björn (Hrsg.): Schulreform. Zugänge, Gegenstände, Trends. Weinheim und Basel: Beltz, S. 420–434.

Berkemeyer, Nils (2020a): „Neue Steuerung" im Schulsystem als kybernetisches Steuerungsmodell? Klärungsversuche entlang der politischen Kybernetik und der dezentrierten Demokratie. In: Fickermann, Detlef / Manitius, Veronika / Karcher, Martin (Hrsg.): „Neue Steuerung" – Renaissance der Kybernetik? Münster: Waxmann, S. 25–38.

Berkemeyer, Nils (2020b): Schulleitung und Schulaufsicht – Symptome einer fehlenden Idee der Gesamtsystemsteuerung. In: Klein, Esther Dominique / Bremm, Nina (Hrsg.): Unterstützung – Kooperation – Kontrolle. Zum Verhältnis von Schulaufsicht und Schulleitung in der Schulentwicklung. Wiesbaden: Springer VS, S. 375–387.

Berkemeyer, Nils (2021): Unterstützungssysteme des Schulsystems – Bestandsaufnahme und institutionentheoretische Perspektiven. In: Webs, Tanja / Manitius, Veronika (Hrsg.): Unterstützungssysteme für Schulen. Konzepte, Befunde und Perspektiven. Bielefeld: wbv, S. 19–37.

Berkemeyer, Nils / Bos, Wilfried / Hermstein, Björn / Abendroth, Sonja / Semper, Ina (2017): Chancenspiegel – eine Zwischenbilanz. Zur Chancengerechtigkeit und Leistungsfähigkeit der deutschen Schulsysteme seit 2002. Gütersloh: Verlag Bertelsmann Stiftung.

Bieber, Götz / Egyptien, Eugen L. / Klein, Günter / Oechslein, Karin / Pikowsky, Birgit (2018): „Positionspapier der Landesinstitute und Qualitätseinrichtungen der Länder zum Transfer von Forschungswissen". https://bak-lehrerbildung.de/wp-content/uploads/positionspapier-transfer-311018-002.pdf (Abfrage: 24.04.2024).

Böttcher, Wolfgang (2012): Zur Kritik des Regierens in der Schulpolitik. Zentralisierung und Vertrauen statt Dezentralisierung und Kontrolle. In: Hornberg, Sabine / Parreira do Amaral, Marcelo (Hrsg.): Deregulierung im Bildungswesen. Münster: Waxmann, S. 29–52.

Böttcher, Wolfgang / Bos, Wilfried / Döbert, Hans / Holtappels, Heinz Günter (2008a): Bildung unter Beobachtung. In: Böttcher, Wolfgang / Bos, Wilfried / Döbert, Hans / Holtappels, Heinz Günter (Hrsg.): Bildungsmonitoring und Bildungscontrolling in nationaler und internationaler Perspektive. Dokumentation zur Herbsttagung der Kommission Bildungsorganisation, -planung, -recht (KBBB). Münster: Waxmann, S. 7–11.

Böttcher, Wolfgang / Bos, Wilfried / Döbert, Hans / Holtappels, Heinz Günter (Hrsg.) (2008b): Bildungsmonitoring und Bildungscontrolling in nationaler und internationaler Perspektive. Dokumentation zur Herbsttagung der Kommission Bildungsorganisation, -planung, -recht (KBBB). Münster: Waxmann.

Böttcher, Wolfgang / Hense, Jan (2016): Evaluation im Bildungswesen – eine nicht ganz erfolgreiche Erfolgsgeschichte. In: Die Deutsche Schule 108, H. 2, S. 117–135.

Bromme, Rainer / Prenzel, Manfred / Jäger, Michael (2016): Empirische Bildungsforschung und evidenzbasierte Bildungspolitik. Zum Zusammenhang von Wissenschaftskommunikation und Evidenzbasierung in der Bildungsforschung. In: Baumert, Jürgen / Tillmann, Klaus-Jürgen (Hrsg.): Empirische Bildungsforschung. Der kritische Blick und die Antwort auf die Kritiker. Zeitschrift für Erziehungswissenschaft, Sonderheft 31. Wiesbaden: Springer VS, S. 129–146.

Brüggemann, Christian / Tegge, Dana (2018): „Strukturen kommunalen Bildungsmanagements in Deutschland. Working Paper". https://www.transferinitiative.de/media/content/DLR_Strukturen.pdf (Abfrage: 24.04.2024).

Buchholz, Liane (2019): Strategisches Controlling. Grundlagen – Instrumente – Konzepte. 3., vollst. aktual. Aufl. Wiesbaden: Springer Gabler.

Buer, Jürgen van/Rückmann, Jana (2018): Bildungscontrolling. In: Rauner, Felix/Grollmann, Philipp (Hrsg.): Handbuch Berufsbildungsforschung. 3. aktual. und erw. Aufl. Bielefeld: wbv, S. 849–858.

Bülow-Schramm, Margret (2006): Qualitätsmanagement in Bildungseinrichtungen. Münster: Waxmann.

Demski, Denise (2018): Welche Wissensbestände nutzen Akteure in der Schulpraxis? Eine empirische Überprüfung des Paradigmas einer evidenzbasierten Schulentwicklung. In: Drossel, Kerstin/Eickelmann, Birgit (Hrsg.): Does „What works" work? Bildungspolitik, Bildungsadministration und Bildungsforschung im Dialog. Münster: Waxmann, S. 101–116.

Döbert, Hans/Weishaupt, Horst (Hrsg.) (2015): Bildungsmonitoring, Bildungsmanagement und Bildungssteuerung in Kommunen. Ein Handbuch. Münster: Waxmann.

Döring, Klaus W. (2010): Wie messen? Umrisse eines Bildungscontrollings. In: Meifert, Matthias T. (Hrsg.): Strategische Personalentwicklung. Ein Programm in acht Etappen. 2., überarb. und aktual. Aufl. Heidelberg: Springer, S. 385–399.

Feldhoff, Tobias/Wurster, Sebastian/Rettinger, Tanja/Hausen, Joshua (2017): „Ergebnisbericht. Evaluation der Hamburger Schulinspektion (EvaHaSi)". Institut für Erziehungswissenschaft, Johannes-Gutenberg-Universität Mainz. https://www.pedocs.de/volltexte/2018/15605/pdf/Feldhoff_et_al_2017_Ergebnisbericht_Evaluation_Hamburger_Schulinspektion.pdf (Abfrage: 24.04.2024).

Fickermann, Detlef/Weishaupt, Horst (Hrsg.) (2019): Bildungsforschung mit Daten der amtlichen Statistik. Münster: Waxmann.

Forst, Rainer (2007): Das Recht auf Rechtfertigung. Elemente einer konstruktivistischen Theorie der Gerechtigkeit. Frankfurt am Main: Suhrkamp.

Forst, Rainer (2015): Normativität und Macht. Zur Analyse sozialer Rechtfertigungsordnungen. Berlin: Suhrkamp.

Gärtner, Holger/Wurster, Sebastian/Pant, Hans Anand (2014): The effect of school inspections on school improvement. In: School Effectiveness and School Improvement 25, H. 4, S. 489–508.

Gathen, Andreas von der (2014): Das große Handbuch der Strategieinstrumente. Werkzeuge für eine erfolgreiche Unternehmensführung. 3., aktual. und erw. Aufl. Frankfurt am Main: Campus.

Gessler, Michael/Sebe-Opfermann, Andreas (Hrsg.) (2018): Handlungsfelder des Bildungsmanagements. Ein Handbuch. 2., überarb. Aufl. Hamburg: tredition.

Grünkorn, Juliane/Klieme, Eckhard/Stanat, Petra (2019): Bildungsmonitoring und Qualitätssicherung. In: Köller, Olaf/Hasselhorn, Marcus/Hesse, Friedrich W./Maaz, Kai/Schrader, Josef/Solga, Heike/Spieß, C. Katharina/Zimmer, Karin (Hrsg.): Das Bildungswesen in Deutschland. Bestand und Potenziale. Bad Heilbrunn: Klinkhardt, S. 263–298.

Hartong, Sigrid (2018): „Wir brauchen Daten, noch mehr Daten, bessere Daten!" Kritische Überlegungen zur aktuellen Expansionsdynamik des Bildungsmonitorings. In: Pädagogische Korrespondenz, H. 58, S. 15–30.

Hermstein, Björn/Semper, Ina/Berkemeyer, Nils/Mende, Lisa (2015): Thematisierungen von Bildungsmonitoringinstrumenten seitens der Bildungsforschung. Die Beispiele Bildungsberichterstattung, Schulinspektion und Vergleichsarbeiten. In: Die Deutsche Schule 107, H. 3, S. 248–263.

Horváth, Péter/Gleich, Ronald/Seiter, Mischa (2015): Controlling. 13., komplett überarb. Aufl. München: Vahlen.

IGC (2013): „Das Controller-Leitbild der IGC". https://www.icv-controlling.com/fileadmin/Verein/Verein_Dateien/Sonstiges/Das_Controller-Leitbild.pdf (Abfrage: 24.04.2024).

KMK (2015): „Gesamtstrategie der Kultusministerkonferenz zum Bildungsmonitoring". Beschluss vom 11.06.2015. https://www.kmk.org/fileadmin/Dateien/veroeffentlichungen_beschluesse/2015/2015_06_11-Gesamtstrategie-Bildungsmonitoring.pdf (Abfrage: 24.04.2024).

Kronsfoth, Katharina/Muslic, Barbara/Graf, Tanja/Kuper, Harm (2018): Der Zusammenhang zwischen Führungsdimensionen in der Schulleitung und der Nutzung von Ergebnisrückmeldungen aus Vergleichsarbeiten. In: Die Deutsche Schule 110, H. 1, S. 47–64.

Lankes, Eva-Maria/Huber, Franz (2014): „Leitfaden für die Erstellung von Zielvereinbarungen". Staatsinstitut für Schulqualität und Bildungsforschung (Hrsg.). https://www.las.bayern.de/qualitaetsagentur/evaluation_durchfuehrung_begleitung/downloads/leitfaden_zielvereinbarungen_2014.pdf (Abfrage: 24.04.2024).

Maier, Uwe/Metz, Kerstin/Bohl, Thorsten/Kleinknecht, Marc/Schymala, Martin (2012): Vergleichsarbeiten als Instrument der datenbasierten Schul- und Unterrichtsentwicklung in Gymnasien. In: Wacker, Albrecht/Maier, Uwe/Wissinger, Jochen (Hrsg.): Schul- und Unterrichtsreform durch ergebnisorientierte Steuerung. Empirische Befunde und forschungsmethodische Implikationen. Wiesbaden: Springer VS, S. 197–224.

Maritzen, Norbert/Tränkmann, Jenny (2015): Normative Grundlagen des Bildungsmonitorings. In: Die Deutsche Schule 107, H. 3, S. 232–247.

Marx, Alexandra/Maaz, Kai (2023): Wie lassen sich Bildungsungleichheiten effektiv verringern? Ein Forschungsüberblick zu Schulentwicklung in herausfordernden Lagen. In: Die Deutsche Schule 115, H. 3, S. 189–200.

McElvany, Nele/Lorenz, Ramona/Frey, Andreas/Goldhammer, Frank/Schilcher, Anita/Stubbe, Tobias C. (Hrsg.) (2023): IGLU 2021. Lesekompetenz von Grundschulkindern im internationalen Vergleich und im Trend über 20 Jahre. Münster: Waxmann.

Ophoff, Jana Groß/Koch, Ursula/Hosenfeld, Ingmar (2019): Vergleichsarbeiten in der Grundschule von 2004 bis 2015. Trends in der Akzeptanz und Auseinandersetzung mit Rückmeldungen. In: Zuber, Julia/Altrichter, Herbert/Heinrich, Martin (Hrsg.): Bildungsstandards zwischen Politik und schulischem Alltag. Wiesbaden: Springer VS, S. 205–228.

Pietsch, Marcus/Janke, Nike/Mohr, Ingola (2014): Führt Schulinspektion zu besseren Schülerleistungen? Difference-in-Differences-Studien zu Effekten der Schulinspektion Hamburg auf Lernzuwächse und Leistungstrends. In: Zeitschrift für Pädagogik 60, H. 3, S. 446–470.

Preuße, Daja/Pohl, Johanna/Gärtner, Holger (2019): „Wahrgenommene Auswirkungen der Schulinspektion aus Sicht von Schulleitungen und Schulaufsicht in Berlin". https://www.isq-bb.de/wordpress/wp-content/uploads/2019/09/Ergebnisbericht_Berlin_2019-07.pdf (Abfrage: 24.04.2024).

Scherm, Ewald/Pietsch, Gotthard (2003): Die theoretische Fundierung des Controlling: Kann das Controlling von der Organisationstheorie lernen? In: Weber, Jürgen/Hirsch, Bernhard (Hrsg.): Zur Zukunft der Controllingforschung. Empirie, Schnittstellen und Umsetzung in der Lehre. Wiesbaden: DUV, S. 27–62.

Schimank, Uwe (2016): Handeln und Strukturen. Einführung in die akteurtheoretische Soziologie. 5. Aufl. Weinheim und Basel: Beltz Juventa.

Schöni, Walter (2018): Bildungscontrolling. In: Gessler, Michael/Sebe-Opfermann, Andreas (Hrsg.): Handlungsfelder des Bildungsmanagements. Ein Handbuch. 2., überarb. Aufl. Hamburg: tredition, S. 341–376.

Seufert, Sabine (2013): Bildungsmanagement. Einführung für Studium und Praxis. Stuttgart: Schäffer-Poeschel.

Stanat, Petra/Schipolowski, Stefan/Schneider, Rebecca/Sachse, Karolin A./Weirich, Sebastian/Henschel, Sofie (Hrsg.) (2022): IQB-Bildungstrend 2022. Kompetenzen in den Fächern Deutsch und Mathematik am Ende der 4. Jahrgangsstufe im dritten Ländervergleich. Münster: Waxmann.

Stanat, Petra/Schipolowski, Stefan/Schneider, Rebecca/Weirich, Sebastian/Henschel, Sofie/Sachse, Karoline A. (Hrsg.) (2023): IQB-Bildungstrend 2022. Sprachliche Kompetenzen am Ende der 9. Jahrgangsstufe im dritten Ländervergleich. Münster: Waxmann.

Stockmann, Reinhard/Meyer, Wolfgang (2014): Evaluation. Eine Einführung. 2., überarb. und aktual. Aufl. Opladen: Budrich.

Thiel, Felicitas/Tarkian, Jasmin/Lankes, Eva-Maria/Maritzen, Norbert/Riecke-Baulecke, Thomas (2019a): Strategien datenbasierter Steuerung zur Sicherung und Entwicklung von Schulqualität in den 16 Ländern – Zusammenfassung und Diskussion. In: Thiel, Felicitas/Tarkian, Jasmin/Lankes, Eva-Maria/Maritzen, Norbert/Riecke-Baulecke, Thomas/Kroupa, Anna (Hrsg.): Datenbasierte Qualitätssicherung und -entwicklung in Schulen: Eine Bestandsaufnahme in den Ländern der Bundesrepublik Deutschland. Wiesbaden: Springer VS, S. 313–325.

Thiel, Felicitas/Tarkian, Jasmin/Lankes, Eva-Maria/Maritzen, Norbert/Riecke-Baulecke, Thomas/Kroupa, Anna (Hrsg.) (2019b): Datenbasierte Qualitätssicherung und -entwicklung in Schulen: Eine Bestandsaufnahme in den Ländern der Bundesrepublik Deutschland. Wiesbaden: Springer VS.

Tillmann, Klaus-Jürgen/Dedering, Kathrin/Kneuper, Daniel/Kuhlmann, Christian/Nessel, Isa (2008): PISA als bildungspolitisches Ereignis. Fallstudien in vier Bundesländern. Wiesbaden: VS Verlag für Sozialwissenschaften.

Weber, Jürgen/Schäffer, Utz (2022): Einführung in das Controlling. 17. Aufl. Stuttgart: Schäffer-Poeschel.

Weishaupt, Horst (2009): Finanzierung und Recht als Ansatzpunkte schulpolitischer Steuerung. Eine Ideenskizze. In: Die Deutsche Schule 101, H. 3, S. 217–230.

Willke, Helmut (2016): Dezentrierte Demokratie. Prolegomena zur Revision politischer Steuerung. Berlin: Suhrkamp.

Netzwerk Bildungsmonitoring im Dialog: Potenzial und Perspektiven

Martina Diedrich und Günter Klein

Zusammenfassung

Die Direktorin des Instituts für Bildungsmonitoring und Qualitätsentwicklung (IfBQ, Hamburg), Martina Diedrich, und der Direktor des Instituts für Bildungsanalysen Baden-Württemberg (IBBW, Stuttgart), Günter Klein, haben sich über Sinn und Zweck des Bildungsmonitorings bei verschiedenen Gelegenheiten ausgetauscht. Auch vor dem Hintergrund ihrer Rolle als Initiator:in und Koordinator:in des Netzwerks Bildungsmonitoring teilen sie ihre Gedanken über die leitenden Überzeugungen, die sich normativ auf die Programmatik des Bildungsmonitorings auswirken. Dabei wird auch die Rolle ihrer Institute zwischen Politik, Wissenschaft und Praxis beleuchtet. Vor allem treibt sie der Wunsch an, die Nutzung und den Nutzen der Daten des Monitorings weiter zu verbessern. Die dafür zwingend erforderlichen verbindlichen, systematischen und dialogischen Prozesse zwischen den institutionellen Akteuren spielen eine zentrale Rolle in ihren Überlegungen. Mit dem Positionspapier des Netzwerks (siehe S. 246) wird ein starkes Signal für mehr Ernsthaftigkeit im Sinne einer datengestützten Qualitätsentwicklung gesetzt. Kritisch und selbstkritisch formulieren die Beiden in ihrem Gespräch auch die Desiderata, die Grenzen des Bildungsmonitorings und notwendige nächste Schritte zu dessen Weiterentwicklung. Beide leitet die Überzeugung, dass das Bildungsmonitoring einen Beitrag zu mehr Bildungsgerechtigkeit leisten kann und darüber hinaus hilft, die Bildung für alle Heranwachsenden in Deutschland nachhaltig zu verbessern.

Klein: Mich würde interessieren: Aus welchen Gründen machst du dich für das Bildungsmonitoring stark?

Diedrich: Ich bin zutiefst davon überzeugt, dass eine datenbasierte, an nachvollziehbaren und verlässlichen Daten orientierte Qualitätsentwicklung wirksamer und effizienter – im Sinne von zielgerichteter – ist als diejenigen Prozesse, die ausschließlich intuitiv oder von Glaubenssätzen geprägt sind. Prozesse zur Weiterentwicklung der Qualität von Schule und Unterricht sollten nicht ohne eine verlässliche Kenntnis der Ausgangslage und deren Herausforderungen, nicht ohne klare Hinweise auf besonders drängende Aspekte, nicht ohne Wissen über Entwicklungstrends sowie vor allem auch nicht ohne Nachweise der erzielten Fortschritte und der Wirkungen von Programmen und Maßnahmen vonstattengehen. Daten können helfen, diese Aspekte zu beleuchten und ein sichereres Fundament für Entwicklungsprozesse zu schaffen.

Diedrich: Warum lohnt es sich aus deiner Sicht, Bildungsmonitoring zu betreiben? Welche Bedeutung haben für dich Daten, worum geht es für dich im Kern?

Klein: Es geht beim Bildungsmonitoring nicht um die Datengenerierung und Datenbereitstellung als Selbstzweck. Die Daten sind nur Mittel zum Zweck, sprich: sie haben eine dienende Funktion. Die eigentliche Sinnhaftigkeit liegt für mich im Anspruch und im Antrieb, beste Bildung für alle zu ermöglichen, das erfolgreiche Lernen, eine umfassend gesunde Persönlichkeitsentwicklung von Kindern und Jugendlichen zu unterstützen. Das „Wozu" liegt auch im Beitrag des Bildungsmonitorings zur Steigerung der Bildungsgerechtigkeit in unseren Ländern begründet. All dies ist für die individuelle Entwicklung aller wie auch für die gesellschaftliche Entwicklung von größter Bedeutung.

Diedrich: Das kann ich bestätigen. Meine Berufsbiografie hat sehr viel mit der Frage nach gelingenden Qualitätsentwicklungsprozessen zu tun. Und dahinter steht häufig der Wunsch, zunächst einmal die Dinge zu verstehen: Wo stehen wir aktuell? Was gelingt uns gerade gut, wo haben wir aber auch noch Defizite? Und woran könnte es liegen, dass wir das, was wir uns vorgenommen haben, noch nicht erreicht haben? Hier geben Daten erste Orientierung, lenken die Suchrichtung und geben Anhaltspunkte, wo man genauer hinschauen könnte. Ich würde gar nicht so weit gehen zu behaupten, dass Daten immer schon Entscheidungen vorbereiten – erstmal helfen sie das Feld zu ordnen und den relevanten Ausschnitt näher einzugrenzen.

Klein: Ja, aber Daten helfen schon, um Entscheidungen zu begründen. Zumindest geben sie Hilfestellung, wenn es beispielsweise darum geht zu entscheiden, ob man ein Programm weiterführen möchte oder ob man dringenden Änderungsbedarf sieht. Das ist wie mit dem morgendlichen Gang auf die Waage, wenn man Sorge hat übergewichtig zu werden, oder mit dem Blick auf den Tacho, wenn man einen Strafzettel vermeiden will. Aber eines will ich nochmals ausdrücklich betonen: Es geht bei all dem immer im Kern oder wie man heutzutage oftmals sagt, am Ende des Tages, um das „Wozu" der Rolle von Daten, es geht immer um die Unterstützung bzw. Ermöglichung von erfolgreichen Bildungsbiografien. Kurzum: Die Daten müssen stets der Pädagogik, sprich dem Lernen und der Entwicklung von Kindern und Jugendlichen nützen. Und wir müssen auch deutlich machen, dass wir uns derzeit vorrangig auf den schulischen Bereich beziehen. Auch wenn die Bildungsberichterstattung sowohl die frühkindliche als auch die Weiterbildung einbezieht, besteht noch ein weitgehendes Desiderat, solange wir nicht das gesamte Bildungsgeschehen in den Blick nehmen.

Diedrich: Nicht alle Akteur:innen teilen unsere Begeisterung für Daten. Umso wichtiger ist es, immer wieder zu verdeutlichen, was das Bildungsmonitoring bedeutet und was es leisten kann. Was motiviert dich zu deinem Einsatz für das Bildungsmonitoring?

Klein: Die Frage kann ich einfach beantworten: Mich motiviert das Wissen um die Bedeutung der Daten im Kontext von Qualitätsentwicklung. Mich motivieren die positiven Rückmeldungen und die zunehmend spürbare Nachfrage nach verlässlichen Daten – sowohl der Schulen und der Schulverwaltung als auch der Bildungspolitik. Und mich treibt die für mich unerträgliche Vorstellung an, dass wir seit zu vielen Jahren um die viel zu hohe Anzahl an Schüler:innen wissen, die nicht einmal die Mindeststandards erreichen. Und die damit höchst problematische Perspektiven für ihr weiteres Lernen haben.

Diedrich: Damit einher geht der nach wie vor zu starke Einfluss der Herkunft auf die Bildungschancen und damit auf die Lebenschancen großer Teile der nachwachsenden Generation. Die Bildungsforschung zeigt seit 60 Jahren immer wieder diesen starken Zusammenhang auf, dennoch hat man den Eindruck, es gelingt nicht ihn zu verringern. Allein der demografische Wandel und der daraus resultierende Bedarf an Fachkräften gebieten es aber, dass wir allen Kindern und Jugendlichen ermöglichen, ihre individuellen Potenziale gemäß ihren Möglichkeiten zu entfalten. Bildungsmonitoring schafft eine Basis, um sich Stagnation, aber auch Veränderung dieser zentralen Sachverhalte immer wieder vor Augen zu führen und die Wirkung von Maßnahmen, die auf eine Verbesserung gerichtet sind, zu erkennen. Damit kann sie dazu beitragen, ein zielgerichteteres, wirksameres Steuerungshandeln zu ermöglichen. Das ist für mich eine starke Motivation.

Klein: Für mich ist zudem ein weiterer positiver „Treiber" das Wissen um das in vielen Schulen hohe Engagement, das von großem pädagogischen „Herzblut" gespeist ist, aber in zu vielen Fällen noch verpufft. Engagement ohne belastbares, sprich datenbasiertes Wissen über z. B. Lernstände, Stärken und auch Schwächen der Unterrichtspraxis sowie über Entwicklungen über die Zeit mag ehrenwert sein, führt aber leider zu häufig nicht zum Ziel. Uns wird mitunter der Vorwurf gemacht, dass wir nur auf die „Klassiker" wie Deutsch, Mathematik, Naturwissenschaften, manchmal auch noch Fremdsprachen schauen. Wie siehst du das? Siehst du die Gefahr einer normativen Verengung des Bildungsmonitorings?

Diedrich: Das Bildungsmonitoring ist traditionell an den Daten aus der amtlichen Statistik und an der Messung der Kompetenzen in den so genannten Kernfächern orientiert. Diese Daten sind auch verhältnismäßig einfach zu gewinnen. Wir müssen uns aber bewusst sein, dass wir damit unweigerlich auch eine normative Setzung machen, indem wir die Aufmerksamkeit auf diese Bereiche lenken. Der Effekt ist ja auch unter dem Begriff „Campbell's Law" hinlänglich dokumentiert und erforscht worden: Campbell hat schon in den 1970-er Jahren darauf aufmerksam gemacht, dass, je größer die Bedeutung ist, die man der Messung eines sozialen Indikators zuschreibt, die Anfälligkeit für die Manipulation der sozialen Prozesse umso größer ist, die gemessen werden sollen.

Klein: Meine Haltung dazu ist sehr klar: Alle Bereiche, sprich alle Daten des Bildungsmonitorings sind relevant, aber nicht alles, was für eine gelingende und gelungene Bildung relevant ist, wird in unseren Daten abgebildet. Natürlich, wer würde das auch in Frage stellen, lassen sich Ziele und Prozesse von Bildung nur vor einem breiteren Verständnis begreifen und gestalten. Ein Beispiel wäre etwa die Beziehungsqualität. Sie ist die notwendige Voraussetzung für Bildung. Sie steht quasi vor der Klammer der fachlichen didaktischen Konzepte. Die Gestaltung der sozialen Situation in einer Klasse, zwischen Lehrkraft und Lernenden, aber auch zwischen den Lernenden ist essenziell.

Diedrich: Letztlich müssen wir das richtige Maß zwischen zwei Anliegen finden: Zum einen müssen wir allen Akteuren, in den Ministerien und Senatsbehörden, in der Schulaufsicht, in der Schulleitung, im Kollegium, in der Elternschaft und auch der interessierten Öffentlichkeit immer wieder die Bedeutung der Gegenstände bewusst machen, die wir im Rahmen des Bildungsmonitorings erfassen. Zum anderen müssen wir aber auch darauf hinweisen, dass das Bildungsmonitoring derzeit einen engen Blick hat und wir müssen aufzeigen und betonen, dass Bildung deutlich über den momentanen Erfassungsbereich des Bildungsmonitorings hinausgeht. Dabei geht es um solche Konzepte, die deutlich über den Bereich von fachlichen Basiskompetenzen hinausgehen und die das Verhältnis der Heranwachsenden zu sich selbst, aber auch zur sozialen Gemeinschaft und zur Gesellschaft als Ganzes beschreiben, z. B. selbstregulative Fähigkeiten, die sozial-emotionale Entwicklung oder demokratiebezogene Kompetenzen.

Klein: Dazwischen: das institutionelle Dazwischen. Wie würdest du die Rolle oder noch genauer gesagt, die Position des Bildungsmonitorings zwischen Politik, Wissenschaft und Praxis beschreiben?

Diedrich: Das Bildungsmonitoring sitzt eigentlich zwischen allen Stühlen, weil es unterschiedliche Referenzsysteme hat, die es adressieren und „bespielen" muss. Da ist zunächst die Wissenschaft mit ihren Bezugsdisziplinen, vor allem die empirischen Sozialwissenschaften und die Bildungsforschung. Wir benötigen hier einen engen Austausch und Kontakt, denn wir müssen gewährleisten, dass die Instrumente und Verfahren des Bildungsmonitorings anschlussfähig an den aktuellen wissenschaftlichen Diskurs bleiben und wir einen hohen Qualitätsstandard wahren. Den zweiten Bezug bildet die Bildungspolitik, die ja zugleich Auftraggeberin wie auch Empfängerin unserer Ergebnisse ist. Ganz entscheidend ist drittens die schulische Praxis auf unterschiedlichen Ebenen, wobei ich hier explizit das Unterstützungs- und Verwaltungssystem (die „intermediären Akteure" wie zum Beispiel Schulaufsicht oder Fortbildungsakteur:innen) hinzuzähle. Letztlich entscheidet sich ja hier, ob unsere Daten genutzt werden und wirksam in verbesserte Bildungsprozesse einmünden. Vielleicht nachrangig, aber nicht zu unterschätzen ist die mediale und sonstige Öffentlichkeit, die die Daten des Bildungsmonitorings nutzt, um Rechenschaft einzufordern und Missstände zu benennen. Diese vier „Mitspieler" folgen alle unterschiedlichen Logiken, haben eigene Handlungsrationalen und auch spezifische Sprachsysteme. Unsere Aufgabe und Herausforderung ist es, dieser Diversität gerecht zu werden, einen guten Draht zu allen zu halten und ggf. auch mal zu vermitteln.

Klein: Kann das Bildungsmonitoring als verbindendes „Glied" im Dazwischen wirksam sein und was ist dafür nötig?

Diedrich: Ich hoffe doch! Notwendige Voraussetzung ist nach meinem Dafürhalten – wie eigentlich überall – wechselseitiges Vertrauen. Wenn ich die ganze Zeit damit rechne, dass mein Gegenüber mich vorführen oder bloßstellen will, dann kann Kommunikation nicht gelingen. Darüber hinaus ist es aber auch von zentraler Bedeutung, dass man die unterschiedlichen Logiken und Rollen kennt und vor allem *anerkennt*. Ich muss um die Verschiedenheit der anderen Akteure wissen und mir klar machen, dass das, was sie tun, von Expertise und Qualifikation geprägt ist – aber eben einer anderen als meiner eigenen. Wichtig ist, sich immer wieder bewusst zu werden, dass alle auf ihre je eigene Weise dazu beitragen wollen und können, Schule und Unterricht besser zu machen. Das „institutionelle Dazwischen" korrespondiert ja mit einer komplexen Akteurskonstellation. Was wäre aus deiner Sicht nötig, um das Potenzial des Bildungsmonitorings tatsächlich auszuschöpfen?

Klein: Im Prinzip hast Du es schon gesagt: Wir haben es mit unterschiedlichen Adressaten zu tun, die jeweils andere Rollen und Aufgaben im Bildungssystem haben. Aber bei aller Unterschiedlichkeit eint uns eine gemeinsame Verantwortung für gelingende Bildung. Mit dem Bildungsmonitoring stellen wir Daten für die bildungspolitisch Verantwortlichen bereit, die die Brille der Systemebene aufhaben. Wir stellen ebenso für die Akteure in der Schulaufsicht Daten bereit, die sich stärker für die regionalen und lokalen Befunde interessieren. Auch das gesamte Unterstützungssystem ist ein wichtiger Adressat, wenn es darum geht Bedarfe für die Qualifizierung und auch Beratung und Begleitung der Schulen zu erkennen. Und nicht zuletzt gehören zum engeren Kreis der Bildungsverantwortlichen die wichtige Gruppe der Schulleitungen und der Lehrkräfte. Deren Blick fokussiert – naheliegend – vor allem die schulische bzw. die Ebene der einzelnen Klasse.

Ich denke, dass damit sehr deutlich wird, dass wir unterschiedliche Akteursgruppen unterschiedlich, sprich adressatengerecht mit unseren Daten und Auswertungen „versorgen" müssen. Die Kunst liegt darin, flexibel durch verschiedene Formate unterschiedliche Bedarfe bedienen zu können, ohne dabei die Aussagekraft der Daten zu schmälern.

Diedrich: Zugleich halte ich es aber auch für zentral, dass nicht nur wir mit unseren Adressat:innen sprechen, sondern dass es Settings gibt, in denen die verschiedenen Akteursgruppen datengestützt miteinander in den Austausch gehen. Nach meinem Empfinden kommt es darauf an, dass alle ein gemeinsames Verständnis nicht nur von Daten entwickeln, sondern auch davon, was der aktuell erreichte Qualitätsstand ist und welche nächsten Schritte sich von da aus ableiten können. Es sollte immer darum gehen, möglichst große Kohärenz und damit „Alignment" zwischen den Beteiligten herzustellen – sonst ist die Gefahr groß, dass alle in unterschiedliche Richtungen laufen.

Eine Binsenwahrheit ist ja, dass Daten nicht per se wirken. Was sollen, was müssen wir von den Datennutzenden erwarten?

Klein: Bei der zentralen Frage nach einer konstruktiven Nutzung der Daten und Befunde kommt es nach meiner festen Überzeugung auf drei Kernpunkte an: Zunächst braucht es statt eines kurzfristigen Erregungspotenzials nach entsprechender Veröffentlichung von neuen Befunden vielmehr eine ernsthafte „Kultur des konsequenten und systematischen Hinschauens" sowie dialogische Formen der akteursübergreifenden Sinnstiftungsprozesse. Damit meine ich, dass die Daten gelesen und mit Bedeutung „gefüllt" werden. Evidenz ist erst das Ergebnis eines solchen Deutungs- und Bewertungsprozesses. Es braucht Relevanzprüfungen im Sinne von: Helfen mir die Daten bei meiner aktuellen Fragestellung bzw. meinem akuten Problem weiter? Kann ich auf der Grundlage der Daten klarer erkennen, wo ich hinschauen sollte und wo es sich lohnt, nach Lösungsansätzen zu suchen? Haben die Daten etwas mit meiner eigenen Aufgabenstellung und Rolle zu tun und kann ich wertvolle Erkenntnis daraus ableiten? Kim Schildkamp hat ein sehr überzeugendes Modell vorgelegt, in dem dieser Aneignungsprozess, d. h. die Auseinandersetzung mit den Daten, sehr klar beschrieben wird. Zweitens braucht es dafür verbindliche Prozesse. Man könnte das auch als geeignete Gelegenheitsstrukturen bezeichnen. Damit sind – kurz gefasst – Konstellationen einer ko-konstruktiven dialogischen Analyse gemeint, der Interpretation und Hypothesenbildung auch auf der Grundlage weiterer Wissensbestände wie z. B. bildungswissenschaftlicher Erkenntnisse, aber auch Erfahrungswissen, Kenntnis der lokalen Bedingungen etc., insgesamt also der Evidenzgenerierung, sodann der Maßnahmenplanung und deren nachlaufender Überprüfung. Dass es dazu einer Datenkompetenz, einer Data Literacy bedarf, liegt auf der Hand.

Diedrich: Dazu gehört für mich auch, dass Daten emotional anschlussfähig sein müssen. Solange ich im Widerstandsmodus bin und auf Defensive schalte, werden diese Prozesse der Aneignung – oder Anverwandlung, wie Hartmut Rosa es nennt – nicht stattfinden können. Drittens ist es notwendig, vor dem Hintergrund der getroffenen Einordnungen und Kontextualisierungen mögliche Entscheidungswege zu identifizieren und diese abzuwägen und zu bewerten. Dazu gehört auch die Möglichkeit, nichts zu verändern – wenn die Daten keinen Anlass liefern umzusteuern, dann kann auch alles so bleiben wie es ist. Wenn aber der Eindruck entsteht, dass Handlungsbedarf gegeben ist, dann bedarf es der gemeinsamen Verständigung auf Ziele, auf mögliche Wege der Zielerreichung und auf die nächsten Schritte.

Du bist Mitinitiator unseres Netzwerks Bildungsmonitoring. Warum denkst du, dass das Netzwerk wichtig ist und wie kann es wirksam werden?

Klein: Unsere gemeinsame Idee zur Gründung eines Netzwerks Bildungsmonitoring war ja von der Idee geleitet, auf Leitungsebene institutionsübergreifend über Konzepte, Strategien und Perspektiven des Bildungsmonitorings nachzudenken. Dabei sollte vor allem sein Potenzial geschärft und auch sichtbarer nach außen kommuniziert werden. Letzteres versuchen wir durch unsere eigenen Fachtagungen zu forcieren, aber auch durch die aktive Teilnahme von Vertreter:innen des Netzwerks bei anderen Fachveranstaltungen und nicht zuletzt auch durch Publikationen. Wir erleben sehr deutlich, dass der Austausch über die eigenen Instituts- und auch Landesgrenzen hinaus ein kohärentes gemeinsames Verständnis des Nutzens und der Nutzung des Bildungsmonitorings stärkt und damit auch zu mehr Klarheit und Wirksamkeit beiträgt. Ich erlebe unsere halbjährlichen Netzwerktreffen als ausgesprochen produktiv und bereichernd.[1]

Ein wichtiger Meilenstein ist das gemeinsam entwickelte Positionspapier des Netzwerks zum Bildungsmonitoring als Grundlage für eine datengestützte Qualitätsentwicklung. Warum ist acht Jahre nach der Überarbeitung der KMK-Gesamtstrategie das Positionspapier aus deiner Sicht wichtig?

Diedrich: Angesichts der seit Jahren bekannten Problemlagen in den Bildungssystemen der Länder ist mancherorts eine gewisse Ernüchterung eingetreten. Manche stellen – mehr oder weniger offen – die Ziele und die Begründungen der KMK-Gesamtstrategie zum Bildungsmonitoring in Frage. Eine gewisse Enttäuschung, dass trotz aller Bemühungen die Entwicklung in etlichen Ländern nicht positiver war. Dieses Empfinden ist zum Teil auch nachvollziehbar. Die Zweifel

---

[1] Das Netzwerk Bildungsmonitoring vereint die Leitungen der Institute bzw. Einrichtungen in Deutschland, die explizit mit Aufgaben des Bildungsmonitorings betraut sind. Weitere Informationen finden sich unter https://ibbw-bw.de/,Lde/Startseite/Systemanalysen/Bildungsmonitoring

am Bildungsmonitoring übersehen aber, dass die Wirksamkeit des Bildungsmonitorings deswegen eingeschränkt war und sein musste, weil zu wenig auf die Prozesse der Datennutzung geachtet wurde. Letztlich entscheidet die Kultur des Umgangs mit den Daten, ob diese hilfreich und entwicklungsfördernd sind – und nie die Daten allein. Uns war und ist wichtig aufzuzeigen, dass die unbestritten nötige Qualitätsentwicklung im Bildungswesen nur gelingen kann, wenn relevante Daten vorliegen und dafür genutzt werden. Wir wollten und wollen mit dem Papier auch aufzeigen, dass Daten allein nichts besser machen, sondern dass es neben einer Datenkompetenz und einer Offenheit vor allem auch strukturierte verbindliche Prozesse – eine Gesamtarchitektur der Qualitätsentwicklung – auf allen Ebenen und zwischen den verschiedenen Akteursgruppen braucht. Mit anderen Worten: Unser Positionspapier soll Mut machen, das Bildungsmonitoring beherzt zu nutzen und den nötigen „langen Atem" bei den anstehenden Veränderungen zu bewahren.

Klein: Zudem liegt uns auch daran, das Bildungsmonitoring nach außen, gegenüber den verschiedenen Stakeholdern, deutlicher zu präsentieren. Wir wollen und müssen unsere Öffentlichkeitsarbeit stärken. Deswegen haben wir das Papier auf der 1. Fachtagung unseres Netzwerks diskutiert, es anschließend überarbeitet und auch z. B. auf der IBBW-Homepage für alle Interessierte eingestellt. Das Positionspapier ist eine, nicht die einzige, Möglichkeit, das institutionelle und öffentliche Bewusstsein über die Stärken und Chancen des Bildungsmonitorings zu schärfen. Dazu gehört für mich auch der Anspruch, unsere Formate immer hinsichtlich ihrer Adressatenorientierung zu prüfen und weiterzuentwickeln. Dabei wollen und sollten wir Wert auf praxisgerechte Hinweise legen, die zeigen, wie die Daten für eine „Spurensuche", sprich für eine Hypothesenbildung genutzt werden können. Der vermeintliche „Nachteil", aber auch zugleich der große Reiz von Daten liegt ja darin, dass sie nicht schon fertige Erklärungen oder gar Lösungen bieten. Daher braucht es eben das vielseitige Expertenwissen, um sich gemeinsam auf die spannende Suche nach Spuren einer Hypothesenbildung zu machen.

Wie sieht deine persönliche (Zwischen-)Bilanz aus?

Diedrich: Wir hatten es eingangs schon angesprochen. Die Euphorie der Nuller Jahre ist einer gewissen Ernüchterung und teilweise auch Enttäuschung gewichen. Das hat vermutlich mit zu hohen Erwartungen an die datengestützte Qualitätsentwicklung, fast schon einer Art von „Heilserwartung", zu tun, die anfänglich geweckt wurden. Aber ich denke auch, wir müssen unsere Sache besser machen, klarer die Möglichkeiten, aber auch vor allem die Grenzen aufzeigen, die im Bildungsmonitoring liegen. Und ich bin überzeugt, dass wir uns verstärkt um die Verwertungs- und Verwendungskontexte von Daten Gedanken machen müssen. Wir können nicht lauter Daten ins Feld spielen und darauf hoffen, dass irgendjemand schon weiß, was damit zu tun ist. Das halte ich für fahrlässig. Deshalb finde ich es wichtig und richtig, dass wir uns zunehmend um Rückmeldeformate und die Anschlussfähigkeit unserer Produkte kümmern. Wenn wir da dranbleiben und wir die Chance nutzen, diesen Weg weiterzugehen, dann bin ich überzeugt, dass das Bildungsmonitoring sein Potenzial künftig noch mehr entfalten kann.

Klein: Zugleich wachsen aber auch die Erkenntnis und die Einsicht, dass es weniger an den Instrumenten des Bildungsmonitorings lag und liegt, die nur scheinbar wirkungslos sind. Vielmehr setzt sich das Bewusstsein durch, dass es für eine wirksame Qualitätsentwicklung das Zusammenspiel von klaren Zielen, von relevanten Daten, die zeigen, wo man steht, von passenden Unterstützungen, sei es in Form von wissenschaftlich fundierten Konzepten und Programmen, sei es in Form von adäquaten Qualifizierungsangeboten etc. und letztlich von verbindlichen und systematischen Prozessen der Datennutzung braucht. In dieser Gesamtarchitektur entfaltet das Bildungsmonitoring, entfalten die von uns bereitgestellten Daten ihre Wirkung. Ohne sie bleibt die Qualitätsentwicklung stecken und versandet in der Beliebigkeit und im Zufall. Hier können wir auch international Einiges von sehr erfolgreichen Bildungssystemen, etwa von der kanadischen Provinz Alberta, abschauen.

Diedrich: Insofern ist meine Zwischenbilanz durchwachsen, aber eben auch mit einem gewissen Optimismus versehen. Dem kommt auch zugute, dass, auch forciert durch die Corona-Pandemie, der Stellwert von Bildung im öffentlichen Bewusstsein eine zunehmend positive Aufladung erfährt.

Und persönlich empfinde ich unsere Tätigkeit in den Instituten, die mit Monitoring-Aufgaben betraut sind, als sinnstiftend, indem wir den Akteuren auf verschiedenen Ebenen helfen, gute Entscheidungen zu treffen.

Klein: Das ist auch mein innerer Motor: Wir helfen, zu verstehen, ob die getroffenen Maßnahmen, die praktizierten Konzepte Wirkungen entfalten. Wir tragen dazu bei, die aktuelle Situation besser zu verstehen und ein rationales, reflektiertes Verhältnis zum eigenen Verantwortungsbereich zu entwickeln. Wenn man so will, unsere Daten verhelfen zu einem höheren Maß an professioneller Emanzipation. Das ist ein gutes Gefühl.

Teil F:
Kommentierung

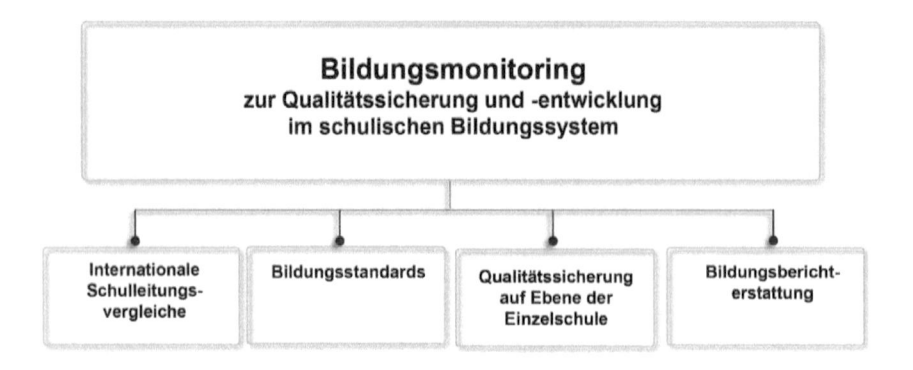

```
┌─────────────────────────────────────────────┐
│            Bildungsmonitoring               │
│    zur Qualitätssicherung und -entwicklung  │
│         im schulischen Bildungssystem       │
└─────────────────────────────────────────────┘
         │         │           │           │
    ┌────────┐ ┌────────┐ ┌──────────┐ ┌──────────┐
    │Inter-  │ │Bildungs│ │Qualitäts-│ │Bildungs- │
    │nationale│ │standards│ │sicherung │ │bericht-  │
    │Schul-  │ │        │ │auf Ebene │ │erstattung│
    │leitungs-│ │        │ │der      │ │          │
    │vergleiche│ │        │ │Einzelschule│ │        │
    └────────┘ └────────┘ └──────────┘ └──────────┘
```

Den Sammelband runden zwei Kommentierungen ab, die inhaltliche Impulse für die Weiterentwicklung des Bildungsmonitorings liefern. *Norbert Maritzen* kommentiert das Positionspapier des Netzwerk Bildungsmonitoring und *Jenny Tränkmann* kommentiert die Beiträge dieses Sammelbands.

Bildungsmonitoring – Grundlage für eine datengestützte Qualitätsentwicklung

Positionspapier Netzwerk Bildungsmonitoring

Das Bildungsmonitoring gehört seit Beginn der 2000er Jahre zum festen Bestandteil der Steuerungsarchitektur im deutschen Bildungssystem. Das bedeutet, den Zustand und die Weiterentwicklung unterschiedlicher Aspekte des Bildungsgeschehens kontinuierlich zu beobachten und systematisch zu beschreiben. Während auf nationaler Ebene die zentralen Pfeiler des Bildungsmonitorings im Rahmen der „Gesamtstrategie zum Bildungsmonitoring" durch die KMK eindeutig definiert sind, zeigen sich auf der Ebene der Bundesländer allerdings erhebliche Unterschiede in Reichweite und Umfang der etablierten Verfahren. Jüngst haben die Ergebnisse des IQB-Bildungstrends die Aufmerksamkeit auf diese unterschiedlichen Strategien der Länder gerichtet, insbesondere angesichts des öffentlich diskutierten Eindrucks, dass eine systematische und weitreichende Strategie des Bildungsmonitorings möglicherweise mit einer verbesserten Kompetenzentwicklung der Schüler*innen einhergeht. Zugleich ist das Bewusstsein für den Wert einer vor allem evidenzorientierten Ausrichtung des Bildungssystems wiedererstarkt, was sich auch in der Einrichtung der Ständigen Wissenschaftlichen Kommission durch die KMK ausdrückt. Dieses Beratungsgremium der Länder unterstreicht in seinen bisherigen Beiträgen, zuletzt eindrücklich im sog. Grundschulgutachten[1], die Notwendigkeit, über aussagekräftige Daten zum Bildungsgeschehen zu verfügen und Entscheidungen auf allen Ebenen des Bildungssystems an belastbarer Evidenz auszurichten.

Vor diesem Hintergrund sollen in diesem Papier der Nutzen und das Potenzial des Bildungsmonitorings neu entfaltet werden. Damit wollen wir – Verantwortliche einschlägiger Institutionen des Bildungsmonitorings in Deutschland, die im Netzwerk Bildungsmonitoring kooperieren – die Chancen eines systematischen Bildungsmonitorings für ein leistungsfähiges Bildungssystem verdeutlichen. Insbesondere Befunde des Bildungsmonitorings haben auf nationaler Ebene wie auch in den Ländern das Bewusstsein für die Verantwortung des öffentlichen Bildungssystems gestärkt, Heranwachsenden die erforderlichen Kompetenzen zu vermitteln, um künftig die Gesellschaft als mündige, selbstbestimmte Bürger*innen zu gestalten. Zu dieser Verantwortung gehört auch die kontinuierliche Weiterentwicklung der Qualität von Bildung auf der Grundlage systematischer empirischer Verfahren im Rahmen des Bildungsmonitorings. Genau hier setzt das vorliegende Papier an. Es richtet sich an unterschiedliche Zielgruppen:

---

1 https://www.kmk.org/fileadmin/Dateien/pdf/KMK/SWK/2022/SWK-2022-Gutachten_Grundschule.pdf [10.01.2023]

- *an die Bildungspolitik, die die Weichen stellen kann, um in den Ländern eine konsequente Strategie des Bildungsmonitorings zu etablieren und das Gesamtsystem auf eine datengestützte Weiterentwicklung zu orientieren;*
- *an die Bildungsadministration einschließlich der Unterstützungssysteme, die letztendlich die Qualitätsentwicklung des Bildungssystems verantwortlich gestalten und betreiben;*
- *an die Landesinstitute und Qualitätsagenturen in den Ländern, die in ihrer Mittlerrolle zwischen den verschiedenen Systemen, insbesondere zwischen Bildungsforschung einerseits und Bildungsadministration, -praxis und -politik andererseits entscheidend zu einer gelingenden Kommunikation beitragen können.*

Rückblick und aktueller Stand: Wie ist das Bildungsmonitoring in Deutschland entstanden und wo stehen wir heute?[2]

Ausgangspunkt für eine neue, vor allem datengestützte Bildungssteuerung war der „Konstanzer Beschluss" aus dem Jahr 1997, mit dem die KMK die „empirische Wende" einleitete. Damit richtete sich der Blick der Bildungspolitik in Deutschland verstärkt auf die Systemebenen und Instrumente der Systemsteuerung – mit dem Bildungsmonitoring als entscheidendem Faktor. Nachhaltig Fahrt aufgenommen hat diese Entwicklung aufgrund der ersten PISA-Erhebung im Jahr 2000 (Veröffentlichung Dezember 2001), deren zentrale Befunde dazu führten, dass die Bildungssteuerung neu strukturiert wurde. Im Zusammenspiel von schulischer Autonomie und Rechenschaftslegung sollte eine Kultur des genauen Hinschauens und des regelmäßigen Überprüfens insbesondere von Leistungsergebnissen etabliert werden – und zugleich die Vergleichbarkeit durch Standardisierung ermöglicht werden. In diesem Kontext wurde 2004 das Institut zur Qualitätsentwicklung im Bildungswesen (IQB) an der Humboldt-Universität zu Berlin gegründet, dem man die Weiterentwicklung, Operationalisierung, Normierung und Überprüfung von Bildungsstandards übertrug. Die Plöner Beschlüsse von 2006 formulierten die erste KMK-Gesamtstrategie zum Bildungsmonitoring – mit dem Ziel der Verstetigung und Institutionalisierung der verschiedenen Maßnahmen. Die Strategie benennt vier Grundsäulen:

1. *Teilnahme an internationalen Schulleistungsuntersuchungen (PIRLS / IGLU, TIMSS, PISA)*
2. *Überprüfung des Erreichens der Bildungsstandards im Ländervergleich (IQB-Ländervergleich bzw. heute Bildungstrends)*

---

2   KMK-Gesamtstrategie zum Bildungsmonitoring: https://www.kmk.org/fileadmin/Dateien/veroeffentlichungen_beschluesse/2015/2015_06_11-Gesamtstrategie-Bildungsmonitoring.pdf; KMK-Bildungsmonitoring: https://www.kmk.org/themen/qualitaetssicherung-in-schulen/bildungsmonitoring.html; KMK-Qualitätssicherung in Schulen: https://www.kmk.org/dokumentation-statistik/beschluesse-und-veroeffentlichungen/bildung-schule/qualitaetssicherung-in-schulen.html#c1581

3. Vergleichsarbeiten zur landesweiten Überprüfung der Leistungsfähigkeit einzelner Schulen (VERA 3 und VERA 8)
4. Gemeinsame nationale Bildungsberichterstattung von Bund und Ländern

2015 bestätigte und aktualisierte die KMK diese Strategie und erweiterte insbesondere den dritten Punkt um die „Verfahren zur Qualitätssicherung auf Ebene der Einzelschule", womit neben den Vergleichsarbeiten auch andere Verfahren wie zum Beispiel die interne und externe Evaluation in den Instrumentenkoffer der Qualitätssicherung gelangten. Außerdem formulierte man das Ziel, mehr Erklärungswissen zu generieren, unter anderem durch die systematische Erstellung von Forschungssynthesen.

Während auf nationaler Ebene durch die Gesamtstrategie der KMK die Eckpunkte des Bildungsmonitorings klar definiert sind, zeigen sich in den Ländern durchaus stark variierende Strategien zum Bildungsmonitoring. Einige Länder beschränken sich auf eine Teilnahme an den national festgelegten Verfahren, wobei jüngst auch hier partiell Rückzüge zu beobachten sind. Andere Länder gehen deutlich über den Rahmen der Gesamtstrategie hinaus und verfolgen eine konsequent datengestützte Qualitätsentwicklung des Bildungssystems. Die Ergebnisse des jüngsten IQB-Bildungstrends haben deutlich gemacht, dass trotz der Bemühungen um eine gemeinsame Steuerungsausrichtung erhebliche Unterschiede in der Qualitätsentwicklung der Länder zu beobachten sind. Insgesamt entsteht das Bild schwächer werdender Leistungen von Kindern und Jugendlichen bei gleichzeitig zunehmenden sozioökonomischen und migrationsbezogenen Disparitäten. Alarmiert durch diesen Befund, ist auch die öffentliche Debatte um die Qualität des Bildungssystems wieder neu entfacht. Die Aufmerksamkeit richtet sich verstärkt auf die Sicherung von Mindeststandards im Bereich der sprachlichen und mathematischen Grundbildung, aber auch auf die Rolle qualitätssichernder Verfahren im Rahmen des Bildungsmonitorings. Hier ergibt sich ein aktueller Anknüpfungspunkt, um verschiedene Zwecke der Datennutzung auf den unterschiedlichen Ebenen des Bildungssystems zu beleuchten.

Bildungsmonitoring im Mehrebenensystem: Welche Daten, für wen und für welche Zwecke?

Das Bildungssystem ist geprägt durch das Zusammenwirken unterschiedlicher Akteursgruppen, die auf unterschiedlichen Ebenen mit jeweils unterschiedlichen Rollen einen je spezifischen Beitrag zur Gestaltung des Bildungssystems leisten. Daten unterstützen die verschiedenen Akteur*innen in ihrem jeweiligen Handeln, wobei nicht alle Daten für jede Nutzergruppe und deren spezifische Reflexions- und Entscheidungprozesse relevant sind. Während aggregierte Daten zum Schulsystem vor allem für die bildungspolitische Ebene Anlass und/oder Begründung für strukturelle Maßnahmen sein können, sind diese Daten etwa für die Ebene der einzelnen Schule eher irrelevant. Umgekehrt stehen etwa bei den

Vergleichsarbeiten (VERA) die Klassen- bzw. Fachlehrkräfte sowie die Fachschafts- und Schulleitungen als Datennutzende im Fokus (Gärtner/Bilic/Meissner 2022).

Entsprechend differenziert fallen die Datenbedarfe, aber auch datenbezogenen Nutzungsformen und -strategien aus. Folgende typische Anwendungsfälle lassen sich unterscheiden:

- *Politische Entscheidungsebene: Auf dieser Ebene dominiert vor allem ein systemisches Erkenntnisinteresse. Es geht um übergreifende Steuerungsfragen, die das gesamte Bildungssystem betreffen. Auf Landesebene könnten dies beispielsweise Fragen sein wie: Wie erfolgreich ist die Sprachförderung? Welche Defizite in der mathematischen Bildung bestehen bei den Schüler*innen? Wie groß sind herkunftsbedingte Unterschiede in der Leistungsentwicklung? Welche Förderstrategien erweisen sich als wirksam bei der spezifischen Unterstützung von Mädchen und Jungen? Welche Konzepte sind in der Förderung und Integration von zugewanderten Schüler*innen besonders erfolgreich? Um solche Fragen zu beantworten, bedarf es unterschiedlicher Daten, allen voran systematisch und standardisiert erhobene Leistungsdaten. Diese sollten einerseits verbunden sein mit spezifischen Informationen zu Hintergrundmerkmalen der Schüler*innen, andererseits Leistungsentwicklungen über die Zeit abbilden können, denn nur so kann die Bedeutung unterschiedlicher Einflussfaktoren eindeutig bestimmt werden. Für die Ableitung von möglichen Strategien und Maßnahmen ist die Betrachtung der aggregierten Daten auf der Systemebene ausschlaggebend. Individuelle Ergebnisse oder das Abschneiden einzelner Bildungsinstitutionen spielen eine untergeordnete Rolle.*

- *Schulaufsicht: Die Schulaufsicht agiert als Mittlerin zwischen politischer Entscheidungsebene und Einzelschule. Sie hat einerseits eine strategische Steuerungsfunktion gegenüber den Schulen, andererseits auch die Aufgabe, sie in ihrer Qualitätsentwicklung zu begleiten und zu unterstützen. Sie nimmt damit eine Schlüsselrolle ein. Dazu benötigt sie vielfältige Daten: Informationen über die Schülerschaft und deren Hintergrundmerkmale, über Schüler*innenströme, über das schulische Personal, vor allem aber auch über prozess- und leistungsbezogene Qualitätsmerkmale. Dazu stehen je nach landeseigener Ausprägung Daten aus der Schulinspektion bzw. externen Evaluation und aus flächendeckenden Lernstandserhebungen zur Verfügung, aber auch Verbleibs- und Übergangsstatistiken und Daten zu schulischen Abschlüssen. Damit diese Daten sinnvoll in die Qualitätsentwicklung integriert werden können, bedarf es regelhafter dialogischer Austauschformate zwischen Schulaufsicht und Einzelschule, aber auch einer übergreifenden Auswertung der Erkenntnisse der Schulaufsicht, um landesweite Entwicklungsbedarfe zu identifizieren. So könnten jahresbezogene Schwerpunkte der Schulentwicklungsbegleitung durch die Schulaufsicht gesetzt werden, die sich jeweils aus Erkenntnissen des Monitorings ableiten (beispielsweise Sicherung von Mindeststandards, Umsetzung der Sprachförderung, Etablierung einer kognitiv aktivierenden Unterrichtskultur).*

- *Schulleitung: Für Schulleitungen steht vor allem die Frage des Erfolgs der internen Schul- und Unterrichtsentwicklung im Vordergrund. Haben sich die beschlossenen Förderstrategien bewährt? Welche Schülergruppen brauchen gesteigerte Aufmerksamkeit? Wie gut gelingt es, Schüler*innen auf Abschlüsse vorzubereiten? Wie gestalten sich Übergänge und Anschlüsse? Wie steht die Schülerschaft da, auch im Vergleich zu ähnlichen Schulen? Neben zahlreichen Leistungs- und abschlussbezogenen Daten braucht es für einen solchen Blick vor allem differenzierte Informationen über Hintergrundmerkmale der Schülerschaft, aber auch über überfachliche bzw. lernpsychologische (emotionale und motivationale) Faktoren, die für Leistung und erfolgreiche Abschlüsse notwendige Voraussetzung sind. Hilfreich ist es, wenn Leistungsdaten im fairen Vergleich zu Schulen mit ähnlicher Schülerschaft zurückgemeldet werden, weil nur so eine sinnvolle Einordnung möglich ist. Zudem benötigt die Schulleitung auch Informationen über die Qualität des Unterrichts sowie über die Wirksamkeit der etablierten Prozesse, seien es Prozesse der Kooperation innerhalb des Kollegiums oder etwa mit den Eltern oder seien es Prozesse zum internen Qualitätsmanagement.*

- *Lehrkräfte: Lehrkräfte sind vor allem am Lernfortschritt und an den Förderbedürfnissen ihrer jeweiligen Klasse, mehr noch der einzelnen Schülerin und des einzelnen Schülers interessiert. Ihnen helfen kleinschrittige Informationen zum Beispiel im Rahmen einer lernprozessbegleitenden adaptiven und formativen Diagnostik oder im Rahmen von Feedback zum eigenen Unterricht. Mithilfe flächendeckender und regelhafter Lernstandserhebungen wie VERA erhalten sie zudem Anhaltspunkte, um gemeinsam im Fachkollegium mögliche Entwicklungsschwerpunkte zu identifizieren und notwendige Maßnahmen der Unterrichtsentwicklung zu verabreden.*

Nachfolgend wird versucht, eine Systematik zu entwickeln, die mögliche Erkenntnisinteressen und Datenbedarfe der verschiedenen Akteure beschreibt. Dabei wird gemäß gängigen Modellen zwischen vier Ebenen des Bildungsgeschehens unterschieden: dem Kontext, dem Input, Prozessen und Ergebnissen. Die Darstellung der Akteursgruppen zielt auf maximale Heterogenität, ist aber nicht abschließend.

	Politische Entscheidungsebene	Schulaufsicht	Schulleitung	Lehrkraft	Unterstützungssystem/ Fortbildung
Kontext Datenquellen: v. a. amtliche Statistik, Förderdiagnostik	Stand und Entwicklung der sozialen Zusammensetzung der Schülerschaft mit Blick auf z. B. - Migration - sozioökonomischer Hintergrund - spezifische Förderbedarfe	relative Entwicklung der Schülerschaft im Vergleich zu anderen Schulen der Region	relative Entwicklung der Schülerschaft im Vergleich zu anderen Schulen der Region	soziale Zusammensetzung der Schülerschaft der eigenen Klasse im Vergleich zu anderen Klassen Sonderpädagogischer Förderbedarf und Sprachförderbedarf der Schüler*innen	Spezifische Qualifizierungs- und Unterstützungsbedarfe
Input Datenquellen: v. a. behördliche Statistik	- Personalausstattung - Qualifikation des Personals - Ressourcen	- Personalausstattung und -fluktuation - Krankenstände - Altersstruktur des Personals	- Personalausstattung und -fluktuation - Krankenstände - Altersstruktur des Personals		Spezifische Qualifizierungs- und Unterstützungsbedarfe
Prozess Datenquellen: v. a. Schulinspektion/ externen Evaluation oder zentrale Erhebungen so verfügbar; Ergebnisse der internen Evaluation und von schulinternen Unterrichtshospitationen	identifizierte landesweite Schwerpunkte der Schul- und Unterrichtsentwicklung	identifizierte landesweite bzw. regionale und schulbezogene Schwerpunkte der Schul- und Unterrichtsentwicklung	identifizierte schulbezogene Schwerpunkte der Schul- und Unterrichtsentwicklung	Informationen zur Förderung und zum individuellen Lernverlauf der Schüler*innen identifizierte fachbezogene Schwerpunkte der Unterrichtsentwicklung	identifizierte landesweite und schulbezogene Schwerpunkte der Schul- und Unterrichtsentwicklung
Output/ Outcome Datenquellen: internationale Schulleistungsstudien z. B. PISA, IGLU, TIMSS; IQB-Bildungstrend; Vergleichsarbeit VERA; landeseigene Verfahren zur Lernstandsmessung; diagnostische Verfahren; Daten aus zentralen Abschlussprüfungen	landesweite Kompetenzstände und Lernentwicklung landesweite Abschlussquoten und Übergänge	landesweite bzw. regionale und schulbezogene Kompetenzstände und Lernentwicklung landesweite bzw. regionale und schulbezogene Abschlussquoten und Übergänge	schulbezogene Kompetenzstände und Lernentwicklung schulbezogene Abschlussquoten und Übergänge	Kompetenzstände und Lernentwicklung der eigenen Schüler*innen Abschlussquoten und Übergänge der eigenen Schüler*innen	Spezifische Qualifizierungs- und Unterstützungsbedarfe

Begriffsklärung: Was ist unter Bildungsmonitoring zu verstehen?

Vor diesem Hintergrund ist Bildungsmonitoring ein vielschichtiger Begriff. Umso wichtiger ist eine Verständigung auf einige charakteristische Merkmale. Aktuellen Definitionen folgend verstehen wir unter „Monitoring" eine systematische, auf geeigneten empirischen Verfahren beruhende sowie dauerhafte Beobachtung und Darstellung von Rahmenbedingungen, Prozessen sowie Ergebnissen (vgl. Albers/Jude 2022).

Für den Bildungsbereich bedeutet dies: Bildungsmonitoring soll kohortenbezogen Bildungswege sowie Strukturmerkmale, Prozessqualitäten und schließlich Ergebnisse von Schule und Unterricht beschreibbar und sichtbar machen. Von besonderer Bedeutung sind dabei Veränderungen über die Zeit. Bildungsmonitoring zeigt Entwicklungsstände und Veränderungen sowie Trends im Bildungswesen bezüglich ausgewählter Merkmale auf. Referenzwerte erleichtern zudem die Einordnung der Daten.

Bildungsmonitoring liefert im Kern Beschreibungswissen, indem ein Gegenstand beobachtet und darüber berichtet wird. Insofern wirkt Bildungsmonitoring als „Aufmerksamkeitslenker": Es verdeutlicht Gelungenes und es verweist auf Bereiche und Themen, die einer vertieften Auseinandersetzung bedürfen. Mit anderen Worten: Bildungsmonitoring stellt nicht unmittelbar Handlungskonzepte zur Verfügung. Und auch Erklärungsansätze bzw. Wirkungszusammenhänge ergeben sich erst aus einer Interpretation und der Verknüpfung etwa mit Erkenntnissen aus umfangreichen Programmevaluationen, aus der Bildungsforschung oder weiteren Wissensbeständen wie Praxiserfahrungen, Routinen und Intuition, System- und Professionswissen.[3]

Bildungsmonitoring richtet den Blick vor allem auf die institutionelle oder Systemebene. Sofern die Ergebnisse von Schulinspektionen und externen Evaluationen sowie von Lernstandserhebungen repräsentativ und regelhaft erhoben und aggregiert auf der jeweiligen Systemebene aufbereitet werden (das kann auch die Einzelschule sein), können auch sie dem Bildungsmonitoring zugerechnet werden. Demgegenüber fallen Daten aus internen Evaluationen und Formen der individuellen Diagnostik bislang nicht unter den Begriff des Bildungsmonitorings, da sie im ersten Fall in der Regel keine hinreichende Systematik aufweisen, im zweiten Fall die Daten in der Regel auf das Individuum bezogen bleiben.

Bildungsmonitoring kann in bestimmten Fällen nützliche Daten für eine Programmevaluation liefern, etwa um u. a. durch regelmäßig wiederkehrende Lernstandsmessungen die nachhaltige Wirksamkeit einer Maßnahme zu überprüfen.

---

3 Siehe dazu auch das Positionspapier der Landesinstitute und Qualitätsagenturen zum Transfer von Forschungswissen (2018): https://ibbw-bw.de/site/pbs-bw-km-root/get/documents_E-43043805/KULTUS.Dachmandant/KULTUS/Dienststellen/ibbw/Empirische%20Bildungsforschung/Schwerpunkte/Wissenschaftstransfer/Positionspapier_Transfer_31.10.18.pdf.

Potenziale: Wie kann Bildungsmonitoring wirksam werden?

Um aus Monitoring konkrete Steuerungsentscheidungen abzuleiten, bedarf es einer reflektierten Befassung mit den Daten. Der Prozess, in dem aus Daten Schritte zur Qualitätsentwicklung werden, ist voraussetzungsreich und bei weitem kein Automatismus. Einige wesentliche Voraussetzungen seien hier beschrieben:

- *Daten, respektive die Instrumente des Bildungsmonitorings, können erst dann ihre Wirksamkeit entfalten, wenn die viel beschworene „Kultur des Hinschauens" als systematischer und institutionalisierter Prozess einer konstruktiven Analyse, Interpretation, Bewertung und Entscheidungsfindung verstanden wird. Es empfiehlt sich, je nach Fragestellung und Thematik zu bestimmen, welche Daten bzw. Zusammenstellungen von Datensätzen und welche Akteursgruppen in diese Prozesse einbezogen werden. Die Verantwortung für die Orchestrierung dieser Prozesse der Datennutzung sollte als gemeinsame Aufgabe der Akteure des Bildungsmonitorings sowie der jeweiligen Adressat*innen gestaltet werden.*
- *Die Daten selbst müssen so aufbereitet werden, dass sie unmittelbar verstanden werden können. Dies ist angesichts der Komplexität von Erhebungs- und Auswertungsmethoden keinesfalls trivial. Hier trifft häufig der Anspruch wissenschaftlicher Genauigkeit auf Seiten des Bildungsmonitorings auf ein Bedürfnis nach schnellem Lesen und Erfassen auf Seiten der Abnehmer*innen. Beidem gleichermaßen gerecht zu werden ist kaum möglich, weshalb Berichte je nach Lesart entweder als „unzulässig verkürzt" oder als „zu lang" erlebt werden. Auch eine Erläuterung der Ergebnisse in einer Sprache, die keine zusätzlichen Verständnishürden errichtet, ist keineswegs selbstverständlich. Hier liegt die Verantwortung im Feld der „Dateninstitute".*
- *Daten müssen nicht nur den Rezeptionsgewohnheiten der Abnehmer*innen entsprechen, sie müssen darüber hinaus verstanden und in möglichen Handlungsbedarf „übersetzt" werden können und anschlussfähig an die jeweiligen Handlungskontexte sein. Dazu bedarf es entsprechender Lese- und Interpretationskompetenzen, die in neuerer Zeit meist mit dem Begriff „Data Literacy" umschrieben werden.*
- *Zudem müssen die Daten einen Bewertungsprozess durchlaufen, der ihnen Relevanz zuschreibt oder abspricht; die Evidenz der Daten erschließt sich erst dadurch. Besonders herausfordernd ist es, wenn Daten oder Befunde nicht den eigenen Erwartungen entsprechen, wenn sie im Widerspruch zu anderen Ergebnissen stehen oder wenn sie eine Botschaft transportieren, die beispielsweise in der öffentlichen Kommunikation als problematisch empfunden wird. Erst wenn am Ende dieser Bewertungsprozesse das Gefühl entsteht, mit den Daten „etwas anfangen" zu können, also real etwas entscheiden bzw. steuern zu können und nicht in den Widerstand gehen zu müssen, lässt sich zu Recht von Evidenz sprechen: Es werden Handlungsmöglichkeiten und Veränderungspotenzial erkennbar.*
- *Daten, die aus dem Bildungsmonitoring hervorgehen, sind keineswegs die einzige Grundlage für Entscheidungen. Entscheidungsträger*innen aller Systemebenen ha-*

ben zahlreiche Quellen, auf die sie ihre Entscheidungen stützen. So verfügen sie in der Regel über Routinen und Erfahrungswissen, über ein spezifisches Professionswissen, über Intuition und andere implizite Wissensformen sowie weitere wissenschaftliche Erkenntnisse, aber auch politische Ziele oder Vorgaben spielen bei den Entscheidungen eine Rolle. Daten aus dem Bildungsmonitoring können und sollen diese aber prominent ergänzen.

- Daten allein können keine Entwicklungsprozesse oder Qualitätsverbesserung erzeugen. Die Nutzung von Daten, deren Analyse, Interpretation, Bewertung und die Ableitung von Maßnahmen muss eingebettet sein in eine Gesamtarchitektur der datengestützten Qualitätsentwicklung, bei der zunächst sichergestellt wird, dass sämtliche relevanten Daten systematisch erhoben und nutzbar gemacht werden. Zudem braucht es regelhafte und verbindliche Prozesse der Datennutzung sowie der Klärung der zu erreichenden Qualitätsentwicklungsziele. Und es braucht die Bereitstellung der nötigen Unterstützungsangebote, damit die Qualitätsentwicklung wirksam erfolgen kann.

Gesamtarchitektur der datengestützten Qualitätsentwicklung

Unter Gesamtarchitektur ist das stimmige und konsequente Zusammenspiel von verbindlichen Prozessen anhand klarer Ziele, eingeführter Verfahren und definierter Verantwortlichkeiten zu verstehen: Ausgehend von einem gemeinsamen Qualitätsverständnis (z. B. in Form von Qualitäts- und Referenzrahmen), auf das sich alle Ebenen und Akteure im Bildungsbereich beziehen, über bildungspolitische Schwerpunktsetzungen und/oder Zielvorgaben sowie die systematische Bereitstellung verlässlicher Daten auf unterschiedlichen Ebenen, schließen sich definierte Prozesse der Reflexion der Zielerreichung anhand der Daten etwa im Rahmen regelhafter Qualitätsdialoge, Statusgespräche sowie Ziel- und Leistungsvereinbarungen an. Flankierend dazu stellen das Unterstützungssystem sowie die Lehrkräftefortbildung Fördermaterialien, Qualifizierungs- und Begleitangebote zur Verfügung. Ziel ist das Ineinandergreifen (Alignment) der verschiedenen Akteure aus Schulpraxis, Schulaufsicht, Unterstützungssystem und Fortbildung sowie „Dateninstituten" bis hin zur ministeriellen Ebene, damit eine kohärente Qualitätsentwicklung entsteht.

Letztlich ist im Sinne eines wirksamen Bildungsmonitorings entscheidend, dass im professionellen Selbstverständnis auf allen Ebenen und in allen Akteursgruppen des Schulwesens die konsequente, regelhafte und transparente Auseinandersetzung mit Daten verankert ist. Dazu gehört auch, einzelne Daten wie etwa Leistungsdaten nicht isoliert zu betrachten und daraus u. U. unzulässige Schlussfolgerungen zu ziehen, zumal es im pädagogischen Feld meist keine eindimensionalen Wirkungsketten gibt. Vielmehr erschließt sich das Potenzial des Bildungsmonitorings erst aus einer konsistenten Bündelung verschiedener Daten, bei der – vorsichtige – Bezüge zwischen Ergebnissen, Rahmenbedingungen und Prozessdaten hergestellt werden können.[4]

Illustration: Wie sehen Settings zur Datennutzung aus?

Nachfolgend soll modellhaft und exemplarisch konkretisiert werden, wie sich Prozesse gestalten lassen, in denen die Daten des Bildungsmonitorings zur Qualitätsentwicklung auf den unterschiedlichen Ebenen des Bildungssystems Bedeutung haben. Das Modell der datenbasierten Entscheidungsfindung (data based decision making) bietet eine geeignete Grundlage, um ein zielführendes Vorgehen darzustellen (Schildkamp/Poortman 2015).

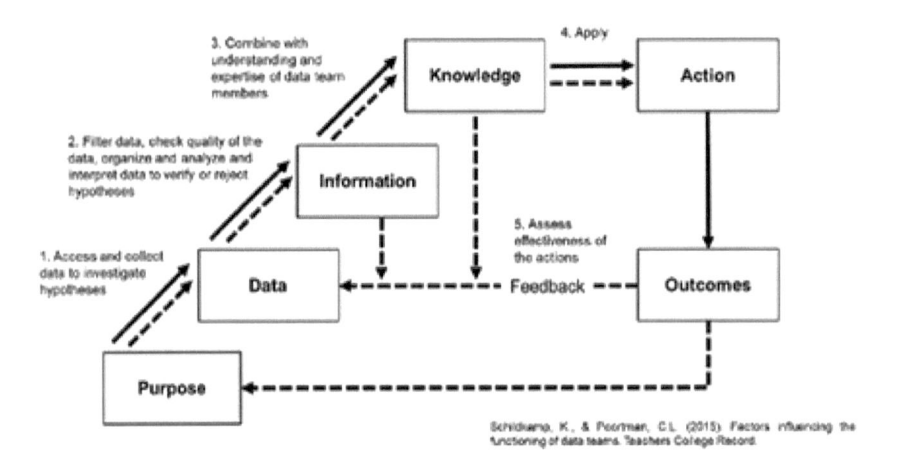

Schildkamp, K., & Poortman, C.L. (2015) Factors influencing the functioning of data teams. Teachers College Record.

Verschiedene Phasen knüpfen aneinander an und leiten zur nächsten über. Kurz zusammengefasst bedeutet dies: Ausgangsfrage: Worauf sollen Daten eine „Antwort" liefern"? – Sichten bereits vorhandener und/oder Erfassen zusätzlicher Daten – Überprüfen der Daten auf Relevanz – Analysieren und Interpretieren der Daten sowie Verbinden mit weiterem Wissensbeständen – Planen und Festlegen von Maßnahmen – Umsetzen der Maßnahmen – Überprüfen der Wirksamkeit. Der Zyklus der datenbasierten Entscheidungsfindung beginnt von Neuem.

Ein Beispiel auf der Systemebene

Ausgangspunkt der regelmäßigen Studien des IQB-Bildungstrends ist die Frage nach der Kompetenzentwicklung von Schülerinnen und Schülern (Purpose). Dabei geht es gemäß der Gesamtstrategie der KMK zum Bildungsmonitoring vor allem um eine Trendbeobachtung über die Zeit, zudem aber auch um einen Vergleich der Länder.

---

4 Auf Ebene der Einzelschule findet dies in Hamburg durch das Datenblatt „Schule im Überblick" und in Baden-Württemberg durch das Schuldatenblatt statt.

Die Befunde des IQB stehen den Ländern in einem differenzierten Bericht des IQB zur Verfügung (Data). In unterschiedlicher Intensität und unterschiedlichen Formaten (internen Beratungen, öffentlichen Diskussionen, themenspezifischen Arbeitsgruppen etc.) werden die Daten analysiert, interpretiert und bewertet (Information). Bisherige Konzepte und Programme werden auf der Basis der Befunde geprüft und auch mit anderen Wissensbeständen (Befunden der Bildungsforschung) abgeglichen (Knowledge). Auf dieser Basis werden ggf. Ideen für neue Ansatzpunkte einer Weiterentwicklung generiert. Ob diese zu bildungspolitischen Entscheidungen führen hinsichtlich neuer Schwerpunktsetzungen (wie z. B. aktuell die Sicherung der Mindeststandards und Steigerung der Bildungsgerechtigkeit) sowie der daraus resultierenden Maßnahmen (etwa strukturelle Änderungen wie die Einführung multiprofessioneller Teams, Umsteuerung der Ressourcenzuweisung, verbindliche Diagnostik etc.) und Programme (Qualifizierungsprogramme, Etablierung didaktischer Konzepte etc.) (Action), bleibt in der Hoheit der einzelnen Länder im Rahmen der demokratischen Entscheidungsprozesse (Exekutive bzw. Legislative). Beim nächsten Durchgang des IQB-Bildungstrends zeigt sich auf der Basis der neuen Befundlage unter Umständen, ob der bisherige Ansatz bzw. die neuen Programme den bildungspolitischen Erwartungen gerecht werden (Outcomes).

Ein Beispiel auf Schulebene

Ausgangspunkt der Nutzung von Daten auf Ebene einer einzelnen Schule könnte die Frage nach Potenzialen zur Verbesserung der Leistungsfähigkeit der Schülerinnen und Schüler sein (Purpose). Zur Untersuchung dieser Frage greift die Schule auf die Ergebnisse der zentralen Prüfungen und der Vergleichsarbeiten der vergangenen drei Schuljahre zurück (Data). Die Interpretation der Daten hinsichtlich der Frage, ob die Ergebnisse positiv ausfallen oder eher als verbesserungswürdig erscheinen, führt zu einem Abgleich mit den landesweiten Durchschnitten. Anhand weiterer Daten steht der Einzelschule über den Vergleich mit dem Landesdurchschnitt hinaus auch eine Einordnung der Daten auf der Basis eines Sozialindex oder adjustierter Werte zur Verfügung („fairer Vergleich"), welche die Eingangsvoraussetzungen der Schülerschaft berücksichtigen (Information). Damit ist die Phase der Datensichtung bzw. -sammlung noch nicht beendet. Die Schule nutzt zudem Rückmeldungen aus der Schulinspektion oder externen Evaluation (Data), um zu überprüfen, ob sich bei den Unterrichtsprozessen (z. B. hinsichtlich der kognitiven Aktivierung oder der Klassenführung) Ansatzpunkte einer Verbesserung zeigen (Information). Weitere Datenquellen können zusätzlich noch geprüft werden. Entscheidend ist die Phase, in der die verfügbaren Daten mit den eigenen Wissensbeständen abgeglichen und bewertet werden (Knowledge), um zur Entscheidung zu kommen, welche Maßnahmen (Action) als sinnvoll erachtet und umgesetzt werden sollen. Mit der Prüfung der Wirksamkeit der veränderten Praxis (Outcomes) und der daraus gewonnenen Daten schließt sich der Kreis und der Zyklus beginnt von Neuem.

Zusammenfassung

Beiden Beispielen ist gemeinsam, dass sie Daten des Bildungsmonitorings nutzen, um die jeweiligen Fragestellungen datenbasiert reflektieren zu können und mit eigenen Vorstellungen und weiteren Wissensbeständen in Verbindung zu bringen. Zudem werden neue Daten generiert und in die Entscheidungsprozesse einbezogen, um die Wirksamkeit von Konzepten und

Maßnahmen zu überprüfen. Dieser schrittweise Prozess des Umgangs mit Daten unterstützt einerseits die Entscheidungsfindung und ist andererseits Voraussetzung, um die Wirksamkeit von Steuerungsentscheidungen (ob auf System- oder auf Einzelschulebene) zu verifizieren.

Perspektiven: Wie sollte sich das Bildungsmonitoring weiterentwickeln?

Damit das Bildungsmonitoring seiner Funktion gerecht werden kann, bedarf es einer kontinuierlichen Ausschärfung und Weiterentwicklung. Aus unserer Sicht ergeben sich drei Perspektiven, um die Wirksamkeit des Bildungsmonitorings künftig zu stärken: 1. die Weitung des Gegenstandsbereichs; 2. die Entwicklung einer kohärenten Akteurskonstellation; 3. die Schaffung ausreichender Gelingensbedingungen.

Weitung des Gegenstandsbereichs

Selbstkritisch ist festzustellen, dass sich das Bildungsmonitoring bislang weitgehend auf einen engen Gegenstandsbereich beschränkt, zum Beispiel auf statistische Daten zur Bildungsbeteiligung oder zu Bildungsabschlüssen. Bildungserfolg wird hauptsächlich anhand der sprachlichen, mathematischen und naturwissenschaftlichen sowie neuerdings auch der digitalen Kernkompetenzen erfasst. Insgesamt dominieren aktuell regelmäßige Messungen von Ergebnismerkmalen, Kontextdaten werden bestenfalls als bedingende Variablen erhoben, und nur in geringem Umfang werden Prozessmerkmale wie beispielsweise Aspekte der Unterrichtsqualität einbezogen. Somit liegt eine erkennbare Entwicklungsperspektive darin, künftig auch Kontext-, Input- und Prozessmerkmale so systematisch zu beschreiben und zu erheben, dass sie in die entsprechenden Monitoringformate aufgenommen werden können. Dies macht eine Erweiterung des Methodenrepertoires notwendig, über Befragungs- und Testerhebungen hinaus, um bspw. die Qualität von Unterrichtsprozessen adäquat abzubilden. Damit können wesentliche Voraussetzungen für die Generierung von Erklärungsansätzen geschaffen werden.

Unbeachtet bleiben (derzeit noch) weitere Dimensionen, die in einem breiteren Bildungsverständnis gleichermaßen von Bedeutung sind. Zu denken ist etwa an soziale Kompetenzen, Demokratiebildung, Verantwortungsbereitschaft, selbstregulative Fähigkeiten, um nur einige Themen anzudeuten. In der beschriebenen Fokussierung, die unter anderem auch in der leichteren methodischen Zugänglichkeit begründet ist, liegt die Gefahr, einem verkürzten Verständnis von Bildung Vorschub zu leisten. Hinzu tritt die vielfache Begrenzung auf den Kontext Schule, obwohl in jüngster Zeit immer deutlicher wird, dass die „großen Fragen" wie der Abbau sozialer Disparitäten bzw. die Schaffung von mehr Bildungsgerechtigkeit nur gelingen kann, wenn man die frühe Bildung mit in den Blick nimmt. Ein Monitoringsystem müsste diese ebenso einbeziehen wie auch das schulische Bildungsgeschehen. Insofern ist das Netzwerk Bildungsmonitoring im Bewusstsein der gegenwärtigen Beschränkungen der Überzeugung, dass es einer inhaltlichen Öffnung und einer Erweiterung der methodischen Zugänge bedarf. Dieses Ziel ist auch in der Ländervereinbarung zur gemeinsamen Qualitätsentwicklung festgehalten.[5]

Hier wäre zu überlegen, ob künftig durch Erweiterungen der Erhebungsmethodik, beispielsweise durch adaptives Testen oder durch Messungen des Lernverlaufs, verbesserte Anschlussmöglichkeiten geschaffen werden können.

Entwicklung einer kohärenten Akteurskonstellation

Damit Daten wirksam werden können, bedarf es eines gemeinsamen Verständnisses, wozu Daten da sind, was sie können und wo ihre Grenzen liegen. Und es bedarf zudem verstärkter Anstrengungen, um an konkreten Beispielen aufzuzeigen und öffentlich bewusst zu machen, an welchen Stellen und in welchen Hinsichten das Bildungsmonitoring wesentliche Grundlagen für zukunftsweisende Steuerungsentscheidungen zur Verfügung stellt. Darüber hinaus müssen alle Beteiligten ihren Teil dazu beitragen, dass Daten im Sinne der Qualitätsentwicklung genutzt werden können. Dies setzt die Klärung der jeweiligen Rolle im System voraus: Was ist die Zuständigkeit derjenigen, die Daten aufbereiten? Was trägt die Schulaufsicht bei? Was die Kernverwaltung in den Kultusministerien? Worin liegt die Aufgabe des Unterstützungssystems? Was bleibt Aufgabe der Schule und ihrer verschiedenen Akteure?

Umso wichtiger ist es, dass im Zusammenspiel zwischen allen beteiligten Akteuren das hergestellt wird, was Oelkers und Reusser (2008, S. 515) als „Alignment" bezeichnen, nämlich die „möglichst kohärente Abstimmung" zwischen unterschiedlichen Systemebenen, Steuerungsinstrumenten und Akteuren. Eine zielführende Abstimmung mit Blick auf die Wirksamkeit des Bildungsmonitorings müsste von folgender Zielvorstellung ausgehen:

- *Die beteiligten Akteursgruppen verfügen über eine gemeinsame normative Grundausrichtung: Sie teilen die Vorstellung davon, was gute Bildung ist, und orientieren sich an den entsprechenden Referenz- oder Qualitätsrahmen.*
- *Sie verfügen über ein gemeinsames Verständnis ihres Gegenstands („Bildungswirklichkeit").*
- *Sie wissen um die Verschiedenheit der Perspektiven und erkennen die jeweils andere an.*
- *Sie verfügen über geklärte Schnittstellen, die viel Wert legen auf diskursive Aushandlungsprozesse und gemeinsame Sinnstiftung.*

---

5 Ländervereinbarung über die gemeinsame Grundstruktur des Schulwesens und die gesamtstaatliche Verantwortung der Länder in zentralen bildungspolitischen Fragen. https://www.kmk.org/fileadmin/Dateien/veroeffentlichungen_beschluesse/2020/2020_10_15-Laendervereinbarung.pdf

Um all dies zu erreichen, bedarf es eines kontinuierlichen kommunikativen Abgleichs zwischen den Beteiligten. Indem die verschiedenen Akteure aus Schulpraxis und flankierendem System gemeinsam an der Deutung von Daten, an der Einordnung in den spezifischen Kontext und an der Ableitung von Folgen arbeiten, kann das Bildungsmonitoring einen Beitrag zur Qualitätsentwicklung leisten. Genau hier liegt die Chance, dass Daten dazu beitragen, eine bessere Bildung für alle Heranwachsenden zu ermöglichen.

Gelingensbedingungen

Die Mitglieder im Netzwerk Bildungsmonitoring appellieren an die bildungspolitisch Verantwortlichen, sich mit Nachdruck für das Bildungsmonitoring (BiMo) und seine Weiterentwicklung einzusetzen und zu den Voraussetzungen für dessen Nutzung und Wirksamkeit beizutragen:

1. *Für eine stimmige Gesamtarchitektur des BiMo müssen die unterschiedlichen Rollen der Akteur*innen (u. a. Bildungspolitik, Landesinstitute und Qualitätsagenturen, Schulaufsichten, Schulentwicklungsberatung) klar definiert sein.*
2. *Es braucht institutionalisierte, adressatenbezogene Austauschformate zur systematischen Befassung mit Daten.*
3. *Es braucht ein Bewusstsein für die Potenziale und auch Grenzen einzelner Verfahren des BiMo, denn sie erfüllen meist nur einen Zweck angemessen.*
4. *Es bedarf einer positiven Fehlertoleranz, in der negative Befunde des BiMo als Entwicklungsmöglichkeit gesehen werden.*
5. *Es gilt, eine gute Balance zu finden zwischen Transparenz und Informationsrecht der Öffentlichkeit einerseits sowie legitimer interner Beratung für die Steuerungsebene andererseits.*
6. *Datengestützte Qualitätssicherung und -entwicklung als Grundlage der Professionalität aller relevanten Akteur*innen müssen in deren Aus- und Weiterbildung einen prominenten Platz einnehmen, damit eine positive Haltung gegenüber Daten sowie Kompetenzen im Umgang mit Daten gestärkt werden.*
7. *Alle Akteur*innen sollten hinter der Grundüberzeugung stehen, dass die Wirksamkeit von Interventionen im Bildungsbereich – trotz der Komplexität des Gegenstandes – überprüft werden kann und muss.*
8. *Es bedarf der rechtlichen Voraussetzungen, um das Erheben und Verarbeiten von bildungsrelevanten Daten auf verschiedenen Ebenen des Bildungssystems zu ermöglichen.*
9. *Im Sinne eines weiten Bildungsbegriffs und des über rein fachliche Leistungsentwicklungen hinausgehenden Auftrags von Schule und Unterricht muss sich das BiMo inhaltlich und methodisch weiterentwickeln.*
10. *Aufgabe des BiMo ist es auch, für verschiedene pädagogische und bildungspolitische Fragestellungen geeignete und konsistente Datenbündel bereitzustellen, die Informationen zu Kontext, Inputs, Prozessen und Outcomes liefern.*

11. Die durch das BiMo bereitgestellten Daten sollten nicht zuletzt eine klare Kohärenz mit den Referenzrahmen zur Schul- und Unterrichtsqualität aufweisen.

Das Netzwerk Bildungsmonitoring lädt zum weiteren Austausch ein, um gemeinsame Lösungen zu erarbeiten, damit diese Voraussetzungen erreicht werden können.

Dem Netzwerk Bildungsmonitoring gehören folgen Einrichtungen an:

- *Institut für Bildungsmonitoring und Qualitätsentwicklung Hamburg (IfBQ)*
- *Institut für Qualitätsentwicklung im Land Bremen (IQHB)*
- *Institut für Qualitätsentwicklung an Schulen Schleswig-Holstein (IQSH)*
- *Institut für Bildungsanalysen Baden-Württemberg (IBBW)*
- *Institut für Schulqualität der Länder Berlin und Brandenburg e. V. (ISQ)*
- *Institut zur Qualitätsentwicklung im Bildungswesen e. V. (IQB)*
- *QUA-LiS – Qualitäts- und UnterstützungsAgentur – Landesinstitut für Schule NRW*
- *Qualitätsagentur am Bayerischen Landesamt für Schule (LAS)*
- *DIPF – Leibniz-Institut für Bildungsforschung und Bildungsinformation*

Literatur

Albers, A., Jude, N. (2022). Blickpunkt Bildungsmonitoring. Pädagogik 5, 2022.
Gärtner, H., Bilic, D., Meissner, A. (2022). Lernstandserhebungen für den Unterricht nutzen. Serie „Blickpunkt Bildungsmonitoring", Folge 2. Pädagogik 6, 2022.
Landwehr, N. (2013). Thesen zur Wirkung und Wirksamkeit der externen Schulevaluation. Tagung der argev – Interkantonale Arbeitsgemeinschaft externe Evaluation von Schulen, 15. November 2013, Luzern, Schweiz.
Oelkers, J., Reusser, K. (2008). Qualität entwickeln – Standards sichern – mit Differenzen umgehen. Bildungsforschung Band 27. Bonn: BMBF.
Reiss, K., Weis, M., Klieme, E., Köller, O. (2019). PISA 2018. Grundbildung im internationalen Vergleich. Münster: Waxmann.
Stanat, P., Schipolowski, S., Mahler, N., Weirich, S., Henschel, S. (Hrsg.) (2019). IQB-Bildungstrend 2018. Münster: Waxmann.
Schildkamp, K.: data-informed decision making: from compliance to improvement (2021). In: https://ibbw-bw.de/,Lde/Startseite/Empirische-Bildungsforschung/EMSE-Tagung
Thiel, F., Tarkin, J. (2019). Rahmenkonzepte zur Definition von Schulqualität in den 16 Ländern. In Thiel et al. (Hrsg.): Datenbasierte Qualitätssicherung und -entwicklung in Schulen. Wiesbaden: Springer.
Weis, M., Reiss, K., Mang, J., Schiepe-Tiska, A., Diedrich, J., Roczen, N., Jude, N. (2020). Global Competence in PISA 2018: Einstellungen von Fünfzehnjährigen in Deutschland zu globalen und interkulturellen Themen. In D. Holzberger, K. Reiss (Hrsg.), Wissenschaft macht Schule, Band 2. Münster: Waxmann. DOI: 10.31244/9783830993001

Ein kritischer Kommentar zum Positionspapier „Bildungsmonitoring – Grundlage für eine datengestützte Qualitätsentwicklung"

Norbert Maritzen

Zusammenfassung

Der Beitrag würdigt das Positionspapier „Bildungsmonitoring – Grundlage für eine datengestützte Qualitätsentwicklung", indem er mögliche Ergänzungen und Optionen für eine Weiterentwicklung des Papiers skizziert. Er wertet das Papier als Ausdruck der fortschreitenden Institutionalisierung des Bildungsmonitorings insbesondere in den Ländern und ist gedacht als Ermutigung, diese Entwicklung konzeptionell gründlicher zu fundieren und praktisch in der Kooperation relevanter Einrichtungen sukzessive durchzubuchstabieren.

Bildungsmonitoring hat einen Prozess der Institutionalisierung durchlaufen. Was im Bildungsbereich, genauer im Bereich öffentlicher Schulen, in den frühen 2000er Jahren mit einzelnen Elementen einer Umsteuerung begann, die durch die systematische Erfassung empirischer Merkmale von Bildungskontexten, -inputs, -prozessen und -wirkungen gekennzeichnet ist, hat sich mittlerweile zu staatlichen, manchmal auch kommunalen Einrichtungen des Bildungsmonitorings „gemausert", in denen entsprechende Aufgaben ihres temporären Projektstatus entledigt sind. Stattdessen wurden sie auf Dauer gestellt und werden von entsprechend qualifiziertem Personal in wiederkehrenden Routinen erledigt. Dieser Prozess ist inzwischen in den Ländern fortgeschritten, wenn auch sehr unterschiedlich weit und in verschiedenen institutionellen Realisierungsvarianten. Es wundert deshalb nicht, dass einige der in diesem Bereich ausgewiesenen Institutionen den Zeitpunkt für günstig halten, eine Positionsbestimmung zum Stand des Bildungsmonitorings zu formulieren und mit ihr an die Öffentlichkeit zu gehen. Die im „Netzwerk Bildungsmonitoring" zusammengeschlossenen Institute, die das Positionspapier verantworten, sind – mit Ausnahme des IQB und des DIPF – ausschließlich an die Kultusadministrationen der Länder angebundene Einrichtungen. Ihre Aufgaben im Bereich des Bildungsmonitorings unterscheiden sich zum Teil deutlich voneinander, die Fokussierung ihrer empirischen Tätigkeit liegt eher auf dem allgemeinbildenden Bereich.

Damit ist auch schon eine mehrfache Engführung der Perspektive vermacht, die dem Positionspapier eigen ist. Sie führt in einer Selbstvergewisserung zum Verständnis des Bildungsmonitorings – das sei von vornherein eingewandt – zu unnötigen Begrenzungen, insbesondere wenn „in diesem Papier der Nutzen und das Potenzial des Bildungsmonitorings neu entfaltet werden" (S. 246) soll. Folgt man der in dem Papier einleitend formulierten allgemeinen Definition des Bildungsmonitorings, der zufolge es Ziel ist, „den Zustand und die Weiterentwicklung unterschiedlicher Aspekte des Bildungsgeschehens kontinuierlich zu beobachten und systematisch zu beschreiben" (S. 246), dann erschließt sich nicht, warum im folgenden Text zentrale Gegenstandsfelder des Bildungsmonitorings nur beiläufig oder gar nicht erwähnt werden:

- der Bereich der frühkindlichen Bildung,
- der Bereich der beruflichen Bildung,
- der Bereich der Weiterbildung,
- der Bereich der Hochschulbildung.

Zumindest hätte der explizite Hinweis, warum man vielleicht aus pragmatischen Gründen diese Bereiche vorläufig hintanstellt, der weiteren Argumentation gutgetan. Der Versuch der Positionierung wird also stark von der Perspektive und dem aktuellen Zuständigkeitszuschnitt des Großteils der unterzeichnenden Institute bestimmt. Das ist nachvollziehbar. Wenn das Netzwerk sich aber mit dem Positionspapier strategisch um eine institutionelle Stabilisierung und öffentliche Anerkennung bemüht, wäre zu erwägen, inwieweit über den ohnehin heterogenen Aufgabenzuschnitt der Institute hinaus weitere Bildungsbereiche einen systematischen Platz in der Konzeption erhalten und damit Angebote für bildungsbereichsübergreifende Vernetzungen und Kooperationen von vornherein aufgenommen werden.

Eine ähnliche Erweiterung läge nahe, wenn der Bereich des kommunalen Bildungsmonitorings, der durch ganz eigene Gegenstandsfelder und Handlungsimperative gekennzeichnet ist, in der Konzeption Berücksichtigung finden könnte. Der Druck auf strategische Planungs- und Steuerungsentscheidungen von Kommunen vor allem im Elementarbereich und in der Schulträgerschaft hat dazu geführt, dass immer mehr Kommunen Zuständigkeiten für das Bildungsmonitoring geschaffen haben. Die Liste entsprechender Bildungsberichte ist z. B. kaum noch überschaubar[1]. Auch die dort tätigen Akteure sollten von einem Positionspapier zum Bildungsmonitoring explizit angesprochen und systematisch für eine Mitarbeit im Netzwerk gewonnen werden.

Das Papier skizziert nach dem einleitenden Teil zunächst die Zielgruppen, die angesprochen werden sollen. Danach zeigt ein kurzer Rückblick die Entstehungsgeschichte und den aktuellen Stand des Bildungsmonitorings in Deutschland, um im nächsten Abschnitt eine differenzierte Heuristik (im Papier „Systematik" genannt) vorzulegen, die die Verwendung bestimmter Datenarten

---

1 Vgl. www.bildungsserver.de/Bildungsberichte-der-Laender-Regionen-und-Kommunen-4369-de.html (Abfrage: 27.01.2024).

im Bildungsmonitoring nach Akteursebenen (Politische Entscheidungsebene, Schulaufsicht, Schulleitung, Lehrkraft, Unterstützungssystem / Fortbildung) und nach den Dimensionen des Bildungsproduktionsmodells (Kontext, Input, Prozess, Output/Outcome) differenziert. Auf dieser Basis wird der Begriff des Bildungsmonitorings im nächsten Abschnitt noch einmal präzisiert, so dass dann das Wirkungspotenzial des Bildungsmonitorings beschrieben werden kann. Das Papier schließt mit möglichen Perspektiven der Weiterentwicklung des Bildungsmonitorings, zu denen auch Gelingensbedingungen formuliert werden. Insgesamt ist der Aufbau des Papiers schlüssig und gut nachvollziehbar; evtl. hätte eine dekadische Nummerierung der Abschnitte und Unterabschnitte den Durchgang durch die Argumentation des Papiers etwas erleichtert. Der Leser/die Leserin erhält eine knappe, aber gute Einführung in wichtige Schlüsselfragen, die sich verantwortlichen Akteuren im Bereich des Bildungsmonitorings stellen.

Im Folgenden seien einige Punkte aus dem Argumentationsgang des Papiers herausgegriffen mit dem Ziel zu zeigen, an welchen Stellen sich über die bereits erwähnten Desiderata noch Möglichkeiten der Ergänzung und Weiterentwicklung bieten.

Ausweislich der Angabe der Autor:innen richtet sich das Papier an folgende *Zielgruppen* (S. 246 f.): an die Bildungspolitik, an die Bildungsadministration einschließlich der Unterstützungssysteme sowie an die Landesinstitute und Qualitätsagenturen der Länder. Damit sind in der Tat wesentliche Akteure benannt, die ganz unterschiedliche Aufgaben und Rollen in der Ausgestaltung und Nutzung einer Infrastruktur des Bildungsmonitorings haben. Abgesehen davon, dass nicht ganz klar wird, warum „Unterstützungssysteme" im Zusammenhang mit Bildungsadministration Erwähnung finden, nicht aber mit Landesinstituten und Qualitätsagenturen, könnte auch die Funktionsdifferenzierung dieser Akteure im Hinblick auf das Bildungsmonitoring etwas präziser beschrieben werden. So ließe sich z. B. gegen die Charakterisierung der Bildungsadministration unschwer einwenden, dass auch Schulen ein entscheidendes Wort mitzureden haben, wenn sie „die Qualitätsentwicklung des Bildungssystems verantwortlich gestalten und betreiben" (S. 246).

Zu überlegen ist auch, ob an dieser Stelle bei der Adressatenbenennung, spätestens aber in der Heuristik zum Mehrebenensystem der Datennutzung (S. 248 f.) der *Kategorie der Öffentlichkeit* ein systematischer Platz in der Konzeption zugewiesen werden muss. Einrichtungen, die mit Aufgaben des Bildungsmonitorings betraut sind, tun dies i. d. R. in Wahrnehmung staatlicher oder kommunaler Verantwortung für bestimmte Bildungsbereiche. Das wird in dem Positionspapier auch so unterstrichen. Wenn dem aber so ist, agiert Bildungsmonitoring im öffentlichen Raum, in dem wesentliche Angelegenheiten, die für die Organisation der Gesellschaft von Bedeutung sind, auch dem öffentlichen Diskurs zugänglich sein müssen. Dies geschieht im Wesentlichen in vier Dimensionen, die unterschiedliche Aspekte von Öffentlichkeit repräsentieren:

1. Im *parlamentarischen Raum* werden öffentlich normengebende Rahmensetzungen für das Bildungsmonitoring debattiert und verbindlich verabschiedet. Bildungsmonitoring als Teil der Exekutive ist dem Parlament gegenüber umsetzungs- und rechenschaftspflichtig. Es ist in diesem Zusammenhang jeweils zu bestimmen, wie das Transparenzgebot durch die Freigabe von Daten aus dem Bildungsmonitoring auszugestalten ist, welche Schutzansprüche zum Tragen kommen müssen, ohne das Auskunftsrecht von Parlamentariern unbillig zu beschneiden. Von den Schwierigkeiten, sich im parlamentarischen Raum zu positionieren, weiß ein Lied zu singen, wer mit der Verpflichtung konfrontiert ist, den nicht selten ausufernden Auskunftsbegehren von Parlamentariern so nachkommen zu müssen, dass die legitimen Ansprüche befriedigt und zugleich die Zwecksetzung seiner Verfahren nicht gefährdet werden.
2. Ergebnisse des Bildungsmonitorings sind auch zunehmend Gegenstand öffentlicher Berichterstattung in den *Medien* (Presse, Rundfunk, Fernsehen, Internetplattformen usw.). Diese nehmen mit der Distribution und zum Teil Popularisierung vor allem skandalträchtiger Befunde des Bildungsmonitorings zunehmend Einfluss auf den öffentlichen bildungspolitischen Diskurs. Der Versuch einer Positionierung sollte in dieser Hinsicht auch eine Haltung dazu gewinnen, wie mit diesem Aspekt der Verwertung von Monitoringergebnissen proaktiv umgegangen werden kann und muss, wenn sich Einrichtungen des Bildungsmonitorings dem nicht einfach überlassen wollen. Die Klage, Presseorgane berichteten ohnehin nur selektiv und tendenziös, verfängt auf die Dauer nicht. Auszuloten, inwieweit Medien auch zu Bündnispartnern des Bildungsmonitorings werden könnten, verdiente weitere strategische Überlegungen.
3. *Akteure und Institutionen der Zivilgesellschaft* (z. B. Stiftungen oder Verbände) haben sich in den letzten Jahren verstärkt auf die Zweit- und Drittverwertung von Produkten des Bildungsmonitorings verlegt. Dies geschieht zum Teil mit Unterstützung von Autor:innen, die auch für die Erstprodukte verantwortlich zeichnen und in dem nicht-staatlichen Auftragskontext Gelegenheit zu zusätzlichen Analysen erhalten, manchmal auch zur Formulierung von Schlussfolgerungen, die weniger durch die Beachtung politischer Opportunitäten bestimmt sind. Auch dazu sollte ein Netzwerk Bildungsmonitoring eine Positionierung finden, da einzelne Akteure der Zivilgesellschaft durchaus in der Lage sind, die öffentliche Aufmerksamkeit temporär an sich zu binden, Diskurse zu steuern und mit ihren anderen Handlungsmöglichkeiten in Konkurrenz zu staatlichen bzw. kommunalen Einrichtungen und ihren Wirkungsmöglichkeiten zu treten.

4. Einen Spezialfall von Öffentlichkeit sind *Stakeholder*, die als unmittelbar oder mittelbar von Maßnahmen des Bildungsmonitorings Betroffene einen legitimen Anspruch auf datengestützte Auskunft haben. Dies sind z. B. Schüler:innen, Erziehungsberechtigte, Betriebe usw. Als öffentlich lassen sich diese Akteure insofern und insoweit kennzeichnen, als sie mit den ihnen zur Verfügung gestellten Daten auch relativ frei umgehen können, jedenfalls ungebunden von administrativen Weisungszusammenhängen, in denen Einrichtungen des Bildungsmonitorings stecken. Wünschenswert wäre, wenn das Positionspapier auch zu diesem Aspekt sich systematisch äußerte, damit noch deutlicher wird, inwieweit sich Einrichtungen des Bildungsmonitorings diesen Akteuren in der Wahrnehmung ihrer Aufgaben auch ausdrücklich verpflichtet fühlen.

Die Erweiterung der adressierten Akteursgruppen, die das Positionspapier ja auch explizit als Möglichkeit erwähnt (S. 248) hätte nicht nur den Vorteil, eine doch bedeutende konzeptionelle Auslassung zu korrigieren. Sie würde darüber hinaus eine Perspektiverweiterung darstellen, da das Papier insgesamt doch noch stark der Logik des hierarchisch geordneten Systems der Bildungsverwaltung verhaftet bleibt. Das zeigen dann auch die tentativ vorgenommenen Füllungen der Heuristik zu Erkenntnisinteressen und Datenbedarfen (S. 248 f.), die stark aus der Perspektive des Status quo der Aufgabenportfolios der federführenden Institute formuliert sind. Der Charme der Heuristik könnte gerade auch darin liegen, Desiderata zu identifizieren, die im Rahmen des Bildungsmonitorings bisher nicht hinreichend bearbeitet werden. So wird z. B. in der Heuristik zwar an mehreren Stellen auf die „amtliche Statistik", an anderer Stelle auf die „behördliche Statistik" als Datenquelle hingewiesen. Eine systematische Nutzung der amtlichen Statistik, mehr noch: eine präzise Benennung der Voraussetzungen der Nutzung der amtlichen Statistik für Monitoringzwecke wird aber nicht angedeutet. Dabei sind Fragen etwa der Generierung und Nutzung von Individualdaten, der Verknüpfung von Daten, der rechtskreisübergreifenden Verbindung von Datensätzen strategisch von außerordentlicher Bedeutung für das Bildungsmonitoring, wenngleich die Voraussetzungen dafür in Ländern und Kommunen keineswegs als geklärt gelten können. Man denke nur an das jahrelange Trauerspiel der KMK zur Realisierung des sogenannten Kerndatensatzes in den Ländern. Auffällig ist auch, dass in der Dimension „Prozess" nicht mehr auf die amtliche Statistik rekurriert wird. Dabei bietet sie ein erhebliches Potenzial für die Abbildung von Prozessaspekten in Bildungsverläufen, wenn entsprechende Voraussetzungen geschaffen werden.

Überaus hilfreich und instruktiv sind die Überlegungen, die zu *Voraussetzungen der Wirksamkeit des Bildungsmonitorings* angestellt werden. Dass aus Daten nicht unmittelbar Taten folgen, wie eine populäre Plattitüde suggeriert, kann nicht oft genug wiederholt werden. Kurzschlüssigen und illusionären Ableitungsmythen, denen Lehrkräfte ebenso wie politische Entscheider:innen immer erliegen, entgegenzutreten und aufzuzeigen, wie komplex und voraussetzungsvoll die adäquate und zielgeleitete Nutzung von Daten ist, ist eine wichtige Leistung des Papiers. Dabei kann nicht deutlich genug der systemische Ansatz unterstrichen werden, der postuliert, dass es auf „das stimmige und konsequente Zusammenspiel von verbindlichen Prozessen anhand klarer Ziele, eingeführter Verfahren und definierter Verantwortlichkeiten" (S. 252) ankommt, also auf das, was im Papier „Gesamtarchitektur" genannt wird.

Wenn es um die *Weitung des Gegenstandsbereichs* des Bildungsmonitorings geht (S. 254 f.), fällt auf, dass eine solche mit einer gewissen thematischen Enge der bisherigen Gegenstandsfelder des Bildungsmonitorings begründet wird. In der Tat setzen sich einzelne Maßnahmen des Bildungsmonitorings immer wieder dem Vorwurf aus, den Bildungsbereich sehr selektiv abzubilden, gar den Bildungsbegriff unzulässig zu verkürzen und vor allem die Dimension der Erträge von Bildungsprozessen prominent zu fokussieren zu Lasten wichtiger anderer Merkmale. Diesem Vorwurf wird man mit einer bloßen Erweiterung des Gegenstandsbereiches des Monitorings nicht überzeugend entgegentreten können. Vielmehr wäre die Frage der Gegenstandsbereiche zu bearbeiten auf Basis – und das könnte künftig ebenfalls Teil einer Positionsbestimmung sein – eines ausgewiesenen normativen Rahmenkonzeptes, das klärt, welche Bezugstheorien von leitender Relevanz für ein Bildungsmonitoring sind. Mindestens bildungstheoretische, gerechtigkeitstheoretische, steuerungstheoretische und wissenschaftstheoretische Konzepte sind in diesem Zusammenhang wichtig, um überhaupt begründen zu können, weshalb ein bildungsrelevanter Wirklichkeitsausschnitt Gegenstand des Monitorings werden soll; nicht die Verfügbarkeit oder potenzielle Generierbarkeit entsprechender Daten ist hinreichend für die Gegenstandskonstituierung als Teil des Monitorings. Vor diesem Hintergrund erst ließe sich sinnvoll eine strategische Prüfung unternehmen, ob – wie im Papier vorgeschlagen – beispielsweise „soziale Kompetenzen, Demokratiebildung, Verantwortungsbereitschaft, selbstregulative Fähigkeiten" (S. 254) überhaupt sinnvolle Gegenstände des Bildungsmonitorings sind. Unzweifelhaft sind sie sinnvolle Gegenstände empirischer Bildungsforschung, aber die Überführung diesbezüglicher Daten in ein Monitoring hat weitreichende Implikationen, die in jedem Fall sorgfältig bedacht werden müssen. Dazu bedarf es eines hinreichend elaborierten Referenzrahmens für ganz unterschiedliche Fragen wie z. B. folgende:

- Welche psychometrischen Anforderungen müssen an Konstrukte gestellt werden, wenn sie als Indikatoren oder nur Kennziffern Teil eines Monitoring-Berichtssystems werden sollen?
- Welcher Zweckveränderung mit welchen Implikationen unterliegen Daten, die im Zuge z. B. eher individualdiagnostischer Verfahren erhoben wer-

den, z. T. bereits intraindividuell stark variieren und nun in ein öffentliches Monitoring auf Populationsebene überführt werden sollen?
- Welche konkreten Fragestellungen sollen mit Daten aus den im Papier genannten Weiterungen des Gegenstandbereiches im Rahmen des Bildungsmonitorings bearbeitet werden?
- Was sind in öffentlichen Verwendungszusammenhängen intendierte/nicht-intendierte Folgen oder auch Risiken der Verwendung solcher Datenerweiterungen im Kontext des Bildungsmonitorings?

Auch die Orientierung des Bildungsmonitorings auf strategische Schlüsselfragen lässt sich nur unter Rückgriff auf einen normativen Referenzrahmen schlüssig begründen, also z. B.

- Wie differenziert man die Frage der Bildungsgerechtigkeit im Bildungsmonitoring aus?
- Was sind kritische Entwicklungsszenarien des Bildungswesens, die auf Basis des Bildungsmonitorings verstärkt in den Blick genommen werden sollen?
- Mit welchen Strategien bewältigen Bildungssysteme endogene oder exogene Krisen?
- Wie erfolgreich tarieren Bildungssysteme die beiden Grundfunktionen von Schule aus, nämlich Reproduktion der Gesellschaft und Ausbildung der Persönlichkeit?

Der Abschnitt zu den *Gelingensbedingungen* bleibt gegenüber den vorangehenden Ausführungen am Schluss merkwürdig abstrakt. Das liegt vielleicht auch daran, dass man als Vertreter:in staatlicher Dienststellen, als solche agieren die meisten der unterzeichnenden Institute, kaum konkretere Forderungen an den vorgesetzten Dienstherrn richten kann, ohne in schwieriges Fahrwasser zu geraten. Deshalb haben die genannten Gelingensbedingungen den Duktus allgemeiner Appelle, die hoch zustimmungsfähig sind, hinter der Konkretheit des übrigen Textes aber zurückfallen. Daran wird deutlich: Einrichtungen des Bildungsmonitorings sind angewiesen auf den unterstützenden Gestaltungswillen der Bildungspolitik, können aber die Bedingungen dafür, dass dies auch geschieht, nur sehr beschränkt selber schaffen.

Bildungsmonitoring
– ein Kommentar zum Sammelband

Jenny Tränkmann

Diesem Kommentar liegt die Bitte zugrunde, die in diesem Sammelband vorgelegten Beiträge zum Bildungsmonitoring zusammenfassend einzuordnen. Gewünscht ist dabei der Versuch, daraus eine allgemeine Perspektive auf den aktuellen Stand des Bildungsmonitorings in Deutschland inklusive der für die nächsten Jahre gebahnten Pfade abzuleiten. Bei diesem Auftrag sieht man sich sofort mit zwei Herausforderungen konfrontiert. Die erste betrifft die erstaunliche Einigkeit der Bildungsmonitorenden. Abgesehen von zwei Beiträgen, aus denen dem Lesenden eine etwas irritierende Empörung entgegenschlägt (s. Weishaupt; Jornitz/Mayser), ist der Diskurs friedlich, einstimmig und positiv bestätigend. Dies zu kommentieren wird schnell langweilig. Die zweite Herausforderung betrifft den Umstand, dass der Sammelband elaborierte Metaperspektiven praktischerweise gleich mitliefert (s. Diedrich/Klein; Kneuper; Maritzen; Stenke et al.). Diese zu kommentieren beinhaltet die große Gefahr der Redundanz, insbesondere wenn man mit den dort ausgeführten Dingen überwiegend einverstanden ist.

Diese Gefahren in Kauf nehmend folgen nun dennoch drei Schritte. (1) Als Erstes wird es um die Frage der Grenzen des Gegenstandsbereichs vom Bildungsmonitoring gehen: Was gehört den Beiträgen zufolge zum Bildungsmonitoring und was nicht? Dies aber eigentlich nur deshalb, weil eine der aktuellen Hauptstränge der Diskussion um die Frage kreist, inwiefern man diesen Gegenstandsbereich erweitern sollte. (2) In einem zweiten Schritt wird gefragt, welche Wirkannahmen die Bildungsmonitorenden hinsichtlich ihrer eigenen Tätigkeit haben. Hier liegt ein zweiter Hauptstrang der Diskussion, der um Gelingensbedingungen für die (gute) Nutzung der im Bildungsmonitoring erhobenen Daten kreist. Gerade diejenigen Beiträge, die ganz konkret beschreiben, wie diese Bedingungen in einzelnen Formaten und Akteurskonstellationen praktisch umgesetzt werden, markieren dabei vielversprechende Entwicklungslinien. (3) Bildungsmonitoring, so die (fast) einstimmige Meinung der Autor:innen des Sammelbands, könnte unter entsprechend geschaffenen Bedingungen wirken, ist wichtig und sollte ausgebaut werden. Zugleich bleibt die irritierende Faktizität der teils hartnäckigen Ignoranz von Ergebnissen des Bildungsmonitorings im Handeln verschiedener Adressat:innen. Hierzu folgen abschließend drei Gedanken.

Bildungsmonitoring und sein Gegenstandsbereich

Wenig überraschend lehnt sich die Sortierung in diesem Sammelband an die 2015 überarbeitete Gesamtstrategie zum Bildungsmonitoring der Kulturministerkonferenz an (KMK 2015). Damit ist der Gegenstandsbereich konturiert. Eine durch die Anzahl der diesem Thema gewidmeten Beiträge bedingte Schwerpunktsetzung liegt bei dem Instrument der Bildungsstandards und der darauf bezogenen Vergleichsarbeiten bzw. Lernstandserhebungen (Abouelseoud/Schwarze; Gärtner; Hawlitschek et al.; Krelle/Jost; Weishaupt). Zu dem „Bündel von Maßnahmen, mit denen die Länder im engeren Sinne eine evidenzbasierte Qualitätsentwicklung und -sicherung auf Ebene der einzelnen Schule gewährleisten" (ebd., S. 15), gehören außerdem die Beiträge zur externen Evaluation (Brunner/Taut) und zum Sprachfördermonitoring in Hamburg (Pohlmann/Hoffmann). Demgegenüber wird den Instrumenten der nationalen Bildungsberichterstattung (Kühne et al.) und der Teilnahme an internationalen Schulleistungsstudien (Sälzer) je nur ein Beitrag gewidmet – die vier zuletzt genannten Beiträge bieten dabei sehr schöne und informative Überblicke zum jeweiligen Instrument. Zwei weitere Beiträge lassen sich als hilfreiche Ergänzung lesen, ohne den Gegenstandsbereich an sich zu verändern. Mit dem Nationalen Bildungspanel (Artel/Sixt) wird die Lücke in der Bereitstellung von Zusammenhangwissen verringert. Und der Beitrag zu „Bildung auf einen Blick", einer internationalen Bildungsberichterstattung, verdeutlicht die Herausforderungen einer Indikatorik, die den Vergleich mit anderen Ländern sucht (Schumann). Dem in der Gesamtstrategie formulierten Ziel, durch eine verstärkte Bereitstellung von Erklärungs- und Veränderungswissen mehr Relevanz für politische Steuerung und pädagogische Praxis zu entfalten, widmet der Sammelband leider keinen eigenen Beitrag. Dabei zeichnet sich hier – beispielsweise mit der Einrichtung der Ständigen Wissenschaftlichen Kommission und ihren erfreulich breit rezipierten Expertisen – eine dynamische Entwicklungslinie ab.

Zwar klingt insbesondere in den Beiträgen zu den Vergleichsarbeiten ein leises Hadern mit den immer noch unerfüllten Nutzungserwartungen durch. Trotzdem entsteht insgesamt der Eindruck, dass Bildungsmonitoring ein etabliertes, prosperierendes Feld ist, das wichtige Erkenntnisse für die Bildungssteuerung auf verschiedenen Ebenen liefert und in seiner Qualität stetig zunimmt. Ausgehend von diesem Erreichten richtet sich das Augenmerk der Bildungsmonitorenden nun deutlich auf eine Erweiterung des Gegenstandsfelds. Dies in dreierlei Hinsicht: Erstens geht es um eine *Ausweitung in zeitlicher Hinsicht*. Bildungsmonitoring, so die Annahme, sollte viel systematischer schon früher im Lebenslauf, d. h. vor der Schule, ansetzen, ggf. wäre auch eine Erweiterung auf das der Schule nachgelagerte und außerinstitutionelle Bildungsgeschehen wünschenswert. Der Beitrag von Kuger/Lochner bietet hierzu eine sehr hilfreiche Übersicht über vorhandene Monitorings im Bereich der frühen, non-formalen und informellen Bildung. Zweitens geht es um das Schließen von *Beobachtungslücken im angenommenen Wirkgefüge institutionalisierter Bildung*. Gemeint sind „blinde Flecken", die das Modellieren von Zusammenhangswissen verhindern. Dies lässt sich besonders gut anhand der Heuristik des sogenannten „KIPO-Modells" (Kontext, Input, Prozesse, Output/Outcome, vgl. Kneuper) verdeutlichen. Während ein klarer Schwerpunkt des Bildungsmonitorings bei den Kompetenzdaten liegt (Output), und sich u. a. mit schulstatistischen Daten einiges zur Lage der Schulen, den Merkmalen der Schüler:innenschaft sowie den verfügbaren Ressourcen sagen lässt (Kontext und Input), werden pädagogische Prozesse – vermutlich aufgrund der Komplexität ihrer empirischen Erfassung – im Monitoring sehr viel seltener berücksichtigt. Ein im Sammelband etwas isoliert stehendes Beispiel, das man dem Versuch, diese Lücke zu schließen, zurechnen könnte, ist der Beitrag von Ophoff et al., die mit ihrem „Schulleitungsmonitor" vorschlagen, das Handeln von Schulleitungen systematisch zu beobachten, um schulführungsrelevante Probleme zu identifizieren und so Ansatzpunkte für die Optimierung des Führungshandelns zu gewinnen. Die dritte Forderung betrifft demgegenüber eine *Erweiterung des Bildungsverständnisses* im Bildungsmonitoring. Im Fokus stehen dabei einerseits vor allem personale, soziale, emotionale und lernmethodische Kompetenzen, denen eine hohe Relevanz für die Persönlichkeitsentwicklung, für den Erwerb fachlicher Kompetenzen sowie für die erfolgreiche Teilhabe an Gesellschaft zugesprochen wird. Andererseits richten sich die Erweiterungswünsche auf Fachkompetenzen jenseits von Mathe und Deutsch, die aus jeweils unterschiedlichen Gründen – meist wird hier implizit oder explizit das Bild der „vollständigen Persönlichkeit" und die Relevanz für eine demokratische Gesellschaft aufgerufen – als wichtig erachtet werden. Beispielhaft für diese dritte Forderung ließe sich hier der (ebenfalls etwas isoliert stehende) Beitrag von Abs et al. nennen, die ein Monitoring der politischen Bildung vorschlagen.

Hinsichtlich dieser Ausweitungslinien scheint innerhalb der Zunft der Bildungsmonitorenden prinzipiell Konsens zu bestehen. Die Vorschläge, so der Eindruck, unterscheiden sich zwar voneinander, jedem einzelnen ließe sich aber letztlich ohne große Bedenken zustimmen. Folgt man dieser Spur der fehlenden Kontroverse, so stößt man allerdings auf eine versteckte Leerstelle im aktuellen Bildungsmonitoringdiskurs, die Maritzen in seinem lesenswerten Kommentar herausarbeitet. Bildungsmonitoring, so ließe sich dieser Gedanke zuspitzen, ist nicht einfach nur eine neutrale Beobachtung von irgendwie interessanten Aspekten, die sich empirisch erfassen lassen. Bildungsmonitoring setzt durch seine Blickrichtungen *normativ Aufmerksamkeitspunkte*, die immer mit einer Annahme verknüpft sind, was die Beobachtung lohnt und was nicht – auch weil im Idealfall aus den Daten dann Handlungen folgen sollen. Erschwerend kommt hinzu, dass es Wirklichkeitsaspekte gibt, die sich nicht angemessen quantitativ-empirischen erfassen lassen (wie z. B. Schumann mit Blick auf die Schwierigkeit der quantifizierbaren Messung der Nutzung digitaler Technologien im Bildungswesen oder der sonderpädagogischen Förderung ausführt). Bildungsmonitoring muss also gut begründen, was beobachtet werden soll, und zugleich transparent machen, was dabei aus Gründen der Nicht-Verfügbarkeit von Daten von vornherein rausfällt. „Mindestens bildungstheoretische, gerechtigkeitstheoretische, steuerungstheoretische und wissenschaftstheoretische Konzepte sind in diesem Zusammenhang wichtig, um überhaupt begründen zu können, weshalb ein bildungsrelevanter Wirklichkeitsausschnitt Gegenstand des Monitorings werden soll" (ebd.; der Versuch einer etwas ausführlicheren Begründung der „Elemente einer Theorie des Bildungsmonitorings" findet sich bei Maritzen/Tränkmann 2014).

Womöglich liegt es an eben dem hohen Konsens der Bildungsmonitorenden, dass solch eine kritisch-theoriegesättigte Debatte in den gegenwärtigen Vorschlägen einer Gegenstandserweiterung tendenziell unterbelichtet erscheint. Vor 20 Jahren gab es diese, und ihre Ergebnisse schlagen sich beispielsweise in dem Grundbildungskonzept von PISA (vgl. Baumert et al. 2001, S. 19 ff.), der Expertise zur Entwicklung von Bildungsstandards (vgl. Klieme et al. 2003) und den umfassenden theoretischen Abhandlungen zum Kompetenzbegriff nieder (Weinert 2001; Jude/Hartig/Klieme 2008). Auch die zwar schlichte, aber durchaus konzise Darlegung der drei Bildungszieldimensionen im ersten nationalen Bildungsbericht 2006 ließe sich hier nennen (Konsortium Bildungsberichterstattung 2006, S. 2). In dieselbe Zeit fällt der auch heute noch zukunftsweisende und stetig weiterentwickelte Ansatz von Tenorth, eine empirisch wie politisch anschlussfähige Theorie der Grundbildung zu entwickeln (z. B. Tenorth 2004).

Maritzens Forderung nach einem Ausweis „eines normativen Rahmenkonzepts, das klärt, welche Bezugstheorien von leitender Relevanz für ein Bildungsmonitoring sind", ist wichtig und nachvollziehbar. Allerdings wird in der Engführung auf Theoriebildung ein Punkt übersehen, in dem das Bildungsmonitoring in den letzten 20 Jahren erheblich dazugelernt hat. Anfang der 2000er fand die Debatte um den Gegenstand des Bildungsmonitorings fast ausschließlich innerhalb der erziehungswissenschaftlichen Forschungsfelder statt. Und es ging zu maßgeblichen Anteilen um die Frage, wer Recht und damit die Definitionsmacht hat (u. a. auch deshalb, weil daran die Ausschreibungspolitik für Professuren der erziehungswissenschaftlichen Fachbereiche und die Bewilligung für Forschungsgelder hingen). Mittlerweile beginnt sich die Erkenntnis durchzusetzen, dass ein hegemonialer Diskurs keinen Sinn ergibt. Weder die empirische Bildungsforschung noch die Bildungstheorie noch die Politik noch die pädagogische Praxis noch die Verwaltung noch die Medien können alleine den Gegenstandsbereich bestimmen. Stattdessen muss er zwischen diesen unterschiedlichen Zugriffen aus unterschiedlichen Bereichen ausgehandelt werden, ggf. auch in guter gemeinsamer Zusammenarbeit und gegenseitiger Unterstützung (s. hierzu die Hinweise von Kuhn/Prenzel aus der Perspektive des Bildungsjournalismus). Ähnlich wie bei den Referenzrahmen Schulqualität der Länder ist die Zielbestimmung also keine reine Lehre, sondern eine eher schmutzig-graue Angelegenheit, auch weil „Bildungsziele [...] in ihrer konkreten Gestalt immer Ergebnis gesellschaftlicher Entscheidungen und sozialer Machtlagen [sind]" (Klieme et al. 2003, S. 58). Und Bildungsmonitoring muss sich selbst als nicht-neutralen Teil des Diskurses der Zielbestimmung begreifen. Bezugstheorien sind dabei unverzichtbar, aber sie alleine sind für die Bestimmung nicht hinreichend.

Selten standen dabei die Chancen auf eine breite und produktiv-kontroverse Diskussion über die Ziele einer staatlich organisierten Bildung, die an sie zu richtenden Anforderungen und das damit verzahnte Bildungsmonitoring so gut wir gerade. Mit dem Beschluss des Bundesverfassungsgerichts zur Anerkennung des „Rechts auf schulische Bildung" (BVerfG 2021) ist die Debatte angestoßen, was genau so ein Recht umfasst. Und die Kultusministerkonferenz ist gefordert, ein sogenanntes „Bildungsminimum" festzulegen, das seinerseits verbindliche Mindeststandards für alle Länder setzt, deren Erreichung zu prüfen ist (vgl. Volkholz/ Voges 2024, S. 15). Zuletzt wird mit dem Bund-Länderprogramm „Startchancen" eine ganz ähnliche Zieldiskussion explizit verknüpft mit einer Forderung nach Evaluation, wissenschaftlicher Begleitung sowie indikatorenbasierter Beobachtung und Rechenschaftslegung (vgl. Bund und Länder 2024). Bedauerlich ist allein die Tatsache, dass in allen genannten Beispielen der Diskurs auf Schule und Schulpolitik verengt wird, statt einen Perspektivwechsel vorzunehmen, der aus gesamtgesellschaftlicher Verantwortung heraus auf die Steigerung von Bildungschancen und Teilhabe zielt. Auf diese Problematik wird im letzten Abschnitt noch einmal kurz eingegangen.

Bildungsmonitoring und seine angenommenen Wirkmechanismen

Die Frage nach den Gelingensbedingungen für die Nutzung der im Rahmen des Bildungsmonitorings gewonnenen Daten zieht sich durch alle Beiträge (für eine gute Zusammenfassung von Gelingensbedingungen siehe die Beiträge von Brunner/Taut, Diedrich/Klein, Kneuper et al.). Ansatzpunkte für eine Verbesserung kreisen zumeist um die „Anschlussfähigkeit" der Daten für unterschiedliche Handlungslogiken der involvierten Akteure. Potenziale der Verbesserung werden dabei einerseits als Darstellungs- und Übersetzungsleistung aufseiten der Bildungsmonitorenden verortet, andererseits als Kompetenz des Verstehens und der angemessenen schlussfolgernden Handlung aufseiten der Rezipient:innen. Als eine wirklich entscheidende Weiterentwicklung des Bildungsmonitorings kann verstanden werden, dass diese beiden Seiten mittlerweile als eng verzahnt gedacht werden, woraus die Notwendigkeit resultiert, beides aufeinander abgestimmt zu entwickeln und in eine „kohärente Gesamtarchitektur" (Diedrich/

Klein) zu bringen. Die involvierten Akteure mit ihren je eigenen Handlungsrahmen rücken dabei gegenüber der isolierten („objektiven") Wirkmacht von Daten stärker in den Blick.

Dieser Idee folgend sind in den letzten Jahren neue Formate entstanden, die von dem Bild der „Datenvermittlung" weggehen und Aspekte der Darstellung wie der Rezeption stärker zusammendenken. Beispiel für ein solches Format ist die in einem Beitrag vorgestellte Datenkonferenz als „multiprofessionelles Setting zur Standortbestimmung einer Schule" (Hahn et al.). Ziel ist es, in einer kollaborativen Auslegung standardisiert erhobener Daten deren Bedeutung für die Einzelschule zu konstruieren. Noch weiter in Richtung einer Gesamtarchitektur geht das in einem anderen Beitrag vorgestellte Schuldatenblatt (Rangel/Klein), einer komprimierten Zusammenschau von insbesondere Monitoringdaten für die Einzelschule. Bei diesem Instrument besteht Anbindung an den normativen Referenzrahmen Schulqualität sowie an konkrete Ziele der Schulentwicklung; definiert sind verbindliche Prozesse, in denen die beteiligten Akteure regelmäßig dateninformiert in den inhaltlichen Austausch gehen; damit verknüpft sind passende Unterstützungsangebote; als flankierende Maßnahme gibt es Fortbildungsangebote für Schulaufsicht und Schulleitungen zum Umgang mit Daten. Zuletzt ist die Implementierung des Schuldatenblatts Teil einer breit angelegten Kommunikationsstrategie des hierfür verantwortlichen Instituts für Bildungsanalysen Baden-Württemberg, und die gesamte Einführung und Nutzung des Datenblatts wird durch eine formative Evaluation begleitet, auf deren Ergebnisse man gespannt sein darf.

Die hier genannten Weiterentwicklungen im Bereich der Formate beziehen sich auf die Einzelschule, dort insbesondere die Schulleitung. Ein logischer Anknüpfungspunkt ist es, ähnliche Settings auch mit Bezug auf die systemisch steuernde Ebene zu denken. In den Ländern gibt es dazu bisher nur vereinzelte Ansätze, es gerät aber gerade einiges in Bewegung. Den Ansatz für eine solche Gesamtarchitektur auf systemischer Ebene inklusive seiner Herausforderungen beschreiben Stenke et al. für das Bundesland Schleswig-Holstein. Ein anderes Beispiel für die zielgerichtete Nutzung systemischer Daten im Bereich der Sprachkompetenz stellen Pohlmann/Hoffmann vor. Im Hamburger Sprachförderkonzept ist ein Monitoring von Beginn an direkt integriert; dessen Ergebnisse werden regelhaft auf politischer Ebene sowie zwischen den zuständigen Fachreferent:innen in den beiden zuständigen Ministerien beraten und gezielt als Anlass für flächendeckende Programme und Fördermaßnahmen genommen; diese Fördermaßnahmen werden ihrerseits evaluativ begleitet; Ergebnisse fließen wiederum in die Beratungen ein. Hier zeigen sich somit tatsächlich Ansätze für eine echte „Strategie des Bildungsmonitorings für die Länder", die im Positionspapier des Netzwerks noch als Lücke identifiziert wird.

Ein weiterer Strang, der auf eine verbesserte Anschlussfähigkeit von Daten zielt, ist die adaptive Förderung, also die Verkopplung von Diagnostik mit entsprechend individuell angepasster Förderung (s. Gärtner). Dabei ist sofort die Frage im Raum, ob der Bereich der Förderdiagnostik überhaupt dem Bildungsmonitoring zuzurechnen ist. Von seiner Anlage her richtet Bildungsmonitoring den Blick nicht auf das einzelne Kind in seiner Individualität. Bisher wird mit den Ergebnissen der Lernstandserhebungen maximal die Entwicklung des Fachunterrichts durch die Lehrkräfte adressiert. Und hier ist hinsichtlich der Funktionalität immer wieder Sand im Getriebe. Aber gerade deshalb ist die Zielrichtung der Förderdiagnostik interessant. Denn auch dort gerät mit den Lehrkräften diejenige Akteursgruppe in den Fokus, die beim Bildungsmonitoring noch nicht immer optimal adressiert scheint. Möchte man eine Gesamtarchitektur aufsetzen, die vom Kind aus bis hin zur politischen Steuerung denkt, sind sie (und in Erweiterung alle Pädagog:innen!) zentral. Natürlich gibt es hierzu vielfältige und differenzierte Überlegungen, beispielsweise mit Blick auf die adäquate Bereitstellung der Lernstandsergebnisse inklusive entsprechender Fortbildungen zum Aufbau von Datenkompetenz; auch an Schulen gibt es definierte Prozesse der Datenauswertung, die in Handlungen münden. Dennoch fällt auf, dass bei den Bildungsmonitoringdiskursen zu den Lernstandserhebungen immer noch eher getrennt über Datenbereitstellung einerseits und Datenrezeption andererseits gesprochen wird, diese also nicht verzahnt entwickelt werden (s. hierzu beispielsweise die Ausführungen zu „verbesserten Rückmeldesystemen" einerseits und „Professionalisierung der Lehrkräfte" andererseits bei Hawlitschek et al.). Wenn es darum geht, an allen Stellen im System „Anschlüsse" und „Kohärenz" zu schaffen, so könnte es also lohnen, Bildungsmonitoring in Richtung Förderdiagnostik weiterzudenken und dabei die Akteursgruppe der Lehrkräfte bzw. der Pädagog:innen viel stärker mitzunehmen, als dies bei den Lernstandserhebungen bisher der Fall war. Diese Idee einer Verbindung von Diagnostik bis hin zum Monitoring klingt in dem oben beschriebenen Beispiel des Sprachfördermonitorings in Hamburg bereits durch. Sie wird im Übrigen derzeit vom Institut des Bundes für Qualitätssicherung im österreichischen Schulwesen mit dem Instrument iKM^{PLUS} konsequent ausgebaut (Individuelle Kompetenzmessung PLUS (bmbwf.gv.at), Abrufdatum 13.03.2024). Auch hier darf man auf die Erfahrungen gespannt sein.

Insgesamt lässt sich folgendes „Idealbild" für ein funktionales Bildungsmonitoring festhalten: Daten müssen in Handlungszusammenhänge eingebettet sein, die Akteure unterschiedlicher Professionen und Expertise umfassen. Diese Akteure handeln innerhalb ihrer eigenen Referenzsysteme, auf die Bildungsmonitorende keinen direkten Zugriff haben. Als „intermediäre Akteure" (s. Diedrich/ Klein) müssen sie deshalb ihre Deutungshoheit abgeben und auf kooperative Aushandlung setzen.

Drei Gedanken zum Schluss

Die normative Debatte laut, kritisch und vielstimmig führen

Gerade weil Daten scheinbar so neutral und objektiv daherkommen, wird oft vergessen, dass am Anfang immer eine Entscheidung steht: Was ist so wichtig, dass es langfristig und mit hohem Invest beobachtet und für ein steuerndes Handeln bereitgestellt werden sollte? Ist es die Abiturient:innenquote? Oder die Qualität des schulischen Unterrichts? Oder der Anteil an Neuntklässler:innen, die im Bereich Orthografie den Mindeststandard für den mittleren Schulabschluss verfehlen? Bildungsmonitoring ist immer zweckgerichtet und über diese Zwecke sollte viel häufiger gestritten werden. Dabei treffen wissenschaftliche Erkenntnisse, methodische Grenzen, politische Schwerpunktsetzungen, mediale Öffentlichkeit, Erfahrungswissen und Meinungen aufeinander – ohne dass eine Deutungshoheit bestünde. Der Widerstand in der frühkindlichen Bildung gegen eine Verschulung ist nicht zu lösen durch die Einführung von Tests, sondern nur durch eine Aushandlung, die im Idealfall eine gemeinsame neue Perspektive auf den Sachverhalt schafft. Das ist zwar mühevoll, aber insofern produktiv, als dass damit eine wichtige Auseinandersetzung über das, was durch staatlich organisierte Bildung gefördert und ermöglich werden soll, erzwungen wird. Dass sich diese Debatte gerade wiederbelebt, ist angesichts der vielfach konstatierten disruptiven gesellschaftlichen Entwicklungen, die häufig als argumentative Grundlage für die Forderung nach „einer anderen schulischen Bildung" genutzt werden, sehr zu begrüßen.

Sich vom Nicht-Handeln irritieren lassen

Jan Wiarda schreibt in seinem Blog, dass es so wirke „als habe die Bildungsforschung ihre Erzählung auserzählt und fange ebenfalls zum wiederholten Male von vorn an – in der Hoffnung, dass ihr die Verantwortlichen beim nächsten Durchgang wirklich zuhören" (Wiarda 2023). Damit ist auf den Punkt gebracht, was sich an vielen Stellen immer wieder in irritierender Weise wiederholt. Beispielsweise die Erkenntnisse zum engen Zusammenhang von Herkunft und Bildungserfolg und zum persistenten Anteil bildungsarmer Bevölkerungsanteile sind – sei es durch PISA, den Armuts- und Reichtumsbericht, den IQB-Bildungstrend oder sonst irgendeinen öffentlichkeitswirksamen Bericht – da. Trotzdem gehen die Steuerungsverantwortlichen nicht alle Schritte, die sich als evident, d. h. als gemäß gegenwärtiger Erkenntnisse vermutlich wirksam, anböten. Doch woran liegt das? Warum wird oft noch nicht einmal angstfrei und ergebnisoffen über notwendige Schritte diskutiert? Steht dahinter nur die Überforderung eines Systems, dem alle Aufgaben der gesellschaftlichen Heilung zugeschrieben werden, oder gibt es noch andere Erklärungsansätze für die zwischen Wissen und Handeln klaffende Lücke? Und könnte hier Bildungsmonitoring noch andere Antworten als die bisherigen finden?

Natürlich wurde über genau diese Frage schon viel nachgedacht. Die oben beschriebenen Entwicklungslinien sind letztlich Ergebnis solch einer Suche nach Antworten. Dennoch ist Bildung bekanntlich nicht das einzige Feld, wo es (gemeint ist hier vor allem: steuerungspolitisch) zu diesem seltsamen Gap zwischen Wissen und Handeln kommt. Es drängt sich der Gedanke auf, dass dieser Problematik nicht durch noch mehr Daten oder eine noch bessere Vermittlung des Wissens beizukommen ist. Stattdessen – auch Wiarda deutet dies an – müsste vielleicht noch einmal aus anderer, beispielsweise sozialpsychologischer Perspektive auf die Frage geschaut werden: Was genau hindert diejenigen, die dateninformiert Entscheidungen treffen könnten und müssten am Handeln?

Dies soll selbstverständlich nicht davon ablenken, dass der erste Blick nicht nach außen, sondern ins eigene Innere führen muss. Selbstkritisch ist die Frage zu stellen, ob Bildungsmonitorende eigentlich ihrerseits genügend Offenheit für vielleicht auch ernüchternde Erkenntnisse und daran anknüpfende Handlungsnotwendigkeiten hinsichtlich ihres Tuns haben. So lässt sich feststellen, dass es keine Ansätze zur Evaluation der Strategie des Bildungsmonitorings insgesamt und nur punktuelle Evaluationen seiner einzelnen Elemente gibt. Zu fragen wäre: Wo sind die Ecken, wo Bildungsmonitoring gut funktioniert, und wo tut es dies nicht? Dies könnte auch dabei helfen, einer Überfrachtung des Bildungsmonitorings mit zu hohen Erwartungen zu begegnen und herauszuarbeiten, was der Kern dessen ist, was damit eigentlich geleistet werden kann und soll und wo seine Grenzen sind. Besonders vordringlich wäre dies, wie weiter oben ausgeführt, mit Blick auf die Frage, ob und inwiefern Lehrkräfte und Pädagog:innen tatsächlich direkte Adressat:innen von Bildungsmonitoringdaten sein können und sollten.

Die Grenzen der Bildungspolitik überschreiten

Maritzen kritisiert in seinem Kommentar, dass mit der Positionsbestimmung des Bildungsmonitorings eine „mehrfache Engführung der Perspektive" (ebd.) vermacht sei. Er verweist dabei auf die frühkindliche und die berufliche Bildung sowie die Weiterbildung und die Hochschulbildung. Schon damit gerät man latent in die Zuständigkeitsbereiche anderer politischer Ressorts. Zugleich bleibt man aber in der Selbstreferenzialität des Bildungsdenkens stecken. Das Bildungsgeschehen wird dabei konsequent als beeinflussbar durch Institutionen und Akteure *der Bildung* betrachtet. Wenn man aber ernst nimmt, dass die Tätigkeit der kontinuierlichen und systematischen Beobachtung möglichst aller für Bildung relevanter Gegebenheiten gelten muss, um darauf basierend funktionales Veränderungswissen zu generieren, so erscheint dieses Säulendenken und die damit verknüpfte Selbstreferenzialität falsch. Maaz, Reh und Drope führen das in ihrem Gastbeitrag im Wiarda-Blog „Alte Denkmuster, falsche Narrative" überzeugend aus (Maaz/Reh/Drope 2024). Im Kern geht es dabei um die These, dass der (oft kritisierte und im Bildungsmonitoring als zu verbessernd konstituierte) Zustand der Schule nicht schuld sein könne am konstatierten Elend. Stattdessen sei sie der Ort der Manifestation der gesellschaftlichen Verfasstheit. Entsprechend müssten manche Probleme – die heutzutage gerne auf Schule projiziert werden – *außerhalb von Schule* angegangen werden, um auch *in Schule* wirksam zu werden. Das ganze System müsse sich um das erfolgreiche Aufwachsen unserer Kinder bemühen. Entsprechend falsch sei der Gedanke, dass Diagnosen und Empfehlungen nur vonseiten der Bildungsforschung benötigt würden. Für ein gutes Aufwachsen, gesellschaftliche Teilhabe und gerechte Chancen sei eben nicht nur die Bildungspolitik zuständig, sondern die ganze Gesellschaft.

Ein Bildungsmonitoring sollte dies ernst nehmen und im Zusammenschluss mit anderen Ressorts gemeinsam nach zentralen Hebeln für Veränderungen suchen. Diese sind nicht auf das System Schule und damit auch nicht auf das Handlungsfeld der Bildungspolitik begrenzt. Ein erster Schritt könnte dabei sein, die Versäulung der vielfältigen Erhebungen und Datenaufbereitungen zu durchbrechen und Monitoring über die unterschiedlichen Ressorts hinweg zusammenzudenken.

Literatur

Baumert, Jürgen/Klieme, Eckhard/Neubrand, Michael/Prenzel, Manfred/Schiefele, Ulrich/Schneider, Wolfgang/Stanat, Petra/Tillmann, Klaus-Jürgen/Weis, Manfred (Hrsg.) (2001): PISA 2000: Basiskompetenzen von Schülerinnen und Schülern im internationalen Vergleich. Opladen: Leske + Budrich.

Bund und Länder (2024): Vereinbarung zwischen Bund und Ländern zur Umsetzung des Startchancen-Programms für die Jahre 2024 bis 2034. www.blv-startchancen.pdf (bmbf.de) (Abfrage: 24.04.2024).

BVerfG (Bundesverfassungsgericht) (2021): Beschluss des Ersten Senats vom 19. November 2021 – 1 BvR 971/21 -, Rn. 1–222. https://www.bverfg.de/e/rs20211119_1bvr097121.html (Abfrage: 24.04.2024).

Maaz, Kai/Reh, Sabine/Drope, Tilmann (2024): Alte Denkmuster, falsche Narrative. In: Wiarda-Blog. https://www.jmwiarda.de/2023/12/28/alte-denkmuster-falsche-narrative/ (Abfrage: 24.04.2024).

Maritzen, Norbert/Tränkmann, Jenny (2014): Zwischen Empirie und Normativität: Elemente einer Theorie des Bildungsmonitorings. In: Fickermann, Detlef/Maritzen, Norbert (Hrsg.): Grundlagen für eine daten- und theoriegestützte Schulentwicklung. Münster: Waxmann, S. 27–49.

Klieme, Eckard/Avenarius, Hermann/Blum, Werner/Döbrich, Peter/Gruber, Hans/Prenzel, Manfred/Reiss, Kristina/Riquarts, Kurt/Rost, Jürgen/Tenorth, Heinz-Elmar/Vollmer, Helmut J. (2003): Zur Entwicklung nationaler Bildungsstandards. Eine Expertise. Bildungsforschung, Band 1. Bonn/Berlin: BMBF. https://www.pedocs.de/volltexte/2020/20901/pdf/Klieme_et_al_2003_Zur_Entwicklung_Nationaler_Bildungsstandards_BMBF_A.pdf (Abfrage: 24.04.2024).

Konsortium Bildungsberichterstattung (2006) (Hrsg.): Bildung in Deutschland. Ein indikatorengestützter Bericht mit einer Analyse zu Bildung und Migration. Bielefeld: Bertelsmann.

Tenorth, Heinz-Elmar (2004): Grundbildung – Allgemeinbildung: Basiskompetenzen und Steigerungsformen. In: Sitzungsberichte der Leibniz-Sozietät Nr. 73 (2004), S. 87–98. https://www.leibnizsozietaet.de/wp-content/uploads/2012/11/07_tenorth.pdf (Abfrage: 24.04.2024).

Volkholz, Sybille; Voges, Michael (2024). Bildung als Recht für alle! Was soll ein Bildungsminimum beinhalten? https://www.boell.de/sites/default/files/2024-03/22_teilhabegesellschaft_bildung-als-recht-fur-alle.pdf (Abfrage: 24.04.2024).

Weinert, Franz E. (Hrsg.) (2001): Leistungsmessung in Schulen. Weinheim und Basel: Beltz.

Jude, Nina/Hartig, Johannes/Klieme, Eckhard (Hrsg.) (2008): Kompetenzerfassung in pädagogischen Handlungsfeldern. Theorien, Konzepte und Methoden. Bildungsforschung Band 26. Berlin, Bonn: Bundesministerium für Bildung und Forschung.

Wiarda, Jan-Martin (2023): Diese Nation braucht ein Projekt – und ich hätte da eines. https://www.jmwiarda.de/https-www.jmwiarda.de-2023-09-06-diese-nation-braucht-ein-projekt-und-ich-haette-da-eines/ (Abfrage: 24.04.2024).